문명장치로서의
이야기

이야기의 형성하는 힘
그리고 중국

필자(집필순)

김월회(金越會, Kim Weol-hoi) 서울대학교 중어중문학과 교수
박영희(朴英姬, Park Young-hee) 숭실사이버대학교 중국언어문화학과 교수
박지현(朴志玹, Park Ji-hyun) 서울대학교 기초교육원 강의교수
이소영(李昭鈴, Lee So-young) 서울대학교 인문학연구원 객원연구원
김진공(金震共, Kim Jin-gong) 인하대학교 중국학과 교수
민경욱(閔庚旭, Min Kyoung-wook) 경기대학교 중어중문학과 조교수
정진선(鄭珍善, Jung Jin-sun) 서울대학교 중어중문학과 강사
안정훈(安正燻, Ahn Jeong-hoon) 전주대학교 중국어중국학과 교수
홍상훈(洪尙勳, Hong Sang-hoon) 인제대학교 중어중문학과 교수
김진곤(金震坤, Kim Jin-gon) 한밭대학교 중국어과 교수

문명장치로서의 이야기 이야기의 형성하는 힘 그리고 중국

초판 인쇄 2018년 1월 5일 **초판 발행** 2018년 1월 15일
지은이 김월회 · 박영희 · 박지현 · 이소영 · 김진공 · 민경욱 · 정진선 · 안정훈 · 홍상훈 · 김진곤
펴낸이 박성모 **펴낸곳** 소명출판 **출판등록** 제13-522호
주소 서울시 서초구 서초중앙로6길 15(란빌딩 1층)
전화 02-585-7840 **팩스** 02-585-7848 **전자우편** somyungbooks@daum.net **홈페이지** www.somyong.co.kr

값 36,000원

ISBN 979-11-5905-245-3 93820

문명장치로서의 이야기

이야기의 형성하는 힘 그리고 중국

Stories and their Formative Power in the History of Chinese Narrative

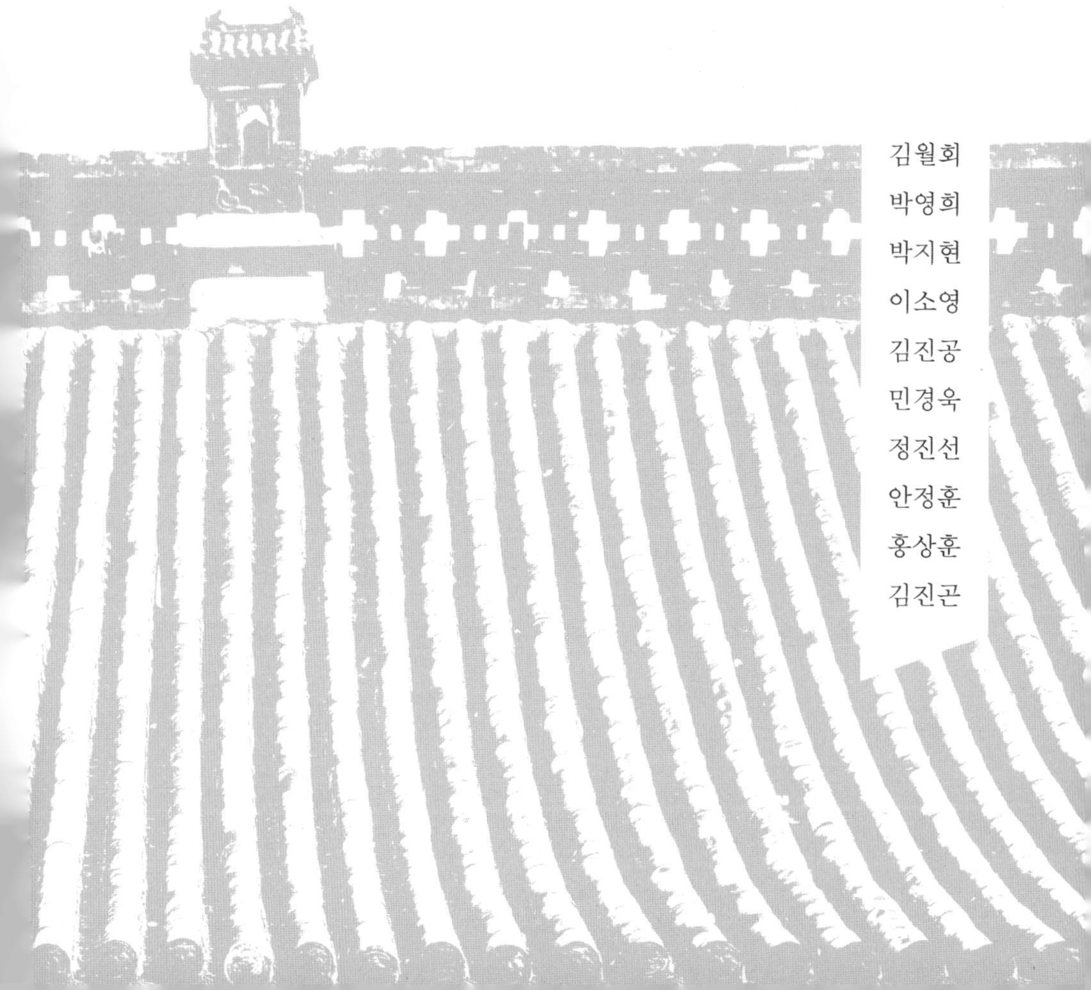

김월회
박영희
박지현
이소영
김진공
민경욱
정진선
안정훈
홍상훈
김진곤

서울대학교 중국어문학연구소 연구총서 발간사

인문학의 목적은 진실한 사람의 모습과 진실한 삶의 양식을 찾아가는 것이다. 이러한 길은 다양하다. 나를 보고 나를 찾아가거나 타인을 보고 나를 찾아가기도 하며, 나와 타인을 보고 진실한 인류의 모습과 진실한 인류의 삶의 양식을 찾아가기도 한다. 외국어문학 연구는, 이러한 방법 중에서, 시간과 공간과 종족과 문화의 경계를 넘어선 곳에서 살아가는 다른 나라 사람들의 모습에서 또 하나의 진실한 사람의 모습과 삶의 양식을 찾아가는 분야이다.

이 길을 걷는 사람들은 가끔 외로움을 느끼며 심지어 절망감에 젖기도 한다. 연구의 대상인 그들은 우리에게 낯선 사람들이며, 그들에게도 우리는 낯선 사람들이기 때문이다. 그러므로 길을 함께 가면서도 영원히 손잡을 수 없고 영원히 마주 볼 수 없을 것 같다는 적막감은 외국어문학 연구자들에게 피할 수 없는 숙명인지도 모른다. 그러나 외국어문학 연구자들은 이러한 생경함 속에서도 이 길을 묵묵히 걷고 또 걷는다. 그것은 언젠가는 그들의 모습에서 그들의 정신적 문화적 기반을 찾을 수 있고, 그리하여 마침내 진실한 사람의 모습과 진실한 삶의 양식을 찾게 될 것이라는 믿음이 있기 때문이다.

중국은 역사적으로 언제나 우리 옆에 존재해온 나라이다. 우리와 그들이 같은 곳을 바라보고 걸어가든, 서로 다른 곳을 바라보고 걸어가

든, 그들은 영원히 우리 옆에 있을 것이다. 두 개의 평행선에는 합쳐지지 않는 배타성도 있지만 마주보며 나아간다는 친밀성도 존재한다. 중국어문학 연구는 이와 같이 우리 옆에 있는 사람들의 삶의 진실성을 찾아간다. 이 연구 대상에는 그들이 말하고 생각한 것이 포함되며, 우리가 관찰하고 보아낸 것도 포함된다.

우리가 찾아낸 그들의 진실한 사람의 모습과 삶의 양식이 우리와 같을 때 느끼는 희열은 크다. 이는 두 문화권, 나아가 인류의 보편적 삶의 체계를 확인할 수 있기 때문이다. 그들의 진실한 사람의 모습과 삶의 양식이 우리와 다를 때 느끼는 희열도 또한 크다. 이는 우리에게 새로운 사유와 삶의 질서를 더해줄 수 있기 때문이다. 같음과 다름은 이와 같이 인류의 정체성을 찾아가는 동일한 길 위에 빛나는 모습으로 놓여 있다. 이러한 같음과 다름의 기저구조를 찾아가는 것이 중국어문학 연구의 꿈이며 소망이다. 이제 이러한 꿈과 소망을 담아 '서울대학교 중국어문학연구소 연구총서'를 간행한다. 씨앗은 어둠 속에서 자란다. 씨앗은 넓은 땅을 필요로 하지 않는다. 그러나 광대하고 울창한 숲은 모두 한 알의 씨앗에서 움터 나온다. '서울대학교 중국어문학연구소 연구총서'가 언젠가 우리의 삶을 풍요롭게 하고, 나아가 인류의 삶을 풍요롭게 하는, 작지만 단단한 한 알의 씨앗이 되기를 기대한다.

서울대학교 인문대학
중국어문학연구소

'중국문학사연구회 총서'를 간행하며

1990년대 중반부터 소수의 중국어문학 연구자들이 '잡담회(雜談會)'라는 이름으로 모이기 시작했다. 모임의 이름으로, 흔히들 하는 집담회(集談會)에 점 하나를 덧붙여 '잡담회'라는 신조어를 만든 것은 형식에 구애받지 말자는 뜻이었다.

그렇게 모인 참가자들은 정말 자유롭게 이야기를 펼쳤다. 때로는 기원전 11세기 무렵의 서주(西周)에서 20세기 초엽의 민국(民國) 시기까지의 기나긴 역사를 몇 개의 단어로 엮어내기도 했다. 물론 항상 순탄했던 것만은 아니었다. 초기 잡담회에 참가했던 사람들 중 상당수가 선배 교수들로부터 엉뚱한 소리를 한다는 힐난을 받기도 했다. 그렇지만 우리는 이야기를 이어갔다. 연도별로 주제를 설정하기도 했고, 때로는 외부 인사를 초빙해서 발표를 들으며 그 내용을 자신의 화법으로 정리하기도 했다. 그렇게 여러 해가 지난 후에 이 모임은 '중국문학사연구회'로 개편되었다. 규모가 큰 학회도 아니고, 한국연구재단(구 한국학술진흥재단)에서 인정하는 학회도 아니었지만, 소수의 회원들은 꾸준히 나름대로의 담론을 개발하여 왔다.

애초에 의도한 것은 아니었지만 시간이 흐르면서 잡담회는 두 가지의 목적을 중심으로 진화해 왔다. 첫 번째는 다 같이 중국의 문학을 연구하면서도 개별 분야의 시각에 파묻혀서 서로간의 소통을 이루지 못하고 있던 상황을 극복해 보자는 것이었다. 두 번째로는 무작정 작품을 읽어내는 데 주력하기보다는 일정한 문제의식 또는 주제를 가지고 작품을 들여다보자는 것이었다. 대부분의 참가자들은 자신의 분야에서 텍스트를 읽어온 사람들이었고, 그래서 각자가 가지고 있던 지식을 모아서 커다란 덩어리를 만들어보는 것이 중요했다. 여기에는 분야별 텍스트를 우리가 공유하는 맥락 속으로 끌어들일 매개가 필요했으며, 그것이 바로 문제의식, 좀 더 구체적으로는 연도별 주제였다.

지금까지 잡담회, 그리고 그 후신인 중국문학사연구회에서는 '중국문학에서의 작자와 독자'・'중국문학의 아(雅)와 속(俗)'・'중국문학에서의 여성'・'중국문학에서의 언어와 문자' 등의 주제를 매개로 하여, 시・산문・소설・희곡・근현대문학・어학・지성사 등 분야의 전공자들이 토론을 진행해 왔다. 토론은 형식을 가급적 배제하고 자유롭게 발언하는 것을 원칙으로 했으며, 특별히 결론을 내리기 위해 노력하지는 않았다. 그것은 각각의 참가자들이 자신의 보따리를 풀어내면서 다른 사람의 보따리에서 필요한 것을 마음껏 집어갈 수 있도록 하는 '지식의 장마당'과 같은 역할을 했다.

제법 여러 해가 지나면서 이 모임은 무형적인 성과를 만들어내었다. 예컨대 '문학'이라는 영역을 새로운 눈으로 — 적어도 우리 학계의 기준으로 볼 때에는 — 바라보는 계기를 만들었다는 점은 자부할 수 있는 성과였다. 그렇지만 이보다 더 중요한 성과가 있었다. 그것은 전공분야를 달리 하는 사람들이 모여 앉아 각자의 이야기를 하면서도, 공통 주제를 중심으로 자신의 전공이나 관심사를 전개하는 화법을 구사할 수 있게 되었다는 사실이다. 예전에는 미처 경험하지 못했던 이러한 수

확을 통해 우리는 크고 작은 전공의 벽을 넘어 한결 폭 넓고 속 깊은 소통의 장을 마련할 수 있었다.

이제 그 소통의 장에서 생산해낸 성과들을 묶어 세상과 소통하고자 한다. 그들이 모두 빼어나고 농익었기 때문만은 아니다. 보기에 따라 개중에는 모자란 것도 있고 설익은 것도 있을 수 있다. 그럼에도 세상에 내놓고자 함은, 그 하나하나가 현재를 살찌우고 미래를 풍성케 할 찰진 거름이 될 수 있다는 판단 때문이다. 모쪼록 강호 제현의 논의 분운(紛紜)하는 바탕이 되었으면 한다.

아울러 '중국문학사연구회 총서'가 '서울대학교 중국어문학연구소 연구총서'의 일원으로 발간될 수 있도록 도움을 주고 이를 허락해준 서울대 중국어문학연구소에 감사의 뜻을 전한다.

차례

서론_'문명장치'로서의 이야기

김월회

1. 이야기는 '쓰임'이다

이야기는 동서고금의 역사가 밝히 입증해주듯이 말해짐으로써 '형성하는(formative) 힘'이 발휘된다. 그것은 이야기 내용을 전달하는 데서 그치지 않고 그것과 직, 간접적으로 연동되어 있는 바들이 실현되도록 작동된다는 것이다.

이는 기본적으로 이야기가 말과 동일시[1]되거나 말로 이뤄져 있기에 가능했다. 신이 실재한다면, 우주 삼라만상 가운데 말을 할 수 있는 존재는 신과 인간뿐이다. 다만 둘 사이에는 넘을 수 없는 차이가 존재한

1 '말하다'에 해당되는 '설(說)'·'담(談)'·'강(講)' 등의 동사가 작금을 막론하고 '이야기하다'는 뜻으로 쓰였고 쓰이고 있다는 점이 그 확실한 증거이다.

다. "빛이 있으라"[2] 하면 그 즉시 빛이 생기는 것처럼 신의 말은 발화되는 순간 그대로 이루어진다. 신에게 말은 무언가를 실현해내는 활동 자체였다. 하지만 신에게 말을 배웠음에도 인간의 말은 그러하지 못했다. 그래서 사람들은, 말은 신의 말처럼 돼야 참된 말이라고 여겼다.[3] 적어도 구술문화 단계서 말은 그 자체로 행동이었고 현실에 물리적으로 개입하는 직접적이고도 실제적 힘[4]으로 간주됐다.

이는, 구술문화와 문자문화가 본격적으로 길항하던 공자의 시대 언저리까지도 그러했다. 공자가 "옛 사람들이 말을 하지 않음은 자신이 행하지 못함을 수치로 여겼기 때문이다", "군자는 말이 행동보다 과함을 부끄러워한다"[5]며 때론 짐짓 보수적으로 경계하고, "말을 하면 반드시 행할 수 있어야 하고", "말하고자 하는 바를 먼저 행한 후에 이를 따라 말해야 한다"[6]며 때론 적극적으로 권장했던 근인도 여기서 찾아진다. 그가 보기에 말은 말해지는 바대로 실현될 때 비로소 말다웠기 때문이다. 그래서 "덕이 있는 자에겐 반드시 말이 있게 마련"[7]이었다. 공자 시대의 덕은 윤리학적으로 개념화된 덕목이 아니라 '할 수 있음'과

---

2 『구약성경』 「창세기」 1장.

3 동서양 공히 오랜 기간 존속됐던 주술적 언어관, 곧 말에 무언가를 이룩해내는 힘이 깃들어 있다는 관념은 이러한 믿음의 변주라고 할 수 있다.

4 남경희, 「서양철학의 사유들과 희랍어」, 『서양고전학연구』 24권, 한국서양고전학회, 2005, 105쪽. 한편 언어를 행동이란 범주에 속하는 것으로 보는, 달리 말해 그것을 소리와 뜻을 갖춘 시각적 부호의 조합이란 개념이 아니라 무언가를 해내는 행위로 보는 관점은 적어도 공자 이래 유가의 일관된 기본 관념이었다.

5 출처는 순서대로 『논어(論語)』 「이인(里仁)」, 「헌문(憲問)」이다. 원문은 각각 "古者, 言之不出, 恥躬之不逮也.", "君子恥其言而過其行"이다.

6 출처는 순서대로 『논어』 「자로」, 「위령공(衛靈公)」이다. 원문은 각각 "言之必可行", "言忠信先行其言, 以後從之"이다.

7 "有德者必有言."(『논어』 「헌문」)

직결된 구체적 역량의 구비를 뜻했기에,[8] 어떤 이가 덕이 있다는 얘기는 그가 그렇게 행했음 또는 행할 수 있음을 가리켰다. 이렇듯 말과 실천이 둘로 분절되지 않았던 시절, 발화는 곧 행함이었으므로 덕이 있는 자에게 말이 있게 마련이라는 공자의 언명은 당위나 이상의 제시가 아니라 기본이자 당연함의 환기였다. 그렇기에 말 자체이거나 말로 이뤄진 이야기가 말이 생래적으로 지니는 그러한 형성하는 힘을 지님은 당연한 귀결이었다.

인류에게 '이야기 본능'이라 명명할 만한 역량이 내재돼 있음도 이야기가 형성하는 힘을 지니게 된 한 요인이었다. "언어 능력이 너무도 자연스럽게 주어지기 때문에 그것이 얼마나 놀라운 기적인지를 쉽게 잊어버리는"[9] 우리의 경향은, 인류가 '언어 본능'에 의지해 언어를 습득하고 구사하기에 가능했던 결과다. 본능 덕분에 갓 태어난 아이도 배고프면 울 줄 알고 엄마의 젖을 찾아내는[10] 그 '어려운' 일을 아무렇지도 않게 해내는 것처럼 말이다. 또한 사람에게는 '읽기 본능'이라고 주장할 만한 역량도 내재되어 있는 듯하다. 생물학적 차원서 볼 때 "인류는 유인원의 전형적 행동을 숙달하기도 전에 읽기를 시작한다." 게다가 한번 읽기를 배운 후로는 별다른 노력을 들이지 않고도 거의 '저절로' 글을 읽는다. 이는 본능 또는 그에 준하는 차원에 읽기 역량이 선험적

8 『노자(老子)』 49장의 "선함을 갖춘다[德善]", "미더움을 갖춘다[德信]"라는 용례에서 보이듯이 적어도 공자의 시대에는 '덕(德)'은 '득(得)', 곧 '얻어서 구비함'이라는 뜻으로 사용되었다. 또한 송대 주희(朱熹)가 『논어』 「술이(述而)」의 "덕에 의거하다[據於德]"의 '德'을 '얻다[得]'로 푼 데서 보이듯이 오경과 제자백가서에 쓰인 '德'을 '얻다'의 뜻으로 풀이한 후대의 사례는 적지 않다.

9 스티븐 핑케, 『언어본능』, 동녘사이언스, 2008 ; 마크 챈기지, 노승영 역, 『자연모방』, 에이도스, 2013, 7쪽에서 재인용.

10 맹자는 이를 '양지(良知)', '양능(良能)'이라고 개념화했다.

으로 갖춰져 있기에 가능했다.[11]

인류가 지니고 있다고 추론되는 이러한 언어 본능, 읽기 본능에 대한 통찰은 고스란히 이야기에도 적용된다. 우리는 이야기를 힘들어 하지 않으면서 듣고 이해하며 지어내고 말하기에 그렇다. 한편 인간의 뇌가 말 그대로 백지라면 인간은 아무 것도 받아들일 수도 또 발동시켜 갈 수도 없다. 인간에게는 맹자가 말한 양지나 양능이라든지, 칸트가 통찰한 인식의 선험적 범주 같은 것이 '애초부터' 또는 '미리' 주어져 있기에, 예컨대 자신과 세계의 인지와 이해 등이 가능했다[12]는 것이다. 리쾨르는 이야기가 본성적으로 지니는 형성하는 힘이 인간의 이러한 선험적 역량과 밀접하게 연동되어 있다고 보았다. 게다가 칸트의 통찰에 의하면 인간에게는 "이미 주어진 모델 없이도 새로운 종합을 가능하게 하는"[13] 그러한 '생산적 상상력'이 선험적으로 주어져 있다. 이야기의 형성하는 힘은 이러한 생산적 상상력이 인간에게 주어진 예지적, 직관적 종합을 통해 발휘되는 데 간여한다[14]는 것이다.

이야기가 이렇듯 본능 또는 본능에 준하는 차원과 관계된다면 그것은 인류가 생존하고 번식하는 데 유용한 장치였음을 시사해준다. 달리 말해 문명을 창출하고 유지, 갱신해가는 데 쏠쏠한 장치였다는 것이

11 구체적 내용은 마크 챈기지, 위의 책, 9~12쪽 참조. 인용의 출처는 이 책의 9쪽.

12 이와 관련하여 맹자의 다음 언급을 참조할 만하다. "마음이라는 기관은 생각한다. 생각하면 사리를 터득하게 되고 생각지 않으면 터득하지 못한다. 이것은 하늘이 우리에게 부여한 바이다[心之官則思, 思則得之, 不思則不得也, 此天之所與我者.]."(『맹자(孟子)』「고자상(告子上)」) 또한 순자의 "사람이 사람인 근거는 무엇인가? 답하건대 사람에게는 분별 능력이 있기 때문이다[人之所以爲人者, 何已也. 曰, 以其有辯也.]"(『순자(荀子)』「비상(非相)」)란 언급도 참조할 만하다.

13 정기철, 「세계관 형성과 이야기의 역할」, 『해석학 연구』 21권, 한국해석학회, 2008, 222쪽.

14 이에 대해서는 정기철, 위의 글 참조.

다. 문명은 인류가 자연 상태서 살아남고 종족을 보전하기 위해 벌인 일상적 활동의 소산이기 때문이다. 그렇지 않다면 이야기는 도태됐을 것이다. 여기에 사람은 태어나면서부터 말을 들으며 인간이 되어 가고, 그렇게 말에 근거하여 말 속에서 자신과 세계를 이해하고 그에 대응해가며 생존하고 생활해감을 감안한다면, "이야기는 쓰임 자체"[15]라고 말할 수 있다. 여기서 쓰임(use)은 행위이고 사건이기도 하다. 하여 이야기한다는 것은 쓰임을 창조한다는 것이 된다. 행위를 유발하고 또 다른 사건을 만들어간다는 뜻이 된다.

그래서 이야기는 문명의 창출과 갱신, 전승, 유포의 전 과정에서 고갱이 역할을 담당할 수 있었다. 그럼에도 흔히 이야기는 지식으로 보기에는 부족하고 검증을 요하는 내용으로 이뤄져 있다고 평가되곤 한다.[16] 가령 고대 중국의 역사서는 그 안에 이야기가 많이 담겨 있다는 이유로 역사서로서 신뢰도가 의심되곤 한다. 물론 이는 역사학의 시좌에서 수행한 이야기에 대한 평가이기에 정당한 관점이라고 할 수 있다. 그런데 범위를 문학 안으로 좁혀도 사정은 별반 다를 바 없어, 이야기와 서사 사이에 위계질서를 설정, 이야기는 서사에 비해 덜 구조화되고 정련을 요하는 텍스트로 규정되곤 한다.[17] 이러한 인식에는 구술

15 이는 비트겐슈타인의 유명한 명제인 "의미는 용법이다(Meaning is use.)"를 패러디한 것이다. 이는 각각의 언어행위는 '삶의 형태'와 연결되어 있다는 점에서 용법이라는 뜻이다. 필자는 이 명제서의 'use'는 용법이라기보다는 '쓰임 그 자체'를 가리킨다고 보았다. 각각의 언어행위가 '삶의 형태'와 연결되어 있다면 용법보다는 쓰임 그 자체가 적절하다고 판단되었기 때문이다. 비트겐슈타인의 명제와 그 해설은 김한식, 「폴 리쾨르의 이야기 해석학」『국어국문학』146호, 국어국문학회, 2007, 215쪽 참조.

16 이와 관련하여 다음의 언급을 참조할 만하다. "이야기는 철학이 아니다. (…중략…) (이러한 관점은) 이야기(뮤토스)를 들려주는 것보다 철학적으로 고찰하는 것이 중요하다는 소크라테스의 발언 이후일 것이다." 나가야마 겐, 박양순 역, 『사고의 용어 사전』, 북바이북, 2009, 430쪽.

문화보다는 문자문화를 우위에 둔다거나 근대적 합리성과 과학을 절대화하는 관점이 개입된 것으로 판단된다.[18]

이에 대해 시비하자는 것은 아니다. 다만 실증 가능한 사실만을 진실로 간주하는 관념과 이야기를 서사와의 연관 아래서만 보는 관점에서 벗어나면 이야기에 대한 새로운 조명이 가능하다는 점만을 언급하고자 한다. 예컨대 문명사의 차원에서 이야기를 조명하면 이야기의 속성과 가치에 대해 기존과 다른 평가를 내릴 수 있게 된다.

2. 이야기, 중국을 만들다

실제로 고대 중국에서 이야기는 문명의 창출과 갱신, 전승에서 고갱이 노릇을 톡톡히 해왔다. 예컨대 최초의 이야기라고 할 수 있는 '신들의 이야기' 또는 '신에 관한 이야기'인 신화가 그러했다.

---

17 이러한 관점은 이른바 '포스트모더니즘' 계열에서 이야기와 서사를 가능한 구분하여 사용하려는 경향에 잘 드러나 있다. 이는 시각과 문자 중심 근대문명에 대립각을 세우는 과정에서 글말 고유의 서사와 그에 얽혀 있는 근대적 욕망을 들춰내고 해체하려는 의도에서 비롯된 기획으로 판단된다. 이는 분명 이야기와 서사를 구분하는 관점이 작동되고 있었기에 가능한 기획이었다고 할 수 있다.

18 이는 장 프랑수아 리오타르, 폴 벤느, 리차드 로티, 폴 리쾨르, 한나 아렌트 등이 서구 근대문명의 대안을 모색하는 과정에서 이야기를 입론의 핵심 근거로 활용한 데서도 반증된다. 예컨대 리오타르는 지식을 과학적 지식과 이야기적 지식으로 나누면서 근대와 탈근대를 설명하였고, 벤느는 '서술로서의 역사[history as narration]'를, 로티는 '서사로서의 이론[theory as narrative]'을 제시하며 탈 근대적 역사 변동 과정에서 이야기의 역할에 주목하였다. 아렌트는 고대의 역사적 담화방식인 '이야기하기'를 '어두운 시대'인 근대, 그 너머를 사유하는 주된 경로로 제시하였다. 이에 대해서는 참고문헌의 관련 논저 참조.

남해의 신은 숙이고 북해의 신은 홀이며 중앙의 신은 혼돈이다. 숙과 홀은 수시로 혼돈의 땅에서 만났는데 그때마다 혼돈은 그들을 무척 잘 대해주었다. 숙과 홀은 그런 혼돈에게 보답할 방안을 궁리한 끝에 "사람은 누구에게나 눈과 귀, 코, 입의 일곱 구멍이 있어서 그것으로 보고 듣고 먹고 숨쉰다. 그런데 혼돈에게만 유독 이것이 없으니 그에게 구멍을 뚫어주도록 하자."고 했다. 그렇게 날마다 구멍 하나씩을 뚫어준 지 7일째가 되자 혼돈은 죽고 말았다.[19]

태초의 혼돈(chaos)에서 우주(cosmos)가 창조되는 과정을 다룬 신화다. 이는, 인류가 우주자연의 기원과 운행 원리를 궁금해 할 줄 알았기에 가능했던 소산이었다.[20] 단지 지적 호기심 때문만은 아니었다. 우주자연의 기원과 변화 등을 궁금해 함은 결국 자신과 세계의 근원과 변화의 원리가 무엇인지를 묻는 것이었다.[21] 따라서 그 답을 알면 적어도 그만큼은 미래 예측과 대비 시에 실패 확률을 낮출 수 있는 등, 여러모로 생존과 번영에 이로웠기 때문이다. 그래서 우주자연이 왜 이렇게

19 "南海之帝爲儵, 北海之帝爲忽, 中央之帝爲混沌. 儵與忽時相與遇於混沌之地, 混沌待之甚善. 儵與忽謀報混沌之德, 曰, '人皆有七竅以視聽食息, 此獨無有, 嘗試鑿之.' 日鑿一竅, 七日而混沌死."(『장자(莊子)』「응제왕(應帝王)」)

20 인류의 이러한 속성은, 전국시대 말엽 굴원(屈原)이 "하늘에게 묻노라"는 뜻의 「천문(天問)」에서, 인간은 결코 우주자연의 생성을 목도할 수도, 누군가에게 전해줄 수도 없음에도 그것에 대해 궁금해 할 수밖에 없는 딜레마적 상황을 지어 읊은 데에 잘 나타나 있다.

21 한(漢) 제국 초엽 널리 공유됐던, 사람과 제국, 우주를 구조적 상동성을 지닌 존재로 연동한 사유는 우주에 대한 관심이 삶과 사회 차원에서 포착되고 다뤄졌음을 잘 말해준다. 그래서 우주에 대한 담론은, 가령 구조나 구성인자 간 상호 관계 같은 우주 자체에 대한 지적 탐구가 아닌 우주의 근원과 생성, 변이 및 이와 연관된 법칙 등을 중심으로 전개됐다. 한편 이러한 관점은 전국시대 말엽부터 진(秦) 제국을 거쳐 성숙되어 온 사유였다.

생기게 되었는지, 어떻게 운행되기 마련인지에 대한 정보가 신들의 이야기에 담겨 전해졌다. 나아가 '나'가 누리는 문명이 왜 이러한 양태를 띠게 되었는지, '우리'를 통치하는 그들은 언제부터 어떻게 그렇게 되었는지 등, 문명의 발생과 변이, 갱신의 양상과 원리 등도 이야기에 담겨 유포되고 전승되었다. 예컨대 이러했다.

> 저 먼 옛날, 사람은 적고 날짐승과 들짐승이 많았다. 사람들은 날짐승과 들짐승, 벌레와 뱀을 감당하지 못했다. 이때 성인이 나와 나무를 엮어 집을 만들자 여러 해악에서 벗어나게 되니 사람들이 그를 좋아하여 천하의 왕으로 삼고는 유소씨(有巢氏)라 불렀다. 당시 사람들은 열매와 씨앗, 조개 따위를 먹었는데 비린내와 악취로 속이 상해 사람들 다수가 병을 앓았다. 이때 성인이 나와 부싯돌로 불을 지펴 비린내를 없애니 사람들이 그를 좋아하여 천하의 왕으로 삼고는 수인씨(燧人氏)라 불렀다.[22]

여기서 유소씨와 수인씨는 모두 신화에 등장하는 존재들이다. 이렇게 왕조나 빼어난 인물의 기원과 사적이 신들의 이야기와 버무려져 유전됨으로써, 신화는 인간의 문명과 절합(節合)되었고 그렇게 문명의 질서는 자연의 섭리 위에 정당화되고 이야기를 통해 내면화됨으로써 인간과 사회는 역사를 쌓아올 수 있었다.

이른바 '신화의 시대'만 그러했던 것이 아니다. 제정분리의 시대가

---

22 "上古之世, 人民少禽獸衆, 人民不勝禽獸蟲蛇. 有聖人作, 構木爲巢以避羣害, 而民悅之, 使王天下, 號曰有巢氏. 民食果蓏蜂蛤, 腥臊惡臭而傷害腹胃, 民多疾病. 有聖人作, 鑽燧取火以化腥臊, 而民悅之, 使王天下, 號之曰燧人氏."(『한비자(韓非子)』「오두(五蠹)」)

도래하여 인간이 중심으로 설정된 인문이 시동되고 성장해가던 시절에도 신화는 새로운 시대조건에 발맞춰 '다르게 이야기'되면서[23] 여전히 중요한 역할을 수행했다. 이는 전국시대부터 본격적으로 시도된 새로운 천하질서와 통치이념의 구축 작업이 신화를 새 시대에 걸맞게 '다르게 이야기한' 바에 크게 빚졌음에서도 확인된다. 당시 기사(紀事)나 입언(立言)의 글에는 기존의 봉건제적 질서와 이념을 떠받치던 신화를 당대의 인문 상황에 비추어 '다르게 이야기한' 대목이 다수 실려 있다. 제자백가는 이러한 재해석을 토대로 자신의 사상을 구축했으며, 통일제국[24]을 일군 진, 한의 이데올로기들은 이를 토대로 제국의 질서와 이

23 『춘추좌전(春秋左傳)』 희공(僖公) 5년 조에는 다음과 같은 기사가 실려 있다. "귀신은 유달리 사랑하는 사람이 따로 있지 아니하고 오로지 덕이 있는 자를 따를 따름이다[鬼神非人實親, 惟德是依.]." 이는 신에 관하여 인간 중심적으로 '다시 이야기한' 것이다. 필자는 『춘추좌전』을 대상으로 신화에 대해 '다시 이야기한' 바를 분석한 바 있다. 이에 관해서는 졸저, 『춘추좌전－중국문화의 원형이 담긴 타임캡슐』, 풀빛, 2009 중 제12장 3절 「신화적 사유에서 인문적 사유로」 참조.

24 중국을 제국으로 규정함에는 적어도 다음의 두 차원이 존재한다. 하나는 전근대기 중국을 제국으로 규정하는 것이고, 다른 하나는 'G2'로 부상한 현대중국을 제국으로 규정하는 것이다. 전자의 제국을 'empire'의 번역어로 보면, 중국을 제국으로 규정함에 이견이 존재하게 된다. 전근대기 중국의 통일왕조를 서구 역사에 등장했던 로마나 근대기 영국 등의 empire와 한 범주에 든다고 볼 수 없기 때문이다. 반면 전근대기 중국이 '유일천하(唯一天下)'를 하늘을 대신한 천자(天子) 곧 황제(皇帝)가 다스린다는 층위에 독존적으로 존재했으며, 이를 주변의 정치체가 승인했다는 점에서, 역대 중국의 통일왕조가 사전적 의미의 국가와 질적으로 달랐음을 인정할 수밖에 없다. 이러한 위상에 놓인 중국은, 김한규가 '천하국가'로 명명했듯이 실은 천하 자체였다. '한 제국'이니 '대당제국(大唐帝國)', '대청제국(大淸帝國)'이라 칭할 때의 제국은 '황제의 국가'라는 의미에서, 이러한 위상에 놓였던 천하국가를 가리킨다고 할 수 있다. 21세기 전환기에 G2로 부상한 현대중국의 행보에서 목도되는 제국적 행보는 이러한 역사적 경험에 근대 이래 서구의 제국이 취한 존재형식과 작동방식 등을 겸하고자 한다는 점에서 전근대기의 그것과 구분된다고 할 수 있다. 이상의 논의를 포함하여, 전근대기 '천하국가로서의 제국' 중국에 대해서는 졸고, "The Romance of the Three Kingdoms from the Perspective of Empire: Narrative Configuration of the Requirements for the Building of an Empire"(*Horizons*, vol.6, no.1, 2015)의 2장을, '천하국가'에 대해서는 김한규, 『천하국가』, 소나무, 2005 참조.

념을 새로이 구축했다. 곧 이야기는 진시황 이래 신해혁명에 이르기까지 2천여 년 간 지속된 '중국제국'[25]의 형성에 적잖이 기여했던 셈이다.

신화만 그러했음도 아니었다. 이야기가 문명 형성에 고갱이었음은 오경(五經)이 잘 입증해준다. 오경은 적어도 춘추시기까지는 유가만의 경전이 아니라 식자층 모두의 정전(正典, cannon)이었는데, 그러한 오경이 주로 이야기를 기반으로 구성되었기 때문이다. 역사적 사실을 주로 쓴, 곧 기사 글쓰기의 비조 격인 『서경(書經)』과 『춘추(春秋)』가 이야기를 기반으로 구성됐음은 당연한 귀결이었다. 서사, 곧 사건을 풀어냄을 기반으로 기록됐기 때문이다. 그러나 음악에 맞춰 집단적 서정을 노래한 가사 모음집인 『시경(詩經)』의 대다수가 서술시(narrative poem)[26]인 점, 우주자연의 섭리를 의논한 『역경(易經)』도 64괘에 대한 설명이 서술(narration)을 근간으로 이뤄진 점, 그리고 전국시대 중엽 그러니까 입언의 글쓰기가 본격화된 시기에 찬술된 『예기(禮記)』가, 상당 부분이 이야기를 기반으로 기술된 점까지도 당연한 귀결로 보기에는 무리가 있다. 그럼에도 이들은 이야기와 밀접하게 연동되었다. 이를 좀 더 상술하면 다음과 같다.

『시경』은 크게 풍(風)·아(雅)·송(頌)으로 나뉜다. 풍은 민요의 가사이고, 아는 각종 궁중 연회에서 불린 노래 가사로 알려져 있다. 송은 종

25 근자에 들어 '중화제국(中華帝國)'이라는 표현으로 진·한·수·당·원·명·청 같은 역대 중국의 통일 왕조를 통틀어 가리키는 사례가 늘고 있다. 그러나 이 글에서는 잠정적으로 '중국제국'이라는 표현을 쓰기로 한다. 이는 사회주의 체제든 자본주의 체제든 간에 '중화'란 기표를 국명의 맨 앞에 쓴 데서 명료하게 드러나듯, '중화'가 '중국'보다 상대적으로 자민족 중심주의적 성향을 강하게 띤다는 필자의 판단에 따른 것이다.

26 이는 'epic'의 번역어인 서사시를 포함한 한층 상위의 개념이다.

묘 제악 시 제사 대상자인 조상의 공덕을 칭송하는 노래이다. 따라서 송은 절대 다수가 조상의 공적을 서술한 서사시에 가깝다. 풍과 아에도 감성의 응축과 운율을 기반으로 한 내면의 토로라는 시의 보편적 속성에 부합되는 시는 별로 없다. 대신 특정되거나 구체화되지는 않았지만, 분명 어떤 사태의 서술을 기조로 하여 집단적 서정을 가미하여 노래하는 방식으로 구성된 시가가 주를 이루고 있다.[27] 서정이 처음에는 이야기를 바탕으로 노래됐던 것이다. 이는 감성을 기조로 자신의 서정을 토로하는 시가가 동한(東漢) 말엽이 되어서나 등장하기 시작하여 위진남북조시대를 거치면서 시가의 주류로 발돋움했다는 문학사적 사실과 부합되는 현상이기도 하다. "이야기로 하필 시를 쓰며/뇌수와 심장이 가장 긴밀히 결합되길 바란다."[28]는 한국 현대시인의 바람이 실은 삼천여 년 전에 이미 실현됐던 셈이다.

의론을 펼쳐내는 글쓰기, 곧 입언의 남상으로 비정되는 『역경』도 의론의 상당 부분이 서술의 형식으로 이뤄져 있다. 이야기와 유기적으로 연동되어 있다는 것이다. 이를테면 이런 식이다. 다음은 『역경』 첫 괘인 중천건(重天乾) 괘에 대한 해설이다.

---

27 다만 이러한 서술이 중국 고전시가에서 서술시가 주류였음을 말하는 것은 결코 아니다. 오히려 위진남북조를 거치면서 감성을 기반으로 개인의 내면을 고백하듯이 토로한 시, 곧 서술시에 대비되는 서정시(시 일반으로서의 서정시가 아니라)가 전근대기 내내 시단의 주류를 점해왔다.

28 이는 최두석의 「노래와 이야기」란 시의 일부다. 시 전문은 다음과 같다. "노래는 심장에, 이야기는 뇌수에 박힌다./처용이 밤늦게 돌아와, 노래로써/아내를 범한 귀신을 꿇어 엎드리게 했다지만/막상 목청을 떼어내고 남은 가사는/베개에 떨어뜨린 머리카락 하나 건드리지 못한다./하지만 처용의 이야기는 살아 남아/새로운 노래와 풍속을 짓고 유전해 가리라./정간보가 오선지로 바뀌고/이제 아무도 시집에 악보를 그리지 않는다./노래하고 싶은 시인의 말 속에/은밀히 심장의 박동을 골라 넣는다./그러나 내 격정의 상처는 노래에 쉬어 덧나/다스리는 처방은 이야기일 뿐/이야기로 하필 시를 쓰며/뇌수와 심장이 가장 긴밀히 결합되길 바란다."

맨 밑의 양효[初九]는 물속의 용이니 때를 기다려라. 밑에서 두 번째 양효[九二]는 모습을 드러낸 용이 밭에 있음이니 대인을 뵙는 것이 이롭다. 밑에서 세 번째 양효[九三]는 군자가 종일토록 조심하고 조심하여 저물 때까지 삼가는 형상이니 위태롭지만 허물은 없으리라. 밑에서 네 번째 양효[九四]는 더러 못에서 용솟음침이니 허물이 없으리라. 밑에서 다섯 번째 양효[九五]는 나는 용이 하늘에 있음이니 대인을 뵙는 것이 이롭다. 맨 위의 양효(上九)는 하늘 높이 나는 용이니 후회가 있으리라.[29]

건괘의 괘사(卦辭), 곧 건괘의 형상 '☰'에 대한 해설이나 공자가 붙인 해설이라고 주장되는 '십익(十翼)'은 대부분이 논설 형식을 띠고 있지만, 괘를 이루는 효(양효(—)와 음효(--)로 나뉨)에 대한 설명인 효사(爻辭)는 대부분이 이처럼 이야기 형식을 띠고 있다. 개인 차원의 도덕부터 사회제도 일반을 통칭하는 예(禮)를 기록하고 해설한 『예기』도, 입언의 글쓰기가 상당히 발달한 한대에 지금 전하는 체례와 내용을 갖췄음에도 상당량의 이야기가 실려 있다. 이렇듯 오경은 전반적으로 이야기의 자장 안에서 기술되어 있다. 오경이 유가만의 경전으로 전유되기 전, 중국문명의 핵질을 담고 있는 정전으로 공유됐음을 감안하면 이야기가 문명의 형성과 유지, 갱신, 전승에서 어떠한 역할을 했는지를 익히 알 수 있는 대목이다.

신화나 오경뿐만이 아니다. 전근대기 내내 이야기는 무척 유용한 문명장치로 꾸준히 기능하였다. 특히 선진시기에는 사실을 기술하거나

29 "初九, 潛龍, 勿用. 九二, 見龍再田, 利見大人. 九三, 君子終日乾乾, 夕惕若, 厲無咎. 九四, 或躍在淵, 無咎. 九五, 飛龍在天, 利見大人. 上九, 亢龍有悔."(『역경』)

의론을 전개할 때 중요한 자원으로 널리 활용되었다. 『국어(國語)』, 『전국책(戰國策)』, 『춘추좌전』 등을 비롯하여 자기 글의 열에 아홉이 우언이었다[30]는 『장자(莊子)』나 다량의 이야기가 들어 있는 『한비자』, 『여씨춘추(呂氏春秋)』 등은 대표적 예이다. 한대에 들어서도 『사기』, 『한서』, 『회남자(淮南子)』, 『신서(新序)』, 『한시외전(韓詩外傳)』 등에서 볼 수 있듯이 이야기는 여전히 기사와 입언의 중요한 자산이자 매체였다. 게다가 한대에는 관리 임용이 추천에 의해 이뤄지고 추천의 근거가 평판이었던 까닭에 인물에 대한 품평 곧 '인물 이야기'가 무척 성행하였다. 이것이 위진남북조시대에 들어 지인(志人)이란 서사 양식으로 이어졌고, 때맞춰 성행한 기이한 물상과 사태를 이야기한 지괴(志怪)와 함께 위진남북조시대의 문화 형성과 진전에 크게 이바지했다. 또한 이 시기에는 현담(玄談) 곧 '현리(玄理)에 대한 이야기'라는 조어에서 목도되듯이 심오한 철리도 이야기 형태로 유포되고 전승되었으며, 동한시대의 청의(淸議)를 이어 혼탁한 세태와 동탕되던 현실을 이야기한 청담(淸談)도 널리 유행했다. 이야기가 문학의 테두리에 얽매이지 않고 정치와 학술 분야에서 처음부터 폭넓게 활용되었음이다.

뿐만이 아니다. 이야기는 종교 분야에서도 고갱이처럼 활용되었다. 동한의 명제(明帝, 58~75년 재위)는 어느 날 금빛 신인(神人), 곧 부처가 날아드는 꿈을 꾸고는 서역에 관리를 파견하여 불경과 승려를 구해왔다고 한다. 불교의 중국 전래와 연관된 대표적 설화로, 서구 근대문명이 미친 영향에 버금가는 영향을 중국에 미친, 불교의 전래라는 문명사적 사건은 이렇게 이야기로 기록되고 전승됐다. 실제로 불교의 중국

30 "열에 아홉은 우언이다[寓言十九]."(『장자』 「우언(寓言)」)

내 포교는 말 그대로 '이야기에 의한, 이야기의' 소산이었다. 위진시대에 들어 불법을 담은 불경의 많은 이야기가 때론 글말을 통해, 때론 입말을 통해 식자층과 민간에 전파되었고, 이를 통해 불교는 꾸준히 중국의 어엿한 일원으로 자리 잡아갔다.[31] 남북조시대에 이르러 많은 수의 불경이 한문으로 번역되고, 식자층 사이에 불교의 핵심 교리에 대한 토론이 활발히 수행되면서 중국 학술에 깊이와 높이, 넓이를 더하게 된 데에, 그리고 불교가 도교와 함께 중국의 민간신앙으로 발돋움하는 데에는 이미 널리 향유되던 불교 이야기가 결정적 역할을 했음을 부인키는 어렵기 때문이다.

이렇듯 이야기는 그저 함량이 부족한 서사양식이나 재밌는 소일거리 정도가 '결코' 아니었다. 그것은 어디까지나 문명의 형성과 갱신, 전승에 당연하게 활용됐던 문명장치였다. 제자백가의 입언 속 이야기나 위진대 이래의 현담과 지괴는 지식 그 자체임과 동시에 새로운 지식의 창출과 갱신, 전파의 매체(media)였고, 지인이나 청담의 예에서처럼 그것은 관리 임용의 근거나 정사의 참조체계로 기능됐던 일종의 국가장치였다. 또한 불교의 포교, 그리고 훗날 예수회 선교사의 선교 전략에서 보이듯이 이야기는 종교와 이를 기화로 한 문명 교류의 무척 유용한 촉매였다.[32]

---

31 불교 이야기가 중국문화에 미친 영향은 비단 위진남북조시대에 국한되지 않는다. 불경에 실린 수많은 이야기는 당대 이후로도 식자층과 민간에 널리 유행하였다. 당대 중엽 이후 불교 사찰을 중심으로 불교 이야기를 제재로 민간에서 널리 공연된 변문(變文)이나 속강(俗講), 설참청(說參請), 설원경(說諢經), 명대와 청대의 보권(寶卷), 『서유기(西遊記)』로 대변되는 독물(讀物) 등이 대표적 예다.

32 기실 종교는 발원지가 아닌 타 지역에서의 포교, 착근 과정에서만 이야기를 적극적으로 활용했던 것이 아니라, 『성경』이나 『불경』에 잘 드러나 있듯이 그 종교 자체가 성립될 때 이미 신에 관한 정보를 담은 여러 이야기가 생산되고 유통되는 과정을 겪는다.

3. 이야기, 서사와 의론의 복합체[33]

이를 두고 본질이 서사인 것이 부수적으로 문명장치나 국가장치 역할을 수행했다고 볼 수만은 없다. 역으로 이야기의 이러한 쓰임새는 이야기가 서사로만 다뤄지지 않았을 개연성을 반증해준다.

그렇기에 표면상으로 서사로만 보이는 지괴 같은 이야기가 지식을 해설하고 전파하며 새로 만들어내는 문명장치로 활용될 수 있었다.[34] 다시 말해 한대 이래 이야기가 이렇게 활용될 수 있었던 것도 선진시기에 이미 이야기가 서사만이 아니라 의론으로서 기능했기에 가능했다고 봐야 한다는 것이다. 역사전개 과정에서 무에서 유로의 비약은 수사에 불과하기에 그렇다. 또한 이야기를 생성의 순간부터 서사의 범주로 포획하는 시선이 서구의 전통에서 정당하다고 하여 중국에서도 그러하다고 주장할 수는 없기 때문이다. 그보다는 고대 중국에서는 이야기가 서사와 의론의 복합체였다고 보는 것이 실제에 더욱 부합한다고 보인다.[35] 다시 말해 서사와 의론이 미분화된 상태로 이야기를 구성하고 있었으며 그래서 이야기로 의론하는 전통이 전혀 낯설지도, 또

33 이 절은 졸고, 「선진(先秦)의 복수 이야기와 그 독법」, 『중국문학』 76집, 한국중국어문학회, 2013의 제2장을 수정, 보완하여 작성되었다.

34 지식으로서의 지괴에 대해서는 박소현, 「괴이한 것을 말하는 것의 의미－위진남북조시대 지괴의 탄생」, 서경호 외, 『중국의 지식장과 글쓰기』, 소명출판, 2011, 148～62쪽 참조.

35 따라서 서사와 의론의 복합체로서의 이야기라는 성격 규정은 어디까지나 선진시기의 이야기와 이 시기에 행해진 글쓰기의 자장에 속해 있다고 평가되는 한대 초, 중엽 시기의 이야기에 국한된다. 예컨대 그 이후에 출현한 지괴나 지인, 청담, 현담, 전기 등과 같은 서사양식 속 이야기도 그러하다는 것이 아니다.

문제라고 여기지도 않았다는 것이다.

확실히 고대 중국에서는 고대 그리스와는 달리 개념과 명제의 정합적 연쇄로 구축되고 표현된 의론은 거의 시도되지 않았던 낯선 글쓰기였다. 그러한 의론이 써지기 위해서는 예컨대 '개념의 틀(conceptual schema)' 같은 것이 앞서 또는 동시에 갖춰져 있어야 한다. 이것 없이는 개념의 검증과 확정이 불가능하기에 명제의 구성도 또 개념 간, 명제 간 논리적 정합의 여부도 판정할 수 없게 된다. 고대 중국에는 이러한 개념의 틀이 구축되어 있지 않았기에 의론이 개념과 명제의 정합적 연쇄의 양태로 표현될 수가 없었다. 이는 고대 중국이 서구보다 열등했다는 주장이 아니다. 한문에 영어와 같은 서수 표현 격식은 없었어도 서수 관념이 분명하게 존재했듯이, 그러한 양태로 표현되지 않았다고 하여 고대 중국에서는 의론이 불필요했다거나 없었다고 주장할 수는 없기 때문이다. 다시 말해 서구와는 다른 양태로 의론이 표현됐을 개연성이 높다는 것이며 그것이 바로 이야기였다는 것이다.

이를 입증하기 위해서는 최소한 서사와 의론의 결합을 통해서도 앎을 정확하게 전달할 수 있는지 여부를 규명할 필요가 있다. 필자는 이에 대해, 정합적 논리를 기반으로 의사를 소통하던 서구인과 달리 고대 중국인은 내용의 '생생함'을 기반으로 의사를 소통했으며, 그 '실감 나는 생생한 체험'을 통해 담론의 내용을 정확하게 전달하고 또 이해할 수 있었다고 본다.[36] 그래서 개념과 명제의 정합적 연쇄라는 방식이 아

36 이와 관련하여 사마천의 다음 언급은 참조할 만하다. "공자에게 가탁하여 구체적인 사건 속에서 생각을 구체화시키는 것이 추상적인 논쟁보다 낫다."(데이비드 롤스톤, 조관희 역, 『중국 고대 소설과 평점－행간 읽기와 쓰기』, 소명출판, 2009, 269쪽에서 재인용) 또한 다음 언급도 참조할 만하다. "삶의 외형적 실상보다는 그 의미를 포착

니라 내용의 생생한 재현이 본령인 이야기라는 양식이 선택됐다고 여겨진다. 이렇게 판단하는 근거는 다음과 같다.

고대 중국인들이 개념과 명제의 정합적 구조화를 통하지 않고서도 고도의 학문세계와 정신문명을 일구었음은 엄연한 역사적 사실이다. 그리고 입언의 텍스트에도 이야기가 논거나 예증으로 널리 활용됐던 데서도 알 수 있듯이 중국의 전통 안에서 서사와 의론의 결합은 꽤 익숙한 담화 양식이었다. 이는, 고대 중국인이 서사와 의론이 결합된 이야기 곧 '의론 이야기'로 그러한 높은 수준의 학문과 정신을 사유하고 표현했을 개연성이 높음을 시사해준다. 이야기를 적극 활용한 제자백가의 글쓰기는 이점을 지지해주는 한 사례이다. 가령 『한비자』, 『여씨춘추』, 『장자』, 『회남자』는 제자서 가운데서도 그 작자[37]들이 '의론인 이야기'라는 속성을 분명하게 인지하고 이를 입론에 새로운 방식으로 활용한 대표적 텍스트이다. 이들은 산재되어 있는 개개의 이야기에 앎을 담아내던 기존의 방식에서 나아가 더욱 다채로운 방식으로 이야기를 활용했다.

그 중 하나가 '예증으로서의 이야기 꾸러미'를 입론에 활용한 경우이다.[38] 『한비자』의 「내저설(內儲說)」 두 편과 「외저설(外儲說)」 네 편을 보

하기 위해서, 사람들은 언제나 삶에 대한 추상적 개념의 형식을 통해서 그 의미를 이해하기 시작했다. (…중략…) 이야기를 다른 시기나 장소를 옮겨서 말하거나, 인물들이 가진 능력들이나 품행을 이상적(또는 극단적)으로 규정해서 이야기를 꾸며내는 방식은, 최근의 진짜 인물이나 실제 일어난 사건들에 대한 기억과 꼭 합치하지 않을 수 있는 이야기의 단점을 충분히 상쇄시킬 수 있다."(허버트 핑가레트, 송영배 역, 『공자와 철학―서양에서 바라본 예에 대한 새로운 이해』, 서광사, 1993, 106쪽)

37 여기서 '저자'라는 어휘 대신에 '작자(作者)'라는 어휘를 쓴 까닭은, 『한비자』 등이 어느 한 사람에 의해 '저술'되었다고 볼 수 없기 때문이다.

38 이에 대해서는 홍상훈이 「고대 중국에서 서사구조 변천의 특징」, 『중국문학』 61집, 한국중국어문학회, 2009, 34쪽에서 논지를 달리하여 다룬 바 있다.

면 주장이 먼저 제기되고 이를 입증할 수 있는 이야기들의 꾸러미가 뒤에 제시되는 유형을 접할 수 있다. 또한 「유로(喩老)」에서는 역사 이야기로 예증되고 해설된 『노자(老子)』를 만날 수 있다. 이는 같은 책의 「설림(說林)」 상, 하편처럼 이야기를 그저 모아두는 데서 그친 것과는 사뭇 다른 유형이다. 곧 이야기를 모으되 앎의 내용이나 성질에 따라 분류하여 묶음으로써 앞서 제기된 주장의 옳음과 보편성을 옹호하는 역할을 효과적으로 수행하게끔 구조화됐다. 이는 전국시대 들어 본격화된, 경문[經]을 먼저 제시하고 그것의 해설[說]을 그 뒤에 다는 방식과 구조적 상동성을 지닌다. 이러한 방식은 『여씨춘추』에서도 목도되고 철리성이 강한 『장자』에서도 목도된다.[39] 다만 『장자』는 다소 변형된 형태라고 할 수 있다. 「소요유(逍遙遊)」나 「제물론(齊物論)」처럼 편명이 주장하는 바를 지지할 수 있는 이야기를 해당 편에 모아둔 유형으로 되어 있다.[40] 또한 한대에 나왔지만 제자백가의 글쓰기 자장에 속해 있는 『회남자』에는 이러한 방식이 텍스트 전체 차원에서 구조화되어 있다. 현전하는 『회남자』 21편은 각 편의 내용을 요약한 「요략훈(要略訓)」을 제외하면 크게 세 부분으로 나눠볼 수 있다. 첫 부분은 우주자연의 원리를 설명한 「원도훈(原道訓)」부터 8편인 「본경훈(本經訓)」까지, 둘째 부분은 문물제

39 한편 『한비자』 「내저설」과 「외저설」은 이치를 밝힌 '경(經)' 부분과 해당 이치가 드러난 사례를 들어 결과적으로 이치를 설명한 설('說)' 부분으로 구조화되어 있는데, 이러한 편제도 한대에 곧잘 채택된 듯하다. 『한시외전』은 그 대표 사례로, 이 텍스트는 『시경』의 구절을 이치를 담고 있는 명제처럼 제시한 후 그 앞뒤에 이를 실증할 수 있는 이야기를 배치하는 방식으로 구성되어 있다.

40 『장자』의 이러한 면모에 대해서는 홍상훈도 지적한 바 있다. 이에 대해서는 홍상훈, 앞의 글, 34쪽 참조. 한편 편명에 담긴 주제의 예증으로 일련의 이야기를 집성하는 방식은 한대에 이르러 더욱 널리 활용됐다. 『신서(新序)』, 『설원(說苑)』, 『열녀전(列女傳)』, 『신선전(神仙傳)』 등을 찬술하면서 이러한 방식을 채용했던 유향(劉向)의 글쓰기는 그 대표 사례라고 할 수 있다.

도와 통치 방책 등을 논술한 「주술훈(主術訓)」부터 15편 「병략훈(兵略訓)」까지, 셋째 부분은 이야기를 모아둔 「설산훈(說山訓)」부터 20편 「태족훈(泰族訓)」까지이다. 이러한 구조로 보건대 셋째 부분은 앞 두 부분에서 다룬 우주자연과 인간만사를 포괄하는 원리와 실제에 대한 언술을 실증하는 예증 꾸러미로서 이야기가 집성되어 있다고 볼 수 있다.[41]

한편 이렇게 모아진 이야기는 한 주장을 지지하는 한 집합의 원소라는 새로운 정체성을 부여받는다. 곧 집합으로 묶이기 전의 개별 이야기 상태서는 부여받지 않았던 의미가 새로이 더해진다. 굳이 근자의 복잡계 이론을 원용하지 않더라도 개별 텍스트가 육경(六經)이나 사서(四書)라는 전체로 묶이면 그 전체는 부분의 총합 이상이 되고, 각 부분은 전체를 이루는 일원으로서의 새로운 정체성을 부여받게 됨은 분명하다. 그 결과 부분은 전체의 일원이 되기 전에는 지니지 않았던 새로운 속성과 의미를 부여받게 된다. 예증 꾸러미로 묶인 이야기 또한 마찬가지여서 그 꾸러미 속의 이야기는 서사 자체보다는 논변의 일부로서의 속성 다시 말해 의론으로서의 속성을 더욱 강하게 부여받게 된다. 곧 '의론인 이야기'라는 속성[42]이 한층 두드러지게 된다.

41 이는 필자의 박사과정 지도학생인 김나리 선생의 견해이다. 필자는 그와의 박사논문 지도 과정에서 이러한 견해를 접했다.

42 예증 꾸러미로 묶인 이야기가 그 자체로 의론이라는 성격을 새로이 부여받았다는 진술은, 판명하게 정의된 개념과 이에 근거한 명제 등의 정합적 연쇄를 바탕으로 의론이 전개되지 않았던 선진시기의 글쓰기에서 이야기가 의론의 한 양식으로서 기능했다는 뜻이다. 서구의 인문 전통에 비추어보면 이는 정립되기 어려운 명제이지만 고대 중국의 인문 전통에서는 충분히 정립 가능했다. 이와 관련하여 다음의 두 가지를 방증으로서 제시한다. ①선진시기의 텍스트를 보면 『시경』이나 『서경』에 나오는, 감성 토로나 시적(詩的) 진술, 고사(故事)로 이뤄진 구절을 가치판단만이 아니라 시비판단의 기준 그러니까 당위명제나 항진명제처럼 전용한 사례가 도처에 등장한다. 이렇게 활용된 『시경』, 『서경』의 구절은 논리학의 잣대로 엄밀히 따지자면 그 참, 거

『장자』의 우언은 이러한 '의론인 이야기'의 속성이 고도로 발현된 이야기의 전형이라고 할 수 있다. 특히 「내편(內篇)」에 실려 있는 우언들은 철리 그 자체라고 해도 과하지 않을 정도로 서사와 의론이 통일체를 이루고 있다. 그럼으로써 장자는 자신이 설파하는 주장의 보편성과 절대성을 최대치로 끌어올리고자 했던 듯하다. 나아가 그는 이러한 우언으로 분열되어 있던 중원 어디서나 항상 통용될 수 있는 보편적 철리의 토대를 구축하고자 했던 것으로 보인다. 장자뿐 아니라 당시 대다수 지식인은 전국(戰國)시대 이후 통일된 중원을 지향하고 있었다. 따라서 어느 나라, 지역에서도 통용될 수 있는 보편성을 고안, 구현하는 것은 학파를 불문하고 당시 학인들의 공통된 문제의식이자 지향이었다. 사유의 보편적 토대와 질서를 구축하고자 각자의 방안을 적극 제시하는 현상도 이러한 움직임의 일환이었다. 예컨대 맹자는 성선(性善)・양지・양능과 같은 도덕적 보편성을 창안하고 자신의 학설을 그 위에 구축함으로써 이를 실현코자 했다. 순자(荀子)는 논설문이라는 보편적 의론 형식을 고안해냄으로써[43] 학파와 지역을 불문하고 또 역사 경험의 상이함과 무관하게 그 형식을 온전히 구현하면 보편성을 구현

짓이 검증되지 않았음에도 다른 발화의 현장에서 참 명제로 활용된 경우이다. 이야기 자체가 의론이라는 필자의 규정은 이러한 사례와 구조적 상동성을 지닌다. 다시 말해 이와 같은 방식으로 서사인 이야기가 예증 꾸러미로 묶이면서 의론 자체로 전용됐다고 볼 수 있다는 것이다. ②"레비스트로스의 방법에서 이야기를 시간적 흐름이 아니라 하나의 구조로 읽을 수 있다는 발상이 생겨났다. 이 착상에 근거하여 롤랑 바르트는 『이야기의 구조분석 서설』에서 이야기의 시간적 흐름을 논리적인 구조로 전환하여 분석할 수 있다고 생각하고 이야기의 논리학이라고 이름 붙였다. (…중략…) 바르트에 앞서 프로프가 『민담의 형태론』에서 이야기를 기호학적으로 분석하였다."(나가야마 겐, 위의 책, 431쪽)

43 이에 대해서는 졸고, 「직하학궁과 전국시대의 글쓰기」, 서경호 외, 앞의 책, 77~9쪽 참조.

한 것이 되게끔 하였다. 장자는 이를 우언으로 실현하고자 했던 것이다. 서사와 철리가 고도로 융합된 복합체를 창출함으로써, 다시 말해 철리가 서사에 스며들게 함으로써 서사이기에 구조적으로 개입될 수밖에 없었던 '저자의 목소리'를 소거했던 것이다. 이로써 그의 우언은 발화자의 특수성과 무관하게 되어 결과적으로 보편성을 구현한 것으로 작용될 수 있었다.

이렇듯 선진시기의 이야기는 서사와 의론의 복합체로서의 속성이 강하였고, 이러한 전통은 후대에도 유전되어 고대 중국인은 이를 통해 고도의 학문과 정신을 창출하고 갱신했으며 효과적으로 전승했다. 그리고 이러한 문명행위가 유용하다고 판단한 듯하다. 그렇기에 불교의 영향 등으로 개념과 명제의 정합적 연쇄로 의론을 펼쳐낼 수 있는 경험을 충분히 쌓은 송대 이후에도 예컨대 시화(詩話)와 같은 '의론 이야기'가 새로이 고안되어 성행할 수 있었다.[44] 결국 고대 중국인은 고대 그리스인처럼 의론을 논리와 결합시키지 않고, 그들과 달리 서사와 결합시켰던 것이다. 여기서 고대 중국의 역사 서술이 사건의 실증적 기술보다는 사건의 생생한 재현에 치중한 점[45]을 떠올릴 필요가 있다. 역사 기술의 궁극적 목표가 사건의 전모를 정확하게 기억하는 데에 머물지 않고 그에 부여된 의미를 이해하는 데에 있다고 할 때, 지식의 연마 정도가 상이한 언중을 대상으로 이러한 목표를 실현하는 데에는 아무

44 송대 처음 등장한 시화란 담화 양식은 사(詞)에 대한 의론에도 응용되어 사화(詞話)라는 담화 양식을 낳기도 했다. 사화라는 제목이 붙은 텍스트 가운데 20세기 초반에 나온 왕국유(王國維)의 『인간사화(人間詞話)』는 근대의 논변 형식과 글쓰기 방식을 아는 왕국유가 사화의 전통을 취한 것으로, 이를 통해 이야기로 의론하는 전통의 힘이 결코 약하지 않았음을 확인해볼 수 있다.

45 필자는 앞의 책, 198~202쪽에서 이에 대해 상론한 바 있다.

래도 논리보다는 서사가 효과적이고 실제적일 수 있다. 더구나 사건과 그 의미 이해의 궁극적 목표가 정신의 도야와 제고가 아니라 더욱 나은 사회적 삶의 구현에 우선적으로 놓인다면, 담론을 서사와 의론의 복합체로 이야기하는 방식이 더욱 유용할 수 있다. 사건을 생생하게 기술함으로써 그 의미를 실감나게 체험케 되는 것처럼, 이야기는 의미를 현재화하여 언중이 이를 자발적으로 내면화함으로써 삶의 현장에서 자발적으로 실천케 한다는 공능을 지니고 있기 때문이다.[46]

그래서 고대 중국인은 정치적, 윤리적 주장에 학술적, 정치적 힘을 싣고자 할 때에 이야기를 널리 활용했다. 이야기는 언젠가 있었던 사건을 의사소통현장으로 생생하게 소환하면서 동시에 지난 시절 그 사건을 통해 사람들이 깨달은 바도 실감나게 불러내어 청자/독자를 공명케 할 수 있었다. 형성하는 힘을 포함한 이야기의 제반 덕목은 논리보다는 서사를 통해 의미를 생생하게 구현할 때 더욱 효과적으로 발휘될 수 있었던 것이다. 이것이 선진의 중국인이 정합적 논리보다는 생생한 서사를 통해 담론했던 까닭으로 사료된다. 이야기는 그렇게 벡터, 방향성을 갖고 움직이는 힘이었다.[47]

---

46 서경호는 '지식을 설명하는 힘', '새로운 지식을 만들어내는 힘' 등으로 이야기의 공능을 설명한 바 있다(서경호, 『중국소설사』, 서울대 출판문화부, 2004, 제2장). 이와 같은 이야기의 공능과 관련하여 다음의 언급을 참조할 만하다. "이야기의 서술적 기능은 단지 역사적이거나 상상적인 현실을 이야기의 틀(서술코드)에 따라 재현하는 데 있는 것이 아니라 다시금 독자가 속한 현실세계와 관계를 맺게 하는 데 있는 것이다. 이야기는 그냥 이야기로 끝나지 않는다. 이야기는 우리가 처한 현실을 돌이켜보게 하고 어떻게 살 것이냐의 문제를 제기한다."(김한식, 앞의 글, 222쪽) ; "어떤 철학도, 어떤 경구도, 어떤 분석도 그것이 아무리 심오한 것이라 할지라도, 의미의 강렬함과 풍부함에서는 올바르게 말해진 이야기와 비교할 수가 없다."(한나 아렌트, The Origins of Totalitarianism, 482쪽 ; 강정민, 「한나 아렌트의 방법론—이론으로서의 '이야기 하기'」, 『인문연구』 58호, 영남대학교 인문과학연구소, 2010, 715쪽에서 재인용)

4. 이야기의 자장(磁場)

이 책에는 모두 10편의 논문이 수록되어 있다. 이들은 크게 셋으로 나눠볼 수 있다.

첫 번째는 이야기와 관념이나 믿음, 지식의 관계를 엿볼 수 있는 글들이다. 김월회는 「선진의 복수 이야기」에서 춘추전국시대의 복수 이야기를 대상으로, 선진시기에 시도됐던 '복수의 인문화', 곧 복수에 대한 인문적 통제의 양상을 추적하였다. 이 과정에서 그는 복수 이야기가 단지 서사로서만이 아니라 '서사+의론'의 복합체 형식으로 사유되고 활용됐음을 예증함으로써 복수 이야기가 복수 인문화의 소산인 복수 관련 윤리를 전파하고 구현하는 데 주요한 매체였음을 확인하였다. 박영희는 이야기와 지식 사이의 역학을 한층 구체적으로 조명하였다. 그는 「『노자』의 역설에 대한 이야기식 해설의 함정」에서 『한비자』의 「유로」에서 수행된 『노자』에 대한 이야기식 해설을 촘촘하게 다루었다. 한비자가 역사 이야기로 『노자』를 해설함으로써 지금까지도 거듭되는, 『노자』를 '권모술수'로 해석하는 물길을 텄다고 보았다. 한편 이 글은 '이야기식 해설의 함정'이 환기되고 있다는 점에서 또 다른 주목을 요한다. 『노자』 텍스트의 주요 속성인 역설과 엇갈림에도 이야기가

47 발화되는 이야기를 생생하게 체험한다는 것은 자기 자신을 이야기의 벡터와 일체화된다는 뜻이다. 이러한 맥락에서 이야기는 청자가 무언가를 하게 만든다고 할 수 있다. 이와 관련해서는 『오디세이아』를 예로 이야기의 형성하는 힘을 분석한 브라이언 보이드, 남경태 역, 『이야기의 기원』, 14장 「관심 끌기(1)」과 15장 「관심 끌기(2)」 참조.

이러한 새로운 지식을 마련한 데서 그 형성하는 힘을 목도할 수 있지만, 이는 고스란히 이야기가 본질이나 진실을 겉도는 무언가도 만들어낼 수 있음을 일러주기에 그렇다.

이야기는 윤리와 지식은 물론 종교적 믿음을 생성하고 이를 보급하는 데도 무척 쏠쏠한 매체였다. "서사는 언어를 사용하는 한 삶에 있어 본질적 요소"로서 "인간 활동의 결과물인 동시에 인간 활동을 가능케 해주는 전제 조건"이라는 박지현의 통찰이 명실상부했음이 입증되는 대목이다. 역대 중국 종교의 가장 큰 특징으로 '지속적 서사성'을 꼽은 그는 「옥황 및 염라 신앙의 형성과 이야기의 역할」에서 도교와 불교의 대표적 신격인 옥황과 염라가 교단 종교의 테두리를 벗어나 민간신앙으로 형성되고 변이되는 과정에서 이야기가 수행한 역할을 분석하였다. 이를 통해 이야기가 종교에서 운위되는 여러 신격을 신다운 형상으로 더욱 구체화, 체계화하는 데서 그치지 않고 새로운 신앙을 창출하는 데까지도 나아갔음과 마주하게 된다. 이야기의 이러한 힘은 지식인의 이상을 고안하고 유포하는 데서도 마찬가지로 목도된다. 구체적 예를 김진공과 이소영의 「『삼국연의』 다시 읽기―제갈량, 지식인의 상상적 자아」에서 접할 수 있다. '삼국담(三國談)', 그러니까 위(魏)・촉(蜀)・오(吳) 삼국시대의 인물이나 사건 이야기는 이미 그 당대부터 만들어졌고, 그 후로도 널리 성행하며 『삼국연의』 주요 인물이 개성 있게 빚어져갔음은 주지의 사실이다. 이 글은 그중 제갈량에 주목하여, 삼국담이 생성되고 향유되는 과정에서 지식인들이 제갈량 형상을 어떻게 자기들의 현실과 이상을 투사한 '상상적 자아'이자 이상적 지식인상으로 주조해갔는지를 치밀하게 추적하였다. 이를 통해 "과거는 수정

될 수 없는 흔적"이지만 이야기를 통해 "과거에 대한 인식은 끊임없이 변형을 통해 완성되어 감"을 다시금 확인할 수 있게 된다.

두 번째는 이야기와 삶터의 관계를 엿볼 수 있는 글들이다. 이야기가 생활공간인 도시, 그리고 국가로 대변되는 현실 권력과 어떤 역학 관계에 놓일 수 있는지를 살필 수 있는 글들이다. 이소영은 「제국의 도시, 양주—18세기 중국 어느 지방 도시의 문명 생태 보고서, 『양주화방록』」에서 명대와 청대에 걸쳐 가장 번화했다는 양주라는 도시 이야기를 다뤘다. 그는 청대 이두(李斗)의 필기(筆記) 『양주화방록』을 18세기의 어느 작자 혹은 그가 속한 동시대 공동체의 상호주관적 의식 속에 형상화된 '하나'의 양주 이야기로서 읽어냈다. 곧 양주의 역사와 지리, 문화 등이 백과전서 식으로 기술되어 있던 까닭에 주로 역사학의 1차 사료로서 활용되던 『양주화방록』을 양주의 지도와 경관, 그것이 품고 있는 이미지와 의미들로 짜인 도시 이야기로 읽어냈다. 그럼으로써 이야기가 도시라는 생활공간을 어떻게 가시화하고 기억하며 상상하게끔 하는지, 그 실상을 생생하게 제시하였다.

민경욱과 정진선은 삶터에 절대적 영향력을 행사하는 현실 정치에서 이야기의 역할과 활용 양상을 다루었다. 민경욱의 「잔혹과 당혹 사이—『수호전』 석수 이야기의 해석사」에서는 명대 이래 현대까지 『수호전』의 잔혹 장면에 대해 수행된 해석이 다뤄졌다. 전근대든 현대든 간에, 시대의 안정 여부에 따라 석수 이야기는 긍정과 부정의 양극단으로 평가되었다. 이를 통해 이야기가 상이한 시대조건에서 어떻게 다르게 읽히고 활용되면서 서로 다른 소산을 유발했는지를 들여다 볼 수 있다. 이는, 이야기가 설령 허구적 서사일지라도 그것은 "전체 사회 속에서 자신이 수행한 실제 역할에 의해 평가받았음"을 시사해준다. 『수호전』을 교과서 삼아 반란이 일어났던 명대 현실이나, 그것을 무산계급의 프로파간다로 읽어낸 현대사에서 알 수 있듯이, 이야기는 사실 여부와 무관하게 늘 삶터의 정치적 현실과 유기적으로 연동될 수 있었기 때문이다.

이 점은 정진선의 「중국 국가급 무형문화유산의 정리 작업과 그 현재적 의미 고찰—신화의 제전화를 중심으로」에도 잘 드러나 있다. 이 글은 "민족 혹은 국가의 전통은 고정된 객체가 아니라 청자와 화자의 변화에 따라 끊임없이 새로 만들어지는 '기억'이다"는 통찰 아래, 재래의 신화가 현재 중국의 범국가적 욕망의 실현 과정에서 어떻게 활용되고 있는지를 실증적으로 다루었다. 이를 통해 2000년대 이래 중국 정부가 많은 노력을 들여 벌여온, 전통을 21세기 세계적 문화자원으로 재편하려는 시도의 실상과 마주하게 된다. 곧 중국전통문화를 21세기 국제적 문명표준으로 보급하고, 중국을 서구와 맞먹는(또는 그를 대체하는) '문화강국'으로 견인해내고자 하는 중국의 야심찬 욕망을 목도하게 된다. 이를 신화에서 국가라는 방향에서 다시 읽으면, 신화라는 이야기가 21세기 지금의 문명조건에서도 형성하는 힘을 여전히 발휘하고 있음을 확인할 수 있게 된다.

세 번째는 이야기와 다른 서사 간의 유기적 연동 양상을 엿볼 수 있는 글들이다. 안정훈은 「불교설화의 중국화 과정 고찰을 위한 시론」에서 불교 설화가 중국의 우언과 지괴에 어떠한 변화를 야기했는지를 고찰하였다. 가령 불교 설화는 고대 중국의 서사문학에 시간과 공간의 확장, 소재의 확대 같은 영향을 끼쳤을 뿐 아니라, 불전(佛典, 불경을 바탕으로 하되 석사모니와 그 제자들의 전기와 관련된 이야기) 이야기의 '서분(序分)-주분(主分)-결분(結分)'의 3분 구조는 지괴에 곧잘 보이는 액자형 구조, 곧 '이야기 속 이야기' 구조의 형성을 촉발했다는 것이다. 이를 통해 외래의 이야기 같은 '새로운' 이야기가 기존 이야기에 영향을 주어 어떠한 또 다른 '새로운' 이야기를 만들어냈는지를 실증적으로 접할 수 있게 된다.

홍상훈과 김진곤은 이야기와 구체적 서사양식 사이의 관계를 다루었다. 홍상훈은 「지괴와 전기 사이—세계관의 변천과 서사양식의 전화」에서 귀신과 저승 이야기를 대상으로, 진리 탐구와 지식 전달을 주목표로 한 학술적, 종교적 관심이 주되게 반영된 결과인 지괴가 '즐기는 이야기'로 세속화되면서 '문학적 이야기'로 변이되는 과정, 이 과정에서 중국문학사상 최초의 본격적인 문학적 이야기라고 할 수 있는 전기라는 서사양식이 구축되는 과정을 분석하였다. 이는, 귀신과 저승 이야기가 지괴, 전기라는 서사양식에 어떻게 담겨 있는지를 분석함으로써 문학적 이야기의 형성과정을 규명한 시도였다. 이를 지괴, 전기라는 서사양식 차원에서 이야기를 바라보는 방향이 아닌, 생성되고 변이되는 이야기가 어떠한 서사양식에 담기게 되었는가라는 방향에서 다시 읽으면, 이야기가 문학적 상상력과 서사양식을 촉발하고 형성하는 데 어떠한 역할을 수행했는지를 읽어낼 수 있게 된다.

김진곤의 「중국 민간 고전문학의 기록 전통과 공연 전통—수호 이야기의 생성·전래·정착·공연화 과정을 중심으로」도 마찬가지이다. 이글에서는 역사적 모티프에서 발원된 '수호 이야기 군', 곧 명대 초엽에 『수호전』으로 수렴된 여러 이야기가 필기·화본(話本)·의화본(擬話本)·장회(章回) 같은 언어구조물 기반의 서사양식으로 기록되고, 강창(講唱)·잡극(雜劇)·전기(傳奇)·경극(京劇) 등의 공연양식으로 상연됐던 역사를 토대로, 이야기가 기록과 상연을 넘나들면서 형성·발전·분화되는 양상이 실증적으로 다뤄졌다. 여기에는 이야기가 생성되고 성장되며 전래되는 일련의 과정에서 다양한 서사양식으로 정착되고 변용되며 새롭게 향유되고 해석되는, 이야기 자체의 비유컨대 파노라마 같은 생애가 펼쳐져 있다. 이를 접함으로써 생성과 성장, 변이의 전 과정에서 이야기가 기록이나 상연을 막론하고 자신이 담기는 서사양식과 어떠한 상호작용을 주고받았는지를 목도할 수 있게 된다. 그럼으로써 제반 서사양식에 끼친 이야기의 형성하는 힘이 발휘된 족적과 선명하게 마주하게 된다.

예컨대, 여기에 수록된 10편의 글은 학술지에 수록됐거나 학술대회 등에서 발표됐던 글이다. 처음부터 이 책의 주제인 '이야기의 형성하는 힘'을 주제로 기획된 논문이 아니었다. 그렇다보니 각각의 저술 의도와 목적이 상이하여 전저(專著, monograph)로서 지녀야 할 통일성과 유기성 등이 떨어지게 되었다. 그럼에도 한 편의 전저로 묶어내는 까닭은, 상술한 것처럼 이 글들에서 살아 움직이는 '이야기의 형성하는 힘'과 마주할 수 있고, 고금을 막론하고 인간 삶과 역사의 어디에까지 이야기의 자장이 펼쳐져 있는지를 확인해볼 수 있었기 때문이다. 다만 주지(主旨)나 문체와 체례 차원에서 엄존하는 엇갈림이나 부조화에 대하여 독자 제현의 해량을 구할 따름이다.

참고문헌

강정민, 「한나 아렌트의 방법론—이론으로서의 '이야기 하기'」, 『인문연구』 58호, 영남대학교 인문과학연구소, 2010.

김월회, 『춘추좌전—중국문화의 원형이 담긴 타임캡슐』, 풀빛, 2009.

______, 「직하학궁과 전국시대의 글쓰기」, 서경호 외, 『중국의 지식장과 글쓰기』, 소명출판, 2011.

______, "The Romance of the Three Kingdoms from the Perspective of Empire: Narrative Configuration of the Requirements for the Building of an Empire", *Horizons*, vol. 6, no. 1, 2015.

김한규, 『천하국가』, 소나무, 2005.

김한식, 「폴 리쾨르의 이야기 해석학」 『국어국문학』 146호, 국어국문학회, 2007.

나가야마 겐, 박양순 역, 『사고의 용어 사전』, 북바이북, 2009.

남경희, 「서양철학의 사유들과 희랍어」, 『서양고전학연구』 24권, 한국서양고전학회, 2005.

데이비드 롤스톤, 조관희 역, 『중국 고대 소설과 평점—행간 읽기와 쓰기』, 소명출판, 2009.

마크 챈기지, 노승영 역, 『자연모방』, 에이도스, 2013.

박소현, 「괴이한 것을 말하는 것의 의미—위진남북조시대 지괴의 탄생」, 서경호 외, 『중국의 지식장과 글쓰기』, 소명출판, 2011.

브라이언 보이드, 남경태 역, 『이야기의 기원』, 후마니스트, 2013.

서경호, 『중국소설사』, 서울대 출판문화부, 2004.

정기철, 「세계관 형성과 이야기의 역할」, 『해석학 연구』 21권, 한국해석학회, 2008.

허버트 핑가레트, 송영배 역, 『공자와 철학—서양에서 바라본 예에 대한 새로운 이해』, 서광사, 1993.

홍상훈, 「고대 중국에서 서사구조 변천의 특징」, 『중국문학』 61집, 한국중국어문학회, 2009.

선진(先秦)의 복수 이야기*

김월회

1. 문제의 제기

이 글은 선진시기의 이야기를 대상으로 수행된 연구이다. 선진시기는 진(秦) 제국 통일 이전 시기를 가리키지만, 이 글에서처럼 문자로 정착된 이야기와 연관시켜 볼 때는 실질적으로 춘추전국시대가 중심이 된다. 그리고 이야기에 관하여는 다음과 같은 설명이 가능하다.

기존의 사전적 정의와 해석[1]을 참조하면 서사는 크게 사건의 진술,

* 이 글은 「선진의 복수이야기와 그 독법」이라는 제목으로 『중국문학』 76집(한국중국어문학회, 2013)에 발표한 글을 수정 보완한 것이다.

1 필자가 이와 관련하여 참조한 사전은 다음과 같다. 이상섭, 『문학비평용어사전』, 민음사, 1996; 나카야마 겐, 박양순 역, 『사고의 용어사전』, 북바이북, 2009; 제럴드 프

곧 서사 자체를 지시하는 경우와 그러한 것이 언어 등의 매체로 표현된 결과물, 그리고 그러한 결과물에 구현된 양식으로 나눠볼 수 있다. 서사 자체는 '서사성'이라고도 표현되고, 언어 등의 매체로 이뤄진 결과물은 '서사물', 그것에 구현된 양식은 '서사양식'이라고 칭해지기도 한다. 이야기는 서사성 또는 그것이 구조화된 서사물이라고 할 수 있다. 이러한 맥락에서의 이야기와 서사는 동일한 것으로서 조건 없이 호환하여 사용될 수 있다. 한편 이야기는 서사양식이기도 하다. 이때 서사양식으로서의 이야기와 서사에 대해서는 다음과 같은 설명이 가능하다. 곧 영어의 narrative가 이야기와 서사 모두로 번역되는 데 비해 story는 이야기로만 번역되는 현상이 예증해주듯이, 둘 사이에는 서사양식으로서의 같음 속의 차이가 실재한다. 이 차이로 인해 예컨대 이야기보다는 서사가 적어도 수사학적 측면에서는 구조화와 예술화(藝術化)가 한층 고차원적으로 구현됐다는 식의 관점이 나올 수 있었다고 판단된다. 이 글에서 다루는 이야기는 서사성(중간점)서사물로서의 서사이면서 동시에 서사양식으로서의 서사와 구분되는 서사양식의 일종이라는 뜻으로 사용됐음을 먼저 밝혀둔다.

선진시기에는 복수 이야기, 그러니까 복수를 소재 또는 제재로 삼은 이야기가 널리 공유되고 활용됐던 듯하다. 이는 복수 이야기가 다른 주제에 관한 의론(議論)[2]에서 논거나 예증으로 곧잘 동원됐음을 통해서

린스, 이기우 · 김용재 역, 『서사론 사전』, 민지사, 1992; 제레미 M. 호손, 정정호 외 역, 『현대 문학이론 용어사전』, 동인, 2003.

2 이 글에서의 의론은 앎의 내용이나 주장하는 바를 체계와 조리를 갖춰 진술한 바 또는 그러한 행위를 가리킨다. 이를 일러 고대 중국에서는 입언(立言)이라고 표현하고 사실의 보고나 기술에 주안점을 둔 기사(紀事)와 구분하였다. 곧 고대 중국에도 '논변'이라고 규정할 만한 실체가 있었고, 이를 이 글에서는 의론이라고 명명한 것이다.

도 확인 가능하다. 단지 기사(紀事) 텍스트에서만 그러했던 것이 아니다. 입언(立言) 텍스트에서도 마찬가지였다. 인류의 문명이 개인부터 씨족, 부족, 국가에 이르는 제반 차원에서 벌인 상호 쟁투를 한 동력으로 삼아 유지되고 갱신된 만큼 역사를 다룬 기사 텍스트에 복수 이야기가 대거 등장하는 것은 당연하다. 그렇다고 의론을 위주로 하는 입언 텍스트에도 복수 이야기가 많이 등장해야 할 필연성은 없다. 그럼에도 복수 이야기는 복수 관련 의론뿐 아니라 다른 여러 주제에 관한 의론의 논거나 예증으로 널리 활용되었다.

또한 복수 이야기의 주인공은 국가가 권장하는 윤리 덕목의 상징이나 예술적 감성의 전형으로 활용되기도 했다. 제자백가의 저술을 보면 역사적 인물과 윤리 덕목을 직결시킴으로써 중원의 윤리학적 토대를 구축하고자 하는 시도가 종종 나온다. "미더움은 미생과 같고 깨끗함은 백이와 같으며 효성은 증삼과 같다"[3]와 같은 경우가 그것인데, 이러한 시도에서 '복수의 화신' 오자서(伍子胥)는 지혜로움[知]이나 군주에 대한 충성[忠]의 상징으로 곧잘 운위됐다. 예컨대 "비간의 충성으로도 은을 존속시킬 수 없었고, 오자서의 지혜로도 오를 존속시킬 수 없었다"[4]

그러나 고대 중국 특히 선진시기의 의론은 서구의 논변과는 상이한 방식으로 행해졌고 구체적 양태도 서로 달랐다. 이는, 선진시기의 의론이 명사와 동사, 명사와 명사의 논리적 관계를 규명하는 과정을 거쳐 형성된 개념과 그것의 논리적 연관으로 구성된 명제 위에 앎의 내용이나 주장하는 바를 정합적으로 쌓아올리는 방식으로 전개되지 않은 데서 연유된다. 곧 선진시기의 의론은 기사와 분명하게 구분되는 글쓰기였고 동시에 서구의 논변과는 속성과 양태를 달리하는 글쓰기였다.

3 "信如尾生, 廉如伯夷, 孝如曾參."(『전국책(戰國策)』「진책(秦策)」)

4 "比干忠, 不能存殷, 子胥知, 不能存吳."(『전국책』「진책」) 지혜로움의 상징으로 오자서를 든 예는 『전국책』, 『국어(國語)』 등에 여러 차례 등장한다. 한편 『전국책』에선 "오자서는 그 임금에게 충성하였기에 온천하가 그를 신하로 삼고자 했고, 효기는 그 부모에게 효성스러웠기에 온천하가 그를 자식으로 삼고자 했다[子胥忠其君, 天下皆

와 같은 경우이다. 그런가 하면 진(秦)에 복수하고자 했던 연(燕) 태자 단(丹)의 부탁을 받고 진시황을 암살하려다 실패했던 형가(荊軻)는 비장미의 전형으로 널리 공유됐다.[5] 이는 오자서나 형가가 나온 이야기가 언중에게 널리 퍼져 있었음을 반증해준다.

그런데 활용의 양상을 보면 복수 사건의 전모를 서술하면서 주인공을 언급하기보다는, 오자서라는 이름만을 언급한 위의 인용처럼, 거개는 '아무개'나 '아무개의 어떤 덕목' 식으로 해당 복수 사건을 압축적으로 대변하고 만다. 이는 의론의 논거나 예증으로 제시된 복수 사건의 전모를 당대의 언중이 '이미' 공유하였음을 일러준다. 언중이 훤히 알고 있는 바가 아니면 그런 압축된 표현만으로는 의론의 논거나 예증 역할을 효과적으로 수행하기 어렵기 때문이다. 또한 이는, 복수 사건이 이야기의 형식으로 공유되었음을 시사해준다. 복수 사건 자체 그러니까 사실 자체로는 논거나 예증 역할을 수행하기에는 부적합하다. 사실 자체는 가치중립적이기에 그것이 어떤 주장의 논거나 예증으로 쓰이기 위해서는 '의미가 부여된' 사실[6]일 필요가 있다. 그러기 위해서는 사실의 기록에 의미가 부여될 수 있는 여지가 가해져야 한다. 이는 사실 자체만을 다루는 역사 기록이 문학적 서술과 만나는 것이기도 한데, 이 과정을 '이야기 → 소설적 가능성을 지닌 글 → 소설'의 과정으로 개

欲欲以爲臣. 孝己愛其親, 天下皆欲欲以爲子]"(「진책」)처럼, 오자서가 여러 차례에 걸쳐 '충군(忠君)'의 상징처럼 활용되었다.

5 비장미의 전형으로 형가를 묘사한 대표적 텍스트로는 『전국책』 「연책(燕策)」과 『사기(史記)』 「자객열전(刺客列傳)」을 들 수 있다.

6 서경호는 사실이란 표현 대신 '정보'라는 표현을 쓰고, 그것을 이야기가 둘러싸고 있는 것을 '진실'이라고 표현했다. 이와 관련해서는 서경호, 『중국소설사』, 서울대 출판문화부, 2004의 제2장 「이야기의 발생과 변화」 참조.

괄한 서경호의 논의[7]에 기대자면, 의미가 부여된 사실이 이야기의 형식을 띠었음을 알 수 있다.

복수 사건은 이처럼 이야기의 형식으로 늦어도 선진시기에는 '이미' 널리 퍼져 있었으며, 이야기가 서사로만 활용되는 데서 그치지 않고 의론 자체로도 활용됐듯이[8] 복수 이야기 또한 그 자체로 복수 담론이기도 했다. 이 글에서는 이렇듯 선진시기 기사와 입언 모두에 걸쳐 널리 기술되고 활용되었던 복수 이야기를 다룬다. 이를 위해 먼저 왜 복수를 다룬 이야기를 다루고자 했는지, 그 까닭을 복수의 속성을 분석함으로써 해명하고자 한다. 다음으로는 선진시기 복수 이야기의 양태를 나눠본 후 그 실제를 '사연형 복수 이야기'[9]를 중심으로 '다시 읽어(re-reading)' 보고자 한다. 이를 통해 선진시기 복수 이야기를 읽는 독법의 한 사례를 제시해보고자 한다. 한편 이 글에서 고찰할 텍스트는 『시경(詩經)』과 『서경(書經)』을 비롯하여 선진시기에 나온 기사와 입언의 글 모두이다.[10]

7 서경호의 『중국소설사』는 노신(魯迅)의 『중국소설사략(中國小說史略)』에서 다뤄진 역대의 텍스트를 이러한 구조에 의거하여 다시 조명하고 평가한 저술이다.
8 이에 대해서는 이 책의 서론 참조.
9 이에 관해서는 이 글의 3절에서 상술하기로 한다.
10 선진시기의 복수 이야기는 한대 이후에 나온 『사기』나 『한서(漢書)』 등에도 많이 실려 있다. 그러나 이들에 대해서는 다른 지면에서 다루기로 한다.

2. 문명장치로서의 복수[11]

복수는 '양면의 칼'이다. 그것은 인류가 문명을 일구며 생존, 번영하는 데 굴하지 않는 원동력을 제공하는 한편으로 어느 수준의 사회나 문명을 막론하고 그들을 파멸로 이끄는 단서가 되기도 했다. 정의를, 복수에 대한 갈망과 공평함에 대한 감정 곧 보복과 평등에 대한 욕망에서 찾은 통찰[12]이 복수의 건설적 힘에 주목한 것이라면, 복수는 '야만적 정의(wild justice)'이므로 사람이 본능적으로 그것을 향해 치달을수록 법률은 그 뿌리를 뽑아야 한다는 통찰[13]은 복수가 지닌 파괴적 힘에 대한 경계라고 할 수 있다.

물론 복수에 대한 논의가 사회 차원에서만 진행됐던 것은 아니었다. 복수가 양면성을 띠게 된 원인을 인간학적 차원에서 찾는 논의들도 있어 왔다. 복수를 인간 본성으로 보아온 전통적 관념에 찰스 다윈이 생물학적 기초를 제공한 이래, 일군의 진화론자들은 복수를 "인류의 조상에게 생존과 번식을 위협하는 사회문제를 더욱 적극적으로 해결하도록" 자연선택에 의해 특별히 개발되고 유전된 능력으로 보았다.[14]

11 이 장은 졸고, 「선진시기 복수의 인문화 양상」, 『중국문학』 83집, 한국중국어문학회, 2015의 1절 「머리말」과 2절 「복수 인문화의 발생원인」을 수정, 보완한 글이다.

12 Paul Lafargue, 王子野 譯, 『思想起源論』: 練素華, 「中國古代叙事文學中的血親式復仇母題初探」, 185쪽에서 재인용. 『思想起源論』은 칼 마르크스의 사위이자 프랑스 사회주의자로 유명한 폴 라파르그가 1909년에 *Le déterminisme économique de Karl Marx*란 제목으로 출간한 저서로 중국에선 『卡爾・馬克思的經濟決定論』이라는 제목으로 출간되기도 했다.

13 이는 영국의 경험론자 프랜시스 베이컨의 통찰이다. 출처는 프랜시스 베이컨, 김길중 역, 「4. 복수」, 『베이컨 수필집』, 23쪽.

14 마이클 맥컬러프, 김정희 역, 『복수의 심리학』, 32쪽, 83쪽.

복수는 인간의 효율적 생존과 번식, 번영을 가능케 한 '진화된' 본성이라는 것이다. 반면에 복수를 인간 존재가 쉬 감염되는 질병으로 본 이들도 있다. 이른바 '질병모델'이라 불리는 이 관점은 복수를 "저항력이 약한 숙주에 침투해 자신을 복제하고 또 다른 불행한 사람에게 옮겨가는 질병"으로, "숙주에게 심리적, 도덕적, 육체적으로 독소를 퍼뜨려 복수를 하려는 사람이나 복수의 대상이 된 사람에게 파괴적 영향"을 끼치는 해악으로 본다.[15] 사회 차원뿐 아니라 인간학적 차원에서 복수를 개개인의 진보를 일구거나 멸망을 초래하는 원인으로 파악했던 것이다.

인간과 사회가 더 나은 문명을 향해 진보함에도 복수가 지속적으로 문제시되고 삶과 사회의 주요 화두가 됐던 연유가 이것이었다. 그렇기에 선진시기의 문헌에서 복수에 대한 언급이 적지 않음은 당연한 귀결이었다. 복수가 한 개인의 삶부터 사회, 국가 나아가 문명 자체의 성패와 연동되어 있다면 경세를 소명으로 여겼던 식자층이 복수라는 '문명의 화두'를 도외시했을 개연성이 낮아 보이기에 그렇다. 이를 '복수에 대한 인문적 대응'이라고 할 수 있는데, 사회의 복잡성과 인간의 인문적 경륜이 심화, 제고되면서 복수에 대한 인문적 대응 필요성이 점증하자 지배층을 이뤘던 식자층이 이에 적극 대응한 결과로 볼 수 있다는 것이다. 필자가 이렇게 판단할 수 있었던 근거는 다음과 같다.

15 이 관점에 대해서는 위의 책, 23~5쪽 참조.

1) 복수, 역사 변이의 동인

역사를 보면 복수가 결정적 계기가 되어 기존 질서에 틈이 생기거나 역사의 흐름이 바뀐 사례를 목도할 수 있다. 복수의 화신처럼 운위되는 오자서의 복수나 와신상담으로 대변되는 오왕(吳王) 부차(夫差)와 월왕(越王) 구천(句踐)이 주고받은 복수는 그 대표적 사례이다. 이들의 복수를 둘러싸고 춘추시대 중엽 이래 신흥 강국으로 부상된 남방의 오와 월 그리고 기존 강자인 초(楚)는 부침을 거듭하다가 결국 오와 월이 순차적으로 망함으로써 남방의 패권이 초로 귀결되는 역사의 흐름이 노정됐다.

이들보다 앞서 중원의 패권을 거머쥐었던 문공(文公)은 조국인 진(晉)의 극심한 혼란을 피해 수십 년간 타국을 떠돌며 크게 고생하였다. 그러나 이는 역설적으로 문공의 단련 과정이 되어 그는 귀국 후 짧은 시간 내에 중원의 패자로 등극하였고, 이후 진은 전국시대로 전이될 때까지 중원의 강자로 군림하게 된다.[16] 그런데 문공이 이러한 사적을 이루게 된 계기, 곧 진의 극심한 혼란은 문공의 선대였던 헌공(獻公)이 여융(驪戎)을 정벌하여 군주를 살해한 후 그의 딸인 여희(驪姬)를 취해 자신의 부인으로 삼은 데서 비롯되었다는 분석이 있다. 여희가 부친의 원수를 갚을 생각으로 야심을 더욱 키우게 됐고 그 결과 진의 극심한

16 "양혜왕이 말하기를 '진은 천하의 막강한 나라이다'[梁惠王曰, '晉國天下莫强焉.']", "증자가 말하길, '진나라와 초나라의 부는 쫓아갈 수 없다'[曾子曰, '晉楚之富不可及也.']." 출처는 순서대로 『맹자』「양혜왕상(梁惠王上)」; 『맹자』「공손추하(公孫丑下)」. 한편 진이 문공의 사후에도 중원의 강국으로 춘추시대 역사의 주역이었음은 『춘추좌전』에 잘 나타나 있다.

혼란이 초래되었다는 것이다.[17] 결국 여희의 복수가 진은 물론, 춘추시대의 역사가 그렇게 전개되는 데 한 계기였던 셈이다. 뿐만 아니다. 『춘추좌전』에는 복수가 타국을 정벌하는 실존적 계기가 되었고 그 결과 역사의 흐름이 바뀐 사례가 다수 실려 있다.[18] 또한 복수를 대내외적 차원서 벌인 정치적 행위를 정당화하는 근거로 활용하기도 했다. 『춘추좌전』에는 복수와 무관하게 서술된 제(齊) 양공(襄公)의 기(紀) 정벌과 병합이 『춘추공양전』에서는 9대 앞선 선왕의 치욕을 갚기 위해 벌인 복수극으로 서술되었다.[19] 선조의 치욕을 갚는다는 기치 아래 명분이 약했던 작은 나라 기의 정벌을 정당화했던 것이다. 이로 보건대 복수가 춘추시대의 역사 전개에 중요한 계기이자 전환점이었거나 전환점으로 삼으려 했음을 부인키는 어렵다.

비단 춘추전국시대만 그러했음은 아니었다. 『사기』「하본기(夏本紀)」를 보면 순(舜)이 우(禹)에게 천하의 지존 자리를 양위하자 우는 이를 고사하고 물러났지만 천하 제후들이 우를 지지하여 결국 지존 자리에 올랐다는 기록이 나온다. 그런데 이 과정은, 순이 우의 아버지인 곤(鯤)을 죽임으로 발생한 원한 관계가 해소되는 과정으로도 읽힐 수 있다. 동태보복이 일어나지 않았을 뿐 결과적으로 우가 순이 지녔던 막대한 권력—순에게 소중한 것—을 자기 것으로 만들었음은 분명하고, 상대에게

17 이와 관련해서는 『국어』「진어일(晉語一)」에 기록된 사관 소(史蘇)의 언급 참조. 『회남자(淮南子)』「태족훈(泰族訓)」에도 여희가 결국 재앙의 근원이 되었다는 언급이 실려 있다.

18 진(秦) 목공(穆公)이 가뭄 때 양식을 보내 도움을 받은 진(晉) 혜공(惠公)의 배신을 징치하기 위해 진(晉)을 쳤고 그 결과 문공(文公)이 진(晉)의 제후가 되었던 사건은 그 대표적 사례이다.

19 이 기사는 『춘추공양전』 장공(莊公) 4년 조에 실려 있다.

서 중요한 것을 앗거나 없애는 것은 복수의 전형적 양상의 하나이기 때문이다.[20] 또한 주(周) 무왕(武王)의 은(殷) 주왕(紂王) 정벌은 『서경』에 수차례 등장하듯이,[21] 인민을 원수로 여긴 주왕에 대한 인민의 원한을 무왕이 대신하여 갚아준 복수로 읽을 수 있음은 물론, 무고한 자신의 아버지 서백(西伯) 창(昌)을 유폐하고 형제를 죽인 주왕에 대한 무왕의 사적 복수로도 읽을 수 있다. 이들은, 복수가 천자의 성씨를 바꾸는 혁명의 실존적 계기이자 정당화의 한 근거로 작동됐음을 시사해준다. 여기에 흉노 정벌의 당위를 고조 유방이 평성(平城)에서 당한 치욕의 앙갚음에서 찾은 한 무제의 서역 정벌 등을 감안하면 복수는 한 나라뿐 아니라 천하의 현존 질서에 균열을 내 궁극적으로 역사의 흐름을 바꾸는 한 계기로 작동됐다고 할 수 있다. 만약 복수가 별다른 제약 없이 예상치 못한 채로 일어난다면 상술한 복수의 파괴력은 더욱 증폭될 수도 있었을 것이다.

---

20 더구나 우는 천하 대부분의 지지를 받으면서도 지지 기반이 취약한 순의 아들 상균(商均)을 내쫓지 않음으로써 복수를 초극한 성군이라는 평가를 더불어 획득하게 된다. 이는 일종의 동태보복이란 복수 준칙을 인문적 힘으로 초극함으로써 얻게 되는 보상으로 해석될 수 있다. 한편 요와 순, 순과 우 사이의 선양을 부정하는 관점에서 보면 우의 등극 과정은 살부(殺父)의 원수 순에게 복수하는 과정임이 더욱 명확해진다. 이들 사이의 선양을 부정하는 관점은 "순이 요를 핍박하고, 우가 순을 핍박하였으며, 탕이 걸을 쫓아냈고 무왕이 주왕을 정벌하였다. 이 네 왕은 신하로서 자신의 임금을 시해한 이들인데 오히려 천하는 이들을 상찬한다[舜偪堯, 禹偪舜, 湯放桀, 武王伐紂. 此四王者, 人臣弑其君者也, 而天下譽之.]"는 『한비자』「설의(說疑)」의 언급에 극명하게 나타나 있다. 『순자』「정론(正論)」에도 이들 사이의 선양을 의심하는 언급이 있으며, 『맹자』「만장상(萬章上)」에도 요에게서 순, 순에게서 우로의 선양 과정에서 요의 아들과 순, 순의 아들과 우가 군주의 자격을 갖춘 채로 일시적으로 양립했음을 짐작케 하는 언급이 실려 있다. 한편 구조주의 신화학의 시야에서 이들 사이의 권력이양을 분석한 사라 알란, 오만종 역, 『선양과 세습』, 예문서원, 2009에서의 논의도 선양 또는 찬탈 여부를 분석하는 데 도움을 준다.

21 「상서(商書)」의 「미자(微子)」, 「주서周書」의 「태서중(泰誓中)」과 「태서하(泰誓下)」 등에 관련 기사가 수록되어 있다.

이는, 복수가 현존하는 공적 질서를 가로지를 수 있는 명분과 힘을 지니고 있다는 점에서 단순히 논리적 가능성에 머물지 않는다. 이것이 복수에 대한 인문적 대응이 요청되는 또 하나의 이유이다. 복수는 한 사회나 국가의 기축이 되는 윤리(이를 여기서는 '기축윤리'[22]라고 부른다) 간 충돌이나 갈등, 또는 기축윤리는 아닐지라도 여러 윤리 간 충돌과 갈등을 극명하게 드러내주는 한 계기였다. 따라서 복수를 어떻게 다루냐는 한 사회나 국가의 질서를 어떻게 구축하고 또 실제에 적용할 것인가와 직결된 문제였다. 실제로 선진시기의 복수 관련 이야기나 의론의 상당수는 기축윤리나 복수의 윤리 간 충돌이나 대립이라는 구도 위에서 구조화되어 있다. 가령 오자서는 부친에 대한 효를 실천하기 위해서는 자신이 섬겼던 조국의 군주를 죽여야 했는데, 이는 인(仁)[23]이라는 또 다른 기축윤리를 어겨야 가능한 일이었다. 그럼에도 오자서는 조국 초를 떠나 오에 정착, 오를 강국으로 만들어 조국을 치고 이미 망자가 된 평왕(平王)의 시신을 꺼내어(일설에 의하면 평왕의 무덤에) 채찍질을 가함으로써 복수를 이룬다. 효의 이름으로 충의 위반을 정당화하고

22 본고에서 사용하는 '기축윤리'는 제반 윤리에 정당성을 부여하는 가장 기본이 되는 윤리를 가리킨다. 이는 분배적 정의처럼 결과가 좋아야 정당화될 수 있는 유형의 윤리와 달리 결과와 무관하게 '이미' 정당화 되어 있고 '항상' 정당화 되는 윤리이다. 사마천은 『사기』 「백이열전(伯夷列傳)」에서 선인은 고생하며 살다가 요절하는 데 비해 악인은 호의호식하며 천수를 누린다며 천도의 옳고 그름을 물었지만, 결국 천도는 선인이 악인보다 더 못살았다는 '안 좋은' 결과와 무관하게 '이미', '항상' 선한 존재임을 암시한다. 이와 같이 선진시기엔 효(孝)와 인(仁)이 결과와 무관하게 그 자체로 선하다고 설정된 양대 기축윤리였다.

23 일반적으로 군신 간 기축윤리는 충(忠)이라고 명명된다. 그러나 한자권에서 이는 빨라야 공자 사후에 이루어진 현상이다. 오자서 때에는 'loyalty'로서의 충(忠)이라는 윤리가 아직 인(仁)으로 지시될 수 있는 윤리에서 분절되지 않았다. 이는 그와 동시대를 산 공자의 어록인 『논어』에서 충이 'loyalty'의 의미로 특정되어야 할 필연성이 없다는 점을 통해서도 입증된다.

자 한 셈이다.[24] 또한 전국시대 예양(豫讓)은 자신을 알아준 주군의 원수를 갚기 위해 자신의 새로운 군주가 된 조(趙)나라 양자(襄子)를 죽이고자 하지만 미수에 그친다. '지기(知己) 간 의리'라는 윤리를 앞세워 복수를 수행한 셈인데, 양자는 그런 예양을 주위의 반대에도 풀어주며 "이 사람은 의로운 지사이니 내가 조심해서 피하면 될 따름"[25]이라고 했다. 이는 지기 간의 의리가 군신 간의 도리에 해를 끼치는 한이 있더라도 지킬 만한 윤리였음을 군주의 입으로 공인한 사건이었다. 곧 예양의 복수는 지기 간의 의리라는 윤리로 군신 간의 도리 위반이 정당화될 수 있음을 시사해준다.

나아가 개인 차원에서 행해지는 복수 그러니까 '사적 복수'가 공적 권위와 윤리 질서에 손상을 가함에도 비난은커녕 도리어 칭송되기도 했다. 『국어』「초어(楚語)」에 실려 있는, 초 소왕(昭王)이 자신을 살려준 투신(鬪辛)과 자신을 죽이려 한 투회(鬪懷)를 동시에 포상한 일화가 대표적 경우이다.[26] 사적 복수가 언제나 법적, 도덕적 비난의 대상이 된 것만은 아니라는 뜻으로, 이는 상술한 바와 같이 사적 복수가 표방하는 윤리의 공적 권위와 가치 때문에 가능했던 현상으로 보인다. 곧 표

24 한편 오자서의 복수는 효의 이름으로만 정당화됐던 것은 아니다. 국가의 이익을 실현하는 과정에서 사적 복수를 부차적으로 실현하는 경로를 취했다는 것, 이 과정에서 복수자의 성장이 함께 실현됐다는 점 등이 아울러 있었기에 그의 복수가 정당화될 수 있었다.

25 "彼義士也, 吾謹避之耳."(『전국책』「조책(趙策)」)

26 소왕은 합려의 침략을 피해 투신과 투회 형제가 다스리는 운(鄖)으로 피신했다. 그러자 동생 투회는 소왕의 부친 평왕이 자신들의 아버지를 처형했으니 이참에 원수를 갚자고 한다. 이에 형 투신은 국토를 벗어나 피난 나왔더라도 한번 모신 군주는 여전히 군주라며 소왕을 수(隨)로 피신시킨다. 훗날 초로 돌아온 소왕은, 투신은 충을 충실히 행했고 투회는 효를 충실히 행했다는 명목으로 둘 모두에게 상을 내렸다. 충과 효 모두 국가를 운영하는 데에 꼭 필요한 기축윤리였기 때문이다.

면적으로는 사적 복수가 공적 권위와 윤리 질서를 해하지만 그것이 표방하는 윤리 또한 공적 권위와 윤리 질서의 유지에 꼭 필요하기에 사적 복수는 금할 수 있어도 그것이 표방하는 윤리 그 자체는 부정할 수 없었다는 것이다. 하여 13경의 하나인 『춘추공양전』에는 정당한 법 집행을 통했을지라도 아버지가 억울하다는 유언을 남기고 처형당하면 그 처형에 관여된 자에 대한 자손의 복수를 용인할 수 있다는 관념[27]이 실릴 수 있었고, 『예기』에는 부모의 원수와 한 하늘을 일 수는 없다는 사유[28]가 담길 수 있었다.

문제는 사적 복수 자체와 그것이 표방하는 윤리를 분리해낸다는 것이 현실적으로 매우 어렵다는 점이다. 한대 조아(趙娥)란 여성이 국법으로 금지된 사적 복수를 감행하여 아버지에 대한 효를 다한 후 관에 자수하자, 담당관은 그를 풀어주고는 자신도 관인을 풀어놓고 도망갔다는 이야기[29]는 그러한 어려움으로 인한 딜레마를 단적으로 말해준다. 국법으로 사적 복수가 엄금된 당대에도 아버지를 죽인 원수를 처

---

27 관련 전거는 다음과 같다. "아버지가 처형에 동의하지 않았다면 아들은 복수를 해도 된다. 아버지가 처형을 받아들였어도 아들이 복수를 하는 것은 한 번씩 주고받음이 예라는 도에 합치된다. 다만 복수가 후환을 제거하는 데까지 이르러서는 안 된다[父不受誅, 子復讎可也. 父受誅, 子復讎, 推刃之道也. 復讎不除害.]."(『춘추공양전』 정공(定公) 4년)

28 "부친의 원수와는 같은 하늘 아래 있지 아니하고, 형제의 원수에게는 무기사용을 마다하지 않으며, 벗의 원수와는 한 나라에 같이 있지 아니한다[父之讎, 弗與共戴天. 兄弟之讎, 不反兵. 交遊之讎, 不同國.]."(『예기(禮記)』 「곡례상(曲禮上)」) 한편 『대대례기(大戴禮記)』 「증자제언상(曾子制言上)」에서도 "부모의 원수와는 생사를 달리해야 하고, 형제의 원수와는 한 나라에 같이 모여 살지 않으며, 친구의 원수와는 같은 마을에 모여 살지 않고, 친족의 원수와는 이웃 간에 모여 살지 않는다[父母之仇, 不與同生, 兄弟之仇, 弗與聚國. 朋友之仇, 不與聚鄉, 族人之仇, 不與聚鄰.]"라 하여 부모의 원수와는 사생결단을 해야 함을 분명히 하였다. 이에 따르면 설령 군주가 만류하더라도 그 명을 어기고 나라를 떠나야 했다.

29 이는 진(晉) 황보일(皇甫謐)의 『열녀전(烈女傳)』에 실려 있다.

단한 서원경(徐元慶)을 국법에 따라 사형에 처하되 그의 효성을 기리는 정문(旌門)을 고향에 세워줘야 한다는 진자앙(陳子昂)의 상소, 이에 대한 한유(韓愈)와 유종원(柳宗元)의 옹호와 비판, 이러한 논의를 18세기 조선의 상황에 여전히 적극 참조하고자 했던 정약용(丁若鏞)의 논의 등[30]을 보건대, 그러한 딜레마는 단지 중국이 제국으로 자리 잡기 전인 선진 시기나 제국으로 자리 잡아가던 한대 초엽의 상황만은 아니었던 듯하다. 곧 공적 차원의 포괄적 금지와 무관하게 사적 복수가 기축윤리 등과 연동되는 한 그에 대한 지지와 옹호가 시대를 관통하여 지속될 수밖에 없었으며 이에 대한 합리적 해결 노력 또한 지속될 수밖에 없었다고 사료된다.

2) 당위이자 정의로서의 복수

물론 이상의 이유만으로 복수에 대한 인문적 대응의 필요성이 비롯된 것은 아니다. 그것은, 복수의 금지가 문명과 사회 발전 및 유지에 항상 도움이 되는 것은 아니라는 점에서도 기인된다. 이는 적어도 다음의 두 차원에서 사회적 존재로서의 인간과 복수가 상호 삼투되어 있기 때문이었다.

첫째는 사회적 존재로서의 인간에게 부여된 당위의 차원이다. 복수

30 관련 문헌은 다음과 같다. 陳子昂, 「復讐議狀」; 韓愈, 「復讐狀」; 柳宗元, 「駁復讐議」; 丁若鏞, 『欽欽新書』. 정약용의 복수 관련 논의는 윤재현, 「다산 정약용의 복수론」, 427~47쪽과 박소현, 「법률 속의 이야기, 이야기 속의 법률–『흠흠신서』와 중국 판례」, 422~44쪽 등을 참조.

가 인간에게 선험적으로 부여된 당위인지에 대해서는 이론의 여지가 있을 수 있지만, 인류가 사회를 이루고 사는 한에 있어서는 꼭 지켜야 할 당위였음은 분명했다. 역사를 보면 복수는 보상과 동전의 앞뒷면을 이루어 사회가 구성되고 운영되는 데 핵심 가운데 핵심 역할을 해왔다. 여기에 '인간은 사회적 동물'이라는 오랜 통찰이, 사회상태서 비로소 인간이란 존재가 성립될 수 있다는 선언임에 동의한다면 복수는 사회적 차원에서 인류에게 부여된 당위였다고 말할 수 있게 된다. 실제로 '갚는다[報]'는 사회적 상호작용이 복수의 본질이라는 통찰이 비교적 이른 시기부터 행해지고 있었다. 이는, 고대 중국인이 복수를 개념 간의 논리적 관계 차원에서 사유[31]하지 않고 사회상태서 일어나는 인간 사이의 활동이라는 차원에서 사유한 결과였다.

이는 단지 선진시기의 여러 텍스트에서 목도되는, 응당 받아야 할 보답을 못 받는다거나 받지 말아야 하는 것을 부당하게 받게 되었을 때 복수가 촉발됐음에 대한 필자의 귀납이 아니다. 고대 중국사유의 양대 원천인 『논어』와 『노자(老子)』에는 각각 "원한은 곧이곧대로 갚아야 한다[以直報怨]", "원한은 덕으로 갚아야 한다[以德報怨]"는 복수의 준칙이 담겨 있다. 이로 보건대, 늦어도 기원전 6세기경에는 이미 '갚는다'라는 행위를 매개로 '나/우리'에게 가해진 원한[怨]과 이득[德]을 짝패구조로 다루고 있었다.[32] 공자는 "받은 바를 곧이곧대로 갚아야" 하는 까닭으로 그

31 서구에서는 아리스토텔레스의 시대부터 복수에 대한 형이상학적 성찰이 존재했고, 이는 이후 서구 지성사에서도 주류를 이루며 이어졌다. 이에 대해서는 이종숙, 「분노, 복수, 복수 비극의 역사」, 184~5쪽 참조.

32 이러한 관념은, 한대 초엽의 텍스트인 『회남자』 「설산훈(說山訓)」에 "덕을 갚지 않으면 몸이 위험을 당하게 된다[德不報而身見殆]"는 언급이 실려 있는 것으로 보아 춘추전국 내내 지속됐던 것으로 보인다. 그 실례는 『춘추좌전』 성공(成公) 3년 조의

렇게 하지 않으면 "덕에 대해서는 무엇으로 갚을 수 있겠는가?[何以報德]" 라는 점을 들었고,[33] 같은 맥락에서 "원한을 덕으로 갚다"는 노자의 주장은 곧잘 반박되곤 하였다.[34] 보상의 공능이 온전히 발휘되기 위해선 복수도 제대로 실현되어야 한다고 인식한 셈이었다. 춘추시대에만 그러했던 것이 아니었다. 유가나 묵가, 법가 할 것 없이 복수를 다루는 대목에는 "대꾸 없는 말이란 없고 갚음 없는 덕이란 없다[無言不讎, 無德不報]"는 『시경(詩經)』 「억(抑)」의 구절[35]이 '갚음'의 토포스(topos)처럼 인유되었음[36]으로 보건대 복수를 보상과 구조적 상동성을 지닌 행위로 인식

"당한 원한도 없고 입은 은덕도 없으니 갚아야 할 바가 무언지 모르겠소[無怨無德, 不知所報.]"라는 언급 등에서 찾아볼 수 있다.

33 『논어』 「헌문(憲問)」에 나오는 말이다. 공자의 이러한 논리는 "덕을 베푸는 것도 보상을 염두에 둔 행위이다"는 관점을 전제로 하고 있기에 지금 우리가 지니고 있는 윤리관과 충돌된다. 그러나 이러한 관점은 선진시기엔 당연한 관념으로 받아들인 듯하다. 이에 대한 전거는 다음과 같다. "시혜는 두루 펴기가 어렵고, 수혜는 보답키 어렵다. 두루 공평하거나 보답치 못하면 결국 서로 원수가 된다[惠難徧也, 施難報也. 不徧不報, 卒於怨讎.]."(『국어』 「진어삼(晉語三)」)

34 노자의 복수론에 대한 대표적 비판 사례로는 『국어』 「초어하(楚語下)」에 나오는 백공(白公) 승(勝)과 영윤(令尹) 자서(子西)의 고사이다. 여기서 재상인 자서는 자신 때문에 쫓겨난 백공 승을 다시 불러들이고자 하였고, 그래서는 안 된다고 충고하는 섭공자고[葉公子高]에 대해 "덕을 베풀면 아무리 큰 구원(舊怨)이라 할지라도 잊게 할 수 있다[德其忘怨]"며 백공 승을 불러들였으나 결국 자서는 백공 승의 모반으로 목숨을 잃는다.

35 시경학을 정초한 한대 정현(鄭玄)은 이 구절의 '수(讎)'를 '보덕(報德)'과 연결된 의미로 보았다. 곧 "교령(敎令)을 내리는 일은 물건을 파는 것과 같아서 물건이 좋으면 높은 가격을, 나쁘면 낮은 가격을 받는 것[敎令之出如賣物, 物善則其售賈貴, 物惡則其售賈賤]"(『모시정의(毛詩正義)』 「억(抑)」의 모전(毛箋))처럼, 상응하는 대가[讎]를 얻는다는 뜻으로 여겼다. 당대 공영달(孔穎達) 또한 정현의 견해를 이어받아 왕이 교령을 내리면 백성들은 그 선악에 따라 왕에게 답한다는 의미로 보았다.

36 예컨대 『묵자』에는 다음과 같은 언급이 있다. "잠시 그 본원을 따져보고 선왕이 쓴 책을 살펴보면 『시경』 「대아」에 이러한 말이 있다. '대꾸 없는 말이란 없고 갚음 없는 덕이란 없다. 내게 복숭아를 던져주면 오얏으로 갚는다'[姑嘗本原之. 先王之所書. 大雅之所道. 曰. '無言而不仇. 無德而不報. 投我以桃. 報之以李.']."(「겸애하(兼愛下)」) 묵자는 진리를 보증하는 참된 근거의 하나로 선왕의 쓴 책에 관련 기술이 실려 있느냐를 들었다. 이를 감안한다면 묵자는 상호 보응(報應)을 진리, 곧 자연의 섭리 수준

했음은 선진시기의 보편적 양상이었음을 알 수 있다. 다시 말해 복수를 인간이 사회를 이루고 살아가는 한, '마땅히 그렇게 해야 할 사회적 당위'[37]로 인지했다는 것이다. 전국시대 말엽 순자의 "무릇 작위, 관직, 시상, 형벌 이 모두는 다 되갚는 것이다"[38]는 명제가 돌출적 인식이 결코 아니었던 것이다. 그렇다면 복수의 일률적 금지는 보상의 체계에 균열을 가하는 결과를 야기할 수도 있게 된다. 곧 그것은 '사회적 당위'를 억압하는 '반사회적' 행위로 문명의 진전에 손해가 될 가능성이 '구조적'으로 상존한다. 복수에 대한 인문적 대응의 필요성도 이에 상응하여 상존했다고 할 수 있게 된다.

둘째는 복수의 '사회적 공능' 차원이다. 가령 '정의로운 질서를 환기하거나 직접적으로 회복하는 힘'이 대표적 예다. 복수가 유발되는 순간은 피해자가 뭔가를 '잃게' 되는 순간이다. 피해자에게 전에는 없었던 결여가 발생된다는 것이다. 치욕이나 좌절조차도 그 전엔 없었던 것을 새로 지니게 됐음이 아니라 있던 것이 빠져나가 촉발된 결여의 변주이다. 그런데 잃은 바가, 피해자가 일상을 영위하는 데 필수 불가결한 요소이면 피해자는 삶의 유지를 위해 결여가 발생되기 전으로의 복원을 욕망할 수밖에 없게 된다.[39] 부모나 형제는 물론이고 지기의 치욕도 반드시 되갚아줘야 하는 대상으로 꼽고, 이를 수행하는 이들을

으로 인식했음을 알 수 있다.

37 이는 전통시기 한자권의 술어로 표현하자면 '人倫'에 해당된다.

38 "凡爵列官職賞慶刑罰, 皆報也."(『순자』「正論」)

39 이와 관련해서는 다음의 언급을 참조할 만하다. "명예심, 우월감을 훼손하는 자에 대한 분노는 그 훼손된 위계질서를 원상 복구하려는 욕망을 동반한다는 점, 따라서 사회적, 정치적으로 필요한 감정이라는 점은 르네상스시대의 마키아벨리적(Machiavellian) 힘(virtus)의 개념과 복수 비극에서 변주되어 나타난다."(이종숙, 앞의 글, 185쪽)

상찬함이 국가사회의 공적 권위와 윤리 질서를 압도하는 상황[40]이 벌어졌던 인간학적 차원의 원인도 여기서 찾을 수 있다. 게다가 부당하게 입은 결여를 원상태로 되돌리고자 행하는 복수는, 아리스토텔레스가 말한 '분노할 만한 모욕에 대한 정당한 복수'[41]라고 할 수 있다. 이는 개체 차원에서만이 아니다. 복원 또는 회복을 향한 염원은 사회적 차원에서도 동일하게 촉발되고 수행된다. 앞서 사례로 들었던 오왕 부차와 월왕 구천 사이에 주고받은 복수극이나 진(秦) 목공의 진(晉) 혜공 정벌도 그러하며, 제후와 대부가 각각 그들끼리 또 양자 간에 벌인 쟁투도 근저에는 상대로 인해 발생된 결여를 벌충함으로써 자신이 옳다고 여기는 바람직한 상태로의 복원을 도모한 행위였다. 묵자가 "천하 사람들은 저마다 정의를 달리하고 있어 한 사람이 있으면 하나의 정의가 있고, 열 사람이 있으면 열 가지의 정의가 있다. 백 사람이 있으면 백 가지의 정의가 있어 사람 수가 많아지면 그에 따라 정의라고 일컫는 바 또한 그만큼 많아진다. 그렇다보니 어떤 이가 자신의 정의를 옳다고 여기면 다른 사람의 정의는 틀린 것이 되기에 서로를 비난하게 되어 안으로는 부모형제조차 원수로 척지게 된다"[42]고 증언했듯이, 아무리 상대가 자신은 의롭다고 주장해도, 복수는 자신의 의가 부정된 상황에 처한 복수자(복수 수행자)에게 역설적이지만 훼손된 권위나 틀어진 질서를 바로잡는 계기일 수 있었다.

40 한비자는 이와 같은 상황을 국가사회를 좀 먹는 다섯 가지 중 하나로 꼽으며 이의 해소 없이는 치세를 기대할 수 없다고 하였다. 관련 내용은 『한비자』 「오두(五蠹)」 참조.

41 이에 대해서는 이종숙, 앞의 글, 191~4쪽 참조.

42 "天下之人異義. 是以一人一義. 十人十義. 百人百義. 其人數茲衆. 其所謂義者亦茲衆. 是以人是其義. 而非人之義故相交非也. 內之父子兄弟作怨讎."(『묵자』 「상동중(尙同中)」)

한편 복수가 이러한 사회적 공능을 지니게 된 이유의 하나는 국가의 초법성과 탈윤리화이다. 이를테면 국가나 군주가 표방하는 공적 정의가 과연 정의로운가라는 물음이 던져질 만한 상황에서 복수의 이러한 사회적 공능이 야기될 수 있다는 것이다. 가령 묵자의 침략전쟁 비판[43]이나 맹자의 "춘추시대엔 의로운 전쟁[義戰]이란 존재하지 않는다"[44]는 선언을 초래한 탐욕스런 겸병(兼倂) 전쟁, 그리고 장자의 "갈고랑이를 훔치면 주살되지만 나라를 훔치면 제후가 된다"[45]는 탄식은 국가 차원에서 행해지는 행위가 제반 사법적·윤리적 질서 바깥에서 이뤄졌음을 환기해준다. 형벌제도를 필요 이상으로 가혹하고도 잔인하게 시행하고[46] 부역과 조세를 극심하게 수탈하는 것도 마찬가지이다. 국가와 군주의 이 같은 불의는 곧 공적 정의와 무관한 행위는 '인민을 편안케 하기[安民]'는커녕 사회에 원수 관계를 만연케 하여 일상적 투쟁의 상태를 초래하기도 한다. 그 결과 현실은 부조리하고 아노미한 상태가 된다는 것이다. 이런 상황은 의도했든 결과적으로 그렇게 됐든 간에 복수가 문제적 현실을 타개하는 유력한 수단으로 채택되는 데 원인이 됐던 듯하다. 군주의 불의가 복수를 야기하고 그 결과 나라를 잃게 된 은의 마지막 천자 주왕에 대한 선진시기 문헌의 서술만 봐도 그러하다.

43 이는 『묵자』 「비공(非攻)」에 집중적으로 나타나 있다.
44 "孟子曰, '春秋無義戰.'"(『맹자』 「진심하(盡心下)」)
45 "彼竊鉤者誅, 竊國者爲諸侯."(『장자』 「거협(胠篋)」)
46 范忠信 외, 이인철 역, 『중국법률문화탐구』, 135쪽에는 정치적 이득의 극대화를 위해 필요 이상으로 형벌을 가혹하고 잔인하게 시행했다는 고찰이 나온다.

은은 신분 고하를 막론하고 노략질과 간특한 짓을 밝히고, 공경대부와 하급관리 할 것 없이 법도에 어긋난 행실을 서로 본받고 있어 죄지은 자들은 늘 잡히지 않는다. 서민들은 곳곳에서 일어나 서로 원수가 되어 다투고 있다. 이제 은이 멸망에 빠져듦은 마치 큰 강을 건너는 데 나루터도 없고 배댈 곳도 없음과 같으니 은은 결국 멸망하여 오늘에 이른 것이다.

殷罔不小大, 好草竊姦宄 卿士師師非度, 凡有辜罪, 乃罔恒獲. 小民方興, 相爲敵讎. 今殷其淪喪, 若涉大水, 其無津涯, 殷遂喪, 越至于今.[47]

이는 주왕의 폭정과 복수의 연관을 언급한 대표적 기사이다. 치자가 문란하고 부패하며 법 집행이 공평무사하지 못하면 아래에선 서로 원수가 되어 싸울 수밖에 없으며, 이렇게 정치적 차원의 구조적 원인으로 인해 원수 관계가 야기돼 상호 쟁투를 일상적으로 벌이게 되면 결국 나라가 망하게 될 수밖에 없다는 진단이다. 이는 '저 까마득한 옛날'에나 있었던 관념이 아니었다. "작은 죄를 중형으로 처벌하는 것이 최악의 처벌이다. 처벌 시의 걱정거리는 처벌하는 이유에서가 아니라 원수가 많아지는 것에서 비롯된다"며 오왕 부차가 오자서를 처벌한 까닭에 원수가 많아졌고 결국 월왕 구천에 의해 멸망당했다는 한비자의 분석[48]을 보건대, 또 "무고한 이를 형벌로 죽이고 죄 없는 자를 살육하면

47 『서경』「상서(商書)」「미자(微子)」.

48 관련 원문은 다음과 같다. "報惡甚者, 大誅報小罪. 大誅報小罪也者, 獄之至也. 獄之患, 故非在所以誅也, 以讎之衆也. (…中略…) 吳王誅子胥而越勾踐成霸."(『한비자』「난사(難四)」) 같은 글에서 한비자는 "처벌이 부당한데도 그대로 다 집행한다면 이는 온 천하를 원수로 삼음이니 그런 이를 죽이는 것은 당연히 가당치 않겠는가?[誅旣不當, 而以盡爲心, 是與天下爲讎也. 則雖爲戮, 不亦可乎.]"라고 함으로써 공권력의 부당한 법 집행에 대항하는 '정의로운 저항으로서의 복수'는 정당하다는 주장을 펼쳤다.

이는 하늘이 그를 주살하는 바요, 천하 백성이 원수로 삼는 바"[49]라는 한대 초엽의 관념을 보건대, 은 멸망 후 천여 년에 걸쳐 그러한 관념은 지속되었고 더욱 정련되었음을 알 수 있다.[50] 곧 형벌의 불공정한 집행 등의 폭정은 하늘도 징벌하는 행위이며, 백성이 군왕을 원수로 여겨 그를 죽이기도 하고 땅을 적국에 팔아넘기기도 하는 것은 군왕 스스로가 자초한 일이라는 것이다.[51]

설령 인민들이 국가나 군왕을 원수로 여기지 않는다고 할지라도 폭정으로 인해 서로를 원수로 삼고 복수를 주고받는 세태는 결과적으로 국가나 군왕의 멸망을 초래하게 된다.[52] 여기서 어느 경우든 폭군의 몰

---

49 "決獄不辜, 殺戮無罪, 此天之所以誅, 民之所以仇也."(『회남자』「병략훈(兵略訓)」)

50 이러한 관념은 남송의 주희에게서도 목도된다. 그는 『맹자』「공손추상」의 "진실로 이 다섯을 행할 수 있으면 이웃나라의 백성들이 부모처럼 받들 것이다. 자녀 친지를 이끌고 자기 부모를 공격하는 일은 사람이 생겨난 이래로 있을 수 없는 일이다. 그러니 이 같이 하면 천하에 적수가 없게 된다. 천하에 적수가 없으면 이는 하늘이 내린 관리로 그런 자가 왕이 못 된 적은 없었다[信能行此五者, 則隣國之民, 仰之若父母矣, 率其子弟, 攻其父母, 自生民以來, 未有能濟者也. 如此則無敵於天下, 無敵於天下者, 天吏也, 然而不王者未之有也.]"에 대하여 "이 장은 왕도정치를 시행할 수 있으면 오랑캐와도 부모 자식이 될 수 있지만, 왕도정치를 행하지 못하면 갓난아이도 원수가 됨을 말한 것이다[此章言能行王政, 則寇戎爲父子. 不行王政, 則赤子爲仇讐.]"는 주석을 달았다. 이로 보건대 전통시기 내내 이러한 관념이 통용됐음을 알 수 있다.

51 이는 순자의 견해로, 그는 『시경』의 "無言不讎, 無德不報."라는 관점에 서서, 군왕이 백성을 서로 해치며 지쳐서 망하게 하면 백성들도 그에 상응하는 행위를 하는 건 "군왕이 스스로 자초한 당연한 연고[無他故焉, 人主自取之]"라고 보았다. 관련 내용은 『순자』「부국(富國)」 참조.

52 한편 『서경』을 보면 선진시기 중국인이 잔인한 형벌을 야만의 표상으로 여기며 문제시했음을 알 수 있다. 관련 내용은 다음과 같다. "묘의 족속들은 선으로써 죄를 제어치 않고 다섯 가지 잔인한 형벌을 만들고는 이를 법이라 하면서 죄 없는 사람들도 주살하였다. 이에 처음으로 코를 베거나 귀를 베거나 거세하거나 먹줄을 새기는 형벌이 남용되었고, 형벌에 저촉되면 무조건 제재하여 사정이 있는 이들도 헤어 나오질 못했다. 백성들도 움직여 서로 오염시켜 혼탁해지고 어지러워졌으며 마음엔 미더움이 없어 저주와 맹약을 되풀이하였다. 이에 학대받고 위세에 눌린 많은 수형자들이 하늘에 무고함을 고하였다. 상제께서 그들을 살펴보시니 아름다운 덕은 없고 형벌로 인한 썩은 냄새만 났다. 황제인 순임금께서는 죄 없이 형벌을 받은 수많은

락은 폭정으로 인해 무너진 질서를 복원할 수 있는 새로운 계기로 작동될 수 있다는 점에서, 복수가 적어도 결과적으로는 '정의로운 질서를 환기하거나 직접적으로 회복하는 힘'을 발휘한 경우라고 할 수 있게 된다.

3. 선진시기 복수 이야기의 양태와 실제

선진시기 복수 이야기의 너른 활용은 다른 것에 대한 이야기가 아니라 앞 절에서 밝힌 그러한 속성을 지닌 '복수'에 대한 이야기요, 다른 형식의 글이 아니라 이 책의 서론에서 밝힌 '서사+의론'의 속성을 지닌 '이야기'였기에 가능했을 수 있다. 곧 '복수+이야기'의 조합이 그러한 너른 활용을 가능케 했을 수 있다.

선진의 복수 이야기를 담고 있는 대표적인 텍스트로는 『춘추(春秋)』와 그 해설서인 『춘추좌전』, 『전국책』, 『국어』 그리고 한대 텍스트인 『사기』를 들 수 있다. 이들은 모두 기사의 범주에 드는 텍스트로 입언의 텍스트보다는 역사 사건을 주로 기술했던 까닭에 이야기가 많이 실리게 되었다. 그리고 상술했듯이 복수는 개인부터 국가에 이르는 제

무고한 자들을 불쌍히 여겨 잔학함을 위엄으로 갚아 묘 족속을 멸절시켜 대를 이을 수 없게 하였다[苗民弗用靈, 制以刑, 惟作五虐之刑曰法, 殺戮無辜. 爰始淫爲劓刵椓黥, 越茲麗刑, 幷制, 罔差有辭. 民興胥漸, 泯泯棼棼, 罔中于信, 以覆詛盟, 虐威庶戮, 方告無辜于上. 上帝監民, 罔有馨香德, 刑發聞惟腥. 皇帝哀矜庶戮之不辜, 報虐以威, 遏絶苗民, 無世在下]."(『서경』「주서(周書)」의 「여형(呂刑)」)

반 층위에서 문명의 형성과 유지, 갱신에 중요한 역할을 담당했기에 복수와 직·간접적으로 연관된 이야기가 많이 실리게 됐던 듯하다.

1) 복수 이야기의 양태

폴 리쾨르의 논의처럼 이야기를 담론 곧 "누가 누구에게 무엇에 대해 뭔가를 말한 것"[53]으로 본다면 선진의 복수 이야기는 '누가', '누구', '무엇' 그리고 '뭔가'의 자리에 뭐가 오느냐에 따라 그 양태를 나눠볼 수 있다.

현전하는 선진의 복수 이야기를 대상으로 할 때 '누가'와 '누구'의 자리에는 개인이나 국가를 대입할 수 있다. 다시 말해 '개인의 개인에 대한 복수 이야기', '개인이 국가에 대한 복수 이야기', '국가의 개인에 대한 복수 이야기', '국가의 국가에 대한 복수 이야기'로 나눠볼 수 있게 된다. '누가'에 들어가는 개인이 당사자인가 아니면 대리자인가, '국가'라고 했을 때 그 실체가 국가 자체인가 아니면 군주인가라는 변수를 더하면 그 양태는 더욱 세분될 수 있다. '무엇'의 자리에는 복수 이야기의 양태를 논의하는 마당이므로 당연히 복수가 온다. 그리고 '뭔가'의 자리에는 복수 사건의 내용 또는 그에 대한 의론을 대입할 수 있다. '뭔가'의 자리가 복수 사건의 내용으로 채워지는 경우는 그것을 '어떻게' 말하는가에 따라 양태를 더 세분해 볼 수 있다. 예컨대 편폭이 짧고 구

---

53 김한식, 「폴 리쾨르의 이야기 해석학」, 『국어국문학』 146호, 국어국문학회, 2007, 217쪽.

성이 간단하며 사실의 기록 자체에 치중한 이야기와 상대적으로 편폭이 길고 구성이 복잡하며 사연의 서술이 도드라지는 이야기로 나눠볼 수 있다. 이 글에서는 전자를 편의상 '기재(記載)형' 복수 이야기로, 후자를 '서술형' 복수 이야기로 부르고자 한다.

그런데 전자에 대해서는 이를 과연 이야기로 볼 수 있는가라는 근본적 물음이 야기될 수 있다. 이에 대해 필자는 '연관된 이야기의 재생을 유발하는 기록'이라는 차원에서 이를 이야기로 보고자 한다. 그 근거는 이러하다. 기재형 복수 이야기의 절대 다수가 실려 있는 『춘추』의 문장은 '책서체(策書體)' 또는 '기주체(記註體)'라고 불린다. 이는 사건을 기억하는 데 고갱이가 되는 정보만을 간략하게 기록하는 방식으로, 기술이나 서술 혹은 저술한 정도는 아니다. 『춘추』의 문장만으로는 '풀어썼다(述)'고 할 수 없음은 자명하기 때문이다.[54] 문명의 전승과 갱신에 중요한 역할을 담당하는 역사 기록을 이렇게 간략하게 했던 까닭은 당시의 문명 패러다임이 구두전승 기반이었기 때문이었다. 보존코자 했던 기억의 전모는 구술을 통해 효과적으로 전승되고 있었다. 이런 상황에서 굳이 문자 기록을 행했던 까닭은 그것이 구두로 유포되고 전승됐던 기억의 정확한 재생에 도움이 됐기 때문이었다.[55] 곧 문자 기록

54 "주대(周代) 이전엔 기주는 기성의 법식이었지만 찬술은 이름도 실체도 없었다. 그러나 주대 이후로는 찬술(撰述)은 이름과 실체 모두 갖춰졌지만 기주는 더는 기성의 법식이 아니었다[三代以上, 記注有成法而撰述無定名. 三代以下, 撰述有定名而記注無成法.]."(章學誠, 『文史通義』; 권정안, 「『춘추좌씨전』의 이해」, 『춘추좌씨전1』, 전통문화연구회, 2001, 9쪽에서 재인용)

55 상고시기 중국의 문자기록과 이야기의 관계에 대해서는 서경호의 앞의 책, 제2장 2절 「초기의 문자기록과 이야기」 및 서경호, 『중국문학의 발생과 그 변화의 궤적』, 문학과지성사, 2003, 제3장 2절 「문자 사용의 확산과 문화 대통합」 참조. 한편 구두만으로 소통할 수 있는 범위가 제한적이었다는 점도 문자기록을 행하게 된 이유의 하나다. 주대의 봉건제에 따르면 천자의 조정에서 각 제후의 나라로, 또 제후들은 조

은 구술의 형태로 유포되고 전승되던 기억의 보조 장치로, 기록된 바는 그것과 연동되어 있던 구술 내용을 직접적으로 환기하는 것이었다. 여기서 구술 내용이 이야기 형태를 띠었음은 자명하기에 기재형도 이야기의 한 양태로 볼 수 있게 된다.

한편 복수 이야기는 다음과 같이 더 세분해볼 수 있다. 기재형 복수 이야기의 경우, 이미 완결된 복수 사건의 고갱이를 기록하는 데서 그치는가 아니면 그러한 사실을 다른 화제의 논거나 예증으로 활용하느냐에 따라 그 양태가 더 나뉘지며, 서술형 복수 이야기도 사연 자체의 서술에 치중했는가 아니면 이를 토대로 복수 관련 의론을 별도로 전개했는가에 따라 세분이 가능해진다. 이 가운데 복수 사건을 다른 화제의 논거나 예증으로 활용한 경우는 이글의 연구범위에서 벗어나므로 논외로 하면 기재형 복수 이야기는 '복수 사건의 전모를 환기하는 고갱이의 기록'이라는 한 양태만이 남게 된다. 이에 비해 서술형 복수 이야기는 사연 자체의 서술에 치중한 복수 이야기와 복수 관련 의론을 전개한 복수 이야기의 두 양태로 나뉘게 되는데, 이 글에서는 전자를 '사연형' 복수 이야기로, 후자를 '의론형' 복수 이야기로 부르고자 한다.(앞서 언급한 '무엇'의 자리에 의론이 오는 양태는 후자와 결과적으로 일치된다) 따라서 이 글에서 다루는 복수 이야기의 양태는 '기재형' 복수 이야기, '사연형' 복수 이야기, '의론형' 복수 이야기의 셋으로 나눠진다.[56]

정으로 중요 사건을 상호 통보해야 했다. 이는 정치적 통합을 유지해가는 한 방안이었다. 문제는 이렇게 형성된 통치 가역이 당시의 생산력을 감안할 때, 구두만으로는 효율적 소통이 가능한 범위를 넘어선다는 점이었다. 이에 문자로 기록한 문서가 사용될 수밖에 없었다.

56 이 가운데 이 글에서는 사연형 복수 이야기만을 분석 대상으로 삼는다. 기재형 복수 이야기는 기록된 바가 간소하기 때문에 논외로 하였으며, 의론형 복수 이야기는 복

다만 이들 양태는 특정의 '유적 속성'을 공유하는 범주 수준으로 설정되지 않았음을 밝히고자 한다. 이들은, 경계선이 무지개처럼 단절 없이 연접되어 있으며 복수 이야기로서 지니는 교집합이 서로를 구분해 주는 차이보다 더 본질적이다. 그럼에도 굳이 세 양태로 나눈 까닭은 복수 이야기가 문명의 창출과 유지, 갱신의 과정에서 행한 역할을 추론하는 데에 편의를 얻기 위함이다. 이것이 '유형'이라는 표현 대신에 '양태'라는 표현을 사용한 까닭이니, 스피노자의 이해에 따르면 양태는 실체가 여러 구체 상황에서 발현된 결과이기에 하나의 실체에서 나온 여러 양태는 그 실체와 직결되어 있기 때문이다. 또한 어떤 '단선적 발전'을 전제로 양태를 구분하지 않았음도 밝혀둔다. 예컨대 "기재형 복수 이야기보다는 서술형 복수 이야기가 더 '발전된' 형태이다" 유의 전제는 전혀 없다는 것이다. 수사학적 성취도를 근거로 상호 간의 우열을 따지거나 수량을 기준으로 복수 이야기 전체에서의 중요도나 비중 등을 따지자는 욕망도 배제하였다. 국가 간 전쟁의 상당수가 전에 당한 패배나 손실, 모욕 등에 대한 보복으로 촉발됐다는 『춘추좌전』의 기록으로 보건대 수량만 따지자면 국가가 국가에게 전쟁의 형식으로 수행한 복수 이야기를 제일 많이 접할 수 있지만, 그렇다고 하여 이를 분석의 주 대상으로 삼지도 또 우월적 비중을 부여하지도 않았다.

수 이야기의 구조 분석이라는 이글의 연구목적과 다른 방향에서 접근할 필요가 있다고 판단되어 논외로 하였다. 필자는 문명의 창출과 갱신, 전승과정에 깊이 연루되어 있던 복수라는 사태를 어떻게 인문화 했는가라는, 명명컨대 '복수의 문명화'라는 각도에서 조명하는 것이 의론형 복수 이야기의 의의를 더욱 타당하게 규명할 수 있다고 보았다. 이에 대해서는 졸고(2015), 153쪽 참조.

2) 사연형 복수 이야기 읽기

사연형 복수 이야기의 절대 다수는 기사 텍스트인 『춘추좌전』과 『국어』, 『전국책』에 실려 있다. 복수 사건이 나름의 체계를 갖춘 채로 서술되고 구성과 표현에 '문학적 글쓰기로서의 가능성'이 본격적으로 가미됐던 까닭에 입언 텍스트에 실리기에는 부적합했을 것으로 사료된다.

『춘추좌전』에는 비교적 다양한 유형의 복수 사건이 사연형 이야기로 서술되어 있다. 복수의 전형인 오자서, 오나라 왕 합려(闔閭)와 부차 부자, 월나라 왕 구천이 등장하는 복수 이야기도 사건 발생 순서에 따라 비교적 구체적으로 서술되어 있다. 『국어』와 『전국책』에 실려 있는 사연형 복수 이야기는 이에 비해 상대적으로 소량이고 유형도 다양하지 못하다. 다만 『국어』의 「오어(吳語)」와 「월어(越語)」에는 오자서와 부차, 구천 사이의 복수극이 거의 '소설' 수준으로 서술되어 있으며,[57] 『전국책』에는 역시 복수의 대표적 아이콘이었던 예양과 자객 섭정(聶政), 형가의 복수 이야기가 매우 상세하고도 곡진하게 서술되어 있다는 점을 각각의 특징으로 꼽을 수 있다. 물론 이들 책에 상술한 인물과 같은 유명인의 복수 이야기만 실려 있음은 아니다. 그럼에도 복수 이야기 관련 맥락에서 『춘추좌전』의 가치는 독보적이라고 보인다.

---

57 실제 이들 텍스트는 한대 이들의 복수 이야기를 다룬, 역사와 소설의 중간물인 『오월춘추(吳越春秋)』나 『월절서(越節書)』에 너끈히 견줄 수 있는 서사론적 성취를 이루고 있다.

제나라의 의공은 공자였던 시절에 병촉의 부친과 땅 문제로 소송을 하였지만 이기지 못했다. 제후가 되자 그는 병촉의 부친 시신을 파내어서 다리를 잘랐다. 그리고 병촉을 자기 수레를 몰게 하여 하인처럼 부렸다. 의공은 신하인 염직의 아내를 빼앗기도 했다. 그러고는 염직을 자신의 거우(車右, 전차에서 주장 오른편 자리에 서는 부장)로 삼았다. 5월에 의공이 신지에서 놀고 있었다. 이때 병촉과 염직은 연못에서 목욕을 하고 있었는데 병촉이 채찍으로 염직을 때렸다. 염직이 크게 노하자 병촉이 말했다. "다른 사람에게 부인을 빼앗겨도 분노할 줄 몰랐으니 널 한 번 때렸다고 무슨 해가 되겠는가?" 염직이 대꾸했다. "자기 아버지의 다리를 잘라내도 탓하지 못했던 놈은 또 어떻고?" 이에 두 사람은 의공을 죽이자고 모의하고는 그 시신을 대나무 숲에다 버렸다. 그러고는 돌아와서 술을 다 비우고는 도망쳤다. 이에 제나라 대부들이 공자 원을 제후로 옹립하였다.[58]

같은 책 민공(閔公) 2년 조에는 학을 지나치게 좋아하여 학에게 대부의 작위를 부여하고 대부들이 타는 수레에 학을 태워 다니다가 이에 마음 상한 대부들의 비협조로 전쟁터에서 목숨을 잃은 위(魏)나라의 의공(懿公) 이야기가 나온다. 그런데 이들 이야기에 등장하는 두 명의 의공이나 병촉, 염직 등은 거의 알려지지 않은 무명에 가까운 인물이다. 그럼에도 좌구명(左丘明)은 이들을 주인공으로 하는 복수 이야기를 실었다. 그 이유가 무엇이었을까?

58 "齊懿公之爲公子也, 與邴歜之父爭田, 弗勝. 及卽位, 乃掘而刖之, 而使歜僕. 納閻職之妻, 而使職驂乘. 夏五月, 公游于申池. 二人浴于池. 歜以扑抶職. 職怒. 歜曰, '人奪女妻而不怒, 一抶女, 庸何傷.' 職曰, '與刖其父而弗能病者何如.' 乃謀弑懿公, 納諸竹中. 歸, 舍爵而行. 齊人立公子元."(문공(文公) 18년 조)

이들 기사는 제후가 돼서 사욕을 부리거나 호사가적 취미에 심취했다가는 목숨을 잃게 된다는 유의 교훈을 주기 위해 서술된 것으로 보이지는 않는다. 『춘추좌전』에는 그런 유의 교훈을 더욱 자극적이고도 강렬하게 받을 수 있는 기사가 도처에 실려 있기 때문이다. 물론 이들 기사가 정도는 약할지라도 그러한 교훈을 주고 있음은 부인할 수 없는 사실이다. 그런데 시선을 군신 간 윤리라는 시좌에서 분리해내면, 이들 기사에서는 복수 자체에 대한 당시 사람들의 관념을 추출해낼 수 있게 된다. 우선 군주에게도 복수할 수 있다는 관념이 당연시됐음을 읽어낼 수 있다. 군주에게 복수를 실행함에 국가에 위기상황이 초래될 위험성이 커지는 것 등은 염두에 두지 않았음을, 다시 말해 국가 차원의 이해관계보다는 개인의 은원관계를 앞세웠던 당시의 관념을 읽어낼 수 있다. 제나라 의공 이야기에서는 복수를 자행한 병촉과 염직이 도망치는 대목이 나온다. 언뜻 군주를 죽였으니 도망가는 것은 당연하다며 그냥 지나칠 수 있는 대목이나 꼭 그렇지만은 않다. 복수의 대명사인 오자서나 예양, 섭정, 형가의 복수 이야기를 보면 한결같이 복수자의 죽음(자살이든 타살이든 간에)이 등장한다. 여기에는 복수를 실행하기 위해서는 '추가적' 대가의 지불이 필요하다는 관념이 투영되어 있다. 보복을 하고자 함은 이미 피해를 입었다는 의미인데 자신이 입은 피해를 되갚기 위해서는 추가적 손해를 더 볼 수밖에 없다는 복수의 본원적 속성에 대한 통찰, 이것이 병촉과 염직에게는 도망쳤다는 서술로 나타났던 것이다. 도망친다는 것은 결국 자의에 의해 스스로를 추방했다는 것인데 당시는 흉악범에 가해지는 형벌의 하나가 추방이었던 시절이었다. 지금과 달리 도망친다는 것은 매우 두렵고 고통스런

선택이었던 것이다.[59]

이렇듯 복수에 대한 담론이 문면에 구체적으로 드러나 있지는 않지만 행간을 짚어보면 사연형 복수 이야기에는 복수에 대한 통찰이 적잖이 담겨 있다. 『춘추좌전』 선공(宣公) 17년 조에는 다른 기사에 비해 꽤 이질적인, 그렇기에 무척 흥미롭고 신선한 기사가 실려 있다.

> 진의 경공(景公)이 극극을 제나라에 파견하여 회맹에 참여할 것을 촉구하였다. 이때 제의 경공(頃公)이 자기 부인더러 장막 안에서 몰래 극극을 보게 하였다. 극극이 다리를 절며 당상에 올라오자 부인이 이를 보고는 방 안에서 크게 웃었다. 극극은 크게 노하였다. (…중략…) 극극은 귀국해서 진의 경공에게 제나라를 치자고 청했으나 진의 경공은 이에 응하지 않았다. 극극은 자신의 가병만으로 제나라를 치겠다고 하였으나 이 또한 허락지 아니하였다.[60]

극극은 진헌자(晉獻子)로도 불리는 인물로 당시엔 널리 알려진 인사였다. 그는 다리에 장애가 있어 절뚝거리며 걸었는데, 제나라 제후의 부인이 이를 훔쳐보고 크게 웃음으로써 그에게 치욕을 안기는 사건이 발생했다. 하여 극극은 반드시 이 치욕을 갚으리라고 서원하고는 귀국하여 제 경공을 치자고 건의하였으나 결국 뜻을 이루지 못했다는 것이 이 복수 이야기(더 정확하게는 복수 미수 이야기)의 전부이다. 표면상으로

---

59 도망이 지니는 형벌 또는 고통, 손해로서의 의미는 졸고(2015) 참조.

60 "晉侯使郤克徵會于齊. 齊頃公帷婦人使觀之. 郤子登, 婦人笑於房. 獻子怒, (…中略…) 郤子至, 請伐齊. 晉侯弗許. 請以其私屬, 又弗許."

는 아무런 의론도 담겨 있지 아니하다. 그러나 이 이야기에는 복수 행위를 국가 차원에서 통제하고 있었다는 사실(史實)이 담겨 있다. 이는 개인 차원에서 수행되는 복수를 사적 이익의 실현으로 규정하고, 이것이 공적 이익 실현에 해가 될 때는 규제할 수 있다는, 일종의 복수에 대한 인문적 통제가 상당 수준으로 실현됐음을 시사해준다. 곧 극극의 복수 미수 이야기는 『춘추좌전』에 기술됨으로써, 아무리 사적인 복수라 할지라도 거기에는 개인적–사회적, 사적–공적 이해관계가 교차될 수밖에 없도록 복수가 구조화됐음을, 그리고 이 둘이 상치될 때는 사회적, 공적 이익 실현을 우선해야 한다는 관념을 행간에 품게 된 것이다. 이 외에도, 『춘추좌전』에 실려 있는 예컨대 원수를 공직에 추천한 기해(祁奚)의 이야기[61]나 『국어』에 나오는 원수인 윤탁(尹鐸)을 구해주고 주군에게 천거하여 상을 받게 해준 우무정(郵無正)의 이야기[62]에선 “원수마저도 사랑하라”는 식의 윤리가 아니라 공사(公事)와 사원(私怨)을 구분하여 행할 줄 알면 사원의 소지 자체를 문제 삼을 수 없다는 관념을 추출해낼 수 있으며, 『전국책』에 서술된 자신을 무고한 500여 명을 더 큰 이익을 위해 기꺼이 용서했다는 맹상군(孟嘗君)의 이야기[63]에서는 복수에 대한 이성적 통제의 필요성에 대한 당시 사람들의 공감대를 읽어낼 수 있다. 당시에는 ‘이미’ 복수는 ‘개인적 차원의 원한에 의한 것’으로 그 본질이 재조정됐고 그렇기에 인문적으로 충분히 제어 가능한 대상으로 재규정됐던 것이다.[64]

---

61 양공(襄公) 3년 조에 나옴.
62 「진어(晉語)」에 나옴.
63 「제책(齊策)」에 나옴.
64 씨족사회나 부족사회의 단계에서 복수는 씨족/부족 전체의 문제였던 까닭에 사회

이렇듯 사연형 복수 이야기는 문면에 드러난 의론은 없을지라도 이야기 자체가 '서사와 의론의 복합체였기에 행간의 차원에서는 독자의 층위에서 재구축될 수 있는 복수론(복수 자체에 대한 담론) 또는 복수의 윤리학으로 재구성될 수 있는 통찰과 사유가 적잖이 담겨 있다. 사연형 복수 이야기의 이러한 속성은 예양과 섭정, 형가의 복수 이야기에 이르러 더욱 풍요롭고도 정련된 면모로 표출되었다. 『전국책』「조책(趙策)」에 실려 있는 예양의 복수 이야기는 수사학적 성취가 높은 텍스트라고 할 수 있는데, 여기에는 복수에 대해 수행된 기존의 통찰과 사유가 잘 짜인 서사 속에 풍요롭게 담겨 있다. 자신을 알아준 주군을 위해 죽음을 불사하고 복수를 행한 예양이라는 캐릭터는 복수가 단지 혈연관계에서만의 일이 아닌, 비(非) 혈연 사회관계 특히 군신관계에서도 성립될 수 있는 일임을 일러준다. 자신의 신체를 해치고 가정을 팽개치면서까지 주군의 복수에 매진하는 예양의 행위는 군신 간의 은원이 가족 간의 은원보다 더 중요하다는 관념을 환기해준다. 예양과 그의 주군을 죽인 조양자(趙襄子) 사이에 오갔던 상호작용은 군신관계가 기축인 사회에서 복수가 정당화될 수 있는 경로로 어떤 것이 가능한지에 대한 사유를 드러내준다. 예컨대 예양을 죽이자는 측근들의 건의에 대해 조양자는 예양을 '의로운 지사[義士]'라 칭하며 놓아준다. 이 행위는 『사기』「백이열전(伯夷列傳)」에서 주(周) 무왕(武王)의 말을 가로막으며 역성혁명의 부당함을 논박했던 백이 형제를 무왕의 측근들이 죽이

적, 공적 차원에서 다뤄졌으며, 씨족/부족사회의 유지를 위해서는 복수는 반드시 수행해야 하는 것으로 사유됐던 점에 비추어볼 때 이는 인식의 획기적 전환이라고 할 수 있다.

려 하자 강태공(姜太公)이 나서서 그들을 '의인'이라 칭하며 방면한 장면과 중첩되는데, 이는 국가의 정의와 맞먹을 수 있을 만큼의 권위를 지닌 또 다른 정의가 존재할 수 있음을 환기해준다.[65]

예양은 또 자신의 행위에 대해 군신 간의 의로움을 밝혀 후세에 신하로서 두 마음을 품는 이들을 부끄럽게 하기 위해서라고 정당화한다. 이는, 정당화될 수 있는 복수가 과연 성립 가능한지, 가능하다면 그것은 어떤 유형의 것인지 등의 물음과 연계된 서사로, 예양은 복수가 다가올 미래의 공적 이익을 실현하는 데 기여할 수 있다면 정당화될 수 있지 않는가라는 물음을 던진 셈이다. 그리고 조양자를 죽이지 못한 채로 자신이 죽을 수밖에 없는 상황에 처했을 때 행했던 마지막 행위, 곧 조양자에게 옷을 벗어달라고 한 후 이를 베는 행위는, 복수가 본원적으로 지니고 있는 '보복의 무한 순환'이란 속성으로 인한 폐해를 자기 당대에 해소하고자 한 능동적 행위로 해석할 수 있다. 『춘추공양전(春秋公羊傳)』 정공(定公) 3년 조의 "복수는 후환이 두려워 자손이나 주위 사람까지 죽여서는 안 된다[復讎不除害]"는 규정에서 알 수 있듯이, 복수는 횡적으론 당사자의 가족과 친지로, 종적으로는 대를 거듭해서 확산될 수 있는, 그렇기에 문명과 사회의 유지에 결정적 손실을 끼칠 수 있다는 '반(反) 문명적' 속성을 품고 있다. 그럼에도 복수를 결행하고자 한다면, 자기가 직접 복수 과업을 완수하되 자신의 복수가 또 다른 복수

65 예컨대 '협의(俠義)'는 그러한 정의의 한 예이다. 그래서 법제도를 우선했던 한비자는 "유생은 문으로 법을 어지럽히고 협객은 무로 금령을 어긴다[儒以文亂法, 俠以武犯禁.]"(『한비자』「오두(五蠹)」)며 협의를 부정했다. 한편 『사기』「자객열전」에 실려 있는 예양의 복수 이야기에는 예양을 의인이라고 칭하는 대목이 빠져 있다. 이를 상술한 물음에 대한 사마천의 답변으로 해석할 수 있을 듯하다.

의 원인이 되지 않도록 할 의무를 반드시 이행해야 한다. 그래서 복수를 완수한 다음에는 죽음으로 대변되는 대가를 지불함으로써 복수의 악순환을 방지해야 했다. 그래야만 복수가 정당화될 수 있었음이니, 복수 이야기에 죽음이나 그 변형은 나올 수밖에 없었던 것이다. 그렇기에 예양은 조양자의 옷을 베는 상징적 행위를 통해서라도 복수를 완수하고 목숨으로 그 대가를 치름으로써, '예양—지백(知伯, 예양의 주군)—조양자' 사이에 형성됐던 복수 관계를 자기 당대에 해소하여 자손이나 친지 등이 복수의 의무로부터 벗어날 수 있도록 해준 것이다.

예양의 복수 이야기 외에도 『춘추좌전』과 『국어』에 실려 있는 오자서의 복수 이야기나 『전국책』에 실려 있는 섭정과 형가의 복수 이야기에는 이와 같은 선진시기에 수행된 복수에 대한 통찰과 사유가 풍요롭게 실려 있다. 다만 이들 텍스트에 대한 분석은 '선진시기 복수의 인문화'라는 주제로 분석하는 것이 이들 텍스트에 담긴 내용과 의미를 더욱 정치하게 규명할 수 있으리라 판단된다.[66]

4. 맺음말

이처럼 복수 사건을 체계적, 문학적으로 서술한 사연형 복수 이야기도 그 심층에는 복수에 관한 다양한 통찰과 사유가 알알이 박혀 있다. 이는 상술했듯이 고대 중국의 이야기가 지닌 서사와 의론 복합체로서

66 이에 대해서는 졸고, 앞의 글(2015) 참조.

의 속성이 관철된 당연한 귀결이다. 그래서 문면의 차원에선 이렇다 할 의론이 목도되지 않아도 독자의 층위에서 행간 읽기를 통해 연관된 의론을 재구축해낼 수 있었던 것이다.

그렇다고 이러한 서술이 사연형 복수 이야기는 문면 차원에서 아무런 의미가 없다는 주장으로 이어지진 않는다. 3절에서 든 몇 가지 복수 이야기는 줄거리 그 자체만으로도 독자의 관심과 흥미를 불러일으키기에 부족함이 없다. 예컨대 원수를 갚기는커녕 원수 밑에서 치욕을 당하며 살아가던 병촉과 염직이 서로 치고 받는 과정을 통해 복수에 성공하게 된다는 설정, 예양으로 두 차례에 걸쳐 복수를 시도하게 한 후 횟수가 거듭될수록 복수 성공을 위한 대가를 더욱 혹독하게 치르게 함과 동시에 복수에 대한 통찰, 사유와 적절히 배치한 솜씨 등은 그 자체로 충분히 평가받을 만한 부분이다. 또한 독자가 심층에 깔려 있는 복수에 대한 통찰, 사유와 접속할 수 있도록 사실을 선택하고 이를 생생하게 서술한 점도 사연형 복수 이야기의 간과할 수 없는 성취이다. 곧 사연형 복수 이야기가 기재형 복수 이야기보다 적어도 수사학적 차원에선 한층 제고된 글쓰기임은 부인할 수 없는 사실이다.

따라서 선진시기의 복수 이야기는 기본적으로 서사와 의론의 복합체로서의 이야기라는 담화 양식의 일종인 만큼 무엇보다도 서사의 층위와 의론의 층위에서 동시에 읽어 들어갈 필요가 있다. 달리 표현하자면 서사의 층위에서 복수 이야기를 읽으면서도 앎의 내용 또는 주장하는 바를 논리적으로 재구조화해야 하고, 의론의 층위에서 읽고 있지만 항상 서사가 주는 생생함에 실감나게 젖어들어야 한다는 것이다. 그랬을 때 선진시기의 복수 이야기를 더욱 풍요롭고도 조리 있게 읽어

낼 수 있게 된다.[67]

한편 이 글에서 수행한 선진시기의 복수 이야기를 대상으로 서사와 의론의 결합 양상을 고찰한 작업은 고대 중국 글쓰기의 한 본질적 속성을 규명하는 데에 이바지할 수 있다. 사마천이 「태사공자서(太史公自序)」에서 밝힌 "하늘과 사람의 경계를 탐구하고 고금(古今)의 변화를 통달하여 '일가(一家)의 언론(言論)'을 이루었다."는 언급처럼, 고대 중국의 글쓰기는 기사와 입언이 분리되어 있지 않았다. '사(史)'와 '철(哲)'이 '문(文)'을 매개로 통합되어 있는 양상이 줄곧 지속되었다. 서사와 의론이 통합되어 있는 선진시기의 복수 이야기는 사마천이 단적으로 언급한 "기사를 통한 입언"이란 전통이, 실은 문명의 정수가 구두로 전승되던 시절부터 '이미' 존재했음을, 그렇기에 문자기록 기반의 글쓰기가 시작됐을 때부터 '벌써' 함께 있었음을 시사해준다.[68]

---

67 이야기는 어디까지나 발언의 층위에선 발화자와 청자 / 독자의 만남을 필연적으로 매개하는 담론의 장이기 때문이다. 김한식, 앞의 글, 217~8쪽.

68 따라서 기존의 중국문학사에서 고대 중국의 글을 기사와 입언 두 가지로 대별하는 관점은 재검토되어야 한다. 기사 또한 입언을 목적으로 하고 있기 때문이다. 이에 대해서는 졸고, 앞의 글(2011), 61~3쪽 참조.

참고문헌

(晉) 杜預, 『春秋左傳集解』
何建章 撰, 『戰國策註釋』, 北京 : 中華書局, 2002.
來可泓 撰修, 『國語直解』, 上海 : 復旦大學出版社, 2000.
권정안, 「『춘추좌씨전』의 이해」, 『춘추좌씨전』 1, 전통문화연구회, 2001.
김월회, 「직하학궁과 전국시대의 글쓰기」, 서경호 외, 『중국의 지식장과 글쓰기』, 소명출판, 2011.
______, 「선진시기 복수의 인문화 양상」, 『중국문학』 83집, 한국중국어문학회, 2015.
김학주, 『순자』, 을유문화사, 2001.
김한식, 「폴 리쾨르의 이야기 해석학」, 『국어국문학』 146호, 국어국문학회, 2007.
나카야마 겐, 박양순 역, 『사고의 용어사전』, 북바이북, 2009.
박소현, 「법률 속의 이야기, 이야기 속의 법률—『흠흠신서』와 중국 판례」, 『대동문화연구』 77집, 성균관대학교 대동문화연구원, 2012.
范忠信 외, 이인철 역, 『중국법률문화탐구』, 일조각, 1996.
보이드, 브라이언, 남경태 역, 『이야기의 기원』, 휴머니스트, 2013.
서경호, 『중국문학의 발생과 그 궤적』, 서울대 출판문화부, 2003.
______, 『중국소설사』, 서울대 출판문화부, 2004.
이상섭, 『文學批評用語事典』, 민음사, 1996.
프린스, 제럴드, 李寄雨 · 金容在 역, 『서사론 사전』, 民知社 , 1992.
호손, 제레미 M., 정정호 외역, 『현대 문학이론 용어사전』, 동인, 2003.
홍상훈, 「고대 중국에서 서사 구조 변천의 특성」, 『중국문학』 61집, 한국중국어문학회, 2010.

『노자(老子)』의 역설(逆說)에 대한 이야기식 해설의 함정*

『한비자(韓非子)』「유로(喩老)」를 중심으로

박영희

1. 들어가며

최근 들어 고대 철학서를 풀이한 서적이나 강의에서 종종 이야기를 예로 들며 설명하는 것을 자주 접하게 된다. 이는 유달리 독해가 어려운 철학적인 문장이기에 쉽게 이해될 수 있는 이야기식 설명을 채택한 것일 것이다. 사실 이러한 이야기식 설은 이미 『한비자(韓非子)』의 「유로(喩老)」와 『회남자(淮南子)』의 「도응훈(道應訓)」에 있었다. 지금 현대인에게 설명되고 있는 방식과 별반 차이가 없는 이야기식 해설이다.

* 이 글은 『중국어문학논집』 64호, 중국어문학연구회, 2010에 실은 같은 제목의 논문을 수정, 보완한 글이다.

그런데 이해를 도모하기 위해 예로 든 이야기는 예상치 못한 여러 복잡한 문제들을 내포하고 있었다. 철학적인 문장의 의미를 왜곡하거나 다양한 해석을 방해하고 있었던 것이다. 이러한 문제점을 가장 극명하게 드러내고 있는 것이 『한비자』의 「유로」에서 행해진 이야기식 해설이다. 한비자는 역사고사를 인용하여 『노자(老子)』 문구를 설명하고 있는데, 이는 노자 계열로 평가받는 장자(莊子)가 역사화 되기 이전의 신화를 우언(寓言)으로 삼은 것[1]과 대조적이다. 한비자의 이야기식 해설은 무엇보다 실제 있었던 역사 사건을 인용했다는 점에서 상당한 설득력을 갖는다. 그러나 이야기식 설명을 통해 쉽게 수긍이 되는 지점에서 『노자』의 역설(逆說)의 의미는 제한되고 심지어는 곡해되어 있었다.

그동안 우리는 『노자』의 역설이 이야기화 될 때 이야기의 서사구조에 따라 전혀 다른 의미를 가질 수 있음을 간과해왔다. 삶을 성찰하는 과정과 방향이 서로 다르게 설정되어 있음을 고려하지 못한 채, 역설과 이야기를 너무나도 단순하게 연결시켰던 것이다.

노자 사상에 대한 이해에서 가장 큰 걸림돌은 권모술수라는 해석인데, 이러한 해석의 시발점이 바로 한비자의 이야기식 설명이다. 고래로 한비자와 노자의 관계를 밀접한 것으로 다루어 왔었기에,[2] 『노자』에 대한 해석에서 『한비자』가 차지하는 비중은 상당히 크다. 특히

1 일례로, 『장자』의 '혼돈 이야기' 우언은 『춘추좌씨전(春秋左氏傳)』에서의 혼돈이 본래의 성격을 잃고서 인간화, 역사화 되어 있는 것과 달리, 본래의 신화적 성격을 유지하고 있다. 자세한 논의는 김시천, 「'역사'에서 '이야기'로—『노자』·『장자』의 '이야기론'적 해석을 위한 시론」, 『동서철학연구』 31호, 한국동서철학회, 2004, 199~200쪽 참조.

2 이 두 사상가의 밀접한 관계를 논한 대표적인 문장으로는 노자와 한비자를 같은 계열로 묶은 『사기(史記)』의 「노자·한비열전(老子·韓非列傳)」이 있다. 『노자』의 판본 연구에서도 『한비자』는 더 없이 중요한 문헌으로 다루어진다.

『노자』를 권모술수로 해석하는 일이 지금도 끊이지 않고 있는 데에는 무엇보다 『한비자』의 영향이 지대하다 할 것이다.

이 글은 이 점에 착안하여 『노자』에서 권모술수의 대표 문장으로 꼽히는 36장의 역설에 초점을 맞추고, 이에 대한 『한비자』 「유로」의 이야기식 설명의 문제점을 집중 분석하고자 한다. 비록 『한비자』 「유로」에서 인용한 역사고사 대부분이 역사 사건의 개요 혹은 이야기의 줄거리로 완전한 이야기라고 볼 수는 없지만, 이야기의 기본 특징들이 보이며 그 이야기 안에는 '효율적이고 세련된 서사적 형식들이 운용되고 있어'[3] 역사고사가 어떤 이야기 구조로 서술되어 있는지를 살펴보는 데에는 무리가 없다. 이에 이 글은 『노자』 36장과 관련된 역사고사의 서사구조와 그 의미에 대해 심층적으로 분석할 것이다. 이를 통해 한비자의 이야기식 설명이 『노자』의 역설과 어떻게 충돌하고 모순되는지를 밝히고자 한다.

2. 역설과 이야기의 만남

역설과 이야기식 설명에 대한 심층적인 분석에 앞서, 『노자』 36장에 대해 『한비자』 「유로」에서 어떠한 이야기를 인용하여 설명하였는지 그 전반적인 내용을 타 문헌 기록과 비교하면서 검토하고자 한다.

3 홍상훈, 『전통 시기 중국의 서사론』, 소명출판, 2004, 67쪽.

먼저 『노자』 36장 전체 문장을 보자. 기존에는 주로 다음과 같이 해석한다.

장차 그것을 위축시키고자 하면 반드시 먼저 그것을 펼치게 하고, 장차 그것을 약하게 하려면 반드시 먼저 그것을 강하게 하며, 장차 그것을 폐하고자 하면 반드시 먼저 그것을 흥하게 하고, 장차 그것을 빼앗고자 하면 반드시 먼저 그것을 주어야 한다. 이것을 일러 미묘한 밝은 지혜라고 한다. 유약한 것은 강건한 것을 이긴다. 물고기는 연못을 벗어나서는 안 되고, 한 나라의 이득이 되는 물건은 남에게 드러내 보여서는 안 된다.

將欲歙之, 必固張之, 將欲弱之, 必固强之, 將欲廢之, 必固興之, 將欲奪之, 必固與之, 是謂微明. 柔弱勝剛强. 魚不可脫於淵, 國之利器, 不可以示人[4]

원문에서 관건인 글자는 흔히 '먼저'라고 해석되는 '고(固)'자로, 한편에서는 이를 '고의로[故]'로[5] 혹은 '잠시[姑]'로 해석하기도 하는데, 이 모두 전체 문장을 권모술수로 독해하게끔 유도한다.

이제 이러한 해석의 원조인 한비자의 이야기식 해설을 살펴보자.

---

4 원문 중 '탈(奪)'자에 대해 일부 학자들은 마땅히 '취(取)'자로 고쳐야 한다고 말한다. 범응원(范應元)은 '탈'자로 되어 있는 것은 고대의 용법이 아니라고 말하였고, 장석창(蔣錫昌)은 『사기(史記)』·『색은(索隱)』·『한비자』에 모두 '취'자로 되어 있어 '취'자로 쓰는 것이 맞다고 주장하고 있다. 이와 관련된 내용은 진고응(陳鼓應), 최재목·박종연 역, 『진고응이 풀이한 노자』, 영남대 출판부, 2008, 276쪽 참조.

5 이와 관련하여 명대 학자 서학모(徐學謨)는 『노자해(老子解)』에서 다음과 같이 말한다. "송나라 유학자들은 '고(固)'를 '고(故)'로 해석하였다. 글자의 뜻을 제대로 이해하지 못하였을 뿐 아니라, 그것을 권모술수라고 한 것은 왜곡하여 해석한 것이다[宋儒以固作故, 旣不得其字義, 而乃指之爲權謀, 誣矣]." 진고응, 최진석 역, 『노장신론(老莊新論)』, 소나무, 1997, 162쪽에서 재인용.

월왕(越王)은 오(吳)나라에 들어가 신하가 되어 (오왕이) 제(齊)나라를 정벌하도록 부추겼는데, 이로써 오나라를 피폐하게 하려 했던 것이다. 오나라 군사는 애능(艾陵)에서 제나라 사람에게 이기고, 양자강과 제수(濟水)까지 영토를 넓히며, 황지(黃池)까지 세력을 떨쳤다. 이에 (월나라는) 오호(五湖)에서 (오나라를) 제압할 수 있었다. 그러므로 (노자가) 말하기를 "장차 그것을 위축시키고자 하면 반드시 먼저 그것을 펼치게 하고, 장차 그것을 약하게 하려면 반드시 먼저 그것을 강하게 한다"라고 한 것이다. 진(晉)나라 헌공(獻公)이 우(虞)나라를 치려고 했을 때 그들에게 옥과 말을 예물로 보냈고, 지백(知伯)은 구유(仇由) 지방을 습격하려고 했을 때 그들에게 큰 수레를 선물로 주었다. 그러므로 (노자가) 말하기를, "장차 그것을 취하고자 하면 반드시 먼저 그것을 주어야 한다"고 한 것이다. 형세가 갖추어지지 않았을 때 일을 시작하여 천하에 큰 공을 세우려는 것을 일러 "미묘한 밝은 지혜"라고 한다. 약소한 처지에 있으면서 거듭 자신을 낮추니, (노자가) "약한 것이 강한 것을 이긴다"고 한 것이다.

越主入宦於吳, 而勸之伐齊以弊吳. 吳兵旣勝齊人於艾陵, 張之於江濟, 强之於黃池, 故可制於五湖. 故曰, "將欲翕之, 必固張之, 將欲弱之, 必固强之." 晉獻公將欲襲虞, 遺之以璧馬, 知伯將襲仇由, 遺之以廣車. 故曰, "將欲取之, 必固與之." 起事於無形, 而要大功於天下, 是謂"微明". 處小弱而重自卑損, 謂"弱勝强也."[6]

---

6 『노자』 36장의 후반 문구인 "물고기는 연못을 벗어나서는 안 되고, 한 나라의 이득이 되는 물건은 남에게 드러내 보여서는 안 된다[魚不可脫於淵, 國之利器, 不可以示人]"라는 문구에 대해서는 『한비자』에서 별도로 풀이하고 있는데, 한비자는 이 문구를 임금과 신하의 권력 관계와 상벌권으로 해석하고 관련된 이야기를 인용하고 있다. 이는 권모술수에 집중하고자 하는 본고의 취지에서 벗어나는 것이기에 여기서는 다루지 않는다. 참고로 『회남자』 「도응훈」의 경우는 오히려 『노자』 36장의 후반 문구

첫 번째 인용한 이야기는 월왕의 권모술수에 초점이 맞춰져 있다. 월왕은 고의로 신하가 되어 오나라가 제나라를 정벌하도록 부추겨 멸망에 이르게 했다는 것이다. 이와 관련하여 한비자는 『노자』 52장의 문구를 풀이하면서 이 이야기에 일부 내용을 더 추가한다.

> (월왕) 구천(句踐)은 오나라에 신하로 들어가 몸소 창과 방패를 들고 오왕이 행차할 때 호위를 하였다. 이에 (오왕) 부차(夫差)를 고소(姑蘇)에서 죽일 수 있었던 것이다. (…중략…) 그러므로 (노자가) 말하기를 "유약함을 지키는 것을 굳세다고 한다"라고 한 것이다.
>
> 句踐入宦於吳, 身執干戈爲吳王洗馬, 故能殺夫差於姑蘇.(…中略…) 故曰, "守柔曰强."

위의 이야기에서 권모술수로 독해되는 데 가장 중요한 부분은 월왕이 오나라를 피폐하게 하기 위해 제나라 정벌을 부추겼다는 서술일 것이다. 그런데 이 부분에 대한 다른 기록들이 있다. 먼저 자세한 내막이 서술되어 있는 『사기』 「중니제자열전(仲尼弟子列傳)」을 보면 다음과 같이 기록한다. 자공(子貢)이 공자(孔子)의 명을 받아 제나라로부터 노(魯)나라를 구하고자 모책을 내놓게 되었는데, 그 중 하나가 월왕 구천으로 하여금 오왕에게 사신을 보내 오나라가 안심하고 제나라를 칠 수 있도록 원군을 보내겠다고 자청하게끔 하였다는 것이다. 이는 서술 대상이 자공이 되면서 그의 모략에 초점이 맞춰지게 되고, 월왕 구천은

와 관련된 이야기만 있고, 권모술수로 확연하게 독해되는 36장의 전반 문구에 대해서는 언급하지 않고 있다.

다만 자공의 모략에 따른 것으로 되어 『한비자』에서 보이는 권모술수가로서의 이미지는 약화된다.

한편 『여씨춘추(呂氏春秋)』와 『회남자』에서는 월왕이 부추겼다는 서술이 없다. 두 문헌의 기록에 따르면 월왕은 적어도 오왕으로 하여금 제나라를 정벌하도록 권하지 않았으며, 다만 제나라를 친다는 사실을 알고 오나라가 전쟁으로 인해 곧 피폐해질 것을 예상했을 뿐이다. 『사기』의 또 다른 열전인 「오자서열전(伍子胥列傳)」에서는 월왕이 자공의 모략에 따라 군대를 이끌고 오나라 정벌을 도와주는 척 했다고 서술하고 있는데, 이 역시 월왕이 오왕의 제나라 정벌을 부추겼다고는 볼 수 없다. 이를 근거로 보면, 『한비자』의 서술과는 달리, 월왕은 적어도 오나라를 멸망시키기 위해 제나라를 궁지로 몰고 간 권모술수가가 아닐 수 있다는 추론이 가능해진다.

몇몇 다른 기록들에서 월왕과 오왕의 이야기를 좀 더 살펴보자. 『여씨춘추』에서는 여러 측면의 이야기가 서술되어 있는데, 먼저 「계추기(季秋紀)」에서는 오나라에 패배 후 민심을 얻고자 하는 월왕 구천의 변화된 삶을 초점화 하여 상세하게 서술하고 있으며, 끝부분에서는 월왕이 오나라를 멸망시키고 2년 뒤 패왕(霸王)이 된 것은 무엇보다 민심을 따른 결과라고 논평하고 있다. 다음, 「효행람(孝行覽)」에서는 오나라에 기근이 들어 월나라에 식량 원조를 요청하였을 때 월나라는 식량을 제공하지 않고 오나라를 공격하여 멸망시킨 것으로 서술되어 있으며, 「이속람(離俗覽)」에서는 오왕이 전쟁을 자주 일으켜 승리하면서 교만해지고 백성의 원망이 커져 멸망에 이른 것으로 서술되어 있다.[7]

7 『회남자』 「도응훈」에도 이 이야기가 등장하는데, 『노자』 9장의 "공을 이루고 이름을

이를 종합 비교해 보면,『한비자』「유로」의 이야기는『여씨춘추』·『회남자』·『사기』 등에서 서술된 오왕의 지나친 정벌욕에 대한 부분과 월왕의 민중을 아끼는 군주로서의 이미지에 대한 부분을 모두 생략한 채, 오로지 음모를 꾸며 오나라를 멸망시킨 월왕의 권모술수가로서의 면모만을 부각시키고 있다는 것을 알 수 있을 것이다. 만약 한비자가 오나라에 기근이 들었을 때 월왕이 정벌했다는 사실에 근거해서 서술했다면 소위 권모술수와는 상당히 멀어지는 내용이 되었을 것이다.

이러한『한비자』의 이야기 구성은『노자』를 풀이한 또 다른 문헌인『회남자』의「도응훈」과도 비교된다.「도응훈」에서는 월왕의 복수심과 치욕을 참는 인내심에 초점을 맞춰 이야기를 서술하면서『노자』78장인 "부드러움이 딱딱함을 이기고 약함이 강함을 이기는 것은 천하 사람이 알지 못하는 바가 아니나 이것을 실천하는 사람은 없다"라는 문구와 연결시킨다. 후반 논평에서 "월왕은 이를 몸소 실천하여 마침내 중국을 제패하게 되었다"라고 하여,[8] 복수를 위해 치욕스러움을 마다하지 않고 참아내는 월왕의 인내심에 초점을 맞추고 권모술수가로서의 이미지는 부각시키지 않았다.

『한비자』에서도 월왕의 인내심에 초점을 맞춰 서술한 부분이 있다.

떨쳤으면 물러나는 것이 하늘의 도이다[功成名遂, 身退, 天之道也]"라는 문구와 연결시키고 있다. 오왕 부차에 대해서는 대부분 정벌욕과 명예욕이 강한 군주로 평가한다. 또한,『여씨춘추』「효행람」에 월나라 범려(范蠡)가 오왕 부차를 평가하기를, 나이가 어리고 지혜는 적으며 재주는 가볍다고 했고, 일시적인 명예를 좋아하고 후환을 생각하지 않는다고 하였다. 이러한 평가로 인해 월나라에 식량을 원조하는 것에 반대하는 오자서의 간언에 대해 오왕이 의로운 군대는 굴복한 나라를 공격하지 않으며 어진 사람은 굶주린 사람을 구제한다고 하면서 월나라에 식량을 제공해 준 것조차도 오왕 부차의 일시적인 명예욕으로 이해하게 만든다.

8 원문은 다음과 같다. "老子曰, 柔之勝剛也, 弱之勝强也. 天下莫不知, 而莫之能行. 越王親之, 故霸中國."

『노자』 71장에 대한 해설에서이다.

> 월왕이 패왕이 될 수 있었던 것은 신하됨을 치욕으로 여기지 않았기 때문이고, 무왕(武王)이 왕이 될 수 있었던 것은 조롱당한 것을 치욕으로 여기지 않았기 때문이다. 그러므로 (노자가) 말하기를 "성인에게 치욕이 아닌 것은 그것을 치욕이라고 여기지 않았기 때문이다. 이로써 치욕이 없게 되는 것이다."
>
> 越王之霸也, 不病官, 武王之王也, 不病詈. 故曰, "聖人之不病也, 以其不病, 是以無病也."[9]

그러나 이 문장은 「도응훈」과는 달리, 앞서 이미 36장에 대한 이야기식 설명에서 월왕의 권모술수가라는 이미지가 생성되었기에, 71장에서 말한 '치욕으로 여기지 않는 것' 역시 권모술수라는 해석에서 자유롭지 못하게 된다.

다음으로, 한비자는 오나라가 황지까지 세력을 떨친 후, 월나라가 오호에서 오나라를 제압할 수 있었다고 결말짓고 있는데, 이 역시 월왕의 권모술수적인 측면이 더욱 부각되는 효과를 가져왔다. 『사기』 「월왕구천세가(越王句踐世家)」에 보면, 오나라의 멸망 과정과 오왕 자살에 대한 기술에서 『한비자』의 이러한 결말과 대조되는 부분이 있는데,

9 원문 중 "그것을 치욕이라고 여기지 않았기 때문이다[以其不病]"라는 부분은 『노자』 71장에서는 "흠을 흠으로 여기기 때문이다[以其病病]"라고 되어 있다. 전체 문장은 다음과 같이 되어 있다. "모른다는 사실을 아는 것이 최상이요, 모르면서 안다고 하는 것은 흠이다. 바로 흠을 흠으로 여기기 때문에 흠이 없게 되는 것이다. 성인이 흠이 없는 것은 흠을 흠으로 여기기 때문이다. 이로써 흠이 없게 되는 것이다[知不知, 上, 不知知, 病. 夫唯病病, 是以不病. 聖人不病, 以其病病, 是以不病]."

내용은 이러하다. 월왕 구천 역시 예전에 사면해 준 오왕 부차에게 연민을 느껴 그를 용동(甬東)이라는 지역으로 보내 그곳에서 100호의 통치자가 되라고 명했다는 것이다. 그러나 부차는 너무 늙었다는 이유를 대며 사절하고 자결한다. 만약 이러한 결말이 『한비자』에 어떠한 방식으로든 반영되어 서술되었다면 철저한 계획과 음모로 점철된 권모술수적인 측면이 상당히 희석되었을 것이다.

『노자』 36장의 후반 문구에 대한 「유로」의 나머지 이야기식 설명에 대해 살펴보자. 두 가지 이야기는 짧은 문장으로 서술되어 있는데, 그 중 진나라의 우나라 정벌 이야기는 『좌전(左傳)』 희공(僖公) 5년에 기록된 사건으로, 「유로」에서는 『노자』의 다른 문구를 설명할 때 좀 더 자세하게 서술하고 있다. 『노자』 46장을 풀이하면서 다음과 같이 이야기한다.

> 우왕은 굴(屈) 지역에서 산출된 말과 수극(垂棘)에서 나온 벽옥을 욕심내 궁지기(宮之奇)의 충언을 듣지 않았다가 나라는 망하고 자신은 죽게 되었다. 그러므로 (노자가) 말하기를 "얻으려는 욕심보다 더 참혹한 허물은 없다"고 한 것이다.
>
> 虞君欲屈產之乘與垂棘之璧, 不聽宮之奇, 故邦亡身死. 故曰, "咎莫憯於欲得."[10]

이 이야기는 다시 『노자』 64장을 풀이하면서 더 상세하게 서술한다.

10 원문 중 '참혹하다'의 '참(憯)'자는 『노자』 46장에서는 '크다'라는 뜻의 '대(大)'자로 되어 있다.

진나라 헌공은 수극의 벽옥으로써 우나라에 길을 빌려 괵(虢)나라를 정벌하려 하였다. (대부(大夫)인) 궁지기가 간언하기를, "아니 되옵니다. 입술이 없으면 이가 시리다고 하였사옵니다. 우나라와 괵나라는 서로 구원해 줘야 되는 처지로, 이는 서로에게 덕을 베풀자는 것이 아닙니다. 오늘 진나라가 괵나라를 정벌하면 다음 날은 우나라가 반드시 따라 멸망할 것이옵니다"라고 하였다. 우왕은 듣지 않고 그 벽옥을 받고 길을 내 주었다. 진나라는 괵나라를 정벌하여 차지하고 나서 돌아오는 길에 우나라를 멸망시켰다. (…중략…) 숙첨(叔瞻)과 궁지기도 역시 우나라와 정(鄭)나라의 편작(扁鵲)(과 같은 명의)였으나 두 왕은 (그들의 간언을) 듣지 않아 정나라는 패하고, 우나라는 망했다. 그러므로 (노자가) 말하기를 "안정되어 있을 때는 유지하기가 쉽고, 아직 징조가 나타나지 않았을 때는 도모하기가 쉽다"라고 한 것이다.

晉獻公以垂棘之璧, 假道於虞而伐虢, 大夫宮之奇諫曰, "不可. 脣亡而齒寒, 虞虢相救, 非相德也. 今日晉滅虢, 明日虞必隨之亡." 虞君不聽, 受其璧而假之道. 晉已取虢, 還反滅虞.(…中略…) 叔瞻宮之奇, 亦虞鄭之扁鵲也, 而二君不聽, 故鄭以破, 虞以亡. 故曰, "其安易持也, 其未兆易謀也."

『여씨춘추』「신대람(愼大覽)」에서는 이 이야기 내용에 추가로 진나라가 우나라 정벌 후 길을 빌려달라고 준 예물을 다시 되찾는 것까지 서술하여 예물이라는 작은 이득에 초점을 맞추고 있다. 이를 통해 작은 이득은 큰 이득을 망치는 것이라는 논평을 이끌어낸다.

종합해 보면, 『한비자』의 『노자』 46장과 64장에 대한 이야기와 『여씨춘추』의 이야기는 모두 우왕과 그의 대부 궁지기의 입장에서 이야기가 구성되어 있고, 『한비자』의 36장에 대한 이야기와 대조적으로 진나라 헌공이 우나라를 치기 위해 예물을 주었다는 권모술수적인 측면은 약화되어 있음을 알 수 있을 것이다. 이는 인물과 시공간을 달리 설정하여 이야기를 구성한 결과이다.

지백의 구유 지방 습격 이야기도 『여씨춘추』에서는 시공간이 달리 설정되어 권모술수와는 다른 의미가 생성된다. 구유 지방의 군주를 서술대상으로 하여 큰 종을 갖고자 하는 군주의 욕심에 대해 서술했을 뿐이다.

이상에서 살펴보았듯이, 일련의 역사 사건을 한비자는 시간과 공간[11]을 재설정하여 『노자』 36장이 권모술수로 이해될 수 있도록 구성하였던 것이다. 기본적으로 시공간을 압축시킨 역설에 시간의 흐름과 공간이 설정되면서 다양한 의미가 생성된 것으로, 한비자는 『노자』 36장에서의 '빼앗다[奪]'와 '준다[與]' 등의 행위에 시간의 흐름과 순서를 설정하여 이야기함으로써 역설에서는 의도되지 않았던 새로운 의미들을 생성시켰던 것이다.

이야기 구성은 삶과 역사에 의미를 부여하는 작업으로 철학과도 연계된다는 점을 고려하면서, 이제 "논리적, 문법적 차원에서 이 세상을 보는 이치"[12]를 말한 역설 문구가 이렇게 이야기화 되면서 야기되는 문

---

11 여기서 소위 말하는 공간이란 장소와는 다른 것이다. 이와 관련하여 장일구의 다음 설명이 참고할 만하다. "가시적인 차원이 명징하여 구획이 분명한 '장소'와 달리 '공간'은 의미를 함축한 표상이다. 장소는 지각 가능한 국면이지만 공간은 분석이나 이해를 통해 추론 가능한 국면이다. 따라서 대상으로서 주어지는 장소에 비해, 공간은 시점에 따라 상대적인 양상을 띠는가 하면 기획을 통해 다각의 양상이 빚어지는 구성체이다. 서사적 공간은 그런 기획의 한 소산이다."(『서사공간과 소설의 역학』, 전남대 출판부, 2009, 219쪽)

12 김형효, 『노장 사상의 해체적 독법』, 청계, 1999, 178쪽.

제가 무엇인지 심층적으로 분석해보고자 한다.

3. 역설의 순환적 세계관과 단선적 구성과의 충돌

먼저 고려해야 할 점은 우리의 삶은 결코 이야기의 시간 구조를 가지지 않는다는 것이다. '리쾨르에 따르면 우리의 일상적인 삶의 시간은 "뒤섞어져 있고, 흐트러져 있으며, 그리고 제한되어 있으며, 말이 없다." 이러한 우리의 일상적인 시간은 직접 구성하기 힘들기 때문에 매개적 이야기를 통해 구성이 가능하다'[13]는 것이다. 다시 말해 이야기는 우리의 일상적 시간 경험을 새롭게 변형하고, 우리의 삶의 의미는 이러한 이야기 방식을 통해 구성된다는 것이다. 특히 '과거를 직접적으로 이해할 수 없기 때문에, 우리는 이야기를 통해 역사적 시간 경험들을 언표화 하고, 이를 통해 과거 시간 경험들을 이해하게 된다.'[14] 이렇듯 이야기 구성이 우리의 삶과 역사에 직접 관여하기에, 이를 문제 삼지 않을 수 없는 것이다.

이야기 구성에서 자주 거론되는 것이 플롯(plot)인데, 아리스토텔레스에 따르면 "때로 단편화되어 있고 헝클어져 있을 현실을 그대로 기술해서 플롯이 되는 것이 아니라, 삶의 단편들을 한 줄기로 꿰어 잇고

13 정기철, 「역사 이야기 이론을 위한 해석학적 고찰」, 『철학과 현상학 연구』 7집, 한국현상학회, 1993, 233~4쪽.

14 위의 글, 237쪽.

다시금 그 줄기들을 직조(織造)하듯이 짜서 그럴싸한 짜임새를 짓고서야 플롯이 이루어지며",[15] 이른바 '전형'의 창출을 통해 표현하고자 하는 모습이 제대로 전달된다는 것이다. 즉, 인생 그 자체는 파편화되어 있기에, 이를 엮어 의미부여하고 이야기해야 삶의 의미가 제대로 전달된다고 본 것이다.

이와 대조적으로 노자의 역설은 우리의 일상적인 삶의 시간이 "뒤섞어져 있고, 흐트러져 있으며, 그리고 제한되어 있으며, 말이 없다"를 있는 그대로 성찰하고 표현해 낸 결과물이라고 할 수 있다. 노자는 이러한 삶 자체의 단편들, 헝클어짐 등에 주목하여 소위 단선적[16] 이야기 구성과 인간의 전형화로 풀어내지 않고 역설로 풀어낸 것이다. 이러한 역설이 "삶에서의 수많은 경험적 사고와 상상적 사고들"을 끄집어내어 계속적인 반복과 성찰을 요구하며 독자로 하여금 스스로 체득하게 하고자 한 것과 다르게, 이야기의 단선적 구조는 삶의 "한 부분을 초점화하여 서술하고, 그렇지 않은 부분은 은폐하고 축소"[17]해서 독자로 하여금 이야기의 결말로 향하게 한다.

끝없는 회귀를 강조하는 『노자』에는 순환적 세계관에 바탕을 둔 시

15 장일구, 앞의 책, 273쪽.

16 소위 '단선적'이라는 용어에 대해 장일구는 다음과 같이 풀이한다. "보통은 사건의 순차 구조를 바탕으로 구성된 플롯에는 '단선적(單線的 linear)'이라는 형용어를 붙여 설명하곤 한다. '서 → 본 → 결'로 전개되는 이야기의 양상이 마치 선으로 연결해 놓은 모양새라는 얘기다. 그렇게 보면 '선형'이라고 이해해도 좋겠지만, 이 형용어에는 시작점에서 끝점에 이어지는 선상에서 이야기가 전개되어 일차원적인 형상을 취하고 있는 형태이므로 '단선적'이라 이해하는 편이 적확하다."(위의 책, 280쪽)

17 최성민은 다음과 같이 말한다. "허구적 서사체는 삶에서의 수많은 경험적 사고와 상상적 사고들 가운데 한 부분을 초점화하여 서술되고, 그렇지 않은 부분은 은폐하고 축소하기 마련이다."(최성민, 「은유의 매개와 서사의 매체」, 『시학과 언어학』 15호, 시학과언어학회, 2008, 63쪽)

간 개념이 내포되어 있다. 기본적으로『노자』의 역설은 상당수 대구(對句)를 사용하여 모순되는 개념들을 연계해 새로운 의미를 생성시키는데, 이때 상대적인 것에 얽매여 오류를 범하지 말고 근본으로 돌아가라고 강조한다. 『노자』에서 유달리도 "(근본으로) 되돌아가라"라는 표현이 자주 사용되는 이유가 여기에 있다.[18] 모순되는 단어들 간의 관계 속에서 의미를 포착하고 끝없는 관계 속으로 미끄러질 때, 근본원리인 '도(道)'로의 회귀만이 방향키 역할을 할 수 있기 때문이다. 이에 25장에서 "멀리가게 되면 되돌아온다[遠曰反]"라고 한 것이다. 여기에서 다시 노자는 '도'의 다양성 배태를 강조한다. 배태된 다양성은 다시 만물로 변화하는 순환을 거듭한다. 이에 "늘 그러한 덕이 가득 차 소박함으로 되돌아간다. 통나무[道]가 흩어지면 그릇이 된다[常德乃足, 復歸於樸, 樸散則爲器]"(28장)[19]라고 한 것이다. 더욱이 36장은 '만물이 극에 달하면 반드시 되돌아가고[物極必反]', '세가 강하면 반드시 약해진다[勢强必弱]'는 변화와 순환의 이치를 말하고 있다.

"그 어느 쪽도 다른 한 쪽의 필수 전제이거나 당연한 귀결이 아닌 최소한 2개의 현실 또는 허구의 사건 및 상황들을, 하나의 시간 연속을 통해 표현한 것"[20]이 이야기라고 한다면, 이야기에서의 핵심은 어떻게

---

18 『노자』에서 이와 관련된 문구는 다음과 같다. "물체가 없는 (것처럼 보이는) 근원으로 되돌아간다[復歸於無物]."(14장), "각자 그 뿌리로 되돌아가는데, 그 뿌리로 되돌아가는 것을 '정(靜)'이라고 한다[各復歸其根, 歸根曰靜]."(16장), "끝이 없는 곳으로 되돌아간다. (…중략…) 순박한 상태로 되돌아간다[復歸於無極. (…中略…) 復歸於樸]."(28장), "만물이 되돌아가도 주인이라고 자처하지 않으니, '크다'라고 명명할 수 있다[萬物歸焉, 而不爲主, 可名爲大]."(34장)

19 이 문구에서 '박(樸)'은 바로 '도'를 상징한다. 이 부분에 대한 자세한 논의는 박영희, 「『노자』의 역설을 통한 소박미(素朴美) 재고」, 『중국어문학논집』 58호, 중국어문학연구회, 2009, 488쪽을 참조.

20 제랄드 프랭스, 최상규 역, 『서사학이란 무엇인가—서사물의 형식과 기능』, 예림기

시간 연속을 구성하느냐 일 것이다. 만약 생성논리인 역설에 시간의 흐름을 넣는다면 적어도 결말을 향한 단선적 구조이어서는 안 된다. 순환적 세계관은 처음→중간→마지막으로 이루어진 단선적 이야기의 시간 구조와는 맞지 않기 때문이다. 단선적 시간 연속을 주어 명확한 인과관계가 드러나는 이야기는 노자의 역설에서 표방하고 있는 순환적 세계관과 충돌하게 된다.

『한비자』「유로」에서 인용한 역사고사는 그 어느 이야기보다도 직선적 시간관에 바탕을 두며 사건들 간의 인과적 관계가 뚜렷하다. 월왕·오왕 등과 관련된 역사 고사도 '시간적으로 선후관계에 있는 행위들을 역사가들이 뽑아내고 인과론적이고 목적론적으로 구성'[21]한 것이다. 앞서 살펴보았듯이 「유로」에서 거론한 역사고사는 과감한 생략과 압축을 통해 결말을 향해 치닫는 시간 구조를 갖는다. 여기에는 사건에 대한 다른 원인 혹은 가능성에 대한 역시간적인 탐색 과정은 없다. 이는 순환적 세계관에서 보이는 시간 구성과 다르다. '순환 반복되는 시간 구성은 주로 조밀한 인과성은 많이 사상(捨象)되고, 결말에 대한 서술 또한 아득한 데로 되돌아가는 것처럼 되어 있다. 순환적 세계관에 바탕을 둔 신화와 전설 등이 이러한 이야기 구조를 갖는데, 그곳에서는 앞뒤 시간 사이에 인과성이나 상호유기성이 부족하여 갑자기 뚝 떨어져 나온 시간이라는 인상을 준다거나, 상황들 간의 연결 관계

획, 1999, 10쪽.

21 김현주는 다음과 같이 말한다. "시간적으로 선후관계에 있는 행위들을 뽑아내고 그것들을 편성 조직하는 역사가의 인식이 인과론적이고 목적론적인 측면이 있다는 것은 부인할 수 없는 사실"이다(김현주, 「고전서사체에서의 시간의 성격」, 『시학과 언어학』 9권, 시학과언어학회, 2005, 50쪽).

가 대범하게 이루어져 상호간의 인과성이 상당히 감소된다.'[22] 이는 단선적이고 인과적인 플롯이 최대한 가능성을 배제하면서 필연적인 결말을 이끌어내는 것[23]과는 확연한 차이를 보이는 것이다.

역설이 이야기화 된다면 적어도 가능성을 더 풍부하게 하여 여러 결말이 나올 수 있게 해야 한다. 왜냐하면 역설은 기본적으로 가능성을 줄여 나가거나 없애는 것이 아니라 오히려 더 풍부하게 하기 위해 고안해낸 표현이기 때문이다. 심지어 역설은 기존의 순차적 시공간에서 벗어나 시공간의 동시다발적 양상으로도 해석 가능하다. 이는 역설이 적극적으로 모순 관계를 드러내어 논리와 언어의 일관성을 파괴하기에 가능한 것이다.[24] 예를 들어, 『노자』 36장에서의 '빼앗다'와 '주다'가 하나의 사건에서 만날 수도 있다. '빼앗다'의 행동 야기는 전혀 의도하지 않은 '주다'가 이미 있었기에 가능한 것으로도 볼 수 있다는 것이다. 이는 "늘어나고 줄며 가득 차고 비는 것이 서로 원인이 되는"[25] 순환과 반복의 끝없는 시공간에서 가능하다. 이에 따라 『노자』 36장의 주요 문구를 다음과 같이 다시 해석 할 수 있다.

> 거두고자 하면 반드시 본래 벌려져 있고, 약하게 하려면 반드시 본래 강해져 있고, 폐하고자 하면 반드시 본래 흥해져 있고, 빼앗으려 하면 반드시

---

22 위의 글, 47, 49쪽.

23 이와 관련된 자세한 논의는 시모어 채트먼, 김경수 역, 『영화와 소설의 서사구조』, 민음사, 2000, 52~4쪽 참조.

24 이경무는 다음과 같이 말한다. "역설은 변증과 이중 부정의 이중 구조 속에서 전개된다. 그리고 이러한 이중 구조 속에서 역설은 적극적으로 모순관계를 드러낸다. 여기에서 논리와 언어의 일관성은 유지될 수가 없다."(이경무, 「모순과 역설」, 『범한철학』 26집, 범한철학회, 2002, 74쪽)

25 진고응, 최재목 · 박종연 역, 앞의 책, 278~9쪽.

본래 준 상태이다.

將欲歙之, 必固張之, 將欲弱之, 必固强之, 將欲廢之, 必固興之, 將欲奪之, 必固與之

원문에서 핵심 글자인 '고(固)'를 '본래'라고 독해한다면 인과관계에서의 의도성이 어느 정도는 제거된다. 김형효는 36장에 대해 '나선형의 법칙으로 상반된 것들의 공동 작업이라고 풀이한다. 취하려는 것은 유욕(有欲)이요, 주는 것은 무욕(無欲)으로, 이 둘이 교차하는 도의 작용을 설명한 것이 36장이며, 무욕으로서의 주는 행위가 있기에 유욕인 취하는 행위가 욕심의 소유로부터 구원된다'[26]고 논한다. 한비자가 36장을 사건화하여 이야기했을 때 바로 이 무욕의 부분인 '주는 것'에 목적성을 부여해 인과관계로 풀어냈기 때문에 권모술수로 해석된 것이다. 「유로」의 원문 중 "월왕은 오나라에 들어가 신하가 되어 (오왕이) 제나라를 정벌하는 것을 부추겼는데, 이로써 오나라를 피폐하게 하려 했던 것이다(越主入宦於吳, 而勸之伐齊以弊吳)"에서 '이로써'라는 뜻을 지닌 '이(以)'를 넣음으로써 권모술수로 쉽게 독해되게 유도한 것이 그 한 예일 것이다.

이러한 이야기의 단선적 구성이 인과론적 결말을 유도하는 데 있어서 간과할 수 없는 또 하나의 주요 요소가 있다. 바로 이야기에서 독자들은 습관적으로 인과적인 연계에 주목한다는 것이다. 예를 들어 "독자들은 '왕이 죽고 그리고 왕비가 죽었다'라는 문장이 어떤 인과적 연계, 즉 왕의 죽음이 왕비의 죽음과 어떤 관계가 있으리라고 가정하려 든다는 것이다."[27] 따라서 인과적 구성 원리는 기실 독자의 습성상 부

26 김형효, 앞의 책, 166~8쪽.

득이한 것이라고도 할 수 있다. 그러나 이는 역으로 "소위 인과율이라고 하는 것은 단지 우리의 습관이나 연상 심리의 산물일 뿐"[28]이라는 것을 말해 준다.

그렇다면 이야기 구성에서 중요한 것은 어떤 구절과 병치되느냐 일 것이다. 어떤 구절과 병치되느냐에 따라서 인과관계가 달라지고 전체 문맥과 의미생성이 달라지기 때문이다. 앞서 언급한 진나라 헌공의 우나라 정벌 이야기를 다시 보자. 『한비자』에서는 "진나라 헌공이 우나라를 치려고 했을 때 그들에게 옥과 말을 예물로 보냈다"고 하면서 "장차 그것을 취하고자 한다면 반드시 먼저 그것을 주어야 한다"고 한 『노자』 36장의 문구와 바로 연결시킨다. 여기서는 오로지 진나라 헌공이 우나라에게 예물을 건네며 길을 열어 달라고 한 것은 훗날 침략을 위한 술수로밖에 읽히지 않게 된다. 이는 예물을 건넨 일과 훗날 우나라를 침략한 일이 바로 병치되어 서술된 데에서 비롯된 결과이다. 이러한 단선적인 이야기 구성은 독자로 하여금 그 과정이 모두 결론을 향한 의도적인 언행으로 독해하게 한다.

그러나 이 과정에서 우리는 충분히 진나라가 우나라와의 우호적인 입장에서 적어도 당시에는 정벌의사가 없었을 수도 있음을 가정해 볼 수 있을 것이다. 실제로 『사기』의 「진세가(晉世家)」의 기록을 보면 진나라는 괵나라를 치기 위해 우나라에 두 차례 길을 빌렸는데, 첫 번째는 헌공 19년으로, 예물을 주고 길을 빌렸지만 괵나라만 정벌하고 우나라는 정벌하지 않았다. 22년에 다시 우나라에게 길을 빌렸는데, 이때는

27 시모어 채트먼, 김경수 역, 앞의 책, 52쪽.
28 김영정, 『언어 · 논리 · 존재』, 철학과현실사, 1999, 169쪽.

예물을 주었다는 서술은 없으며, 돌아오는 길에 우나라를 정벌하였다고 되어 있다. 이때 예전에 예물로 주었던 말을 다시 얻었다고 서술되어 있을 뿐이다. 이 기록에 의하면 진나라가 19년에 예물을 줄 당시에는 우나라를 정벌할 의사가 없었던 것으로 추론 가능하다.[29] 그렇다면 적어도 예물과 우나라 정벌 간에는 뚜렷한 인과관계가 성립하지 않는다. 심지어는 이 지점에서 진나라가 돌아오는 길에 우나라를 칠 수 밖에 없는 우여곡절도 가정해 볼 수 있을 것이다. 그러나 『한비자』에서는 이러한 부분에 대한 과감한 생략으로, '주는 것'인 예물과 '취하는 것'인 우나라 정벌 사건을 병치하여 결국 『노자』 36장을 권모술수로 이해되게끔 하였던 것이다.

"진리를 진리라고 말할 수 있다면 영원한 진리가 아니다(道可道, 非常道)"로 대표되는 역설은 독자의 상식적인 추론을 거부한다. 여기에는 우리들의 습관적 인과관계식 추론도 포함된다. 따라서 단선적 구성으로 된 이야기가 독자의 서사적 추론을 일정 방향(결말)으로 이끌면서 이에 얽힌 삶의 의미를 재구성하는 것은, 순환적 세계관에서 비롯된 노자의 역설과 근본적으로 맞지 않아 의미 구성에 충돌을 일으킬 수밖에 없게 되는 것이다.

29 여기서 어느 이야기가 진정 사실인지 따져 보는 것은 무의미한 일이다. 왜냐하면 기본 사료에 역사를 기록한 자의 추론이 더해져서 가공한 이야기가 역사고사이기 때문이다.

4. '지식' 축적물인 역사고사와 역설의 해체성과의 모순

『한비자』의 이야기식 설명은 역사적인 사건을 통해 설명함으로써 더욱 설득력을 갖는다. 독자는 역사고사를 사실로 받아들여 더 쉽게 설득 당하는 것이다. 그런데 주지하다시피 "역사서술은 객관적 진리를 전달한다기보다 특정한 가치관을 그럴듯하게 풀어낸 '이야기'에 속한다."[30] 이에 "푸코는 역사적 사실의 객관성에 대한 믿음을 망상이라고 폄하하면서 역사적 사실이란 오로지 담론의 산물이라고 주장했던 것이다."[31] 그러나 고대 중국에서는 역사고사가 갖는 교훈적 성격으로 인해 그 허구적 서사에 의문을 제기하지 않았다. 소위 역사적 교훈이라는 미명하에 역사 이야기의 허구적 요소까지 자연스럽게 받아들였던 것이다.

고대 중국 역사는 3인칭 전지적 관점에서 기록되어 객관적이며 모두 진실인 것처럼 보인다. 이러한 바탕 위에 역사적 교훈은 가치 판단을 수행하는 자의 등장으로 더욱 극명하게 전달되는데, 일례로 『좌전』의 소위 '군자왈(君子曰)'로 시작하는 판단자의 등장이 그것이다.[32]

---

30 전진성, 『역사가 기억을 말하다』, 휴머니스트, 2005, 105쪽.

31 권선형, 「역사 새로 쓰기와 기억 / 망각화 작업－역사와 기억 그리고 정체성」, 『헤세연구』 16집, 한국헤세학회, 2006, 414쪽.

32 『사기』에서는 '태사공왈(太史公曰)'로 되어 있고, 이후 역사 기록에서는 주로 '사신왈(史臣曰)', 혹은 '평왈(評曰)' 등으로 되어 있다. 고대 역사가는 서술보다는 판단 내리는 것에 치중하고 있음을 알 수 있는 대목이다. 자세한 논의는 김진곤 편역, 『이야기, 소설, Novel－서양 학자의 눈으로 본 중국소설』, 예문서원, 2001, 39, 128쪽 참조.

이러한 3인칭 전지적 관점과 판단자의 등장은, 역사고사를 우언으로 삼는 서술에서 더욱 노골적으로 드러나며 더 강력한 설득력을 갖게 된다. 『한비자』 「유로」에서는 『노자』의 문구와 연결할 때 '고왈(故曰)'에서 '그러므로[故]'라는 연결사를 사용함으로써, 더욱더 객관적인 평가자의 목소리로 독자에게 다가오게 한다. 이는 실제 역사 사건을 통해 도출해 낸 결론이라는 점에서 그 어느 문헌에서 사용하는 용례보다 더 권위를 갖고 설득할 수 있게 되는 것이다.[33]

『사기』를 쓴 사마천(司馬遷)이 "공자에게 가탁하여 구체적인 사건 속에서 생각을 구체화시키는 것이 추상적인 논쟁보다 낫다"[34]고 말했듯이, 고대 중국 지식인들은 역사 기록에 일종의 가치판단으로서의 삶의 교훈들이 담겨있다고 여겼고, 이로 인해 역사 기록을 일종의 '지식'으로, 연구해야 할 '학문'으로 체계화시켰다. 일례로, 고대 지식인들은 『춘추(春秋)』의 역사 기록에서 미언대의(微言大義)를 추구하는 것을 일종의 학문으로 구축한다. 오늘날 학계 일부에서는 『춘추』를 그저 사료에 불과하다고 치부하지만,[35] 역사 기록에 의도되었든 의도되지 않았든지

33 물론 이러한 '고왈(故曰)'의 사용은 보통 이야기를 우언으로 사용한 경우 대부분 등장한다. 『한비자』의 경우는 사실로 믿고 있는 역사고사와 연결되어 더욱 객관적인 판단이라는 의미가 두드러지는 것이다.

34 David Rolston, 조관희 역, 『중국 고대소설과 소설 평점－행간 읽기와 쓰기』, 소명출판, 2009, 269쪽.

35 일례로 고병익은 다음과 같이 말한다. "(중국의 역사책은) 역사라기보다도 역사 이전의 소재의 나열이라고 함이 오히려 합당할 듯도 하다. 소재를 분석하고 해석하고 비판하고 종합해서 하나의 체계와 영상을 구성하려는 의도와 노력은 처음부터 포기한 것 같고, 다만 개개의 대소 사건들을 세밀하게 나열, 기록할 따름이기 때문에, 연구의 자료로서는 귀중할지 모르나 일반 독자에게 통독할 흥미를 자아내는 것이라고는 아무리 좋게 보아도 말할 수 없다."(민두기, 「중국인의 역사관」, 『중국의 역사인식』(상), 창작과비평사, 1985, 42쪽)

간에 춘추필법(春秋筆法)에 대한 연구로 인해서 고대 지식인들은 『춘추』 자체에 상당한 의미가 깃들여진 것으로 여겼던 것이다. 이는 역사 기록이 일종의 '지식'이요, '학문'이 되는 과정의 일환이라고 볼 수 있다. 다시 말해, 역사 기록은 중국 고대 지식인에게는 적어도 단순한 역사 소재의 나열이 아니라, 춘추필법에 의해 심오한 진리가 담겨있어 끊임없는 연구와 학습이 필요한 학문이다. 전통시기 중국에서 역사는 이렇듯 "전달되어야 할 문화적 가치의 총괄로"[36] 여겨지고 있었던 것이다.

이렇게 학문으로 체계화된 역사 속 가치 판단과 이념은 자연스럽게 지식인들에게 주입되고 후대로 전승된다. 이는 후대 지식인들에게만 국한된 것이 아니라 이미 『한비자』 저작 시기의 지식인들에게도 적용된다. 한비자가 역사고사의 상당 부분을 과감하게 생략한 것은, 당시 이미 역사고사가 상식이요, '지식'이라는 반증이다. 역사고사가 대부분 이야기의 골간만 있을 뿐, 사건의 세부적인 묘사를 하지 않은 것도 이러한 '지식'을 바탕으로 했기에 가능한 것이다.

독자의 입장에서 보면, 『한비자』 「유로」에서 인용된 역사고사를 해석하기 위해서는 역사에 대한 '지식'을 갖춰야 한다. 이는 곧 지식인들 사이에 해석에 대한 경험을 공유할 수 있도록 문화적 훈련 과정을 거쳐야 되고, 이를 통해 이야기의 암시와 비약에 대한 전통적 해독에 길들여져야 된다는 것을 의미한다. 이에 따라 역사고사는 다름 아닌 '고대 지식인들을 역사적 해석에 대한 전통에 얽매이게 하는'[37] 하나의 기제로 작용한 것이다.

---

36 민두기, 「중국에서의 역사의식의 전개」, 위의 책, 59쪽.
37 이와 관련된 논의는 홍상훈, 앞의 책, 21쪽 참조.

노자가 역설을 통해 해체하고자 했던 것이 바로 이러한 '지식'과 '학문'에의 길들여짐이다. 소위 가치 판단과 이념은 당시 사회 권력자와 힘의 논리와 밀접한 관계에 놓여 있기에, 노자가 부정하고 해체하고자 했던 '학문'과 '지식'에 상응한다.[38] 노자는 "학문에서 벗어나면 걱정이 없어진다[絶學無憂]"(20장)고 하였고 "총명함에서 벗어나 지식을 버리면 백성들의 이익이 백배가 된다[絶聖棄智, 民利百倍]"(19장)고 보았다. 이는 '학문과 지식이 정치적, 경제적 지배의 욕심과 불가분의 관계 속에 힘이 되고 권력이 되고 중심이 되기 때문이다. 노자는 학문과 지식처럼 대상을 점유하고 사유하려는 것에서 벗어나서, 인간의 주관적인 관점과는 무관하게 그 자체 이루어져가고 있는 우주의 이법을 깨닫기를 주장한다.'[39] 그런데 역사고사는 고대 중국에서 당시의 주류 세력의 이야기로 자리매김해 가며 점점 체계화되고 권위적인 기록이 되어 갔다. 이는 당시 권력을 가진 주류의 '학문'과 '지식'을 해체하고자 했던 노자의 기본 취지와 정반대인 것이다.

전통적 해석에서 『한비자』의 역사고사는 권모술수라는 하나의 의미로 고정된다. 이와 관련하여 또 하나 고려해야 할 점이 있다. 고대 지식인들은 이야기 서술 상 서로 차이가 나는 이야기를 하나의 동일한 역사 사건으로 인식한다는 점이다. 앞서 살펴보았듯이 각 문헌마다 이야기 내용과 구성의 차이로 인해 다른 의미들이 생성된다. 심지어는

---

38 이와 관련하여 김형효는 다음과 같이 설명한다. "학문을 배우는 것은 지식의 축적이다. 왜 지식을 축적하려고 하는가? 세상살이에서 인간이 자연과 사회를 지배하고 관리하는 힘과 권력을 획득하는 데 수단과 방법을 제공하기 때문이다."(김형효, 앞의 책, 170~1쪽)

39 위의 책, 171, 209, 220쪽.

다른 사건으로까지 해석 가능한데, 이를 고대 지식인들은 하나의 동일한 역사적 사건으로 환원하여 인식하였다. 이는 고대 사건에 대한 역사가들의 서로 다른 기술과 상상력을 동원한 소설식 전개가 '사건'이라는 측면에서는 논리적으로 문제가 없기 때문이다. "사건들의 동일성 기준은 사건들을 구성하는 개체 · 속성 · 시간의 세 요소가 동일하면 동일한 사건이 된다." 따라서 "사건들은 다양한 비동치적 문장들에 의해 여러 방식으로 재기술 될 수 있었던 것이며",[40] 이를 고대 지식인들은 동일한 사건에 대한 고정된 의미로 의심 없이 받아들였던 것이다. 이에 역사고사는 고정된 하나의 중심주제로 환원되어 독해되었다.

그러나 시공간의 변형으로 새롭게 기술된 역사 이야기는 논리적으로는 동치이지만 동일한 의미로는 보기 어렵다. 앞서 거론한 『한비자』 「유로」의 월왕 구천의 이야기는 시공간이 달리 설정된다면 권모술수가 아닌 어쩔 수 없는 선택이라는 의미로도 서술 가능하다. 만약 공간 설정을 바꿔 월왕 구천에 대한 묘사 지점을 그가 고의로 오왕 부차의 신하로 들어가는 곳에 두지 않고 쓰라린 패배를 맛본 뒤 백성을 진정으로 아끼는 성군(聖君)의 모습을 드러내는 곳에 둔다면, 혹은 서술 대상을 바꿔 월왕 구천이 아니라 오왕 부차로 하고, 그가 전쟁만을 일삼는 폭군이었기에 결국 멸망에 이르는 것으로 서술한다면 권모술수와 거리를 둔 다른 의미들도 생성 가능할 것이다. 그러나 『한비자』 「유로」의 월왕과 오왕의 이야기는 오로지 권모술수라는 중심주제로 귀결되게끔 구성되었고, 이를 고대 지식인들은 타문헌에서의 관련 기록과 동일한 한 사건으로 인식하여 고정된 의미로 받아들여 왔던 것이다.

40 김영정, 앞의 책, 154~5쪽.

노자가 역설을 통해 해체하고자 했던 것이 다름 아닌 이러한 고정되고 중심으로 환원하는 의미들이다. 역설은 단어들 혹은 의미들 간의 미끄러짐을 통해 끝없는 성찰과 변화를 추구한다. 이 때문에 '지식'의 축적물인 역사고사로 『노자』를 독해한다는 것 자체가 역설과 모순되어 올바른 해석의 방향을 잃게 되는 것이다.

5. 나오며 – 새로운 이야기를 찾아서

역사 서사는 그 어느 이야기보다도 직선적 시간관으로 구성되어 인과적 관계가 뚜렷하다. 특히 중국의 역사고사 대부분은 그 기본 골간이 의도적인 인과관계로, 철저한 계획과 음모로 가득 찬 권모술수로 풀이될 만한 구성으로 되어 있다. 예전에는 이를 종종 기지 · 꾀 · 전략 등으로 정당화하기도 했지만, 이러한 역사고사로 인해 우리의 삶과 역사에는 너무도 많은 기만과 권모술수가 난무하는 것으로 여기는 부작용을 낳게 되었던 것이다.

노자의 역설이 이야기와 전혀 어울리지 않는다는 것은 결코 아니다. 이야기로 제대로 풀어내려면 적어도 기존의 역사고사의 이야기 구성에서 벗어나야 한다는 것이다. 우리의 삶의 의미가 이야기를 통해 인식되는 것이라면, 그리고 이야기로 재구성된 삶의 시간으로 자신의 삶을 되돌아보게 되는 것이라면, 이제는 새로운 이야기 구성의 창조가 필요하다는 것이다. 그것은 『장자』에서의 신화 이야기가 다양한 의미와 상상을 불러일으키는 것과 맥을 같이 하는 이야기일 수도 있겠고, 결말이 열린 비선형적인 개방구조일 수도 있으며, 시간적이고 인과적인 관계와 배열을 해체하는 '공간 형식(spatial form)'으로 이야기를 푼 것일 수도 있을 것이다. 적어도 삶과 역사를 장악한 권력에 중심을 둔 인과적 세계관을 해체하는 서사 전략이어야 하며, 고정되고 일관된 이념으로 환원되는 것을 막고, 중심 구축을 해체하는 방향으로 나아가는 것이어야 한다.[41] 이렇게 된다면 이야기의 구성에서 인과적인 문장 배치의 양상이 해체될 수밖에 없을 것이다. 이러한 이야기 구성일 때 노자의 역설에 새로운 이야기식 해설이 가능해 질 것이다.

그러나 향후 새로운 이야기를 찾는 데 있어서 무엇보다 선행되어야 하는 것은 이러한 한비자의 이야기식 해설의 함정을 제대로 파악하는 일일 것이다.

41 이와 관련된 상세한 논의는 장일구, 앞의 책, 280, 283~5쪽 참조.

참고문헌

진고응, 최재목 · 박종연 역, 『진고응이 풀이한 노자』, 영남대 출판부, 2008.

진고응, 최진석 역, 『노장신론』, 소나무, 1997.

김형효, 『노장 사상의 해체적 독법』, 청계, 1999.

조민환, 『유학자들이 보는 노장철학』, 예문서원, 1996.

David Rolston, 조관희 역, 『중국 고대소설과 소설 평점 – 행간 읽기와 쓰기』, 소명출판, 2009.

김진곤 편역, 『이야기, 소설, Novel – 서양 학자의 눈으로 본 중국소설』, 예문서원, 2001.

홍상훈, 『전통 시기 중국의 서사론』, 소명출판, 2004.

민두기, 『중국의 역사인식』, 창작과비평사, 1985.

시모어 채트먼, 김경수 역, 『영화와 소설의 서사구조』, 민음사, 2000.

장일구, 『서사공간과 소설의 역학』, 전남대 출판부, 2009.

김영정, 『언어 · 논리 · 존재』, 철학과현실사, 1999.

전진성, 『역사가 기억을 말하다』, 휴머니스트, 2005.

제랄드 프랭스, 최상규 역, 『서사학이란 무엇인가 – 서사물의 형식과 기능』, 예림기획, 1999.

김시천, 「'역사'에서 '이야기'로 – 『노자』 · 『장자』의 '이야기론'적 해석을 위한 시론」, 『동서철학연구』 31호, 한국동서철학회, 2004.

권선형, 「역사 새로 쓰기와 기억/망각화 작업 – 역사와 기억 그리고 정체성」, 『헤세연구』 16집, 한국헤세학회, 2006.

정기철, 「역사 이야기 이론을 위한 해석학적 고찰」, 『철학과 현상학 연구』 7집, 한국현상학회, 1993.

김현주, 「고전서사체에서의 시간의 성격」, 『시학과 언어학』 9권, 시학과 언어학회, 2005.

최성민, 「은유의 매개와 서사의 매체」, 『시학과 언어학』 15호, 시학과 언어학회, 2008.

이경무, 「모순과 역설」, 『범한철학』 26집, 범한철학회, 2002.

박영희, 「『노자』의 역설을 통한 소박미 재고」, 『중국어문학논집』 58호, 중국어문학연구회, 2009.

옥황(玉皇) 및 염라(閻羅) 신앙의 형성과 이야기의 역할*

박지현

1. 논의를 위하여

이야기, 즉 서사는 인간이 언어를 사용하는 한, 삶에 있어 본질적인 요소이다. 그것은 인간 활동의 결과물인 동시에 인간의 활동을 가능하게 해주는 전제 조건이기도 하다. 서사의 가장 본질적인 기능은 인간의 삶을 이해와 공유가 가능한 형식으로 전환시켜준다는 데에 있다. 이는 곧 하나의 삶이 서사를 통해 의미화되고, 그것이 다시 세계를 인식하고 구성하는 매개로 작용함을 의미하는 것이다.

---

* 이 글은 『중국문학』 39집(한국중국어문학회, 2003)에 같은 제목으로 발표한 글을 수정 보완한 것이다.

인간의 여러 가지 다양한 활동 영역 가운데 하나인 종교에서도 이러한 서사, 즉 이야기는 인식과 소통의 중요한 매개로 작용한다. 종교는 일종의 당위이다. 초월적인 신성에 대한 신앙은 선험적이고 존재론적인 것이다. 신이 왜 존재하며, 과연 실제로 존재하는가에 대한 담론은 이미 종교의 영역이 아니다. 그것은 과학이고 논증이다.[1] 종교에서의 서사는 '신이 존재한다'는 기정 사실에서 출발한다. 이는 예를 들면, 한 인간에 대한 서사가 흔히 그의 탄생과 함께 시작되며, 그가 어떤 생물학적 과정을 거쳐 태어났고 어떤 유전자의 조합으로 이루어져 있는지에 대해서는 문제삼지 않는 것과 똑같다.

종교적 서사는 크게 신에 대한 서사와, 신을 체험한 사람들의 서사로 나눠볼 수 있다. 종교 서사의 가장 큰 목적은 신을 증거하는 것이다. 신에 대한 신앙은 바로 이러한 서사를 통해 성립되고 전파된다. 신을 증거하는 데 논증의 방식이 아닌 서사가 활용된다는 것은 매우 중요한 의미를 지닌다. 종교 안에서 신은 진위를 밝혀야 할 대상이 아니다. 그

1 교육이론가인 브루너는 인간의 보편적 사고 양식을 크게 두 가지로 상정하면서, **논리-과학적인 사고**와 **서사적인 사고**로 구분하였다. 이 두 가지 사고 양식은 경험을 질서화하고 실제를 구성하는 데 있어 서로 변별적인 방법이다. 그에 의하면 논증은 진리를, 서사는 삶과 같음을 납득시킨다. 그러므로 전자는 보편적인 진리 조건을 탐색하고, 후자는 두 사건 사이의 그럴 듯한 특별한 관계를 탐색한다(Jerome Bruner, *Actual Minds, Possible Worlds*, Havard University Press, 1986, 11쪽; 우한용 외, 『서사교육론』, 동아시아, 2001, 46~7쪽 재인용). 이러한 브루너의 개념은 리오타르의 소위 **설화적 지식**과 **과학적 지식**의 구분과도 일맥 상통하는데, 브루너가 보다 근원적인 관점에서 인간의 사고 유형을 변별한 것이라면, 리오타르는 정보 사회의 지식 유형을 구분하면서, 후기 구조주의의 입장에서 설화적 지식이 과학적 지식에 대해 갖는 형성적인 힘과 근원적인 지위를 강조한 것이라고 볼 수 있다. 리오타르에 의하면 설화적 지식은 논증에 의존하지 않고 전달의 화용론에 의해 스스로 신뢰를 획득할 수 있으나, 과학적 지식은 설화의 도움 없이는 자신이 참된 지식이라는 것을 밝힐 수 없다는 것이다(장 프랑수아 리오타르, 이현복 역, 『포스트모던적 조건』, 서광사, 67~8쪽).

것은 하나의 전제이며, 적어도 종교 안에서는 언제나 '진(眞)'이다. 문제는 신 자체에 대한 진위 여부가 아니라, 신의 구체적인 능력과 성격이며 그것이 인간에게 미치는 영향이다.

사람들은 종교적 서사를 통해 신에 대한 정보를 제공받으며, 그것이 얼마나 '사실'에 가까운지를 판단한다. 이는 그것이 얼마나 '진리'에 가까운지를 판단하는 것과는 분명히 다른 태도이다. 예를 들어 '사실' 여부를 가늠할 때, 사람들은 우선적으로 서사 속에 연계된 각 사건들 간의 관계가 얼마나 그럴듯한가를 탐색한다. 이때 그 관계가 그럴듯하고 이야기가 사실이라는 확신을 하는 데에는 담론 밖의 상황이나 조건 등이 오히려 큰 영향을 미칠 수 있다.

우선 이야기를 전달하는 주체(화자)가 누구냐에 따라 확신의 정도는 달라질 수 있다. 또 이야기를 듣는 사람(청자)의 종교적 희망 내지 기대치가 어떤 것이었느냐에 따라 확신의 정도는 많은 차이를 보인다. 특히 그 내용이 신에 대한 체험인 경우, 청자의 경험이 화자의 경험과 일치할 때 그 이야기에 대한 확신은 보다 쉽게 이루어진다. 반면 어떤 정보의 '진리' 여부를 가늠할 때, 사람들은 일반적으로 그 정보를 구성하는 보편적인 진리 조건들에 천착하기 때문에, 상대적으로 담론 밖의 상황이나 조건 등이 미치는 영향은 적다고 볼 수 있다.

애초에 어떤 종교가 성립될 때, 서사는 신에 관한 여러 가지 이야기들을 생산하고 취합하고 선택하는 일련의 과정을 겪게 된다. 그리고 그 과정에서 치열한 이야기 경쟁과 상호 텍스트성이 발생한다. 그러나 일단 종교가 성립되고, 서사 역시 완전한 하나의 이야기로 구성이 되면, 그것은 경전으로 확립되어 더 이상 새로운 이야기가 만들어지지 않는다. 특히 종교가 존립하는 현실적인 실체로서 교단이 형성되고, 이 교단에 의해 전문적인 성직자들이 배출되고 전승되는 상황에 이르면, 서사는 어떤 한 특수한 사건으로서의 서사성을 완전히 상실하고 하나의 보편적인 '진리'로서의 절대적인 권위를 갖게 된다. 여기에 '만약'이라는 가정은 개입될 여지가 없으며, 종교 종사자들에게 남겨진 임무는 절대화된 서사에 대한 엄숙한 해석만이 있을 뿐이다.

그러나 이러한 상황은 일반적으로 일정한 교단과 교리, 전문적인 성직자들로 이루어진 고급 교단 종교의 경우에 해당되는 것이고, 상대적으로 열린 구조를 지니고 있는 민간 신앙에서는 상황이 조금 다르다. 민간 신앙의 장은 한마디로 신에 관한 서사가 끊임없이 각축을 벌이는 곳이다. 체계화되고 해석화된 교리를 바탕으로, 교단을 통해 특정 신에 대한 신앙이 조직적으로 전승되는 고급 종교와는 달리, 민간에서의 신앙은 상당히 유동적인 양상을 보여준다. 여기서 유동적이라는 것은 언제든지 신앙의 대상이 바뀔 수 있음을 의미하는데, 이런 환경 하에서 각 신들은 자신의 존재와 힘을 과시하기 위한 일종의 경쟁 체제에 놓이게 된다.

한편 전통 시기 중국의 종교는 어떤 한 특정한 종교가 절대적인 우위를 점하며 사회 전반을 통합하는 기능으로 작용한 경우가 매우 드물었다. 중국에서는 외래 종교와 자생 종교가 끊임없이 경합하면서 세력 확장을 위해 노력해야 했는데, 이러한 상황은 오히려 각 종교 간의 활발한 상호 작용을 불러 일으켰다. 흔히 중국의 3대 종교로 거론되는 유교, 불교, 도교는 모두 일정한 조직과 체계를 갖춘 교단 종교였지만, 세력 확장을 위한 일종의 경쟁 체제 속에서 상호간의 교섭과 자극을 받아들이지 않을 수 없었다.

특히 역대 왕조의 국가 종교 내지 이념으로서 이미 교학화된 유교와는 달리, 그 현실적인 기반에 있어 그다지 안정적인 지위를 보장받지 못했던 불교와 도교는 당송(唐宋) 이후 중국 사회가 관료화되고 귀족 계층이 와해되면서 새로운 활로의 모색으로 대중화・서민화의 길을 걷지 않을 수 없었다.[2] 각 종교 간의 상호 작용은 바로 이러한 대중화・서민화의 맥락에서 이루어진 것이었는데, 이때 소위 '민간'이라는 유동적이고 거대한 종교 시장은 이러한 상호 작용의 배경이자 실질적인 동기로서 매우 주도적인 역할을 하였다.

---

2 예를 들어 동한 때 중국에 전래된 불교는 남북조 시기 왕실과 귀족층의 지원을 받으며 빠른 속도로 세력을 넓혀갔으나, 궁극적으로 유교나 도교를 압도하면서 종교로서의 절대적인 지위를 획득하지는 못했다. 특히 당송 이후로는 그 현실적인 기반이 약화되면서 상대적으로 위축되는 양상을 보였는데, 이때 경전과 교리를 중시하는 종파들은 점차 쇠퇴하고 상대적으로 수행을 중시하는 선종(禪宗)과 정토종(淨土宗) 등만이 성행하게 되었다. 이후 중국의 불교는 더욱 대중화・서민화 되었을 뿐만 아니라, 전반적으로 유화(儒化) 및 도화(道化)의 추세를 벗어나지 못했다. 중국 불교의 토착화와 유・도화 현상에 관한 논문으로는 楊惠南, 「一葦渡江・白蓮東來－佛教的輸入與本土化」, 劉岱 總主編, 『敬天與親人』, 三聯書店, 1992, 13~66쪽 참조. 위진남북조와 수당 시기 중국 승려의 지위와, 왕실과의 관계에 관한 논문으로는 藍吉富, 「傳燈的人－歷代僧侶的分類考察」, 위의 책, 69~122쪽 참조.
한편 자생 종교인 도교는 상황이 불교와 비슷하면서도 좀더 복잡한 양상을 띠고 있다. 도교는 본래 한나라 황실과 일부 지식인들에 의해 추구되던 신선(神仙) 사상에 근원을 두고 있는 종교이다. 그러나 처음 종교로서의 발단이 민간에서 시작되었기 때문에, 초창기의 교리 체계는 불교에 비해 상당히 열악한 것이었다. 불교의 전래는 이러한 도교에 직접적인 자극이 되었으며, 위진남북조 시기 신의 계보와 교리 등이 정비되면서, 도교 또한 고급 종교로서의 면모를 갖추게 되었다. 하지만 도교 역시 절대적 종교로서의 지위를 획득하지 못함에 따라, 갈수록 대중화・서민화의 길을 가게 되었고, 처음부터 민간 신앙과의 친연성이 불교보다 강했던 까닭에 그러한 정도가 훨씬 더 심하게 나타났다. 그 결과, 도교 자체 내에서도 '교단 도교'와 '민간 도교'의 구분이 생겨나게 되었다. 남북조 시기 도교의 체계화와 정형화에 대해서는 葛兆光, 심규호 역, 『道教와 中國文化－도교의 우주론・의례와 방술・신들의 계보』, 동문선, 1993, 제5장 참조.

새로운 수요층을 찾아 민간으로 들어간 불교와 도교는 교리의 일부분을 유동적이고 개방적이며 다분히 실용적인 민간 신앙의 메커니즘 속에 들여놓지 않을 수 없었는데, 그 결과 몇몇 신들과 그들에 관한 서사는 민간 수요자의 구미에 맞게 변모되었을 뿐만 아니라, 그러한 민간 수요자의 입장에서 각 종교 간의 상호 교섭과 융화가 일어나게 되었던 것이다. 이런 관점에서 전통 시기 중국의 종교는 한마디로 각 종교 서사 간의 경쟁과 상호 작용이 지속적이고 활발하게 이루어지던 현장이었다고 말할 수 있을 것이다. '지속적인 서사성'이야말로 중국 종교의 가장 큰 특징인 것이다.

서사는 종교에 있어 매우 중요한 요소이다. 그러나 중국 종교에 있어 서사는 그 이상의 의미를 지닌다. 이와 같은 인식을 바탕으로, 필자는 중국의 옥황(玉皇) 신앙 및 염라(閻羅) 신앙의 형성 내지 변천 과정을 이야기와의 연관성을 중심으로 살펴보고자 한다. 잘 알다시피 옥황은 도교의 신이고, 염라는 불교의 지옥 신이다. 각기 도교와 불교에 속하는 이 두 명의 신이 어떤 과정을 거쳐 민간의 주요 신으로 모셔지게 되었는지를 고찰하고, 이를 통해 전통 시기 중국에서 종교와 서사의 관계가 어떤 것이었는지를 규명하는 것이 이 논문의 일차적인 목적이다.

필자는 전통 시기 중국의 종교 서사에 관한 연구가 중국의 서사 전반을 이해하는 데 있어 매우 중요한 부분이라고 생각한다. 지금까지 중국 서사는 주로 역사 서사와 문학 서사의 관계를 중심으로 연구되어 왔다. 그런 한편 종교 서사는 주로 종교 내부의 관점에서 다뤄지거나, 사상사의 측면에서 유교와 비(非) 유교, 혹은 중심과 주변이 논의될 때 중점적으로 다뤄지곤 하였다. 그러나 필자는 종교 서사가 서사의 하나라는 사실에 좀 더 초점을 맞추고자 한다. 이를 통해 종교 서사의 특성과 구성 원리를 밝히고, 나아가 중국의 종교 서사가 역사 서사와 어떤 관계에 있었으며, 이후 문학 서사 형성에 어떤 역할과 작용을 했는지 등을 살펴봄으로써, 궁극적으로 중국 서사의 전반적인 특징과 그것의 근저를 이루는 원리에 대해 접근해 보고자 하는 것이다.

2. 중국 신 개념의 변천-자연신에서 인물신으로

전통 시기 중국에서 종교와 서사의 관계를 논한다고 할 때, 그것이 기본적으로 가능한 것은 불교나 도교처럼 자체의 경전을 가지고 신에 관한 서사를 기록해 놓은 경우라 할 것이다. 불교나 도교와 같은 교단 종교가 성립되기 이전의 중국에서 종교와 서사의 관계를 논한다는 것은 그리 만만한 일이 아니다. 예를 들어 은주(殷周) 시대의 종교와 서사를 보자. 우리는 은대(殷代)의 복사(卜辭)나 주대(周代)의 문헌을 통해, 당시 제정일체적인 사회에서 강력한 종교의 실체가 있었음을 확인할 수 있다. 하지만 그에 관한 서사는 따로 전해지지 않아 확실한 내용을 알 수가 없다. 『산해경(山海經)』 등에 전해지는 고대의 신화들이 당시의 종교와 어떤 관련이 있었을 것이라는 막연한 추측을 해볼 수는 있지만, 이미 탈맥락화하여 파편적으로 존재하는 신화들을 체계적인 하나의 종교 서사로 구성한다는 것은 매우 어려운 일이 아닐 수 없다. 이는 마치 몇 개의 화석을 가지고 고생대의 생물들을 재현해내는 것만큼이나 어려운 일이다. 그나마 화석은 지층에 대한 분석을 토대로 그것이 존재했던 시기를 추정해볼 수 있지만, 텍스트 속의 신화는 그러한 흔적조차 남기지 않는 경우가 대부분이다.

그러나 한 가지 분명한 것은, 고대 중국에서 신의 개념이 처음에 자연신의 개념에서 출발했다는 사실이다.[3] 우선 '신(神)'이라고 하는 글자의 의미 자체가 그렇다. 금문(金文)에서부터 나타나기 시작하는 이 글자는 제사를 뜻하는 '시(示)'와 '신(申)'자의 결합으로 이루어졌는데, '신(申)'의 갑골문은 '' 형태로, 본래 번개의 형상을 본뜬 것이었다. 이로 보건대 고대 중국인들은 무엇보다 해와 달, 바람, 비 같은 자연 현상에 어떤 신격이 존재하는 것으로 이해했던 것 같다.

잘 알다시피, 복사에 나타나있는 은대의 신앙 체계에는 '제(帝)' 또는 '상제(上帝)'라 불리는 최고신이 존재한다. 상제는 자연 및 사회의 제 현상을 지배하고 통치자를 지배하며 인간의 화복에 큰 영향을 미치는 가장 높은 지위의 신이었다. 이러한 최고신의 출현에 대해 주천순(朱天順)은 다음의 두 가지 원인을 지목한 바 있다. 첫째, 사회 정치적으로 은왕조의 건립이 종교상 이전의 여러 신들보다 더욱 강력한 최고신의 출현을 가져왔다는 것이다. 즉 지상의 권력이 통일됨에 따라, 이에 상응하여 자연과 사회의 제 현상을 조종하고 은의 통치 권력을 보호해줄 수 있는 무한 권위의 신이 필요하게 되었다는 것이다. 두 번째 원인은 종교 내적인 것인데, 일반적으로 종교가 일정한 단계에 이르게 되면

3 필자가 이 논문에서 사용하는 자연신의 개념은 인물신에 상대되는 개념으로, 이는 신의 원천에 따른 구분이라고 할 수 있다. 이는 신의 성격에 따른 구분인 인격신과 추상신의 개념과는 다소 구별되는 것이다.

신앙상의 여러 모순들을 해결해줄 수 있는 상위 개념의 신이 필요하게 된다는 것이다. 예컨대 번개가 치고 천둥이 울린 다음에는 바람이 불고 비가 내린다는 식의 연관된 현상을 설명할 때, 단순히 뇌신(雷神), 풍신(風神), 우신(雨神)과 같은 개별 신의 활동으로만 설명하는 것에는 일정한 한계가 있다는 것이다. 어느 순간 사람들은 일련의 개별 현상들이 지니는 연관성에 주목하게 되는데, 그러면 그것들을 연결해주는 상위 개념의 신격이 필요하다는 것이다.[4]

그러나 이처럼 최고의 권위와 신성을 지닌 상제가 등장했음에도 불구하고, 중국의 신앙 체계는 상제만이 존재하는 유일신의 체제로 변하지 않았다. 복사에 언급되는 당시의 제사 대상은 이러한 상제 외에도 일(日), 월(月), 풍(風), 운(雲), 우(雨), 설(雪)과 같은 하늘 신과 서방(四方), 산천(山川)과 같은 땅의 신, 그리고 조상신이 있었다.[5] 상제는 이들에게 명령을 내릴 뿐만 아니라, 인간사의 여러 일들에 관여를 하는 등 그 지위에 있어 분명한 우위를 점하고 있었지만, 다른 신들의 영역을 쉽게 침해하거나 그들을 마음대로 교체할 수는 없었던 것으로 보인다. 신들은 각자 고유한 자신의 영역을 가지고 있었는데, 이들 사이에 각각 어떤 위계 질서와 명령 체계가 있었는지는 그리 명확하게 나타나 있지 않다.

은대의 신앙 체계에서 가장 특징적인 부분은 바로 조상신과 상제의 관계인데, 복사에는 조상신이 '빈우제(賓于帝)'한다는 기록이 있다. '빈우제'란 상제에게 손님으로 간다는 뜻이고, 이는 곧 은의 조상신이 상

4 朱天順, 『中國古代宗教初探』, 臺灣 : 谷風出版社, 1986, 246~7쪽.

5 陳夢家, 『殷墟卜辭綜述』, 宗教篇.

제와 매우 특별한 관계에 있음을 입증하는 것이다.[6] 그리고 이러한 관계는 무엇보다 은 왕조의 통치 명분을 강화시켜 주는 것이라고 볼 수 있다. 은 왕조는 자신의 통치 명분을 당시의 최고신이었던 상제와의 관계에서 찾으려 했는데, 이때 상제와의 원활한 소통을 위해 조상신들을 활용하였다.[7] 흥미로운 것은 이러한 은에 대한 상제의 태도였는데, 당시에 은은 상제에 의해 유일하게 선택된 민족이었음에도 불구하고, 상제의 태도가 항상 호의적이지만은 않았던 듯싶다. 상제는 경우에 따라 재앙과 화를 내리기도 했는데, 이때 중재자로서 조상신의 가호와 역할이 필요했던 것이다.

이상의 정황들을 바탕으로, 필자는 은대의 전반적인 신앙 체계가 조상신이라는 다소 특수한 범주를 제외하면 여전히 자연신 위주의 체계라고 생각한다. 문제는 최고신인 상제의 성격인데, 복사에는 이에 대한 명확한 언급이 없지만, 상제는 하늘과 땅에 존재하는 여러 자연신들의 우두머리로서, 은의 조상신과는 거의 대등한 차원에서 특별한 관계를 맺고 있던 신이었을 가능성이 높다. 실제로 복사에 나타나는 상제와 다른 각 신들과의 관계를 살펴보면, 풍(風)이나 우(雨) 등에 대해서는 상제가 명령을 내리거나 대동을 하는 등, 그 지위 고하가 비교적 분명히 나타나 있는 편이지만, 조상신에 대해서는 다소 모호한 측면이 있는 게 사실이다.[8]

게다가 상제가 선의와 악의를 동시에 지니고 있는 신이라는 사실은,

---

6 朱天順, 앞의 책.

7 은대의 영혼관념과 조상신의 의미에 대해서는 졸고, 「중국의 영혼 관념과 혼백설」, 『중국문학』 38집, 2002 참조.

8 陳夢家, 앞의 책, 宗教篇.

그가 역시 자연신의 특성을 체현하고 있는 신임을 보여주는 또 하나의 증거이기도 하다. 이는 후대의 신들이 대체로 선의의 신으로 나타나는 것과는 조금 차이가 있다. 자연신은 자비심보다 혹독함을 가지는 경우가 많은데, 이는 자연의 특징, 즉 평소에는 인간의 삶을 가능케 하고 풍요롭게 해주는 고마운 존재지만 때로는 감당키 힘든 엄청난 고통을 안겨주는 두려운 존재라는 특징을 잘 나타내주는 것이라고 할 수 있다. 이런 맥락에서 은인(殷人)들은 자신들에게 호의적일 수밖에 없는 조상신의 범주를 별도로 설정하고 신앙적으로 중시했으며, 후대로 갈수록 조상신에 대한 제사의 비중을 높여갔던 것이다.[9]

한편 주대(周代)에는 최고의 신을 지칭하는 말이 '제(帝)'에서 '천(天)'으로 바뀌었다. 천은 기본적으로 제의 신격과 개념을 계승한 것이었지만, 제에 비해 상당히 추상화되고 일면 권위적인 형상을 지니고 있었다. 천과 더불어 '천명(天命)'이란 말이 흔히 사용되었으며, 황제는 '천자(天子)'로 불리게 되었다. 은 왕조가 자신의 통치 기반을 조상신을 매개로 한 상제와의 동질감 내지 일체감에서 찾았다면, 주 왕조는 '천명'에 순응한 자신들이 '천'의 윤허를 받아 세상을 다스릴 수 있는 자격을 얻었다고 생각했다.

이렇게 추상화된 천을 중심으로 한 주대의 신앙은 은대에 비해 확실히 체계적인 면모를 갖추고 있었다. 주대의 전반적인 의례를 유가적인

9 許進雄은 상대(商代)의 초기와 후기의 제사 내용이 많이 다름을 지적하면서, 후기로 갈수록 조상신이 아닌 자연신에 대한 제사가 그 빈도나 의례에 있어서 많이 감소된 양상을 보인다고 하였다(허진웅, 홍희 역, 『중국고대사회-문자와 인류학의 투시』, 동문선, 1991).

입장에서 정리한 『주례(周禮)』에는 예관(禮官)의 수장인 대종백(大宗伯)의 직분이 자세히 소개되어 있는데, 이중 종교적 제사와 관련된 것으로는 그 첫 번째 항목인 '길례(吉禮)'를 들 수 있다. 길례에 나와 있는 주대의 제사 대상을 정리하면 다음과 같다.[10]

① 천신(天神) : 호천상제(昊天上帝, 최고신), 일월성신(日月星辰), 사중(司中), 사명(司命), 풍신(風神), 뇌신(雨神)

② 지지(地祇) : 사직(社稷), 오색지제(五色之帝), 오악(五嶽), 산림천택(山林川澤), 사방백물(四方百物)

③ 인귀(人鬼) : 선왕(先王)

단순히 위에 나열된 제사 대상만을 놓고 보면, 주의 제사가 은과 달라진 점은 크게 눈에 띄지 않는다. 다만 주대에는 각각의 신들을 범주화하는 용어가 등장하는데, '신(神)', '기(祇)', '귀(鬼)'가 바로 그것이다. 이는 각기 '천(天)', '지(地)', '인(人)'에 해당되는 신령의 개념으로, 하늘의 신령이 신이고, 땅의 신령이 기, 사람이 죽어서 된 신령이 귀라고 할 수 있다. 한편 은대 복사에는 이러한 용어가 없었으며, 개별 신령들은 각기 자신의 고유 명사로만 언급되었다. 조상신의 경우도 상갑(上甲), 보을(報乙), 보병(報丙)과 같이 각기 개별적인 이름으로만 언급될 뿐, 전체적으로 그들을 지칭하거나 범주화하는 표현은 없었다. 풍신이나 우신도 신이라는 용어가 없었기 때문에 단지 풍, 우로만 지칭되었다.

이러한 범주어의 등장은 무엇보다 주대의 신앙이 체계적인 면에서

10 『十三經注疏·周禮注疏』(上), 北京大學出版社, 1999, 450~60쪽.

은대에 비해 한 단계 진일보했음을 보여주는 것이라고 할 수 있다. 주대의 사람들은 기본적으로 신령 세계를 우주의 구성 체계와 동일한 것으로 보려는 경향이 있었던 것 같다. 그 결과 신령 세계는 천・지・인에 맞춰 신・기・귀로 3분되고, 그것을 총괄하는 최고의 신으로서 '천'이 설정되었던 것이다. 이러한 신령 세계의 구도는 단순히 체계적인 면에서 뿐만이 아니라 내용적인 면에 있어서도 은의 신앙과 주의 신앙을 구별하는 하나의 중요한 근거를 제공한다.

첫째, 신과 귀 같은 범주어의 등장으로 신령의 존재는 고유하고 특수하던 것에서 일반적이고 보편적인 것으로 변화되었다. 예컨대 산신인 경우, 은대 복사에 대표적으로 등장하는 신은 '악(岳)'이었는데, 이는 산신의 일반적인 호칭이 아니었다. 악은 지금의 곽산(霍山)으로, 복사에서의 '악'은 곽산을 가리키는 동시에 곽산의 신을 가리키는 고유명사였다.[11] 그러나 주대에는 산신이 일반화되어서, 오악(五嶽)이 아닌 일반적인 산에도 대부분 산신이 거주하는 것으로 여겨졌다.[12] 이러한 상황에서 새로이 대두되는 신에 관한 화두는 그들의 개별적인 능력이나 성격이 아니라 전체 속에서 그들이 맡고 있는 역할과 상호간의 관계라고 할 수 있을 것이다. 왜냐하면 웬만한 산과 강에는 다 신이 있고 사람은

11 許進雄, 앞의 책, 537쪽.

12 무엇보다 『산해경』의 「오장산경(五藏山經)」에는 이러한 정황이 잘 나타나 있다. 한 가지 흥미로운 것은 「산경」에 나오는 산신들의 명칭인데, 그들은 대부분 자신의 고유한 이름을 가지고 있다. 그러나 그 이름이 '신 아무개'와 같은 형식으로 되어 있어, 여기서는 각 신들이 자신의 개별적인 성격보다 신이라는 한 집합으로서의 성격이 강조되고 있음을 알 수 있다. 이와 관련하여 서경호는 「오장산경」에 나타나는 신이라는 글자에 대해, 산에 거주하는 신적인 존재들을 기타 다른 동물이나 식물들과 구분하기 위한 일종의 항목이나 종으로서의 표지 기능을 하고 있다고 지적한 바 있다(서경호, 『산해경 연구』, 서울대 출판부, 1996, 142~153쪽).

죽어서 모두 귀가 된다고 할 때, 이들 하나하나를 구별짓는 개별 신령으로서의 개성과 특징은 별다른 의미를 지니지 못하기 때문이다. 이들은 그저 '이 세계'만큼이나 거대한 '저 세계'를 구성하는 하나하나의 요소일 뿐이다. 이는 은대에 비해 확장된 영토와 통치 체계를 가지고 있었던 주대의 종교관으로는 당연한 귀결이라고 할 수 있다.

또 주대의 신앙이 은과 다른 점은 바로 천의 추상화 · 이념화라고 할 수 있다. 은의 최고신인 상제는 인간에 대한 선의나 악의의 표현이 비교적 분명한 신이었다. 반면에 천은 쉽게 인간에 대한 선의나 악의를 드러내지 않는다. 제에 비해 그 권위가 확대되면서 동시에 추상화되고 관념화된 천은 그 성격에 있어 다분히 객관적이고 이성적인 측면을 지니고 있었다.[13] 천의 관념화, 추상화 경향은 후기로 갈수록 더욱 심해졌는데, 이러한 경향은 춘추전국 시기의 유가들이 '천'을 '천도(天道)'로 해석하면서 그 정점에 달했다. 이에 따라 천은 하나의 인격신이 아니라 '순수한 신성 내지 도덕성'의 체현으로 인식되었으며, 천에 대한 신앙도 신령에 대한 단순한 경외가 아닌 올바른 도에 대한 순응과 겸양을 강조하는 방향으로 전환되었다.

여기서 중요한 것은 이러한 천의 변화가 종교적으로 신에 대해 무엇을 믿는가라는 측면에서 적지 않은 변화를 가져왔다는 사실이다. 예를 들면 제는 바람을 일으키고 눈비를 내리며 인간에게 화복을 내린다. 그러나 주대의 천은 다르다. 초기의 천은 인간에게 복이나 화를 내리기도 하지만, 추상화, 관념화된 천은 갈수록 이러한 행위에서 멀어져 간다. 천은 더 이상 두려운 존재가 아니라 고상하고 지극히 선한 존재

13 朱天順, 앞의 책, 255~9쪽.

이며, 인간에게 벌이나 상을 주기보다 '올바른 도'를 구현하는 데 골몰하는 신이다. 그러나 종교란 본래 복을 구하고 재앙을 두려워하는 인간의 심리에서 비롯된 것이다. 천의 도가 구현되고 있음에도 불구하고 수시로 발생하는 재해나 뜻하지 않은 죽음, 질병 등은 어떻게 해석해야 하는 것일까?

천이 이렇게 구체적인 인간의 화복과 멀어질수록, 사람들은 새로이 화복과 관련된 신령들을 찾아 나서게 된다. 주대의 천은 탈인격화되고 추상화됨으로써, 은대의 제에 비해 최고신으로서 더욱 권위 있고 세련된 신격을 창출하게 되었지만, 종교가 지니는 본연의 역할이라는 측면에서 볼 때 오히려 부족함이 있었다. 특히 사람들은 신이 주는 복보다는 화에 더 민감한데, 이 뜻하지 않은 재앙들이 어디에서 오며 이를 피하기 위해 어떤 신에 의지해야 하는지 모든 게 분명치 않은 상황에서는 불안감이 가중되고 새로운 종교적 돌파구를 찾기 마련이다.

이러한 인식의 단초는 『주례』에서도 찾아볼 수 있는데, 우리는 앞서 예관의 수장인 대종백의 종교적 제사와 관련된 직분의 명칭이 단순한 예(禮)가 아닌 '길례'였음을 다시 한번 주목할 필요가 있다. 천을 정점으로 하는 천신-지지-인귀의 신령 체계는 기본적으로 이 세계와 우주를 움직이고 만물을 소생케 하는 성스러운 힘이자 주재자이다. 이러한 체계에 '사악함'이나 '부정함', '심술'과 같은 악덕은 존재하지 않는다. 그러므로 이들을 모시는 제사에 소위 '흉한 일', '나쁜 일'은 상정되어 있지 않다. 『주례』에는 이들을 모시는 '길례' 다음에 따로 '흉례(凶禮)', '상례(喪禮)' 등이 설정되어 있어, 국가적인 재해나 죽음, 질병 등과 같은 흉사(凶事)들을 다루도록 되어 있다.[14] 이러한 흉례 등의 설정은 천을 중심으로 하는 신령 세계가 인간의 재앙과 직접적인 관계가 없음을 보여주는 동시에, 뜻하지 않은 재앙을 당한 사람들에게 별도의 의례(儀禮)를 통해 종교적인 위안을 주려는 의도가 반영된 것이라고 볼 수 있다.

이상에서 살펴본 주의 신앙 체계는 이후 진한(秦漢)에 의해 계승되면서 중국 국가 종교의 기본 근간이 된다. 중국의 전통 시기 어느 왕조를 막론하고, 황제는 이 천을 중심으로 한 천신-지지-인귀(조상신)의 신령 세계에 순응하고 제례를 올릴 의무와 권리가 있었다. 그러나 이는 진한 이후 중국의 지식 권력을 장악한 유가들에 의해 더욱 형식화되고 이념화된 하나의 국가 종교일 뿐이다. 실제로 황실에 의해 수행되는 이 주류 종교의 목적은 안정적인 통치 권력의 유지이며, 인간의 화복이나 영생과 관련된 종교 본연의 목적은 관심의 대상이 아니었다.

하지만 화를 피하고 복을 빌며 영생불사를 추구하는 인간의 욕망은 쉽게 잠재울 수 있는 것이 아니다. 진한 이후 유교에 입각한 국가 종교의 체제가 확립되면서, 이와 같이 인간의 본원적인 욕구를 근간으로 하는 종교는 민간의 영역에서 새로운 활로를 찾게 되었다. 그 대표적인 것이 불교와 도교라 할 수 있는데, 동한 이후 흥성하기 시작한 이 두 종교는 국가적이고 공식적인 영역의 유교와 더불어 상호 경쟁과 교섭을 지속하면서 그 세를 확장해간다.

중요한 것은 불교와 도교가 정착하면서 중국의 신앙 체계 내지 신의 개념에 가져온 중대한 변화인데, 그것은 바로 자연신에서 인물신으로의 변화이다. 본래 중국의 신 개념은 은과 주의 신앙 체계에서도 확인

14 "以凶禮哀邦國之憂, 以喪禮哀死亡, 以荒禮哀凶禮, 以吊禮哀禍災, 以禬禮哀圍敗, 以恤禮哀寇亂."(『十三經注疏 · 周禮注疏』(上), 北京大學出版社, 1999, 462~4쪽)

한 바 있듯이 자연신 위주의 개념이었다. 은대의 조상신이나 주대 인귀(人鬼, 先王)는 본래 왕실의 통치 명분과 권위를 세우기 위해 편입된 것이지, 결코 신 개념의 주류가 아니라는 게 필자의 생각이다. 그러나 불교와 도교의 신 개념은 본질적으로 이와 다르다.

먼저 불교의 신 개념을 보면, '불(佛, 부처)'이라 불리는 불교의 신은 해탈을 통해 생사윤회의 고통을 끊고 극락정토에서 영원한 행복을 누리며 사는 존재를 가리킨다. 불교의 창시자인 석가모니는 전통적인 인도 종교 속의 업보나 윤회, 해탈 같은 개념을 더욱 확대, 발전시켜 누구나 참선을 행하고 선행을 쌓으면 해탈에 이를 수 있다고 설파했다. 불교 신앙의 궁극적인 목적은 바로 이러한 부처를 본받아 해탈에 이르고 극락정토에서 영원한 삶을 누리는 것이라고 할 수 있다. 이로 보건대, 불교의 신은 은대의 상제나 주대의 천, 또는 기독교의 하느님처럼 절대적인 권위를 갖거나 선험적으로 존재하는 신이 아니다. 그들은 모든 중생이 본받고 따라야할 전범이자, 해탈의 길을 인도하는 하나의 스승일 뿐이다.

도교의 신 개념 역시 불교와 유사한 구조를 가지고 있다. 중국의 자생 종교인 도교는 인간의 생존에 대한 욕구를 부정하거나 극복하려 하지 않고, 오히려 인정하며 극대화시킨 종교라고 할 수 있다.[15] 그리고 이런 도교의 궁극적인 목적은 바로 불로장생과 불사의 추구이다. 도교

15 갈조광은 도교를 '인간의 욕망에 영합한 종교'라 명명하면서 아마도 도교보다 노골적으로 인간의 생리적 욕망에 영합하는 종교는 없을 것이라고 말했다. 또 도교와 도가의 차이를 지적하면서 도교의 근본은 노자나 장자가 주장하는 것과 같이 정신적 초월에 있지 않고, 오히려 현실 세계에 살면서 보다 나은 삶을 영위하고자 하는 인간들의 심리적 욕망과 현실적인 여러 가지 문제들을 해결하려는 데 있다고 설명했다(葛兆光, 앞의 책, 20~1쪽).

의 신들은 일찍이 이러한 불사의 목적을 성공적으로 달성하고 장수를 누리다가 승천한 존재들이다. 도교를 믿는다는 것은 바로 이들이 전수한 각종 양생법(養生法)과 방중술(房中術), 연단술(煉丹術), 부적, 주술 등을 연마하여 이들과 같은 신선이 되고자 노력하는 것이다.

엄밀히 말해, 불교와 도교의 신들은 신이 되기 이전에 모두 인간이었던 존재들이다. 그들은 형이상학적이고 고고한 어떤 정신의 실체도 아니고, 절대적인 우주만물의 창조자나 지배자도 아니다. 한편 중국의 신 개념에 이와 같이 새로운 인물신의 범주가 생겨나면서, 중국의 종교 서사도 새로운 국면을 맞게 되었다. 중국의 단편적인 신화 속에 남아있는 자연신에 대한 서사와, 불교나 도교에서 볼 수 있는 인물신에 대한 서사는 기본적인 구성 원리가 같지 않다. 자연신에 대한 서사가 일차적으로 신의 타고난 권위와 힘을 증거하는 데 초점이 맞춰져 있다면, 인물신에 대한 서사는 그들의 성공담과 삶의 실제성을 증거하는 데 초점이 맞춰져 있다. 중국의 신앙 체계가 후대로 갈수록 자연신 퇴조, 인물신 강세의 추세로 변화하면서, 종교 서사도 이에 맞게 변화되었다.

3. 도교 최고신의 변화와 옥황 신앙의 성립

도교의 최고신은 초기에 노자(老子)에서 원시천존(元始天尊)을 거쳐 옥황대제(玉皇大帝)로 귀결되는 과정을 거친다. 처음 도교가 발흥하던 시기에 최고신의 지위에 올랐던 노자는 잘 알다시피 역사상 실존했던 인물이다. 사마천(司馬遷)의 『사기(史記)』에 의하면, 노자는 이이(李耳) 또는 이담(李聃)이라 불리는 초(楚)나라 호현(苦縣) 사람이었다. 『사기』에 기록된 노자의 주요 행적은 크게 두 가지로 요약될 수 있는데, 하나는 노자가 『도덕경(道德經)』을 쓰게 된 경위이고, 다른 하나는 공자(孔子)가 노자를 만나 탄복했다는 이야기이다. 이 두 가지 이야기는 모두 노자를 신비스런 인물로 만드는 데 초점이 맞춰져 있는데, 이러한 신비화는 "막지기소종(莫知其所終, 아무도 그의 최후를 알지 못한다)"이라는 서술에서 정점을 이룬다. 그런 다음 사마천은 노자가 160살까지 살았다는 설과 200살까지 살았다는 설이 있다고 부언함으로써 끝을 맺는다.

이러한 『사기』의 내용은 사실 도가 사상의 창시자로서 노자를 신격화하기에 충분한 요소를 지니고 있다고 볼 수 있다. 특히 그것이 『사기』와 같은 역사서에 전한다는 사실은 그의 행적에 대한 사람들의 믿음을 더욱 강화시키는 요인으로 작용했을 가능성이 크다.[16] 그 뿐만 아니라 노자는 도교의 최고신이 되기 이전에, 이미 황로(黃老) 사상을 추구했던 한(漢)나라 황실에서 특별한 숭상을 받았던 인물이기도 했다. 그러나 그가 아무리 신비적이고 모든 사람들이 그가 신선이 되었다는 사실을 믿어 의심치 않는다고 해도, 왕의 조상도 아닌 사람이 최고신의 지위에 올랐다는 것은 기존의 중국의 신앙 체계에서는 다소 파격적인 일이 아닐 수 없다.

이는 바로 도교 안에서도 반격을 받아, 양(梁)의 도교 이론가인 도홍

16 노자가 동한 말 장릉(張陵)이 창시한 초기 도교의 최고신이 된 연유에 대해서는 馬書田, 『華夏諸神』, 北京燕山出版社, 1999, 14~5쪽 참조.

경(陶弘景)이 편찬한 『진령위업도(眞靈位業圖)』에서는 노자를 가리키는 태상노군(太上老君)이 제4 계위의 주신으로 밀려나면서 최고신의 자리를 원시천존에게 내주게 된다.[17] 원시천존은 노자와 같은 실존 인물이 아니라 일종의 개념신이다. 원시란 우주 만물의 태초를 가리키는 것이고 그 기의 화신이 바로 원시천존인 것이다. 그러나 최초의 도교 신 계보라 할 수 있는 이 『진령위업도』는 도홍경이 속한 한 종파, 즉 상청파(上淸派) 모산종(茅山宗)의 계보였을 뿐이다. 실제로 당시 남조에서는 원시천존이 우세를 보이고 있었으나, 북조에서는 여전히 태상노군을 제일신으로 섬기고 있었다.[18]

그러나 이러한 태상노군과 원시천존 간의 세력 다툼은 당송 이후 옥황대제 혹은 옥황상제라 불리는 신이 급격히 부상하면서 뒷전으로 밀려나게 된다. 옥황 혹은 옥제(玉帝)란 명칭이 처음 등장한 것은 도홍경의 『진령위업도』에서인데, 그 당시 옥황의 지위는 그리 높지 않았다.[19] 무엇보다 옥황이 공식적으로 최고신의 지위에 오르게 된 것은 북송(北宋) 진종(眞宗, 997~1022) 때의 일이다. 당시 북송은 거란과의 전쟁에서 패하고 왕권 쇄신과 민심 회복의 필요성을 절실히 느끼고 있던 때였다. 이러한 배경에서 진종은 소위 1, 2차 천서(天書)사건을 조작하게 되는데, 내용인즉 꿈에 천신이 나타나 송조의 조상인 조현랑(趙玄朗)을 잘

17 『진령위업도』에서는 도교의 신들이 모두 일곱 계위로 서열화되어 있다. 각 계위마다 중앙에 주존이 있고, 이 중앙에서 좌우로 멀어질수록 다시 서열이 낮아진다. 이중 첫 번째 계위의 주존이 바로 원시천존이다(葛兆光, 앞의 책, 75~7쪽).

18 馬書田, 앞의 책, 30쪽.

19 『진령위업도』에는 옥황도군(玉皇道君)과 고상옥제(高上玉帝)란 신이 언급되어 있는데, 그 지위는 각각 옥청삼원궁(玉淸三元宮) 우위 제11위과 제19위에 배열되어 있다(양성정, 「현대 중국의 민간 신앙 연구―옥황신앙과 재신신앙을 중심으로」, 2001, 서강대 석사논문, 36~7쪽).

모시라는 옥황대제의 명령을 전했다는 것이다. 이를 계기로 진종은 옥황에게 '태상개천집부어력함진체도옥황대천제(太上開天執符御歷含眞體道玉皇大天帝)'라는 칭호를 올리고 최고신으로 숭상하기 시작한다.[20]

그러나 이 사건은 옥황이 황제에 의해 최고신으로 승인되었다는 측면에서보다, 송 왕실이 이미 민간에 유행하던 옥황의 인기와 권위를 빌어 왕권을 쇄신하고자 했던 사건으로 이해해야 할 것이다. 옥황과 옥제는 이미 당대부터 많은 시인들의 작품 속에 자주 언급되던 명칭이었다. 하지만 이 당시 시사(詩詞)에 등장하던 옥황이나 옥제가 곧 도교의 최고신을 가리키는 것이었는지는 잘 알 수가 없다. 그보다는 오히려 신선을 가리키는 일반적인 범칭에 가깝다고 보는 것이 나을 듯싶다. 도교에서 옥은 순결 청정한 것의 상징이며, 불로장생을 위해 복용되기도 하는 물질이었다. 옥황뿐만 아니라, 그 시종을 가리키는 옥녀(玉女)와 옥랑(玉郎), 그 거주 지역인 옥경(玉京)과 옥청(玉淸), 그 집을 가리키는 옥궐(玉闕)과 옥루(玉樓), 그 동식물을 가리키는 옥토(玉兎), 옥섬(玉蟾), 옥수(玉樹), 옥지(玉芝) 등의 용어가 유행했던 것으로 보아, 당시 '옥(玉)'이란 글자는 신선과 관련된 일종의 수식어 역할을 하고 있었음을 알 수 있다.[21]

그러나 어떤 한 명칭이 여러 사람 입에 오르내리며 불리다보면 새로운 필요에 따라 예전에는 없었던 자기의 고유한 영역이 생겨나기도 한다. 다음에 인용할 옥황의 탄신에 관한 고사는 본래 유래조차 없었던

20 陳建憲, 『玉皇大帝信仰』, 北京 : 學苑出版社, 1994, 16~9쪽; 양성정, 앞의 글, 38~40쪽 재인용.

21 馬書田, 앞의 책, 41쪽.

한 낮은 지위의 신이 뜻하지 않게 명성을 얻게 되면서, 어떻게 거꾸로 자신의 내력을 만들어 가는지를 보여주는 아주 흥미로운 이야기라고 할 수 있다.

> 아득한 옛날 광엄묘락(光嚴妙樂)이란 나라가 있었는데, 왕의 이름은 정덕(淨德)이고 왕비는 보월(寶月)이었다. 후사가 없던 왕은 도사들을 불러 기도하게 했는데, 하루는 왕비가 꿈에 태상도군(太上道君)이 내려오는 것을 보았다. 오색찬란한 용 수레를 타고 온 태상도군의 품에는 온 몸에서 붉은 광채가 나는 아이가 하나 안겨 있었다. 왕비가 보고 너무나 기쁜 나머지 간곡히 청을 하자, 태상도군이 그 아이를 왕비에게 주었다. 꿈에서 깬 왕비는 바로 태기가 있더니 이듬해 병오(丙午)년 정월 구일 오시(午時)에 왕자를 낳았다. 왕자는 어려서부터 영특하고 지혜롭더니 아주 인자한 성품의 청년으로 자라났다. 부왕이 죽고 왕위를 계승한 다음에는 오히려 왕위를 버리고 보명산(普明山), 향암산(香巖山) 등지에서 수행을 하면서 백성들을 구제했다. 이렇게 3천2백 겁이 지나 마침내 금선(金仙)임을 증명하고 청정자연각왕여래(清淨自然覺王如來)라 불리게 되었다. 그 후 다시 일억 겁이 지나 마침내 옥제가 되었다.[22]

이 이야기의 내용은 일명 『옥황경(玉皇經)』으로도 불리는 『고상옥황본행집경(高上玉皇本行集經)』이란 책에 나와 있는 것이다. 이 책은 석가

22 『高上玉皇本行集經』(일명 『玉皇經』), 馬書田, 앞의 책, 39쪽 재인용. 옥황 탄신에 관한 고사는 이 밖에 명대에 출간된 『三教源流聖帝佛祖搜神大全』과 『增補搜神記』에도 실려있다(渡邊欣雄(日), 周星 譯, 『漢族的民俗宗教－社會人類學的研究』, 天津人民出版社, 1998, 52~3쪽).

모니의 전생담을 기록한 『불본행집경(佛本行集經)』이란 불교의 경전을 모방하여 옥황의 내력을 서술한 도교의 경전이다.[23] 이 이야기에 의하면 옥황의 내력은 석가모니의 일생과 거의 일치하며, 오히려 청정자연각왕여래가 되고서도 일억 겁을 더 수련하였으니 석가여래의 지위와 공덕을 훨씬 뛰어넘는 신이라고 할 수 있다.

물론 이 같은 경전은 도사들이 불교의 경전을 모방하면서, 도교를 높이고 불교를 깎아 내리려는 의도에서 지어진 것이라고 할 수 있다. 그러나 여기서 중요한 것은 왜 하필이면 많은 도교 신들 가운데 옥황에게 석가모니의 일생을 연결시켰냐는 것이다. 옥황은 본래 도교 안에서 지위가 높지 않은 신이었다. 그런데 어떤 이유에선지 당대 이후 그 이름이 민간에 자주 언급되면서, 그에 관해 구체적인 신의 형상이 부여되기 시작했다. 그러자 도교에서는 그에 관한 경전을 만들어, 이미 민간에서 지명도가 높아진 그를 이용해 교세를 확장하고자 하는 시도가 생겨나게 되었다.[24]

이미 명성이 나 있는 옥황에게 어울리는 이야기는 어떤 것일까? 그에 관한 경전을 편찬해야 하는 도사들이 직면한 문제는 바로 이런 것이었다. 이때 불교의 체계적인 교리와 서사 내용에 깊은 영향을 받고 자격지심을 느끼고 있었던 일부 도사들의 머리 속에 석가모니의 일생

23 이 책의 저자와 제작 연대는 확실하지 않으나, 최근 일부 학자들 속에서 수당 때 도가들이 지었고, 책으로 된 것은 송대 이후라는 설이 있다. 주로 원시천존이 청미천(淸微天)에서 옥제의 내력을 말한 내용이 서술되어 있다. 도사가 재초지양(齋醮祗禳) 및 도문공과(道門功課)를 올릴 때에는 반드시 이 경문을 외어야 한다(김승동, 『도교사상사전』, 부산대 출판부, 1996, 685쪽; 양성정, 앞의 글, 74쪽 재인용).

24 도사들이 옥황의 이름을 빌어 편찬한 경전으로는 『高上玉皇心印妙經』, 『高上玉皇胎息經』 등이 있다(葛兆光, 앞의 책, 392쪽).

이 떠올랐다. 석가모니의 일생을 교묘히 옥황의 내력으로 바꾸는 일은 분명 일석이조의 효과가 있었다. 석가모니에 관한 서사는 이미 한번 검증된 이야기여서, 대중들의 반응에 신경 쓸 필요가 없었다. 대중들은 오히려 익숙한 이야기 구조, 예를 들면 그가 왕의 아들이라든지, 왕위를 버리고 백성들을 구제했다는 식의 이야기에 고개를 끄덕일 것이다. 그 뿐만 아니라 은연중에 옥황이 석가와 동일하거나 그보다 우위에 있다는 인식을 심어줌으로써, 도교가 불교보다 우월하다는 것을 드러낼 수 있었다.

더구나 옥황은 도교 안에서 결코 최고의 신이 아니었다. 일찍이 노자인 태상노군과 원시천존의 최고신 다툼은 삼청(三淸) 신앙으로 정리되어 원시천존의 판정승으로 끝나 있었다. 삼청이란 하늘의 가장 높은 곳으로 옥청(玉淸)·상청(上淸)·태청(太淸)으로 이루어져 있는데, 각기 원시천존·영보천존(靈寶天尊, 태상도군)·도덕천존(道德天尊, 태상노군)이 그 곳에 거주하는 것으로 되어있다. 흔히 도교 안에서 언급되는 최고신은 바로 이 삼청을 가리키는 것이고, 그 가운데 원시천존이 가장 우위에 있는 신이었다.[25] 그러므로 옥황은 적어도 이 세 명의 신보다는 아래에 있어야 하는 것인데, 높아봐야 네 번째에 해당하는 옥황이 석가와 동일하거나 그보다 우위에 있으니, 도교와 불교의 차이는 더욱 벌어진다고 할 수 있겠다. 게다가 아기 옥황을 하늘에서 데려온 이가 바로 삼청의 두 번째 신인 태상도군이니, 이는 바꿔 말하면 석가모니

25 '삼청(三淸)' 신앙은 불교의 삼세불(三世佛) 혹은 삼신불(三身佛) 신앙의 영향을 받아 『노자』 42장에 나오는 "道生一, 一生二, 二生三, 三生萬物"의 문구를 근거로 형성된 것이다. 그러므로 삼청의 우두머리인 원시천존은 자연스럽게 우주만물의 기원이 되는 셈이다(馬書田, 앞의 책, 4~5쪽).

를 세상에 태어나게 한 이가 바로 도교의 신이라는 이야기가 될 수도 있는 것이다.

그러나 옥황 신앙에 있어 가장 중요한 문제는 바로 도교 내부와 민간에서 바라보는 옥황의 지위가 각기 다르다는 점이다. 옥황의 도교 내 서열은 최고신 삼청의 다음 신으로 받들어지는 사어(四御)의 첫 번째 신이다. 여기서 사어란 삼청을 보좌하는 네 명의 천제를 가리킨다. 그러나 실제 민간에서는 옥황이 삼청보다 훨씬 더 높은 지위와 명성을 누렸다.[26] 일반 사람들 가운데 삼청을 아는 사람은 드물어도 옥황을 모르는 사람은 거의 없었다는 것이다.[27] 이렇게 옥황이 실제 서열과 달리 최고신의 지위를 누릴 수 있었던 것은 무엇보다 송대 황실의 공식적인 추대와 지원이 있었기 때문이라고 볼 수 있다. 그러나 보다 중요한 원인은 바로 종교와 이야기의 관계에서 찾을 수 있다고 생각한다. 단적으로 말하면, 개념신으로서 원시천존이 갖는 요원함과 신비감보다는 인물신으로서 옥황상제가 보여주는 현실감과 친숙함이 일반 대중들의 신앙심을 불러일으키는 데에는 훨씬 더 유리한 요소들을 갖추고 있었다는 것이다.

『진령위업도』에 "태원(太元)보다 앞서 생겨났고 자연의 기를 받았으며, 텅 비고 그윽하고 그 끝간 데를 알 수 없다"[28]고 묘사되어 있는 원시천존은 무엇보다 위진남북조 시기 사회의 전반적인 현학 기풍과 맞물

26 葛兆光에 의하면 일반적으로 도교 사원에는 삼청전과 옥황전이 있는데, 대부분 삼청전이 옥황전보다 높은 곳에 위치하고 있지만, 항상 사람과 제물이 몰려 있는 곳은 오히려 옥황전 앞이라는 것이다(葛兆光, 앞의 책, 393쪽).

27 심지어 일부 지역 민간에서는 원시천존이란 명칭 자체가 옥황상제의 별칭으로 사용되기도 한다(渡邊欣雄, 앞의 책, 47쪽).

28 葛兆光, 앞의 책, 75쪽 재인용.

려 탄생된 상당히 형이상학적인 개념의 신이다. 세상의 다른 어떤 것보다도 선행하며 지극히 존귀한 존재인 원시천존은 우주만물의 시초라는 의미에서 종교적으로 받들어지게 되었는데, 이것이 오히려 일반 사람들에겐 낯설고 거리감을 느끼게 하는 요인이 되었다. 일찍이 진(晋)의 갈홍(葛洪)을 비롯한 당시의 일부 도교 이론가들이 다소 추상적이고 애매모호한 원시천존의 형상을 구체화하고 사적의 신빙성을 높이기 위해, 천지 개벽과 관련된 중국 고대 신화 속의 반고(盤古)란 인물을 끌어다가 원시천존의 동일자로 설정하기도 했지만,[29] 이것이 그에 대한 일반 사람들의 신앙을 제고시키지는 못했다.

한편 옥황상제는 탄신 고사를 비롯한 여러 가지 이야기들이 새로이 생성되면서, 세상의 모든 신령과 만물을 주재하고 다스리는 신으로서의 형상이 더욱 구체화되고 체계화되기 시작했다. 그러면서 그의 구체적인 행적과 관련된 의례들이 하나의 풍속으로까지 생겨나 민간에 널리 퍼지게 되었다. 그것의 대표적인 예가 바로 정월 9일 '옥황대제성탄절'인데, 이날은 일반적으로 한족이 거주하는 대부분의 지역에서 옥황의 탄생을 축하하는 성대한 제의가 치러진다. 또 매년 12월 25일부터 섣달 그믐까지는 옥황상제가 인간 세상을 순시하는 기간으로 알려져 있다. 따라서 사람들은 이 기간에 특별히 몸가짐을 조심한다.[30]

당송 이후 적어도 중국 민간에서 옥황이 차지하는 신으로서의 지위는 가히 절대적인 것으로 보인다. 옥황 신앙은 도교에서 나왔지만, 실

29 원시천존과 반고의 관계에 대해서는 馬書田, 앞의 책, 5~6쪽. 특히 『道藏』「洞眞部」의 이야기에 주목할 것.
30 양성정, 앞의 글, 78~9쪽.

제 그 구체적인 신앙의 내용은 거의 민간에서 만들어진 것이라고 해도 과언이 아니다. 한 가지 흥미로운 것은 도교 내의 서열과 지위를 전도시킨 옥황에 대한 도교 내부의 태도인데, 마서전(馬書田)의 진술에 따르면 일반적으로 각 도교 사원에서는 옥황의 신상이 그 지위에 비해 매우 눈에 띄게 배치되거나 처리되어 있다는 것이다.[31] 이는 무엇보다 도교가 민간에서의 옥황의 인기와 명성을 적극적으로 수용하고 있음을 보여주는 증거라고 할 수 있다.

4. 염라 신앙의 변천과 민간 지옥 신앙의 형성

불교의 지옥신인 염라왕의 기원은 고대 인도 아리아 민족의 문헌인 『리그 베다』의 야마(Yama)로까지 거슬러 올라간다. 야마는 본래 태양신의 아들이었으나 어머니가 신이 아니었던 까닭에 죽을 수밖에 없는 운명으로 태어났다. 그는 최초로 죽은 자가 되어 저승으로 가는 길을 개척하고 죽은 자들의 왕이 되었다. 그러나 처음 그가 개척한 사후 세계는 지옥이 아닌 극락 세계의 모습을 하고 있었다. 사람들은 오히려 죽은 후 이곳에 태어나 안락을 얻기를 희망하였다. 하지만 이후 악인들이 고통을 받는 지옥의 개념이 생겨나면서, 저승의 왕인 야마의 형상도 변하기 시작했다. 후기 베다 문헌에 이르면, 야마는 이미 인간의 선악을 판정하는 사후 심판자의 모습으로 변하게 된다.[32]

31 馬書田, 앞의 책, 42쪽.

이후 불교의 지옥 신앙은 바로 이러한 야마와 야마국의 개념을 계승하여 성립되었다. 중국에서는 야마가 염라(閻羅, 혹은 閻摩)로 음역되어 불렸는데, 이 염라에 관한 신앙은 중국 고유의 태산부군(泰山府君) 신앙과 결합되면서 불교가 전래된 이후 민간에 큰 영향을 끼쳤다. 당시 중국에는 사람이 죽으면 그 혼백이 태산(泰山)이나 호리(蒿里)로 돌아간다는 관념이 있었다.[33] 특히 태산에는 사람의 수명을 적은 명부가 있고,[34] 그곳의 신인 태산부군이 저승의 귀신들을 통솔한다는 인식이 매우 보편적으로 퍼져 있었다. 이러한 인식은 비슷한 개념의 지옥 신앙이 들어왔을 때, 이질적인 종교 문화 배경에도 불구하고 그 신앙이 쉽게 뿌리내릴 수 있는 중요한 계기로 작용하였다.[35]

사실 불교 경전에 나와 있는 지옥은 그 수목(數目)과 명칭에 따라 이설이 분분하다. 경전에 언급되는 것만도 4, 6, 8, 10, 18, 30, 64지옥설과 '무량무변(無量無邊)' 즉 끝이 없다는 설 등등이 있는데, 이 가운데 가장 대표적인 것이 8대(大)지옥설(『장아함경(長阿含經)』)이다.[36] 그러나 일반적으로 민간에서 친숙한 것은 18지옥설(『십팔니리경(十八泥梨經)』)이다.[37]

---

32 정승석 편역, 『리그 베다』; 김정희, 『조선시대 지장시왕도 연구』, 일지사, 1996, 222쪽; 馬書田, 『中國冥界諸神』, 團結出版社, 1998, 54~9쪽.

33 蕭登福, 『漢魏六朝佛道兩教之天堂地獄說』, 臺灣 : 學生書局, 民國78年, 71~2쪽.

34 應劭 撰, 『風俗通儀』 卷2 封泰山禪梁父條 : "俗說岱宗(泰山을 가리킴)上有金篋玉策, 能知人年壽修短."(김정희, 앞의 책, 28쪽 재인용.)

35 실제로 중국에서는 불교의 포교사들이 일반 대중을 교화할 때, 흔히 지옥경을 주요 경전으로 삼았다는 기록이 있으며, 그 전래 과정에서 특히 지옥 신앙을 매개로 유교 및 도교와 타협하고 융합하는 현상을 찾아볼 수 있다. 김정희, 앞의 책, 26~33쪽.

36 한편 지옥의 명칭에 대해 예를 들면, 크기에 따라 구분하는 대(大)지옥과 소(小)지옥이 있고, 형벌에 따라 구분하는 한(寒)지옥과 열(熱)지옥, 변(邊)지옥 등이 있다(蕭登福, 앞의 책, 82~100쪽).

37 馬書田, 『中國冥界諸神』, 앞의 책, 63쪽.

그렇다면 이러한 차이가 왜 발생하게 되었을까? 필자는 그 단초를 다음에 인용할 송대(宋代) 『법원주림(法苑珠林)』의 이야기에서 찾을 수 있다고 생각한다.

> 염라왕은 옛날 비사국(毘沙國)의 왕이었다. 일찍이 유타여생(維陀如生)왕과 전쟁을 치렀으나 실패하고 지옥의 주인이 될 것을 다짐했다. 그에게는 18인의 신하가 있었는데, 백만의 무리를 이끌며 머리에는 뾰족한 귀가 달려 있었다. 그들 역시 모두 분노하여 맹세하기를 "훗날 마땅히 받들어 모시면서, 이 죄인들을 다스리겠습니다."라고 하였다. 바로 이 비사의 왕이 염라왕이며, 18인의 신하들이 소왕(小王)이고, 그들을 따르던 백만의 무리들이 옥졸인 것이다.[38]

이 이야기는 염라왕을 한 나라의 국왕으로 설정해 놓고, 그에게 충성을 맹세한 18인의 신하가 있었다는 점을 부각시킴으로써, 염라왕과 18지옥설을 밀접하게 연결시키고 있다. 이 이야기에서 무엇보다 중요한 것은 염라왕이 신이 아니라 사람이라는 것인데, 이로써 그는 애초에 자신을 탄생시켰던 야마(Yama)와는 완전히 구별되는 새로운 인물로 변해 버렸다. 태양신의 아들로 죽음의 길을 개척했다는 신화적 존재로서의 모습은 조금도 찾아볼 수 없고, 그 자리에 전쟁에 패한 후 복수를 하기 위해 지옥에 태어나길 갈망하는 한 인간의 모습이 들어서게 된

38 宋代『法苑珠林』; 閻羅王者, 昔爲毗沙國王. 經與維陀如生王共戰, 兵力不敵, 因立誓願爲地獄主. 臣佐十八人, 領百萬之衆, 頭有角耳, 皆悉忿懟, 同立誓曰, "後當奉助, 治此罪人." 毗沙王者, 今閻羅王是. 十八大臣者, 今諸小王是. 百萬之從, 諸阿傍是.(위의 책, 66쪽 재인용.)

것이다. 이러한 변화는 무엇보다 일반 대중들에게 지옥의 통치자로서 염라왕의 모습을 각인시키는 데 훨씬 더 효과적인 것이라고 볼 수 있다. 다소 추상적이고 요원하게 느껴지는 야마보다, 분노에 치를 떨며 복수를 위한 결의에 불타는 한 국왕의 강력하고도 거칠 것 없는 형상이, 사람들이 생각하는 지옥신의 모습에 더 잘 어울리기 때문이다.

본래 염라 지옥은 불교 지옥설의 한 부분이었다. 그러던 것이 남북조 시기 염라왕에 대한 이야기가 확대되고 구체화되면서, 점점 지옥 신앙의 중심 내용으로 자리잡게 되었다.[39] 염라왕에 관한 이야기는 먼저 그의 출신과 그가 거처하는 곳에 관한 이야기에서 시작하여, 그의 일상생활과 부하, 심지어는 옥졸들에 관한 이야기로 점차 확장되었는데, 흔히 이런 이야기의 확장은 한 이야기가 호기심을 낳고, 호기심이 다시 다른 이야기를 낳는 방식으로 진행되기 마련이다. 그 결과 나중에는 염라왕이 과연 죽은 모든 사람들을 다 접견하는지, 그의 옥졸들은 어떻게 지옥의 고통에서 무사한지 등이 주요한 화두가 되기도 하였다.

소등복(蕭登福)에 의하면, 초기 염라왕의 지위는 그리 높지 못했다. 왕이지만 지옥에 있으므로, 그 역시 죄인이고 고통을 받아야 했다는 것이다. 그러나 후대로 갈수록 지위가 높아져 형벌을 받는 처지에서 지옥을 지배하는 통치자로 변모되었다. 이러한 과정에서 염라왕의 명성은 점차 불교의 경계를 넘어 민간에 알려지게 되었고, 18지옥설과 결부되면서 그것의 지명도도 함께 높아지게 된 것이다.

이후 당송 시기를 거치면서 염라 신앙은 민간을 중심으로 소위 '십전염왕(十殿閻王)'에 대한 신앙으로 발전하게 되는데, 이 '시왕(十王)신앙'이

39 한위육조 시기 염라왕의 변천 과정에 대해서는 蕭登福, 앞의 책, 100~8쪽 참조.

야말로 염라 신앙이 완전히 중국화·토착화되어 나타난 새로운 지옥 신앙이라고 할 수 있다. 십전염왕이란 저승에서 죽은 자의 죄악을 심판하는 열 명의 대왕을 일컫는 말이다. 이들은 진광왕(秦廣王), 초강왕(初江王), 송제왕(宋帝王), 오관왕(五官王), 염라왕(閻羅王), 변성왕(變成王), 태산왕(泰山王), 평등왕(平等王), 도시왕(都市王), 전륜왕(轉輪王)으로 구성되어 있다. 이 시왕 신앙은 불교의 칠칠재(七七齋, 49재)와 결합하면서 성립되었는데, 이에 따르면 사람들은 죽어서 저승으로 가는 도중에 초칠일(初七日)에는 제1 진광왕, 이칠일(二七日)에는 제2 초광왕, 삼칠일(三七日)에는 제3 송제왕, 사칠일(四七日)에는 제4 오관왕, 오칠일(五七日)에는 제5 염라왕, 육칠일(六七日)에는 제6 변성왕, 칠칠일(七七日)에는 제7 태산왕, 백일에는 제8 평등왕, 1주기에는 제9 도시왕, 3주기에는 제10 전륜왕을 지나면서 차례로 재판을 받는다는 것이다.[40]

한편 염라왕은 이 새로운 지옥 신앙에서 이제 더 이상 저승의 유일한 왕이 아니라, 다른 왕들과 마찬가지로 일정한 직분을 갖는 한 구성원으로 변화되었다. 이들 열 명의 왕 가운데 염라왕과 태산왕을 제외한 나머지 8명의 왕들은 그 유래가 분명치 않다.[41] 그러나 중요한 것은 이들이 시왕에 편입하게 된 과정보다, 편입된 후 지옥 신앙 전반에 나타난 변화라고 할 수 있다. 집단적인 사후 심판관으로서 시왕 제도가 성립됨에 따라, 사후 세계의 모습은 이전보다 훨씬 더 현실적이며 체계적인 모습을 띠게 되었다. 또한 죽은 자가 열 명의 심판관을 거치며

---

40 중국 시왕신앙의 기원과 전개 및 내용에 대해서는 김정희, 앞의 책, 66~104쪽 참조.

41 시왕의 명칭에 대해 일찍이 호적(胡適)은 지식이 없는 자가 만들어 낸 용어라고 했으며, 다른 외국의 학자는 외국어의 음역이거나 중국의 민간 신앙에서 유래한 것이 아닌가 추측하고 있으나, 어느 것도 확실치 않다. 김정희, 앞의 책, 71~3쪽 참조.

심판을 받는다는 설정 자체는 지옥에 관한 풍부한 이야깃거리를 제공해주게 되었다. 특히 한 명의 염라왕보다 열 명으로 늘어난 십전대왕의 심판은 억울한 누명을 쓴 사람을 구제해주고, 죄가 깊지 않은 사람에게 뉘우침의 기회를 주며, 악한 자를 확실히 처벌한다는 점에서 일반 대중들의 큰 환영을 받았던 것으로 보인다.

이 시왕신앙은 제7 태산왕의 존재에서도 알 수 있듯이, 기본적으로 그 성립 자체가 불교의 토착화와 도교와의 융합이라는 과정에서 이루어진 것인 만큼, 불교뿐만 아니라 도교에서도 상당히 성행하였다. 단지 도교 식의 명칭이 도입되고 시왕의 역할에 약간의 변화가 있다는 점을 제외하면 불교와 도교의 시왕신앙은 거의 다를 바가 없다.[42] 특히 명대에 출간된 『옥력보초(玉歷寶鈔)』라는 책에는 당시 민간 도교의 시왕신앙을 살펴볼 수 있는 자료들과 재판 장면이 그려진 그림 등이 실려 있는데,[43] 여기서 주목할 만한 것은 그 안에 묘사된 시왕의 형상이 무서운 얼굴에 위엄이 넘치는 지옥 대왕의 모습이 아니라, 오히려 인자하고 평범한 판관의 모습을 하고 있다는 것이다.

사람들이 생각하는 시왕의 모습과 성격은 이전에 지옥의 유일한 통치자였던 염라왕보다 상당히 완화되고 현실화된 것이 분명하다. 이는 중국 사회의 관료 시스템이 더욱 확대되고 사회 깊숙이 뿌리내렸음을 보여주는 증거라고 할 수 있다. 『옥력보초』에는 모든 시왕의 중국 성

42 도교의 시왕에 대한 설명으로는 馬書田, 앞의 책 『中國冥界諸神』, 70~3쪽 참조.

43 『옥력보초(玉歷寶鈔)』에서 옥력(玉歷)이란 옥황상제가 악을 그치고 선을 장려하기 위해 천상계에서 몰래 사람을 파견하여 일을 감찰하고 비사를 공개함으로써, 세인을 경계하고 깨우치게 하는 기록부를 의미한다. 이 책은 담치화상(淡癡和尙)이 '庚午年九月重陽戊辰日'에 명계에 가서 보고들은 것을 기록한 것으로 전해오는데, 명청대 민간의 지옥 사상을 알 수 있는 중요 서적이다. 김정희, 앞의 책, 84~6쪽 참조.

씨가 밝혀져 있는데, 흥미로운 것은 이 가운데 염라왕의 성씨가 '포(包)' 씨로 되어 있다는 것이다. 이 포염라(包閻羅)는 두말할 필요 없이 북송의 대신이었던 포증(包拯, 包青天, 999~1062)을 가리키는 것이다. 잘 알다시피, 그는 전통시기 중국에서 청렴하고 강직하며 정의로운 판관의 대명사로 알려져 있는 사람이다. 송대 이후 성행한 공안(公案) 소설은 바로 그의 존재로부터 유래한 것이라고 해도 과언이 아닐 것이다.

한편 포청천 외에도 중국의 역사 인물 가운데 사후 염라왕이 되었다고 전해지는 경우는 더 있다. 그 대표적인 예가 수의 장군이었던 한금호(韓擒虎)와 북송의 재상이었던 구준(寇准), 그리고 북송의 대신이었던 범중엄(范仲淹)인데, 민간에서는 포증과 이들 세 사람을 한데 묶어 '사대염왕(四大閻王)'이라 칭하기도 한다.[44] 이로써, 불교의 지옥신이던 염라왕은 점차 중국의 역사 인물로 대체되었다. 처음 인도의 야마에서 비사국의 왕을 거쳐 포증과 한금호 등에 이르기까지, 중국 민간의 종교 수요자들은 저승의 신을 점차 그들에게 친숙하고 가까우며 실제적인 도움을 줄 수 있는 인물로 바꿔나갔던 것이다.

44 馬書田, 앞의 책, 『中國冥界諸神』, 85~9쪽.

5. 민간 신앙의 형성과 이야기의 역할

– 나오는 말을 대신하여

이상의 내용을 종합해 볼 때, 도교의 옥황과 불교의 염라가 교단 종교의 테두리를 벗어나, 민간을 중심으로 그 종교적 지위가 확대되는 과정에서 나타나는 공통점은, 한마디로 인간화 · 구체화 · 현실화라고 할 수 있을 것이다. 이러한 변화는 일차적으로 중국의 신 개념이 자연신에서 인물신으로 변화된 것과 관련이 있으며, 기본적으로 현실적이고 실용적인 중국인들의 종교관과도 깊은 관련이 있다.

종교 서사는 해당 종교에 대한 신앙심을 높이기 위해 만들어지는 이야기이다. 여기서 가장 관건이 되는 요소는 이야기의 수용자가 과연 이야기의 어떤 부분에서 자신의 신앙심을 발동시키는 계기를 얻느냐는 것이다. 옥황과 염라의 예로 볼 때, 전통 시기 중국의 민간에서는 무엇보다 신의 과거, 즉 그 신이 과거에 어떤 인물이었는가가 신앙을 결정하는 가장 중요한 계기였다는 게 이 논문의 결론이다. 과거의 행적은 신의 존재 내지 능력에 대한 가장 확실한 증거이다. 그리고 그러한 행적은 가능한 한 구체적이고 사실적이어야 한다.

예를 들어, 도교의 최고신인 원시천존의 종교적 실패는 그 원인을 바로 이러한 '서사성의 부재'에서 찾을 수 있다. 설령 지위 상으로는 도교의 최고신이라 하더라도, 구체적인 신의 면모, 다시 말해 사람들에게 복을 내려주는 초월적 존재로서의 구체적인 면모를 형성할 수 있는 서사적 배경이 없었던 까닭에, 실질적인 최고신의 자리를 옥황에게 내주었던 것이다. 신의 서사에 있어 신비적이고 추상적인 내용은 대상의 권위를 높여줄 수 있을지는 몰라도 신앙의 강도를 더해주지는 않는다.

모든 서사의 원천은 현실이라고 할 때, 신에 대한 서사 역시 이야기가 진행되면 진행될수록 현실의 모습이 반영되기 마련이다. 그 과정에서 저 세계는 이 세계를 닮아 가고, 신은 인간을 닮아 가는 아이러니가 발생한다. 문제는 이러한 아이러니를 사람들이 어떻게 받아들이냐는 것인데, 적어도 전통시기 중국의 민간에서는 '이 세계를 닮은 저 세계'와 '인간을 닮은 신'에게서 오히려 더 큰 친밀감과 신뢰감을 느끼고 종교적인 위안을 얻었다는 것이다.

더욱 흥미로운 것은 신앙과 이야기의 관계가 밀접해짐에 따라, 처음에는 신앙적 목적을 위해 이야기가 창출되던 것에서 나중에는 거꾸로 기존의 이야기가 새로운 신앙을 창출하는 국면으로 나아가게 된 것인데, 흔히 중국에서 역사적인 인물들이 사당에 모셔지면서 신격화된 경우가 그렇다고 할 수 있다. 이러한 신격화의 효시는 초창기 도교의 최고신인 노자로까지 거슬러 올라갈 수도 있지만, 이 경우는 이후 본격적인 이야기에 의한 새로운 신앙의 창출이라고 할 수 있는 관우(關羽)나 제갈공명(諸葛孔明), 악비(岳飛) 등에 대한 신앙과는 약간의 차이가 있다고 하겠다.

노자의 경우는 당시에 신선 사상이라든지 도교의 기본적인 개념이 어느 정도 확립된 상태에서 도교를 선양할 수 있는 가장 적합한 성격의 신을 찾은 결과 그가 채택되었던 것이고, 관우나 제갈공명 등은 순전히 그들이 남긴 역사상의 업적으로 인해 다른 종교적인 맥락과는 상관없이 신으로 모셔지게 된 것이다. 신격화의 과정에서 그들에 대한 이야기가 실제 사적보다 과장되고 터무니없이 부풀려졌다고는 해도, 일단 그들이 신으로 숭배될 수 있었던 가장 큰 이유는 역사상 뛰어난 인물이었기 때문이라고 할 수 있다.

단순한 한 인물이 역사적인 공로로 인해 사후에 신으로 추앙 받는다는 것은 매우 중국적인 상황이 아닐 수 없다. 이는 그간에 신에 대한 이야기화의 결과로 '신의 인간화'에 익숙해진 사람들이 이제는 오히려 '인간의 신격화'를 시도한 것이라고 할 수 있다. 이러이러한 신이 알고 봤더니 전생에 이러이러한 사람이었다는 이야기에 익숙해진 사람들이 이러이러한 사람이 죽어서 과연 이러이러한 신이 되었다는 식의 이야기를 받아들이는 것은 그리 어려운 일이 아닐 것이다. 여기서 좀 더 짚고 넘어갈 문제는, 그렇다면 과연 어떤 역사적 인물들이 이러한 신격화의 영광을 안을 수 있느냐는 것이다. 예컨대, 관우나 제갈공명은 광범위한 지역에서 신으로 받들어지는데 유비나 장비가 그렇지 않는 이유는 무엇이냐는 것이다.

이에 대해서는 다시 별도의 면밀한 분석이 필요하겠지만, 여기서는 일단 사후에 그 영혼이 단순한 귀신에 머무느냐 아니면 신이 되느냐의 결정은 일정한 사회적인 합의에 따른 메커니즘에 의해서 이루어지는 것이라는 의견을 제시하는 선에서 일단락하고자 한다. 다만 기본적인 신격화의 전제 조건은 생전에 특출한 업적을 남겼다거나 경이로운 죽음을 맞이한 경우라고 정의할 수 있을 것이다. 말하자면 옥황과 염라와 같은 기존 종교의 신뿐만 아니라, 위의 전제 조건을 갖춘 역사적 인물들은 얼마든지 종교적 신앙의 대상이 될 수 있다는 것이다.

참고문헌

十三經注疏 整理委員會 整理, 李學勤 主編, 『十三經注疏・周禮注疏』, 北京大學出版社, 1999.

陳夢家, 『殷墟卜辭綜述』

朱天順, 『中國古代宗教初探』, 臺灣 : 谷風出版社, 1986.

蕭登福, 『漢魏六朝佛道兩教之天堂地獄說』, 臺灣; 學生書局, 民國78年.

劉岱 總主編, 『敬天與親人』, 三聯書店, 1992.

馬書田, 『華夏諸神』, 北京燕山出版社, 1999.

馬書田, 『中國冥界諸神』, 團結出版社, 1998.

渡邊欣雄(日), 周星 譯, 『漢族的民俗宗教－社會人類學的研究』, 天津人民出版社, 1998.

許進雄, 홍희 역, 『중국고대사회－문자와 인류학의 투시』, 동문선, 1991.

葛兆光, 심규호 역, 『道教와 中國文化－도교의 우주론・의례와 방술・신들의 계보』, 동문선, 1993.

장 프랑수아 리오타르, 이현복 역, 『포스트모던적 조건』, 서광사, 1992.

서경호, 『산해경 연구』, 서울대 출판부, 1996.

김정희, 『조선시대 지장시왕도 연구』, 일지사, 1996.

우한용 외, 『서사교육론』, 동아시아, 2001.

박지현, 「중국의 영혼 관념과 혼백설」, 『中國文學』 38집, 2002.11.

양성정, 『현대 중국의 민간 신앙 연구－옥황신앙과 재신신앙을 중심으로』, 서강대 석사논문, 2001.

『삼국연의(三國演義)』 다시 읽기*

제갈량(諸葛亮), 전통 시기 중국 지식인의 상상적 자아

이소영 · 김진공

1. 허구적 서사 시간의 주인공, 제갈량(諸葛亮)

『삼국연의(三國演義)』는 일반적으로 역사소설로 분류된다. 『삼국연의』가 간행되고 비평되던 초기부터 『삼국연의』는 그것이 '역사'를 더 잘 설명한다거나 혹은 '역사'를 왜곡한다거나 하는 논란을 일으켰다. 『삼국연의』의 작자들이 어떻게 자신들의 글쓰기를 규정했는지는 알 수 없으나, 『삼국연의』의 이야기에 역사 문헌들의 이야기와 그것에 기록되지 않은 허구 이야기가 섞여 있는 것은 사실이다. 위진(魏晉) 시대

* 이 글은 『중국문학』 48집(한국중국어문학회, 2006)에 실은 동일한 제목의 논문을 수정, 보완한 글이다.

부터 이미 삼국의 인물에 관한 전설이 만들어졌고[1] 『세설신어(世說新語)』에는 당시 문화계 인사들 사이에서 인기 있었던 삼국시대 일화담(逸話談)이 많이 남아 있다.[2] 이후 이런 에피소드들이 다양한 구연 공연에서 하나의 이야기로 정형화되거나[3] 잡극(雜劇)의 주요 공연 극목(劇目)들이 된다. 또 각각의 일화들이 삼국시대 전체를 다루는 이야기 속으로 결합되면서 대중적 인기를 누리게 되는 바, 그 중 하나가 『전상평화삼국지(全相平話三國志)』의 형태로 기록된다. 한편 정통 역사기술의 전통에서는 송대(宋代)부터 사마광(司馬光)의 『자치통감(資治通鑑)』과 주희(朱熹)의 『자치통감강목(資治通鑑綱目)』, 원추(袁樞)의 『통감기사본말(通鑑紀事本末)』와 같은 편년체(編年體), 기사본말체(紀事本末體) 등의 다양한 형식을 통해 삼국 이야기가 체계적으로 정리되고 있었다. 또 원대(元代)에는 『자치통감』 구연이나 다이제스트판에 대한 수요가 늘면서, 그에 부응해 재야 학자들 사이에서는 난해한 부분에 주석을 달거나 흥미로운 일화를 집어넣는 등, 일종의 '통감학(通鑑學)'이 유행하기도 했다.[4] 『삼국연의』는 이와 같이 송(宋)·원대(元代)를 거치며 "역사적 사실을 중심으로 한 이야기가 대중적 인기를 끌 수 있는 문화상품의 소재임이 검증"[5]되는 가운데 쓰였으며, 동시에 역사학의 발전과 대중화

1 『삼국지(三國志)』 배송지(裴松之)의 주(注)에서 그 일단을 확인할 수 있다. 陳翔華, 『諸葛亮形象史研究』, 浙江古籍出版社, 1990, 43~67쪽 참조. 연구자들 가운데는 배주(裴注)의 인용서를 정식의 역사서로 취급하는 경우도 있다. 그러나 역사와 비(非)역사의 경계설정이 엄격하게 비평되고 구분되는 것이 당대(唐代)부터라는 점을 감안할 때, 배주의 인용을 모두 통상적 역사기록으로만 보기 어려운 부분이 있다.

2 子矜, 「『三國演義』與『世說新語』」, 『江蘇教育學院學報』 第2期, 1997 참조.

3 杜貴晨, 「『三國演義』徐庶歸曹故事源流考論－兼論話本與變文的關係以及"三國學"的視野與方法」, 『山東師範大學學報』 第48卷 第1期(總第186期), 2003, 3~7쪽 참조.

4 김문경, 『삼국지의 영광』, 사계절, 2002, 126쪽.

5 서경호, 『중국소설사』, 서울대 출판부, 2004, 301쪽.

경향 속에서 역사 사료의 연대기를 세심하게 고려하여 "역사적 이정표와 이정표 사이에 놓인 공동(空洞)을 소설적 구도로 메움으로써"[6] 복잡하고 다양한 삼국 이야기들을 하나의 흐름을 가진 이야기로 만들어낸 것이라 할 수 있다.

『삼국연의』의 역사적 이정표는 한말(漢末) 황건(黃巾) 기의(起義)에서 진(晉) 무제(武帝)의 찬탈까지[7]로 세워져 있다. 그리고 그 가운데 이미 확정된 역사적 결과를 뒤흔들지 않을 만큼, 중요한 연대기적 지표들은 대부분 역사서의 지시를 그대로 수용하고 있다. 그러나 『삼국연의』는 역사의 시간 거의 끝자락에서 허구의 시간을 교차시켜, 역사적 '사실'의 이면을 지배하는 또 다른 '진실', 당대(當代) 사람들 혹은 작자들이 삼국시대에 대해 갖고 있던 집단적 믿음을 이야기하는 데 보다 큰 관심을 쏟고 있다. 이것은 서사 시간의 배분에서 역사적 '사실'로서의 주요 사건들이 역사서의 일반적 배치를 따르지도 않으며, 그렇다고 산술적이고 평균적인 연대기를 이루지 않는다는 점에서도 확인된다. 『삼국연의』가 황건 기의에서 촉한(蜀漢) 멸망, 진 무제의 찬탈까지 약 80년 정도의 시간을 다루고 있고, 거기에 120회(240則)를 사용하므로 단순하게 계산하면 평균 매년 1회반 정도가 배당되는 셈이지만, 텍스트의 시간 구성은 삼국 시대를 다룬 이전의 그 어떤 서사체와도 다른 형태를 띠고 있다. 전체 텍스트의 서사밀도가 가장 높은 것은 적벽대전(赤壁大

6 위의 책, 336쪽.
7 『삼국연의』의 기점과 종점에 대해서는 두 가지 설이 있다. 한(漢) 영제(靈帝) 중평(中平) 원년(184)에서 진(晉) 태강(太康) 원년(280)까지 97년으로 보는 장대기(蔣大器)의 설과 한 영제 술신(戌申, 건안(建安) 원년 168)에서 진 세종(世宗) 경자(庚子, 280)까지 113년으로 보는 『삼국지전(三國志傳)』 계열의 설이 있다(陳翔華, 앞의 책, 188쪽).

戰)과 그 전해 유비(劉備)가 남양(南陽)의 현자들을 방문하는 이야기로, 건안 13년 한 해 동안의 사건에 모두 19회를 할애하고 있다. 유비가 조조(曹操)에게 패하고 관우가 항복한 사건과 관도(官渡) 전투가 치러지는 건안 5년(200) 1년간이 8회 정도의 길이, 유비가 한중(漢中)을 취하고 관우(關羽)가 양양(襄陽)을 취하려다 실패하고 죽는 건안 24년(219년) 역시 비슷하게 8회 정도 분량을 차지하고 있다. 같은 해에 발생한 두 사건을 비교하면, 건안 5년 관우가 조조에게 투항했다 선주(先主)를 찾아가는 일은 4회를 넘기는데 반해 관도 전투는 3회 정도에 그친다. 그런데 역사서에서는 전자의 사건을 지엽적인 것으로 판단하여 매우 간략하게 기술하고 있는 반면, 후자는 삼국 역사에서 중요한 전환점을 이루는 사건, 즉 조조가 중원(中原)의 패자(覇者)로 등극하는 순간이기 때문에 다양한 기록이 비중 있게 남아있다. 그러나 그럼에도 불구하고 소설 텍스트에서는 양자를 다루는 서사시간의 길이가 역전되어 있다.

양의(楊義)는 이러한 식의 "서사밀도와 역사시간의 대조"에서 "『삼국연의』의 서사 초점이 줄곧 촉한의 왕조 건립과 그 군신(君臣)의 운명, 그리고 삼국정립 국면의 형성과정을 따르고 있음"[8]을 읽어내고 있다. 이것을 다른 각도에서 말하면, 역사적인 시간과 허구적인 시간이 교차하는 가운데 텍스트의 서사적 관심이 집중되는 부분 — 촉한 집단의 운명 — 을 따라 허구적인 시간이 연장되고 있다고 할 수 있다. 예컨대 조조가 북방을 평정하는 관도 전투와 유비가 일국(一國)으로 독립하는

8 楊義, 「『三國演義』敍事的典式化」(下), 『海南師院學報』, 1994年 第2期, 44쪽. 王萬嶺 역시 허구 서사 비율과 예들의 분석을 통해 유사한 결론을 내리고 있다. 「『三國演義』並非"七實三虛": 兼談羅貫中處理虛實的藝術性」, 『淮北煤師院學報』 第2期, 1996, 99~101쪽 참조.

계기가 되는 적벽대전은 그것들을 다루는 서사 시간에서 차이가 나는 바, 그 주된 이유는 허구적 이야기가 얼마나 어떻게 배치되었느냐에 있는 것이다. 하지청(夏志淸)의 경우 관도 전투가 "역사의 기록과 연대기를 준수하며" "허구를 아주 적게 띠고 있으며", 작자가 방대한 허구 소설을 쓰는 데 재능이 부족하여 "유치하게 가공된" 적벽대전보다 훨씬 더 감동적이라는 분석을 한 바 있다.[9] 관도 전투에 비해 적벽대전이 훨씬 더 많은 허구적 이야기로 이루어져 있다는 것이다. 관도 전투의 경우 『삼국지(三國志) · 위서(魏書)』「무제기(武帝紀)」에는 기술이 간략하지만 『후한서(後漢書)』「원소전(袁紹傳)」에 비교적 상세한 기록이 있어 그것에 의지한 부분이 많고, 일부 구절은 그대로 가져다 쓰기도 했다. 이것이 "역사 텍스트적인 서사"라면, 적벽대전의 경우에는, 정사(正史)에서건 사대부들의 시문(詩文)에서건 연합군의 주도 세력이 동오(東吳)임을 분명히 하고 있는데도, '화본(話本) 텍스트적인 서사' — 즉 허구 서사 — 를 통해 중심 세력을 촉한으로 바꾸어 놓고 있다.[10] 또 심백준(沈伯俊)은 『삼국연의』의 적벽대전이 만들어지는 과정을 분석하면서, 『삼국지』의 각 기(紀)와 전(傳) 그리고 『자치통감』과 대조해볼 때 이들 역사서가 만들어낸 역사적 시간에 의해 사건들이 선적으로 배열되고 그 속에 대량의 허구적 이야기들이 끼어드는 것으로 결론짓고 있다.[11] 조조나 여포(呂布), 원소(袁紹) 등과 관련된 이야기는 주로 역사서의 문구

9 夏志淸, 胡益民 等 譯, 『中國古典小說導論』, 安徽文藝出版社, 1988, 73쪽.

10 李躍忠 · 劉紹明, 「『三國演義』 敍事模式淺探」, 『湖南工程學院學報』 第13卷 第2期, 2003.6, 46~9쪽.

11 沈伯俊, 「『三國志』與『三國演義』關係三論」, 『福州大學學報』 第3期(總第62期), 2003, 73~6쪽.

를 부연 설명하는 방식으로 서술하고 있다면, 촉한 집단의 이야기는 작자들의 상상력에 기대어 보다 더 시간을 늘여가며 이야기되었다고 할 수 있으며, 이는 아마도 작자와 독자(청중)들의 관심사와 밀접한 관련이 있을 것이다.

이와 같이 『삼국연의』의 시간이 역사서에 기재된 실재의 시간의 재현과 허구적 상상의 변주 시간이 교차되어 있다면 그 상상적 변주는 주로 촉한 집단과 그 성원들의 이야기라는 주 멜로디로부터 나온다고 할 수 있다. 『삼국연의』는 역사적으로는 패배자였던 촉한 집단에게 사실임직한 혹은 순수한 허구의 비실재적 시간을 할애함으로써, 실재했던 역사적 과거에서 이루어지지 않았던 일들을 되돌아보고, 묻혀 있는 가능성들을 재형상화한다. 이러한 의미에서 『삼국연의』는, 폴 리꾀르 식으로 말하자면, "인간의 시간"을 창조하는 역사적 허구, 허구적 역사이다. 즉 "역사의 거의 허구적인 순간과 허구의 거의 역사적인 순간이 상호 맞물리고 자리를 바꾸면서",[12] 스스로 또 하나의 새로운 시간을 만들어내는 것이다. 건안 5년(200) 관도 전투에 흐르는 시간과 건안 13년(208) 적벽대전에 흐르는 시간은 서로 다른 시계, 서사 주체의 해석학적 시계로 측정된다. 적벽대전에서 시간은 단일하게 직선으로 흐르지 않고 여러 개의 길로 갈라진다. 적벽대전 전날 밤 조조가 진영을 완비하는 역사의 시간 끝에서 영웅 조조의 호탕한 기개와 시인 조조의 불길한 예감이 겹치는 허구적인 순간이 나타났다가 그 허구가 다시 역사적인 순간으로 맞물려 들어간다. 연환계(連環計)에 이어 풍향(風向)을 둘러싸고 조조와 정욱(程昱), 그리고 주유(周瑜)와 노숙(魯肅), 제갈량의 시간은 저마

12 폴 리꾀르, 김한식 역, 『시간과 이야기』 3, 문학과지성사, 2004, 371쪽.

다 각기 흘러가 '복수(複數)'로 갈라지며 허구로 빠져나갔다가 다시 역사의 시간으로 돌아가는, 여러 층위의 시간의 흐름이 나타나는 것이다. 이렇게 다양한 길이와 부피로 흐르는 『삼국연의』의 시간 속에서 실재했던 과거의 잠재적 가능성들이 해방되고 있는 바, 그 중에서 아마도 가장 해방적인 상상력은 제갈량을 통해 펼쳐지고 있다고 할 수 있을 것이다. 창조적인 허구의 서사 시간이 촉한 집단, 그리고 그 가운데서도 제갈량 이야기를 위해 가장 많이 흘러가기 때문이다.

예컨대 서사밀도로 보면 시간상 반나절 정도에 해당하는 유비의 세 번째 제갈량 방문과 융중대책(隆中對策)은 한 회(回)의 절반을 차지하고, 제갈량이 동오(東吳)의 군유(群儒)들과 설전(舌戰)을 벌인 것과 손권과 주유에게 조조에 대항하는 연합전선을 펴자고 설득한 것은 사나흘 정도의 일이지만 두 회를 차지한다. "전체의 서사 리듬으로 보면 이들 묘사가 유달리 세밀한 것은 의심할 나위가 없다"[13]고 할 수 있다. 허구적인 이야기가 가장 많은 적벽대전에서도 그 허구의 대부분은 제갈량과 관계가 되어 있다. '초선차전(草船借箭)'과 '삼기주유(三氣周瑜)', '제동풍(祭東風)' 등이 대표적이다. 제갈량을 등장시키기 위해 3회에 걸쳐 길게 이어지는 '삼고초려(三顧草廬)' 이야기 역시 많은 부분이 허구라고 할 수 있다. 이 외에도 박망파(博望坡) 전투나 '금낭삼계(金囊三計)', 맹획(孟獲)의 '칠종칠금(七縱七擒)'이나 '육출기산(六出祁山)'의 일부와 그 과정에서 있었던 '화소상방곡(火燒上方谷)'이나 '공성계(空城計)' 등 제갈량과 관련

13 楊義, 앞의 글, 44쪽. 이외 서사 밀도와 속도를 통계적으로 세밀하게 분석한 논문으로 范道濟, 「『三國演義』敍事速度論析」, 『黃岡師範學院學報』 第20卷 第2期, 2000.4, 39~43쪽, 時空 구조의 특성에 대해서는 鄭鐵生, 「『三國演義』敍事形態的時空關係」, 『湖北大學學報』 第27卷 第2期, 2000.3, 24~7쪽 참조.

된 대부분의 이야기가 역사서의 한 줄 기록에 근거한 혹은 전혀 기록이 없는 허구에 속한다고 할 수 있다.

『삼국연의』의 이러한 허구 서사의 경향적 배치는 호적(胡適)으로 하여금 "『삼국연의』는 역사적인 이야기에 엄격하게 구속되어 상상력이 너무 적고 창조력이 매우 빈약"하여 "문학적인 가치가 없으나" "이 책에서 가장 뛰어나고 가장 재미있는 부분은 바로 적벽대전 전후, 즉 제갈량의 설전군유(舌戰群儒)에서 삼기주유(三氣周瑜)로 끝나는"[14] 이야기라고 평가하게 만들고 있다. 또한 정진탁(鄭振鐸)의 경우 나본(羅本)의 앞의 7권(卷)과 뒤의 3권, 즉 공명(孔明)이 세상에 나오지 않았을 때와 죽은 뒤를 제외하면 그 나머지 14권은 공명의 활약만이 돋보이므로[15] "『삼국지통속연의(三國志通俗演義)』가 비록 삼국 고사를 서술하고 있으나 사실은 한 권의 '제갈공명전기(諸葛孔明傳記)'에 불과하다"[16]고 보고 있다. 실제 명각본(明刻本)의 목록에서 제목으로 뽑힌 이름들 가운데에서 제갈량은 다른 인물에 비해 압도적인 우위를 차지하고 있기도 하다.[17] 그리고 아마도 가장 열성적인 『삼국연의』 독자였을 모종강(毛宗

14 胡適, 「『三國志演義』序」, 『中國章回小說考證』, 安徽教育出版社, 1999, 288쪽.

15 각 판본별 제갈량 등장 분량을 비교한 것으로 陳翔華, 위의 책, 188~92쪽 참조. 허구적인 부분만이 아니라 『삼국연의』 전체 구조에서도 제갈량 서사가 중심 라인의 하나라고 볼 수 있다. 제갈량의 활동시간은 삼고초려(三顧草廬)의 건안 12년(207)에서 오장원(五丈原)에서의 죽음(건흥(建興) 12년, 234)까지 27년으로 전체의 약 5분의 1 정도이지만, 전체 120회 가운데 제갈량의 등장(35회)부터 오장원에서의 죽음과 사후(死後) 일화(105회)까지는 70회 정도로 절반 이상이며, 12~14회까지의 도입부 외 본격적인 서사 시간을 중심으로 하면 3분의 2가 넘는다. 산술적인 분량이 결정적인 요인은 아니지만, 제갈량이 삼국(三國)의 왕(王)에 준하는 혹은 그보다 더 강렬한 조명을 받고 있음은 분명하다.

16 鄭振鐸, 「三國志演義的演化」, 『鄭振鐸文集』 第5卷, 人民文學出版社, 1988, 191쪽.

17 陳翔華, 앞의 책, 193쪽 참조.

崗)은 "삼국지를 읽는 사람은 반드시 공명의 이야기에 푹 빠지게 된다. 35회를 지났는데도 아직 공명이 나타나지 않아 애가 타서 견디기 힘들게 만든다."(제36회 總評)[18]라고 자술하고 있다.

이러한 사실들을 종합할 때, 역사적인 이정표들의 사이, 역사적인 서사 시간의 끝머리에서 다음 이정표로 맞닿는 허구의 시간 안에 '제갈량'이 살고 있으며, 작자와 독자들은 상상적인 그를 통해 역사적 사실들 이면의 '진실들'을 즐겼으리라 추측해볼 수 있다. 과거는 수정될 수 없는 흔적이지만, 과거에 대한 인식은 끊임없이 변형을 통해 완성되어 간다는 점에서 해석된 역사와 역사적 허구는 서로 겹치고 엇갈린다. 결국 과거란 "항상 의식적이건 무의식적이건 그것을 재구성하는데 쓸모 있는 요소를 나날의 경험에서 빌려오고 있고 필요한 경우에는 새로운 조명을 드리우는"[19] 가운데 그 모습이 드러나는 것이라면, 그리고 『삼국연의』가 다른 무엇이 아닌 제갈량의 상상적인 이야기에 '현재'의 조명을 비추어 삼국 이야기를 서술하려 했다면, 그래서 제갈량의 허구서사가 역사의 무수한 잠재적 가능성을 해방시키는 시간이라면, 우리는 그러한 제갈량의 형상으로부터 『삼국연의』 당대의 현재적 경험들을 통해 해방된 상상력의 의미를 몇 마디 읽어낼 수 있을 것이다.

18 "讀『三國志』者必貪看孔明之事, 乃閱過三十五回, 尙不見孔明出現, 令人心痒難熬", 羅貫中 原著, 毛宗崗 評改, 『三國演義』(上, 下), 上海古籍出版社, 1996(제5쇄), 457쪽.

19 마르크 블로흐, 정남기 역, 『역사를 위한 변명』, 한길사, 1986(제6판), 58쪽.

2. 제갈량을 만드는 장치들과 방향

앞에서 필자는 제갈량이 역사적 이정표들이 촘촘히 늘어선 역사 서사의 직선적 시간을 여러 갈래로 흐트러뜨리는 허구적 서사 시간의 주인공이라고 가정했다. 그렇다면 제갈량은 구체적으로 어떤 방식과 장치를 통해 허구화되고 있는가? 또 그것은 어떤 지향점을 갖고 있을까? 제갈량의 허구적 이야기가 만들어지는 방식은 여러 가지가 있지만 여기에서는 크게 두 가지로 나누어보고자 한다. 사료(史料)에 근거를 두되 허구적으로 가공되었거나 혹은 원래 없던 이야기가 만들어진 경우와, 역사서에는 다른 사람의 일로 되어 있는 것을 제갈량의 것으로 바꾸어 놓은 경우이다. 또 제갈량의 형상은 형주(荊州)와 익주(益州)를 얻어 삼국이 정립되는 시기(전반부)와 관우가 형주를 잃고 유비가 동정(東征)에서 실패한 이후(후반부)에서 사뭇 다른 형태를 띠고 있으므로 제갈량의 허구화 양상을 그러한 변화와도 관련시켜 볼 것이다.

먼저 첫 번째 경우를 살펴보면 대표적인 예가 앞서 언급한 바 있는 '삼고초려(三顧草廬)'와 '화소신야(火燒新野)', '공성계(空城計)' 그리고 '초선차전(草船借箭)', '칠성단제갈제풍(七星壇諸葛祭風)', '설전군유(舌戰群儒)', '삼기주유(三氣周瑜)', '지료화용도(智料華容道)', '교파팔진도(巧罷八陣圖)', '매사왕랑(罵死王朗)', '화소상방곡(火燒上方谷)', '금낭살위연(錦囊殺魏延)' 등등이다. 『삼국지(三國志) · 촉서(蜀書)』「제갈량전(諸葛亮傳)」에서 유비의 '삼고초려'는 다음과 같이 언급되고 있다.

이때 선주(先主, 유비)는 신야(新野)에 주둔하고 있었다. 서서(徐庶)가 선주를 뵙자 선주가 그를 큰 그릇으로 여기니 그가 선주에게 말했다. "제갈공명(諸葛孔明)이란 자가 와룡(臥龍)이온데 장군께선 어찌하여 그를 만나보려 하지 않으십니까?" 선주가 대답했다. "그대가 함께 데리고 오시오." 서서가 말했다. "이 사람은 직접 가서 볼 수는 있으나 억지로 오라 가라 할 수는 없습니다. 장군께서 직접 왕림해서 뵈어야 합니다." 이에 선주가 마침내 제갈량을 방문했는데 세 번을 찾아간 후에야 비로소 만날 수 있었다.

時先主屯新野, 徐庶見先主, 先主器之, 謂先主曰, "諸葛孔明者, 臥龍也, 將軍豈願見之乎?" 先主曰 "君與俱來." 庶曰 "此人可就見, 不可屈致也. 將軍宜枉駕顧之." 由是先主遂詣亮, 凡三往, 乃見.[20]

이 기록에 대한 배주의 『양양기(襄陽記)』에는 유비가 사마덕조(司馬德操)를 방문해 세상 돌아가는 일에 대해 묻자 사마덕조(司馬德操)가 복룡(伏龍)과 봉추(鳳雛)를 추천한 것으로 되어 있다. 그런데 『양양기』 뒤에 바로 인용된 『위략(魏略)』에는 조조가 형주를 침공할 것을 예상한 제갈량이 먼저 유비를 찾은 것으로 되어 있고, 그가 올린 계책 역시 '정족삼분(鼎足三分)'의 원대한 구상이 아니라 당면한 군사 문제에 관한 조언이었던 것으로 전하고 있다.[21] 이런 대조적인 자료를 나열한 뒤 배송지는

20 陳壽 撰, 裴松之 注, 『三國志』, 鼎文書局, 1983, 243쪽.

21 위의 책, 243쪽. "유비가 번성(樊城)에 주둔하고 있었다. 이때 조공(曹公)이 바야흐로 하북(河北)을 평정하였기에 제갈량은 그 다음에 형주가 침공당하리란 것을 알고 (…중략…) 북으로 유비를 보러 갔다. 유비는 그와 친분이 있던 것도 아니고 어리다고 생각해 그저 유생 가운데 하나로 대했고 (…중략…) 그가 무얼 말하려는지 물으려고도 하지 않았다. (…중략…) 제갈량이 뛰어난 책략을 가지고 있음을 알아 상객(上客)으로 예우하였다. 『구주춘추(九州春秋)』에 기록된 것도 이와 같다[劉備屯於樊城. 是時曹公方定河北, 亮知荊州次當受敵, (…中略…) 亮乃北行見備, 備與亮非舊, 又以其年

제갈량의 「출사표(出師表)」를 인용하며 "그러므로 제갈량이 먼저 유비를 찾은 것이 아니었음이 옳다[則非亮先詣備, 明矣]"[22]라고 결론을 내리고 있다. 한편 원극(元劇) 『제갈량박망소둔(諸葛亮博望燒屯)』[23]과 『전상평화삼국지』의 "삼알제갈(三謁諸葛)"[24]을 보건대 『삼국연의』의 삼고초려 이야기는 민간에서 얼개가 갖춰져 가고 있었고, 『삼국연의』는 그 기초 위에 이야기를 확장시키고 있다고 할 수 있다.

제갈량의 존재는 제35회 수경선생(水鏡先生) 사마휘(司馬徽)의 말에서 처음 나타나지만 제36회, 제37회까지도 모습을 드러내지 않다가 제38회에 비로소 등장한다. 역사 전기(傳記)의 인물 소개법을 그대로 답습하며 나타나는 다른 인물들과는 유별나게 다른 등장이다. 제37회는 유비가 제갈량을 두 번 찾아갔으나 만나지 못하고 그의 주변 사람을 만나는 이야기로 채워져 있다. 그동안 급하게 흐르던 시간이 여기에 와서는 거의 정지된 듯 멈추며, 제갈량이 속한 세계 — 은자(隱者)들의 세계와, 길게 인용된 융중대책의 내용 — 세속 군신(君臣)의 세계가 기묘한 대조를 이루는 가운데, 그를 "초려를 나오기 전에 이미 삼국이 정립할 것을 알고 있는[乃孔明未出茅廬, 已知三分天下]"[25] 신비로운 존재로 만드는데 공을 들이고 있다.[26] 또한 그 과정에서 이후 끝까지 지속되는 관

少, 以諸生意待之. (…中略…) 備亦不問其所欲言. (…中略…) 備由此知亮有英略, 乃以上客禮之. 九州春秋所言亦如之.]"

22 陳壽 撰, 裴松之 注, 앞의 책, 244쪽.

23 제갈량이 등장하는 희곡(戲曲) 작품과 특징에 대해서는 陳翔華, 앞의 책, 140~80쪽 참조.

24 정원기 역주, 『삼국지평화(三國志平話)』, 청양, 2000, 218~32쪽.

25 羅貫中 原著, 毛宗崗 評改, 앞의 책, 488쪽.

26 『삼국지(三國志)』 「오서(吳書)」 「노숙전(魯肅傳)」에 의하면 사실상 '삼분천하(三分天下)'의 구도를 처음 제시한 것은 노숙이며(건안 5년, 200), 실제로 동오와 촉한의 연합 정책을 가장 주도적으로 끌고 나간 사람 역시 노숙이다. 그러나 『삼국연의』에

우, 장비(張飛)와의 껄끄러운 관계 또한 계속 암시되고 있다. 그러나 삼고초려의 상상적 시간은 그 무엇보다 제갈량을 만나지 못한 유비의 안타까운 심정과 그가 신하에게 갖출 수 있는 최고의 예를 표현하고 있음을 강조하기 위해 느릿느릿 '수어지교(水魚之交)'를 향해 흘러간다.

제40회 '화소신야(火燒新野)'의 경우 실제로는 발생하지 않았던 사건이다. 조조가 형주를 침공했을 당시 유비는 번성(樊城)에 있었지 신야에 있지 않았고, 퇴로 역시 번성에서 양양을 거쳐 하구(夏口)로 이어지지 소설에서처럼 신야에서 번성으로 향한 것은 아니었다. 이 이야기는 『전상평화삼국지』 중권(中卷)에 나오는 서서가 신야(新野)에 쳐들어온 조조군에게 화공(火攻)을 썼던 것과 제갈량이 출산(出山) 후 신야에서 하후돈(夏侯惇)을 맞아 그의 군사들을 단계(檀溪)에 빠뜨려 죽이는 이야기를 혼합하고, 적장(敵將)을 조인(曹仁)으로 바꾸는 등의 가공을 한 것으로 보인다. 제39회 '화소박망(火燒博望)'을 통해 제갈량을 아직 미덥지 않아 하는 유비와 그에게 강한 반감을 표시하며 "어떻게 하나 두고 보자[看他如何調度?]"고 벼르는 장비와 관우를 "말에서 내려 그의 수레 앞에가 엎드려 절하게[關張下馬, 拜伏於車前]"[27] 만드는 전환점을 만들고 있다면, 연이어 비슷하게 반복되는 이 이야기는 그런 관계를 한 번 더 공고히 하는 역할을 하고 있다. 또 연속되는 '화공(火攻)'이란 전쟁 형태는

서 노숙은 온건하고 동맹에 협조적이지만 제갈량의 지략에 놀아나는 어릿광대의 역할을 맡게 된다. 노숙 외에도 오(吳)의 감녕(甘寧)과 형주(荊州)의 방통(龐統), 익주(益州)의 법왕(法正) 역시 유사한 정책을 구상하고 있었다. 야마구치 히사카즈, 전종훈 역, 『사상으로 읽는 삼국지』, 이학사, 2000, 79~81쪽 참조.

27 羅貫中 原著, 毛宗崗 評改, 앞의 책, 504, 506쪽. 관우 역시 "일단 그의 전략이 들어맞는지 두고 보았다가 그 때 가서 따져도 늦지 않네[我們且看他的計應也不應, 那時却來問他未遲]"라며 장비의 말에 동조하고 있다.

제갈량과 '불'의 이미지를 강하게 결합시키고 있다.

제43회 '설전군유(舌戰群儒)' 역시 동오 모사(謀士)들의 특징에 근거하여 허구적으로 만든 장면이며, 이어지는 손권을 설득하는 부분은 『삼국지』 「제갈량전(諸葛亮傳)」의 기술과 대체적인 윤곽이 일치하는데, 어느 경우나 제갈량의 대담성과 지적 능력, 그리고 손유(孫劉) 연합을 주도하는 외교가로서의 탁월성을 강조하는데 초점을 맞추고 있다. 제46회에 나오는 '초선차전(草船借箭)'은 적벽대전 전 과정에서 '신인(神人)'이란 감탄이 절로 나오게 하기 위해 만들어진, 제갈량의 일련의 예지 능력 일화들 가운데 하나이다. 원래 이 이야기의 기본 형태는 『삼국지』 「오주전(吳主傳)」의 "건안 18년 정월(正月)" 기사(紀事)의 배주에서 인용한 『위략』에 있다.

> 손권이 큰 배를 타고 와서 군대를 시찰하는데 조공(曹公)이 화살을 마구 쏘게 하니 화살이 그의 배에 박혔다. 배가 한쪽으로 기울어지면서 뒤집히려고 하자 손권이 배를 돌렸다. 그러자 다시 그 반대편에 화살을 맞으니 화살이 배의 균형을 잡아주어서 돌아오게 되었다.
>
> 權乘大船來觀軍, 公使弓弩亂發, 箭著其船, 船偏重將覆, 權因迴船, 復又一面受箭, 箭均船平, 乃還.[28]

이 기록에 따르면 조조군이 쏜 화살이 손권의 배에 꽂힌 이 장면은 매우 우연한 사건이었던 것으로 보인다. 이 이야기가 『전상평화삼국지』에는 주유(周瑜)의 계책이었던 것으로 바뀌었고,[29] 『삼국연의』는 그

28 陳壽 撰, 裴松之 注, 앞의 책, 300쪽.

것을 다시 제갈량의 지략에 의한 것으로 만들고 있다. 그리고 적벽대전의 '제동풍(祭東風)' 신화에서 군사(軍師) 제갈량이 발휘한 신기묘책(神機妙策)은 절정을 이룬다.[30] 『삼국지』「무제기(武帝紀)」에 의하면 조조가 적벽대전에서 패배한 원인을 "이 때 역병이 돌아 군사들 가운데 죽은 자가 많아 회군하였다.[於是大疫, 吏士多死者, 乃引軍還]"라고 하여 전염병 때문이었던 것으로 설명하고 있다.[31] 또 『삼국지』「주유전(周瑜傳)」에 의하면 주유의 부장(部將) 황개(黃蓋)가 화공(火攻)을 제안하고 실행했던 것으로 기록하고 있다.[32] 그러나 이 이야기들이 『삼국연의』에서는 제갈량의 이야기가 되어 그가 천시(天時)와 천문(天文)을 이해하고 이용하는 능력이 있음을 계속 부각시키며, 신격화된 제갈량의 상징적 신화가 되고 있다.

'삼기주유(三氣周瑜)'의 경우, 유비가 동오에서 두 차례에 걸쳐 형주(荊州)의 사군(四郡)과 남군(南郡)·임강군(臨江郡)을 빌렸던 사적(事迹)을 배경으로 하고 있다. 『삼국연의』에서는 주유 생전에 일어난 첫 번째 빌려주기 부분만을 다루고, 노숙이 손권에게 권하여 빌려 주었던 두 번

29 정원기 역, 앞의 책, 264~5쪽.

30 郭豫適의 경우 '적벽지전(赤壁之戰)'은 실감나게 그려졌으나 '칠성단제갈제풍(七星壇諸葛祭風)' 은 '실패한 서사[敗筆]'이라고 보고 있다. 「略論『三國演義』」, 『中國古代小說論集』, 華東師範大學出版社, 1985, 36쪽. 이런 방식으로 제갈량이 신비화되는 것에 대해서는 노신(魯迅)이나 호적도 유사한 견해를 보이고 있다.

31 陳壽 撰, 裴松之 注, 앞의 책, 8쪽. 「선주전(先主傳)」에도 비슷한 기록이 있다. "선주가 오군(吳軍)과 함께 수륙 양방으로 진격해 남군까지 추격했다. 이 때 또 역병이 돌아 북군(北軍)이 대부분 전사하니 조공(曹公)이 회군했다[先主與吳軍水陸並進, 追到南郡, 時又疾疫, 北軍多死, 曹公引歸.]."(위의 책, 234쪽)

32 "지금 적들은 수가 많고 저희는 적으니 오래 버티기 어렵습니다. 그런데 조조 군의 전함들이 수미가 서로 붙어 있으니 불살라 물리칠 수 있을 것입니다[今寇衆我寡, 難與持久. 然觀曹軍船艦首尾相接, 可燒而走也.]."(陳壽 撰, 裴松之 注, 앞의 책, 340쪽)

째 일은 다루지 않고 있다. 역사서에는 주유와 조인의 대치 상태가 오래가자 조조가 불필요한 소모전이라 생각하고 강릉(江陵)을 포기하고 물러남으로써 주유가 강릉을 차지한 것으로 되어 있으나, 『삼국연의』에서는 이 사건을 적벽대전이 끝난 후로 시간을 옮겨 제갈량이 조운(趙雲)을 보내 주유 대신 강릉을 차지하게 만들고 있는데 이것이 '일기주유(一氣周瑜)'의 내용이다. '삼기주유'의 전체 과정에서 주유는 제갈량에 대한 질투심에 불타는 속 좁은 인간으로, 노숙은 둘 사이에서 쩔쩔매며 제갈량의 예지력에 감탄사만 연발하는 바보로 그려진다. 반면 '초선차전(草船借箭)'을 통해 주유의 모략을 반전시킨 뒤 제갈량은 노숙에게 "장수가 되어 천문에 통달하지 못하고 지리(地理)를 알지 못하며 기문둔갑술(奇門遁甲術)을 모르고 음양을 꿰뚫지 못하며 진법(陣法)을 볼 줄 모르고 병세(兵勢)에 밝지 못하다면 용렬한 자라 해야겠지요. 제가 사흘 전에 벌써 오늘 안개가 심하게 낄 줄 예상했기에 감히 사흘 안에 하겠노라 했던 것입니다[爲將而不通天文, 不識地理, 不知奇門, 不曉陰陽, 不看陣圖, 不明兵勢, 是庸才也. 亮于三日前已算定今日有大霧, 因此敢任三日之限]"[33]라고 말한다. 이 순간 제갈량은 장수로서 자신감에 가득 차 있으며 거칠고 교만한 느낌을 준다.

한편 두 번째 경우의 대표적인 예는 박망파(博望坡)에서 화공(火攻)으로 승리를 거둔 사건이다. 이 전투는 제갈량이 "초려에서 나와 처음 세운 공[初出茅廬第一功]"[34]으로 이것을 통해 군사(軍師)로서 지위를 확고히

33 羅貫中 原著, 毛宗崗 評改, 앞의 책, 596~7쪽.
34 위의 책, 506쪽.

했다는 점에서 중요한 의미를 갖고 있다. 그러나 『삼국지』 「제갈량전」에는 이 전투에 대한 언급이 없다. 이 사건은 그가 출산(出山)하기 5년 전에 있었던 일로서, 『삼국지』 「선주전(先主傳)」에 의하면 박망파 전투는 유비가 지휘한 것으로 되어 있다.

> 형주의 호걸들 가운데 유비에게 귀의하는 자들이 날로 많아지자 유표(劉表)가 그 의도를 의심하여 은밀히 제어하고자 했다. 그래서 유비로 하여금 박망파에서 하후돈과 우금(于禁) 등을 막으라고 했다. 얼마 뒤 유비가 복병을 숨겨두고 어느 날 아침 스스로 주둔지를 태워버린 뒤 도망간 척 하였다. 하후돈 등이 추격하다가 숨겨둔 복병에 의해 격파 당했다.
>
> 荊州豪傑歸先主者日益多, 表疑其心, 陰禦之. 使拒夏侯惇・于禁等於博望. 久之, 先主設伏兵, 一旦自燒屯僞遁, 惇等追之, 爲伏兵所破.[35]

또한 흥미로운 것은 앞서 언급했던, 제갈량과 유비의 첫 만남에 대한 『위략』의 기록 일부를 제39회 박망파 전투 직전에 일어난 일로 바꾸어 놓았다는 사실이다. 『삼국연의』 제39회에서는 『위략』 가운데 유비가 제갈량에게 아무 말도 건네지 않으면서 소털 투구 장식을 만지작거리는 장면만을 발췌하고 있는데, 전반적인 텍스트 문체(文體)에 맞추어 손질한 몇몇 문구와 유표(劉表)에 대해 묻는 부분만 빼면, 아래 단락을 거의 그대로 옮겨놓고 있다.

---

35 陳壽 撰, 裴松之 注, 앞의 책, 233쪽. 『삼국지』 「이전전(李典傳)」에는 유비가 박망파를 불사르고 가자 하후돈이 추격하다 매복에 의해 패하고, 복병을 걱정하여 남아 있던 이전(李典)의 구원병이 이르자 유비가 떠난 것으로 되어 있다(위의 책, 140쪽).

유비는 본래 털로 투구 장식 엮는 것을 좋아했다. 이 때 마침 누군가 소꼬리를 유비에게 선물하여 유비는 손으로 그것을 엮고 있었다. 그러자 제갈량이 앞으로 다가가 말했다. "영명하신 장군께서 마땅히 원대한 뜻을 품고 계셔야 하거늘 소털 장식 따위나 엮고 계시다니요!" 유비는 그가 보통 사람이 아니라는 것을 알고 만지던 것을 내던지고 대답했다. "그게 무슨 말인가? 난 그저 시름이나 잊으려던 것뿐일세." 그러자 제갈량이 입을 열었다. "장군께선 유표 장군과 조공 가운데 누가 더 뛰어나다고 생각하십니까?" "조조에게 미치지 못하네." "그렇다면 장군과 비교해서는 어떻습니까?" "역시 그만 못하네." "지금 모두가 조조를 당할 수 없고 장군의 병사는 수천에 불과한데 그것으로 대적하시면 잘못된 계책이 아니겠습니까?" "나도 그 때문에 걱정인데 이 일을 어찌하면 좋겠소?"……

備性好結毦, 時適有人以髦牛尾與備者, 備因手自結之. 亮乃進曰, "明將軍當復有遠志, 但結毦而已邪!" 備知亮非常人也, 乃投毦而答曰, "是何言與! 我聊以忘憂耳." 亮遂言曰, "將軍度劉鎭南孰與曹公邪?" 備曰. "不及." 亮又曰, "將軍自度何如也?", 備曰, "亦不如." 曰 "今皆不及, 而將軍之衆不過數千人, 以此待敵, 得無非計乎!" 備曰 "我亦愁之, 當若之何?"……[36]

『위략』에서 이 장면은 유비가 제갈량을 나이도 어리고 별다른 명성도 없기에 무시해버리는 맥락 속에 놓여 있다. 그러나 『삼국연의』에서는 『위략』에서 주장하는 다른 사실 즉 제갈량이 먼저 유비를 찾았다는 부분은 인정하지 않은 채, 이 부분만을 다른 시간대로 옮겨 인용함으로써, 유비를 조조의 침공을 목전에 두고도 아무런 대책이 없는 무기

36 위의 책, 243쪽.

력한 존재로 만들고 있다. 이런 방식으로 세심하게 배려된 자료들의 '위치 짓기'는 제갈량과 유비의 내적 관계를 특정한 방향으로 미묘하고 섬세하게 그러나 확고한 지향점을 향하게 만들어간다. 또 이어지는 '화소박망(火燒博望)'에서도 유비는 제갈량에게 지휘권을 의미하는 검인(劍印)을 내어주고, "주공께서는 몸소 일군(一軍)을 거느리고 뒤에서 도와주십시오[主公自引一軍爲後援]"[37]라는 명만 받은 채 어떤 전술이 진행될 것인지에 대해서는 전혀 알지 못하고 있다. 주군(主君)와 모신(謀臣)의 이러한 관계는 조조 집단 내에서는 찾아볼 수 없는 형태이며, 제갈량은 문자 그대로 유비의 '스승'으로서, 일반적인 군신(君臣) 관계가 내적으로 역전된 형태를 보이고 있다.

유비의 공적을 제갈량의 것으로 바꾼 것은 이것만이 아니다. 또 하나의 전형적인 예가 '강동초친(江東招親)'인데, 『삼국지』 「선주전(先主傳)」과 배주의 『산양공재기(山陽公載記)』[38]에 의하면 오(吳)에 가서 정략결혼을 하고 함정에서 빠져 나오는 것, 그리고 그것을 빌미로 사군(四郡)을 빌려 근거지로 삼는 것 모두 유비가 스스로 행한 일이다. 이 과정에서 제갈량은 오히려 유비가 강동(江東)으로 가는 것을 반대했고 유비는 그의 의견을 받아들이지 않았다. 또 혼인 계략의 제안자로 나오는 주유의 경우 『삼국지』 「주유전(周瑜傳)」에 의하면 '효웅(梟雄)' 유비에게 영토를 빌려 주는 것은 용이 구름을 얻게 되는 것과 같은 일이라며 결연히 반대하고 있다. 역사서의 맥락에서 유비의 결혼은, 유비 입장에서는 정략결혼을 통해 취약한 자기 근거지를 마련하고, 손권은 그와

37 羅貫中 原著, 毛宗崗 評改, 앞의 책, 504쪽.
38 陳壽 撰, 裴松之 注, 앞의 책, 234쪽.

연합전선을 통해 조조의 남하를 막으려는 정치적 전략의 일환으로 추진된 것이다. 그러나 제54회의 유비는 이런 전략의 전체 윤곽을 전혀 알지 못하고 있다. 오히려 유비는 "주유가 계책을 정해놓고 나를 해치려는데 어찌 경솔하게 그 위험한 땅에 발을 들여 놓는단 말이오?[周瑜定計欲害劉備, 豈可以身輕入危險之地?]"라며 두려워할 뿐이다. 제갈량은 그 말에 "크게 웃으며[大笑]" 괜찮으리라 장담하지만 "유비는 의심스러워 좀처럼 결단을 내리지 못하는데 제갈량은 기어이 손건(孫乾)을 시켜 강남에 가서 혼사를 정하고 오게 한다[玄德懷疑未決. 孔明竟教孫乾往江南說合親事.]." "그래도 유비는 계속 미심쩍어 감히 갈 생각을 못하고[玄德懷疑不敢往]"[39] 제갈량은 이른바 '금낭묘계(錦囊妙計)'로 이후의 모든 과정을 미리 예견하고 대비책을 마련해 일을 성사시키고 있다.

이 외에도 『삼국지』「선주전」에 의하면 적벽대전 후 동오가 형주를 넘어 촉을 취하겠다고 했을 때 그 저의를 눈치 챈 것은 제갈량이 아니라 형주 주부(主簿) 은관(殷觀)이고, 유비는 그의 진언에 따라 손권의 계략을 저지한다. 이 기사(紀事)의 배주 『헌제춘추(獻帝春秋)』에 의하면 유비가 직접 나서 손권이 파견한 손유(孫瑜)의 수군(水軍)을 막아내며 이때 제갈량은 남군(南郡)에 주둔하고 있었지만, 『삼국연의』에서는 이 모든 과정을 제갈량이 지휘한 것으로 허구화시키고 있다.[40] 이 외 제64회 '공명정계착장임(孔明定計捉張任)'의 경우도 『삼국지』「선주전」의 배주에 인용된 『익부기구잡기(益部耆舊雜記)』[41]에 의하면 장임(張任)을 사로

---

39 羅貫中 原著, 毛宗崗 評改, 앞의 책, 695쪽.

40 陳壽 撰, 裴松之 注, 앞의 책, 234쪽.

41 위의 책, 235쪽. 여기에 기록된 유비와 장임(張任)의 대화나 '불사이군(不事二君)'을 부르짖는 장임의 인품에 안타까워하는 유비의 태도 등은 『삼국연의』안에 그대로 수

잡아 죽인 것도 유비로 되어 있다. 제갈량이 원병을 이끌고 익주(益州) 공략에 참여한 것은 낙성(雒城) 전투가 끝난 뒤인 것이다.

이상과 같은 제갈량의 허구화 과정을 통해 유비의 형상에는 큰 변화가 생긴다. 제갈량의 등장으로 인해 이제 유비는 그가 없으면 크건 작건 스스로 어떠한 판단도 내리지 못하는 무기력한 군주로 변해버린 것이다. 예컨대 제42회에서 노숙이 강하(江夏)로 쫓겨 간 유비를 찾아오자 제갈량은 유비에게 "노숙이 와서 조조의 동향을 묻거든 주공께서는 그저 모른다고 발뺌하시고, 그래도 계속 묻거든 제게 물으라고만 하십시오[魯肅至, 若問曹操動靜, 主公只推不知. 再三問時, 主公只說可問諸葛亮]"[42]라고 이른다. 여기에서 제갈량은 주군에게 계책을 올리는 일반적인 모사(謀士)의 형상이 아니며, 유비가 촉한의 황제가 되기 전까지의 제갈량은 거의 대부분 유비와 이런 방식의 관계를 맺고 있다.[43] 제56회에서 주유의 명에 따라 노숙이 형주 반환을 요구하는 과정에서 유비는 끊임없이 "자경(子敬)이 무슨 일로 왔을까?[子敬此來何意?]" "어떻게 답을 하지?[何以答之?]"라고 제갈량에게 묻는다. 유비는 제갈량이 시키는 대로

용하고 있다.

42 羅貫中 原著, 毛宗崗 評改, 앞의 책, 546쪽.

43 이외에도 제42회에서 강동(江東)으로 가려는 제갈량을 붙잡는 모습(위의 책, 546쪽)이나 제45회에서 주유가 연회를 베풀어 자신을 죽이려 했으나 제갈량이 "주공께서 오늘 위험하셨던 것을 아십니까?[主公知今日之危乎?]"라고 말해주었을 때에야 비로소 아연실색하는 모습(582쪽)도 있다. 제51회에서 손건(孫乾)에게 주유가 온다는 보고를 듣자 유비는 제갈량에게 "주유가 오는 뜻이 무엇일까?[來意若何]"라고 묻고 제갈량은 웃으며 "그까짓 박한 예물을 받았다고 사례하러 올 것이 있겠습니까? 남군(南郡) 때문에 오는 것이겠지요[那裏爲這些薄禮肯來相謝? 止爲南郡而來]"라고 알려주고 "그가 군사를 데리고 오면 어떻게 해야 합니까?[他若提兵來, 何以待之?]"라고 물으면 "오거든 이러이러하게 대답하십시오[他來便可如此如此應答]"라며 일일이 일러준다(657쪽). 여기에서 유비는 모두 전형적인 우인(愚人)으로 형상화되고 있다.

거짓 눈물로 노숙의 마음을 약하게 하고, 나중에는 결국 자기 설움에 진짜로 통곡을 한다. 그 후 다시 찾아 온 노숙의 말을 듣고 유비가 무슨 뜻인지 묻자, 제갈량은 "주유가 죽을 날이 가까웠습니다. 이따위 계책을 가지고는 어린 아이도 속이지 못합니다[周郎死日近矣. 這等計策, 小兒也瞞不過.]"라고 대답하지만 유비는 그래도 상황을 이해하지 못한다. 유비가 다시 한 번 묻자 그제야 제갈량은 주유가 '가도멸괵(假途滅虢)' 계(計)를 쓰려 한다고 설명해준다. 이 부분에서 모종강은 "어린아이도 속일 수 없다는데 어른이면서도 깨닫지 못하다니![小兒瞞不過, 大人倒不曉得!]"라며 답답해한다.[44] 모종강의 일갈처럼 제갈량을 얻은 후 유비는 어린 아이와 다를 바 없이 의존적이고 자기 판단 능력이 없는 허수아비 군주로 변해버린 것이다.

이처럼 텍스트에서 제갈량 등장 이후 제갈량 의존적으로 변한 유비의 형상은 실질적인 지도자라기보다는 성군(聖君)과 인정(仁政)의 신화에 갇힌 '정치적 상징물'에 가깝다. 장판교(長坂橋) 싸움(제41회)이나 이릉(彝陵) 전투(제84회)와 같이 촉한 집단의 군사적 실패는 제갈량의 출산(出山) 이후에도 있었지만, 실패한 전투의 책임은 대부분 유비의 단독 행동 과정에서 나타난다. 나아가 이릉 전투의 참혹한 패배는 제갈량의 말을 따르지 않은 대가로서 일종의 '징벌'을 받았다는 암시를 함축하고 있다. 유비가 관우의 복수를 하기 위해 동정(東征)에 나서려 할 때 그것을 제지했던 조운은 제갈량의 분신 — 제갈량은 관우, 장비와는 계속 껄끄러운 관계이고, 조운만을 전적으로 신뢰한다 — 이라 할 수 있고, 제갈량 또한 간곡히 만류한다. 전장(戰場)에 따라가서도 끝까지 유비를

44 羅貫中 原著, 毛宗崗 評改, 앞의 책, 723~5쪽.

만류하던 마량(馬良)은 심지어 영채의 도본을 제갈량에게 보내 의견을 물어보라고 권한다. 이 말에 "짐 또한 병법을 잘 알거늘 뭣 하러 또 승상에게 물어야 한단 말이냐?[朕亦頗知兵法, 何必又問丞相?]"[45]라고 대꾸하는 유비의 모습(제83회)에는 그 동안의 자기 위치에 대한 자인(自認)과 굴욕감이 배어 있다. 그러나 유비는 결국 서천(西川)에서 돌아온 마량에게 "짐이 진작 승상의 말을 들었더라면 오늘 이렇게 패하지 않았을 텐데[朕早聽丞相之言, 不致今日之敗.]"라고 자책하고, 그의 임종을 지키러 달려온 제갈량에게 "짧고 보잘 것 없는 식견으로 승상의 말을 듣지 않고 스스로 계략을 취했다가 패를 보았다[何期智識淺陋, 不納丞相之言, 自取其敗]"며 "그 일을 뉘우치고[悔恨]"[46] 참회한다.(제85회)

지금까지 살펴본 허구화 과정을 통해 전반부의 '군사(軍師)' 제갈량은 자신감에 넘치는 군사적, 정치적 영웅이자, 촉한 집단의 실질적 지도자, 유비의 명실상부한 '스승'으로 나타난다. 또한 삼국정립의 원대한 계획을 수립하고 한 치의 망설임이나 패배도 없이 그것을 실현시켜가는 역사의 창조자로 등장한다. 군사(軍師) 제갈량은 정치적 목적을 향해 냉정하고 단호하게 일을 추진하며, 그 속에서 자신의 재능을 과시한다는 점에서 많은 부분 조조를 닮아 있다. "작은 속임수요, 술수에 불과한데 어찌 기이하다 하겠습니까?[譎詐小術, 何足爲奇]"[47]라든가 "관중(管仲)과 악의(樂毅)가 군사를 쓴다 해도 이보다 나을 순 없을 것[竊謂管仲·樂毅之用兵, 未必過此]"이라며 "내놓고 자화자찬하기[公然自讚]"를 마다하지 않는

45 위의 책, 851쪽.
46 위의 책, 1096, 1099쪽.
47 위의 책, 597쪽.

다.[48] 훗날 왕위 계승의 문제를 염려하여 관우 문제로 화가 나 있던 유비에게 유봉(劉封)을 죽이도록 부추기는 모습은, 조식(曹植)의 편에 섰던 양수(楊修)를 다른 빌미를 잡아 미리 제거하는 조조의 모습과 동일한 맥락에 있다. 유종(劉琮)에게서 형주를 취하라고 주장하고, 장송(張松)을 이용해 서천(西川)을 도모하고, 유장(劉璋)의 거처를 두고 망설이는 유비의 인심(仁心)을 "아낙네의 인정[婦人之仁]"이라고 매도하는 군사(軍師) 제갈량은 분명 패권(覇權)을 위해 어떠한 수단도 마다않는 '신한(申韓)'의 후계자이다.[49] "손무(孫武)가 천하를 제어할 수 있었던 것은 법(法)을 공정하게 썼기 때문이라며[昔孫武所以能制勝於天下者, 用法明也.]"[50] 장완(蔣琬)의 만류를 뿌리치고 '읍참마속(泣斬馬謖)'하는 장면(제96회)이 그의 이런 면모를 잘 보여주는 예가 될 것이다. 또한 조조가 정욱(程昱)의 계책에 따라 서서의 모친을 억류하는 장면과(제36회) 제갈량이 강유(姜維)를 얻기 위해 위연(魏延)을 시켜 그의 모친이 있는 기현(冀縣)을 취하게 하는 장면은(제93회) 두 사람의 친연성을 말해주기에 부족함이 없다. 이러한 친연성이 모종강으로 하여금 이 두 사람에게서 똑같이 "빌리기[借]"의 술수를 발견하게 만든다.[51] '간(奸)'과 '지(智)'는 많은 부분 상호호환적인

---

48 위의 책, 555쪽. '공연자찬(公然自讚)'은 이 부분의 제갈량에 대한 모종강 평어이다.

49 제갈량 동시대의 기록자들이 그를 법가적인 형상으로 기억했던 것 역시 중요한 부분이다. 일례로 "충정을 다해 시세에 보탬이 된 자는 원수라도 반드시 상을 주고, 법을 어기고 태만히 한 자는 친지라도 반드시 벌하며[盡忠益時者雖讎必賞, 犯法怠慢者雖親必罰]" "관중과 소하(簫何)에 견줄 만하다[管蕭之亞匹矣]"고 했던 진수(陳壽)의 최후 논평과 '읍참마속' 부분의 배주 『한진춘추(漢晉春秋)』에서 법에 얽매여 인재를 죽였다며 맹렬하게 제갈량을 비난하는 부분을 들 수 있다(陳壽 撰, 裴松之 注, 앞의 책, 249, 246쪽).

50 羅貫中 原著, 毛宗崗 評改, 앞의 책, 1250쪽.

51 제46회 총평 "공명의 계책의 묘미는 빌려서 쓰기를 잘한다는 데 있다[孔明用計之妙, 善於用借]"로 시작되는 평어와 제17회 "조조는 평생 모든 것을 빌려 썼다[曹操一生無

바, 조조와 제갈량이 각기 '간절(奸絶)'과 '지절(智絶)'이 되기 위해서는 모두 지적 능력으로서 권모술수가 불가결한 것이다.

그러나 동일한 형태의 권모술수라 하더라도 조조의 경우 전지적인 시점에서 결국 그의 속내가 모두 드러나도록 서술되지만, 제갈량의 경우에는 정치적 계략의 부덕한 이미지를 희석시키는 다양한 장치가 마련된다. 예컨대 적벽대전 과정에서 주유와 노숙을 농락하는 일련의 일화들은 대부분 노숙의 시선에 읽히는 것들로 제한하여 서술된다. 수수께끼를 하나씩 풀어가듯 진행 과정을 보여줌으로써 그것이 비정한 수단이라기보다는 도가적인 예지자의 신비한 능력인 듯한 이미지를 씌우는 것이다. 또한 제60회에서 장송이 서천의 상세 지도를 유비에게 바치게 되는 전 과정은 제갈량에 의해 계획된 것이 분명하지만, 텍스트 내에서는 명시적인 언급을 회피한다. 장송이 유비를 끌어들이는 행위는 어떤 대의명분에도 불구하고 신하가 주군을 배신한다는 혐의를 지우기 힘들다. 이러한 치명적인 윤리적 논란을 고려하여, 다른 사건들과 달리 제갈량의 지략은 '보이지 않는 손'으로 처리된다. 또한 조운과 관우 그리고 유비로 이어지는 세 차례의 영접[三迎張松]과 장송이 마지막에 내놓는 서천 지도에, '삼고초려'와 제갈량이 펴보였던 서천 약도(略圖)가 겹치면서 묘한 기시감(旣視感)을 자아내며, 마치 그에 의해 예정된 운명이 필연적으로 진행되고 있는 듯한 환각을 만들어낸다. 결국 장송의 방문 기간 내내 유비의 겸손하고 자애로운 모습만 부각시키는 무언극 속에, 장송이 '유덕자(有德者)'에게 스스로 지도를 바치는 감동적인

所不用其借"로 시작되는 평어 부분 참조. 각각 羅貫中 原著, 毛宗崗 評改, 앞의 책, 591쪽, 208쪽.

드라마가 연출된다. 이로써 익주(益州) 침공의 실질적 발판이 마련되고, 제갈량은 유가적 대의명분을 유지하면서도 현실적 이익을 도모해낼 수 있는 이상적인 모사(謀士)–지식인의 품위를 잃지 않는다.

전반부의 제갈량에 관한 허구 서사가 주로 그의 신적인 지력에 의지하여 불패(不敗)의 일화들을 만들어내면서 전체적으로 신비화 경향을 보인다면, 형주 유실(遺失)과 이릉 전투 패배를 전환점으로 시작되는 후반부에서는 동일한 방식의 허구화가 산발적으로만 나타난다. '칠종칠금(七縱七擒)'과 '공성계(空城計)',[52] '사제갈주생중달(死諸葛走生仲達)'과 같은 '육출기산(六出祁山)'의 일부 내용들이 그러하다. 전반부와 달리 후반부 허구 서사의 초점은 결국 그를 헌신적인 현상(賢相)이요 비장한 충신(忠臣)의 전형으로 형상화하는 것으로 귀결된다. 제88회에서 왕련(王連)의 만류를 뿌리치고 직접 남정(南征)에 나선 제갈량은 맹획(孟獲)을 세 번째로 놓아주고 "지인용(智仁勇)을 모두 겸하여 자아(子牙)와 장량(張良)도 따라가지 못할 승상[丞相智仁勇三者足備, 雖子牙張良不能及也]"[53]이 된다. 그리고 올돌골(兀突骨)과 3만 등갑군(藤甲軍)을 반사곡(盤蛇谷)에서 모조리 태워 죽인 뒤 송장 타는 냄새가 진동을 하자 그는 눈물을 흘리며 "내가 비록 나라에는 공이 있으나 제 명을 다하진 못하리라[吾雖有功於社稷, 必損壽矣!]"고 탄식한다. 이렇듯 스스로 계략을 써서 승리한

---

52 『삼국지』「제갈량전」 배주(裴注)의 『촉기(蜀記)』 인용에 근거한 이야기인데, 공성계의 경우 주인공의 이름만 바뀐 동일한 스토리가 다른 여러 기록에 많이 남아있다(陳翔華, 앞의 책, 55쪽, 205~11쪽 참조). 가정(街亭)의 패배에서 제갈량은 마속을 잘못 기용했던 책임을 피하기 어려운데, 텍스트에서는 공성계를 통해 그 실수를 일부 만회한 뒤, 스스로 지위 강등을 청했던 역사적 사실을 서술함으로써, 전쟁의 실패로부터 뛰어난 인품 과시의 맥락으로 효과적으로 전환한다.

53 羅貫中 原著, 毛宗崗 評改, 앞의 책, 1145쪽.

후에 "부득이해서 쓴 계교이나 음덕을 상했다[吾今此計, 不得已而用之, 大損陰德]"[54]고 한탄하는 유의 장면(제90회)은 전반부에서는 찾아볼 수 없던 것이다. 사마의(司馬懿)가 쫓겨났단 소식을 접하고 "선제의 탁고의 중임을 맡아[臣受先帝託孤之重]" "도적을 치고 중원을 회복하고자[此是討賊, 恢復中原]" 북벌을 결심한 제갈량은 「출사표(出師表)」와 함께 육출기산의 장정에 나선다. 백제성 탁고 장면에서 엎드려 눈물을 쏟으며 유비에게 충성을 서약했던 제갈량은 그 이후로 유비의 집착과 눈물을 자기 것으로 체화한다.[55] 따라서 후반부는 비장한 어조에 어둡고 감상적인 분위기가 지배적이다. 중간에 '매사왕랑(罵死王朗)'(제93회)과 같은 허구[56]가 배치되기도 하지만, '설전군유(舌戰群儒)'와 유사한 논쟁 장면임에도 불구하고 제갈량의 어조는 보다 무겁고 비통하며, 충신의 도리를 길게 늘어놓는다는 점에서 언어의 색조가 다르다.

후반부의 일화들은 전반부와 달리 역사서에 기록된 자료를 토대로 부연하고 가공을 거친 부분들이 주를 이룬다. 전후(前後) 「출사표」를 비롯하여 그의 표계(表啓), 격문(檄文)과 후주(後主)의 조서도 그대로 인용된

54 위의 책, 1173, 1174쪽. 앞의 탄식에 대해 모종강(毛宗崗)은 이런 평을 달고 있다. "오장원(五丈原)에서 별이 떨어지는 것이 어찌 진짜 이것 때문이리오? 만약 진짜 이 때문이라면 신야(新野)와 박망(博望)에서 전후로 모두 20만, 적벽(赤壁)에서도 83만 병사 가운데 살아 돌아간 자가 얼마 없어 등갑군(藤甲軍)보다 훨씬 더 많이 죽었던 것을[五丈原之殞星, 豈眞爲此乎? 若眞爲此, 則新野博望前後共二十萬之兵, 赤壁亦有八十三萬之兵, 其生還者無幾, 殆更多於藤甲軍也.]."

55 가정(街亭)을 잃고 "발을 구르며 길게 탄식하고[跌足長嘆]"(95회) "눈물을 뿌리며[揮淚]" 마속을 베고, 마속을 중히 쓰지 말라던 유비의 말을 떠올리며 "끝없이 통곡하고[大哭不已]"(96회) 조운의 죽음에 "발을 구르며 곡하고[跌足而哭]"(97회) 장포(張苞)의 죽음에 "대성통곡하다 피를 토하며 기절하고[放聲大哭, 口中吐血, 昏絶於地]"(99회) 승리를 눈앞에 두고 후주(後主)의 소환에 "하늘을 우러러 탄식한다[仰天長嘆.]"(100회)

56 徐傳武, 「『三國演義』與史實」, 『文科教學』, 1995.1, 58~62쪽 참조.

다.[57] 따라서 역사서의 층위에서 굳어진 제갈량의 형상이 보다 많이 반영되고, 실존 인물 제갈량의 육성이 종종 별다른 여과 없이 흘러나온다. 제97회에 전체가 인용된 「후출사표(後出師表)」, "선제의 현명함은 신의 재능을 헤아리시어 제가 조적(曹賊)을 칠 재주는 약하고 적은 강하다는 것을 알고 계셨습니다. 그러나 조적을 치지 않으면 왕업(王業) 또한 망할 것이오니 그저 앉아서 망하기를 기다리는 것이 어찌 나아가 치는 것과 비길 수 있겠습니까?[以先帝之明, 量臣之才, 故知臣伐賊, 才弱敵强也. 然不伐賊, 王業亦亡, 惟坐而待亡, 孰與伐之?]"[58]라는 호소에는 역사적 제갈량과 허구적 제갈량 모두의 절박함, 운명과 맞서 싸우려는 처절한 몸부림이 절절하게 묻어난다. 후반부 제갈량의 형상은 "천명을 경외하면서도[畏天命]" 참된 사인(士人)으로서 결코 "편히 머물려 하지 않았던[士而懷居, 不足以爲士矣]" 공자(孔子)를 불러들이며,[59] "유자(儒者)는 인사(人事)를 말할 수 있을 뿐 천수(天數)를 얘기해서는 안 된다[儒者只合言人事, 不合言有數]"[60]던 정명도(程明道)의 신념과 공명한다. 그리고 나아가 "운명을 스스로 창조[大人造命]"하는 '대인(大人)'을 꿈꾸었던 왕간(王艮)[61]에게, 그리고 저 멀리 "원래 없던 길을" 걸어가려는 "절망에 대한 반항"[62]아 노신에게 닿을 것처럼 보인다.

---

57 『삼국연의』 후반부에 인용된 제갈량의 글과 일화, 그리고 그것들이 실렸던 사적(史籍)에 대해서는 陳翔華, 앞의 책, 266~71쪽 참조.

58 羅貫中 原著, 毛宗崗 評改, 앞의 책, 1262쪽.

59 『논어(論語)』 「계씨편(季氏篇)」과 「헌문편(憲問篇)」, 趙杏根, 『論語新解』, 安徽大學出版社, 1999, 320, 252쪽.

60 『이정외서(二程外書)』 권5; 元大非 主編, 『中華智慧話語寶典』, 延邊大學出版社, 1991, 503쪽 재인용.

61 『왕심재전서(王心齊全集)』 권2; 조영록, 「양명학의 성립과 전개」, 『강좌중국사』 Ⅳ, 지식산업사, 1996, 77쪽 재인용.

62 왕후이, 「절망에 대한 반항 – 루쉰 소설의 정신적 특징」, 전형준 편, 『루쉰』, 문학과지성사, 1997, 150쪽.

3. 제갈량의 형상에서 읽을 수 있는 것들

지금까지 제갈량이 허구적 서사시간의 주인공이 되는 과정을 통해 그의 형상의 허구화가 특정한 경향으로 수렴되고 있음을 볼 수 있었다. 제갈량의 허구적 이야기가 과거의 잠재적인 가능성일 뿐이었던 시간을 상상적으로 해방시킨 것이라면, 위와 같은 허구화 방향에는 어떤 역사적 상상력이 작용하고 있는 것일까? 제갈량의 허구화된 형상은 텍스트에 관련된 여러 주체들, 특히 『삼국연의』가 읽는 텍스트로 확정되고 편집, 출판, 비평, 수용되는 과정에 망라된 지식인들이 자신들의 '현재'를 투사한, 그들의 '상상적 자아'라고 볼 수 있다. 삼국 이야기의 진화과정의 끝부분에 있는 『삼국연의』에서는 여러 인물들이 변화를 보이는데, 이를테면 관우의 경우 『전상평화삼국지』에서는 장비와 함께 독우(督郵)를 붙잡아 옷을 벗기는 거친 이미지를 갖고 있지만[63] 『삼국연의』에 오면 그보다는 밤낮으로 『춘추(春秋)』를 손에서 놓지 않는 학자형 무인(武人)이자, 남송대(南宋代)부터 시작된 신격화된 형상이 혼재되어 나타난다. 유비의 경우 『삼국지』에서는 독우를 결박하고 장(杖) 이백 대를 안긴 사나운 장부이자,[64] 여러 전투를 직접 지휘하고 치러낸 효웅이지만, 『전상평화삼국지』에서는 도적떼의 두목이자 인군(仁君)의 상징이 겹쳐있고, 『삼국연의』에서는 도덕적 명분에 집착하여 결단력이 부족하고 나약한 서생의 형상이 강화된다.

63 정원기 역, 앞의 책, 119쪽.
64 陳壽 撰, 裴松之 注, 앞의 책, 232쪽.

그리고 무엇보다 『삼국연의』의 두드러진 특징은 모사로 활약하는 일군의 지식인들이 대거 모습을 드러낸다는 점이다.[65] 『전상평화삼국지』에서는 존재감이 거의 없는 모사들이 『삼국연의』에 오면 각각 고유한 성격과 지위를 갖고 살아 움직이며, 그들 상호간의 대조 그리고 그들이 군주와 맺는 관계들의 대조가 다양한 대위법을 만들어내고 있다. 또한 『삼국연의』에는 크고 작은 수많은 전투의 묘사가 담겨 있지만, 텍스트의 주된 관심은 전쟁 장면 그 자체라기보다는 전투 전후에 어떤 지략이 오고 갔는지를 설명하는데 놓여 있다. 누가 어떤 전략을 내놓았는지, 그것이 어떤 과정으로 결정되어 어떤 효과를 낳았는지에 서술의 대부분을 할애하기 때문에, 전투의 주인공은 실제 싸움을 수행하는 장수들이라기보다는 그들 배후에서 전체 정세를 판단하고 전략을 결정하는 모사—지식인들이라는 느낌을 준다. 텍스트는 삼국의 '역사적 이정표'들 사이의 공동(空洞)의 시간은, 모사들의 이야기를 통해 비로소 그 진실된 의미를 한 겹 드러내는 것이라고 주장하고 있는 것 같다. 그리고 자기가 속한 공동체 내에서 여느 모사들과는 비교할 수 없는 독보적인 위치에 있는 존재, 모든 모사들 가운데 가장 뛰어난 존재로 자리매김된 것이 바로 제갈량이다. 인물들의 전반적인 문인화(文人化) 경향과 모사 집단의 역할 강화, 인물의 가치평가 가운데 지적 능력과 도덕성에 대한 가치가 부각되고 있다는 점 등에서 『삼국연

65 葉松林, 「謀士與皇權－『三國演義』中謀士形象評析」, 『荊門大學學報』 第2期, 1998, 35~9쪽; 劉昌安, 「論『三國演義』中的曹魏謀士集團」, 『漢中師範學院學報』 第14卷 第3期, 1996, 53~9, 71쪽; 陳遼, 「『三國演義』中的謀士形象」, 『南通師專學報』 第11卷 第1期, 1995.3, 1~5쪽; 劉敬圻, 「首腦智慧的深層較量－『三國演義』用人之道比較談」, 『求是學刊』 第29卷 第6期, 2002.11, 93~101쪽; 張曉蓓, 「試析『三國演義』中的謀士」, 『西南民族學院學報』 第20卷 增刊, 1999.8, 85~96쪽 참조.

의』가 지식인들의 특정한 성향을 반영하고 있다면, 그 중에서도 집중적으로 허구화된 제갈량의 형상은 아마도 이들 지식인들이 꿈꾸던 '상상적 자아'에 다름 아닐 것이다. 여기에서는 이런 전제 하에 제갈량의 허구화 과정에서 지식인들의 상상적 자아가 어떤 식으로 나타나는지, 그리고 그것이 그들 문화에서 어떤 함의를 갖고 있는지를 간략히 살펴보고자 한다.

제갈량의 다양한 이야기에서 무엇보다 허구적 제갈량의 본질을 규정하는 것은 '삼고초려'이다. 앞서 언급한 바와 같이 제갈량의 등장은 인물 전기의 관례적인 서두로 소개되는 여느 사람과는 다르게 상상적인 존재임을 함축하는 장치들로 이루어져 있다. 모종강의 말을 빌면 '무처사인(無處寫人)' 즉 부재로부터 존재를 묘사하는 방법을 사용하고 있는 것이다.

> 이 회(제37회)는 제갈량을 대단히 잘 그려내고 있다. 그러나 정작 글 속에는 그가 없다. 뛰어난 사람을 잘 그리는 것은 그가 있는 곳을 그리는데 달려 있지 않고 바로 없는 곳을 그리는데 달려 있다. (…중략…) 여기에서 공명은 비록 한 번도 만나본 적이 없으나 공명의 거처를 보니 우아함의 극치요, 공명의 동자를 보니 담박함의 극치이며, (…중략…) 공명이 지은 글을 보니 뛰어남의 극치이다. 자리를 마련해 담소를 나누지 않아도 공명의 공명됨은 여기에서 반 이상을 알 수 있을 것이다.[66]

---

66 "此卷極寫孔明, 而篇中却無孔明. 蓋善寫妙人者不于有處寫, 正于無處寫.(…中略…) 此孔明雖未得一遇, 而見孔明之居, 則極其幽秀; 見孔明之童, 則極其古淡 (…中略…) 見孔明之題咏, 則極其俊妙. 不待接席言歡, 而孔明之爲孔明, 于此領略過半矣."(羅貫中 原著, 毛宗崗 評改, 앞의 책, 470쪽)

모종강의 원의(原義)를 곡해하자면, 제갈량은 '무(無)'로부터 나온 존재, 즉 '부재'의 존재라고 할 수 있다. 제갈량이 속한 세계는 은사(隱士)들의 세계이고, 세속의 상징적 질서 밖에 있는 세계이다. 제갈량에게는 아직 사회적 자아가 부여되지 않았으며, 그의 주변의 인물들과 동일한 존재이기 때문에 그들의 형상, 그들의 욕망이 곧 제갈량의 형상과 욕망일 수 있다. 서서가 어머니에게 가기 앞서 그에게 출사를 권했을 때 "그대는 나를 제사에 바칠 희생(犧牲)으로 만들 셈이오?[君以我爲享祭之犧牲乎?]"[67]라며 불쾌해했던 대답 역시 그들 세계의 공통어라고 할 수 있다. 최주평(崔州平)이나 수경선생(水鏡先生)은 상징적 질서로 구축된 사회의 바깥에 있기 때문에 그것의 운명을 전체로 조망할 수 있으며, 하늘의 언어 — 천명(天命)을 이해할 능력이 있다. 제갈량 역시 천인(天人)이 분리되지 않은 세계에 속함으로써 종종 천문이 암시하는 비밀을 독해하여 행동의 지침으로 삼는다.[68] 텍스트의 제갈량의 본질적인 성격은 운명의 비밀을 꿰뚫는 예지성에 있다.

동시에 그는 스스로를 관중, 악의에 비기며, 유비 앞에 서천 지도를 꺼내놓고 시세(時世)를 분석하는 모습, 즉 자신이 속한 세계와는 다른 질서를 가진 사회에 깊은 관심을 가지고 있다. 일견 모순되어 보이는

---

67 위의 책, 465쪽.

68 제40회 '화소신야(火燒新野)'에서 조운에게 황혼 후에 바람이 불 것이니 그것을 신호로 화전(火箭)을 쏘라고 지시한다거나 제49회에서 천문을 보고 조조가 아직 죽을 수가 아니므로 관우를 화용도(華容道)로 보낸다든가, 제63회에서 "제가 밤에 태을수(太乙數)에 따라 살펴보건대 금년이 바로 계사(癸巳)년이라 강성(罡星)이 서면에 있고 또 건상(乾象)을 보니 태백(太白)이 낙성(雒城) 경계에 임해 있어 주장(主將)의 신상에 흉이 많고 길이 적을 조짐입니다[亮夜算太乙數, 今年歲次癸巳, 罡星在西方. 又觀乾象, 太白臨於雒城之分, 主將帥身上多凶少吉.]"라며 방통(龐統)의 죽음을 예언하는 것 등이 그 예이다(羅貫中 原著, 毛宗崗 評改, 위의 책, 817쪽). 제46회 '초선차전(草船借箭)'에서는 스스로 천문을 보는 장수로 자부하고 있다.

이러한 지식인의 형상을 흔히 중국 전통에서는 “곤궁한 처지에 있을 때는 홀로 그 일신을 수양하고, 현달하였을 때는 천하를 두루 구제한다[窮則獨善其身, 達則兼濟天下]”란 말로 정식화한다. 그러나 이 경구가 주체의 능동적인 선택의 여지를 간과한 일종의 상황윤리를 전제하고 있다면, 제갈량의 형상은 이 선택을 지식인의 실존적인 차원으로 옮겨놓고 있다. 제갈량의 선택은 철저히 행위와 신념의 자율성에 근거한 것이며,[69] 하지 않으면 안 되는 당위를 스스로 자신에게 부과하는 것이다. 제갈량은 초려를 떠나기 전, 아우 제갈균(諸葛均)에게 자신이 다시 돌아올 것이니 기다리라고 당부한다. 이처럼 자신의 근본적인 자리는 결국 와룡강(臥龍崗)이라는 자의식은 언제나 사회 질서의 바깥을 상상하는 지식인의 그것에 다름 아니다. 그러나 그곳이 사회와의 대결에서 패배해서 혹은 부득이해서 돌아가는 곳이 아니라 원래 그곳에서 태어나 스스로를 그 곳의 사람으로 규정하는 자의식, 실의한 뒤 귀환하여 상처를 달래는 곳이 아니라 그곳으로부터 출발하여 예정된 상처를 향해 나아갈 수밖에 없는 존재로 스스로를 규정하는 자의식, 그것이 바로 '삼고초려' 허구를 통해 제갈량에게 부여된 상징적 의미 가운데 하나이다. 그러므로 소설 — 시(詩)가 아니라 — 의 주인공 제갈량은 다시 와룡강으로 귀환할 수 없다.

삼고초려를 통해 제갈량은 사회의 상징적 질서 안으로 들어가기 때문에 은사의 기호들과 그 세계의 언어로부터 점점 멀어지고 결국 다시는 돌아오지 못한다. 제갈균에게 약속한 평화로운 귀향은 이루어지지

69 행위의 자율성과 관련된 실존주의적 윤리의 성격에 대해서는 존 와트, 정진곤 · 김규환 역, 『개인주의와 교육』, 학지사, 1997, 74~8쪽 참조.

못하고, 한 번 떠나온 전(前)-상징적 관계는 복구될 수 없다. '세 번의 방문'은 제갈량이 상징적 질서 안으로 들어가는 것의 어려움과 망설임을 의미하는 동시에 그 관계에 들어가지 못한 사람은 '부재자'에 다름 아님을 암시한다. 이들 부재자들은 세상의 관계로부터 스스로를 소외시킴으로써 외부적 시선을 유지한다. 텍스트는 그런 바깥의 존재들을 계속 의식한다. 삼고초려 장면 외에도 종종 은자들이나 그에 준하는 신비한 사람들이 불현듯 나타났다 사라지곤 하는 것이다. 예컨대 관우의 '오관참장(五關斬將)' 때 진국사(鎭國寺)에서 보정(普靜) 스님을 만난다든가, 장임(張任)이 적을 맞이했을 때 자허장인(紫虛丈人) 이야기가 끼어든다든가 유비의 동정(東征) 중간에 청성(青城)의 늙은이 이야기가 끼어든다.[70] 이 또 다른 세계는 상징적인 질서의 세계를 에워싸고 있는 듯 느껴지며, 제갈량이 유가적인 상징 질서의 언어와 문화를 습득하고 그 세계의 주체가 되어 가는 과정에서도 끊임없이 제갈량—지식인의 근원적 자리를 환기시킨다. 은자의 세계로 귀환하려는 꿈과 사회에서 소망을 성취하려는 꿈, 그리고 그 둘 모두로부터 나오는 불안의 꿈이 "한 쌍의 안경알처럼 초점이 모여져"[71] 제갈량 텍스트의 비전을 이룬다. 이런 꿈들의 긴장관계를 통해 사회적 지식인의 내면 풍경에 대한 또 하나의 문학적 언어가 만들어지고 있는 것이다.

또한 '삼고초려'를 통해 제갈량은 '삼국'이라는 세계를 '창조'한다. 제갈량만이 아니라 제갈량과 더불어 '삼국'이라는 시공간 자체가 부재로

70 모종강은 이러한 장면 배치를 "차가운 얼음이 열기를 없애는[寒冰破熱]" 서사기법이라 파악하며, 소란의 극점에서 맑은 사색의 시간을 주는 효과가 있다고 설명한다. (「讀三國志法」, 羅貫中 原著, 毛宗崗 評改, 앞의 책, 11쪽)

71 노드롭 프라이, 이상우 역, 『문학의 구조와 상상력』, 집문당, 1992(2쇄), 80쪽.

부터 존재화 된다. 조위(曹魏)와 손오(孫吳)가 왕업의 기초를 세운 동안 유비는 유랑에 유랑을 거듭하는 떠돌이 신세였고 제갈량을 만나기 직전 최악의 상황에 직면해있었다. 삼고초려는 유비가 괴월(蒯越)과 채모(蔡瑁)의 암살 음모에서 벗어나기 위해 단계(檀溪)를 뛰어넘은 직후(제34회)에 그 단서가 마련된다. 추격병이 쫓아오는 것을 바라보며 유비가 "이번엔 죽었구나![今番死矣!]"라고 절박하게 외치는 것처럼 단계에 뛰어든 것은 '자살'에 준하는 의미를 갖고 있다. 즉 유비는 세 길 높이 단계의 상징적 죽음을 통과하여 선계(仙界)로 들어선다. "어느덧 뉘엿뉘엿 해가 지려는데, 한창 가노라니 목동 하나가 소잔등에 걸터앉아 피리를 불며 오고 있었다[一將沉西, 正行之間, 見一牧童跨於牛背上, 口吹短笛而來]."[72] (제35회)로 시작되는 수경선생과의 만남이 시작되는 부분은 선계로의 진입을 지시하는 상투적인 전환이라 할 수 있다. 꿈 혹은 선계는 삶도 죽음도 없는 공간, 삶과 죽음의 경계에 있는 공간이다. 유비는 죽음에서 이 공간을 거쳐 삶으로 소생할 길을 발견하는데, 그것이 바로 "복룡, 봉추 두 사람 가운데 한 사람만 얻으시면 천하를 편안히 할 수 있을 것[伏龍鳳雛, 兩人得一, 可安天下]"[73]이라는 수경선생의 말이다. 날이 저물어 수경선생의 집에서 머물게 되고 원직(元直)이란 방문객이 찾아오며, 유비가 벽 건너편에서 두런두런 넘어오는 그들 대화를 엿듣는 부분은, 이계(異界)의 경험담 — 지괴(志怪)에서 흔히 나타나는 '낯선 곳에서의 하룻밤과 신비한 경험'의 장면을 연상시킨다. 그리고 유비는 선복(單福)이라 이름을 바꾼 낯선 방문객, 서원직(徐元直, 徐庶)의 도움으로 조인

72 羅貫中 原著, 毛宗崗 評改, 앞의 책, 448쪽.
73 위의 책, 449쪽.

(曹仁)의 공격을 막아내고 다시 그를 통해 제갈량을 소개받는다. 제34회부터 준비되어 제38회에 비로소 제갈량과 만나기까지 그 지루하고 신비로운 과정은 유비가 죽음으로부터 다시 태어나는 일종의 부활의 통과의례라고 할 수 있다. 그의 부활은 제갈량에게 "외람되이 몸을 굽혀 초려로 세 번을 찾아가[猥自枉屈 三顧草廬之中]"[74] "눈물로 도포 소매와 옷깃을 흠뻑 적시면서[淚沾袍袖, 衣襟盡濕]" 간절히 애원한 후, 그를 "스승으로 대접하고 식사와 잠자리를 같이 하며, 종일 함께 천하대사를 논함[玄德待孔明如師, 食則同桌, 寢則同榻, 終日共論天下之事]"[75] 으로써만 가능한 것이었다. 동시에 그 과정은 제갈량이 사회적 자아를 획득하는 통과의례이기도 하다. 그리고 제갈량을 통해 정족삼분(鼎足三分)의 마지막 한 발이 세워진다. 텍스트의 시간 즉 삼국의 시간은 제갈량에 의해 창조되고 그의 완전한 죽음—또 하나의 제갈량인 강유(姜維)의 '구범중원(九犯中原)'과 죽음—과 더불어 종결된다. 지식인의 상상적 자아로서 제갈량은 스스로 하나의 세계를 창조하고 구성하는 존재인 것이다.

하나의 세계를 창조하는 존재로서 상상된 제갈량은 앞에서 살펴본 바와 같이 무소불위(無所不爲)의 능력을 발휘한다. 종횡무진 새로운 질서를 건설하며, 다른 인물들과 달리, 전능한 작자와 동일한 위치, 즉 상황들의 안이 아니라 그 위에 서서 전체를 조망하고 있다. 천문과 분리되지 않은 세계에서 온 그는 좀처럼 자기 비밀을 드러내지 않는 우주의 신비한 언어를 모두 이해하고 있는 듯 보인다. 또한 앞 절에서 살펴보았듯 삼고초려 이후 제갈량의 허구 서사과정은 유비와 제갈량이 맺

74 陳壽 撰, 裴松之 注, 앞의 책, 245쪽.
75 羅貫中 原著, 毛宗崗 評改, 앞의 책, 489쪽.

고 있는 군신 관계를 내적으로 모두 역전시키는 과정이었다. 그는 여러 가지 권모술수를 거리낌 없이 쓰고 유비의 의제(義弟) 관우에게 아무렇지도 않게 군령장을 내밀며 유비의 어리석음에 웃음을 참지 않는다. 그는 유비 형제들에게는 여전히 외부자이며, 이왕의 예법이나 도덕적 질서를 초월해 있다. "지혜를 넘어 요사스러울"[76] 정도로 고양된 군사(軍師) 제갈량의 형상에는 지식인의 자존심과 우월감, 그리고 현존하는 관계들의 여러 질서로부터 탈주하는 해방감이 녹아 있다. 이런 점에서 『삼국연의』는 『수호전(水滸傳)』과 동일한 맥락 속에 놓여있다고 할 수 있다. 두 텍스트의 수많은 차이점에도 불구하고, 장학성(章學誠)이 "비루하다"[77]고 비난했던 것처럼, 도원결의(桃園結義)를 통한 유비-관우·장비와 삼고초려를 통한 유비-제갈량이 관계 맺는 방식은 『수호전』 녹림군(綠林軍) 내부의 그것과 동일한 형태를 띠고 있기 때문이다. 제갈량은 군위신강(君爲臣綱)의 예법에 묶인 유비의 신하라기보다는, 결사체의 동지이며 스승이자 실질적인 지배자인 것이다.

그리고 앞서 살펴보았듯이 유비가 한중왕(漢中王)이 된 후 시간이 흘러 갈수록 제갈량의 이런 형상은 차츰 지워져 가고, 그 대신 충신의 모습이 전면에 나서게 된다. 승상 제갈량으로의 변화과정은 상상적 존재

76 "狀諸葛之多智而近妖."(魯迅, 『中國小說史略』, 齊魯書社, 1997, 105쪽)

77 "제갈(諸葛) 승상(丞相)은 평생 삼가하고 신중하다고 자처했다. 그런데 (『삼국연의』에서는) 동풍(東風)을 빌고 목우(木牛), 유마(流馬)를 만드는 등의 일들로 인하여 결국 기이하고 해괴한 형상이 무수히 만들어지게 되었다. 또한 소열제(昭烈帝)가 아직 즉위하기 전의 군신 관계는 『수호전(水滸傳)』의 군사(軍師) 오용(吳用)과 하나 다를 바 없으니 어찌 비루하지 않겠는가![諸葛丞相生平以謹愼自命, 却因有祭風及制造木牛流馬等事, 遂撰出無數神奇詭怪, 而于昭烈未卽位前君臣僚宷之間, 直似『水滸傳』中吳用軍師, 何其陋耶!]" 장학성(章學誠)은 이런 의미에서 『삼국연의』를 위험한 서적으로 간주한다(장학성, 「丙辰札記」; 陳翔華, 앞의 책, 257쪽 재인용).

인 제갈량이 자신이 만들어낸 세계의 상징적 질서를 습득하고, 사회적 주체가 되어가는 과정이다. 와룡강에서 분리되어 나온 제갈량은 점점 전체를 조망하는 시선을 잃어버린다. 보다 정확히 얘기하면 볼 수는 있되, 새로이 형성된 주체, 이미 그가 내면화한 질서로부터 자신을 떼어놓을 수 없게 된다. 유비의 동정(東征)이 실패할 것을 예견하고 미리 팔진도(八陣圖)를 설치하여 육손(陸遜)의 추격을 막은 것(제84회)에서 알 수 있듯이 제갈량은 자기가 포함된 이 이야기의 처음과 끝을 모두 알고 있다. 그러나 그 역시 자신이 만든 팔진도에 갇힌다. 「출사표」를 올리고 출정하려는 제갈량에게 초주(譙周)가 천상(天象)의 조짐이 불길하다며 "천문을 깊이 아시는데 왜 억지로 하려 하십니까?[丞相深明天文, 何故强爲?]"라고 만류한다. 그러나 제갈량은 "천도(天道)는 변화가 일정치 않으니 구애될 필요가 없다[天道變易不常, 豈可拘執]"[78]고 일축한다. 이제 그는 천문과의 일치를 포기하고 사회화된 자기 욕망에 충실하게 된다. 그의 주술적 능력은 상방곡(上方谷) 빗줄기에 의해 꺼진 '불'처럼 소멸된다. 천명의 부정은 곧 자기 부정이며, 신적인 능력은 사라지고, 대신 마치 시지프스라도 된 듯 존재감의 확인을 위해 자신을 던지는 인간의 윤리적 실존의 상징이 된다. 따라서 전반부의 신적 형상에서 형성된 은밀한 나르시즘은 급격히 자기연민으로 변하면서 가을바람 스산한 오장원(五丈原)은 감상주의에 젖어든다.

허구화된 제갈량이 이처럼 신적 지배자, 천명과 대결하는 인간을 상징하고 있다면, 이런 상징들을 생산하고 소비하는 사회적 상상력은 어

---

78 羅貫中 原著, 毛宗崗 評改, 앞의 책, 1187쪽. 115회에서는 초주와 강유 사이에 동일한 형태의 대화가 반복된다.

디로부터 나온 것일까? 삼고초려 후의 군사(軍師) 제갈량은 전통적인 화법으로 얘기하면 일종의 이상적인 '왕자사(王者師)'이다. '왕자사'는 자하(子夏)에게 수학한 유자(儒者)들의 진로였고,[79] 이후에 특히 맹자(孟子)에 의해 강력하게 주장되었다.

> 장차 큰일을 하려는 왕에게는 불러다 만나지 않는 신하가 꼭 있어서, 그에게 의논하고 싶은 일이 있으면, 자신이 직접 찾아갔다. (…중략…) 그래서 탕왕(湯王)은 이윤(伊尹)한테서 배운 후에 그를 신하로 삼았기에 힘들이지 않고 왕이 되었다. 환공(桓公)은 관중에게 배운 후에 그를 신하로 삼았다. 지금 천하의 각국이 차지한 땅이 그만그만하고 덕이 비슷비슷하여 누구도 더 뛰어날 수가 없는 것은 다른 이유가 아니라 자신이 가르치는 자를 신하로 삼기 좋아하고, 자신이 가르침을 받는 자를 신하로 삼는 것은 좋아하지 않기 때문이다.
>
> 故將大有爲之君, 必有所不召之臣, 欲有謀焉, 則就之. (…中略…) 故湯之於伊尹, 學焉而後臣之, 故不勞而王., 桓公之於管仲, 學焉而後臣之. 今天下地醜德齊, 莫能相尙, 無他, 好臣其所敎, 而不好臣其所受敎.[80]

이와 같은 '왕자사'의 이상은 전통시기 지식인 모두의 꿈이라고 할 수 있다. "이 책을 읽으면 제왕의 스승이 될 수 있다[讀此則爲王者師矣]"던

79 『사기(史記)』「유림열전(儒林列傳)」 "공자가 죽은 후 (…중략…) 전자방, 단간목, 오기, 금활리 등은 모두 자하의 무리에게 학업을 전수받아 제왕의 스승이 되었다.[自孔子卒後, (…中略…) 如田子方・段干木・吳起・禽滑釐之屬, 皆受業於子夏之倫, 爲王者師.]"(司馬遷, 『史記』 第十冊, 中華書局, 2002(2판 17쇄), 3116쪽)

80 楊伯峻 譯注, 『孟子』「公孫丑下」, 中華書局, 1988(7쇄), 91쪽.

황석공(黃石公)의 예언대로, 말년에 "세 치의 혀로 황제의 군사(軍師)가 되어 식읍이 만 호에 이르고 제후의 반열에 올랐다. 이는 보통 사람으로서 갈 수 있는 최고의 지위이니 나는 만족한다[今以三寸舌爲帝者師, 封萬戶, 位列侯, 此布衣之極, 於良足矣.]"[81]고 회고했던 장량(張良)은 지식인 사회의 전설적 인물이 된다. 그러나 한(漢) 제국이 안정된 이후 군주와 신하의 상하관계는 "자연" 그 자체인 것[82]으로 논리적으로 정당화되고 동시에 물리적 힘에 의해 고착되었기 때문에 '왕자사'의 이상은 전설 그 이상이 아니었다고 할 수 있다.

이처럼 군신간의 엄격한 복종관계가 본래 그러한 '자연(自然)의 이치'로 받아들여졌던 의식에 변화가 생기기 시작하는 것은 중당(中唐)~송대(宋代)이다. 과거제를 통해 사회적 지위를 획득한 지주-관료-사대부(士大夫) 계층이 적극적인 정치 참여 의식을 실천에 옮기기 시작한 것은 왕숙문(王叔文), 유종원(柳宗元) 등이 참여한 당(唐) 순종대(順宗代) 개혁운동에서 처음 나타난다고 할 수 있다. 이들은 '상현(尙賢)을 통한 존군(尊君)'이란 논리를 세워 "군주와 공치(共治)하는 관료" "군주와 더불어 치자(治者)를 자임(自任)하는"[83] 지식인상을 제시하고 있다. 이들의 의식은 송대에 들어와, 중앙정부만이 아니라 지역사회에서도 지배층으로서 다양한 역할을 수행했던 신흥지주층-사대부[84]의 그것으로 뿌리를 내렸다. 송대 이후에 관료제와 함께 확립된 군주독재는 "군주가 최

---

81 司馬遷, 『史記』 第六冊, 「留侯世家」, 中華書局, 2002(2판 17쇄), 2035, 2048쪽.

82 미조구치 유조, 최진석 역, 『개념과 시대로 읽는 중국사상 명강의』, 소나무, 2004, 186~7쪽 참조.

83 하원수, 「당 순종(順宗)대 집권세력의 성격-당 후반기 관료의 새로운 정치의식과 관련하여」, 『동아문화』 25집, 서울대 동아문화연구소, 1987.12, 277쪽.

84 하원수, 「송대 사대부론」, 『강좌중국사』 Ⅲ, 지식산업사, 1995(제5쇄), 113쪽.

후의 결재를 내리는 정치양식"이라 할 수 있다. 이 체계에서는 모든 정무에 대해 관료가 안(案)을 만든 뒤 대신들이 심사를 거듭하고 천자는 최후에 그것의 가부를 결정하는 역할을 한다면, 고대의 전제군주는 "자기 의지를 주로 하여 그 실현방법을 대신에게 묻고 대신의 제의가 마음에 들면 이를 실행시킨다."[85] 지식인 계층의 위치는 여전히 위협과 불안의 요인 — 명(明) 태조(太祖)와 영락제(永樂帝) 시대처럼 — 에 노출되어 있었지만, '제도적'으로 통제되는 군주독재 체제에서 기본적으로 그들은 제국의 공동 지배자이기에 충분했다. 따라서 "당 이후부터는 치자(治者)의 범위 안에 황제와 더불어 사대부가 포함되고" "송대 이래로 천하의 일은 황제만의 소관이 아니라는 관념이 더욱 굳어갔고",[86] 이제 지식인은 '왕자사'를 넘어, 최소한 그 내면의식 속에서는 '왕자(王者)' 자체가 되어 가고 있었다. 황제권에 대한 사대부의 도전은 명말(明末)에 이르면 "천하는 너무 커서 군주 혼자서 다스릴 수 없기 때문에 나누어 재상에게 맡긴다. 재상은 군주와 함께 천하를 다스리는 사람"[87]이라는 공론(公論)이 부상하고, 동림당(東林黨) 사태와 같은 집단적인 행동이 자연스럽게 이루어진다.

물론 송–명대 정치관행을 보건대, 이러한 의식이 현실적인 군신관계에 그대로 적용된 것도 아니었고, 사회적, 경제적 계층 차에 따라 다

85 미야자키 이치시다, 조병한 역, 『중국사』, 역민사, 1983, 340쪽. 유비와 제갈량, 조조와 모사들이 어떤 사안을 결정하는 과정의 차이에서 이 두 가지 군신 모델을 읽을 수 있다. 조조가 고대 전제 군주에 가깝다면 유비는 결재권만 주로 행사하는 근세의 독재 군주에 가깝다.

86 민두기, 『중국근대사론』 I, 지식산업사, 1988(제4판), 95쪽. 양명학(陽明學) 특히 왕간에게서 강하게 나타나는 소왕(素王) 의식에 대해서는 조영록, 앞의 글, 74~9쪽 참조.

87 徐如珂, 『徐念陽公集』 卷3, "天下大矣, 人主不能自理, 分而寄之一相. 相臣者, 君所與共天下者也.". 미조구치 유조, 앞의 책, 188쪽 재인용.

양한 편차를 가지고 있다. 그러나 교육의 기회가 확대됨에 따라 관료가 되는 교육과정의 일환으로서 다양한 단계의 교육을 받은 지식인에게 이러한 '치자(治者)' 의식은 일종의 '당위'로서 받아들여졌으리라 추측할 수 있다. 또한 송대부터 꾸준히 진행되어 온 사회의 물질적인 환경의 변화, 예컨대 도시와 같이 상대적으로 독립된 경제적 공간이 문화적으로도 자율성을 갖고 있었으며,[88] 이러한 도시의 생활 감각에 젖어 있는 다양한 출신의 지식인들과 향촌 지역사회에서 실질적인 지배권을 행사하는 지주들 그리고 도시에 거주하는 부재지주층의 지식인들에게 '공치의식(共治意識)'은 관념적인 당위일 뿐 아니라, 실질적인 '자치'와 '자율'의 경험에 뿌리박고 있는 것이기도 했다. 송대부터 꾸준히 성장해온 이들 지주-지식인 계층은 단일한 기준으로 그 계층성을 규정하기는 어려우나, 한 가지 분명한 것은 자신이 그 세계의 '실질적인 주인'이라는 의식을 가지고 있었다는 것이다. 그리고 이처럼 점진적으로 상승하는 계층의 '공치의식(共治意識)', 그것의 문학적 상상력이 제갈량의 형상에 투영되어 있는 것이다.

진수(陳壽)는 "(그러나) 제갈량의 재주는 오랑캐를 다스리는 데는 뛰어나나 기발한 묘책에는 부족함이 있으니 백성을 다스리는 재간이 장수의 지략보다 뛰어나다[然亮才, 於治戎爲長, 奇謀爲短, 理民之幹, 優於將略]"[89] 라고 평하고 있다. 그러나 허구서사 시간의 제갈량은 심지어 희극적인 느낌이 들만큼 도사적(道士的)인 '기모(奇謀)'에 뛰어나다. 허구화된 제

88 미야자키 이치시다, 앞의 책, 273쪽, 349~53쪽 참조.

89 陳壽 撰, 裴松之 注, 앞의 책, 248쪽. 『제갈량집(諸葛亮集)』을 진(晉) 무제(武帝)에게 바칠 때 쓴 표문(表文)의 일부이다.

갈량은 맹자의 '왕자사'인 동시에 한비자(韓非子)가 꿈꾸었던 '지술지사(智術之士)'이자 '능법지사(能法之士)'이다. 또한 그는 상벌(賞罰)의 '술(術)'을 통해 군주의 위세를 행사[90]하며 유비와의 관계를 내적으로 역전시키는 동시에 또한 두보(杜甫)를 눈물짓게 만든 더없이 충성스런 '촉상(蜀相)'이다. 천하 백성의 고락(苦樂)을 함께 하려 했던 범중엄(范仲淹)을 연상시키는가 하면, '황하를 거스른 개혁가'[91] 왕안석(王安石)의 모습이 겹치면서, 장거정(張居正)을 예언하는 듯도 느껴진다. 이처럼 허구화 과정을 통해 형상화된 제갈량의 상상적 자아가 언뜻 보기에도 이질적이고 대립적이기까지 한 요소들의 그로테스크한 모자이크로 이루어져 있다면, 이 모순된 형상들의 조합에 통일성을 부여하는 것이 바로 실질적인 치자(治者)로서 고양된 지식인의 자의식, 자아의 무한 확장, 은밀한 나르시즘을 함축한 자기영상인 것이다. 또한 동시에 제갈량의 최후, 즉 천명에 의한 '당연한' 패배는, 지식인들의 "정치적 무의식"[92]으로서 천명 — 이미 존재하는 힘, 실현된 질서에 대한 정당화 기제 — 에 대한 부정의 '징후'를 함축하고 있기도 하다.

이와 같이 새롭게 '상승하는 계층들'의 정신적 표현, 상상적 자아는, 이제 이전의 지배층이 자신을 표현하던 미학적 방식 — 압축적이고 간결한 문학적 표현에서 풀려나와, 흩어졌다 교차하며 서로 모순되는 여

90 馮友蘭, 박성규 역, 『중국철학사』(상), 까치, 2003(6쇄), 517, 531~2쪽 참조. 주희(朱熹) 이래로 주자학 이데올로기에 감화된 주류 사회에서는 실존 인물 제갈량을 "신한(申韓)의 법술을 다루는 인물로서 싸늘하게 바라보는" 시선이 많아진다. 이에 대해서는 야마구치 히사카즈, 앞의 책, 144쪽 참조.

91 미우라 쿠니오, 이승연 역, 『왕안석 – 황하를 거스른 개혁가』, 책세상, 2005.

92 "정치적 무의식"과 "징후적 독서", 프레드릭 제임슨의 서사론에 대해서는 제레미 템블링, 이호 역, 『서사학과 이데올로기』, 예림기획, 2000, 250~3쪽 참조.

러 갈래의 실핏줄들로 두터워진 허구적 서사를 만들어내게 되었다. 『수호전』과의 친연성은 앞에서도 언급했거니와, 『수호전』은 나아가 제갈량의 죽음에서 나타난 '천명에 대한 부정'의 징후를 구조적으로 명시화하고 있다. 또한 『서유기(西遊記)』 제37회에서 오계국(烏鷄國) 왕을 다시 살려내는 손오공(孫悟空)이 그에게 주는 '입제화(立帝貨)'는 제위(帝位)가 존재하기 위해서는 '현재(賢才)'가 불가결한 조건임을 직접적으로 비유하는 것이라 할 수 있다.[93] 『삼국연의』가 자신의 상상적 자아를 이미 실재했던 모범과 연계시켜 마치 실현되었던 유토피아의 형상인 듯 그려냈다면, 손오공은 실재성에 대한 강박증을 버리고 한 걸음 나아가 스스로 새로운 허구적 모델을 창조한다. 또한 손오공이 양계산(兩界山)에 갇히는 것을 경계로 성격의 변화가 뚜렷하게 나타나는 것 역시 제갈량의 전후반 변화와 동일한 맥락에서 해석할 수 있다. 제갈량, 송강(宋江)과 오용(吳用), 손오공, 서문경(西門慶) 등, 이들 명청대 장회소설의 인물들은 각기 사회적 신분이 다르고 텍스트에 구축된 세계 또한 상당부분 다르기 때문에 모두를 동일한 층위에 놓고 다룰 수는 없을 것이다. 그러나 이들이 사회의 지각변동과 새로운 계층들의 상승 운동, 그들의 세계의 주인으로서 지배 욕망과 관련을 맺고 있음은 어느 정도 분명해 보인다.

『삼국연의』의 제갈량 이후, 지식인의 상상적 자아와 그 속에 스며있는 그들의 존재론적 아이러니, 즉 황제와 공치자(共治者)이자 그의 피지배자이며, 우리의 권력이면서 동시에 그만의 권력이며, 사회의 상징적

93 劉戈, 『西遊記新論』, 學苑出版社, 2002, 273쪽. 전체적으로 유과(劉戈)는 손오공(孫悟空)을 하층(下層) 사인(士人)의 특성을 가진 형상으로 파악하고 있다.

질서의 '입법자'이자 동시에 질서의 '파괴'를 꿈꾸는 이중적인 속성은 허구적 텍스트들에서 다양하게 변주된다. 가장 직접적인 변주들, 예컨대 '왕자사'란 의미에서 제갈량과 가장 유사한 형상들로 『여선외사(女仙外史)』의 '여군사(呂軍師)'와 『야수폭언(野叟暴言)』의 '문소신(文素臣)'[94]을 포함하여, 그 전후(前後)의 다양한 텍스트에서 여러 '제갈량들'이 나타나고 있으며, 이들은 모두 전후기 중국 지식인의 상상적 자기 영상을 함축하고 있다. 제갈량과 그의 부정(否定) 혹은 타락, 혹은 그 무엇이든, 제갈량적 맥락으로 묶을 수 있는 문학적 현상들을, 새로운 '사회적 장(場)과 계층'의 부상이란 측면에서 읽어보는 것도 흥미로울 것이다. 이들 작업은 추후의 과제로 남겨둔다.

94 陳洪・馬宇輝, 「論『三國演義』中諸葛亮范型及其文化意蘊」, 『南開學報』 第2期, 1998, 39쪽 참조.

참고문헌

郭豫適,「略論『三國演義』」,『中國古代小說論集』, 華東師範大學出版社, 1985.

羅貫中 原著, 毛宗崗 評改,『三國演義』(上)(下), 上海古籍出版社, 1996(第5쇄).

羅貫中, 沈伯俊 校注,『三國志通俗演義』下冊, 花山文藝出版社, 1993.

杜貴晨,「『三國演義』徐庶歸曹故事源流考論－兼論話本與變文的關係以及"三國學"的視野與方法」,『山東師範大學學報』 第48卷 第1期(總第186期), 2003.

雷勇,「『三國演義』塑造人物的技法探析」,『漢中師範學院學報』 第2期, 2001.

劉昌安,「論『三國演義』中的曹魏謀士集團」,『漢中師範學院學報』 第14卷 第3期, 1996.

房日晰,「論『三國演義』對諸葛亮悲劇形象的描寫」,『上海師範大學學報』 第29卷 第8期, 2000.8.

范道濟,「『三國演義』敍事速度論析」,『黃岡師範學院學報』 第20卷 第2期, 2000.4.

司馬遷,『史記』 第六冊, 第十冊, 中華書局, 2002(2판 17쇄).

四川省社會科學院文學硏究所 編,『三國演義硏究集』, 四川省社會科學院出版社, 1983.

徐傳武,「『三國演義』與史實」,『文科敎學』, 1995.1.

葉松林,「謀士與皇權－『三國演義』中謀士形象評析」,『荊門大學學報』 第2期, 1998.

沈伯俊,「『三國志』與『三國演義』關係三論」,『福州大學學報』 第3期, 2003.

楊伯峻 譯注,『孟子譯注』, 中華書局, 1988(7쇄).

楊義,「『三國演義』敍事的典式化」(上)(下),『海南師院學報』 第1期/第2期, 1994.

王萬嶺,「『三國演義』並非"七實三虛":兼談羅貫中處理虛實的藝術性」,『淮北煤師院學報』 第2期, 1996.

王前程,「『三國演義』圓形人物論」,『明淸小說硏究』 第2期(總第68期), 2003.

姚秋霞,「理想典範的形成及其精神誤區－『三國演義』中諸葛亮形象透視」,『漢中師範學院學報』 第1期, 1997.

劉敬圻,「首腦智慧的深層較量－『三國演義』用人之道比較談」,『求是學刊』 第29卷 第6期, 2002.11.

劉戈,『西遊記新論』, 學苑出版社, 2002.

李躍忠・劉紹明,「『三國演義』 敍事模式淺探」,『湖南工程學院學報』 第13卷 第2期, 2003.6.

李英然,「依附與獨立－試論『三國演義』中諸葛亮的雙重文化人格」,『石家莊學院學報』 第7卷 第1期, 2005.1.

子矜,「『三國演義』與『世說新語』」,『江蘇敎育學院學報』 第2期, 1997.

張曉蓓, 「試析『三國演義』中的謀士」, 『西南民族學院學報』 第20卷 增刊, 1999.8.
鄭振鐸, 「三國志演義的演化」, 『鄭振鐸文集』 第5卷, 人民文學出版社, 1988.
鄭鐵生, 「『三國演義』敍事形態的時空關係」, 『湖北大學學報』 第27卷 第2期, 2000.3.
______, 「孫吳『三國演義』中的敍事形態」, 『明淸小說硏究』 第4期(總第70期), 2003.
趙伯陶, 「『三國演義』文化品格論」, 『海南大學學報』 第1期, 1995.
趙杏根, 『論語新解』, 安徽大學出版社, 1999.
陳遼, 「『三國演義』中的謀士形象」, 『南通師專學報』 第11卷 第1期, 1995.3.
陳翔華, 『諸葛亮形象史硏究』, 浙江古籍出版社, 1990.
陳壽撰, 裴松之注, 『三國志』, 鼎文書局, 1983.
陳洪 · 馬宇輝, 「論『三國演義』中諸葛亮范型及其文化意蘊」, 『南開學報』 第2期, 1998.
馮文樓, 「倫理架構與批判立場－『三國演義』敍事話語的辨識與闡釋」, 『陝西師範大學學報』 第28卷 第3期, 1999.9.
夏志淸, 胡益民 等 譯, 『中國古典小說導論』, 安徽文藝出版社, 1988.
胡適, 「『三國志演義』序」, 『中國章回小說考證』, 安徽敎育出版社, 1999.

김문경, 『삼국지의 영광』, 사계절, 2002.
노드롭 프라이, 이상우 역, 『문학의 구조와 상상력』, 집문당, 1992(2쇄).
마르크 블로흐, 정남기 역, 『역사를 위한 변명』, 한길사, 1986(제6판).
미야자키 이치시다, 조병한 역, 『중국사』, 역민사, 1983.
미우라 쿠니오, 이승연 역, 『왕안석－황하를 거스른 개혁가』, 책세상, 2005.
미조구치 유조, 최진석 역, 『개념과 시대로 읽는 중국사상 명강의』, 소나무, 2004.
민두기, 『중국근대사론』 I , 지식산업사, 1988(제4판).
서경호, 『중국소설사』, 서울대 출판부, 2004.
야마구치 히사카즈, 전종훈 역, 『사상으로 읽는 삼국지』, 이학사, 2000.
왕후이, 「절망에 대한 반항－루쉰 소설의 정신적 특징」, 전형준, 『루쉰』, 문학과지성사, 1997.
정원기 역주, 『삼국지평화(三國志平話)』, 청양, 2000.
諸葛亮, 조희선 역, 『완역 제갈량 문집』, 신원문화사, 2006.
제레미 템블링, 이호 역, 『서사학과 이데올로기』, 예림기획, 2000
조영록, 「양명학의 성립과 전개」, 『강좌중국사』 Ⅳ, 지식산업사, 1996(제5쇄).
존 와트, 정진곤 · 김규환 역, 『개인주의와 교육』, 학지사, 1997.
폴 리쾨르, 김한식 역, 『시간과 이야기』 3, 문학과지성사, 2004.

馮友蘭, 박성규 역, 『중국철학사』(상), 까치, 2003(6쇄).
하원수, 「당 순종(順宗)대 집권세력의 성격-당 후반기 관료의 새로운 정치의식과 관련하여」, 『동아문화』 25집, 서울대 동아문화연구소, 1987.12.
______, 「송대 사대부론」, 『강좌중국사』 III, 지식산업사, 1995(제5쇄).

제국의 도시, 양주(揚州)*

18세기 중국 어느 지방 도시의 문명 생태 보고서, 『양주화방록(揚州畵舫錄)』

이소영

1. 서론-『양주화방록』을 『양주화방록』으로서 읽기

『양주화방록』은 청대의 도시, '양주'에 관한 이두(李斗, 1749~1817)의 필기(筆記)이다. 『양주화방록』을 핵심적인 사료 가운데 하나로 삼아 16세기 중반에서 19세기 중반까지 양주 사회를 연구한 안토니아 피낸(Antonia Finnane)은 이 텍스트를 가리켜 "18세기 양주 사회에 관해" "역사학자들에게 풍부한 역사 자료를 제공해주고 있으며" 이후 "양주라는 도시를 상상하는 방식을 강력하게 확립했고 후인들에게 이용되었다"[1]

* 이 글은 『중국문학』 81집(한국중국어문학회, 2014)에 실은 동일한 제목의 논문을 수정, 보완한 글이다.

고 평하고 있다. 그 상상의 방식이 어떠했는지, "나는 양주인"이라 자부했던 주자청(朱自淸) 같은 이는 이렇게 말한 바 있다. "양주에 가본 적 없이 당시(唐詩)를 읽었던 사람이라면 그의 마음 속 양주는 정말 신기루처럼 아름다울 것이다. 만약 『양주화방록』 같은 책을 보았다면 더 대단할 것이다."[2]

양주는 춘추전국시기부터 본격적으로 개발되기 시작하여 대운하를 통한 수당대의 1차 번영기를 거쳐 명청대 조운(漕運)과 염정(鹽政)의 중심지로서 2차 번영기를 맞이하였다. 장강과 대운하가 교차하는 길목에 자리하고, 중국 최고의 소금 산지인 양회(兩淮) 염장(鹽場)을 가까이 두었으며, 무엇보다 양회 염정을 총괄하는 염운사가 설치됨으로써 염상 자본의 최대집결지가 될 수 있었다. 왕중(汪中)이 자랑스럽게 천명하고 있는 것처럼 양주는 "바다를 경영하여 소금을 만들어 백성으로 하여금 염업으로 먹고 살게 하고 (…중략…) 운하의 물길이 닿는 곳에 온갖 물자를 유통시켜 천하를 이롭게 하는 곳"[3]이었다. 식염 무역을 통해 엄청난 부가 끊임없이 양주로 흘러들었고, "그 규모는 청대 중기 다른 어떤 중국 도시도 능가할 수 없었다."[4]

1645년 끔찍한 대학살의 폐허로부터 부흥하여 다시 부유한 상업도시

---

1 安東籬(Antonia Finnane), 李霞 譯, 『說揚州 : 1550～1850年的一座中國城市』, 10～1쪽.

2 "特別是沒去過揚州而有念過些唐詩的人, 在他心裏, 揚州眞象蜃樓海市一般美麗; 他若念過『揚州畫舫錄』一類書, 那更了不得了.", 朱自淸, 「揚州的夏日」, 『朱自淸全集』 1, 147쪽. 주자청은 1946년 「나는 양주인(我是揚州人)」이라는 수필에서 조상의 원적은 소흥(紹興)이고 태어난 곳은 해주(海州)이나 자신의 진짜 고향은 양주라고 한 바 있다. 이 글에서도 『양주화방록』이 언급되고 있다.

3 汪中, 「廣陵對」, 이두, 홍상훈 · 이소영 역, 『양주화방록』(2), 소명출판, 2010, 55～6쪽. "鬻海爲鹽, 使萬民食其業, (…中略…) 及川渠所轉, 百貨通焉, 利盡四海."(李斗 撰, 周東春 注, 揚州畫舫錄』, 178쪽)

4 何炳棣, "The Salt Merchants of Yang-chou", 153쪽, 安東籬, 앞의 책, 42쪽 재인용.

로 거듭난 18세기 양주는 현기증나는 환락과 문화의 도시로서도 명성이 자자했다. 염상의 부는 사회 문화 영역으로 아낌없이 투자되어 양주를 강남 문화의 중심지로 만들었다. 염상들은 전통적인 신사(紳士) 엘리트 계층의 문화를 체현하고 수호하는 자로서 기꺼이 예술가와 학자의 후원자가 되었고, 재능과 야심을 가졌으나 불우한 환경이나 이력을 가진 수많은 묵객시인과 학인들에게 양주는 광활한 기회의 땅이 되었다. "상업적 활력과 다양한 인구의 결합이 예술과 기술, 철학 분야에서 혁신을 일으키기에 이상적인 분위기를 연출했던 17세기 암스테르담"[5]과 같이 휘주의 외래 이주자 상인들이 지배하는 양주는 개방적이고 활기찬 분위기에서 아름다운 원림을 가꾸며 양주팔괴(揚州八怪)를 낳았고,[6] 양주학파를 길렀으며,[7] 화아지쟁(花雅之爭)을 통해 화부(花部) 즉 난탄(亂彈)이 성장[8]할 장(場)을 제공했다. 양주는 절정에 다다른 18세기 중국의 상업과 다양한 태생의 문화가 열정적으로 조우하는 도시였으며, 이두는 청년기[9]에 그러한 도시 문명의 세례를 받은 이후로 30년 간의 양주 경험을 통해 양주 문명의 생태를 생생히 기록한 『양주화방록』— 거꾸로 그

5 조엘 코트킨, 윤철희 역, 『도시, 역사를 바꾸다』, 을유문화사, 2013, 133쪽. 16~17세기 암스테르담과 양주의 유사성에 대해서는 安東籬, 앞의 책, 13~4쪽 참조.

6 周時奮, 서은숙 역, 『揚州八怪』, 13~21쪽. Marshall P.S, Wu(武佩聖), 「金農及幾位揚州畫家之生平與繪畫活動」, 『東南大學學報』 2003年 3期 참조.

7 郭明道, 「揚州學派的實學思想及實踐」, 『社會科學戰線』 2006年 第4期, 馮乾, 「淸代揚州學派簡論」, 『史林』 2005年 第2期 참조.

8 王振忠, 「兩淮鹽業與明淸揚州城市文化」, 『鹽業史硏究』 1995年 第3期, 李平, 「中國近世文人對地方戲曲的關注」 1,2, 『安徽新戲』 1994年 4期, 5期, 董國炎, 「揚州評話論綱」, 『揚州大學學報』, 2004年 第8卷 第4期 참조.

9 이두는 양주 서쪽에 위치한 의징(儀徵) 출신으로 1764년 16세에 양주로 나온다(孫書磊, 「『揚州畫舫錄』作者李斗的行旅活動與文學創作」, 『南京師範大學文學院學報』, 2013年 3月 第1期, 83쪽).

러한 양주의 형상화에 한 자락 공헌을 하기도 한 — 을 내놓았다.

『양주화방록』은 완성된 직후부터 동시대인에게 "체례가 높지도 낮지도 않게[體例不高不卑]" "싣지 않은 것이 없으며[無所不有]"[10] "아패(牙牌) 24경(景) 외에도" "위로는 신선들의 거처에서 아래로는 황제의 궁궐까지, 그리고 옆으로는 술집과 찻집, 이역의 짐승과 특이한 기녀의 모습, 현란하게 몸을 움직이는 희극까지" "모든 것을 상세히 기술"[11]하고 있다는 평을 받아왔다. 또 완원(阮元)은 그 기록의 생생한 현재성에 주목하여 찬란했던 과거를 돌이켜 회고하는 다른 도시 필기들과는 다르다고 보았다.[12] 이두 자신은 여기 기록들이 모두 직접 목도하거나 탐사 수집한 것임을 자부하여[13] 그것이 사실적이고 객관적인 자료임을 암시하기도 했다. 현대에도 유사하게 "성곽과 해자 및 수계(水系)의 연혁, 산천과 원림, 절과 도관 및 사당, 시장 문물, 풍속 인정과 학술 문장, 시사(詩詞) 영련(楹聯) 그리고 영조(營造) 법식(法式) 및 강희 건륭 남순(南巡)과 어제시, 어필(御筆), 유명 학자의 행장(行狀) 소전(小傳) 등에 이르기까지"[14] 두루 포괄하고 있다는 평을 얻고 있다. 이처럼 생생하고 포괄적

---

10 凌廷堪, 「與阮伯元閣學論畫舫錄書」(『校禮堂文集』 권23), 陳佳雲, 앞의 글, 9쪽 재인용.

11 袁枚, 「『揚州畫舫錄』序」, 이두, 『양주화방록』(1), 21쪽, "上自仙宸帝所, 下至籬落儲胥; 旁及酒樓茶肆, 胡蟲奇姐之觀, 鞠弋流蹌之戲. 都知錄事之家, 莫不科別其條, 了如指掌. 於牙牌二十四景之外, 更加詳盡."(李斗 撰, 周東春 注, 『揚州畫舫錄』, 2쪽) 이 외 완원(阮元)의 서문이나 방준이(方浚頤)의 후서(後序)에도 『양주화방록』이 매우 광범위하고 다양한 대상을 기록하고 있음을 언급하고 있다. 그리고 능정감(凌廷堪), 방준이, 완원은 모두 그 기록 내용이 '경사(經史)와 지괴(志怪)', '아(雅)와 속(俗)', '역사가와 소설가' 즉 전통적으로 대립되는 두 범주를 모두 아우르면서도 전체적 조화를 잃지 않고 있음에 주목하고 있다. 張蕊青, 「『揚州畫舫錄』, 史家與小說家的相通與合流」, 『學海』, 2001年 第5期 참조.

12 이두, 앞의 책(1), 10쪽.

13 위의 책, 25쪽.

14 周春東, 「前言」, 李斗 撰, 周春東 注, 『揚州畫舫錄』, 山東友誼出版社, 2001, 2쪽. 이 외

인 기록 덕분에 『양주화방록』은 “근 200년간 양주를 연구하는 사람이면 거의 인용하지 않은 사람이 없다”[15]고 할 만큼 역사적인 사료로서 애용되고 있다.

그런데 필자가 보기에 『양주화방록』은 양주 혹은 18세기 문화에 대한 동시대인의 생생한 증거로서 충실히 이용되어왔지만, 그 자신으로서 주목을 받은 적은 거의 없는 것 같다. 『양주화방록』은 언제나 ‘부분’으로 떼어져 사용될 뿐, 첫 장부터 끝 장까지 물질적 두께를 가진 완결된 텍스트 ‘전체’로서는 거의 조명을 받지 못했다. 최근 『양주화방록』 자체를 대상으로 삼은 몇몇 연구가 나오고 있지만 그 또한 상업, 학술, 공연, 예술 등과 같이 이왕에 『양주화방록』이 인용되어온 여러 현대 학문 분야의 성과를 평면적으로 종합하거나 이어붙인 모양새를 갖고 있다.[16] 그러나 그러한 평면적 종합은 『양주화방록』이 얼마나 생생하고 풍부한가를 상찬하는 방법이 될 수 있을지 몰라도, 『양주화방록』 자신이 애초에 거절했던, 필기 혹은 지방지의 관용적 언어 안으로 다시 떠밀어넣는 것이 될 수 있다. 명시적이건 아니건 대다수 필기의 조목들은 왕조, 군사, 제도, 사회, 문화, 예술, 전설, 인물 등으로 ‘분류’되어 일정한 ‘순서’로 배열된다. 지식들의 위계적 배열은 각 지방지들에서 서로 유사하게, 그리고 아주 명확한 형태로 나타난다. 『만력양주부

廣陵古籍刻印社의 『揚州畵舫錄』(1984)의 周光培와 中華書局 『揚州畵舫錄』 挿圖本(2007)의 王軍이 쓴 권두 해제에서도 유사하게 요약하고 있다.

15 張紀天, 「談『揚州畫舫錄』」, 『江蘇圖書館學報』, 1986年 第3期, 84쪽.

16 張蕊青, 「乾隆全盛時代揚州文明的實錄－『揚州畫舫錄』」, 『明淸小說硏究』, 2001年 第2期; 王偉康, 「淸代鼎盛期揚州經濟文化輝煌的縮影－『揚州畫舫錄』硏究述略」, 『南京廣播電視大學學報』, 2003年 第1期; 王偉康, 「『揚州畫舫錄』中的散文章段品讀」, 『南京廣播電視大學學報』, 2009年 第3期; 陳佳雲, 앞의 글 참조.

지(萬曆揚州府志)』의 경우 "군현(郡縣), 부역(賦役), 하거(河渠), 질관(秩官), 염법(鹽法), 병방(兵防), 인물, 풍물, 고적(古蹟), 역대(歷代), 방외(方外), 문원(文苑)" 총 12개의 지(志) 항을 설정하여 양주 관련 지식을 분류 종합하고 있다.[17] 그러나 『양주화방록』은 그러한 배치법을 전혀 따르지 않는다. 『양주화방록』은 그 자신만의 고유한 질서에 따라 조목들을 배치한다.[18] 필기나 지방지의 백과사전적 배치법은 거절되었고, 그보다는 양주라는 도시를 지면에 투사함으로써 생겨나는 공간적, 구조적 완결성에 의지하는 것이다. 다시 말해 분절된 필기 조목은 도시의 작은 블록이 되며, 특정한 장소와 건물과 수목과 사건과 인물들은 벽돌 한 장이 되어 차곡차곡 쌓아올려지고 마침내 양주라는 도시의 '어떤' 전경(全景)이 떠오르게 되는 것이다. 아마도 완원이 속수무책 퇴락해가는 고향—양주를 목도하고 『양주화방록』을 찾아 다시 두 개의 발문을 붙

17 楊洵, 陸君弼 等 纂修, 『[萬曆]揚州府志』(二十七卷/首一卷), 北京 : 書目文獻出版社, 1988, 13~5쪽. 『양주화방록』 이후에 나온 『가경중수양주부지(嘉慶重修揚州府志)』의 경우 설치된 분류항목이 대거 늘었지만 일정한 위계에 따라 분야별 배열이란 면에서는 동일하다. 『가경중수양주부지』은 '순행(巡行)' '건치연혁(建治沿革)' '성야(星野)' '강역(疆域)' '산천' '하거' '성지(城池)' '도리(都里)' '율량(律梁)' '공서(公署)' '부역' '염법' '병지(兵志)' '사사(祠祀)' '총묘(冢墓)' '사관(寺觀)' '고적(古蹟)' '질관(秩官)' '선거(選擧)' '환적(宦蹟)' '인물' '풍속' '물산' '예문(藝文)' '사략(史略)' '잡지(雜志)'로 분류되고 있다(阿克當阿, 姚文田, 江藩 等 纂修, 『嘉慶重修揚州府志』(一), 江蘇古籍出版社, 1991, 17~20쪽).

18 王軍은 「편선설명(編選說明)」에서 명확하게 큰 윤곽을 그린 뒤 매 원림을 배치하고, 각 원림에서는 다시 총설(總說)과 분경(分景)을 나누어 체계적으로 서술하는 것이 이 텍스트의 큰 특징이라 보고 있다(李斗, 王軍 評注, 『揚州畵舫錄』挿圖本, 2쪽). 필기 가운데 도시나 지리에 관한 것은 대체로 자신만의 체계를 세우는 경향이 있다. 『양주화방록』과 함께 자주 운위되는 『동경몽화록(東京夢華錄)』의 전반부—후반부는 절기의례—나 『낙양가람기(洛陽伽藍記)』는 도시 구조와 방위에 따라, 『수경주(水經注)는 강을 구역별로 나누는 방식으로 체계를 세우고 있다. 『몽양록(夢粱錄)』의 경우는 월별 의례 부분과 궁전에서 우물에 이르는 장소 나열 부분이 결합되어 있다.

였을 때, 주자청이 그 안에서 "신기루 같은" 양주를 발견했을 때, 『양주화방록』은 자기 '전체'를 통해 양주의 어떤 전경, 어떤 총체적 심상을 솟아오르게 했을 것이다.

또한 『양주화방록』이 무한히 열려있는 개방적 용기를 가졌다 하더라도 그 안에 '선별'된 기록들, 배치들은 고유한 몸을 가진 개인의 지각과 경험, 연상과 반성적 사유로부터 나온 어떤 일관된 형상-이미지가 각인되어 있다. 하나의 도시가 얼마나 질감 다른 이야기로 다시 쓰였는지에 대해 우리는 이미 잘 알고 있다. 마르코 폴로의 항주(杭州)와 김농(金農)의 항주는 모두 자신만의 특별한 이미지와 감정을 갖고 있으며, 동시대라 하더라도 보들레르의 파리와 빅토르 위고의 파리는 각자의 고유함을 지닌 상이한 세계이다. 과학적인 사고와 방법에 기반한 현대 도시학이라 해도 상이한 관점이 상호 대립, 침투하면서 하나의 도시를 얼마나 상이한 방식으로 이해할 수 있는지 보여준다. 벤야민, 르페브르, 루이스 멈포드의 파리는 결코 같은 도시가 아니다. "도시는 수천 개의 눈과 대상 속에 반영되어"[19] 있으며, 모든 장소는 거기에 거주했던 사람들의 수만큼이나 많다. 『양주화방록』 또한 의식적이건 무의식적이건 작자의 어떤 경험과 지향에 의해 가시화된 양주의 형상을 그리고 있는 것이며, 그런 의미에서 『양주화방록』이 지시하는 바는 어떤 객관적인 18세기 양주가 아니라 18세기 이두의 양주이며, 이두가 정신적, 문화적으로 속했던 동시대 공동체의 상호주관적 의식 속의 양주라 할 수 있다.

이에 필자는 그간 『양주화방록』에 접근하던 태도를 조금 바꾸어

19 조엘 코트킨, 앞의 책, 23쪽에서 재인용.

『양주화방록』이 무한히 개방되기 이전 임시적이고 유동적이지만 폐쇄적 완결성을 지녔던 지점에 다시 돌려 세워놓아 보고자 한다. 다시 말해 양주라는 도시를 '전체'로서, 단일한 '하나'로서 지면에 펼쳐놓고자 했던 텍스트, 그리고 작자나 작자가 속한 공동체의 감정이나 경험, 특정하게 정향된 의식들을 품고 있는 텍스트라는 관점에서 『양주화방록』을 읽어보려는 것이다. 이를 위해 다음에서는 먼저 『양주화방록』이 양주라는 도시를 어떻게 전체로서 드러내고 있는지 살펴보고, 『양주화방록』이 양각(陽刻)하고 있는 양주의 '사실들'에 주목하면서 그것들이 품고 있는 의미, 그리고 그것들의 건축물로서의 양주가 어떤 심상, 어떤 정체성을 품게 되는지 살펴보고자 한다.

2. 『양주화방록』, 양주를 건축하다

장소에 관한 이야기들은 짜깁기로 만든 브리콜라주다

— 미셸 드 세르토[20]

『양주화방록』은 양주라는 도시-공간을 어떻게 하나의 전체로서 드러내고 있는가? 이 질문이 『양주화방록』이 어떻게 실제 양주를 총체적으로 재현했는가를 의미하지는 않는다. 사실 양주의 실제가 무엇이냐

20 미셸 드 세르토, 김용호 역, 「일상생활의 실천」, 박명진 외 편역, 『문화, 일상, 대중—문화에 관한 8개의 탐구』, 한나래, 2005, 178쪽.

묻는 것은 우문(愚問)에 가깝다. 공간은 이질적이고 여럿이며 다른 공간들과의 관계에 의해 규정되는 상대적인 것이기 때문이다.[21] 공간을 경험하는 주체의 시선도 도시-공간이 하나의 텍스트인만큼 그 독해는 무궁하며, 무한한 의미 연관 속에 감추어진 무한한 의미, 그 가운데 그 어떤 것을 잡아채는 시선을 늘 기다리고 있기 때문이다. 보다 정확한 질문은 아마도 『양주화방록』이 수많은 양주 가운데서 특별히 길어낸 의미의 파편들, 조목의 블록들로 어떻게 양주를 가시화 했는가일 것이다. 이두가 『양주화방록』을 건축했던 궤적의 일부는 「공단영조록(工段營造錄)」(17권)에 이미 암시되어 있는지도 모른다. 거기엔 건축물—주로 원림—이 완성되는 과정 즉 설계에서 내부 장식에 이르는 각 단계마다, 그리고 건축물의 종류마다 소용되는 사람과 기술, 부품과 각종 재료들이 빼곡이 모여 있다.[22] 그것은 마치 예정된 어떤 설계도에 따라 작자가 선별하여 모아들인 양주의 재료들로 양주를 건축하고 있는 『양주화방록』 '전체'를 구조적으로 유사하게 반복하고 있는 프랙털처럼 보인다.

이두는 『양주화방록』에 소용된 자료들을 건륭 갑신년(1764)부터 수집하기 시작해 을묘년(1795)에 비로소 책으로 간행[23]하게 되었노라 자서(自序)에서 밝히고 있다. 이두는 자신의 쓰기의 동기를 "왕중의 『광릉

---

21 서도식, 「공간의 현상학」, 서울시립대 도시인문학연구소, 『도시 공간의 인문학적 모색』, 메이데이, 2009, 24~5쪽.

22 이두, 앞의 책(3), 335~406쪽.

23 간행과 판본에 관련해서는 史梅, 「『揚州畵舫錄』版本初探」, 南京大學學報, 2001年 第5期와 陳佳雲의 『『揚州畵舫錄』的文學性研究』, 揚州大學 碩士論文, 2013 제2절 부분에 정리된 건륭 60년(1795) 이후 약 100년간의 『揚州畵舫錄』의 간행현황과 판본, 삽도(挿圖) 내용 참조.

통전(廣陵通典)』이후로" 양주에 관한 기록이 "고고(考古)에만 천착하고 근세의 일에 대해서는 소홀"[24]했기 때문이라고 했다. 그리고 이어서 자신이 경서와 역사 공부는 뒷전으로 한 채 여행에 빠져 살았노라며, 부끄러운 듯 월서(粵西), 민절(閩浙), 초예(楚豫), 북경(北京)에 다녀왔음을 얘기하는데, 횟수까지 정확히 헤아리는 모습에선 언뜻 자부심이 비쳐지기도 한다.[25] 그리고 바로 이어서 『양주화방록』을 쓰게 된 과정에 대해 설명하고 있다.

> 물러나 집에 있으면서 가끔 호수에 배를 띄우고 여러 풍경구 사이를 자주 오가며 그 모습에 익숙해졌다. 그래서 작은 골목과 화장실까지 모두 자세히 알게 되었고, 또 직접 목격하고 들은 것들을 위로는 현명한 사대부들의 풍류와 운치, 아래로는 자잘하고 외설적인 일들 및 천박하고 속된 우스갯소리까지 모두 기록해두었다. 갑신년에서 을묘년까지 30년 동안 수집해 놓은 것이 이미 많아졌는지라 그것을 다듬어 책으로 만들었다.[26]

이두는 1764년(16세) 고향 의징에서 양주로 나왔고 그 후로 약 10년간 양주에 머물렀다. 그리고 건륭 39년(1774)에서 가경 7년(1802)까지 29년간 천하를 호유하여 스스로 "갑오년 후로 긴 세월이 흐르는 동안 경사에

24 이두, 앞의 책(1), 24쪽. "江都汪明經中嘗慨志書考古未精, 於是撰『廣陵通典』,… 後之作者莫能或之先也, 惟專考古事, 略於近世, 則以體裁有如是耳."(李斗 撰, 周東春 注, 앞의 책, 1쪽)

25 위의 책, 24~5쪽.

26 위의 책, 25쪽. "退而家居, 則時泛舟湖上, 往來諸工段間. 閱歷既熟, 於是一小巷一廁居, 無不詳悉. 又嘗以目之所見, 耳之所聞, 上之賢士大夫流風餘韻, 下之瑣細猥褻之事, 詼諧俚俗之談, 皆登而記之. 自甲申至於乙卯, 凡三十年, 所集既多, 刪而成帙."(李斗 撰, 周東春 注, 앞의 책, 1쪽)

2번 다녀오고 영남에 3번 있었다[甲午之後, 積歲旣多, 兩上京師, 三處嶺表]”(「자연암잡영유서(自然庵雜咏有序)」)고 말한 바 있다. 1802년 『양주화방록』(3권 36)에 등장하는 왕숭고(王嵩高)를 찾아 고우호(高郵湖)를 지나 보응(寶應)에 갔던 것이 양주를 떠나는 여행으로선 마지막이었고, 이후 가경 12년(1817)까지 15년간 양주에 머무르며 여생을 보냈다. 강소, 절강, 안휘와 같이 비교적 가까운 지역을 제외하고 문자 그대로 장거리 여행이라 할 수 있는 복건 여행을 마친 것이 1797년이다. 그 직전 1790~2년의 여행에서 북경 — 2번째 북경행 — 의 만수절(萬壽節) 행사를 보았고, 광동, 광서까지 다녀왔는데 이때가 바로 3번째 영남 여행이었다.[27]

이런 정황을 보면 이두가 『양주화방록』을 쓴 시점은 남북으로 종횡하는 장거리 여행을 마친 뒤로서, 「자서」 가운데 “물러나[退]”라는 단어가 원행(遠行)을 모두 마친 뒤 양주에 머무르는 시간을 가리키는 것처럼 보인다. 문맥으로 볼 때 이 기간에 주로 책을 구상하고 기록들을 적극적으로 수집 정리했을 가능성이 높다. 그러나 그는 자료를 수집한 것이 1764년 즉 ‘양주로 나온 직후부터’라고 단호하게 얘기한다. 이두를 양주인 — 의징은 양주부에 속한다 — 이라고 하지만 엄밀히 말하면 양주성, 즉 도시 출신은 아니며, 청년기에 도시 문물을 접한 뒤 계속 ‘거주’하며 도시인이 되었던 경우라 할 수 있다. 실제로 자료를 언제부터 수집했는가를 확정하는 것은 무의미한 일이겠지만, 젊은 시절 농촌에서 도시, 그것도 당대 중국 최고의 도시를 만난 그 순간의 강렬한 인상과 경험은 아마도 그로 하여금 자신의 길고 짧은 양주 생활을 모두 기억 — 기록 — 하게 만들었을 것이다. 그래서 어쩌면 그 시기 어느 즈음 양주

27 이두의 여행 시기와 장소에 대한 내용은 孫書磊, 앞의 글 참조.

의 이야기를 쓰리란 꿈의 씨앗이 뿌려졌을지도 모른다. 좀 더 상상의 나래를 펴보면 일생에 걸쳐 미지의 세계를 끊임없이 만나온 그의 여행 편력은 양주와의 강렬한 만남의 경험, 그 쾌락의 경험을 무한히 재연하고픈 불가항력의 유혹 때문이었을지도 모른다. 그리고 그는 자신의 양주 생활을 "호수에 배를 띄우고 여러 풍경구 사이를 자주 오가는" 것으로 요약한다. 즉 그가 수집했다고 하는 다양한 이야기들은 '호수, 배, 풍경구—원림들의 숲'으로부터 온 것이다. 그는 자신의 양주 경험, 좀 더 정확히 말하면 『양주화방록』의 경험이 호수와 배, 풍경구에 뿌리내리고 있다고 얘기하는 것 같다.

한편 『양주화방록』에서 자료를 모으기 시작한 1764년은 건륭 3차 남순(1762)이 있은지 2년 후이다. 그리고 이후로 『양주화방록』이 완성되기 전까지 3차례(1765, 1789, 1784)의 남순이 더 있었다. 그러므로 이 텍스트에서 스스로 "근세의 일"에 주목하겠다고 한 만큼, 직접 답사를 통해 집중적으로 그려내고 있는 양주는 18세기 후반 건륭 남순 시기의 현재 모습이며, 수집된 자료는 주로 장기 18세기[28]의 것을 포괄하며, 역사 사료나 인물 전기까지 포함하면 명말청초까지 소급된다. 물론 성벽이나 운하, 다리, 사당 등의 연혁을 고증하는 부분은 그보다 훨씬 앞선 역사 시기까지 거슬러 오른다.

강희, 건륭의 남순은 다양한 관점에서 평가될 수 있지만, 기본적으

28 1662년 남명 영력제의 처형, 1681년 삼번의 난 진압, 1683년 대만 정경 정권의 패퇴로 청의 지배가 공고화되는 시기부터 1799년 건륭제의 사망 시기까지를 가리키는 용어로서, 강희, 옹정, 건륭의 성세(盛世)에 대응된다(윌리엄 T. 로, 기세찬 역, 『하버드 중국사 청—중국 최후의 제국』, 너머북스, 2014, 118쪽). 18세기보다는 이 용어가 『양주화방록』 기록 대상의 시기를 표현하는 데 더 적절히 부합된다.

로 정복 전쟁의 폭력을 통치의 지속적 권력으로 바꾸는 과정에서 청 왕조가 취한 근본 방침, '황제와 신사(紳士) 동맹'[29] 과정에서 파생된 행사라고 볼 수 있다. 국가 전체 세수의 12%가량을 차지하는 염세의 납부를 담당하고 군수와 수리 사업 등에 필요한 기금을 수시로 동원할 수 있는 재력을 소유한 양주의 염상들은 양주의 실질적 지배층이었고, 황제-중앙정부는 이들 염상과 긴밀한 유대관계를 맺고 있었다.[30] 조손(祖孫) 두 황제의 남순은 그러한 상호유대를 창조하고 공고히 해 나가는 일련의 조처들 가운데 가장 의례적이며 외현적인 것이라 할 수 있다. 특히 6회에 걸친 건륭 남순은 도시의 경관과 규모의 측면에서 여러 가지 변화를 자극하여, 양주성은 대형 원림과 건축물 조성을 통해 서북 교외 지구로 팽창했던 바,[31] 『양주화방록』은 도시가 자신의 성벽을 넘어 성장하는 시기, 절정의 문명을 구가하던 바로 그 일단의 시기를 기록의 발판으로 삼고 있다.

그렇다면 이와 같은 안팎의 배경 속에서 만들어진 『양주화방록』은 양주를 어떻게 형태화하고 있는가? 이두는 이에 대해 명확한 설계도를 갖고 있었다. 그는 다음과 같이 설명한다.

> 지역을 날줄로 삼고 인물과 사건의 기록을 씨줄로 삼으면서 양주 군성(群城)의 지역을 상방사(上方寺)에서 장춘교(長春橋)까지를 '초하(草河)'로, 편

29 위의 책, 60쪽.

30 安東籬, 앞의 책, 112쪽.

31 안토니아 피낸은 대형 원림 교구가 성 서북쪽에서 발전하고, 그에 상응해 소비와 오락 장소가 신성(新城)에서 대규모로 나타나면서 군영인 교장(教場)이 구성으로 옮겨가고 상업지구로 변하는 등 도시 내부의 변화가 크게 일어나는데, 이러한 도시 규모의 확장이 건륭 남순 기간에 절정에 달한다고 설명한다(위의 책, 157~74쪽).

익문(便益門)에서 천녕사(天寧寺)까지를 '신성북(新城北)'으로, 풍락가(豊樂街)에서 전각교(轉角橋)까지를 '성북(城北)'으로, 과주(瓜洲)에서 고도교(古渡橋)까지를 '성남(城南)'으로, 고도교에서 도춘교(渡春橋)까지를 '성서(城西)'로, 소동문(小東門)에서 동수관(東水關)까지를 '소진회(小秦淮)'로 삼아 모두 홍교(虹橋)에서 모이게 했다. 그리고 '하포훈풍(荷浦薰風)'에서 '수운승개(水雲勝概)'까지를 '교동(橋東)'으로, '장제춘류(長堤春柳)'에서 연성사(蓮性寺)까지를 '교서(橋西)'로 삼아 연화교(蓮花橋)에서 모이게 했다. 또 '백탑청운(白塔晴雲)'에서 '금천화서(錦泉花嶼)'까지를 '강동(岡東)'으로, '춘대축수(春臺祝壽)'에서 척오루(尺五樓)까지를 '강서(岡西)'로 삼아 촉강(蜀岡)의 세 봉우리에 모이게 했다.[32]

이 글에서 가장 분명하게 나타나는 것은 작자가 도시를 지역과 인물・사건을 교직한 일종의 태피스트리로 상상하여 구조화하고 있다는 점, 그리고 다시 그 가운데 지역-지리적 공간을 명확한 기준으로 구획하고 있다는 점이다. 여기에서 작자는 양주성을 3곳의 중심지와 10개의 구역으로 나누고 있는데, 각 구역들이 중심지로 향하는 경로에 대해서는 특별히 언급되어 있지 않다. 이는 아마도 당시 양주 거주자나 양주에 익숙한 이들에게는 당연한 사실이어서 굳이 밝힐 필요가 없었던 것이겠지만, 이들 구역을 중심지로 연결시키고 중심지와 중심지

32 이두, 앞의 책(1), 25쪽. "以地爲經, 以人物記事爲緯, 按揚州郡城之地, 自上方寺至長春橋爲草河, 自便益門至天寧寺爲新城北, 自豊樂街至轉角橋爲城北, 自瓜洲至古渡橋爲城南, 自古渡橋至渡春橋爲城西, 自小東門至東水關爲小秦淮, 而皆會於虹橋. 於是自'荷浦薰風'至'水雲勝概'爲橋東, 自'長堤春柳'至蓮性寺爲橋西, 而會於蓮花橋. 又自'白塔晴雲'至'錦泉花嶼'爲岡東,自'春臺祝壽'至尺五樓爲岡西, 而會於蜀岡三峰."(李斗 撰, 周東春 注, 앞의 책, 1쪽)

가 연결되는 경로는 바로 화방(畫舫) 수로(水路)였다.

작자는 가장 첫머리에 놓은 「초하록」에서 건륭 남순 경로, 상방사와 한구대왕사당[邗溝大王廟], 소오대(小五臺)를 둘러본 뒤 황금패(黃金壩)를 지나 남순 영접을 위해 조성한 풍경구인 '화축영은(華祝迎恩)'으로 들어서기 직전 고교(高橋)와 신하(新河), 고교 선착장에 대해 상세히 설명하고 있다. 이 첫 권의 제목인 초하(草河)는 바로 신하의 옛 이름 가운데 하나이다. 부지(府志)를 인용해 설명하고 있는 신하는 풍경구 구역인 보장호(保障湖) 그리고 운하와 연결되는 가장 중요한 화방 수로이다. 이 수로는 크게 2개의 길로 나뉘는데, 하나는 신성의 편익문 밖 고교—보장호 연지(硯池)—남문(南門)—이도구(二道溝)—운하로 연결되고, 또 하나는 편익문 조교(弔橋)에서 성 동북쪽을 감싸는 길로서 다시 두 갈래로 나뉜다. 하나는 신성 공신문(拱宸門, 즉 천녕문) 수관—읍강문(挹江門, 즉 초관(鈔關)) 수관—침교(針橋)—운하로 연결되며, 다른 하나는 구성(舊城) 북수관(北水關)—남수관(南水關)—향수교(向水橋)—운하로 연결된다.[33] 고교 선착장은 화려한 화방들이 모이는 곳으로 "놀잇배를 여기에서 바꿔 탔다[畫舫于斯易]"[34]라는 어제시 구절을 인용해 그 기능을 설명한다. 그리고 호숫가에 12개의 선착장이 있으며 모두 화방이 드나드는 곳이라는 언급을 덧붙이고 있다.[35] 12개의 선착장은 가장 마지막 권인 18권 「방편록(舫扁錄)」에 화방 방편의 목록과 함께 정리되고 있다. '건륭 연간의 방편' 조목에 붙인 자주(自注)에 따르면 정축년(1757) — 건륭 1차 남순이 있

33 위의 책, 78~9쪽.
34 위의 책, 79쪽.
35 위의 책, 80~1쪽.

었던 해이다—이후로 연화경(蓮花埂)을 파고 물길을 준설하여 평산당(平山堂)까지 통하게 해서 화방을 위한 큰 선착장들이 만들어졌다[36]고 함으로써 이들 12개의 선착장이 건륭 남순을 전후로 정비된 것임을 알려준다. 그리고 이후로 매 구역을 통과할 때마다 수로와 다리, 선착장에 대해서는 무심히 지나치는 법이 없다. 예컨대 「소진회록」(9권)에서 비단가게와 온갖 상점들, 기루와 찻집이 빼곡한 거리를 지나면서도 1권에서 나온 신하의 물길이 이어지는 지점을 설명하고 동성(東城)의 놀잇배가 다니기 편하게 만든 용두관(龍頭關)의 수로와 충적지, 그리고 소동문의 선착장들—두적대, 이적대, 두항, 이항을 소개하는 것을 잊지 않는다.[37] 『양주화방록』에서 화방 수로는 원림들의 풍경구가 줄을 지어 조성된 보장호만이 아니라, '신성북' 구역이나 '성북' '소진회' 구역처럼 도시 내부를 경유해 갈 때조차도 가장 중요한 경로가 된다.

이러한 화방 수로는 양주를 통과하는 황제 순행길과도 많은 부분 일치한다. 『양주화방록』의 첫 문장은 "양주의 어도(御道)는 북교(北校)로부터 시작된다"[38]이다. 그리고 이어 건륭 남순의 행로와 수행 선박에 대해 상세하게 설명한다. 황제가 양주부를 통과하는 역참은 총 3곳인데 첫 번째는 고우에서 출발, 강도(江都)를 거쳐 양주 북문 밖 천녕사 행궁에 도착하기까지이고, 두 번째는 천녕사 행궁에서 출발, 성내를 통과하는데 서남쪽으로 흐르는 물길을 따라 고민사(古旻寺) 행궁에 도착하며, 세 번째는 고민사 행궁에서 남쪽으로 강구(江口)에 이르는 것이다. 그 가운

36 위의 책(3), 411쪽.
37 위의 책(2), 163~4쪽.
38 위의 책(1), 27쪽. "揚州御道, 自北橋始."(李斗 撰, 周東春 注, 앞의 책, 1쪽)

데 두 번째 역참이 양주성내를 관통하는 길로서, 고교에서 서남 방향으로 매화령(梅花嶺)을 지나 천녕문으로 성에 들어가고, 천녕가를 통과하여 채의가(彩衣街), 거기서 다시 남쪽으로 교장(教場), 원문교(轅門橋)에 이른 뒤 서쪽으로 돌아가면 다자가(多子街), 거기서 다시 남쪽의 경자상으로 들어가 초관(남문)을 통해 성을 나오게 된다. 이 구간은 육로를 이용했고 채색 벽돌과 흙으로 포장한 '북교어도'로 정비되었다.[39]

이상의 관찰을 통해 우리는 이두의 『양주화방록』 설계도가 화방 수로를 따라 작도되었으며, 많은 부분 건륭의 남순 행로와 일치하며, 이두 자신이 배를 띄우고 노닐었던 호수와 수로의 지도라는 사실을 읽어낼 수 있다. 『양주화방록』의 구역 설정은 마치 현대의 행정구역이 표시된 지도와 같이 양주성 전체를 고르게 나눠 놓은 것처럼 보이지만, 사실은 화방 수로를 따라 접합된 성내와 서북쪽 교외의 보장호 풍경구를 구획짓고 있는 것이다. 중심지로 설정된 홍교와 연화교, 촉강 가운데 홍교까지 11권을 할애한 반면, 연화교와 촉강은 합해서 5권 분량이 소용되었다. 연화교와 촉강이 성 서북쪽 보장호 원림 지역 즉 건륭 남순 이후 본격적으로 개발된 교외 지역에 있다면, 홍교는 성에서 가까운 수로에 위치한, 아주 오랜 역사를 가진 전통적 유람 명소이다. 각각에 할애된 분량이 매우 불균형함에도 불구하고 『양주화방록』에서 이 3곳을 중심지로 설정한 것은 결국 이 텍스트가 '발판'으로 삼고 있는 18세기 후반 현재, "양주의 놀잇배는 모두 성 밖에 있고" "대동문과 소동문의 부두는 성 안에 있어서[40] 수로에 운항하는 화방들이 모여드는 주

39 위의 책, 27~34쪽. 이 노선은 주로 신성북(3, 4, 5권), 성북(6권), 소진회(9권) 구역에 해당한다.

요 거점이 바로 그 3곳이기 때문인 것이다. 3곳의 중심지와 10개의 구역, 그리고 16권의 기록이 갖는 이런 미묘한 불협화음은 화방 수로를 중심으로 작도한 양주와 역사적, 지리적 연속체로서의 양주가 반드시 일치하지는 않음을 간접적으로 얘기해준다.

또한 『양주화방록』에는 지리적으로 통과하고 있음에도 불구하고 드러내지 않는 공간들도 있고, 이두 당시 이미 어떤 물리적 공간도 차지하지 못하게 된 곳임에도 불구하고 드러나는 장소들도 있다. 예컨대 구성에 있는 부학(府學)과 현학(縣學), 양주부 치소나 강도현 치소, 순염찰원(巡鹽察院)은 드러나지 않으며, 구성 중앙 도심부에 있는 안정서원(安定書院)도 직접 나타나지 않고 매화령과 매화서원에 부기된다.[41] 구성은 아주 희미하게 스쳐갈 뿐이다. 중국 전통 도시 생태가 관신구(官紳區)와 상공구(商工區)의 이핵병립(二核竝立) 구도라는 점을 고려할 때[42] 『양주화방록』은 상공구 중심구의 입지 결정 조건인 교통의 요로－수로를 따라 발달한 상공구를 중심으로 한다고도 볼 수 있다. 『양주화방록』의 양주성은 거의 신성 — 상공구 발달지역 — 에 가까우며, 신성은 동남부의 염상 거주 구역과 서북부의 외래자 — 가난한 묵객시인이나 민간예인, 기녀와 염무관원들이 머무는 구역으로 크게 나눌 수 있다.[43] 「소진회록」은 집중적으로 이러한 신성 도심부를 그리고 있는데, 그 전에 구성과 신성의 전체적인 윤곽을 보여준다. 그러나 그것은 자신의

40 위의 책(2), 154～5쪽. "今揚州畫舫皆在城外, 惟大東小東二門碼頭在城中"(李斗 撰, 周東春 注, 앞의 책, 222～3쪽)
41 위의 책(1), 193～5쪽.
42 시바요시노부, 임대희・신태갑 역, 『중국도시사』, 서경문화사, 2008, 137쪽.
43 安東籬, 앞의 책, 157～160쪽.

직접 기록이 아닌 유무길(劉茂吉)의 「양주양성도(揚州兩城圖)」로 대체한다.[44] 그리고 소진회 구역에서 실제로 쌓아놓는 조목 블록은 모두 수로를 따라 자신이 발로 걸어다닌, 그만의 선별된 장소들이다. 유무길의 지도가 "하늘의 별들을 어루만지는 듯" "어느 것 하나 눈에 분명하게 들어오지 않는 것이 없지만"[45] 그의 발길은 그 별들이 이끄는 이정표를 모두 따르지는 않는 것이다. 교장의 북쪽, 마왈관(馬曰琯)의 소영롱산관((小玲瓏山館) 서남쪽에 있었던 염운사(鹽運使) 아문이나 신성 서북쪽에 주둔한 녹영군(綠營軍)은 드러나지 않는다.

양주성이 청 제국에서 갖는 지위는 대체로 그곳에 정치, 경제적 권력의 중심지, 즉 행정기구가 설치되고, 부학(府學)과 현학(縣學)이 운영되며 성황묘가 소재한다는 것 등에 의해 결정되고 있다.[46] 그리고 이 시기 양주성의 제국 내 지위를 결정짓는 그 무엇보다 중요한 요소는 바로 염운사 아문의 설치였다. 양주성이 염업의 중심지라고 할 때, 그 실질적인 의미는 소금 생산이나 유통에서 최적의 지점을 지칭하는 것이 아니라 양회 염무를 직접 통제하고 운영하는 '염운사가 있는 곳'임을 가리키는 것이다.[47] 염업이 강력한 국가독점 산업이었던 만큼 제도

---

44 이두, 앞의 책(2), 155~63쪽. 9권-2조목에서 12조목까지 구성과 신성으로 나누어 지도를 설명하고 자주(自注)를 붙여 대로 내부 골목과 중요 장소를 표기하고 있다.

45 위의 책, 155쪽. "(字極蠅頭, 標諸名色,) 令觀者如拉天上之星辰, 數局中之黑子, 無不瞭然于心目間."(李斗 撰, 周東春 注, 앞의 책, 223쪽)

46 조엘 코트킨, 앞의 책, 95~9쪽과 安東籬, 앞의 책, 88~91쪽 참조. 이들 연구가 전통 중국 도시의 발달이 황권-행정 기능에 좌우된다는 관점을 지닌다면, 이에 대해 "'행정이 주요원인'이라는 설의 과대한 가정"에 대해 유보적인 입장을 보이는 연구 흐름도 있다(시바요시노부, 앞의 책, 103~27쪽 참조). 경제적인 중심지 — 행정이 아니라 — 로 성장하였다 하더라도 행정기구가 설치되는 것은 도시 발전과 지위에 지대한 영향을 미쳤다고 볼 수 있다.

47 安東籬, 앞의 책, 129쪽.

적으로 염상들은 염운사 관료와 긴밀히 연관될 수밖에 없었으며, 법치보다는 인치(人治)적 요소가 강했던 전통적 국가 운영은 양자의 공적, 사적으로 친밀한 관계를 필요로 했다. 염상 특히 휘상들이 염운사의 소재지 — 명대부터 양주에 여러 지역 염상들이 모여 있었기 때문에 염운사의 자리로 낙점된 것이기도 하다 — 에 대거 집결했고, 양주의 경제적 번영만이 아니라 정치적 권력이나 제국 내에서의 위상 또한 그리로부터 흘러나오고 있었다. 그러나 『양주화방록』이 건축한 양주성에는 그러한 행정기구나 학교, 군영, 염운사아문 등이 거의 모두 지워져있다.[48] 『양주화방록』의 양주는 이미 주어진 도시 공간을 그대로 이용하는 것이 아니라, 배를 타거나 두 발로 직접 걸음으로써 스스로 다시 세운 이정표를 따라 새롭게 구성된 장소인 것이다.

이제 화방의 길을 따라 오려내어진 조각으로서 양주는 이두의 이정표를 따라 다시 한 번 구조화되며 고유의 질서를 부여받는다. 이두는 화방의 수로를 따라 설정된 10개의 구역을 탐사하기 시작하며, 하나의 구역 내부에 다시 몇 개의 중심지와 경로를 그려 넣는다. 이런 의미에서 이 텍스트를 『동경몽화록(東京夢華錄)』보다 『수경주(水經注)』 옆에 둔 완원의 견해[49]는 참으로 적절하다. 그러나 여기에는 『수경주』에서는 잘 보이지 않는, 깊이를 만들어 입체적인 공간을 구성하는 공법이 있다. 예컨대 권1의 경우 초하구역을 다시 2개의 큰 지역으로 구분하는데, 북교어도의 시작부분으로 상방사에서 영은교까지까지가 하나의

48 염운사아문은 앞에 나온 유무길의 지도를 설명할 때 조목9 신성 현량가(賢良街) 부분의 자주에 등장한다(이두, 앞의 책(2), 160쪽).

49 위의 책(1), 9쪽, 10쪽.

지역이고, 또 하나는 남순을 위해 건설한 '화축영은'과 '한상농상(邗上農桑)' 두 풍경구가 또 하나의 지역이다. 먼저 각 지역의 지리적 도면을 전체적으로 제시한다.(1) 그리고 하나의 지역 안에 있는 몇 개의 거점 — 상방사, 소오대, 황금패, 고교 등 — 이 설정되고 그것들의 전체 평면도를 그린다.(2) 이어 각 거점의 정자나 누대와 같은 내부 건축물이나 특별한 경관 — 상방사라면 그 안에 있는 월명교(月明橋), 죽서정(竹西亭), 삼절비(三絶碑) — 을 찾아가 직접 보고 만지고 경험한 것을 위주로 설명하고(3), 다시 그 개별 건물이나 경관과 직접 관련되거나 연상되는 사물 — 삼절비에서 '연상'된 양주의 고대 유물로서 석궐한화(石闕漢畫), 여사동척(慮虒銅尺), 손과정(孫過庭)의 「서보(書譜)」비석 등 — 과 일화, 전설(4)을 소개하거나 '연상'된 인물 — 왕사정(王士禛)과 「선지창화시(禪智唱和詩)」, 사계곤(謝啓崑), 심초(沈初) 등 — (5)을 열거한다.[50] (2)거점은 주로 사원이나 사당과 같은 건축물이나 기념비적 문물, 원림들이 되는 경우가 많고, (4), (5)부분은 장소에 따라 크고 작게 나타난다. 특히 어떤 구체적 경관 안에 들어선 후, 즉 (2) 이후는 주로 길이 "산책자를 아주 먼 옛날에 사라져버린 시간으로 데려가는" 경우가 많으며, 한 발자국씩 걸을 때마다 점점 "다음 골목, 저 멀리 으슥하게 우거진 나뭇잎들, 어떤 거리의 이름 등의 자력에 저항하기 힘들게"[51] 된 것처럼 '연상'되는 '이름'들이 많아진다.

대체로 거의 모든 구역이 이러한 방식으로 구성됨으로써 각 구역은

50 위의 책, 34~82쪽. 1권 총 58조목 가운데, 조목4~24까지가 여기에서 설명한 하나의 지역이고, 이어 조목25~58(위의 책, 82~116쪽)까지가 어가 영접을 위한 풍경구 지역이다.

51 발터 벤야민, 조형준 역, 『도시의 산책자』, 새물결, 2008, 10쪽.

밀도와 깊이를 가진 광활하면서도 아늑한 공간으로 구조화된다. 즉 어떤 거점에 촘촘히 들어선 — 조목 블록의 인접성이 빚어내는 착시를 포함해 — 건축물이나 경관, 사물들은 밀도를 만들어내고, '걷기'의 시선을 따라 넓은 곳에서 좁은 곳으로, 비어있는 지리적 공간에서 구체적 대상으로 좁혀들어 가는 서사는 원근법적이고 수직적인 깊이를 만들어내기 때문이다. (1)에서 (5)로 향하는 서사는 "하늘의 별들" 같은 이정표 — 고유명사가 이끄는 대로 따라들어가고, 그곳은 곧 통로로 변해 사라지며, 다시 그것이 불러낸 또 다른 이름을 향해, 그렇게 계속 나아간다. 서사의 걸음이 점점 자신의 추력에 이끌려갈수록 텍스트는 점점 깊고 웅장한 숲이 된다. 도시 "텍스트는 하나의 숲"[52]이며, 서사의 걸음이 점점 다른 것 — 과거나 사람들로 우회할수록 공간은 이제 더 이상 지리적이기를 그만두고, 어떤 이야기를 감추고 있는 다락방이나 지하실이 된다. 『양주화방록』은 문자 그대로 '양주 화방'의 이야기이자, 화방의 길을 따라 펼쳐진 양주에 대한 이야기, 화방 수로를 따라 조각낸 장소들과 그 고유한 이야기들의 몽타주로서 "신기루처럼" '다시' 세워진 양주의 이야기인 것이다. 어쩌면 이런 '양주의 화방'을 통해 『양주화방록』은 양주를 화방의 제유법으로 형상화하려 했는지도 모른다. '돛'으로 '배'를 대신 표현할 수 있는 것[53]처럼, 화방 — '아름다운 배'는 바로 '양주' 자신이 되는 것이다. 그 새로운 '양주'라는 세계는 10개의 구역으로 구성된 새로운 질서로 표상되며, 그 질서가 구축한 깊이와 밀도의 공간에 수많은 이

52 발터 벤야민, 김성도 역, 『도시인간학－도시공간의 통합기호학적 연구』, 안그라픽스, 2014, 48쪽 재인용.

53 미셸 드 세르토, 「일상 생활의 실천」, 박명진 외 편역, 앞의 책, 170쪽.

야기를 싣고 시간을 유유히 가로지르는 '아름다운 배'로서 은유된다.

이처럼 "조각내어지고 오그라지거나 부풀려지면서"[54] '아름다운 배'의 제유법으로 변형된 양주의 형상은 이두의 "두발로 걸어가면서 시선을 이동하면서 완성하는 지리학"[55]으로부터 나온 것이다. 「양주양성도」를 그리기 위해 "매일 성 안팎을 직접 걸어 다녔으며, 밤에는 횃불을 밝혀들고 가보지 않은 곳이 없었다고"[56] 묘사한 유무길의 초상은 이두 자신의 것이기도 하다. 화방을 탄다는 것, 그 길을 걷는다는 것은, 너무나 다양한 힘들이 교차하고 다양한 경관과 사물과 이야기들이 얽혀있는 도시를 주어진 그대로 받아들이는 것이 아니라, 걷기 주체의 몸을 통해 '다르게' 실천하는 것을 의미한다. 그것은 이미 단단하게 주어진 정치, 경제적 권력망과 그 힘들이 움직여 만들어낸 공간을 그것만으로 모두 환원할 수 없는 특이성의 공간으로 바꾼다. 양주라는 '아름다운 배'는 "호수에 배를 띄우고" "작은 골목과 화장실까지 모두 자세히" 알고, "뱃사람과 저잣거리 상인들을 찾아다니며"[57] "도시의 어떤 부분은 사라지게 하고 어떤 부분은 과장함으로써" "그 완고한 질서로부터 도시를 빼돌려"[58] 다시 창조한 형상인 것이다.

54 위의 글, 171쪽.
55 김성도, 앞의 책, 51쪽.
56 이두, 앞의 책(2), 155쪽, "每日履行城內外, 夜則爇炬, 靡不周歷."(李斗 撰, 周東春 注, 앞의 책, 223쪽)
57 위의 책(1), 11쪽. "採訪于舟人市賈"(李斗 撰, 周東春 注, 앞의 책, 3쪽)
58 미셸 드 세르토, 앞의 글, 172쪽.

3. 양주에서 거주하기 - 양주 경험과 정체성

"햄릿이 이 성에 살았다고 상상하자마자 성이 달라져 보이는 것이 이상하지 않습니까?"

— 닐스 보어(Neils Bohr)[59]

지금까지 살펴본 것처럼 『양주화방록』에서 건축한 양주는 자신의 주위를 둘러싼 공간의 일부이면서도 그것과는 분리된 공간인 화방 수로 공간이며, 그 선분을 따라 오려내어진 양주이자, 완결된 세계로 전경화된 양주이다. 『양주화방록』의 양주가 다 헤아리기도 힘들게 많은 경관과 사물과 사람과 이야기를 품고 있다면, 그것 하나가 마치 단색의 벽돌인 것처럼 조목 하나가 되기도 하고, 여러 개를 엮어 마치 채색 벽돌처럼 된 조목 하나가 되기도 한다면, 이들 벽돌은 각기 어떤 모양과 질감, 빛깔을 갖고 있을까? 작자는 화방 수로의 길에서 어떤 의도로 이것들을 선별했으며, 이것들의 건축물로서 양주는 어떤 의미를 갖게 되는가? 바꿔 말해 모든 경관, 모든 장소가 어떤 개인이나 집단의 의도와 경험에 의해 의미를 부여받으며 자신의 정체성을 지니게 되는 것[60]이라면 『양주화방록』의 "조직된 의미의 세계"[61]로서 양주는 어떤 정체성을 갖게 되었을까?

---

59 이-푸 투안, 구동회 · 심승희 역, 『공간과 장소』, 대윤, 2007, 16쪽 재인용.
60 에드워드 렐프, 김덕현 · 김현주 · 심승희 역, 『장소와 장소상실』, 논형, 2005, 250~1쪽.
61 이-푸 투안, 앞의 책, 287쪽.

앞서 우리는 이두의 『양주화방록』 설계도가 화방 수로를 따라 작도되었으며, 많은 부분 건륭의 남순 행로와 일치하며, 동시에 이두 자신이 양주에 거주하는 동안 가장 일상적이고도 의미 있는 행위들 — 배를 띄우거나 걸었던 길 — 의 장소임을 알았다. 이는 달리 말하면 작자가 자신이 양주와 만났던 어떤 강렬한 경험들이 가리키는 곳을 따라간 것이라 할 수 있을 것이다.

건륭 남순의 특별한 이미지와 영향력은 『양주화방록』 곳곳에 나타난다. 『양주화방록』이 남순의 길로부터 시작할 뿐만 아니라, 황제의 동선을 따라 화방 선착장과 함께 성 내외를 연결시키는 중요 수로가 등장함으로써 『양주화방록』 양주의 지리적 경계를 만들어내고 있다. 또한 4권은 천녕사 행원과 행궁의 구조와 건축물, 기능, 풍속까지 상세히 기록하는데 많은 조목을 할애하고 있고, 7권에서는 고민사의 행궁을 다루며, 17세기 말에서 18세기 초의 원림을 주로 다룬 8권이나 도심 번화가를 다룬 9권 등 몇몇 권을 제외하면, 어제시나 어마두, 하사 편액이 등장하지 않는 적이 거의 없다. 황제의 순행은 양주 곳곳에 물리적 흔적을 남겼을 뿐 아니라 사람들에게 깊은 인상을 남긴 사건이기도 했다. 원매(袁枚)는 신미년(1751) 이전만 해도 운하가 좁고 물가에 누대도 적어서 작은 도랑에 풀 흔들리는 소리만 났는데 건륭의 강남 순시 이후 도시 외관이 호화롭게 바뀌고 확장되니 아름답고 이채로워 감탄을 금할 수 없노라 얘기한 바 있다.[62] 건륭 남순은 도시를 바꾸었을 뿐 아니라 진귀하고 화려한 공공 축제로서 도시를 흥분시켰다. 어가 행렬이 온전히 황제를 위해 만들어진 풍경구[63]와 신성 번화가를 지나면 "길

62 이두, 앞의 책(1), 22쪽.

곁에는 화려한 천막을 치고 수상 공연을 벌이며, 모두 소리 높여 만세 삼창을 외치고" 군중들은 "보리싹을 짓밟는" 줄도 모르고 몰려들었다.[64] 남순 축제 기간 동안 양주성은 장대하고 화려한 볼거리에 넋을 놓고 환호하는 도시민과 여행객의 물결로 가득했을 것이다.[65] 흥분과 소란스러움 속에서 아마도 사람들은 양주에 대한 자부심과 긍지를 느꼈을 것이며, 이두 역시 그러했을 것이다. 도시는 "의식과 축제의 규모와 장엄함을 통해 힘과 명성을 성취"[66]하며 군중이 운집하는 종교적, 세속적 행사야말로 도시가 도시일 수 있게 하는 요소 가운데 하나[67]임을 생각하면 황제의 퍼레이드는 양주의 특별한 도시성을 증명하는 표식이 된다. 더욱이 중국에서 "황제가 거주하는 곳이 성스러운 곳이며 권력과 신성이 하나로 묶여 이동했음"[68]을 생각하면, 행렬이 떠난 뒤에도 그대로 남은 행궁은 준-성소가 될 만했다. 『양주화방록』에 새겨진 황제의 자취는 양주 자신의 '현재'의 번영과 영광을 상징하며, 거주민들로 하여금 자신의 도시를 다른 곳들과 구별되는 장소로 만들어주며, '황제의 도시'라는 정체감을 부여한다. 그것은 이두 개인의 층위는 물론이요, 어가 영접을 준비했던 관리와 염상들, 그리고 축제에 참여했던 양주민들의 집단적 층위에서도 동일했을 것이다.

---

63 "건륭제는 남순을 즐겼고,…부유한 상업도시인 양주를 방문하기에 앞서, 양주에 대한 자신의 상상과 일치하도록 양주를 다시 건설하라고 명하기도 했다."(윌리엄 T. 로, 앞의 책, 131쪽)

64 이두, 앞의 책(1), 34쪽. "道旁或搭彩棚, 或陳水嬉, 共達呼嵩誠悃, 所過皆然." "躪蹂惟惜麥苗芒"(李斗 撰, 周東春 注, 앞의 책, 3쪽)

65 마크 C. 엘리엇, 양휘웅 역, 『건륭제－하늘의 아들, 현세의 인간』, 천지인, 2011, 181~94쪽.

66 이-푸 투안, 앞의 책, 278쪽.

67 위의 책, 279쪽.

68 조엘 코트킨, 앞의 책, 99쪽.

그러나 아마도 이두에게 가장 강렬하고 특별한 순간인 동시에 가장 지속적이고 일상적인 양주 경험은 화방과 수로와 호수, 그리고 원림들일 것이다. 『양주화방록』은 그 일단을 엿볼 수 있는 글을 한 편 싣고 있다. 12권 「교동록」 조목11 이성당(怡性堂)에 실린 강원(江園) 유기(遊記)가 그것인데 건륭 신묘년(1771) 즉 이두가 22살 되던 해, 양주에 거주한 지 7년째 되는 해에 쓰인 것이다. 그는 "강원에서 가장 아름다운 경관이 이성당"이라며 이 장소에 대한 애정을 감추지 않고 있으며, 자신의 글로서는 유일하게 이 한 편만을 싣고 있다. 이 글은 칠월 칠석 초대를 받아 강원에서 하루 종일 뱃놀이를 즐겼던 작자가 새벽 동이 트는 순간까지 경험한 특별한 순간들을 서정적으로 기술하고 있다. 힘 없이 물에 가라앉는 초승달과 고요한 밤에 둘러싸여 물결 따라 흔들리는 작은 배, 찬란한 등불 속에 뒤엉켜 출렁이는 마름들의 아름다운 시간이 흘러갔고, 대숲이 부산해지며 흩어지는 새들을 따라 새벽이 밝아 오자 강원에서 하룻밤을 보낸 사람들은 모두 "세수도 않고 먹지도 않고 웃거나 말도 않은 채[不洗盥, 不飮食, 不笑語]" 깊은 상념에 빠진 듯이 보였다고 작자는 술회한다. 이 유기에서 그 날 강원은 자신과 사람들의 마음을 "세속에서 벗어난[瀟灑出塵]" 곳으로 비상하게 하는 강력한 힘이었다.[69]

이러한 「강원유기」는 작자가 양주의 경관을 지각하고 인식하며 표현하는 어떤 근본적인 태도, 양주를 기록하고픈 욕구가 솟아오른 어떤 지점, 그 지향의 원형을 드러내는 것처럼 보인다. 경관은 "대부분의 경우 우리의 직접적인 행동의 배경이나 맥락으로 존재할 뿐 별다른 관심을 끌지 못하지만, 아주 가끔 우연한 관심으로 "특정 환경이 일상적인

69 이두, 앞의 책(3), 20~3쪽 참조.

경험과는 완전히 단절된 심오한 방식으로 우리 의식 속에 들어오는"[70] 절정 경험을 갖기도 한다면, 어쩌면 이 글은 작자의 양주 — 호수와 배에 대한 절정 경험을 고백하고 있는 것인지도 모른다. 그리고 이처럼 「강원유기」에 나타나는 외부 경관이나 대상을 주의 깊게 '관찰'하는 시선이나 자연과 인공물이 하나로 어우러진 주위 환경을 깊이 '감각'하는 태도 등은 전체 텍스트에서 원림과 풍경구의 경관, 그 안의 건축물 하나하나를 접할 때마다 반복적으로 일관되게 나타난다. 거의 모든 원림 구역과 건축물은 작자가 직접 걸어서 낸 길과 직접 보고 만져서 얻은 감각, 그리고 특별한 인상으로 기록되고 있다. 그 절정의 "경험은 매우 짧아서 곧 다시 경관에 무심해지는 상태로 돌아가지만, 그 영향은 매우 깊어서 자의식의 변화를 유도하거나 다른 모든 경관 경험을 판단하는 시금석"[71]이 되어 『양주화방록』 전체를 관통하고 있는지도 모른다. 그래서 양주성은 외래자이지만 그에 대한 강렬하고 특별한 경험을 지닌 내부자로서의 이두, 진정한 고향으로서 애착과 친밀감을 가진 이두에 의해 다시 배치되고 새롭게 창조되어 『양주화방록』으로 나타난다.

집이든 고향이든 도시이든 모든 친밀한 장소들은 그것과 접촉하고 느끼는 사람의 마음을 통해 "타산적인 눈이나 지성과는 상관없이 애깃거리를 저장"하고 있으며, "정감어린 기록의 저장고이자 현재에 영감을 주는 찬란한 업적이다."[72] 양주의 친밀한 장소들로부터 주의 깊게 길어낸 『양주화방록』의 모든 조목들에는 작자의 고유한 경험이나 정

70 에드워드 렐프, 앞의 책, 251~2쪽.
71 위의 책, 252쪽.
72 이-푸 투안, 앞의 책, 233쪽, 247쪽.

감, 특별한 이미지가 스며 있으며, 특정하게 정향된 연상이나 어떤 가치가 녹아 있다. 그것은 이두가 양주에 대해 느끼는 어떤 소속감이자 정체성의 표현이라고도 볼 수 있다. 또한 그러한 지향이나 의식, 정체성은 이두 개인의 고립적인 어떤 것이 아니라 공통된 언어와 상징, 경험을 사용하는 공동체나 집단과의 상호작용으로부터 공유된 것이기도 할 것이다. 화방 수로를 거닐며 이두가 만났던 어떤 경관, 어떤 이야기, 어떤 기록이나 업적들은 그의 마음속을 통과하면서, 어떤 이미지로 형상화된 양주, 어떤 의미가 부여된 양주, 어떤 정체성을 가진 양주가 되어『양주화방록』에 되살아난다.

『양주화방록』이 건륭 남순으로 첫 장을 열었다면 마지막 도착지는 16권「촉강」의 평산당이다. 도착지에 이르기까지 아마도 가장 인상적인 규모로 빈번히 등장하는 경관은 현존하거나 이미 부재하는 원림들일 것이다.『양주화방록』에 양각된 원림은 무엇보다 문연의 장소이며, 학자와 예술가의 거주지이다. 원매가『낙양명원기(洛陽名園記)』에 비했던 만큼『양주화방록』은 직접 체험할 수 있는 원림만이 아니라 이제는 다른 이름으로 변한 옛 원림들까지 정성껏 찾아간다. 작자가 그것을 경험하고 드러내는 방법은 대체로 두 가지이다. 하나는 자연적, 인공적 경관을 모두 함께 세세히 느끼는 것이요, 다른 하나는 그 장소 안에서 벌어진 활동과 거주했던 사람들을 불러내는 것 — 사실 이러한 경험 방식은 다른 장소에서도 예외 없이 나타난다 — 이다. 원림을 서술적으로 구조화하는 방식은 앞서 2절에서 예시한 것처럼 전체에서 개별적인 건축물이나 사물로, 경관에서 사람이나 일화로 이동해가는 것이다. 개별 건축물이나 사물을 중심으로 자연과 인공의 경관의 경험이 짧은 '유기(遊記)'로서 큰 분량을 차지하고 있다면, 그에 못지않은 분량을 차지하는 것은 원림에서 행해졌던 특별한 활동과 사람들, 그리고 그들의 행적에 대한 '소전(小傳)'이다. 『양주화방록』의 원림이 분(扮)한 가장 중요한 배역은 무엇보다 '문연(文宴)'의 무대였다. 『양주화방록』 원림의 가장 특별한 활동은 거의 대부분 수계(修禊)와 시회, 상서로운 일을 기념하는 연회들인 것이다.

신성북 구역 마왈관의 행암(行庵)과 그 서쪽편에 위치한 장사과(張士科), 육종휘(陸鐘輝)의 양포(讓圃)에선 '한강아집(韓江雅集)'이 수차례 개최되었고, 6년간의 활동이 12권의 시집으로 묶여 나왔으며(4권 12, 13), 성남 구역 왕옥추(汪玉樞)의 구봉원(九峰園)에서는 강희 연간에 문연의 명성이 높았고 그 때 지은 시들이 『성남연집시(城南宴集詩)』으로 나왔으며(7권 33), 건륭 계축년(1793) 양회전운사 증욱(曾燠)이 성대한 수계를 치루기도 했다(7권 35). 성서 구역 정원훈(鄭元勳)의 영원(影園)에선 숭정 연간에 황모란 시회가 열려 '모란장원'을 뽑았으며(8권 2), 그의 동생 정협여(鄭俠如)의 휴원(休園)은 성대한 시회를 개최한 바 있다(8권 6). 홍교 구역은 풍경구 이름이 '홍교수계'로 붙을 만큼 문연의 장소로 명성을 떨쳤다. 홍징치(洪徵治)의 대홍원(大洪園)에선 왕사정(王士禎)이 강희 임인년(1662) 수계를 거행한 뒤 『홍교창화집(虹橋唱和集)』을 편찬했고, 1664년에 다시 『야춘시(冶春詩)』를 지었으며(10권 1, 8), 그로부터 "수십 년 후 고상한 풍류를 즐겼다는 칭송은 전운사 노견증(盧見曾)에게 돌아가" 정축년(1757) 수계가 열리니 그것을 주제로 시를 쓴 사람이 7천여 명, 300권에 달하는 시들이 창작되었다. 교서 구역 옹정 연간에 짓기 시작한 하군소(何君召)의 하원(何園)에선 건륭 갑자년(1744)에 흰꽃과 분홍꽃이 한

가지에 모두 핀 연꽃을 기념하여 연회가 열렸고, 병인년(1746) 하원에서 노래한 시는 1,000수 가까웠다.(13권 59, 66) 강서 구역 강희 병신년(1716)에 세운 정몽성(程夢星)의 소원(篠園)은 정원의 꽃이 필 때마다 모임이 열려 명성이 높았으며(15권 8), "마왈관의 '소영롱산관' '휴원'과 함께 시회가 가장 활발한 3대 원림 가운데 하나"[73]였다.

이처럼 양주 원림에서 있었던 기억할만한 활동은 주로 문연이었으며, 영향력 있는 문인이나 관료, 혹은 이미 충분히 그들 중 하나인 염상원주(園主)가 주재한다. 원림, 특히 개인[私家] 원림은 오랫동안 세시 절기의 리듬을 따라 계절을 맞이하고 시를 쓰며 여러 색깔의 만남이 이루어지는 공간이었다.[74] 원림은 조용히 소요하는 시간을 위해서만이 아니라, 주연(酒宴)과 함께 시문서화를 주고받으며 정서적 교류에서 정치적 담론까지 아울렀던 엘리트 계층의 사회 교제 방식을 위해서 그에 적합한 형태로 발달되어왔고, 그 문화적 구성물로서 원림은 스스로 그러한 기능을 촉진시켜 내기도 했다. 양주 원림은 사회적 문화적 엘리트 계층이 발달시켜온 그들 내부의 사회적 소통 양식이 외적으로 구현된 경관 가운데 하나이다. 수수하고 단아하거나 웅장하고 기괴하거나 간에 그들 문화의 교리와 실천과 신비를 나타내는 무수한 기호들 가운데 하나이며, 우아한 전통과 언어로서 담장 너머와는 확연히 구별되는 또 하나의 세계 — 오래된 지식인 낙원의 상징인 것이다. 원림이나 명소의 건축물마다 빠짐없이 기록되고 있는 당송시 집구(集句) 대련(對聯)

73 이두, 앞의 책(2), 137쪽. "揚州詩文之會, 以馬氏小玲瓏山館, 程氏篠原及鄭氏休園爲最盛."(李斗 撰, 周東春 注, 앞의 책, 213쪽)

74 박경자 외, 『중국의 정원－14세기부터 19세기까지의 조경구조물을 중심으로』, 학연문화사, 2010, 94쪽.

들이 여느 다른 장소와 자신을 구분 짓는 뚜렷한 표식인 것처럼, 원림의 특별한 기능과 그것의 활발한 작동은 양주의 찬란한 문명성의 표식이었다. 화방 수로의 양주는 '아름다운 배', 아니 '아름다운 문명의 배'가 되고, 수계와 시회가 열렸던 장소들, 문명성의 표식은 "하늘의 별"처럼 사람들을 이끈다. 그 빛을 따라 "사방의 현명한 이들 가운데 이곳을 둘러보지 않은 이가 없건만" 작자는 자신이 "보고 들은 것이 한정되어 모두 기록할 수 없음"[75]을 안타깝게 여긴다. 작자는 어떤 건축물, 어떤 도시가 진정한 장소, 의미로 충만한 장소일 수 있는 것은 바로 그곳에 사람들이 있었기 때문이며, 바로 그들의 승선을 통해서 '문명의 배'가 완성되는 것이라 느끼는 것 같다.

그래서일까 『양주화방록』은 사람들로 북적댄다. 슬쩍 넘겨보기만 하더라도 『양주화방록』에서 가장 인상적인 것은 바로 끝이 나지 않을 것처럼 따라나오는 인명의 조목들이다. 아마도 『양주화방록』 전체에서 가장 큰 분량을 차지하는 것은 사람들의 이름이며, 그들의 작은 전기일 것이다. 자연적 인공적 경관들 뒤에는 언제나 그곳에 흔적을 남긴 사람들이 뒤따라 나온다. 사실 경관의 외관에 대한 주관적 묘사를 제외하면 경관에 관한 설명이라 할지라도 항상 그것의 능동적 창조자로서, 그것에 특별한 의미를 부여해온 실천가로서 사람들이 등장한다. 경관, 어떤 장소와 사람의 결합력은 너무나 단단해서 2절에서 예시한 것과 같은 경관(1)(2)(3) — 사람과 이야기(3)(4)(5)의 질서정연한 구성에는 거의 예외가 없다. 그 결합력은 『양주화방록』 고유의 조목 조직화

75 이두, 앞의 책(2), 304쪽. "(揚州爲南北之衝,) 四方賢士大夫無不至此, 予見聞所囿, 未能遍記."(李斗 撰, 周東春 注, 앞의 책, 279쪽)

에서 기인한 것처럼 보이기도 하지만, 그보다는 오히려 장소와 사람의 분리불가능성 — 혹은 그에 대한 작자의 신념이나 인식 — 으로부터 나오는 것 같다. 어떤 장소는 바로 그 어떤 사람이며, 사람은 곧 그의 장소인 것이다. 『양주화방록』은 어쩌면 양주의 사람들을 기억하기 위해 '양주'라는 공간을 만들어낸 것인지도 모른다. 양주를 거쳐 갔거나 오래 머물렀던 이들(이들이 양주에서 태어났는지 여부는 전혀 중요하지 않다), 양주를 창조해왔고, 또 그곳을 사용함으로써 다시 새로운 양주를 창조하고 있는 수많은 이들을 위해 이두는 특별한 '집'을 지어주려는 것 같다. 특히 인구밀집도가 높게 지어져 인상적으로 주변과 확연히 구분되는 '집'들이 종종 눈에 들어온다.

앞서 지나온 원림들의 경우도 그러하다. 『양주화방록』 원림에서 성대한 문연 혹은 거의 일상이 되다시피 한 꽃구경이나 시회가 열린 뒤 어김없이 등장하는 것은 그 회합에 참여한 사람들이나 그곳의 귀한 손님으로 머물렀던 빈객들의 명단이다. 각 원림에는 거의 예외 없이 그곳 빈객이었던 학자나 예술가를 위해 지어진 '집'이 있다. 원림의 회합이 빛나는 것은 공간 그 자체로부터 오는 것이 아니라 그것을 주재하거나 그곳에 모인 관료나 시인묵객들의 존재에 말미암은 것이다. 원림이 진정한 의미를 갖는 것은 전국 각지에서 양주성의 빛을 따라 모여든 사람들을 품었을 때인 것이다. 그들을 통해 비로소 양주의 원림은 세상에서 가장 유혹적인 장소 가운데 하나가 되고, 원주(園主)는 관대한 후원자이자 탁월한 감식안의 백락(伯樂), 학인의 지음(知音)이 된다. 그리고 양주는 학문, 예술적 성취를 품은 곳이자 문명을 창조하는 장소로서 정체성을 얻는다.

또 하나 그냥 지나칠 수 없는 '집'으로 서원 공간이 있다. 서원은 신성북 구역 매화령 부근에 펼쳐져 있다. 작자는 매화령에서 매화서원을 만나게 된 것을 계기로 명 담약수(湛若水)의 창건 이후 쇠락과 중흥의 역사, 현재의 경관과 운영 제도 등을 살핀 뒤(3권 8) 성내 서원들까지 모두 소환하여 간략한 양주서원사를 작성한다(3권 9). 그리고 바로 이어 조목 10에서 67까지 ―3권은 전체 77조목으로 되어 있다― 까지 관련된 인물들을 호명하고 있다. 현재의 중흥을 주도한 양회전운사 주효순(朱孝純), 군승(郡丞) 유중선(劉重選), 장원(掌院)으로 초빙된 요내(姚鼐)나 조익(趙翼)같은 학자, 그리고 매화·안정 두 서원에서 수학했던 사람들, 예컨대 사용생(謝溶生)이나 임대춘(任大椿), 단옥재(段玉裁)와 왕념손(王念孫), 왕중, 홍양길(洪亮吉) 등의 소전이 마치 작은 기념비처럼 줄지어 서 있다. 불원천리 타지에서 배움을 구하러 온 학생들과 가르치러 온 학자 문인들, 이들을 양주까지 불러들여 아낌없이 후원한 관료와 염상들, 바로 그들의 호명을 통해 양주는 진사를 배출하는 '인재의 땅'이자 '학문의 도시'가 된다.

이런 원림과 서원들 못지않게 인상적인 기념관들이 화방 수로에는 여전히 많다. 초하와 신성북 구역에 광활하게 펼쳐진 화가·서예가 열전과 배우 열전이 그런 곳들 중 하나이다. 두 번째 초하록(2권)은 배움과 인정의 기회를 쫓아 양주성에 모여든 예술가들, 그러나 특정 원림이나 후원자와 특별한 관계를 맺지 않았던 방랑객들을 위해 특별히 지은 집으로 거의 채워진 구역이다. 그 집은 도화암(桃花庵) 경관을 실마리로 지어진다. 만년에 그곳에 기거했고 서화의 대가이기도 했던 승려 도존(道存)의 행적과 신비한 일화들(2권 7~11)이 소개되고, 이어서 양주를 왕래한 수많은 서예가나 화가들 가운데 각 분야 대가들의 소전을 수록한다(2권 12~145).[76] "단 상공업자 집에 빈객으로 있었던 이들은 따로 원림 항목에 붙여놓는다."[77] 그리고 예술가 한 명 한 명에게 소전의 작은 기념비를 세운다. 이 초하 구역은 특정한 후원자나 장소와 특별한 관계를 맺지 않았지만, 바로 그들의 존재로 인하여 양주성이 독창적이고 개방적인 '예술의 도시'가 되었음을 기리는 장소, 그들에게 헌정한 기념 전당에 다름 아니다.

세 번째 신성북 구역은 천녕사 부근이 황제를 영접하기 위한 대희(大戲)의 장소였음을 실마리로 삼아 권 전체[78]가 희곡을 위한 장(場)으로 개방된다. 원에서 청까지 잡극과 전기의 작품명과 작가들이 열거되고(조목10~17) 이원총국(梨園總局)과 '강호십이각색(江湖十二脚色)'으로 첫 막을 연 뒤 각색별, 희반(戲班)별 대표적인 배우들을 호명한다. 먼저 공연의 시작을 이끄는 부말(副末) 각색의 서반(徐班) 여유침(余維琛)부터 홍반(洪班) 소단(小旦) 배우 주유백(周維柏)까지 곤극 배우들의 소전이 세워진다. 그리고 양주 화부희의 연원과 특징, 희반의 역사와 현황(5권 44)을 소개한 뒤 다시 번대(樊大)부터 강춘(江春) 극단의 위장생(魏長生)까지 배우들의 개별 소전이 세워지고 두 조목(52, 53)에 걸쳐 각색과 배우를 중심으로 화부희에 대해 종합적으로 묘사한다. 더불어 소전 앞뒤로 아

76 2권은 총 149조목으로 되어 있다.

77 위의 책(1), 128쪽. "至曾館于各工商家者, 則另附錄于諸園亭之後."(李斗 撰, 周東春 注, 위의 책, 45쪽)

78 희곡과 직접 관련이 없는 내용이 능정감(凌廷堪)의 계승자 3명을 아주 짤막하게 기록한 6, 7, 8, 3개 조목이다. 조목 5에서 긴 분량을 할애하고 있는 능정감의 경우 1777년 황명에 따라 양주에서 행해진 사곡 정리 작업의 교열자로 등장하므로 희곡과 관련이 있다 할 수 있다.

부와 화부에 쓰이는 공연도구와 악기, 음악 등도 빠짐없이 전시된다. 북경과 함께 청대 연극의 양대 중심지로 명성을 얻었던 이 도시가 자신이 불러 모은 공연 예술가들, 공적 역사서에는 따로 전이 세워지지 않는 이들 이름 잃은 배우들의 이름을 하나하나 되살리는 것은 어떤 기묘한 느낌을 불러일으키기도 한다. 기록의 권리를 독점한 지식인 계층에 속하는 이들과 동등한 자리에 나란히 세워진 배우의 이름들, 그들의 전기와 유사한 구조로 기술되는 배우의 전기들 — 여기서 다 다루지 못했지만 청창(淸唱)이나 평화 예인이나 청루의 기녀 등의 것들까지 포함하여 — 은 화방 수로의 양주가 이왕의 여러 편견과 경계를 넘어서 인간의 모든 다양한 문화적 능력에 경의를 표하고 있음을 깨닫게 해준다.

또한 여기의 배우들은 물론 지금까지 거쳐 온 원림, 서원, 도화암에서 만난 이들 모두가 대부분 양주성 출신이 아니라는 사실[79]을 기억할 필요가 있다. 『양주화방록』에는 "양주에 자주 들렀으나 딱히 누구의 빈객으로 머물지 않고, 홍교를 문인들의 고상한 모임 장소로 이용했던" 사람들의 작은 기념관(10권 93~131)도 있고, 양주성 출신도 아니요 익숙한 빈객도 아니지만 양주 문명에서 절대 빼놓을 수 없는 — 혹은 작자

79 전통시기 중국인의 고향을 확정짓는 것은 상당히 까다로운 문제이다. 조상이 뿌리 내렸던 지역 – 조적(祖籍) 혹은 원적(原籍)과 이주해서 새로 호적을 신청한 곳, 실제 태어난 곳과 성장한 곳이 모두 '고향'의 의미에 포함될 수 있고, 부(府)와 그에 속한 현(縣) 혹은 그보다 더 적은 단위 촌락을 각기 얼마나 독립적이거나 연속적인 장소로 볼 것인가에 따라서, 또 시대별 행정구역의 변동에 따라서 그 '고향의 이름'이 포괄하는 동심원의 범위가 달라지기 때문이다. 이런 사정을 감안하고 이들의 소전을 보자면 그 가운데에는 양주'성'에서 태어난 경우도 있지만 대부분 부치(府治)인 양주성에 이웃한 현이나 이웃 성(省)에서 온 경우가 많고 그보다 훨씬 먼 곳으로부터 온 사람들도 있다. 또 조적으로 따지자면 원주들 또한 거의 대부분 휘주 출신의 외래자라 할 수 있다.

가 그렇게 확신하는 — 인물, 예컨대 능정감과 같은 학자를 위해 특별히 큰 기념비[80]를 만들기도 한다. 이들 수많은 공헌자들의 호명을 통해, 다양한 출신지와 이력을 가진 외래자들을 기꺼이 환대하고 각자의 '재능'과 '취향'을 매개로 다양한 만남과 창조가 가능하게 했던 양주성 특유의 개방성과 활력, 그 자유로운 실루엣을 그려낸다. 그 자신 양주성의 외래자이자 그곳에 고향의식을 갖고 있었던 이두이기에 이들 '양주성의 빈객'들에게 유난히 많은 기념관을 세우고 있는지도 모르지만, 그것들로 인해 양주성은 역동적이고 개방적인 문화의 도시가 된다.

지금까지 살펴본 바와 같이 특정 경관과 결합되면서 어떤 범주로 묶을 수 있는 '사람들'이 두드러지게 나타나는 구역이 있는가하면, 『양주화방록』에는 특별히 인상적으로 부각된 어떤 사람이나 작품들도 있다. 대표적인 사람 가운데 하나가 8권 「교서록」에 나오는 정원훈이다. 「교서록」은 전체 16권 가운데 가장 분량이 적어서 조목이 27개밖에 되지 않는다. 그 가운데 영원의 정원훈과 그 친족이 차지하는 분량이 3분의 2 이상(조목은 12까지)을 차지한다. 그런데 영원(1634 완공)은 이두 당시 이미 옛 모습대로 경험할 수 있는 곳이 아니었다. 고도교북로 서쪽 강가에 있던 영원이 지금은 호수 가운데 섬이 되었고(7권 37) "현재 영

80 텍스트 전체를 통틀어 유일하게 "내 친구(1권 15)"라는 친밀한 수식어를 붙인 능정감의 경우, 출생지인 해주(海州) 판포장(板浦場)을 중심으로 주로 활동했기 때문에, 양주에 우거(寓居)했던 시기인 5권 사곡 정리 작업 부분에 소전의 자리가 마련되고 있다. 조목 6에 마련된 그 자리에는 소전만이 아니라 그가 초순(焦循)에게 보낸 추산학(推算學)을 논한 편지 전체가 인용되어 있고, 초순이 이예(李銳)에게, 다시 이예가 능정감에게 보내는 천문학을 논한 편지가 모두 인용되어 있다. 그리고 이들 셋이 천문학에 깊은 조예를 가지고 있다고 평하며, "능정감의 뒤를 계승한 이들을 수록한다"는 말과 함께 3명을 더 기록하고 있다(위의 책, 317~25쪽 참조). 1권 15에는 사계곤을 계기로 그의 「서위서(西魏書)」에 붙인 능정감의 후서(後書) 전체를 길게 인용하고 있기도 하다.

원의 터"를 고증하거나 "대문 편액이 오래 전에 이미 망실"[81]되었다고 밝히고 있는 걸로 보아, 작자는 아마도 다른 기록, 예컨대 정원훈 자신이 쓴 「영원자기(影園自記)」 같은 책을 참조해서 영원의 모습을 재구성한 듯하다.[82] 정원훈의 전기는 그의 사당 — 동생 정원화(鄭元和)와 함께 배향된 '정씨충의양선생사(鄭氏忠義兩先生祠)' — 을 '그의 장소'로 삼아 기록된다.

그의 전기는 13권 52의 학경춘(郝景春)을 제외하면 개인 전기로서는 가장 길고 상세하게 작성되었다. 명초까지 거슬러 올라가 가계의 훌륭함을 밝히고 1624년(21세, 향시 합격) 이후 1643년 진사가 되기 전까지 그가 행했던 많은 선행들을 서술한다. 그리고 1644년 그의 죽음을 둘러싼 복잡한 사건을 서술하는데, 이 부분이 이 전기에서 가장 긴 분량을 차지한다.[83] 이 전기는 남명 장수 고걸(高杰)이 양주성을 포위하고 그 수하인 양성(楊成)이 약탈을 자행하자, 정원훈이 위험을 무릅쓰고 고걸 진영에 가서 양성을 처벌하고 포위를 풀어 양주성 시민이 성 밖에서 식량을 들여올 수 있게 담판을 짓는 모습을 감동적으로 부각시킨다. 그러나 "양주의 백성들이 편안하면 내 한 몸 잃는다고 무슨 대수이겠느냐?"[84]며 죽

81 위의 책(2), 128쪽. "百餘年來, 遺址猶存.…而影園門額, 久已亡失."(李斗 撰, 周東春 注, 앞의 책, 210쪽)

82 일반적인 경우 원림이나 풍경구는 개별 건축물당 하나의 조목을 설정해서 표시하는데, 영원의 경우 하나의 조목안에 개별 건축물들이 모두 들어가 있다. 전체 구조와 경관 설명이 나오기는 하지만 주관적인 경험의 묘사도 없다. 이것은 조목5 동생 정협여의 휴원도 마찬가지인데 영원보다 훨씬 더 소략해서 건축물의 이름들만 나열되어 있다.

83 정원훈의 죽음은 그 당시부터 논쟁적인 사건이어서 기록하는 사람의 관점에 따라 정반대의 형상으로 해석되었다. 유민 사학자 대명세(戴名世)와 「의징현지」 「양주부지」의 각기 다른 관점과 배경에 대해서는 安東籬(Antonia Finnane), 앞의 책, 72~6쪽 참조.

음도 불사하던 정원훈은 성내를 떠돌던 '오해'와 유언비어, 그를 미워하던 또 다른 남명 장수 마명록(馬鳴騄)의 농간 등에 얽혀들면서 결국 '의로운 하인'들과 함께 광기어린 군중에게 처참한 죽임을 당했고, 시간이 흐르자 사람들은 다시 또 그를 복권시켜 공덕과 충절을 기리는 사당을 세웠다.[85] 그로테스크하기까지 한 이 서사가 얼마나 사실에 가까운가는 논외로 할 때, 이 전기는 양주성을 위해 헌신하고 희생된 비극적인 영웅의 형상을 그려내며, 그를 통해 마치 백년 전쟁 속 '칼레의 시민들'처럼 도시 상류층이 자기의 도시를 지키기 위해 기꺼이 목숨을 바치는 도덕적 헌신과 고귀한 희생의 신화가 새로 창조되고 있다. 그의 신화를 통해 양주성은 책임감 있고 용기 있는 영웅, 고귀한 성품으로 선행을 베풀고 어려움에 처한 지인을 기꺼이 돕는 의인(義人)의 고향이 된다.

흡현(歙縣) 출신의 염상이자 진사 출신인 정원훈은 양주의 전형적인 신사(紳士)였고, 그의 동향 후손들은 18세기 내내 양주성의 지배계층이었다. 정원훈은 양주성의 수호신 — 지배계층인 신상(紳商)들의 조상신이기도 하다 — 으로서 충절과 용기, 그리고 도덕성이라는 영속적인 가치의 상징이 되었다. 그것은 한편으로 양주성의 지배계층이 상상하고 구성해온 자신들의 초상이며, 한편으로 그 가치의 구현을 위해 노력하는 실천적 전통을 견인하는 힘이기도 했다. 『양주화방록』에서 그런 형상을 집약적으로 드러내고 있는 이가 왕응경(汪應庚)[86]이다. 마왈

84 이두, 앞의 책(2), 131쪽. "揚民安, 雖喪身何傷?"(李斗 撰, 周東春 注, 앞의 책, 211쪽)

85 위의 책, 132쪽, 129쪽.

86 "양주에 살면서 (…중략…) 남에게 베풀기를 좋아했다. 예를 들면 구휼미나 약을 나눠 주거나 문묘를 수리하고, 가난한 유생들을 도와 주고, 아이들 양육을 도와주고, 절개 있는 이들의 행적을 널리 알리고, 교량과 배를 만들고, 떠돌이들을 구제해주고, 물에 빠진 이들을 구해주는 일 등이다. 일을 벌일 때마다 십 수만 냥 어치의 재물을

관(4권 12), 오가룡(13권 10), 황기림(黃其林)(12권 87), 왕윤숙(汪允俶)(15권 29) 등도 훨씬 간략하지만 비슷하게 묘사된다. 대부분의 염상들은 원림의 주인이자 서원과 사당을 세우고 성벽과 운하를 수리하며 시약국(施藥局)이나 육영당(育嬰堂)을 운영하며 풍경구와 희반을 만들어 어가를 맞이하는 등 양주성 공공사업의 대부분의 자금을 지원했다. 대체로 염상 조합과 관료들이 공조하는 가운데 조직적으로 이뤄진 이들 사업은 『양주화방록』에서 대개 공적 책임자인 관료들의 이름으로 기록된다. 그리고 염상들이 참여한 이들 공공사업은 염상 개인의 덕망과 인품을 드러내는 일, 그의 선의와 도덕성의 구현의 차원에서 조명된다. 또한 다른 염상 포지도(鮑志道) 같은 이는 사치스럽고 경박한 휘상의 생활양식을 일신한 도덕적 개혁자로서 조명된다. 이들을 통해 양주성은 "거만한 권력과 과시적인 부"[87]의 도시가 아니라 도덕적 헌신과 절제된 부의 도시가 된다.

그리고 이러한 도덕적 이상과 가치 지향은 그들의 도시에 새겨진다. 신성북 구역에는 충절과 효성을 기리는 소효자묘(蕭孝子墓)(3권 68)와 쌍충사(雙忠祠), 사가법묘(史家法墓)가 있고, 교서 구역에는 강춘이 세운 충절공 학경춘(13권 52)의 사당, 촉강에는 왕응경이 세운 다섯 열녀의 오렬묘(五烈墓)(16~41)가 있다. 청루의 환락으로 유명한 소진회에도 정절 패

써서 주리(朱履) 및 오가룡(吳家龍)과 나란히 명성을 날렸다. (…중략…) 건륭 5년(1740) 민간에 기근이 들자 양회 지역에 8개의 창고를 세웠는데, 그는 독자적으로 구휼미를 내놓아 수십만 명의 목숨을 살렸다."(위의 책(3), 273~4쪽) "居揚州, (…中略…) 好施與. 如放賑施藥, 修文廟, 資助貧生, 贊襄嬰育, 激揚節烈, 建造橋船, 濟行旅, 拯覆溺之類, 動以十數萬計, 與朱與白吳步李齊名.(…中略…) 乾隆五年民饑, 兩淮立八廠, 應庚獨力捐賑, 活數十萬人."(李斗 撰, 周東春 注, 앞의 책, 420~1쪽)

87 루이스 · 멈포드, 김영기 역, 『역사속의 도시』, 202쪽.

방(9권 38)이 있으며, 시장과 골목길에는 어려움에 처한 이를 돕고 의리를 소중히 여기는 사람들의 이야기가 흔하니, 이두 자신은 폐결핵에 걸린 배우 거저산(居紵山)을 돌보고(9권 25), 동공사(董公祠) 도사 왕리지(汪履之)는 노견증이 체포되었을 때 따라가 3년을 보살펴(10권 68) 우정의 의리를 다했다. 또한 『양주화방록』의 양주는 허취(許翠)나 서이관(徐二官), 조삼낭(趙三娘) — 각각 9권 63, 64, 65 — 처럼 기생들마저 의롭고 기개에 넘치며, 송호반(松濠畔)의 거지들은 동냥 노래조차 경쾌하다(6권 43).

그리고 이제 여기 이들 정원훈의 신화에서 기개 있는 기생까지 모두 감싸 안으며 양주의 자부심을 칭송한 문장 한 편이 있다. 바로 6권 「성북록」에 나오는 왕중의 「광릉대(廣陵對)」로서, 포지도의 빈객 자격으로 조목 40에 자리한 그의 소전 부분에 인용되어 있다. 왕중의 전기는 다른 이들과 비슷한 분량으로 간략하게 작성되지만 「광릉대」를 인용함으로써 다른 비중을 갖게 된다. 「광릉대」는 주규(朱珪)와 왕중 자신의 문답으로 구성되어 있다. 왕중은 광릉의 사적에 대해 알려달라는 주규의 청에 답하여, 한(漢) 이후 명칭과 지리상의 변화를 고찰한 후 전국시대부터 명말까지 시대마다 있었던 유명한 전투와 인물들의 사적을 열거하며 광릉 '땅'에선 성을 버리고 항복한 자가 하나도 없었음, 즉 절개와 의리의 땅이었음을 역설한다. 이에 대해 주규가 광릉 '사람'은 유약하며 결국 역사에서 수동적 역할만 한 것이 아니냐는 지적에 왕중은 다시 전국시대 이후로 환난 속에서 적극적이고 뛰어난 업적을 세운 인물들을 열거하여 반박하고, 광릉은 충신열사의 사적이 찬란하게 빛을 발하는 곳이요, 재능 있는 이들이 많은 곳이라 결론짓고 있다. 「광릉대」는 광릉 — 양주의 또 다른 이름 — 의 역사를 위대한 인물들의 연속성으로 파악하면서 양주에게 그 '불멸의 존재'들의 후손으로서 영광과 정체성을 부여한다.

「광릉대」는 이어 결론에 덧붙여 "정사(政事)와 법리(法理), 민생을 다스리는 것, 문학과 기예, 불후의 입언(立言), 향리의 나이 많고 덕망 있는 사람들, 효자와 열녀 등 한 분야에서 뛰어난 행적을 따지자면 헤아릴 수 없이 많지만, 나라의 흥폐존망과는 관련이 없는 것이므로 모두 생략했다"[88]며 자신이 구성한 역사가 양주의 일부분에 불과함을 강조해 양주 땅과 양주인의 위대함을 드높이고 있다. 『양주화방록』은 어쩌면 왕중이 「광릉대」에서 미처 다 얘기하지 못한 양주의 미덕, 양주의 영웅을 「광릉대」가 밝힌 빛에 비추어 하나하나 기록해가고 있었는지도 모른다. 「광릉대」가 정치 군사의 양주사라면 『양주화방록』은 마치 그것의 사회 문화 버전처럼 보인다. 「광릉대」가 위대한 조상들의 계보 속에서 양주의 정체성을 끌어내고 있다면 『양주화방록』은 재능 있고 열정적인, 용기 있고 헌신적인 수많은 사람들의 장소 속에서 양주의 정체성을 발견하고 있는 것이다.

이제 화방은 곳곳에 새겨진 크고 작은 이름들이 밝히는 빛에 의지해, 북교어도에서 출발한 여정의 도착지, 촉강에 닿는다. 촉강은 성에서 나온 화방의 마지막 선착장이 있는 곳이자, 양주성의 전경을 한 눈에 굽어볼 수 있는 평산당의 영지이다.

평산당은 송 경력 8년(1048) 구양수(歐陽脩)가 양주 태수로 부임하면

---

88 위의 책(2), 71쪽. "至政事法理, 經緯乎民生, 文學道藝, 立言不朽, 里閭耆德, 孝子貞婦, 一至之行, 蓋以千百計, 非國家之所以廢興存亡者, 則皆略之."(李斗 撰, 周東春 注, 앞의 책, 181쪽)

서 법정사(法淨寺) 서남쪽에 지은 건축물로서 양주에서 가장 유서 깊은 곳이다. 여기에는 지금까지의 그 어떤 장소보다 길고 상세한 설명이 따르고 있다. 16권은 평산당의 주변 경관과 연혁을 포함해 관련된 이야기들로 가득 채워져 있다.[89] 평산당의 창건과 중건, 그리고 그를 둘러싼 이야기는 평산당에 도착하기 이전에 이미 만나온 것들, 예컨대 원림들의 수많은 문연(文宴), 도시의 이정표 — 기념비적 건축물이나 신성한 묘지, 사당 등 — 를 창조해 온 염상들의 자발적 헌신성, 중앙에서 파견된 관료와 지역 염상들의 사적, 공적 유대와 각종 창화시를 통해 가시화되는 지식인들의 지역을 초월한 개방적 연대감, 과거로부터 가치를 끌어내고 그 역사적 연속성 안에서 획득하는 안전감과 자부심 등의 요소를 모두 지니고 있다. 『양주화방록』 현재의 평산당은 앞서 만난 장소들과 사람들의 수많은 이야기의 발원지로서 누대에 걸쳐 양주 엘리트 사회가 창조하고 보존해 온 곳이며, 구양수의 평산당 창건과 빈객 접대 그리고 창화시의 일화는 현재의 세계를 만든 양주 엘리트 사회의 시원(始源)적 신화였다.

화방 수로를 따라 긴 시간 머무르며 다 찾아내기에도 벅차게 많았던 이들 엘리트 사회의 문화 활동과 공공사업, 그 정신적 지향은 평산당에 도착해 자신의 시원과 만나고 그 흐름에 몸을 섞어 양주 사회의 우아하고 위엄 있는 역사를 창조한다. 여기 북교어도로부터 저기 평산당으로 가는 여정은 단순히 이미 주어진 도시의 질서 — 지리적 물길이 아니라 『양주화방록』이 시간의 숨결을 불어넣어 다시 만든 인간적 장소의 길, 건륭 남순의 현재에서 구양수의 과거로 거슬러 오르는 길이

89 위의 책(3), 301~9쪽 참조.

다. 그 길은 조직화된 공간 속에서 시간의 축을 따라 참조문헌과 인용들 — 주로 2절의 (3)(4)(5) 부분 — 을 불러 들여 새로운 장소를 만든다. 찻집이나 다른 원림 혹은 어화원으로 변해버린 곳[90]마다 멈추어 서성거리며 이미 부재하는 장소와 사람들, 그들의 고상한 행위를 기림으로써, 평산당으로 가는 길은 역사화된 공간이 된다. 그 속에서 왕사정과 노견증이 양주 문명의 르네상스를 연 두 주역으로 떠오르고, 노견증에 의해 왕사정 — 『양주화방록』은 그에 비견되는 노견증의 위상을 암시하는 것 같다 — 은 구양수 정신의 후계자로 추대되어 세 사람의 위패를 나란히 모신 삼현사(三賢祠)의 신전으로 가시화[91]된다. 그곳은 양주 엘리트 계층, 그 집단적 자아의 '공공의 집'이다.

이처럼 『양주화방록』은 자신의 화방 수로가 「광릉대」의 역사로부터 시작해서, 현재의 양주를 영예롭게 하는 가장 직접적이고 오래된 역사인 구양수를 거쳐, 양주성을 위해 죽어간 정원훈과 양주 땅에 전국적인 명성을 안겨준 왕사정, 그리고 또 모두 이름을 기억해야 마땅한 수많은 사람들이 살아 숨 쉬는 경관이라고 이야기한다. 평산당으로의 여정은 구양수에서 소식 그리고 왕사정에게로 이어지는 양주 문명의 계보를 완성하는 길이며, 강의 발원지를 찾아 거슬러 오르듯 양주 문명의 정신적 고향을 찾아 가는 길이기도 하다. 어쩌면 이두가 화방 수로라는 특별한 길을 서술의 축으로 택한 것은 바로 그런 이유 때문

90 마왈관의 행암은 어화원에 귀속되었고(4권 12), 항원(亢園)은 이미 흔적도 없고(9권 47) 그 집안 항가화원(亢家花園)은 찻집인 합흔원(合欣園)으로 바뀌었으며(9권 31), 소원은 삼현사 터가 되었다가 왕정장(汪廷璋)에게 매각되어 왕원(汪園)이 되었다(15권 22).

91 위의 책, 210~4쪽.

일지도 모른다. 『양주화방록』을 온전히 따라 걷는다는 것은 어떤 장소에 머무르는 것이요, 그것이 연상하여 불러내는 우회로를 따라 낡은 다락방에서 보물을 발견하듯 양주성의 특별한 이야기 — 작자와 그가 속한 양주 공동체의 긍지가 깃든 — 에 매혹되는 과정이기도 하다. 또한 그 속에서 『양주화방록』이 애착을 느끼는 경관과 사람들, 그것이 자랑스럽게 간직한 양주성의 형상을 알게 됨으로써, 이왕에 알고 왔던 18세기의 양주가 불현듯 완전히 다른 세계로 변모하고 있음을 발견하게 되는 경험이기도 하다.

4. 결론 – 양주와 『양주화방록』 사이

"멈추어라, 너 정말 아름답구나!"

— 『파우스트』 중에서

지금까지 『양주화방록』을 온전한 『양주화방록』 자신으로서 읽기, 여러 개의 양주 가운데 18세기의 어느 작자 혹은 그가 속한 동시대 공동체의 상호주관적 의식 속에 형상화된 '하나'의 양주 이야기로서 읽기를 시도했고, 그를 통해 『양주화방록』이 가시화하고 있는 양주의 지도와 경관, 그것이 품고 있는 이미지와 의미들에 대해 소략하나마 몇 가지 살펴보았다. 『양주화방록』의 양주는 지리적 공간으로서나 지각공간으로서나 양주 전체를 지시하기보다는 화방의 수로를 따라 오려내어진 공간이다. 『양주화방록』은 화방 ― 아름다운 배 ― 수로를 따라 양주의 장소들과 그것을 창조해 온 사람들을 만나는 과정을 통해, 또 그것들 간의 내적인 계보화를 통해, 양주를 어떤 총체적인 형상으로 떠오르게 한다. 『양주화방록』의 양주는 자신의 경관에 새겨진 이름들을 통해 원림과 학자와 예술가의 도시, 개방적이고 다양성의 활력이 넘치는 도시, 헌신과 절제가 있는 도시, 도덕적 선행과 의협적 연대의 도시, 고유의 문화적 계보를 가진 도시 등의 형상으로 나타난다. 작자는 화방 수로의 양주를 문화적 영웅의 신화를 가진 '아름다운 문명의 배'로 은유하려는 듯하며, 『양주화방록』은 자신의 진정한 고향, 양주에게 바치는 헌사에 다름 아니다.

『양주화방록』의 양주는 황제가 강림한 영예로운 땅이며, 엘리트들의 자발적인 헌신성, 아름다운 원림과 시문, 학술과 예술, 충효와 절의, 우아한 문물과 상품이 넘치는 도시이다. 그것은 완원이 참으로 적확하게 붙여준 수식어처럼 "성세(盛世)"의 양주이자 성세 청 제국의 양주로서, 동시대의 양주인 혹은 양주를 경유했거나 머물렀던 사람들의 마음을 사로잡은 이미지 가운데 하나였다. 그러나 『양주화방록』의 양주는 여러 개의 양주 가운데 하나이며, 『양주화방록』이 "확립한 상상의 방식"은 그 가운데 하나일 뿐이다. 『양주화방록』에는 드러나지 못하는 또 다른 '양주'들이 있다.

예컨대 왕수초(王秀楚)의 『양주십일기(揚州十日記)』가 증언하는 1645년 청 군대의 잔혹한 살육은 양주성의 역사에서 잊힐 수 없는 기억이지만 『양주화방록』의 양주에는 그림자조차 드리워지지 않는다. 동일한 시기의 정원훈 이야기 속 '양주성을 도륙하라(誅揚城)!'[92]라는 외침이 잠시 후 이 성에서 다시 한 번 벌어질 참극을 아주 희미하게 암시하고 있기는 하지만 말이다. 『양주화방록』은 왕수초의 시대와 거의 100년을 격하여 새로운 왕조의 '평화'로운 번영기를 목도하고 있었다. 하지만 청조는 문자옥의 공포 정치술을 능란하게 사용했으며, 왕수초의 책은 당연히 18세기 내내 금서였고, 민국시기를 전후해 반만(反滿) 민족주의의 물결 속에서 비로소 발굴되었다.[93] 같은 날 남명 왕조를 위해 끝까지 양주성을 지키다 전사한 사가법은 청조에서 지휘 편찬한 『명사(明史)』에 기록되었고, 충정공(忠正公)에 봉해졌으며, '충절'이라는 보편적 가치의 상징으로 자리매김 되었다. 『양주화방록』의 사가법은 이런 맥락을 따라 항청(抗淸)은 뒤로 물러나고, 왕조의 최후마다 나타났던 충의열사 가운데 하나로서 부조된다.

『양주화방록』에서, 그리고 청초 양주 역사에서 가장 중요한 인물 가운데 하나인 왕사정과 그의 홍교수계 또한 역사적으로 미묘한 위치를 갖고 있다. 통치 초기 청조는 안정된 세원 확보와 효율적인 정치적 지배를 위해 강남 신사층과 동맹 관계를 구축하고자 했고, 그 중 야만적 파괴가 자행된 양주 — 강남 염세의 대부분을 납부해온 도시이자, 전 왕조의 격렬한 최후 저항이 있었던 유민(遺民)의 성지 — 는 가장 신속히 복구되어야 할 강남 도시 가운데 하나였다. 살육과 망국의 상흔이 선연히 남아 있는 동시에 청조의 재건 의지와 노력이 가장 집중됨으로

92 8권 조목2의 서사에 따르면 양주성 백성들이 고걸 진영에서 '양주성을 도륙하라!(誅揚城)'는 소리가 들려오는 것을 듣고 분노하는데, 사실 그건 정원훈이 요구했던 약탈자 양성을 처벌하는 소리(誅楊成)를 잘못 들은 것이었다고 한다(위의 책(2), 131~2쪽).

93 安東籬(Antonia Finnane), 위의 책, 67~71쪽.

써 양주성은 도덕적 죄의식과 피할 수 없는 현실 사이에서 갈등과 혼란에 빠질 수밖에 없었다. 역사는 늘 개인에게 당신은 어떤 사람이냐라고 묻는 질문을 던지지만, 그 질문이 너무나 또렷하여 감당하기 힘든 무게로 개인을 짓누르는 특별한 순간도 있는 것이다. 이러한 시기 왕사정은 청조의 대리인으로서 평화로운 재건의 임무를 위임받아 "실질적이거나 창조된 역사적 의미가 있는 장소를 만들고, 술을 마시거나 담론을 나누고 경치를 감상하며 문화적 우수성을 심사하는 모임"[94]을 통해 양주성 신사층에게 역사적 자부심과 문화적 영광을 되돌려줌으로써 '청조'의 지배를 안착시키는 데에 지대한 공헌을 했다. 『양주화방록』은 폐허 위에 그가 다시 세운 양주성의 문화적 터전에서 태어났고, 그것의 직계 조상은 '명조'가 아니었으며, 역사의 질문이 사가법의 그것만큼 그렇게 무겁지 않은 시대를 살았다. 『양주화방록』이 왕수초나 사가법의 그림자를 지우거나 재맥락화하는 것처럼, 왕조 교체 시대의 고단함을 그대로 드러내지 못하는 것은 어쩌면 당연한 일일 것이다. 『양주화방록』은 왕사정과 홍교수계를 통해 이 시기 양주성의 갈등을 동시대 현재적 사건이 아니라 사가법의 경우처럼 반복되는 '역사' 가운데 하나의 현상으로서 간접적으로 암시한다. 명말 유민들이 왕사정의 수계를 통해 그 모습을 드러내고, 오위업(吳偉業)의 깊은 자책을 담은 절명사(絶命詞)[95]가 인용되기도 하면서 말이다. 그러나 전체적으로 볼 때 이들의 형상은 청초 양주성을 재건한 왕사정의 위대한 거인으로서의 형상 속으로 수렴되어 사라진다. 명말 유민들과 새로운 왕조가 제

94 위의 책, 58쪽.
95 이두, 앞의 책(2), 253쪽.

공한 기회를 놓치지 않은 문인들을 한 자리에 모이게 함으로써 양주성의 역사를 다시 쓰기 시작한 그에게 『양주화방록』은 깊은 존경심을 표하며, 명말 유민들은 왕사정의 덕성과 인품을 부각시키는 조력자의 역할로 물러난다. 홍교수계 참석자들의 소전을 통해 왕사정은 낙담한 패배자들, 자신을 깊은 침묵 속에 가둠으로써 스스로를 지킬 수밖에 없는 이들을 진정으로 위로한 사람, 인간에 대해 예의와 존중을 바칠 줄 아는 사람으로서 형상화된다.

『양주화방록』에 드러나지 않는 양주 가운데에는 정원훈이나 왕응경, 마왈관이나 강춘으로 하여금 조직적, 개인적 선행을 베풀게 만들었던, 재해와 가난으로 고통 받는 양주도 있다. 양주라는 도시는 인공 운하에 깊이 의존하는 만큼 자연적으로 쌓이는 흙을 파내 수로의 깊이를 유지해야 하므로 수시로 준설을 하고, 망가진 제방을 수리해야 했으며, 그런 인공적 치수는 가뭄이나 홍수 같은 수재에 더 큰 영향을 받을 수밖에 없었고, 그 피해는 하층민들에게 더 가혹하기 마련이었다. 또 운하를 유지하기 위해 수로와 물의 사용에서 농업에 종사하는 교외 지역을 희생시켜야 하는 경우가 많았으므로 자연재해가 덮칠 때마다 더 큰 피해를 보았던 이들 지역민들은 양주성내로 모여들어 도시의 구휼에 의존할 수밖에 없었다.[96] 가난과 비인간적 습속에 의해 버려지는 아이들도 많았으며, 질병은 위생적이지 못한 환경에 노출되는 빈민들에게 더 흔하다. 그러나 이들의 양주는 『양주화방록』에서 도시 신사층들의 도덕성을 증명하는 자선과 고귀한 선행의 계기로서만 드러날 뿐이다.

96 이상 수리(水利)와 치수, 배후지의 재해 상황에 대해서는 安東籬(Antonia Finnane), 앞의 책, 137~148쪽 참조.

또한 민국시기 이후로는 물론이요 『양주화방록』 시대에도 내외부에서 비난받던 양주, 즉 사치와 과시적 소비, 탐욕과 경박함, 노견증의 비참한 종말이 알려주는 염정과 염상 조직의 부패, 청루에 팔기 위해 어린아이일 때부터 기녀 수업을 시키는 '양주수마(揚州瘦馬)'의 습속 등의 문제를 갖고 있던 어두운 양주도 있었다. 『양주화방록』이 이런 문제를 지닌 양주에 대해 의식하고 있었음은 분명하다. 염상들의 사치 풍조에 대해 상당히 상세하게 묘사한 조목도 있고, 노견증의 말로에 대해 암시한 조목도 한두 군데 있으며, 양주 기생 '양빈(揚濱)'을 다루고 있는 조목도 있다. 그러나 『양주화방록』은 이들 양주에 오래 머물지 않는다. 염상의 사치스런 형상은 포지도의 근검한 형상을 통해 조정—6권 35 한 개의 조목 안에서 포지도 이전과 이후의 시대로 나누어 사치 풍조 극복의 서사를 구성한다—되고, 노견증의 말로—전통 시기 중국 문헌의 화법이 종종 그렇듯이 이런 류의 사건의 경위에 대해서는 거의 언급이 없다—는 강춘(江春)(12권 19)의 영민함과 권세를 부각시키거나, 빈객의 의리를 상찬하는 배경으로 나타나며, '양빈'(9권 29)은 기생의 역사와 함께 어원적으로 간략히 고찰된다. 『양주화방록』은 그런 양주가 화방 수로 양주의 위대함을 해치지 못하는 사소한 것들이라고 생각하거나, 인간 문명의 역사가 한 켠에 늘 끌어안고 살아온 문제들 가운데 하나라고 생각하는 것 같다.

이처럼 여러 개의 양주 가운데 하나였던 『양주화방록』 양주는 점차 서구 제국주의와 부딪치는 시기에 접근해가면서 서서히 퇴락해갔고, 그와 더불어 양주의 쇠락을 한탄하는 언설들이 나타난다. 특히 민국 시기 이후 양주의 이미지는 '낙후'함으로 급격히 평가 절하되었고, 분쟁을 불러일으키기도 했다. 완원은 1797년 『양주화방록』의 간행 때 서문을 쓴 이후, 도광 14년(1834)과 19년(1839)에 다시 두 편의 발문(跋文)을 붙인다.[97] 양주의 번성을 자랑스러워하는 문장으로 끝맺었던 서문과 달리, 그로부터 30여 년이 지난 후 다시 쓰인 이 글에는 거의 옛 모습을 알아 볼 수 없게 쇠락한 원림과 염상이 몰락한 후 가난에 시달리는 양주의 황폐함에 대한 안타까움이 절절히 배어 나온다. 이제는 더 이상 "후인들이 볼 수 없게 된"[98] — 처음 서문을 썼을 때는 아마 전혀 예상치 못했을 — 번영하던 양주와 그 시절을 애도하며, 완원은 『양주화방록』을 다시 꺼내 발문을 붙이고 있는 것이다. 이제 『양주화방록』의 양주성은 쇠락하고 왜소한 현재와 뚜렷이 대조되는, 풍요롭고 위대한 과거로 '봉인'되고 있었다. 『양주화방록』은 자신의 도시의 가장 아름다운 시절을 그렇게 멈추어 놓았다.

양주성이 고향이었던 완원이 홍교의 녹음을 감상하며 아직은 그래도 볼 만하다 스스로 위안했다면[99] 그로부터 100년 후인 1935년, 욱달부(郁達夫)는 임어당(林語堂)에게 보내는 편지에서 그의 양주행을 극구 만류하며, 차라리 상해에서 상상이나 하는 편이 낫다고 일갈한다.[100]

---

97 이두, 앞의 책(1), 12~5쪽. 이외에 전영(錢泳)의 필기에도 양주 여행 부분(20권 22~30)에서 평산당이나 구봉원 등의 퇴락을 한탄하는 얘기가 나온다. 錢泳 撰, 張偉 點校, 『履園叢話』, 530~4쪽.

98 위의 책, 13쪽. "後之人所不盡知也."(李斗 撰, 周東春 注, 앞의 책, 4쪽)

99 위의 책, 15쪽.

100 郁達夫, 「揚州舊夢寄語堂」, 『郁達夫文集』 4, 9~10쪽. "차라리 상해에서 구양공(歐陽公)의 평산당과 왕완정(王阮亭)의 홍교, 『도화선(桃花扇)』의 사각부(史閣部), 『홍루몽(紅樓夢)』의 임여해(林如海) 그리고 염상의 별장과 신사의 미녀를 상상하는 편이 훨씬 낫다(你旣不敢遊杭, 我勸你也不必遊揚, 還是在上海夢裏想像想像歐陽公的平山堂,王阮亭的紅橋, 『桃花扇』裏的史閣部, 『紅樓夢』裏的林如海, 以及鹽商的別墅, 鄉宦的妖姬, 倒來得好些.)."

찬란한 문화의 도시로 명성이 자자했던 전통 양주와 그것이 만들어온 유산들 — 현대 중국에서 양자는 모두 쉽게 '전통 중국'의 상징으로 치환된다 — 과 조우할 것을 기대하며 양주에 다녀온 욱달부는 크게 실망하여, 차라리 자기 단꿈에서 깨지 않는 노생(盧生)이 되는 게 낫겠다 탄식했던 것이다.[101] 이 편지가 쓰인 바로 3년 전 양주는 양주와 양주인, 특히 양주 여성의 형상을 폄하하는 이군좌(易君左)의 『한화양주(閑話揚州)』로 인해 재판정까지 가는 우여곡절[102]을 겪은 바 있었다. 이들의 양주 한탄 혹은 양주 비난에서 서양 제국주의의 폭력 앞에 허망하게 무너진 현재의 굴욕을 과거의 어떤 것을 희생양 삼아 보상하려는 무의식적 집단 심리도 감지되지만, 여하한 20세기 양주가 『양주화방록』이 증언하는 18세기의 명성을 다시 되찾을 수 없음은 분명해 보였다. 양주는 다시 포조(鮑照)의 「무성부(蕪城賦)」, 두목(杜牧)의 '꿈'의 세계로 되돌아갔다.

장기 18세기 양주가 실제로 어떠했든, 이후 역사적 격동 속에서 어떻게 변모했든, 『양주화방록』의 양주는 누군가에게 실재했던 양주, 공유된 집단 의식 속의 어떤 양주이다. 왕사정은 애상에 젖은 양주의 두목이 아니라 문물 왕성한 양주의 구양수와 소식이 되었고,[103] 양주에서 그가 실현코자 했던 문명의 부흥 — 전통 지식인들이 이상적으로 그렸던

101 위의 책, 10쪽. "꿈 속의 노생이 자기 꿈에서 깨지 않는다면 어찌 즐거운 일이 아니겠습니까?(枕上的盧生, 若長不醒, 豈非快事.)"

102 徐光燦, 「易君左『閑話揚州』風波」, 15~18쪽, 陳雪嶺, 「『閑話揚州』與作者易君左其人」, 44~8쪽 참조.

103 이두, 앞의 책(2), 240쪽. 왕사록(王士祿)은 "지금도 광릉을 지나는 사람은 그(왕사정)가 남긴 뜻을 이야기하여 마치 구양수와 소식을 말하는 듯하니, 그저 두목의 꿈을 떠올리는 것과는 다르다(至今過廣陵者, 道其遺意, 仿彿歐蘇, 不徒憶樊川之夢也)"고 얘기하고 있다.

—이 최소한 『양주화방록』에서는 '실현되고' 있었다. 그런 의미에서 보면 『양주화방록』의 양주는 더 이상 유토피아의 공간이 아니다. 유토피아는 지금 여기 있지 않은 비장소이다. 서구적 의미에서처럼 미래의 이상적 전망으로서든, 전통 중국의 감각에서처럼 지나간 이상향으로서든 유토피아는 현존하지 않는 것이며, 부재함으로써 의미 있는 곳이라면, 『양주화방록』의 양주는 실제로 '실현된' 유토피아적 장소, 즉 '헤테로토피아'에 가깝다. "위치를 가지는 유토피아"로서 헤테로토피아는 "자기 이 외의 모든 장소들에 맞서서 어떤 의미로든 그것들을 지우고 중화시키고 혹은 정화시키기 위해 마련된 장소들"[104]이다. 『양주화방록』은 자기 이외의 장소들—여러 개의 양주들에 맞서, 그것들을 지우고 모든 양주 바깥의 어떤 양주를 스스로 조직한다. 그 시절 『양주화방록』의 양주에 모인 사람들은 양주를 현실의 질서와는 다른 공간—문명을 마음껏 창조하고 즐기는 쾌락적 공간으로 '빼돌려' 사용하며, 『양주화방록』은 청 제국의 모든 양주들로부터 한시적이고 특별하게 자리매겨진 양주를 빼돌려 '아름다운 문명의 배'의 헤테로토피아를 건축하고 있는 것이다.

결국 변명에 불과하지만, 『양주화방록』은 철저히 화방 수로의 지리적 장소들을 따라 움직이면서도 수시로 시간 여행을 하거나 연상된 다른 범주의 이야기로 자유롭게 넘어가도록 구조화되어 있기 때문에 당대 양주의 지리적 공간이나 역사를 잘 알고 있는 사람에게는 자신의 시간화된 전경을 기꺼이 떠올려주지만, 낯선 방문객에게는 쉽게 읽히지만은 않는 텍스트이다. 그래서 이 글은 『양주화방록』의 전체 공간과

104 미셸 푸코, 이상길 역, 『헤테로토피아』, 문학과지성사, 2014, 13쪽.

이야기에서 또 하나의 축인 번창하는 시장과 민간 예술, 종교적 의례와 축제, 종교 건축, 과학적 지식과 기술 공법, 오락과 유흥 문화 등의 세계를 시공간상으로 통합하여 다루는 데 큰 부족함이 있다. 또한 『양주화방록』 안에 이미 여러 단서가 충분히 암시되어 있음에도 불구하고 작자가 『양주화방록』을 쓰게 된 개인적, 집단적 배경 — 특히 양주학파 — 에 대한 연구가 미진하며, 양주성 내외의 지리와 운하, 염정을 포함한 행정 제도 등 역사 지식의 일천함으로 인해 『양주화방록』의 다양한 기록을 총체적으로 재구성하기에 미흡함이 있었다. 더불어 다른 시기, 다른 도시에 대한 기록물들과의 관계 속에서 『양주화방록』이 갖는 의미 또한 제대로 살피지 못한 바, 이들 모자라는 부분은 추후 연구의 과제로 삼고자 한다.

참고문헌

김성도, 『도시 인간학－도시 공간의 통합 기호학적 연구』, 파주 : 안그라픽스, 2014.

박경자 외, 『중국의 정원－14세기부터 19세기까지의 조경구조물을 중심으로』, 학연문화사, 2010.

최부득, 『건축가가 찾아간 중국정원』, 미술문화, 2008.

고던 큘렌, 박기조 역, 『도시경관』, 태림문화사, 1992.

괴테, 김훈 역, 『파우스트』, 혜원출판사, 1994.

그램 질로크, 노명우 역, 『발터 벤야민과 메트로폴리스』, 파주 : 효형출판, 2005.

루이스・멈포드, 김영기 역, 『역사속의 도시』, 명보문화사, 1990.

마이크 크랭・나이절 스리프트, 최병두 역, 『공간적 사유』, 에코리브르, 2013.

마크 C. 엘리엇, 양휘웅 역, 『건륭제 : 하늘의 아들, 현세의 인간』, 천지인, 2012.

맹원로, 김민호 역, 『동경몽화록』, 소명출판, 2010.

미셸 푸코, 이상길 역, 『헤테로토피아』, 문학과지성사, 2014.

박명진 외 편역, 『문화, 일상, 대중－문화에 관한 8개의 탐구』, 한나래, 1996.

발터 벤야민, 조형준 역, 『도시의 산책자』, 새물결, 2008.

발터 벤야민, 조형준 역, 『보들레르의 파리』, 새물결, 2008.

서울시립대 도시인문학연구소, 『도시 공간의 인문학적 모색』, 메이데이, 2009.

시바요시노부, 임대희・신태갑 역, 『중국도시사』, 서경문화사, 2008.

앙리 르페브르, 양영란 역, 『공간의 생산』, 에코리브르, 2011.

양현지, 서윤희 역, 『낙양가람기』, 눌와, 2001.

에드워드 렐프, 김덕현・김현주・심승희 역, 『장소와 장소상실』, 논형, 2005.

에드워드 홀, 최효선 역, 『숨겨진 차원』, 파주 : 한길사, 2002.

윌리엄 T. 로, 기세찬 역, 『하버드 중국사 청－중국 최후의 제국』, 너머북스, 2014.

이두, 홍상훈・이소영 역, 『양주화방록』 1, 2, 3, 소명출판.

이-푸 투안, 구동회・심승희 역, 『공간과 장소』, 대윤, 2007.

周時奮, 서은숙 역, 『양주팔괴』, 창해, 2006.

조엘 코트킨, 윤철희 역, 『도시, 역사를 바꾸다』, 을유문화사, 2013.

존 레니에 쇼트, 이현욱・이부귀 역, 『문화와 권력으로 본 도시탐구』, 한울아카데미, 2001.

케빈 린치, 양동양 역, 『도시형태론』, 지문당, 1986.

안정훈, 「『揚州畵舫錄』小考」, 『中國小說論叢』 22호, 한국중국소설학회, 2005.

홍상훈, 「'博學鴻詞科'와 '文讌'을 통해 보는 清 前期 문인 집단의 의식」, 『中國文學』 57집, 韓國中國語文學會, 2008.

홍상훈, 「양주揚州－전통 중국인들의 유토피아」, 『流域』 2권 1호(통권2호), 솔, 2007.

孟元老 等著, 『東京夢華錄(外四種)』, 臺北 : 高亭書屋, 1975.

阿克當阿, 姚文田, 江藩 等 纂修, 『嘉慶重修揚州府志』(一)(二), 江蘇古籍出版社, 1991.

安東籬(Antonia Finnane), 李霞 譯, 『說揚州 : 1550～1850年的一座中國城市』, 北京 : 中華書局, 2007.

楊洵, 陸君弼 等 纂修, 『[萬曆]揚州府志』(二十七卷/首一卷), 北京 : 書目文獻出版社, 1988.

酈道元, 『水經注』, 臺北 : 商務印書館, 1968.

寧越敏・張務棟・錢今昔, 『中國城市發展史』, 合肥 : 安徽科學技術出版社, 1994.

郁達夫, 『郁達夫文集』4, 香港 : 三聯書店, 1982.

李斗 撰, 周東春 注, 『揚州畫舫錄』, 濟南 : 山東友誼出版社, 2001.

李斗 撰, 汪北平・徐雨公 點校, 『揚州畫舫錄』, 北京 : 中華書局, 2004.

李斗, 王軍 評注, 『揚州畫舫錄』挿圖本, 北京 : 中華書局, 2007.

錢泳 撰, 張偉 點校, 『履園叢話』, 北京 : 中華書局, 1997.

朱自清, 朱喬森 篇, 『朱自清全集』1, 南京 : 江蘇教育出版社, 1988.

焦循・江藩 撰, 『揚州圖經』, 南京 : 江蘇古籍出版社, 1998.

郭明道, 「揚州學派的實學思想及實踐」, 『社會科學戰線』 第4期, 吉林省社會科學院, 2006.

董國炎, 「揚州評話論綱」, 『揚州大學學報』 第8卷 第4期, 揚州大學, 2004.

史梅, 「『揚州畫舫錄』版本初探」, 『南京大學學報』 第5期, 南京大學, 2001.

徐光燦, 「易君左『閑話揚州』風波」, 『檔案春秋』 第2期, 上海市檔案館, 2010.

孫書磊, 「『揚州畫舫錄』作者李斗的行旅活動與文學創作」, 『南京師範大學文學院學報』 第1期, 南京師範大學文學院, 2013.

王偉康, 「清代鼎盛期揚州經濟文化輝煌的縮影－『揚州畫舫錄』研究述略」, 『南京廣播電視大學學報』 第1期 , 南京廣播電視大學, 2003.

王偉康, 「『揚州畫舫錄』特色試探」, 『揚州職業大學學報』 第9卷 第3期, 揚州職業大學, 2005.

王偉康, 「『揚州畫舫錄』中的散文章段品讀」, 『南京廣播電視大學學報』 第3期, 南京廣播電視大學, 2009.

王振忠, 「兩淮鹽業與明清揚州城市文化」, 『鹽業史研究』 第3期, 自貢市文化局, 1995.

李平, 「中國近世文人對地方戲曲的關注」1,2, 『安徽新戲』 4期, 5期, 安徽省藝術研究所, 1994.

張紀天, 「談『揚州畫舫錄』」, 『江蘇圖書館學報』 第3期, 江蘇省圖書館學會, 1986.

張蕊青,「『揚州畫舫錄』, 史家與小說家的相通與合流」,『學海』第5期, 江蘇省社會科學院, 2001.

張蕊青,「乾隆全盛時代揚州文明的實錄－『揚州畫舫錄』」,『明清小說研究』第2期, 江蘇省社會科學院, 2001.

陳佳雲,「≪揚州畫舫錄≫的文學性研究」, 揚州大學碩士論文, 揚州大學校, 2013.

陳雪嶺,「『閑話揚州』與作者易君左其人」,『民國春秋』第4期, 江蘇古籍出版社, 1998.

馮乾,「淸代揚州學派簡論」,『史林』第2期, 上海社會科學院歷史研究所, 2005.

許衛平,「略論揚州的私志」,『揚州大學學報』第8卷 第1期, 揚州大學, 2004.

Marshall P.S, Wu(武佩聖),「金農及幾位揚州畫家之生平與繪畫活動」,『東南大學學報』第3期, 東南大學, 2003.

Antonia Finnane, *Speaking of Yangzhou : A Chinese City, 1550 –1850*, Cambridge, MA : Harvard University Asia Center, 2004.

잔혹과 당혹 사이*

『수호전』 석수 이야기의 해석사

민경욱

1. 여는 말

이 글은 『수호전(水滸傳)』에 나타나는 잔혹한 장면이 역대로 어떻게 해석되었는지 살펴본다. 이를 통해 한 사회 안에서 대중적 허구 이야기가 지니는 의미와 그것이 시대가 바뀌면서 겪는 위상 변화를 밝히는 것이 이 글의 목적이다.

---

* 이 글은 『중국소설논총』 35집(한국중국소설학회, 2011)에 실은 「잔혹과 당혹 사이 ―『수호전』 석수 이야기의 해석사(상)」과 제41집(2013)에 실은 「『수호전』 석수 고사(故事)의 해석사―근대편」을 통합한 후 수정, 보완한 글이다.

'잔혹' 장면이라는 다소 자극적인 대상을 택한 이유는, 그것이 시대 변화에 따라 독자가 느끼는 감각의 차이를 극명하게 보여주는 소재인 동시에, 외부의 요소에 의해 사실과 허구의 양극단으로 규정이 갈리는 이야기 매체의 처지를 잘 대변하는 것이기 때문이다. '당혹'이라는 단어는 독자의 입장에서 보았을 때 이야기의 취지에 공감하지 못하고 반대로 거부감을 느끼는 경우를 가리키기 위해 사용한 것이다.

『수호전』을 포함하는 수많은 명청 소설 작품 가운데 독자에게 감동 대신 당혹감을 안겨주는 장면을 찾자면 부지기수일 것이다. 그러나 이 글에서는 그러한 장면이 비교적 많은 것으로 인정되는 『수호전』, 그중에서도 제46회[1]에 나오는 양웅(楊雄)과 석수(石秀)의 반교운(潘巧雲) 살해 장면을 둘러싼 이야기와 그 해석에 집중하기로 한다.[2]

아래에서 필자는 이 『수호전』 석수 이야기에 대한 전근대(前近代)와 근대의 해석을 차례로 검토하면서 이 전통 시기의 허구 서사가 전통시기부터 오늘까지의 중국 사회라는 큰 배경 속에서 어떠한 문화적 의의를 지녀왔는지 살펴본다. 아울러 마지막 부분에서는 『수호전』의 잔혹성을 중국 전통문화 일반의 포폄(褒貶)에 연계시킨 보다 포괄적인 논쟁의 역사와 관련 저작을 일별(一瞥)함으로써 이글의 학술적 배경을 제시하는 동시에 후속 연구 구상을 밝히고자 한다.

---

1 김성탄(金聖嘆) 70회본 『수호전』에서는 제45회에 해당한다.

2 『수호전』을 제외하고 들 수 있는 이러한 예로는 『삼국지연의(三國志演義)』 제19회에 나오는 유사 할고(割股) 장면, 『서유기(西遊記)』 제8회와 제9회 사이에 나오는 현장법사 모친의 복수와 자결 장면, 『고금소설(古今小說)』 제38권 「임효자열성위신(任孝子烈性爲神)」에 나오는 간부 살해 장면, 『요재지이(聊齋志異)』 「성선(成仙)」편에 나오는 간부(奸婦) 살해 장면 등을 들 수 있다.

2. 전근대의 해석 – 사실과 허구 사이

1) 최초의 해석들

『수호전』의 성립 연대에 대해서는 아직까지 확실한 결론이 나지 않은 상태이지만, 많은 논자들은 만력(萬曆) 38년(1610년) 전후에 출간된 용여당본(容與堂本) 100회본을 온전하게 남아 있는 판본 가운데 가장 오래된 것으로 평가하고 있다.[3] 이 판본에는 간략한 평점(評點)이 달려있는데, 이 판본의 출간 시기보다 한참 앞서 쓰여 졌을 가능성이 높은 이야기 원문에 비해 이 평점은 출간 직전에 쓰여 진 것으로 추정된다. 대략 원문 작성 연대의 상한선은 명대 초까지로 볼 수 있으며, 평점은 아마도 만력 시대에 쓰여 졌을 것이다. 이 평점의 저자는 섭주(葉晝)로서, 1594년부터 1625년까지의 행적이 확인된다.[4] 이 글에서는 섭주의 평점과 다른 만력 시기 판본의 평점을 『수호전』 원문에 대한 가장 오래된 해석으로 간주하기로 한다.

『수호전』 제44~6회에 나오는 이야기의 대강은 다음과 같다 : 곤란을 겪고 있는 양웅을 석수가 돕게 된 계기로 두 사람은 의형제를 맺고, 석수는 양웅의 도움 아래 푸줏간을 열게 된다. 한편 양웅의 아내 반교운은 승려 배여해(裴如海)와 관계를 맺게 되었는데 석수가 이를 눈치 채

3 이 용여당본이 『수호전』의 원본과 어떠한 관계이고, 또 원본과 비교해 어떠한 차이점이 있는지에 대해서는 현재까지도 논의가 분분하다.

4 章培恒, 「前言」, 『容與堂本水滸傳』, 上海古籍出版社, 1997.

고 양웅에게 알리자, 반교운은 술 취한 양웅에게 석수가 자신에게 평소 치근덕거렸다고 모함하여 그를 쫓아낸다. 이에 석수는 기회를 노려 반교운을 만나러온 배여해와 그의 부하 두타(頭陀)를 죽여 버린다. 사건의 전말을 알게 된 양웅은 석수와 함께 취병산(翠屏山)으로 반교운과 하녀를 유인하여 자백을 받아낸 다음 그들을 죽인다.

작가가 원래 어떠한 의도로 이 장면을 설계했는지는 용여당본의 해당 원문을 통해 추정해 볼 수 있다. 용여당본 이야기 전개의 특징은 인물이 등장할 때와 사건이 종결될 때 시가(詩歌)를 사용하여 표현한다는 점이다.[5] 영웅호걸에 대한 상투적인 어구로 되어있는 양웅과 석수에 대한 시가처럼 반교운과 배여해에 대한 시가도 지극히 통속적이다.[6]

칠 흙 같은 귀밑머리, 가늘게 굽은 눈썹, 촉촉하게 반짝이는 눈, 향기를 내뿜는 입, 곧게 솟은 콧날, 발그레한 뺨, 분단장한 얼굴, 나긋나긋한 몸, 가늘고 고운 손, 잘록한 허리, 보드라운 배, 작고 뾰족한 발, 화려한 신발, 풍만한 가슴, 새하얀 다리. 그리고 좁고 빽빽하고 붉고 까만, 영 알 수 없는 것이 또 하나 있지.

이를 증명하는 다음과 같은 시가 있다 : 이팔청춘 미인의 몸은 나긋나긋한 것이 허리춤의 장검처럼 어리석은 남정네를 단칼에 요리한다네. 비록 목이 달아나진 않았지만, 그 매력에 그대는 이미 알게 모르게 속마음이 타

---

5 이렇게 빈번하게 출현하는 시가에 대해, 이것이 『수호전』 이야기의 원작자가 쓴 것이 아니라 후대의 편집자가 자의로 넣은 것이라는 주장도 있다(羅爾綱, 『水滸傳原本和著者研究』, 江蘇古籍出版社, 1992). 만약 그렇다면 이러한 시가들은 섭주의 평점보다 더 이른 시대의 해석으로 볼 수 있을 것이다.

6 김성탄본에는 이 시가들이 모두 삭제되어 있다.

들어갔다오.

黑鬒鬒鬢兒, 細彎彎眉兒, 光溜溜眼兒, 香噴噴口兒, 直隆隆鼻兒, 紅乳乳腮兒, 粉瑩瑩臉兒, 輕嬝嬝身兒, 玉纖纖手兒, 一捻捻腰兒, 軟膿膿肚兒, 竅尖尖脚兒, 花簇簇鞋兒, 肉妳妳胸兒, 白生生腿兒. 更有一件窄湫湫, 緊搊搊, 紅鮮鮮, 黑稠稠, 正不知是甚麽東西. 有詩爲証 : 二八佳人體似酥, 腰間仗劍斬愚夫. 雖然不見人頭落, 暗裡教君骨髓枯.[7]

파르라니 막 깍은 머리에 사향 섞은 소나무 향료를 고루 바르고, 새로 지은 노란 장삼에서는 향나무 향기가 풍기네. 앞코 들린 푸른 신은 복주(福州)에서 만든 것이요, 아홉 가닥 자색 실띠는 서역에서 사 온 것이네. 번들거리는 눈빛으로 미녀 시주(施主)를 몰래 훔쳐보고, 달콤한 말로 상갓집 유부녀 유혹하네. 음심(淫心)이 발동하면 암자로 가 비구니를 찾고, 색욕(色慾)이 동할 때는 방장(方丈) 내의 수행자를 찾네. 선녀와 같은 여자를 보면 동침할 것을 생각하고, 항아(姮娥)처럼 예쁜 여자를 보면 즐길 수작을 거네.

一個青旋旋光頭新剃, 把麝香松子勻搽; 一領黃烘烘直裰初縫, 使沉速栴檀香染. 山根鞋履, 是福州染到深青; 九縷絲絛, 係西地買來眞紫. 那和尙光溜溜一雙賊眼, 只睃趁施主嬌娘; 這禿驢美甘甘滿口甜言, 專說誘喪家少婦. 婬情發處, 草庵中去覓尼姑; 色胆動時, 方丈內來尋行者. 仰觀神女思同寢, 每見嫦娥要講歡.[8]

반교운과 배여해가 각기 등장할 때 나오는 이 시가를 통해 두 사람이 애초부터 불륜을 저지를 것임이 암시된다. 특히 반교운의 경우 제

7 『容與堂本水滸傳』, 654~5쪽.
8 위의 책, 662쪽.

24회에서 반금련(潘金蓮)이 등장할 때와 마찬가지로 아름다운 용모가 강조되는데,[9] 이를 통해 독자는 그녀가 쾌락을 추구하기 위해 남편까지도 희생할 수 있는 전형적인 팜프 파탈 형 인물일 것이라는 선입견을 가지게 된다.[10] 또한 이는 석수가 이 사건에 적극적으로 개입하는 결정적 이유 가운데 하나가 된다.[11] 그러나 이는 엄밀히 말해서 반금련에 의해 살해당한 무대(武大)의 경우를 떠올려야만 성립하는 이야기 내적인 논리에 해당한다. 후대의 많은 사람들은 이 논리를 받아들이지 않았고, 결과적으로 석수의 진정한 동기에 대해 의심을 품게 되었다.

편폭을 고려해 보면 이 이야기는 크게 세 부분으로 구성되어 있다. 반교운과 배여해의 불륜을 다룬 전반부와 석수가 배여해를, 양웅이 반교운을 죽이는 중반부와 후반부가 그것이다. 전반부의 절정은 두 사람이 절에서 처음으로 동침하는 장면인데, 현대의 독자라면 두 사람의 로맨스에 거의 공감할 뻔 했을 정도로 작가는 인물의 심리 과정을 매

9 위의 책, 330~1쪽.

10 김성탄도 "무송이 반금련을 처음 보는 장면과 같게 묘사하려고 한다[務要寫得與武松初見金蓮一般]"라고 논평한다(『水滸傳會評本』, 北京大學出版社, 1987, 826쪽).

11 "석수는 다음과 같이 생각했다 : 양웅이 나와 형제의 의를 맺었는데, 내가 만약 이일을 밝히지 않는다면 그는 억울하게 죽을 것이다[石秀却自尋思道 : 楊雄與我結交, 我若不明白得此事, 枉送了他的生命]."; "석수가 말했다 : 형님, 제가 비록 변변치 않은 놈이지만 그래도 하늘과 땅에 두고 떳떳한 사나이 대장부인데, 어떻게 그런 일을 할 수 있겠습니까? 형님이 나중에 사악한 계략에 걸릴까 걱정되어 형님을 찾아왔습니다. 형님께 보여드릴 물건이 있습니다[石秀道 : 哥哥, 兄弟雖是個不才小人, 却是頂天立地的好漢, 如何肯做這等之事? 怕哥哥日後中了奸計, 因此來尋哥哥, 有表記教哥哥看]."; "양웅은 손가락질 하며 욕했다 : 네 이년! 내가 잠시 어리석어 하마터면 너에게 속아 넘어갈 뻔 했구나. 우선 우리 형제의 의리를 상하게 했고, 또 나중에 너에게 목숨을 잃을 뻔 했으니, 차라리 내가 오늘 먼저 손을 봐줘야겠다. 네 이 여편네의 뱃속은 어떻게 생겨먹었는지, 내가 직접 봐야겠다![楊雄却指着罵道 : 你這賊賤人, 我一時間誤聽不明, 險些被你瞞過了! 一者壞了我兄弟情分, 二乃久後必然被你害了性命, 不如我今日先下手爲强. 我想你這婆娘心肝五臟怎地生着, 我且看一看]"(『容與堂本水滸傳』, 675, 682, 686쪽)

우 자세하게 묘사한다. 이어서 석수가 두 사람의 애정을 방해하다 도리어 모함을 받아 쫓겨나고, 절치부심 끝에 증거를 잡아 배여해와 그 졸개를 죽이는 것으로 중반부가 마무리 된다. 그리고 이를 통해 사실을 알게 된 양웅이 아내에게 배신당한 분노와 의형제를 오해한 자책감 때문에 석수와 함께 반교운과 하녀를 잔혹하게 살해하는 것으로 한편의 피비린내 나는 범죄 드라마는 완성된다. 용여당본의 작자는 다음과 같은 시로써 이 이야기를 정리하면서 본인의 입장을 내 비친다:

> 간음한 여인은 불륜의 전모를 자백했으니, 시체는 곧 흙으로 돌아갈 테지. 만약 다른 재앙을 피하고자 한다면, 양산박 안이 몸을 숨기기 좋다네.
> 姦淫婦女說緣因, 頃刻屍骸化作塵. 若欲避他災與禍, 梁山泊裡好潛身.[12]

마지막에 등장하는 잔혹한 살해 장면만 제외하면, 팜프 파탈·불륜·배신·누명·추리·복수·살인 등과 같은 여러 극적 요소를 담고 있는 이 이야기는 오늘날의 독자에게도 충분히 통할 정도로 흥미진진하다. 이처럼 작가의 우선적인 관심은 양웅을 사이에 놓고 반교운과 석수가 벌이는 긴박한 두뇌 싸움을 독자에게 효과적으로 잘 전달하는 데 있는 듯하다. 이 치밀하게 짜여진 치정살인극을 통해 작가가 어떤 깊숙한 의도를 감춰놓았다고 보기는 힘들다. 또한 밝혀둘 것은, 작가가 이 이야기를 설계할 때 독자에게 지적인 긴장감과 감성적인 흥분을 주기위해 노력했을 뿐이지, 작가 자신이 이야기의 내용에 당혹하지 않았음은 분명하다는 점이다. 만약 그랬다면 설령 실화를 그대로 옮겨

12 『容與堂本水滸傳』, 686쪽.

적는 방식으로도 이 이야기를 창작할 수 없었을 것이다.

이어서 섭주의 평점과 만력 시기의 다른 판본인 원무애본(袁無涯本)과 여상두(余象斗本)[13]의 평점을 통해 그 당시 사람들의 생각을 살펴보도록 하자. 이러한 필자의 시도에 대해 평점에 담긴 남성 사대부들의 생각이 얼마나 정확히 당시 상황을 반영하는지 의문을 제기할 수 있다. 하지만 작가의 의도와 이야기 자체의 논리가 복잡하게 얽혀있는 이야기 본문에 비해, 한 개인의 이념적 성향을 논리적 언어를 통해 다수의 독자에게 전달하려고 하는 평점은 많은 판본을 확보하면 할수록 당시 사대부의 정신세계를 엿볼 수 있는 훌륭한 참고자료가 된다.

남녀의 불륜과 발각, 그리고 이에 따른 복수라는 스릴 넘치는 이야기를 읽고 난 뒤, 만력 시대의 평점가들은 동일한 윤리적 평가를 내린다. 남편을 배신한 반교운을 매도하고, 반교운과 석수 사이에서 주체적이지 못한 양웅을 비난하며, 지혜와 담력을 함께 갖춘 석수를 칭찬하는 것이 바로 그것이다.

반교운이 처음 등장할 때부터 "음란한 여인이다[就是淫婦了]"라고 말한 섭주는 그 뒤로 일관되게 "음란한 여인[淫婦]"이라는 호칭을 사용한다.[14] 이는 양웅과 석수의 입을 통해서만 그 말을 내뱉었지,[15] 이야기를 서술하는 동안에는 줄곧 "부인[婦人]"이라는 말로 반교운을 호칭하고 있는 이야기 원작자와는 사뭇 다른 태도이다.[16]

---

13 원무애본은 120회본이며, 여상두본은 축약본이다.

14 『容與堂本水滸傳』, 654, 666, 669, 674, 677쪽.

15 위의 책, 665, 672, 673, 686쪽.

16 "부인(婦人)"이라는 말 대신, 작가는 단 두 차례 "여편네(婆娘)"라는 말로 반교운을 지칭한다(『容與堂本水滸傳』, 665쪽). 그에 비해 배여해에 대해서는 "승려[和尙]"와 "땡중[賊禿]"이라는 말을 비슷한 빈도로 사용한다.

원무애본과 여상두본의 평점 또한 석수의 편에 서서 편파적인 평가를 내린다. 석수가 배여해와 그 졸개를 죽인 다음, 자기들끼리 싸움이나 서로 죽인 것처럼 보이기 위해 칼을 현장에 놓아두고, 다시 나중에 양웅과 반교운에게 보일 증거로 쓰려고 두 사람의 옷을 챙겨가지고 나오는 장면에 대한 두 판본의 평점을 보자.

> 자고로 이렇게 절묘하게 일을 처리하는 검객이 있었는지?
>
> 석수는 양웅이 그를 자기 사람으로 여기지도 않았는데, 나중에 계략으로 두타를 죽여 양웅에게 사실을 일깨워주었다. 석수가 담력이 있고 지혜로우며 어짐과 의로움을 겸비한 것이 한층 더 드러나게 되니, 예부터 보기 드문 경우이다.
>
> 自古劍俠有如此作用之妙否?
>
> 石秀被楊雄如此不以自已, 後以計殺頭陀, 報知楊雄, 越見石秀膽用智足, 仁義兩全, 古之罕矣.[17]

또 가마꾼들이 살해 현장을 발견하는 장면에 대한 여상두본의 평을 보자.

> 반교운이 석수에 의해 이전 일들을 남김없이 실토한 다음, 살해되어 내장이 나무에 걸리고 까마귀가 그걸 다투어 먹게 되었으나, 이후 독자 분들이 이 장면을 읽게 되더라도 "불쌍하게 죽었다", "안타깝다"라고 말하지는 않을 것이다. 살펴 보건대, 반 씨는 아름다운 여성으로 다른 멋진 사람이 얼마

17 『水滸傳會評本』, 850쪽.

나 많은데 굳이 보잘것없는 중놈에게 빠져들어 생명을 잃고 말았으니 죽은들 무엇이 불쌍하랴!

潘氏被石秀對明前事, 殺死掛腸於樹上, 老鴉爭食其腸, 後君觀到此者, 莫言死之苦, 有惜之矣. 觀潘氏乃一美麗之婦, 多少俊俏之人, 區區愛一賊禿, 致喪其身, 死何惜哉! 何惜哉![18]

마지막으로, 원무애본의 총평을 보자.

석수는 자신의 억울함을 푸는 일은 제쳐두고, 양웅이 해를 입을 것을 걱정하는 생각이 우선이었으니, 진짜 혈육이고 진짜 성인이로다!

또 평하여 말한다 : 취병산에서 양웅은 여전히 주견이 뚜렷하지 못했지만, 끝내는 석수에 힘입어 남자로서의 자존심을 지켜냈다.

石秀爲自己辯寃事輕, 怕楊雄受害念重, 是眞骨肉, 是眞聖賢.

又評 : 翠屛山上楊雄猶無主意, 終賴石秀做得一個烈丈夫.[19]

이들의 평점을 보면, 원래의 이야기가 쓰여진 뒤 최대 이백년이란 시간이 흘렀지만 그들은 여전히 작가가 이야기를 통해 유도하였던 취지에 적극적으로 영합하는 사고방식을 지녔음을 알 수 있다. 이들의 눈에 반교운은 부도덕한 죄인으로, 석수는 지혜와 용기를 겸비한 영웅[20]으로 그려진다.

18 위의 책, 862쪽.

19 위의 책, 867쪽.

20 이 이야기에 대한 섭주의 총평은 다음과 같다 : "석수는 일을 함에 세심하고 주의깊으며, 용감하고도 지혜롭다. 그에 비해 양웅은 매우 허술하다. 비록 그러하나, 원래

또 이들의 반응은 일부의 예외를 제외하고, 근대시기 전까지 이 이야기에 대해 일반 독자들이 가졌던 통념과도 일치한다.[21]

2) 김성탄의 경우 - 당혹의 시작

1608년에 태어나 1661년에 사망한 김성탄(金聖嘆)이 『수호전』에 대한 평점을 완성한 것은 1641년의 일이다.[22] 그로부터 3년 뒤인 1644년 숭정(崇禎) 황제가 북경에서 스스로 목숨을 끊었다. 김성탄의 평점본은 100회 혹은 120회로 유통되던 『수호전』에서 호걸들이 양산박(梁山泊)에 모이기까지 과정을 다룬 70회만을 남기고, 조정에 협력하는 과정이 나오는 뒷부분은 삭제해버린 것으로 유명하다. 또 그는 원문에 상당한 수정을 가하였고, 이전과 비교할 수 없을 만큼 많은 분량의 평점을 써넣었다. 그의 판본은 이후 『수호전』의 대표 판본이 되었고, 그의 평점 방식 또한 이후의 평점가들이 우선적으로 참고하는 모범이 되었다.

김성탄의 원문 수정에 대해 대부분의 평자들은 이전의 판본보다 더 나은 결과를 낳았다고 말하지만, 이 글에서 다루는 부분에 있어서만큼

일이란 것이 당사자에게는 잘 안보이나 다른 사람 눈에는 명확하게 보이기 마련이니, 어찌 양웅만이 그러하겠는가?"(石家三郎作事精細, 勇而且智. 如楊雄者, 特草草耳. 雖然, 當局迷, 旁觀淸, 一雄已哉?)"(위의 책, 692쪽)

21 장페이헝[章培恒]은 『中國文學史新著』의 도론(導論)에서 이 잔혹한 복수극을 희곡으로 만든 〈취병산(翠屛山)〉이 이십 세기까지도 많은 대중들에게 사랑받는 레파토리였음을 지적하고 있다(4쪽). 희곡 〈취병산〉에 대한 문헌기록은 우선 『水滸傳資料彙編』의 관련 페이지를 참고할 수 있다(朱一玄編, 『水滸傳資料彙編』, 南開大學出版社, 2002, 543, 563, 565, 567~8, 575, 589, 593, 597, 600~2, 606쪽).

22 王靖宇, 談蓓芳 譯, 『金聖嘆的生平及其文學批評』, 上海古籍出版社, 2004, 203쪽.

은 그렇게 말하기 어려운 측면이 있다. 배여해가 반교운을 만나러오고 석수가 희희덕 거리는 두 사람 사이의 미묘한 느낌을 감지하기 시작하는 부분에서부터 김성탄은 두 사람에 대한 원문의 호칭을 각각 "중놈[賊禿]"과 "음란한 여인[淫婦]"이라고 바꾼다.[23] 배여해는 죽을 때까지 그 호칭으로 불리고, 반교운은 배여해가 죽고 난 뒤 더 이상 불륜과 모함을 행하지 못하는 순간부터 다시 "부인(婦人)"이라는 옛 호칭으로 복귀한다.[24] 윤리적 판단을 내리는 평점가의 자아가 이야기의 긴장도를 유지해야할 작가의 자아를 압도하여 원문에 개입한 경우이다.

또 다른 패착[敗筆]의 예로는 평점과 관련된 것으로, 원문에 반복적으로 출현하는 단어나 상황의 빈도수를 세어 가면서 기록하는 그의 버릇이다. 이것이 효과적으로 잘 사용된 예는 제23회에서 반금련이 무송(武松)을 유혹하는 장면에 대한 분석으로, 김성탄은 "도련님[叔叔]"이라는 호칭이 서른아홉 번 사용된 뒤 나오는 "너[你]"라는 단어의 절묘함에 대해 논한 바 있다.[25] 반교운과 배여해에 대한 호칭이 바뀌기 시작하는 위의 장면에서도 김성탄은 석수의 확신 정도를 "한 푼[一分]"에서 "열 푼[十分]"까지의 열 단계로 나누어 기록하고 있다.[26] 그러나 이 경우의 효과는 다소 의심스러운데, 왜냐하면 반교운이 배여해가 있는 절을 방문하여 처음으로 동침하는 긴 장면이 "여덟 푼[八分]"과 "아홉 푼[九分]"사이에

23 『水滸傳會評本』, 834쪽.

24 김성탄은 그 사이에 반교운은 서너 차례, 배여해는 단 한 차례, 각각 "부인(婦人)"과 "승려[和尙]"라는 이전의 호칭으로 부르는데, 이는 기존 원문에 나오는 수많은 호칭을 미처 다 고치지 못한 결과로 보인다(『水滸傳會評本』, 837, 843쪽).

25 『水滸傳會評本』, 434~41쪽; 필자는 이 내용을 다음의 글에서 처음 접했다(조관희 외, 『중문학 어떻게 공부할까』, 실천문학사, 1994, 286~7쪽).

26 위의 책, 833~44쪽.

전개되면서 사실상 수치의 연속성을 끊고 있기 때문이다.[27] 이를 이전 판본과 비교해보면, 김성탄이 원작자가 순차적으로 기록한 "三分"・"五分"・"八分"이라는 단어에 착안해 원문을 무리하게 바꿔가면서 열 개의 단계를 하나하나 설계했음을 알 수 있다.[28] 이 말고도 그는 "你這"라는 단어가 여섯 번 나오는 점에 주목하거나,[29] 하녀와 반교운의 자백 장면을 각각 열한 번의 "如何"로 수치 분석하기도 하는데,[30] 효과는 모두 시원치 않다.

김성탄의 평점이 이전과 결정적으로 달라지는 부분은 석수에 대한 평가이다. 그는 처음부터 석수의 일거수일투족을 의심의 눈초리로 쳐다본다. 석수의 "치밀한[精細]" 면에 대해서 이전의 평점가들은 모두 긍정적 평가 일변도였지만, 그는 석수가 때로는 필요 이상으로 생각이 앞서가는 경향이 있음을 발견하고 이에 대해 "잘못 짚은 것이다[錯用心也]"라는 평가를 내린다.[31] 이어서 그는 석수의 주도면밀한 면에 대해 점차 거부감을 표시하는데,[32] 이를테면 석수가 배여해와 그 졸개를 죽이는 장면에 대해 원무애본과 여상두본의 평점가는 앞서 인용한 것처럼 모두 찬탄의 목소리를 냈지만 김성탄은 반대의 생각을 표시한다.

27 위의 책, 838~44쪽.
28 『容與堂本水滸傳』, 662~72쪽.
29 『水滸傳會評本』, 846쪽.
30 위의 책, 858~9쪽.
31 위의 책, 828쪽.
32 이를테면 김성탄은 석수가 양웅의 오해를 받고 떠나는 장면에서, 두 번이나 "석수는 두려운 사람이다. 나는 이 사람이 싫다[石秀可畏, 我惡其人]!"라고 말한다(『水滸傳會評本』, 848쪽).

살인은 지극히 급박하게 돌아가는 일인데, 그가 얼마나 여유롭고 수월하게 하는지 봐라.

지극히 치밀하니, 석수는 두려운 사람이다.

殺人是極忙遽事, 看他何等閑逸脫套.

精細之極, 石秀可畏.[33]

이러한 판단의 근거는 제45회 총평에서 종합적으로 제시된다.

문 : 앞에서 무송이 간부(奸夫)와 음부(淫婦)를 죽이는 장면이 있었고, 여기 다시 석수가 간부와 음부를 죽이는 장면이 있으니, 이런 점에서 두 장면이 서로 같지 아니한가?

답 : 같지 않다. 반금련의 음탕함은 감히 무대를 죽이는 지경까지 이르러, 그 악독함이 극에 달하였다. 가슴을 갈라 심장을 꺼내지 않으면 실로 그 죄를 덮을 수 없을 것이다. 반교운의 경우 불륜이 실제 있었지만, 그렇다고 해서 반드시 양웅을 죽이게 되는 것은 아니었다. 언젠가 반드시 양웅을 살해할 것이라는 죄를 반교운에게 씌운다면, 이는 석수의 말에서 나온 것이지, 반교운의 마음에 반드시 부합하는 것은 아닐 것이다. 또한 무대가 이미 죽었으므로 무송은 이에 대해 반금련에게 추궁하지 않을 수 없었으니, 무송의 경우는 사실 부득이한 상황에서 살인까지 이른 것이다. 만약 무대가 여전히 살아있었다면, 무송이 불륜에도 불구하고 반금련을 죽일 수는 없는 것이 당연한 법도이다. 석수의 경우, 반교운의 계략에 의해 양웅을 떠나게 되었으면 그것으로 그만일 뿐, 석씨 성을 가진 사람이 양씨 성을 가진 자의

33 위의 책, 850쪽.

부인을 죽였으니 이는 무슨 법도인가? 종합해보건대, 무송이 두 사람을 죽인 것은 전부 형의 복수를 위해서이지 거기에 자신의 이해관계는 들어있지 않다. 그에 비해 석수는 네 사람을 죽였는데, 실은 자신의 억울함을 밝히기 위해 한 것일 뿐, 양웅을 위해서 한 일이 아니다. 살펴보건대, 반교운이 석수를 모함한 것은 과거 반금련이 무송을 모함한 것과 동일한 수준이다. 그러나 무송은 그녀가 형수이기에 묵묵히 억울함을 참고 이를 해명하려하지 않았으니, 이후 세상사람 가운데 그의 고결한 인품에 공감하지 않은 사람이 없다. 그에 비해 석수는 반드시 시시비비를 가리려고 하였으니, 그녀가 안 보이는 곳에서 가렸을 뿐만 아니라 그녀의 면전 앞에서도 사실을 밝혀야만 했다. 또 영아(迎兒)로 하여금 이실직고하게 했을 뿐 아니라 반교운 본인도 사실을 실토하게끔 만들었는데, 반드시 양웅으로 하여금 그가 고결한 인품을 지닌 사람이라는 것을 확신하게 한 후에야 그쳤다. 오호! 이 넓은 세상에서 이렇게 날카롭고 지독한 괴물이 또 있을까? 나는 시내암이 한 손에 붓을 들고서 무송 이야기를 쓴 뒤 다시 석수 이야기를 쓴 것을 탓한다. 오호! 또 무엇이 신기하랴!

前有武松殺奸夫淫婦一篇, 此又有石秀殺奸夫淫婦一篇, 若是者班乎? 曰 : 不同也. 金蓮之淫, 乃敢至於殺武大, 此其惡貫盈矣, 不破胸取心, 實不足以蔽厥辜也. 若巧雲, 淫誠有之, 未必至於殺楊雄也. 坐巧雲以他日必殺楊雄之罪, 此自石秀之言, 而未必遂服巧雲之心也. 且武松之於金蓮也, 武大已死, 則武松不得不問, 此實武松萬不得已而出於此. 若武大固在, 武松不得而殺金蓮者, 法也. 今石秀之於巧雲, 既去則亦已矣, 以姓石之人, 而殺姓楊之人之妻, 此何法也? 總之, 武松之殺二人, 全是爲兄報仇, 而己曾不與焉, 若石秀之殺四人, 不過爲己明冤而已, 並與楊雄無與也. 觀巧雲所以汚石秀者, 亦卽前日金蓮所以汚武松者. 乃武松以親嫂之嫌疑, 而落落然受之, 曾不置辯, 而天下後世, 亦無不共明其如冰如玉也者. 若石秀, 則務必辯之; 背后辨之, 又必當面辯之, 迎兒辯之, 又必巧雲辯之, 務令楊雄深有以信其如冰如玉而後已. 嗚呼! 豈眞天下之大, 另又有此一種巉刻狠毒之惡物歟? 吾獨怪耐庵以一手搦一筆, 而旣寫一武松, 又寫一石秀. 嗚呼, 又何奇也![34]

위의 내용을 요약해보자면, 두 가지 면에서 김성탄의 생각은 이전의 것과 다르다. 우선 자신이 이 일에 적극적으로 개입하는 이유는 자신의 누명을 벗기 위해서뿐만 아니라 무엇보다도 양웅의 생명을 구하기 위한 것이라는 석수의 주장은 전면 부정된다. 사실 반교운은 남편인 양웅을 죽일 이유도 없고, 그럴 수도 없다. 일단 승려인 배여해와는 살림을 차릴 수 없으므로, 가장 큰 살인 동기가 애초부터 사라진다. 또한 양웅은 무대에 비해 훨씬 괜찮은 남편이며, 반교운이 거듭 강조했던 것처럼 만만한 사람이 아닌 당당한 사내대장부이다. 결국 오로지 자신의 누명을 벗기 위해 석수는 살인을 한 셈이라고 김성탄은 논증한다.

김성탄의 생각이 이전과 갈라지는 또 다른 점은 석수가 보여주는 주도면밀함을 비인간적인 것으로 인식하기 시작했다는 점이다. 『수호전』의 다른 영웅들은 대체로 복잡한 사고에 능숙하지 못하고 본능적인 혈기에 충실한 인물들로 인간적인 단점을 자주 내보인다. 그에 비해 석수는 모든 말과 행동이 계산적이고 일체의 실수를 하지 않는다. 석수가 우선 양웅에게 반교운을 취병산으로 유인해 이혼장을 써서 주라고 권유하는 장면에서의 김성탄 평점을 보자.

34 위의 책, 853쪽.

양웅이 주저할까봐 얼마나 두려웠던지 우선 불러다 이혼하라고 설득하고는, 대질을 통해 시비가 밝혀지자 바람처럼 칼을 꺼내든다. 석수는 매 사항마다 치밀하고 악독하니, 나는 이 사람이 두렵다.

多恐楊雄不肯, 且先說是休棄; 到得是非對畢, 颼地遞過刀來. 石秀節節精細, 節節狠毒, 我畏其人.[35]

이처럼 순전히 이기적인 이유 때문에 배여해와 그 부하를 죽이고, 다시 반교운과 하녀를 유인할 방법과 장소를 양웅에게 귀띔해주며, 현장에서는 말과 행동으로 양웅을 재촉하여 결국 그들을 죽이도록 조종하는 석수를 김성탄은 "극히 지독하다![可畏之極/狠毒之極]"라는 표현을 써가며 욕한다.[36]

석수의 의도가 불순했음이 밝혀진 만큼, 결과적으로 반교운의 누명이 벗겨진 것일까. 그러나 김성탄은 반교운에 대한 어떠한 직접적인 변호도 하지 않는다. 그녀가 참혹하게 살해당하는 장면에서도 그는 아무런 동정적인 언사를 표시하지 않는다. 김성탄의 눈에 그녀는 여전히 다소 지나친 형벌을 받은 "음란한 여인[淫婦]"에 불과한 것이다. 그가 명시적으로 비난하는 것은 반교운을 처형하는 일을 양웅이 아니라 석수가 주동했다는 그 절차적 부당성에 국한된다.

그러면 김성탄의 이러한 회의하는 정신은 왜 생겨났고, 또 그 대상은 어째서 일부의 남성에만 국한되었을까. 필자는 그 이유를 석수가 김성탄이 유독 싫어하는 송강(宋江)과 유사한 인간형이라는 점에서 찾

35 위의 책, 856쪽.
36 위의 책, 856~9쪽.

는다. 노지심(魯智深)이나 이규(李逵)와 같은 단순명쾌한 인물이 아닌 꿍꿍이속이 있는 송강과 같은 인물에 대해 김성탄이 가졌던 철저한 반감에 대해서는 이미 후스(胡適)를 비롯한 여러 학자들이 주목한 바 있다. 석수는 여러 면에서 주먹보다는 두뇌가 돋보이는 인물로, 행동파인 『수호전』의 다른 호걸과는 달리 지도자 유형인 송강과 비슷하다. 그렇다면 김성탄은 왜 유독 송강이나 석수와 같은 인물에 대해서는 의심하는 자세로 일관하는가. 이는 김성탄 70회본의 삭제 원인을 바라보는 관점과 밀접하게 관련되어 있다.

3) 소결(小結) – 전통시기 허구 이야기의 운명

애초 『수호전』이라는 체제전복적인 소재의 이야기가 탄생할 수 있었던 것은 당시의 중국 사회가 여러 면에서 그것을 단순한 독서물, 즉 허구 이야기를 다룬 대중문예상품으로 즐길 수 있을 만큼 안정되어 있었기 때문이다. 『수호전』을 읽었던 주 독자층이었을 명대의 강남 사람들에게, 양산박이라는 곳은 북송 시기 강북의 무법천지 세상을 대표하는 상상 속의 시공간으로서, 관리의 부패로 대표되는 명대 사회의 부조리한 현실에 대한 불만을 현실에서는 불가능한 방식인 단순명쾌한 폭력으로 발산하기에 최적의 장소였다.

이것이 명말 김성탄이 살았던 시기가 되면 상황이 달라진다. 도처에 『수호전』의 내용과 다를 바가 없는 혼란상이 벌어졌고, 강남의 사대부들조차 무장한 반란 집단에 의해 국가 체제가 파괴되고 있다는 절박감

을 느끼게 되었다.[37]

실제로 『수호전』에 대한 명대 중앙 정부 차원의 공식적인 판금은 숭정(崇禎) 15년(1642년)에만 두 차례 이루어졌다.[38] 허구 이야기가 과연 정말 현실에 영향을 주는가의 문제를 검토할 겨를도 없이, 이미 현실에서는 『수호전』을 교과서 삼아 집단 반란이 발생하고 있었으므로 그들은 일단 판금을 주장할 수밖에 없었다. 양산박 호걸들이 조정에 협력하는 이전 판본의 후반부를 김성탄이 삭제한 이유도 그가 이 시기를 몸소 체험한 사대부이기 때문이다. 그에게 있어, 사회의 부조리에 개인적인 방식으로 저항했다 도피하는 『수호전』 등장인물 각 개인의 처지는 충분히 공감할 수 있지만, 집단적으로 움직이면서 사회를 혼란하게 만드는 행위는 심정 상 받아들이기 어려운 것이었다. 그가 70회 이후를 삭제하고, 결말 부분에 제시했던 "天下太平"이라는 말은 극심한 혼란기를 살았던 당시인의 바람을 명백히 보여준다.[39] 또 김성탄은 반란을 일으켰다가 상황을 보아 조정에 투항하면 벼슬을 얻을 수 있다는 『수호전』의 논리가 명말의 현실에서 실현되고 있다는 사실에 태연할 수 없었다.[40] 김성탄은 이미 허구 이야기를 온전하게 이야기 자체로 즐길 수 있는 마음의 여유가 사라진 시대의 사람이었던 것이다.

따라서 그가 『수호전』에 나오는 호걸 각 개인을 옹호하면서도, 동시에 감히 조정과 처우 문제를 협상할 수 있다는 양산박 지도부의 불충(不忠)한 논리에 분노하고, 또한 양산박의 윤리인 의(義)를 왜곡되게 사

37 胡適, 『胡適古典文學硏究論集』, 上海古籍出版社, 1988, 788~9쪽.

38 王利器 輯錄, 『元明淸三代禁毁小說戲曲史料』, 上海古籍出版社, 1981, 16~8쪽.

39 『水滸傳會評本』, 1273쪽.

40 위의 책, 789쪽.

용하면서 유사 천자 행세를 하는 송강을 부정하며 심지어 증오한 것은 다 그 때문이다.[41] 이처럼 개인과 집단에 대한 평가를 구별하는 김성탄의 모순된 태도에서 우리는 전통시기 허구 이야기가 처했던 상황을 알 수 있다.

장르라는 이론적 개념이 정립되어 있지 않는 상황에서 전통시기 중국의 허구 이야기는 전체 사회 속에서 자신이 수행한 실제 역할에 의해 평가받았는데, 그것은 바로 대중적 오락물이라는 역할이었다. 나라가 평화스러우면 천시는 받았지만 그래도 상업적 생존권은 보장되었고, 나라가 혼란스러울 경우에는 가장 만만한 집중공격의 대상이 되었다. 허구 이야기를 사회의 반영으로 볼 것인지, 아니면 사회와 독립된 자율체로 볼 것인지 하는 문제 설정은 근대문학의 개념이 중국에 들어온 이후의 상황이다. 문학을 전체 사회의 맥락에서 벗어나 사고해본 경험이 부족했던 시기에 허구 이야기의 위상은 철저히 사회적 상황에 의해 결정되었다.

3. 근대의 해석 – 당혹과 합리화 사이

『수호전』 속의 잔혹 장면에 대해 김성탄을 제외한 대부분의 전통 시기 사람들은 그리 특별한 주의를 기울이지 않았던 것이 사실이다. 그에 비해, 근대 시기 이후 『수호전』에 대한 해석사는 상당수 그 속의 잔

41 위의 책, 788~9쪽.

혹 장면에 대한 당혹감 및 『수호전』과 그 배경이 되는 중국의 전통문화 자체에 대한 비난과 옹호로 점철되었다.

이러한 논쟁은 허구 이야기에 대한 근대와 전근대 시기의 이론 개념 및 감성적 감각의 차이를 극명하게 보여준다는 점에서 흥미로운 학술적 연구주제라 할 수 있다. 또한 이는 근대 시기의 독자들이 전근대 문화의 가치관을 어떻게 받아들이느냐의 문제와도 결부되어 있다.

아래에서 필자는 먼저 석수 이야기에 대한 근대인의 문예적 재해석이라고 할 만한 스저춘(施蟄存)의 역사소설 「석수(石秀)」를 검토한 후, 다시 이와 대비되어 이성적 재해석에 해당하는 문학연구자의 관련 논쟁 가운데 대표 격인 시아즈칭(夏志淸)과 쑨수위(孫述宇)의 논쟁을 검토한다. 이에 대한 분석을 통해 전통 시기의 대중적 허구 이야기가 근대라는 새로운 사회적 배경 아래 어떠한 위상 변화를 겪는지 밝히고자 한다.

1) 문학적 합리화 - 스저춘의 역사소설 「석수」

스저춘(1905~2003)은 청년 시절 문예 창작에 종사했다가, 중년 이후로는 고전문학과 금석문 연구에 전념했다. 그의 작풍은 흔히 "신감각파(新感覺派)"라는 명칭으로 불리지만, 그가 스스로 밝힌 바처럼 "프로이트주의를 응용한 심리소설"[42]로 보아야할 것이다. 그의 단편소설

42 "直到今天, 使我還頂着一個新感覺主義者的頭銜. 我想, 這是不十分確實的. 我雖然不明白西洋或日本的新感覺主義是什麽樣的東西, 但我知道我的小說不過是應用了一些

「석수(石秀)」 또한 개인의 복잡다단한 심리묘사에 치중하고 있는 작품으로서 1931년 『小說月報』에 실렸다가, 1932년에 출판된 그의 단편집 『將軍的頭』에 다시 수록되었다.[43] 이 작품에 대한 분석을 통해 우리는 중화민국(中華民國) 시기 상하이에 살았던 한 젊은 남성 지식인이 석수 이야기를 어떻게 재해석했는지 살펴볼 터인데, 이는 근대 시기의 중국인이 전근대 시기의 허구 서사에 대해 취했던 정서적 반응 양태에 대해 알려주는 자료이기도 하다.

이 작품은 석수가 양웅의 집에 처음 묵게 된 날부터 취병산에서 반교운이 두 사람에 의해 살해되기까지의 과정을 석수의 시점에서 재구성한다. 이 작품에서 석수는 『수호전』 원본 속의 지혜롭고 대담한 영웅 혹은 피도 눈물도 없는 냉혈한과는 다르다. 마치 베르테르를 연상케 하는 복잡한 사고와 섬세한 감성을 지닌 청년으로 등장한 그는 양웅의 집에 온 첫날밤부터 반교운에 대한 연정과 양웅에 대한 의리 사이에서 번민한다. 그에게 반교운은 아름다운 육체를 가졌다는 점에서 여신과 같은 경배와 호기심의 대상이기도 하고, 그녀의 내면을 알지 못한다는 점에서는 위험한 매력을 지닌 팜프 파탈이기도 하다. 이처럼 천사와 요부의 이분법적 구분에 사로잡혀 혼자만의 사춘기적 상상에 들떠있던 석수는 그러나 대화를 통해 그녀를 점점 알아가면서 그녀가 후자에 가까운 천한 여자일 것이라는 단정과 함께 커다란 실망감을 느

Freudism的心理小說而已."(施蟄存, 「我的創作生活之歷程」, 『北山四窓』, 上海文藝出版社, 2000, 273쪽)

43 施蟄存, 「引言」, 『施蟄存文集 · 十年創作集』, 華東師範大學出版社, 1996, 3쪽; Leo Ou-fan Lee(李歐梵), *Shanghai Modern : The Flowering of a New Urban Culture in China 1930-1945*, Harvard University Press, 1999, 163쪽.

낀다. 이러한 자기 위주의 속단을 내리면서 석수는 애써 반교운의 육체적 매력을 거부한다. 하지만 해소되지 못한 욕망에 의해 그는 결국 처음 기방(妓房)에 가게 되고, 그곳에서 우연한 실수로 기녀(妓女)의 손가락에 상처를 입히는데, 이 때 백옥 같은 여인이 흘리는 피를 보며 석수는 변태적 쾌감에 눈뜨게 된다. 이성적으로는 반교운을 정숙치 못한 여인으로 부정하면서도 감성적으로는 그녀에 대한 욕정을 떨쳐버리지 못해 불면의 밤을 지새우던 어느 날 새벽, 석수는 배여해가 몰래 양웅의 집에서 빠져나오는 것을 목격하고 큰 충격을 받는다.

> 이러한 행동을 보고 석수는 멍해져서 꼼짝할 수 없었다. 결국 이러한 일이 내 눈 앞에서 벌어지고 만 것인가? 일시에 음탕한 반교운에 대한 경멸, 간통을 저지른 배여해에 대한 분노, 양웅에 대한 연민, 그리고 실연당하고 모욕 받은 것과 같은 수치심과 절망감이 어지러이 석수의 마음속을 휘저어 놓았다.
>
> 看着了這樣的行動, 石秀竟呆住了. 竟有這等事情做出來, 看在我石秀的眼裏嗎? 一時間, 對於那個淫蕩的潘巧雲的輕蔑, 對於這個姦夫裴如海的痛恨, 對於楊雄的悲哀, 還有對於自己的好像失戀而又受侮辱似的羞怍與懊喪, 紛紛地在石秀的心中擾亂了.[44]

장회소설(章回小說)인 『수호전』에서는 석수의 살인동기로서 자신의 결백함을 증명하는 것과 양웅의 생명을 구하는 것이 제시되지만, 근대소설인 이 작품에서는 무엇보다도 실연에 의한 상실감과 배신감이 가

44 施蟄存, 「石秀」, 앞의 책, 197쪽.

장 중요한 이유로 부각된다. 이렇게 바뀐 이유는 이후에 벌어지는 두 차례의 살인 과정이 대다수 근대 독자들에게는 이미 필요 이상으로 냉혹하고 잔인한 것으로 느껴지기 때문이다. 즉, 이전의 동기로는 독자를 충분히 납득시킬 수 없으므로 작가가 보다 합리적인 살인 동기를 인물에게 부여한 것으로 볼 수 있다. 따라서 이러한 일탈 행위를 하기에 적합하도록 석수의 심리는 원래부터 남달리 예민해야 하며, 여기에 비인간적이고 엽기적인 살인 행각을 저지르는 가장 일반적인 동기인 실연의 충격이 주요 동기로 제시된다. 그 결과, 석수는 반교운의 악행을 응징하던 이전의 공평무사한 심판자 위치에서 졸지에 질투심에 눈이 멀어 잔혹한 살인을 저지르는 지극히 이기적인 범죄자로 전락한다. 이 같은 변화에 입각하여, 이전의 평점가(評點家)들이 칭찬하거나 비난하던 석수의 과감한 살인 장면은 다음과 같은 변태적인 이상(異常)심리극으로 바뀐다.

> 석수는 재빨리 그의 옷과 두건을 벗겨내고 알몸으로 만들었다. 희미한 달빛이 이 벌거벗은 중의 몸을 비추었다. 이것이 얼마 전에 아름다운 반교운과 함께 있었던 몸이로구나! 마치 자기의 몸 인양 석수는 차마 무릎 가에서 칼을 꺼내 그를 찌를 수 없었다. 또 어렴풋이 이 배여해가 사실은 자신의 연적과 같다는 생각이 들었다. 그가 없었다면 자기는 어쩌면 반교운과의 애정을 이룰 수도 있었다. 이 점만 가지고도 이미 용서할 수 없다. 흥! 어차피 이미 사람도 한 명 죽였겠다. 석수는 이를 악물고는 칼을 찔러 넣었다. 다시 서너 차례 찔렀다. 왠지 모르게, 이렇게 연달아 두 명을 죽이는 것은 도리어 이렇게 간단했다.

석수는 멍하니 찬바람을 타고 코로 들어오는 피비린내를 맡으며, 손에 꽉 들려있는 푸른빛의 칼을 바라보면서, "세상의 모든 일 중에 살인이 가장 즐거운 것"이라는 생각을 했다. 이때 만약 어떤 사람이 이 길을 지나갔다면 의심의 여지없이 석수가 반드시 만족스럽게 그를 죽여 버렸을 것이다. 그리고 이 순간, 석수는 반교운에 대해서도 역시 그녀를 죽이는 것이 유일한 방법이라는 생각이 들었다. 왜냐하면 지금조차도 석수는 결국 스스로가 아름다운 여인인 반교운을 사랑하고 있음을 마음속으로 시인한다. 다만 이전에는 "그녀를 사랑하기 때문에 그녀와 자고 싶다"라는 생각을 가지고 있었지만, 지금의 석수는 "그녀를 사랑하기 때문에 그녀를 죽여야겠다"라는 기괴한 생각이 강렬하게 들기 시작했다. 이는 석수가 생각하기에 가장 즐거운 일은 살인이므로, 여인과 자는 것은 석수에게 있어서는 결코 여인을 죽이는 즐거움만 못하다고 느끼기 때문이다. 이는 석수가 그 전날 기생집의 창녀와 잔 후 별 재미를 못 느꼈지만, 지금 두타와 중을 죽이고 나서 유별난 쾌감을 느끼는 이 사실에서 살펴볼 수 있다.

石秀就迅速地把他的衣服頭巾都剝了，赤條條不著一絲. 殘月的光，(…中略…) 斜射在這裸露的和尙的肉體上, (…中略…) 這是不久之前, 和那美麗的潘巧雲在一處的肉體啊，仿佛這是自己的肉體一般，石秀卻不忍將屈膝邊挿着的刀來殺下去了. (…中略…) 又恍惚這個海闍黎實在是自己的情敵一般, 沒有他, 自己是或許終于會得和潘巧雲成就了這場戀愛的, (…中略…) 只此一點, 已經是不可饒恕的了. 嗯, 反正已經殺了一個人了. 石秀牙齒一咬, (…中略…) 只一刀直搠進去. (…中略…) 石秀再搠了三四刀, (…中略…) 不知怎的, 這樣地接連殺了兩個人, 卻這樣地省事. 石秀昏昏沉沉地聞着從寒風中吹入鼻子的血腥氣, 看着手中緊握着的青光射眼的尖刀，有了"天下一切事情，殺人是最最愉快的"

> 這樣的感覺. 這時候, 如果有人打這條巷裏走過, 無疑地, 石秀一定會得饜足地將他殺卻了的. 而且, 在這一刹那間, 石秀好像覺得對於潘巧雲, 也是以殺了她爲唯一的好辦法. 因爲卽使到了現在, 石秀終于默認自己是愛戀着這個美艶的女人潘巧雲的. 不過以前是抱着"因爲愛她, 所以想睡她"的思想, 而現在的石秀卻猛烈地升起了"因爲愛她, 所以要殺她"這種奇妙的思想了. 這就是因爲石秀覺得最愉快的是殺人, 所以睡一個女人, 在石秀是以爲決不及殺一個女人那樣的愉快了. 這是在石秀那天睡了勾欄裏的娼女之後, 覺得沒有甚麽意味, 而現在殺了一個頭陀, 一個和尙, 覺得異常爽利這件事實上, 就可以看得出來的.[45]

전통시기의 사람들이 살인을 찬양하는 『수호전』의 슬로건을 읽고 당혹해하지는 않았을 것이다. 오늘날의 액션물이나 공포물 같은 대중문화 장르에도 살인 장면은 무수히 많이 나오지만, 그것을 읽고 당혹해하는 사람은 장르의 관습을 모르는 이에 국한된다. 장르의 차원에서 보았을 때, 석수 이야기는 범죄와 복수라는 소재를 다룬 전통시기의 대중적 드라마였다. 스저춘이 이러한 슬로건을 변태 심리의 소산으로 처리할 수밖에 없었던 것은 이 작품이 대중적인 장르가 아닌 근대 순수 소설이라는 점에 기인한다.[46] 즉, 전근대 시기의 소설에서는 현실에서와 마찬가지로 부덕(婦德)을 잃은 여인을 강하게 단죄할 수 있었지만, 전통적인 윤리관 대신 '양성의 평등한 인권과 권리'라는 가치가 보편화된 20세기 초반에 살았던 스저춘은 (비록 소설이지만) 존중받아야할

---

45 위의 글, 202~3쪽; 원문의 경우 일부 부분 인용이 있으나, 번역문에서는 이를 표시하지 않는다.

46 또한 20세기 초반인 당시는 순수 문학 또는 대중문화를 불문하고 하드고어(hard gore) 표현이 그리 발달하지 않았던 시기라는 점을 감안해야 할 것이다.

인권을 가진 아름다운 여성을 납득할 만한 합리적 상황 설명 없이 살해당하게 할 수는 없었다.[47]

그렇다면 반교운은 마침내 전통 시기 동안 자신에게 덧씌워졌던 누명을 벗고 복권되었는가. 아쉽게도 이 작품에서는 단정내릴 수 없다. 왜냐하면 작가가 모든 사건을 석수의 시점에서 쓰고 있기 때문이다. 더구나 여기에서의 석수는 정신적으로 미성숙한 질풍노도기의 청년에 불과하다. 다만 비록 심리묘사를 제외한 사건의 줄거리와 인물의 대화는 전통시기의 것을 그대로 쓰고 있기 때문이겠지만, 반교운에 대한 호칭이 여전히 "음란한 여자[淫婦]"아니면 "창녀 같은 여자[娼婦]"라는 점은 이 작품이 전통 시기의 여성관에서 얼마나 벗어나 있는 것인지 의심하게 한다.[48]

2) 학자들의 비난과 변호 - 시아즈칭과 쑨수위의 논쟁

『수호전』에 나타난 잔혹 장면, 특히 여성에게 표출되는 심한 폭력에

47 리어우판[李歐梵]은 이 소설에서 벌어지는 살인의 원인을 석수의 억압된 성적 욕망이 새디즘(sadism)의 형태로 발현된 탓으로 해석한다(Leo Ou-fan Lee(李歐梵), 앞의 책, 157쪽 및 161~3쪽). 왕더웨이[王德威]의 이해도 이와 유사하다(왕더웨이, 『如何現代, 怎樣文學?』, 187쪽 참조). 이들의 해설은 스저춘의 석수 이야기 재해석이 서구의 프로이트 이론에 기반한 것임을 설명하는 데 초점이 맞춰져 있는데, 이와 달리 필자가 강조하고 싶은 것은 스저춘의 경우 이미 '억압된 성적 욕망'이라는 근대적 개념 없이는 석수 이야기가 주는 당혹감을 논리적 · 정서적으로 해소할 방법이 없는 철저한 '근대인'이었다는 점이다.

48 즉, 스저춘의 재해석은 근대적 사고방식 가운데 여권(혹은 보편인권)을 강조하는 윤리적 가치관을 담은 것이라기보다는 석수의 병리(病理) 행위에 대한 과학적 설명이라는 합리주의 성향이 강하다.

대해 근대 이후 많은 갑론을박이 있었다.[49] 1949년 이전에는 근대 문인에 의한 『수호전』 비난 일색이었던 반면, 1949년 이후 개혁개방 이전까지는 중국 대륙의 역사적 상황으로 인해 주로 해외 지역에서만 제대로 된 학술적 찬반 논전이 이루어졌다.

시아즈칭(1921~2013)[50]과 쑨수위(1934~현재)[51]의 논쟁은 바로 그 시기를 대표하는 해외[52]의 논전으로, 그 이후 오늘날까지의 『수호전』 잔혹장면 관련 논쟁은 그 수준과 깊이 면에서 사실상 이 논쟁의 답습 또는 많은 경우 퇴행으로 생각될 정도이다. 우리는 이 논쟁을 통해 『수호전』 석수 이야기에 대한 근대인의 논리적 반응을 찬반 양측으로 나누어 파악할 수 있다.

먼저 시아즈칭의 논지를 소개하자면, 필자가 너무 잔혹하여 차마 인용하지 못했던 반교운 살해 장면을 인용하기 전에 그는 다음과 같이 말한다.

> 『수호전』 안의 부녀자들은 단지 마음이 악독하고 행실이 부정하기 때문

---

49 민국 시기부터 오늘날까지의 (중문 자료에 국한된) 관련 논쟁사에 대한 소개와 요약은 다음의 자료를 참고할 수 있다 : 張同勝, 『水滸傳詮釋史論』, 齊魯書社, 2009, 331~50쪽; 高日暉 洪雁, 『水滸傳接受史』, 齊魯書社, 2006, 第4~5章; 劉再復, 『雙典批判－對水滸傳和三國演義的文化批判』, 北京 : 三聯書店, 2010, 第1部.

50 C. T. Hsia(시아즈칭), *The Classic Chinese Novel*, Columbia University Press, 1968.

51 1973년에 발표된 「水滸傳的煽動藝術」이 이 주제와 관련된 그의 가장 이른 논문으로 보인다. 이 논문은 『香港中國古典文學研究論文選粹－小說戲曲散文及賦篇』(江蘇古籍出版社, 2002)에 재수록 되었다. 이후 그는 이 논문을 확장 증보하여 『水滸傳的來歷、心態與藝術』(臺北 : 時報文化, 1981)이라는 제목의 저서로 출판하였다.

52 시아즈칭과 쑨수위는 각각 미국과 홍콩에서 활약하는 저명한 학자로서, 중국 대륙 바깥에서 중국문화를 연구하는 이답게 『수호전』의 잔혹장면이 중국 전통문화의 대외적 이미지에 큰 해가 된다는 점을 민감하게 인식한 상태에서 자신의 논지를 전개한다.

에 엄한 징벌을 받는 것이 결코 아니다. 궁극적으로 그들이 재난과 형벌을 당하는 것은 그들이 바로 여자이기 때문으로, 그들은 욕망을 해소할 길이 없는 불쌍한 존재들이다. (…중략…) 바로 자신들의 금욕주의로 인해 이 영웅들은 무의식적인 여성 혐오를 품게 되며, 여성을 가장 큰 적으로 여긴다. 이 여성들은 그들의 영웅적 자기만족이 실은 부자연스러운 것임을 짓궂게 상기시키는 존재이다. 소설에서 그리고 있는 네 명의 사악한 여성들[53]은 그들의 다른 죄가 어떠하던 간에 모두 결혼에 불만을 가졌거나 속박을 받아들이지 않아 간통을 저지른 여인들이다. 그녀들은 자신의 성적 욕구를 만족시키기 위해 잔인한 속임수를 수단으로 사용했다. 그녀들의 천적인 지조 있는 영웅들은 모두 그러한 그녀들의 쾌락에 대한 갈망과 삶에 대한 추구를 증오한다. 영웅의 신조가 훼손되지 않기 위해, 그들은 그녀들을 희생시킨다. 아래 인용하는 중요한 장면은 새디즘적인 여성 혐오를 나타내는데, 이는 앞에서 황문병(黃文炳)을 난자한 경우[54]와 마찬가지로 일종의 비이성적인 보복을 보여준다.[55]

---

53 인용자 주 : 염파석(閻婆惜), 반금련, 반교운 및 노준의(盧俊義)의 전처(前妻)를 가리킨다.

54 인용자 주 : 이규가 일찍이 송강의 불온한 시를 고발한 관리 황문병을 사로잡아 회를 뜬 다음, 나머지 부분은 해장국으로 끓인 사건으로 제41회에 나온다.

55 "The women in *The Water Margin* are punished not merely for their malice and treachery; in the last analysis, they are punished for being women, for being such helpless creatures of lust. (…중략…) Precisely because of their sexual puritanism, these heroes harbor a subconscious hatred of women as their worst enemy, as a teasing reminder of the unnaturalness of their heroic self-sufficiency. Whatever their additional crimes, the four major example of female wickedness in the novel are all adulteresses discontented with their martial or captive lot. With them, deceit and cruelty are means to sexual fulfillment. And their nemesis, honorable heroes all, hate them for that itching after pleasure, that craving for life; they sacrifice them so that the heroic code may endure. A key scene will demonstrate the kind of misogynic sadism that is as much as expression of irrational vengeance as the earlier instanced torture of

시아즈칭은 이 인용문의 앞까지는 텍스트와 현실의 복잡한 관계를 세심하게 읽어내는 문학연구가의 본령을 유지한다. 하지만 황문병에 대한 능지처참 및 인육을 먹는 장면[56]과 반교운을 잔혹하게 살해하는 장면[57]에 와서는 더 이상 평정심을 유지하지 못하고 위와 같은 비난을 퍼붓고 마는데, 이는 이 저술의 일차 대상인 영어권 독자들이 중국 전통문화에 대한 나쁜 선입견을 가지게 되지 않을까 하는 두려움을 느낀 탓으로 생각될 만큼 감정적인 반응이다.

반교운이라는 여성에 대한 무자비한 폭력에 당혹감을 느끼고, 반교운이 저지른 간통죄는 그에 상응하는 법률 규정에 의해서만 제도적으로 처벌받아야 한다고 주장한다는 점에서 시아즈칭의 사고방식은 철저하게 근대인의 특징을 보여준다. 그리고 그는 석수의 심리를 설명하기 위해 "무의식적(subconscious)", "비이성적(irrational)", "복수를 위한 어두운 충동(dark compulsion for vengeance)"[58] 등의 용어를 사용하는데, 이 또한 프로이트주의를 포함한 20세기의 문학이론으로 『수호전』을 이해한 선구적 시도로 볼 수 있다.[59]

위와 같은 시아즈칭의 관점은 사실상 오늘날 대다수 독자의 상식을 대변한다. 하지만, 그의 판단 근거인 여성인권을 보호하는 법치주의와

Huang Wen-ping."(위의 책, 105~6쪽)

56 위의 책, 103쪽.

57 위의 책, 106쪽.

58 위의 책, 107쪽.

59 이밖에도, 그의 책에서 시아즈칭은 『수호전』에 대한 근대적 재해석을 수행한다. 우선, 그는 집단으로서의 『수호전』 영웅들이 벌이는 행각은 결국 애초에 지녔던 영웅적인 이념을 배반하게 되며, 『수호전』 영웅을 대표하는 송강과 이규는 서로 양립할 수 없는 선과 악을 상징한다고 지적한다(위의 책, 96쪽과 107~8쪽). 이는 이후 플락스(Andrew Plaks)의 저작에 의해 계승된 사대기서(四大奇書)에 대한 해체 독법의 시초로 평가할 수 있다.

무의식 세계를 설명하는 프로이트주의는 20세기 이후에 확립된 근대 시기의 산물이라는 점에서, 『수호전』을 비판[60]하기 보다는 그 속의 문예 이론적 논리를 이해하려는 독자에게는 사실 큰 도움이 되지 못한다.

이와 반대로 쑨수위가 시도한 것은 바로 전통 시기 소설인 『수호전』을 근대적 사고방식으로 재단하는 것이 아니라 작품 당시의 논리로써 이해해보려는 작업이었다. 『수호전』 석수 이야기 속의 여성을 상대로 한 무자비한 폭력을 규탄하는 시아즈칭에 대해 쑨수위는 다음과 같이 『수호전』의 논리를 변호한다.

> 『수호전』의 여성에 대한 적대적인 표현은 색욕은 나쁜 것이라는 기본관념에서 비롯한다. 색욕은 나쁘기 때문에 미녀는 불길한 존재가 된다. 소설에서 말하는 '영웅은 색을 밝히지 않는다'라는 말은 여기에서 나왔다. 영웅은 본래 미녀와 짝을 이루기 마련으로 서양이나 중국 모두 그렇다. 그런데 양산박의 영웅들은 이를 원하지 않고, 사찰의 수도승보다 더 근엄한 자세를 유지한다. (…중략…) 『수호전』의 여색(女色)에 대한 태도는 종교적 미신 색채 수준인데, 양산박의 영웅들은 이점에서 현실적 인물이 아니라 신화적 창조물에 더 가깝다. 리얼리즘의 잣대로 보자면, 그들의 행동은 믿을 수 없을 뿐만 아니라 해학적이기까지 하다. 다른 사람을 들 것도 없이 노지심, 무송(武松), 이규는 모두 온몸이 울퉁불퉁한 근육으로 되어있어 무소보

60 시아즈칭의 책에는 『수호전』을 비판하면서 실은 집필 시기 당시 중국대륙의 문화대혁명도 같이 비판하는 것으로 보이는 서술이 곳곳에 등장한다(위의 책, 92쪽과 96쪽 및 106~7쪽). 이 점은 대륙 학자 장퉁셩(張同勝)에 의해서도 지적된 바 있다(앞의 책, 331쪽과 342쪽). 하지만 시아즈칭을 논박하는 그의 논리는 최근에 보기 드물게 급진 좌파적 경향이 심하다.

다도 더 건장한 사나이들로, 사람 죽이기를 밥 먹듯이 하고 배속은 술과 고기로 가득 차있지만 음란한 욕망은 조금도 없다. 노지심이 정력을 발산하는 방법은 오로지 버드나무를 뽑아버리고 오대산의 금강신상(金剛神像)과 중들을 두들겨 패면서 '함성을 내지르는' 것뿐이다. 반금련은 덩치 큰 무송을 처음 보고 속으로 '호랑이도 때려잡았으니, 분명 힘이 넘치겠지!'라고 생각하고 그를 유혹하려 했지만, 가련하게도 이 무지한 여인은 그의 힘은 오로지 호랑이를 잡고 사람을 죽이는 데에만 쓰인다는 것을 알지 못했다. 무송과 이규는 스스로 간음을 하지 않을 뿐 아니라 또 그들과는 아무 상관도 없는 몇 명의 간부(姦夫)와 음부(淫婦)를 죽인다. 우리가 보기에 이러한 것들은 우습지만, 소설에서는 이 점에 대해 일절 양보가 없다. (…중략…) 엄밀히 말하자면, 『수호전』은 부녀자를 증오하지 않는다. (…중략…) 『수호전』이 증오하는 것은 색욕과 음행(淫行)일 따름이다. 소설에서 목숨을 잃는 여인은 모두 음행을 저질렀거나 혹은 이에 동참하도록 교사하는 부녀들이다. 간음하는 남성 또한 죽게 되는데, 이를테면 서문경(西門慶)이나 배여해 같은 이들 또한 달아나지 못하고 잡혀 죽는다. 이규 등 사나이들은 간통을 하는 '개잡년놈'을 만나면, 일절 봐주지 않고 죽여 버린다.[61]

---

61 "水滸傳對女性的敵對表現, 生自一個基本觀念, 認爲色欲是壞事. 色慾不好, 於是美女不祥. 小說中'英雄不好色'的話就是這裡來的. 英雄本來要有美人作伴, 西方如此, 中國也如此; 梁山泊的英雄卻不要, 他們修持得比廟裡的和尚還嚴禁. (…中略…) 水滸對女色的態度是帶宗教迷信色彩的; 梁山英雄在這方面是近乎神話創作多於現實創作. 用現實主義的尺度衡量, 他們旣不入信, 又很滑稽可笑. 說別的好漢也罷了, 連魯智深, 武松, 李逵這幾位, 都是渾身筋肉墳起, 比水牛還壯健的大漢, 殺人如麻, 肚子漲滿了酒肉, 淫欲之念卻也一點都沒有. 魯智深發洩精力的辦法只是倒拔柳樹, 打五臺山的金剛與和尙, '口出喊聲'而已. 潘金蓮初見武松, 好長大一條漢子, 心想'大蟲也吃他打倒了, 必然好氣力', 便要勾引他; 這可憐的無知女人不曉得他的神力是只用來打虎殺人的. 武松和李逵不但自己不犯奸, 還殺了幾個與他們毫不相干的奸夫婬婦. 我們覺得這些很可笑, 但小說一點也不讓步. (…中略…) 嚴格說來, 『水滸』並不是憎恨婦女. (…中略…) 『水滸』憎恨的是色欲與淫行而已; 小說中送命的女人, 都是有淫行的, 或是教唆附和的

여기에 더해서, 『수호전』은 비밀 무장 단체의 멤버에 의해 완성된 소설이기 때문에 등장인물들의 사고방식과 행동규칙은 당시의 일반인들과도 다른 특수한 점이 있다고 쑨수위는 주장한다.[62] 아울러 그는 석수 이야기를 언급하면서, 혁명 동지 간의 의리를 최고의 지상 규범으로 삼아 이를 방해하는 자는 누구든 용서 없이 무력으로 처단하고, 특히 의리뿐만 아니라 경계 태세를 무너뜨려 생명을 위협할 수 있는 여색에 대해서는 마치 성직자처럼 단호히 배격하는 것이 『수호전』속 등장인물의 합리적인 행동 방식임을 논증한다.[63] 이처럼 쑨수위의 설

婦女. 奸夫也死, 像西門慶, 裵如海這些人都逃不了; 李逵等好漢遇見犯奸的'狗男女', 殺起來都是一視同仁."(쑨수위, 앞의 글, 72~4쪽)

62 "과연 어떤 망명객이 『수호전』 이야기를 개작하였는지 책 안의 내부 증거만을 가지고는 확정내릴 수 없다. 우리는 단지 개작 작업이 이루어졌고, 그것도 철저하게 이루어졌다는 것을 알고 있을 뿐이다. 일종의 도피자의 심리 또는 정신이 책 전체에 관철되고 있다. 최고의 도덕은 동지 간의 우정으로, '의'라고 불리운다. (…중략…) 결론적으로 이 소설은 도피자 무리들에게 들려주기에 적합하다. 이 소설은 실천을 위해 제공되는 문학이지, 단지 독자를 즐겁게 하거나 작가의 자기표현을 위한 순수문학이 아니다. 만약 프로파간다 문학의 역사를 쓴다면, 『수호전』은 그 시조 격에 해당될 것이다. 究竟是哪些亡命之徒改編過水滸故事, 只凴書中的'內部證據'是無法確定的; 我們只知改編工作是做過的, 而且做得徹底, 一種亡命心態或精神貫徹了全書. 最高的道德是同志間的情誼, 叫做'義'. (…中略…) 總言之, 這小說很合用來對亡命徒講述. 這是爲行動服務的文學, 不是只爲娛樂讀者與作者自我表述的'純'文學. 如果要寫一本宣傳文學的歷史, 『水滸』旣不是始祖, 也是個遠祖了."(위의 글, 79쪽)

63 "대체로, 생존을 갈망하는 모든 사람은 다 색욕을 증오하는 경향을 가지고 있다. (…중략…) 도피자는 일반적으로 부녀자를 대할 때 매우 거칠다. (…중략…) 『수호전』에는 또 마찬가지로 생존 욕구와 안전상의 필요를 보여주는 현상이 있으니, 그것은 바로 사나이들끼리 형제를 맺는 현상이다. (…중략…) 책 속에서 양웅과 석수의 이야기는 도피자가 여성을 경계하고 동지에 의존하는 심리를 손에 잡힐 듯 그려 낸다 : 양웅이 길에서 다른 사람에게 봉변을 당하고 있자 석수는 정의감에 그를 도와주고 두 사람은 곧 의형제를 맺는다; 양웅의 처 반교운은 간통을 하려고 하는데 석수가 방해가 된다고 여겨 남편 앞에서 그를 중상하고 이간질하여 이에 양웅은 석수를 쫓아낸다; 석수는 의형제이기 때문에 양웅을 탓하지 않고, 도리어 간부(姦夫) 배여해를 죽이고 양웅으로 하여금 처를 인적 없는 산에 데리고 가서 대질시키도록 한다; 사건의 진상이 밝혀질 때, 양웅이 지적하는 그녀의 두 가지 죄는 형제간의 의리를 상하게 했다는 것과 살려두면 그에게 해를 끼칠 수 있다는 것이고, 결국 '먼저 손을 쓰는 것이 낫다'는

명은 근대인이 『수호전』 속의 폭력에 대해 가지는 오해를 어느 정도 설득력 있게 풀어주고 있다.

시아즈칭과 쑨수위로 대표되는 위의 두 관점 모두 매우 논리정연하고 체계적이지만, 동시에 여전히 반박의 여지를 남겨두고 있다. 시아즈칭의 관점이 가지는 문제에 대해서는 앞서 이미 지적한 만큼, 아래에서는 쑨수위의 관점이 가지는 맹점에 대해 논해보겠다.

그는 현재 우리가 보는 『수호전』을 지은 원저자는 양산박의 인물처럼 도피자 집단의 생리에 익숙한 인물이고, 그러한 관점에서 『수호전』에는 도피자의 실제 경험이 녹아있다고 주장한다. 이는 어느 정도 일리가 있는 주장이다. 그러나 『수호전』의 골간이 된 각 영웅의 도피 이야기는 도피자 출신 작가들의 손을 거쳤을지는 몰라도, 각각의 단편 에피소드를 문자로 기록하고 이를 서로 연결해서 오늘날 『수호전』의 원형을 완성한 이는 명대(明代)의 전문적인 전업 작가임이 분명하다.[64]

명대의 인물이라면 북송(北宋) 멸망에서부터 명초(明初)까지 일련의

생각에 그녀를 죽여 버린다. (…중략…) 실제 도피자는 생존에 대한 염려 때문에 의심이 많고 화를 잘 내며 속이 좁아지고 악독해지는 것을 피할 수 없으므로, 결코 사랑스러운 인물이 아니다[統地說, 所有很渴望生存的人, 都有憎惡色欲的傾向. (…中略…) 亡命之徒對待婦女照例是非常粗暴. (…中略…) 『水滸傳』還有一個現象也同樣表露出求生之欲和安全感的需要, 那就是好漢結爲兄弟的現象. (…中略…) 書中楊雄石秀的故事便把亡命之徒防閑女性而依靠同志的心理說得了如手掌 : 楊雄在街上被人打了, 石秀路見不平拔刀相助, 兩人馬上結爲兄弟; 楊雄妻潘巧雲要出墻, 嫌石秀妨礙行動, 在丈夫面前中傷離間, 楊雄於是逐了石秀; 石秀是個好兄弟, 不怪楊雄, 卻去殺了奸夫裵如海, 教楊雄帶妻到荒山上對質; 案情大白之時, 楊雄指出妻子的兩重罪狀是破壞他兄弟間義氣與對他不利, 於是'先下手爲强', 把她殺了. (…中略…) 眞的亡命之徒, 由於求生的焦慮, 不免多疑, 易怒, 心胸狹隘而且狠毒, 並不是很可愛的]."(위의 글, 74~7쪽)

64 『수호전』이 명대 강남 지방에서 완성된 것이라는 주장하는 역사학자의 문학 외적 논증은 다음 책 참고. 미야자키 이치사다, 차혜원 역, 『중국사의 대가, 수호전을 역사로 읽다』, 푸른역사, 2006, 10, 175~80, 223, 228, 243~4쪽.

전란 상황에 대한 풍문에 익숙했겠지만, 『수호전』의 원저자는 어디까지나 그러한 사건을 실제 겪은 사람이 아니라 평화로운 지역에서 대중 작품 집필에 전념했던 전업 문학가였을 것으로 추정된다. 사회경제가 전반적으로 안정되지 못한 상태에서, 『수호전』처럼 긴 작품이 완성되어 유통될 가능성 및 일반 독자들이 이 남성적인 폭력 드라마를 즐겁게 읽었을 가능성은 매우 적기 때문이다. 이와 같은 이유로, 『수호전』을 대중 문학 작품도 순수 문학 작품도 아닌 프로파간다 문학 작품이라고 규정한 쑨수위의 주장은 여러모로 지나친 감이 있다고 하겠다.

3) 소결 - 근대시기에 옛 이야기가 처한 운명

근대 이후 오늘날까지 『수호전』의 잔혹 장면에 진저리치는 독자들이 줄곧 있어 왔다. 하지만 소수 장르인 범죄 소설 또는 강력 형사 사건의 실제 수사 기록을 읽어본 사람이라면 『수호전』에 나오는 잔혹 장면 정도는 약과에 불과하다는 것을 알 수 있을 것이다. 잔혹한 사건은 언제나 끊임없이 발생해왔고, 단지 시대에 따라 사건을 둘러싼 정보와 담론의 유통 방식이 달라져왔을 따름이다. 그러므로 우리는 허구 이야기에 대한 분석을 통해 각 시대의 잔혹성 정도를 평가하는 것이 아니라, 『수호전』이라는 허구 이야기에 대한 각 시대 독자의 반응을 통해 그 시대의 사고방식을 알 수 있을 뿐이다.

그렇다면 오늘날의 독자들이 『수호전』을 읽고 당혹감을 느끼는 이유는 무엇인가. 다름 아닌 그것은 『수호전』의 작자가 여성과 아동 같은 약자에게 잔인하게 폭력을 행사하는 장면을 거리낌 없이 긍정적으로 서술함으로써 오늘날의 사회적, 심리적 금기와 정면으로 충돌하기 때문이다.[65] 오늘날의 허구 장르에서 가장 천인공노할 범죄는 이들 사회적 약자에 대한 각종의 폭력이며, 이를 허구 서사에서 다룰 때에는 주로 법을 무시한 사적인 복수에 감정적 정당성을 마련하는 서사적 장치 정도로만 활용가능하다.[66]

『수호전』의 시대에는 이와 달랐다. 개인의 인권과 신체권을 우선시하는 오늘날과 달리, 당시 사람들이 공분(公憤)했던 범죄는 주로 인륜(人倫)을 저버린 경우로서 이를테면 임금에 대한 불충(不忠), 부모에 대한 불효(不孝), 남편에 대한 부정(不貞)이었다. 같은 이치에 의해, 『수호전』과 같은 특정 장르의 허구 이야기에서 동지에 대한 불의(不義)는 절대 악과 동일시되었다. 일단 『수호전』의 영웅이 의(義)라는 절대 선을 위해 해당 행동을 취한 것이라고 판단된다면, 그 폭력의 대상이 누구인지 또는 그 잔혹한 정도가 어떠한지는 전근대 시기의 작자나 독자에게 특별히 문제되지 않았던 것이다.

대중적 허구 서사의 경우, 감상을 위한 심리적 안전거리를 확보한 상황에서는 자극적일수록 더 환영받는 것이 생리이다. 전통 시기 『수호전』 해석사를 살펴보면, 사회 혼란기에는 불충한 반란을 고취하는

65 전통 시기 중국에서 여성과 유아는 특별히 보호받아야 할 존재가 아니었다. 오히려 현실은 반대에 가까웠다. 유아 살해(주로 여아)와 열녀 찬양의 관습은 이를 잘 대변한다(허핑티, 정철웅 역, 『중국의 인구』, 책세상, 1994, 81~4쪽, 329쪽; 전여강, 이재정 역, 『공자의 이름으로 죽은 여인들』, 예문서원, 2001, 특히 45~52쪽; 티모시 브룩, 이정 외역, 『쾌락의 혼돈』, 이산, 2005, 137~9쪽, 216~7쪽; 여아 살해 관습의 기원에 대해서는 마빈 해리스의 『식인과 제왕』 참조).

66 유아와 여성을 유괴, 폭행한 뒤 살인한 사건을 핵심 모티프로 하는 최근 10여 년 간 국내외 다수의 영화를 떠올릴 수 있을 것이다.

내용이 문제가 되었지만, 부정한 여인을 처단하는 내용은 마치 불의한 사대부를 척결하는 것과 같이 정의로운 행동으로 인식되었기 때문에, 논란을 일으키기는커녕 오히려 더 잔혹한 묘사를 통해 독자의 카타르시스를 유발하였다. 하지만 근대 시기에 와서는 여성에 대한 폭력은 그 이유를 불문하고 독자의 심리를 불편하게 하기 때문에 대중적 허구 서사에서는 긍정적으로 묘사할 수가 없다. 대중 문학 작품은 자신을 둘러싼 현실에 대해 일정 정도의 자율성을 지니지만, 동시에 당대의 가장 기본적인 가치관과 명제를 거스르지 못한다는 것을 『수호전』 석수 이야기의 해석사를 통해 확인할 수 있다.

4. 보론(補論) - 중국문명의 잔혹성을 둘러싼 논쟁사략(論爭史略)

근대 이후의 『수호전』 해석사에서 가장 민감한 내용은 『수호전』의 잔혹성을 중국 전통문화 일반에 투영시켜 중국문명 전체의 포폄(褒貶)을 논한 논쟁의 역사이다. 이는 일반인이 쉽게 접할 수 있는 중국 관련 서적 가운데 『수호전』에 살인, 혹형(酷刑), 식인 등 잔혹한 장면이 가장 많기 때문인데, 『수호전』의 이러한 대표성 때문에 근대 시기의 『수호전』에 대한 찬반 논쟁은 대부분 중국 전통시기의 사회문화에 대한 찬반 논쟁의 축소 대리전이었던 것이 사실이다.[67]

67 앞서의 논자들은 모두 『수호전』의 이러한 대표성을 염두에 두고 있다(쑨수위, 앞의 글, 70~1쪽; 또한 장퉁셩과 까오르후이의 책에 요약된 역대의 논쟁사 참조). 다만,

관련 저작 가운데 이후의 중국과 해외의 관련 논의에 지속적인 영향을 미친 학술적 시발점으로 구와바라 지쓰조(桑原隲藏)의 「중국 사회에서의 식인 풍습[支那人間に於ける食人肉の風習]」(1924년 발표)을 들 수 있다.[68] 역대로 중국에서 벌어진 식인 사건 관련 역사 기록(외국인의 중국 방문 기록도 포함하여)을 집대성한 이 논문은 이후의 중국문명 폄하론 또는 옹호론 모두 가장 자주 인용하는 저작이 되었다. 실제로 『수호전』의 잔혹성을 언급하는 (중국 대륙 이외 지역의) 저작은 대부분 먼저 이 논문 속의 역사 기록을 전재(轉載)한 후 다시 『수호전』 등 소설 속의 잔혹 장면을 방증(傍證) 자료로써 활용하는 방식을 취한다.[69]

이러한 저작들의 의도는 각양각색이다. 혹자는 중국 전통문화를 매도하여 근대적 가치관을 고취하려고 하고, 혹자는 동양전통에 대한 부당한 비난을 논박하여 중국 역사에 대한 이해를 돕기도 한다.[70] 이러한 기존의 논의 방식은 다소 소모적이고 자극적인 면이 없지 않았던 것에 비해, 최근의 관련 저작은 사형폐지 문제와 같은 생산적인 논의를 위한 학술적 기초 연구를 제시한다는 점이 눈에 띈다.[71]

석수 이야기에 관련해서는 쑨수위가 시아즈칭에 비해 상대적으로 설득력 있게 변호했지만, 『수호전』 속에는 여성에 대한 폭력 말고도 기타 다양한 종류의 잔혹 장면이 많기 때문에 이를 다 합리적으로 해명하기란 역부족이다.

68 桑原隲藏, 「支那人間に於ける食人肉の風習」, 『東洋文明史論叢』, 弘文堂, 1934; 이 논문 자체는 『수호전』 속의 식인 장면을 언급하지는 않는다. 이 논문에 대한 미야자키 이치사다의 언급은 그의 책 110쪽에 보인다.

69 황문웅, 장진한 역, 『중국의 식인문화』, 교문사, 1992, 111~2쪽; 사네요시 다츠오, 이정환 역, 『무서워서 읽을 수 없는 『수호전』』, 이야기, 2000; 劉再復, 『雙典批判』, 北京 : 三聯書店, 2010; 김택민, 『중국역사의 어두운 그림자』, 2005, 416~26쪽; 미야자키 이치사다, 앞의 책, 110~7쪽, 232쪽.

70 바로 위의 주석에서 언급한 5종의 저작 가운데, 앞의 3종은 전자에, 뒤의 2종은 후자에 각각 해당된다.

71 티모시 브룩 외, 박소현 역, 『능지처참』, 너머북스, 2010, 127~30쪽; 富谷至 編, 『東ア

중국의 유구한 역사와 문명의 일단(一端)을 『수호전』과 같은 대중 허구 이야기를 통해 간접적으로 이해한다는 것은 학문적으로 만만치 않은 과제라고 볼 수 있다. 본고는 『수호전』 속 잔혹 장면의 해석사를 통해 전통 시기와 근대 시기 독자 간의 감성적 차이와 동일한 허구 서사가 시대와 사회의 변화에 따라 겪게 되는 위상 변화를 밝히려고 했지만, 아직 많은 부분이 문예 이론적으로 충분히 설명되지 않는 상태로 남아있다.[72] 이후의 연구에서는 역사학의 관점을 포괄하는 보다 넓은 이론적 관점에서 『수호전』 해석사의 주요 쟁점을 심도 있게 다뤄보고자 한다.

ジアの死刑』, 京都大學學術出版會, 2008(한국어 번역본 : 손승회 역, 『동아시아의 사형』, 영남대 출판부, 2014; 이 책에서 『수호전』의 예를 언급하는 부분은 없는 듯하다).

72 『中國文學史新著』의 도론에서 장페이헝은 『수호전』 석수 이야기를 당혹감 없이 즐겼던 전근대 중국 독자의 심리를 당시 사회의 경제적・문화적 한계로 인한 일시적 인성(人性) 퇴락으로 설명한다(5~6쪽). 이러한 마르크스주의 문예 이론에 기반한 설명 방식에 대해 필자는 이 문제를 좀 더 문학 자체의 논리로써 설명해야할 필요성을 느꼈고, 이러한 논리를 바탕으로 석수 이야기를 둘러싼 해석상의 문제를 천착한 결과가 바로 본고이다; 본고의 주제와 관련한 한국 학자의 최근 논고는 다음과 같다 : 유승현, 「『수호전』 연쇄살인의 도덕과 허구 미학」, 『중국소설논총』 32집, 2010.

참고문헌

『明容與堂刻水滸傳』, 上海人民出版社影印, 1975.

『容與堂本水滸傳』, 上海古籍出版社, 1997.

『第五才子書施耐庵水滸傳』, 中華書局影印, 1975.

『水滸傳會評本』, 北京大學出版社, 1987.

朱一玄編, 『水滸傳資料彙編』, 南開大學出版社, 2002.

胡適, 『胡適古典文學研究論集』, 上海古籍出版社, 1988.

羅爾綱, 『水滸傳原本和著者研究』, 江蘇古籍出版社, 1992.

王靖宇著, 談蓓芳譯, 『金聖嘆的生平及其文學批評』, 上海古籍出版社, 2004.

王利器輯錄, 『元明淸三代禁毁小說戱曲史料』, 上海古籍出版社, 1981.

章培恒主編, 『中國文學史新著』, 復旦大學出版社, 2011.

施蟄存, 『施蟄存文集 · 十年創作集』, 華東師範大學出版社, 1996.

施蟄存, 『北山四窓』, 上海文藝出版社, 2000.

Leo Ou-fan Lee(李歐梵), *Shanghai Modern : The Flowering of a New Urban Culture in China 1930 ~ 1945*, Harvard University Press, 1999.(중국어 번역본 : 毛尖 譯, 『上海摩登』, 北京大學出版社, 2005; 한국어 번역본 : 장동천 외 역, 『상하이 모던 : 새로운 중국 도시 문화의 만개, 1930~1945』, 고려대 출판부, 2007)

C. T. Hsia(夏志淸), *The Classic Chinese Novel*, Columbia University Press, 1968.(중국어 번역본 : 胡益民 等譯, 『中國古代小說史論』, 江西人民出版社, 2003)

王德威, 「中國文學的"性"之路」, 『如何現代, 怎樣文學?』, 臺北 : 麥田出版, 2008.

Andrew Plaks, *The Four Masterworks of the Ming Novel*, Princeton University Press, 1987.(중국어 번역본 : 沈亨壽 譯, 『明代小說四大奇書』, 中國和平出版社, 1993)

孫述宇, 「水滸傳的煽動藝術」, 『香港中國古典文學研究論文選粹－小說戱曲散文及賦篇』, 江蘇古籍出版社, 2002.

孫述宇, 『水滸傳的來歷、心態與藝術』, 臺北 : 時報文化, 1981.

高日暉, 『水滸傳接受史』, 齊魯書社, 2006.

張同勝, 『水滸傳詮釋史論』, 齊魯書社, 2009.

허핑티(何炳棣), 정철웅 역, 『중국의 인구』, 책세상, 1994.

전여강(田汝康), 이재정 역, 『공자의 이름으로 죽은 여인들』, 예문서원, 2001.

티모시 브룩, 이정 외역, 『쾌락의 혼돈』, 이산, 2005.

桑原隲藏, 「支那人間に於ける食人肉の風習」, 『東洋文明史論叢』, 弘文堂, 1934.
미야자키 이치사다, 차혜원 역, 『중국사의 대가, 水滸傳을 역사로 읽다』, 푸른역사, 2006.
김택민, 『중국역사의 어두운 그림자』, 2005.
티모시 브룩 외, 박소현 역, 『능지처참』, 너머북스, 2010.
황문웅(黃文雄), 장진한 역, 『중국의 식인문화』, 교문사, 1992.
사네요시 다츠오, 이정환 역, 『무서워서 읽을 수 없는 수호전』, 이야기, 2000.
劉再復, 『雙典批判－對水滸傳和三國演義的文化批判』, 北京 : 三聯書店, 2010.(한국어 번역본 : 임태홍 외역, 『쌍전－삼국지와 『수호전』은 어떻게 동양을 지배했는가』, 글항아리, 2012)
조관희 외, 『중문학 어떻게 공부할까』, 실천문학사, 1994.
유승현, 「水滸傳 연쇄살인의 도덕과 허구 미학」, 『중국소설논총』 32집, 2010.

중국 국가급 무형문화유산의 정리 작업과 그 현재적 의미 고찰*

신화(神話)의 제전화(祭典化)를 중심으로

정진선

1. 국가급 무형문화유산목록 선정을 통한 중국신화의 재편

어떤 한 민족 혹은 국가의 전통은 고정된 객체가 아니라 시대의 청자와 화자가 변화함에 따라 끊임없이 창안되는 '기억'이자, 해당 집단의 정체성과 자부심을 표상하는 문화유산이다. 중국은 2000년대에 이르러 과거로부터 전해져 오는 전통을 국가적 차원에서 '문화자원'으로 재편하는 데 많은 노력을 기울이기 시작했다. 최근에는 '사회주의 문

* 이 글은 『중국문학』 76집(한국중국어문학회, 2013)에 실은 같은 제목의 논문을 수정, 보완한 글이다.

화강국(社會主義文化强國)' 건설을 어젠다(agenda)로 천명하고, '문화를 기반으로 국가를 부흥[文化興國]'하겠다는 목표 하에 자국의 문화를 '세계화[走出去]'함으로써 국민적 자부심을 고취하는 데 매진하고 있다.[1] 다시 말하면, 중국문화의 소프트파워 수준을 높여 국내적으로는 사회주의 문화발전을 추진함으로써 경제발전을 지속가능하게 하고, 대외적으로는 전통문화를 유네스코(UNESCO)에 등재하여 세계적인 문화강국으로 도약하고자 하는 것이다. 우리는 여기에서 중국이 기존의 정신문명(精神文明), 사상공작(思想工作) 등의 단어 대신 과거의 전통을 '문화' 혹은 '문화유산'으로 포섭하여 관리들의 부정부패, 국민들의 낙후된 도덕의식, 빈부격차로 인한 계층 간의 갈등, 그리고 티베트족, 위구르족의 독립요구와 같은 현재 당면하고 있는 각종 문제를 해결하고자 하는 점에 주목할 필요가 있다.

제1~3차 국가급 무형문화유산목록 선정 작업(이하 '목록'으로 약칭)은 중국의 대표적인 전통문화 재편 프로젝트이다. 문물(文物)을 대상으로 한 기존의 문화유산 관리체제는 그동안 상대적으로 소외되었던 '무형문화유산(無形文化遺産)'을 보호, 관리하는 방향으로 전환되었다. 국무원(國務院) 판공청(辦公廳)은 2005년 「우리나라 무형문화유산 보호강화에 관한 의견[關於加强我國非物質文化遺産保護工作的意見]」을 하달하여 각

1 2011년 10월 15~8일 베이징에서 개막된 중국 공산당 제17기 6차 중앙위원회 전체회의에서 「문화체제 개혁을 심화하여 사회주의 문화의 발전과 번영을 추동할 것에 관한 중대한 몇 가지 문제에 관한 중국공산당 중앙위원회의 결정[中共中央關於深化文化體制改革推動社會主義文化發展大繁榮若干重大問題的決定]」을 통과시켰다. 후진타오(胡錦濤)는 이 회의에서 중화문화를 홍양하고 중화민족 공동의 정신적 가정을 건설하자고 주장했다. 문건의 자세한 내용에 대해서는 http://www.gov.cn/jrzg/2011-10/25/content_1978202.htm을 참조.

분야별로 '무형문화유산 대표작목록'을 작성하도록 지시했으며, 그것을 현급·시급·성급·국가급으로 등급을 구분하였다. 같은 해 12월 「문화유산보호 강화에 관한 국무원의 통지[國務院關於加强文化遺産保護的通知]」에서 문화유산을 '물질문화유산(物質文化遺産)'과 '비물질문화유산(非物質文化遺産)'[2]으로 분류함에 따라 '문화유산'이라는 용어가 공식적으로 사용되기 시작했다. 문화부는 2006년 4월에 교육부, 국가문물국 등 정부 부처와 함께 '국가문화유산보호 특별전문위원회[國家文化遺産保護領導小組]'[3]를 발족시켜 문화유산 보호와 관련된 정책을 입안하고, 각 지방정부와 긴밀한 협력체계를 확립하여 사라질 위기에 처한 전통문화를 보호하는 데 막대한 재정과 인력을 투입하였다. 따라서 기존의 전통문화 관리체계는 무형문화유산이라는 새로운 플랫폼(platform) 안에서 재정립 할 필요성이 대두되었다.

한편, 민속학, 인류학 등 학술계도 민간문화유산을 발굴 정리하여 위대한 중국의 문화유산, 나아가 세계 속의 문화유산으로 재편하는 데 많은 관심을 기울였다.[4] 중국예술연구원(中國藝術研究院)은 2000년 4월 문

---

2 본고에서는 유네스코에서 사용하고 있는 'Intangible Cultural Heritage'에 '무형문화유산'이라는 용어가 더 적확하며, 아울러 한국과 일본 내에서 이미 무형문화유산이라는 용어가 통용되고 있는 상황을 감안하여 비물질문화유산 대신 무형문화유산을 사용하고자 한다.

3 국가문화유산보호 특별전문위원회에는 건설부, 재정부, 국토자원부, 국가종교국, 국가여행국, 국무원법제판공실, 국가발전과 개혁위원회, 국가민족사무위원회 등 거의 모든 행정부처가 참여하고 있다.

4 2000년 이후 중국의 민간문화에 대한 관심을 살펴보면 다음과 같다. 2001년 중국민간예술가협회 주석이자 학자인 펑지차이[馮驥才]를 주축으로 '중화문화부흥선언(中華文化復興宣言)'을 발표하였다. 2002년에는 전문가들이 민간문화유산에 대한 관심을 호소하여 '중화민족민간전통문화보호법(中華民族民間傳統文化保護法)'이 만들어졌다. 2003년에는 국가적 차원에서 '중화민족민간문화보호프로젝트[中華民族民間文化保護工程]'가 본격적으로 추진되기 시작했으며, 2004년에는 국가와 민족이 자

화부의 위탁을 받아 '인류구전 및 무형유산 걸작 전문가심의 위원회'를 조직하여 유네스코의 인류무형문화유산 등재에 대한 신청을 심사했다.[5] 또한 문화부 산하에 무형문화유산의 심의와 선정을 위해서 각 분야별 68명의 전문가로 구성된 '국가무형문화유산 보호업무 전문가위원회'를 설치하였다. 2006년 9월에는 중국예술원 산하에 '중국무형문화유산보호센터[中國非物質文化遺產保護中心]'를 설립하여 무형문화유산 보호정책에 대한 자문을 비롯하여 전국적 규모의 조사업무를 총괄 지휘하였으며, 무형문화유산보호와 관련된 이론적 연구를 진행하였다.[6] 정부 부처와 학술계의 긴밀한 협력을 통하여 국무원은 2006년 5월에 제1차 국가급 무형문화유산목록(518개), 2008년 6월에 제2차 목록(510개)과 추가선정목록(147개), 2011년 5월에 제3차 목록(191개), 추가선정목록

신의 문화를 선택할 권리가 있다고 주장하며 갑신문화선언(甲申文化宣言)을 선포했다. 2005년 한국의 강릉단오제가 세계유산에 등재되자 중국에서는 자국의 전통문화를 보호하고 관리해야한다는 목소리가 사회적으로 드높아졌다. 2006년에는 매년 6월 둘째 주 토요일을 '문화유산의 날'로 제정하고, '민간문화유산긴급구조프로젝트[民間文化遺產緊急救助工程]'를 추진했다(장정아, 「'민간문화유산'에서 '위대한 중국의 문화유산'으로」, 『한국문화인류학』 41권 제1호, 한국문화인류학회, 2008, 168~170쪽).

5 2013년 현재 유네스코에 등재된 '인류무형문화유산대표목록' 가운데 중국의 무형문화유산은 29개이다. 2008년에 곤곡(昆曲), 고금(古琴) 음악, 위구르족의 무캄[木卡姆], 몽골족의 장조민가(長調民歌), 2009년에는 『게사르』, 난징(南京) 운금(雲錦)직조기술, 남음(南音), 둥(侗)족 대가(大歌), 렙공[熱貢], 『마나쓰』, 마조신앙(媽祖信仰)과 관습, 시안(西安) 고악(鼓樂), 양잠 및 비단공예, 용선 축제, 룽취안(龍泉)청자초벌기술, 월극(粤劇), 선지(宣紙)제조기술, 도장전각기술, 목판인쇄술, 서예, 전지(剪紙)공예, 전통목조건축기술, 중국에 거주하는 조선족의 농악무, 몽골 가창예술 후마이[呼麥], 티베트 오페라, 화얼[花兒], 2010년에는 경극(京劇), 전통의학 침과 뜸, 2011년에는 피영희(皮影戲) 등이 등재되었다.

6 2009년 3월부터 문화부의 무형문화유산사(非物質文化遺產司)가 무형문화유산의 보호와 관리의 중추적인 기관으로서 관련 법규의 초안 기초, 국가급 무형문화유산 대표항목의 선정업무 등 관련 업무를 전담했다(정준호, 「중국의 문화유산 관리체계에 관한 연구」, 『중국학연구』 52집, 중국학연구회, 2010, 279쪽).

(164개)을 공포하였다. 이처럼 짧은 시간에 민간문학, 전통음악, 전통무용, 전통연극, 강창(講唱), 전통체육 및 놀이, 전통미술, 전통공예 및 기술, 전통의약, 민속 등 10개 분야에 걸쳐 총 1,219개의 목록을 정리하여 방대한 자료를 구축하는 성과를 거두었다.[7]

목록 선정 과정을 통해서 초월적 존재에 대한 이야기, 신화(神話)가 대량 발굴, 정리되었다.[8] 그런데 흥미로운 사실은 신화가 '민간문학'과 '민속', 서로 다른 두 항목에 배치되어 있다는 점이다. 단편적인 서사의 핵만 남은 채 과거의 의례 활동은 희미해진 요(堯), 순(舜), 우(禹) 등 인문시조신화는 '민속' 항목으로 분류되어 시대적 정신을 투영한 각종 활동을 덧붙이고 있다. 반면에 사회의 가치규범으로 작동하고 있는 소수민족의 신화는 '민간문학'에 분류되어 그 '의례'적인 요소를 탈각시키고 서사를 강조함으로써 문화산업으로 치환될 수 있는 가능성이 농후하다. 필자는 국가의 목록 안으로 수렴됨에 따라 '중국'의 신화로 재편되고 있다고 생각한다.[9] 국가적 차원에서 개별적인 신화를 '전유(專有)'

---

7 국내의 국가급 무형문화유산에 대한 연구는 아직 초보적 단계에 있다. 중국의 정책에 관해서는 장미나의 「한중 무형문화유산 보호정책 연구」, 성균관대 박사논문, 2008; 김용범, 『중국의 무형문화유산 제도 변화에 대한 정책적 대응 방안 연구』, 한국문화관광정책연구원, 2012, 전통극에 대한 연구로는 김우석의 「중국 전통극 현대화의 성과와 전망」, 『중국어문학지』 제26집, 중국어문학회, 2008; 박성혜의 「중국 소수민족 전통희극의 현대적 변용–제1차 국가급 무형문화유산 목록을 중심으로」, 『인문과학연구』 29집, 성신여대 인문과학연구소, 2011 등이 있다.

8 중국은 1980년대부터 국가적 차원에서 신화를 채록하고 정리하기 시작했다. 문화부, 국가민족사무위원회, 중국문학예술가협회는 현(縣) → 시(市) → 성(省) 3단계의 심사과정을 거쳐 『중국민간고사집성(中國民間故事集成)』·『중국가요집성(中國歌謠集成)』·『중국속담집성(中國諺語集成)』을 간행함으로써 대량의 신화를 발굴한 바 있다. 이를 바탕으로 1995년에는 한족을 비롯한 55개 소수민족의 신화를 모아서 『중화민족고사대계(中華民族故事大系)』(上海文藝出版社, 1995)를 출간했다. 이전의 성과물과 비교하면, 목록 작업은 훨씬 조직적이고 체계적인 시스템 하에서 국가가 보호, 관리한다는 점에서 차별성을 띤다.

하게 되면 그 신화를 전승하는 주체가 민족적인 측면에서는 더 이상 한족, 먀오(苗)족, 이(彝)족, 좡(壯)족 등 어느 한 민족의 것이 아니고, 지역적으로는 허난(河南), 산시(陝西), 후난(湖南) 등 어느 한 지역에 얽매이지 않고 자유롭게 넘나들게 된다. 국가가 막대한 재정과 행정을 동원하여 신화를 발굴, 보호, 관리하는 과정에서 신화를 향유하는 주체와 전승 공간이 재편될 수 있는 가능성이 커지는 것이다. 필자는 이러한 문제의식을 바탕으로, 국가급 무형문화유산목록의 정리 작업 이면에 깔린 의미가 무엇인가를 염두에 두고 한족의 신화[10]가 현대적으로 어떻게 변용되고 있는지 그 양상을 고찰하고자 한다.

2. 인문시조신화(人文始祖神話)의 제전화(祭典化)

고대부터 현재에 이르기까지 중국의 정치적 주체들은 신화를 의미

9 한국의 중국신화 연구자들은 신화를 이용하여 중화주의를 표상하고자 하는 중국 학술계의 연구경향에 대하여 비판적인 시각을 견지하고 있다. 대표적인 자료에는 김선자의 『만들어진 민족주의 황제신화』, 책세상, 2007; 이유진의 「중국 민족주의 담론으로서의 황제(黃帝)서사에 대한 계보학적 고찰」, 『중국어문학논집』 57호, 중국어문학연구회, 2009 및 「'중화민족 다원일체론'과 중국신화학의 만남」, 『중국어문학논집』 76호, 중국어문학연구회, 2012 등이 있다.

10 중국신화를 소수민족의 신화와 한족의 신화로 이분법적으로 '구별 짓는' 것에는 논란의 여지가 있다. 그러나 중국 학계에서는 일반적으로 한족의 신화 : 소수민족의 신화(즉, 비한족의 신화)라는 이분법적인 분류가 '관행'으로 자리 잡고 있다. 이러한 잣대가 얼마나 합리적이고 유효한지는 논쟁의 여지가 있지만, 다민족 국가인 중국내에서 이렇게 관습적으로 '분류'함으로써 다원일체론(多元一體論)의 정치적 담론과 결합되고 있음은 부인할 수 없는 사실이다.

체로 '활용'할 수 있다는 점에 주목하여 각 지역, 민족의 신화 가운데 시대적 필요에 따라 '삼황(三皇)' 혹은 '오제(五帝)'라는 기표로 신들을 재편성하는 '전통'을 구축해왔다.[11] 신화가 만들어지는 메커니즘에 따라, 중국신화는 국가의 정치적 이데올로기로 기능하는 '중앙신화'와 각 지역에서 신앙의 대상으로 작용하는 '지역신화'로 나눌 수 있다. 이때 중앙신화와 지역신화는 고정된 존재가 아니라 시대적 필요에 따라 상호작용을 하며 서로 치환되기도 한다.[12] 중국정부는 이러한 신화적 전통을 기반으로, 신들 가운데 현재의 국가적 의제에 부합되는 헌원황제(軒轅黃帝), 염제신농(炎帝神農), 태호복희(太昊伏羲),[13] 여와(女媧), 대우(大禹), 순제(舜帝)를 인문시조(人文始祖)로 '호출'하여 헌원황제제전(軒轅黃帝祭典), 염제신농제전(炎帝神農祭典), 태호복희제전(太昊伏羲祭典), 여와제전(女媧祭典), 대우제전(大禹祭典), 순제제전(舜帝祭典) 등과 같은 21세기 중국신화로 재구성하였다.

그렇다면 어떠한 이유로 다른 신들을 제치고 이들이 선택된 것일까?

---

11 일반적으로 3황에는 복희(伏羲) · 신농(神農) · 수인(燧人), 복희 · 신농 · 축융(祝融), 복희 · 여와(女媧) · 신농, 5제에는 황제(黃帝) · 전욱(顓頊) · 제곡(帝嚳) · 제요(帝堯) · 제순(帝舜), 곡 · 요 · 순 · 우(禹) · 탕(湯), 태호(太昊) · 염제(炎帝) · 황제 · 소호(少皞) · 전욱, 공공(共工) · 치우(蚩尤) · 후직(后稷) · 소호(少昊) · 현명(玄冥) 등이 있다. 여기에서 3황5제라는 기표는 고정된 채 그 안을 채우는 구체적인 신들이 시대적 상황에 따라 변화해왔음을 알 수 있다(정찬학, 「오제신화(五帝神話)의 형성과 한대(漢代)의 수용양상 연구」, 연세대 박사논문, 2006, 24~41쪽).

12 이에 대해서는 졸고, 「중국신화의 변용 양상 연구—춘추전국시대부터 진한대까지의 신화를 중심으로」, 서울대 박사논문, 2010, 7~8쪽 참조.

13 황제의 경우 '황제제전'과 '헌원제전', 염제의 경우 '염제제전', '신농제전', 복희의 경우 '태호복희제전'과 '복희제전'이 선정되었다. 중국인들은 헌원과 황제, 염제와 신농, 태호와 복희를 동일한 신이라고 생각하기 때문에 이렇게 확정하는 것이 가능하다. 그러나 사실 헌원과 황제, 염제와 신농, 태호와 복희는 각각 독립적으로 존재했던 개별적인 신이다(위의 글, 72쪽).

[표 1] 제1-3차 국가급 무형문화유산목록에 선정된 인문시조제전

일련번호	명칭	선정 연도	선정 지역
480 X-32	황제제전	2006	산시성 옌안(延安)시 황링(黃陵)현
	황제배조제전(黃帝拜祖祭典)	2008	허난성 신정(新鄭)시
	헌원제전	2011	저장(浙江)성 진윈(縉雲)현
481 X-33	염제제전	2006	후난성 옌링(炎陵)현 산시성 바오지(寶鷄)시
	신농제전	2011	후베이(湖北)성 쑤이저우(隨州)시
485 X-37	태호복희제전	2006	간쑤(甘肅)성 톈수이(天水)시 허난성 화이양(淮陽)현
	복희제전	2011	허베이(河北)성 신러(新樂)시
486 X-38	여와제전	2006	허베이성 서(涉)현
	여와제전	2011	간쑤성 타이안(泰安)현
487 X-39	대우제전	2006	저장성 사오싱(紹興)시
1207 X-132	순제제전	2011	후난성 닝위안(寧遠)현

황제와 염제는 오랜 기간 동안 화하(華夏)의 시조(始祖)로 공인되어왔다. 헌원황제는 국가의 기틀을 만들었으며, 양잠, 의복, 진법(陣法), 문자, 역법, 도량, 궁실, 무기 등을 발명하여 중화민족의 찬란한 초기 문명을 구축했다고 여겨진다. 염제신농은 백성들에게 농사짓는 방법을 가르친 '농업의 신'이자, 온갖 풀을 맛보며 의약을 발명한 '의약의 신'으로 추앙되었다. 태호복희는 팔괘(八卦)를 만들어 우주의 이치를 장악했고, 그물을 발명하여 물고기 잡는 방법을 가르쳐 준 위대한 성왕이다. 여와는 진흙을 빚어 인류를 창조했을 뿐 아니라 오색돌을 녹여 하늘 구멍을 메워 홍수를 다스린 여신이다. 우 임금은 자신의 몸을 돌보지 않은 채 온갖 어려움을 극복하고 홍수를 다스렸으며, 개인의 사사로운 이익에 연연하지 않고 백성들을 위하여 헌신한 통치자의 전형으로서

채택되었다. 순은 계모와 이복 동생 상(象)의 온갖 구박과 박해로 목숨을 잃을 위기에 처했으나 효성을 다하고 동생을 사랑으로 포용하였다. 또한 요 임금의 두 딸 아황(娥皇)과 여영(女英)을 아내로 맞이하여 행복한 가정을 꾸리는 등 훌륭한 행동으로 천하의 인심을 얻어 마침내 제위에 올랐으며, 아들 상균(商均) 대신 치수사업에 공적을 거둔 우에게 이양하였다.[14] 이상에서 알 수 있듯이 헌원황제, 염제신농, 태호복희, 여와, 우, 순은 중국문명의 초석을 다진 위대한 공업(功業)을 이룩한 성왕(聖王)들로, 현재 중국이 당면하고 있는 각종 사회적 문제를 해결하기 위한 윤리적 규범을 제공하는 기제로 작용할 수 있는 서사적 맥락을 구비하고 있다. 예를 들면, 황제와 염제를 통해서 국가의 정체성 확립을 도모하고, 우를 통해서는 국민을 위하여 봉사하는 관료들의 전범을 제시하며, 순을 통해서는 부모에게 효도를 다하는 도덕적 기제를 제공할 수 있다. 또한 인간의 생로병사와 관련된 각종 치유의 기능을 구비한 여와와 태호복희를 통해서는 개별적인 지역과 민족의 경계를 넘어 보편적인 신앙의 장을 펼칠 수 있다. 따라서 민족적, 사회적 갈등을 극복하여 조화로운 사회[和諧社會]를 건설하는 데 이들 인문시조가 채택되어 새로운 신화를 구축하고 있는 것이다.

그런데 헌원황제, 요, 순, 우 등은 서사의 핵만 남아 있고, 그 신화를 둘러싼 믿음과 의례가 대부분 사라져 박제화된 상태이다. 이와 같은 사실을 직시한 정부와 학술계는 인문시조가 묻혀 있다고 인식되어 온

14 인문시조와 관련된 신화적 서사, 전승 의미, 모티브가 고대부터 현대까지 어떻게 변화했는가를 살펴보는 것도 중요한 작업이겠지만, 필자는 2000년 이후 제전으로 부활한 인문시조가 어떤 의미망을 구축하고 있는가에 주목하여 논의를 진행할 것이다.

무덤 혹은 민간에서 참배의 공간으로 기능해 온 묘회(廟會) 등의 장소를 적극 조성하였다. 우리는 여기에서 황제릉, 염제릉, 대우릉, 여와릉, 태호복희릉이 이미 국가중점문물보호단위로 지정되어 있었다는 사실에 주목할 필요가 있다.[15]

〈표 2〉 문물과 무형유산의 결합

전국중점문물보호단위	국가급 무형문화유산
황제릉	황제제전
염제릉	염제제전
대우릉	대우제전
와황궁(媧皇宮) 및 석각(石刻)	여와제전
태호릉묘 · 복희묘	태호복희제전

황제릉과 황제릉제전, 염제릉과 염제릉제전, 대우릉과 대우제전, 여황궁(女皇宮) 및 석각(石刻)과 여와제전, 태호릉묘 및 복희묘와 태호복희제전은 집단기억을 재현할 수 있는 제전(祭典)의 장으로 결합되었다. 그런데 전국중점문물보호단위로 지정되었다 하더라도 중국의 정치적 상황으로 인하여 대부분의 능이 훼손되었으며, 인문시조와 관련된 제사활동도 많이 사라졌다. 1949년 중화인민공화국 건립 이후 종교활동은 줄곧 미신적 행위로 간주되었고, 특히 문화대혁명 시기에는 사원과 묘회 등 민간신앙의 장소가 파괴되었다. 따라서 중앙정부와 지방정부

15 국무원은 1961년부터 2006년까지 전국중점문물보호단위를 6차례에 걸쳐 총 2,348곳을 지정했다. 산시성의 황제릉은 1962년에 고묘장(古墓葬) 제1호로 지정되었고, 저장성의 대우릉은 1995년에 전국중점문물보호단위로 지정되었다. 허난성의 태호릉묘, 후난성의 염제릉, 허베이의 아황궁 및 석각은 1996년에 제4차 전국중점문물보호단위, 간쑤성의 복희묘는 2001년에 전국중점문물보호단위로 지정되었다(楊文棋, 「略談“國保”, “國遺”中的宗教文化遺産」, 『綏化學院學報』 第27卷 第2期, 綏化學院, 2007, 18~9쪽).

는 능을 정비하고 의례를 재현하는 등 단절된 전통을 복원하는 데 막대한 자금을 투입하였다. 산시성 황제릉의 경우를 살펴보면, 1990년 4월 중앙정치국 상무위원 리루이환(李瑞環)이 직접 능을 참배하고 정비 지시를 내린 뒤 1994년에 산시(陝西)성 인민정부, 건설부, 국가문물국이 「황제릉정비 계획건설대강[整修黃帝陵規劃建設大綱]」을 비준했다. 1기 공정은 1997년 말에 완공되었으며, 2기공정 중 2002년에서 2004년까지 헌원묘(軒轅廟)를 정비하고 대원(大院)과 대전(大殿)을 건설하였다. 3기공정 때 헌원묘 동쪽에 헌원기념관(軒轅紀念館)을 건립하고 차오[橋]산 주변에 중화역사공덕관(中華歷史功德館)을 건설하는 등 제전을 거행할 수 있는 신성한 공간으로 탈바꿈하였다.[16] 대우제전이 조성된 경과를 살펴보면, 1995년 4월 20일 저장성 인민정부와 사오싱시 인민정부가 연합하여 우임금에 대한 제사를 거행한 이래 사오싱시는 2억 여 위안의 자금을 투입하여 우를 제사하는 광장, 수상제대(水上祭臺), 우릉촌(禹陵村), 하우문화원(夏禹文化園) 등을 대대적으로 정비하였다.[17] 한편, 염제제전의 경우에는 파손된 사원을 복원하는 데 심혈을 기울였다. 1957년에 산시성 바오지시 진타이(金臺)구 선우[神武]로에 위치한 신농묘는 미신이라는 이유로 그 자리에 '선우로 초등학교'를 세우고, 신농에 대한 제사활동을 중지시켰다. 1990년대 초에 이르러 시정부는 허빈(河濱)공원(현 炎帝園)을 다시 염제사원으로 중수(重修)한 뒤 매년 창양(常陽)산 염제릉에서 제전을 거행하였다.[18]

16 李筆浪, 「黃帝祭典與中華民族精神家園建設」, 『西北大學學報』 第40卷 第1期, 西北大學, 2010, 73~4쪽.

17 孫遠太, 「大禹祭典與大禹文化的傳播」, 『前沿』 第263期, 內蒙古社會科學聯合會, 2010, 182~3쪽.

이처럼 능을 정비하고 사원을 복원한 지방정부는 각종 문헌자료를 참고하여 의례를 복원하는 데 매진하였다. 초창기에 거행된 산시(陝西)성 황제제전은 일반적인 정치행사와 별반 다르지 않았다. 그 구체적인 양상을 살펴보면 다음과 같다. 제전이 시작되면 참석자들이 전원 자리에서 일어나고, 제관(祭官)을 맡은 행정 관리는 의례 보조자들의 호위 속에서 앞으로 나아간다. 고악(古樂)이 연주되는 가운데 제관이 화환을 바치고, 3번 절하며 제문을 낭독한다. 제관이 연설을 마치면 폭죽을 터뜨리고 황제릉을 1바퀴 돈다. 기념촬영과 기념식수를 하며 끝마친다. 성정부 관계자들이 보기에 이렇게 단순한 제사활동으로는 어떤 문화적 동질성을 확인하는 장으로 기능하기 어렵다는 인식 아래 미비한 부분을 보완해 나갔다. 2004년 제전에서는 고대 문헌, 고고학 자료를 참고하여 전국시대(戰國時代) 양식의 편종(編鐘)과 구정(九鼎) 등 청동기 65개와 태상기(太常旗) 깃발을 제작했으며, 「훤원황제송(軒轅黃帝頌)」이라는 악무를 성대하게 연출함으로써 과거의 제전을 현재의 공간에 재현하였다.[19] 한편 가장 성공적으로 제례형식을 재현했다고 평가받는 대우제전은 최고(最高) 예제(禮祭) 형식인 '체례(禘禮)'를 복원하여 보다 완정한 형식을 갖추었다. 2007년 문화부, 저장성 인민정부, 사오싱시 인민정부가 공동으로 주관한 의식을 살펴보면, 9시 50분에 제전을 시작했는데, 이는 우 임금이 '구오지존(九五之尊)'이라는 의미를 나타낸 것이다. 9발의 총을 쏜 것은 대우가 홍수를 다스리고 구주(九州)를 안정적으

18 楊安立, 「寶鷄炎帝陵祭典」, 『寶鷄社會科學』 第2期, 寶鷄市社會界聯合會, 2008, 42쪽.

19 趙世瑜, 「正統的意涵與民族的意涵 : 黃帝"傳統"的發明」, 『河南社會科學』 第16卷 第3期, 河南省社會科學界聯合會, 2008, 12쪽.

로 통치한 업적을 상징한 것이라고 한다.[20]

한편, 지방정부는 인문시조 제사를 '지금, 여기'에서 생명력을 발휘할 수 있는 '제전'의 형태로 만들기 위해서 각종 상징물을 이용하여 신성성을 부여하였다. 물론 이때에도 고대 왕조와의 문화적 연관성을 강조한다. 후난성 옌링현의 염제릉 성화대(聖火臺) 위에 9마리의 용이 성화석(聖火石)을 중심으로 방사형으로 늘어서 있는데, 이 용들은 입에서 화염을 내뿜어 성화석 꼭대기의 성화를 점화하여 불의 사용을 보급한 염제 신농씨의 공덕을 기린다. 또한 신농대전(神農大殿) 앞에 위치한 광장에는 황(黃)·청(青)·흑(黑)·백(白)·적(赤) 다섯 가지 색깔의 용이 '오행(五行)' 방위에 따라 공연을 한다. 이러한 상징물과 활동으로 인하여 제전에 참가하는 사람들은 용의 후손임을 구체적으로 체험할 수 있다.

중앙정부와 지방정부가 능을 정비하고 의례를 복원하는 데 참여하게 되면서 원래 지역민들의 신앙활동은 민제(民祭)에서 공제(公祭)로 그 성격이 변화하기 시작했다.[21] 허난성 화이양현에서는 매년 음력 2월 2일에서 3월 3일까지 '2월2고묘회(二月二古廟會)'가 열린다. 지역 주민들은 묘회에 참가하여 태호복희에게 생노병사 등 개인의 일상적인 욕망을 기원하며 주체적으로 축제를 즐겼다. 2006년 제1차 목록에 '태호복희제전'이라는 이름으로 선정되자 묘회는 더 이상 지역민만 대상으로 하는 것이 아니라 중국 각지, 나아가 세계 각국에 거주하는 중국인들

20 孫遠太, 앞의 글, 2010, 182~3쪽.

21 제사는 그 주체에 따라 크게 민제(民祭)와 공제(公祭)로 나눌 수 있다. 민제는 민간에서 자발적으로 조직하여 제사하는 것을 가리키고, 공제는 지방정부, 직능 단체 등이 제사하는 것을 가리킨다. 인문시조 제전은 공제에 속하기 때문에 중국의 학자들은 대부분 '공제'라는 용어를 사용하고 있다.

의 참배 장소가 되었다.[22] 민간의 신앙활동이 국가제사로 전환되면서 고위 관리들이 인문시조 제전에 참석하고, 제사를 주관하는 것이 하나의 관례가 되었다. 제1차 목록에 '태호복희제전'으로 선정된 후 2007년 간쑤성 톈수이시 성정부는 성위원회 부서기 류웨이핑(劉偉平)을 '간쑤성중화인문시조복희대전활동공제전담부서[甘肅省公祭中華人文始祖伏羲大典活動領導小組]'의 책임자로 임명했다. 류웨이핑이 제전을 주관하고, 간쑤성 위원회 서기이자 간쑤성 인민대표대회 상무위원회 주임 루하오(陸浩)가 전국인민대표대회 상무위원회 부위원장 리톄잉(李鐵映)을 대신하여 「복희를 칭송하는 축사[頌伏羲辭]」를 낭독하였다. 또한 중앙과 국가 지도층, 전국소수민족대표, 각계 대표가 1만여 명 정도가 참가했다.[23] 2009년 9월 8일 후난성 인민정부, 융저우(永州)시 인민정부, 닝위안현 인민정부는 공동으로 순제제전을 거행했으며, 2012년 9월 28일에는 후난성 공산당 위원회 부서기이자 성장인 쉬서우성(徐守盛)이 제전을 주관하였다.[24]

한편, 2007년 12월에 국무원은 「전국 명절 및 기념일을 법정공휴일로 개정하는 것에 관한 결정[關於修改全國年節及紀念日放假辦法的決定]」을 공포하여 2008년부터 전통문화를 계승한다는 명분을 내세워 청명절을 단오절, 중양절 등과 함께 법정공휴일로 지정하였다.[25] 인문시조에

---

22 陳偉濤, 「論伏羲信仰的社會正功能」, 『求索』 第8期, 湖南省社科院, 2012, 208~9쪽.

23 劉越高 · 惠富强, 「弘揚中華文化 發展文化産業－改革開放30年天水特色文化大市建設紀實」, 『黨的建設』 第3期, 中央宣傳部, 2008, 12쪽.

24 歐春濤 · 文偉 等, 「弘揚舜帝精神 建設和諧湖南－湖南省公祭舜帝活動剪影」, 『中國綠色畵報』 第9期, 中國綠化基金會, 2009, 28쪽.

25 2005년 중국공산당선전부(中宣部), 교육부, 민정부, 문화부 등은 「전통명절을 이용하여 민족문화의 우수한 전통을 홍양하는 것에 관한 의견[關於運用傳統節日弘揚民族文化的優秀傳統的意見]」을 채택했다. 이 문건에서 청명절 기간에 조상과 선열(先

대한 제전 행사는 이제 '청명절'이라는 전통적 시간과 결합하여 시대의 정신을 구현할 수 있는 조건을 구비하게 되었으며, 나아가 국가의 이데올로기를 발현할 수 있는 장으로 변화되었다.[26]

3. 화인(華人, Ethnic Chinese)의 성지(聖地) 구축

지방정부와 중앙정부가 인문시조에 대한 제전활동을 직접 주관함에 따라 제전 장소는 화인(華人)의 성지(聖地)로서 민족적 정체성을 확인하고 집단기억을 재현하는 공간으로 구축되고 있다.[27] 요, 순, 우 등 인문시조를 각 성씨(姓氏)의 조상으로 인식해 온 중국인에게 있어 제전활동은 '뿌리 찾기[尋根]'를 위한 제사로 기능할 수 있는 토대가 잠재되어 있다고 볼 수 있다.[28] 일찍부터 인문시조와 성씨와의 관계에 주목한 허난성 정부는 1999년 허난성 중원 성씨 역사문화 연구회 부회장이자 허난성 사회과학원 고고 연구소장인 장신빈(張新斌)과 함께 '뿌리 찾기

烈)을 기리며 중화민족의 우수한 전통과 혁명전통을 정확하게 인식할 수 있도록 분위기를 조성해야 한다고 주장했다(王文章 主編, 『弘揚傳統節日文化現狀與對策』, 文化藝術出版社, 2012, 1쪽).

26 리비랑(李筆浪)은 청명절에 조상들의 무덤을 참배했던 전통을 계승하여 중화민족의 '보은절(報恩節)'로 삼으면 조국에 대한 민족의 보은을 강화시킬 수 있을 것이라고 주장한다. 李筆浪, 앞의 글, 74쪽.

27 김선자는 박물관, 역사문화적 유적지, 그리고 신들을 위해 축조되는 거대한 건축물, 그와 관련된 축제가 중국판 '기억의 터전'이 되고 있고, 이 터전을 바탕으로 중국이 새로운 역사의 기억을 만들어가고 있음을 지적했다. 김선자, 앞의 책, 358~9쪽.

28 秦開鳳, 「記憶與重構 : 文化學視野中的黃帝及黃帝祭祀硏究」, 『社科縱橫』 第7期, 甘肅省社科聯合會, 2011.

문화와 전략' 프로젝트를 5년 간 추진하였다. 연구조사를 통해서 300개의 성씨 중 허난성에 기원을 둔 성씨가 172개, 그리고 100개의 대성(大姓) 중 77개가 이 지역과 관계가 있음을 밝혀냈다. 허난성 정부는 이를 바탕으로 화이양에 있는 복희의 무덤과 사당을 대대적으로 정비하였으며 2004년 8월에는 전 세계 사씨(謝氏) 종친회를 난양(南陽)에서 개최하였다.[29] 제전과 뿌리 찾기를 연결짓는 현상은 염제제전과 황제제전에서 보다 두드러진다. 산시성 정부는 쥐허(沮河)천을 개발하고 차오산 주변에 중화역사공덕관을 건설하여 고대부터 현재까지 염황자손 가운데 위대한 인물과 역사적 업적을 전시하였다. 또한 중국백성심근문조당(中國百姓尋根問祖堂)을 건설하여 백가성과 관련된 자료와 공예품을 판매하고 백가성연도종친회(百家姓年度宗親會)를 거행하였다. 이렇게 가문의 족보와 기원을 강조하는 제전은 '동근동종(同根同種)', '심근제조(尋根祭祖), 화하일통(華夏一統)'이라는 문구를 내세워 상상된 혈통을 강조하고 있다.[30]

홍콩, 마카오, 타이완, 그리고 세계 각지에 거주하고 있는 중국인들도 제전에 참배하러 온다. 허난성 화이양현에 위치한 태호복희릉에서는 국내외 참가자가 20여만 명에 달하고, 순제릉을 참배하러 오는 해외의 화인이 매년 100여만 명에 이르는 등 그 숫자가 매년 급속도록 증가하고 있다. 일부 지방정부는 제전활동을 개최할 때 세계 각지의 중

29 허난성 정부의 프로젝트가 객관적인 사실을 도출하는 데 주안점이 있다기보다는 경제적으로 낙후된 지역경제를 활성화하는 데 목적이 있다고 볼 수 있다(김선자, 앞의 책, 366~8쪽).

30 張寶泉, 「把黃帝陵打造成尋根祭祖的民族聖地」, 『西安文理學院學報』 第5期, 西安文理學院, 2012, 38쪽.

국인을 적극적으로 유치하고 있다. 예를 들면, 산시성 바오지시 인민 정부가 2005년 10월 3일 염제릉에서 중화애국공작연합회(中華愛國工程聯合會), 세계화인협회(世界華人協會) 등과 공동으로 '전 세계 화인들의 조상참배대전[全球華人省親祭祖大典]'을 개최했을 때 국내외 1만 여 명의 사람들이 참가했다.[31] 중화전국귀국화교(中華全國歸國華僑)의 애국주의 교육기지인 후난성 염제릉에서 2006년 '병술중양세계화인화교공제염제릉대전(丙戌重陽世界華人華僑公祭炎帝陵大典)'을 거행했을 때 전 세계 60여 국가와 지역에서 화인의 대표자들이 운집했다.[32] 인문시조제전이 거행되는 장소가 화인[33]의 성지로 형성되고 있는 것이다. 여기에서 '중국인'에 대한 개념이 점차 확장되고 있음에 주목할 필요가 있다. 과거 중국은 자국의 경내에 있는 한족 및 소수민족을 '중화민족'이라는 이름으로 결합했다. 하지만 여기에다 세계 각지에 거주하는 중국혈통을 가진 사람들도 모두 아우르는 개념을 다시 설정할 필요가 생겼다. 인문시조 제전이 지역과 민족과 경계를 초월하여 화인이라는 기표로 동일한 문화적 정체성으로 결속시킬 수 있는 구심점 역할을 담당하게 된 것이다.[34]

---

31 楊安立, 앞의 글, 42쪽.

32 朱建軍, 「炎帝陵祭祀文化意義述考」, 『湖湘論壇』 第5期, 中共湖南省委黨校, 2008, 62쪽.

33 현대 중국 경내에 거주하는 중국인과 다른 나라에 거주하며 해당 국가의 국적을 취득한 중국 혈통의 외국 공민까지를 포함하는 광범위한 개념이다. 즉, 13억 중국 인구, 2,300만 타이완인, 700만 홍콩인, 50만 마카오인, 그리고 5000만 화교까지 모두 아우르는 것으로, 기존의 중화민족보다 그 범위가 보다 확장된 것이라고 볼 수 있다. 따라서 한족의 혈통을 가진 사람은 모두 화인이라고 칭할 수 있게 된다. 한족과 가까운 후이(回)족, 먀오족, 야오(瑤)족, 투자(土家)족, 만주족, 좡족 등의 소수민족 대부분도 화인에 포함된다. 그러나 해외에 거주하는 티베트족과 위구르족 등 한족과 역사적 연원이 비교적 먼 민족과 독립적인 국가를 이룬 몽골족과 조선족 등은 화인의 범주에 포함되지 않는다. 화인에 대한 개념 및 범주에 대해서는 http://baike.baidu.com/view/48232.htm을 참조.

한편 인문시조 제전은 중국과 타이완 양안관계를 개선하고, 촉진하는 장으로도 기능한다. 2005년 허난성의 황제고리배조대전에 타이완의 신민당(新民黨) 주석 쑹추위(宋楚瑜)가 제문을 낭독하며 "염황자손은 근본을 잊지 않고, 중국과 타이완은 일가 친척이다(炎黃子孫不忘本, 兩岸兄弟一家親)"라고 했다.[35] 2007년 4월 19일에 열린 배조대전에는 타이완의 국민당 명예주석 롄잔(連戰)이 양안 관계를 개선하고 경제교류를 활성화해야 한다고 목소리를 높였다.[36] 허난성 정부가 개최한 2009년 대전의 조직 위원회는 쑹추위와 롄잔 이외에도 타이완 국민당 부주석이자 해협교류기금회(海峽交流基金會) 이사장 장빙쿤(江丙坤), 타이완 신당(新黨) 주석 위무밍(郁慕明) 등을 대거 초청했다.[37] 이처럼 중국과 타이완의 정치가들은 제전이야말로 중국과 타이완 양안의 통일을 실현시킬 수 있는 정신적 연결 고리로 작용할 수 있다고 주장한다.[38]

제전 주최기관은 신문, 방송 등의 미디어를 적극 이용하여 제전실황을 전국 각지, 전 세계로 보도하여 집단기억을 구축하는 데 일조하고 있

34 허난성 신정시 인민정부는 제전을 개최할 때 우표와 기념엽서뿐 아니라, 황제의 고향에 위치한 시조산(始祖山)에서 채취한 '고향의 흙'을 제전 참가자들에게 선물로 판매했다(高堅, 「新鄭公祭的多元傳播模式」, 『青年記者』 第29期, 山東省新聞學會, 2009, 28쪽).

35 施愛東, 「學術與生活 : 分道揚鑣的合作者－以各類"公祭大典""文化旅游節"爲中心的討論」, 『民族藝術』 第1期, 廣西民族文化藝術硏究院, 2008, 87쪽.

36 吳效群, 楊鳳崗, 「政府, 市場, 民間組織關系視野下的公祭」, 『河南社會科學』 第2期, 河南省社會科學界聯合會, 2009, 14쪽.

37 高堅, 「試論公祭傳播的社會功能－以黃帝故里拜祖大典爲例」, 『東南傳播』 第10期, 福建省廣播電視集團, 2009, 111쪽.

38 타이완의 둥우(東吳)대학교 역사학과 교수 쩡샹둬(曾祥鐸)는 "몇 천년 이후에 세계 각지의 화인 대표들이 함께 모여서 동일한 언어로 공동의 선조를 제사한다면, 이는 전 세계적으로 유례가 없는 광경일 것이다"라고 말했다(黃毓, 「譚艶 : 全國人大代表的炎帝神農科技文化經」, 『今日科苑』 第5期, 中國老科學技術工作者協會, 2010, 106쪽).

다. 간쑤성 성정부는 2007년 5월 24일 국무원 신문판공실에서 기자 간담회를 열어 복희제전을 대대적으로 선전하였다. 6월 22일에 간쑤성 위성 TV는 복희대전의식을 현장 중계했는데 신화사(新華社), 『인민일보(人民日報)』, 『광명일보(光名日報)』, 『경제일보(經濟日報)』, CCTV 등 130여 개의 신문사와 방송 기자들이 열띤 취재 경쟁을 벌였다.[39]

4. 애국주의교육의 기지화(基地化)

세계 각국은 문화유산을 국가의 자부심과 민족의 정체성을 표상하는 중요한 수단으로 인식하고 있다. 그 어느 나라보다 중국은 문화유산을 국민교육에 활용하는 것에 역점을 두고 있다. 2004년에 펑지차이가 처음으로 문화유산의 날[文化遺産日]을 지정하자고 건의한 이래 중국 내에서는 국가급 무형문화유산을 애국교육의 자료로 활용하고, 학교 교재에 수록하여 애국주의 의식을 고취시키자는 공감대가 형성되었다.[40] 2005년 12월 22일 국무원은 매년 6월 둘째 주 토요일을 '문화유산일'로 확정하였으며, 2009년 6월부터는 문화유산일에 청소년을 대상으로 문화유산지식 경연대회를 개최하고 있다. 사실 이러한 현상은 문물을 이용하여 애구주의교육을 추진해온 중국공산당의 정책과 밀접한

39 劉越高・惠富强, 앞의 글, 12~3쪽.

40 袁永明, 「口頭和非物質文化遺産與中國國民教育」, 『北京理工大學學報』 第2期, 北京理工大學, 2005, 5쪽.

관련이 있다.[41]

먼저, 제전이 거행되는 장소가 어떻게 애국교육기지와 결합하여 국민교육의 장으로 기능하게 되었는지를 살펴보자. 중국 각지에는 복희, 여와, 황제, 염제 등 인문시조와 관련된 이야기와 유적이 산재해 있다. 예를 들면, 안후이성 화이위안(懷遠)현에는 우허(禹墟)와 우왕궁(禹王宮), 산시(陝西)성 한청(韓城)현에는 우문(禹門), 산시(山西)성 허진(河津)현에

[표 3] **제전 신청지역과 선정지역**

제전	신청 지역	선정 지역
헌원황제제전	산시성 옌안시 황링현, 허난성 신정시, 저장성 진윈현	산시성 옌안시 황링현, 허난성 신정시, 저장성 진윈현
신농염제제전	후난성 옌링현, 산시성 바오지시, 후베이성 쑤이저우시, 허난성 자오쭤(焦作), 산시성 가오핑(高平)시	후난성 옌링현, 산시성 바오지시, 후베이성 쑤이저우시
태호복희제전	간쑤성 톈수이시, 허난성 화이양현, 허베이성 신러시, 허난성 저우커우(周口)시	간쑤성 톈수이시, 허난성 화이양현, 허베이성 신러시
여와제전	허베이성 서현, 간쑤성 타이안현, 산시(山西)성 쩌저우(澤州)현, 허난성 시화(西華)현, 산시(陝西)성 핑리(平利)현	허베이성 서현, 간쑤성 타이안현,
우제전	저장성 사오싱시, 쓰촨성 베이촨(北川)현	저장성 사오싱시
순제전	후난성 닝위안현, 산시(山西)성 윈청(運城)시	후난성 닝위안현

41 중국공산당중앙선전부는 1997년 6월 10일 제1차 전국애국주의교육시범기지[全國百家愛國主義教育基地] 103개, 2001년 6월 11일에는 제2차 목록 100개, 2005년 11월 20일에는 제3차 목록 66개, 2009년 5월 21일에는 제4차 목록 87개의 명단을 공포하였다. 1996년 10월 14일 문화부, 국가문물국 등은 「100개 애국주의교육기지의 명명과 전국 초중등학교에 대한 추천에 대한 통지[關於命名和向全國中小學推薦百個愛國主義教育基地的通知」를 하달하였다. 2009년 5월 중국공산당중앙판공청은 중앙선전부가 제출한 「신중국성립 60주년에 즈음하여 대중적 애국주의교육활동을 심화하여 전개하는 것에 관한 통지[關於圍繞慶祝新中國成立60周年深入開展群衆性愛國主義教育活動的通知」를 공포하였다(정준호, 「중국의 문화유산 교육」, 한국문화정책연구소, 2011, 8쪽).

는 우문구(禹門口), 산시성 샤(夏)현 중탸오(中條)산에는 우왕성지(禹王城址), 허난성 카이펑(開封)시에는 우왕대(禹王臺), 후난성 창사(長沙)에는 우왕비(禹王碑), 쓰촨(四川)성 난장(南江)현에는 우왕궁이 있으며, 허난성 뤄양에는 대우개착용문(大禹開鑿龍門) 전설이 전해진다.[42] 지방정부의 입장에서는 국가급으로 선정되면 행정적, 재정적인 지원을 얻을 수 있기 때문에 다양한 방법을 사용하여 제전의 연고권을 주장하고 있다.

그렇다면 이때 여러 지역 가운데 어느 곳을 국가급 무형문화유산으로 선정할 것인지가 문제가 된다. 중앙정부의 입장에서는 일정한 기준에 근거하여 지역의 제전을 선택했을 것이다. 위의 표에서 저장성 2개, 허베이성 2개, 간쑤성 2개, 산시성 2개, 후난성 2개, 후베이성 1개로, 총 6개의 성에 집중되어 있으며, 특히 혁명기지와 관계가 깊은 간쑤성, 산시성, 후난성에 집중되어 있음을 알 수 있다. 필자는 중국 정부가 선정기준으로 혁명기지 및 애국주의교육기지와의 연계를 고려했을 것이라고 생각한다. 물론 산시성의 황제릉, 후난성의 염제릉, 저장성의 대우릉은 1997년 제1차 전국 100대 애국주의교육기지에 이미 선정되어 있는 상태였다. 목록을 심사하는 과정에 이 같은 점이 어느 정도 작용했을 것이다. 후난성 옌링현 염제릉의 경우에는 애국주의교육기지에 선정된 이후 전국애국주의교육시범기지(全國愛國主義教育示範基地), 중화전국귀국화교애국주의교육기지(中華全國歸國華僑愛國主義教育基地)로 지정되었다.[43] 옌링현은 후난성 동남부·뤄샤오(羅霄)산맥 중간·징강

42 徐素方, 袁云, 「千年同祭大禹陵」, 『浙江畫報』 第6期, 浙江出版聯合集團, 2008, 28쪽.
43 黃毓, 「譚艷 : 全國人大代表的炎帝神農科技文化經」, 『今日科苑』 第5期, 中國老科學技術工作者協會, 2010, 108쪽.

산(井岡山) 서면 기슭에 위치한다. 1927년 마오쩌둥(毛澤東)의 홍군(紅軍)이 혁명의 근거지로 삼았던 징강산은 공산당에게 있어 가장 상징적인 혁명의 근거지이다. 황제제전으로 선정된 지역 중 하나인 산시성은 혁명기지와 관계가 매우 깊다. 1908년 '동맹회(同盟會)' 산시(陝西) 분회(分會)가 시안에서 만들어졌으며, 중양절에 동맹회 회원 26명이 황제릉 풀베기 활동에 참가했다. 또한 1911년 쑨원(孫文)은 황제릉에 사람을 보내 제사를 지냈고, 1937년 청명절에 국민당과 공산당은 각각 황제릉에 대표를 파견해서 묘를 정비하고 황제를 제사했는데, 마오쩌둥이 친히 제문을 작성하기도 했다.[44] 이러한 혁명정신을 계승하고 발전시키기 위해서 중국 정부는 '산시·간쑤·닝샤 혁명기지 발전계획[陝甘寧革命老區振興規劃]'을 시행하여 황제릉이 위치한 옌안을 혁명의 근거지, 나아가 민족의 성지로 조성하는 데 심혈을 기울이고 있다. 중앙정부는 각 지방정부가 지역의 제전을 신청했을 때 이와 같은 점을 고려하여 특정한 장소를 선정했을 것이다.

인문시조 제전에는 애국심을 고취하는 상징적인 요소가 많이 나타난다. 2007년 대우제전을 주관한 저장성 정부는 '화하(華夏)의 조상을 제사하고, 대우정신을 홍양하며, 조화로운 사회를 건설하자'는 슬로건을 내걸고, 애국주의정신을 고취하였다. 북을 34번 치는 것은 전국 34개의 성·시·자치구가 우에 대한 추모하는 마음을 표현한 것이며, 종

44 何炳武·王達欽, 「黃帝祭典的歷史及其文化內涵」, 『管子學刊』 第3期, 山東理工大學齊文化硏究院, 2000, 62쪽. 한편 국무원은 2012년에 「국가발전개혁위의 섬서·감숙·닝샤 혁명기지 진흥계획 발표에 관한 통지[國家發展改革委關於印發陝甘寧革命老區振興規劃的通知]」를 공포하여 이 세 지역을 혁명의 유람지로 조성하는 작업을 추진하였다. 문건에 관한 자세한 내용은 http://www.ndrc.gov.cn/zcfb/zcfbtz/2012tz/t20120418_473846.htm 참조.

을 13번 타종하는 것은 우임금에 대한 13억 중화민족의 추모의 마음을 담은 것이다. 현판에 새겨진 '구주가 함께 즐거워하다[九州同樂]' 문구는 중화민족, 나아가 전 세계 화인까지 응집시키고자 하는 의도가 내포되어 있다.[45] 한편, 후난성 닝위안의 순제전을 살펴보면, 손에 56개의 채색 깃발을 든 대열이 입장하는데, 이는 56개의 민족이 인문시조 순을 제사하는 것을 상징한다. 북을 34번 치는 것은 34개의 성·직할시·자치구·특별행정구가 단결, 통일하여 조국을 건설하는 데 매진할 것을 표상하는 것이다.[46] 천장위안(陳章元) 등 행정 주체들은 인문시조제전의 정치적, 문화적, 사회적 기능에 주목하여 그것을 청소년 뿐 아니라 각계 각층을 아우를수 있는 전국민적인 활동으로 발전시키고자 한다.

> 국가가 인정하고, 사회적으로 공인한 영웅들을 선택하면 민족정신과 우수한 전통을 널리 알릴 수 있고, 중화민족의 응집력과 구심력을 강화시킬 수 있으며, 사회언어의 핵심적 가치체계를 구축하는 것을 촉진시키는 데 유리하다. 사회 전체적으로 정확한 행동모범과 도덕적 지표를 수립하며 청소년이 바른 인생관과 가치관을 확립하는 데 일조할 수 있다.[47]

특히 각종 기념일과 경축일에 황제제전을 참배하자. '3·8'에는 여성들이, '5·4'에는 청년들이, '5·1'에는 노동자들이, '6·1'에는 어린이들이, '7·1'에는 공산당원들이, '8·1'에는 군인들이, 중추절에는 가족들이, 중양

45 孫遠太, 앞의 글, 182~3쪽.
46 歐春濤·文偉 等, 앞의 글, 28쪽.
47 黃毓, 앞의 글, 106쪽.

> 절에는 노인들이 황제제전에 참배하도록 하자. 또한 관련 경제문화활동을 개최하고, 토론회, 교류회, 투자박람회, 전시회를 개최하여 황제문화를 선전하고, 학습하는 교육활동의 장으로 만들자.[48]

인문시조 제전이 거행되는 장소와 의례가 유기적으로 결합하여 국민교육을 함양하는 데 활용되고 있다. 제전은 미국과 더불어 G2로 부상한 중국의 민족적 자부심을 구현하고, 국내 뿐 아니라 세계 각지에 거주하는 화인들의 결집력을 강화시키는 장으로 변모하고 있다.

5. 문화정치의 장(場) 속으로

지금까지 필자는 한족신화의 제전화를 중심으로 제1~3차 국가급 무형문화유산목록의 선정 작업과 그 현재적 의미에 대하여 살펴보았다. 중국은 2000년대부터 문화유산과 관련된 각종 법규를 정비, 제정하여 개별적인 공간에서 전승되는 문화유산을 국가적 차원에서 보호, 관리하기 시작했다. 정부 부처와 학술계가 서로 긴밀하게 협력하여 사라질 위기에 처한 민간문학, 전통음악, 전통미술, 민속 등의 무형문화유산을 수집, 정리하여 제1~3차 목록 및 전승 현황에 관한 정보를 구축하는 성과를 거두었다. 이렇게 국가적 차원에서 막대한 행정적, 재정적 지원을 투입하여 제도적으로 관리하면 사라질 위기에 처한 귀중

48 張寶泉, 앞의 글, 39쪽.

한 자료를 보호할 수 있다는 긍정적인 측면이 존재한다. 그러나 정수진이 "유무형의 문화유산을 국가가 전유하는 것은 일종의 기억의 정치이다"[49]라고 언급했듯이 무형문화유산이 국가의 이데올로기에 의하여 재구성될 가능성이 존재한다는 점도 부인할 수 없는 사실이다. 중국이 이처럼 국가적 차원에서 전통문화를 무형문화유산으로 재편하는 이면에는 대내적으로는 위대한 중국을 표상하고, 대외적으로는 급속도로 발전하는 경제력에 걸맞은 문화강국을 표상하려는 의도가 깔려있다고 볼 수 있다. 다시 말하면, 제1~3차 목록을 활용하여 민족의 구심력을 강화하고 정체성을 구축하는 데 중요한 기제(機制)로 사용하고자 하는 것이다.

개별적인 지역, 민족 사이에서 전승되는 신화가 국가의 정치적 자장권 안으로 수렴 되면 그 의미망이 변화할 수밖에 없다. 즉, 로컬(local)의 신화가 국가의 신화로 재편됨에 따라 그것의 본질 보다는 어떤 의미체로 '활용'될 수 있을 것인가가 더 중요해진다. 중국이라는 정치체에서 신화는 시대적 맥락에 의하여 지속적으로 다시 쓰여지며 민족 및 국가의 정체성을 표상하는 서사이자 의례이고, 신앙이자 이데올로기다. 현재 중국은 관리들의 부정부패, 국민들의 낙후된 도덕의식, 빈부격차로 인한 계층 간의 갈등 등 정치적, 사회적 현안들이 산재해 있다. 이러한 균열을 완화하여 '조화로운 사회'를 확립하는 데 유용한 규범 혹은 윤리적 기제로서 삼황오제를 불러내어 시대적 정신을 투영하고 있다. 특히 국가의 추형을 확립한 헌원황제, 농사의 신이자 의약의 신인 염제신농, 팔괘를 창조하여 우주만물의 이치를 장악한 태호복희, 진흙을

49 정수진, 『무형문화재의 탄생』, 역사비평사, 2008.

빚어 인류를 창조한 여와, 개인의 사사로운 이익에 연연하지 않고 홍수를 다스린 우, 계모와 이복동생의 박해에도 불구하고 효성을 다한 순을 인문시조로 선택하여 '제전화'함으로써 21세기의 새로운 중국신화로 재편하고 있다. 지방정부와 중앙정부가 제사활동을 주관함에 따라 제전은 국가의 이데올로기를 선전하고 전파할 수 있는 효과적인 장으로 변모되고 있다. 중국 국내뿐만 아니라 세계 각지에 거주하는 중국인들이 참가하여 국내외 '화인'들의 성지로 구축되어 문화적 동질성을 느끼고 나아가 중화(中華)의 부흥을 표상하는 공간으로 만들어지고 있는 것이다. 한편 공산당 중앙선전부를 비롯한 국가기관은 문화유산의 교육적 기능에 주목하여 국민교육을 함양하는 데 적극적으로 활용하고 있다. 신화의 제전화를 통하여 정치적, 문화적 정체성을 확립하는 동시에 애국주의교육기지와 결합하여 애국심을 고취시키고자 하는 것이다.

티베트족과 위구르족의 독립 요구, 그리고 한족과 소수민족 간의 크고 작은 민족적 갈등에 직면하고 있는 중국정부는 소수민족의 신화에 주목하고 있다.[50] 국가급 무형문화유산목록에서 소수민족의 신화는

50 제1차 국가급 무형문화유산목록에 선정된 소수민족의 신화에는 먀오족의 『먀오족고가(苗族古歌)』, 좡족의 『부뤄퉈(布洛陀)』, 아창(阿昌)족의 『차파마와 차미파[遮帕麻和遮咪麻]』, 라후(拉祜)족의 『무파미파(牡帕密帕)』, 만주족의 『만주족설부[滿族說部]』, 키르키즈족의 『마나쓰(嫣納斯)』, 몽골족의 『장가르(江格爾)』, 몽골족 · 티베트족의 『게사르(格薩(斯)爾)』 등이 있다. 2차에는 먀오족의 『양아사(仰阿莎)』, 부이(布依)족의 『부이족반가[布依族盤歌]』, 이족의 『메이거(梅葛)』와 『차무(査姆)』, 더앙(德昂)족의 『다구다렁거라이뱌오(達古達楞格萊標)』, 하니(哈尼)족의 『하니하바(哈尼哈吧)』, 둥샹(東鄉)족의 『미라가헤이(米拉尕黑)』, 와(佤)족의 『쓰강리(司崗里)』, 투자(土家)족의 『투자족제마가[土家族梯瑪歌]』, 좡족의 『좡족요가[壯族嘹歌]』, 몽골족의 『커얼친차오얼서사시[科爾沁潮爾史詩]』 등이 있다. 제3차에는 좡족의 『미뤄퉈(密洛陀)』, 먀오족의 『야루왕(亞魯王)』, 징포(景頗)족의 『무나오자이와(目瑙齋瓦)』, 하니족의 『뤄치뤄야와 자쓰자이[洛奇洛耶與扎斯扎依]』, 이족의 『아시인의 선조[阿細先

한족의 신화와는 다른 층차로 접근하고 있는데, 주로 민간문학 항목에 분류되고 있다. 이러한 배치를 단순한 우연으로 치부해버릴 수 있을까? 여러 소수민족의 사회에서 신화는 현재에도 여전히 일상의 삶 속에서 규범으로 작동하고 있다. 그러나 국가의 자장권 안으로 수렴된 소수민족의 신화는 각종 축제, 공연, 문화생태보호구(文化生態保護區) 등 '문화산업'으로 치환되어 여행객들에게 신기하고 낯선 프로그램을 제공한다. 또한 그 신화를 향유하는 소수민족조차도 경제적 부가가치를 창출하는 데 지나치게 경도되어 있다. 중국 입장에서는 향후 유네스코의 세계무형문화유산목록 등재목적으로 소수민족의 신화를 비롯한 문화를 관리하는 것이 중요하다.[51] 필자는 향후 한족과 소수민족의 신화가 어떻게 현대적으로 변용되고 있는지를 고찰하여 문화정치의 장(場)[52] 속으로 수렴되는 중국신화를 읽어내고자 한다. 마지막으로 이 논문은 제전의 절차, 제전의 주체와 기관, 참가자에 대하여 입체적으로 접근해야 보다 구체적이고 실증적인 시각을 확보할 수 있을 것이다. 부족한 부분은 추후의 논의를 통하여 보완하도록 할 것이다.

基』, 창(羌)족의 『창거대전[羌戈大戰]』, 투자족의 『유양고가[酉陽古歌]』, 뤄바(珞巴)족의 『뤄바족 시조전설』, 서(畲)족의 『반호전설(盤瓠傳說)』 등이 있다. 한편, 목록에 내재되어 있는 국가주의적 관점에 주목하여 무형문화유산목록을 재분류하면, 1,219개에서 2,039개로 늘어나고, 이 가운데 소수민족의 것은 553개로, 약 27%를 차지한다. 전체인구 가운데 8%을 차지하는 소수민족이 30%나 선정된 점은 주목할 만하다. 이상은 '중국무형문화유산연구회'의 통계를 참고하였다.

51 사라질 위험에 처한 문화유산을 '보호'한다는 취지로 설립된 유네스코. 유네스코의 '세계적인 표준 혹은 규격'에 어느 정도 맞추어 만들어지고 있는 국가급 무형문화유산은 그 개별적 특성이 간과된 채 균질화, 몰개성화되고 있는 것은 아닐까?

52 돈 미첼에 따르면, 문화정치란 문화적 정체성을 대상 혹은 수단으로 하는 투쟁이며, 다른 전쟁과 마찬가지로 공간이나 지리를 차지하려는 투쟁이다. 문화적 아이덴티티는 영토가 아니라 흐름, 재화, 대중매체의 영향을 통해서 구축된다(돈 미첼, 류제헌 · 진종헌 · 정현주 역, 『문화정치 문화전쟁—비판적 문화지리학』, 살림, 2011).

참고문헌

김선자, 『만들어진 민족주의 황제신화』, 책세상, 2007.

김용범, 『중국의 무형문화유산 제도 변화에 대한 정책적 대응 방안 연구』, 한국문화관광정책연구원, 2012.

김우석, 「중국 전통극 현대화의 성과와 전망」, 『중국어문학지』 26집, 중국어문학회, 2008.

돈 미첼 · 류제헌 · 진종헌 · 정현주 역, 『문화정치 문화전쟁-비판적 문화지리학』, 살림, 2011.

박성혜, 「중국 소수민족 전통희극의 현대적 변용-제1차 국가급 무형문화유산 목록을 중심으로」, 『인문과학연구』 29집, 2011.

브루스 링컨, 김윤성 · 최화선 · 홍윤희 역, 『신화 이론화하기』, 이학사, 2009.

이유진, 「중국 민족주의 담론으로서의 黃帝서사에 대한 계보학적 고찰」, 『중국어문학논집』 57호, 중국어문학연구회, 2009.

______, 「'중화민족 다원일체론'과 중국신화학의 만남」, 『중국어문학논집』 76호, 중국어문학연구회, 2012.

______, 『한손엔 공자, 한손엔 황제』, 글항아리, 2012.

장미나, 「중국 무형문화유산의 보호현황에 관한 연구」, 『대한무용학회논문집』 51호, 대한무용학회, 2007.

______, 「한중 무형문화유산 보호정책 연구」, 성균관대 박사논문, 2008.

장정아, 「'민간문화유산'에서 '위대한 중국의 문화유산'으로」, 『한국문화인류학』 41권 1호, 한국문화인류학회, 2008.

정수진, 『무형문화재의 탄생』, 역사비평사, 2008.

정준호, 「중국의 문화유산 관리체계에 관한 연구」, 『중국학연구』 52집, 중국학연구회, 2010.

______, 「중국의 비물질문화유산정책」, 한국행정학회 하계 학술대회 발표문.

정진선, 「중국신화의 변용 양상 연구 : 춘추전국시대부터 진한대까지의 신화를 중심으로」, 서울대 박사논문, 2010.

정찬학, 「五帝神話의 形成과 漢代의 受容樣相 硏究」, 연세대 박사논문, 2006.

高堅, 「試論公祭傳播的社會功能-以黃帝故里拜祖大典爲例」, 『東南傳播』 第10期, 福建省廣播電視集團, 2009.

____, 「新鄭公祭的多元傳播模式」, 『青年記者』 第29期, 山東省新聞學會, 2009.
歐春濤・文偉 等, 「弘揚舜帝精神 建設和諧湖南－湖南省公祭舜帝活動剪影」, 『中國綠色畫報』 第9期, 中國綠化基金會, 2009.
杜松奇, 「公祭活動質疑言論評議」, 『甘肅社會科學』 第4期, 2008.
羅樹杰・徐杰舜, 「公祭 : 人類學的解讀」, 『河南社會科學』 第2期, 河南社會科學界聯合會, 2009.
劉越高・惠富强, 「弘揚中華文化 發展文化産業－改革開放30年天水特色文化大市建設紀實」, 『黨的建設』 第3期, 中央宣傳部, 2008.
李燕, 「試論傳統民俗文化的現代重构問題－以河南淮陽太昊陵」, 華中師范大學 석사논문, 2009.
徐來, 「"公祭熱"背后的文化權利」, 『上海采風』 第7期, 2006.
徐素方・袁云, 「千年同祭大禹陵」, 『浙江畫報』 第6期, 浙江出版聯合集團, 2008.
孫遠太, 「大禹祭典與大禹文化的傳播」, 『前沿』 第9期, 內蒙古社會科學聯合會, 2010.
施愛東, 「學術与生活 : 分道揚鑣的合作者－以各類"公祭大典""文化旅游節"爲中心的討論」, 『民族藝術』 第1期, 廣西民族文化藝術研究院, 2008.
楊文棋, 「略談"國保", "國遺"中的宗教文化遺産」, 『綏化學院學報』 第27卷 第2期, 綏化學院, 2007.
楊安立, 「寶鷄炎帝陵祭典」, 『寶鷄社會科學』 第2期, 寶鷄市社會界聯合會, 2008.
吳效群・楊鳳崗, 「政府, 市場, 民間組織關系視野下的公祭」, 『河南社會科學』 第2期, 河南社會科學界聯合會, 2009.
袁永明, 「口頭和非物質文化遺産與中國國民教育」, 『北京理工大學學報』 第2期, 北京理工大學, 2005.
李筆浪, 「黃帝祭典與中華民族精神家園建設」, 『西北大學學報』 第1期, 西北大學, 2010.
張寶泉, 「把黃帝陵打造成尋根祭祖的民族聖地」, 『西安文理學院學報』 第5期, 西安文理學院, 2012.
丁建萍, 「以公祭大禹陵爲契机擴大紹興知名度」, 『對外傳播』 第2期, 2000.
趙世瑜, 「正統的意涵與民族的意涵 : 黃帝"傳統"的發明」, 『河南社會科學』 第16卷 第3期, 河南省社會科學界聯合會, 2008.
朱建軍, 「炎帝陵祭祀文化意義述考」, 『湖湘論壇』 第5期, 中共湖南省委黨校, 2008.
秦開鳳, 「記憶與重構 : 文化學視野中的黃帝及黃帝祭祀研究」, 『社科縱橫』 第7期, 甘肅省社科聯合會, 2011.
陳偉濤, 「論伏羲信仰的社會正功能」, 『求索』 第8期, 湖南省社科院, 2012.

黃毓,「譚艷 : 全國人大代表的炎帝神農科技文化經」,『今日科苑』第5期, 中國老科學技術工作者協會, 2010.
中國非物質文化遺產网 · 中國非物質文化遺產數字博物館 http://www.ihchina.cn
公祭軒轅黃帝网 http://www.huangdi.gov.cn/
湖南省炎帝陵管理局 http://ydlglj.hnyanling.gov.cn/sub/windex.jsp

불교설화(佛教說話)의 중국화(中國化) 과정 고찰을 위한 시론(試論)*

안정훈

1. 불교문학의 범위와 연구 영역

우리에게 오늘날까지 전해지는 방대한 양의 불경(佛經) 속에는 수많은 게송과 설화, 비유담 등 문학작품들이 포함되어 있다는 것은 주지의 사실입니다. 그런데 사실은 불경 그 자체가 하나의 거대한 문학텍스트라고 해도 과언이 아닐 겁니다. 왜냐하면 석가모니가 깨달음을 얻

* 본 논문은 2005년 10월29일 한국중국소설학회 제63회 정기학술발표회에서 발표했던 「불전설화와 중국서사, 그 차이와 영향관계에 대한 고찰」이라는 발표문을 토대로 작성된 것이다.

은 직후 이 진리는 말로써 설파가 불가능한 언어도단(言語道斷)의 경지임을 알고, 중생을 구제할 것인가, 혼자서만 성불(成佛)할 것인가를 갈등하고 있을 때, 하늘에서 갑자기 범천(梵天)이 나타나 다른 중생들을 위해 설법해달라고 요청했다고 합니다. 그 뒤로 석가모니가 행한 모든 설법, 그리고 그것을 제자들이 정리한 불경은 직설적으로는 현현(顯現)되지 않는 진리라는 것을 서사(敍事)와 비유(譬喩)라는 문학적 표상을 통해 그려준 일종의 교화문학(教化文學)이라 할 수 있습니다.

일단 몇 가지 용어의 범위를 생각해봐야 할 것 같습니다. 불전문학(佛傳文學)과 불전문학(佛典文學), 그리고 불교문학(佛教文學)인데요. 불전문학(佛典文學)은 불경에 바탕을 두어 만들어진 문학, 불교문학(佛教文學)은 불전문학(佛典文學)을 포함하여 이후의 불교 사상 문화와 관련된 모든 문학작품을 지칭하는 개념으로 쓰입니다. 불전문학(佛傳文學)은 불전(佛典) 가운데 특히 석가모니와 그 제자들의 전기(傳記)와 관련한 문학으로 국한됩니다. 주요하게는 12분교(分教) 중 인연(因緣), 비유(譬喩), 본사(本事), 본생(本生)을 가리킵니다. 또 제가 쓴 불교설화(佛教說話)라는 용어는 불전에 인용되어 있는 이야기 하나하나를 지칭하도록 하겠습니다.

인도 유래 불교 설화의 중국화 과정을 살펴보는 작업은 문학 장르별로 다음과 같이 나눌 수 있습니다. 먼저 우언이나 소설 장르와 관련하여 불교고사의 서사성을 살펴보고, 이러한 불교설화가 중국의 우언 및 지괴에 어떠한 변화를 야기했는지 살펴보는 연구입니다. 다음은 강창이나 희곡 같은 연행문학과 관련하여 불경에서 유래한 변문(變文)이 인도의 문학에서 중국의 문학으로 전환되는 과정에서 어떠한 변화가 일어났는지를 살펴보는 연구입니다. 물론 이 두 가지 영역은 엄격하게 나눌 수도 없고 총체적인 연구를 위해서는 이들을 전체적인 시각에서 살펴봐야 하겠지만, 저의 능력상 일단 전자의 연구영역을 중심으로 살펴보겠습니다.

저는 중국에서 『법원주림(法苑珠林)』을 가지고 박사논문을 썼습니다만, 그 전까지 불교에 대한 지식은 교양수준도 안 되는 전무한 상태였습니다. 불교에 관심 있냐는 지도교수님 물음에 '네'라고 대답한 게 악연(?)이 되어 문학사에 딱 한 줄 나오는 『법원주림』을 떠안게 되었지요. 이 책을 일독하면서 재미있다는 생각은 했습니다. 그리고 나중에 공부를 제대로 하게 되면 이 책을 시작으로 좀 더 범위를 넓혀서 고대문화와 사상 등에 있어 인도(印度)와 중국(中國)간의 충돌과 융합, 이야기의 전변과정 등을 한번 살펴봐야겠다고 생각하게 되었습니다.

특히 이야기의 전변과정을 보기 위해서는 먼저 『자타카[本生經]』를 중심으로 『백유경(百喻經)』, 『현우경(賢愚經)』, 『잡보장경(雜寶藏經)』, 『찬집백연경(撰集百緣經)』, 『경률이상(經律異相)』 등 본생담과 인연·비유담이 수록되어 있는 불경을 찾아보고, 다시 중국의 불교 지괴집 등을 살펴봐야겠다고 생각합니다. 특히 불경은 아니지만 인도의 대표적인 고대 우언집인 『판차탄트라[五卷書]』는 인도설화의 세계성을 살펴보는 데 큰 도움이 됩니다. 더욱이 석가모니가 인용한 설화의 상당수는 원래 인도의 민간에서 유행했던 것들로서 『판차탄트라』에 수록되어 있는 것이 많습니다. 아울러 『법원주림』이라는 텍스트는 정문(正文)에는 불경을 인용하여 인도의 고대문화와 이야기 등이 수록되어 있고, 매 편의 말미에는 "감응연(感應緣)"이라는 항목이 만들어져 중국의 기이한 이야기들이 수록되어있어, 동일한 테마에 대하여 인도의 이야기와 중국의 이야기가 어떠한지 비교하기에 용이하게 되어 있습니다. 『법원주림』 100개 편(篇) 가운데 총 73편의 말미에 "감응연" 항목이 만들어져 있고, 모두 680여 가지 감응고사가 수록되어 있습니다.

만약 '번역문학사'라는 걸 쓴다면 거기에는 불교대장경이 압도적인 부분을 차지할 것입니다. '번역은 반역'이라 하여 다른 나라의 언어로 번역을 금지한 코란과 달리, 석가모니는 문아한 언어로 설법을 통일하자는 제자의 제안을 반대하며, 언제 어디서나 현지의 중생들이 알아들을 수 있는 평범한 언어로 전달하도록 가르쳤습니다. 이와 더불어 불멸(佛滅) 후 세 번의 결집을 통해 만들어진 경(經) · 율(律) · 논(論) 삼장(三藏)의 불경은 산스크리트어, 팔리어, 티베트어, 한문 그리고 여러 서양의 언어까지 다양한 언어로 번역되어 있습니다.

그런데 불경에서 보이는 인도설화의 중국화 과정을 제대로 고찰하고자 한다면, 한역(漢譯)된 경전을 제1텍스트로 삼을 게 아니라, 팔리어와 산스크리트어로 써진 경전들을 한역 경전과 대조하며, 그 어휘 선택의 차이와 인도와 중국의 문화적 차이라는 컨텍스트 상의 변화 등을 살펴볼 수 있어야 합니다. 게다가 똑같은 한역 경전이라도 불교 전래 초기의 석도안(釋道安)의 번역과 구마라집(鳩摩羅什)의 번역, 그리고 당대(唐代) 현장(玄奘)의 번역 용어가 조금씩 다르다고 하니, 산스크리트어 · 팔리어는 고사하고, 한역 경전의 망망대해도 두려워하는 제 처지로선 정말 막막한 연구가 아닐 수 없습니다.

2. 인도 불교의 상상력과 고대 중국의 상상력

1) 문제의 출발 - 인도 불교의 상상력과 고대 중국의 상상력

불교설화의 중국화 과정을 살펴보기 위한 첫걸음은 먼저 불교가 중국에 전해지기 이전의 중국의 고대 서사와 불경에 수록된 인도의 설화가 내용과 형식에 있어서 어떻게 다른지 비교해보는 작업이 될 것입니다. 특히 유사한 주제나 소재를 다루고 있는 이야기라면 더욱 흥미로운 고찰이 되겠지요. 마침 그에 적합한 이야기를 『법원주림』 속에서 발견할 수 있었습니다. 그리고 이 구절은 중국 고대의 기서(奇書)인 『산해경(山海經)』을 떠올리게 하는 부분이었습니다.

> 나국(裸國)에 나서 사는 사람은 옷을 가벼이 입고 절에 들어갔기 때문이요, 마제국(馬蹄國)에 태어난 사람은 신을 신은 채 불전에 올랐기 때문이며, 천흉인(穿胸人)의 나라에 태어난 사람은 보시하여 복을 지었다가 이내 그것을 후회했기 때문이다. 노루나 사슴의 몸으로 태어난 사람은 전생에 다른 사람을 놀라게 하기를 좋아했기 때문이요, 용의 몸으로 태어난 사람은 사람들을 놀려 분노하게 만들었기 때문이다.
>
> ―『법원주림』「업인편(業因篇)」

> 관흉국(貫胸國)이 그 동쪽에 있는데, 그 사람들은 가슴에 구멍이 나 있다. 혹은 질국(㦸國)의 동쪽에 있다고도 한다. (『산해경』「해외서경(海外西經)」)

어떤 귀신이 목건련(目犍蓮)에게 사뢰었다. "나는 항상 양쪽 어깨에 눈이 있고, 가슴에 입과 코가 있으며, 언제나 머리가 없습니다. 이것은 무슨 인연입니까?" 목건련은 말하였다. "너는 전생에 사형집행인의 제자로 있으면서 사람을 죽일 때 항상 기뻐하는 마음으로 노끈으로 그의 상투를 매어 그를 잡아 끌어당겼으니 이 인연으로 그런 죄를 받는다."

—『법원주림』「수보편(受報篇)」

형천(刑天)이 이곳에서 천제(天帝)와 신의 지위를 다투었는데 천제가 그의 머리를 잘라 상양산(常羊山)에 묻자 곧 젖꼭지로 눈을 삼고 배꼽으로 입을 삼아 방패와 도끼를 들고 춤추었다.

—『산해경』「해외서경」

위 기록 가운데 『법원주림』에 수록된 두 문장은 『잡보장경(雜寶藏經)』에 있는 것을 도세(道世)가 『법원주림』에 채록해 놓은 것이니 원산지가 고대 인도일 것입니다. 그런데 이 구절을 보면 우리는 바로 위에 제시한 『산해경』의 유사한 구절을 떠올리게 됩니다. 『산해경』이 아무리 늦어도 전국(戰國)시기 말엽에는 만들어졌다는 걸 감안한다면, 일단 공식적으로는 두 곳의 이야기가 서로에게 영향을 주었을 리는 없다고 봐야 할 것입니다. 그렇다면 장화(張華)의 저작인 『박물지(博物志)』에도 등장하는 나체국(裸體國)이나 마제국 같은 이국(異國)의 이야기나, 『산해경』에 소개되어 있는 천흉인(穿胸人, 貫胸人)의 이야기나 형천의 이야기 등은 어떻게 인도의 불경 속에 들어가게 되었을까요?

또 문제는 두 개의 서로 다른 텍스트에 들어있는 유사한 형상들에 대한 해석이 각기 다르다는 점입니다. 위의 불경에서는 보시를 행했다가 다시 그것을 후회한 사람이 과보를 받아 관흉인(貫胸人)의 나라에 태어난 것이라고 해석하고 있지만, 『산해경』에 등장하는 중국판 천흉인은 그 유래가 다릅니다. 관흉국은 『이성지(異域志)』에는 천흉국으로 기록되어 있고, 『산해경』 원문에는 별다른 설명이 없지만 후세 학자들이 관흉국인에 대해 주(注)를 붙여놓은 것이 있습니다. 중국의 전설에 따르면, 우(禹)가 치수(治水)를 할 때에 회계산에서 천하의 신(神)들을 불러 모은 적이 있었습니다. 그런데 오월(吳越)의 산신(山神)인 방풍씨(防風氏)가 늦게서야 도착했고, 우는 이 신을 죽여 버립니다. 후에 홍수가 평정되어 우는 용을 타고 주변 각국을 순시하게 되었는데, 남방을 지날 때, 방풍씨의 후손들이 우를 보고 분노하여 화살을 쏘았습니다. 이때, 뇌성벽력이 치며 용이 끄는 수레가 우를 태우고 하늘로 올라갔고, 방풍씨의 후손들은 일이 실패한 걸 알고 스스로 제 가슴을 찔러 자살하였습니다. 그러나 우는 이들의 충정이 가상하다 여겨 불사초를 가져다 이들의 뚫린 가슴을 메워주게 하였고 다시 살아난 이들 후손들은 그때부터 가슴에서 등 뒤로 큰 구멍이 생기게 되었다는 것입니다.

형천은 또 어떻습니까? 목건련과 상담하는 형천의 모양을 한 귀신에게 목건련은 상투에 끈을 매달아 끌고 다녀서 그런 과보를 받게 된 것이라고 해석을 해주지만, 『산해경』에서 형천은 불굴의 투사로 등장합니다. 중국의 신화학자인 위앤커(袁珂)는 형천을 염제(炎帝)의 신하로 규정하고, 형천의 이야기는 황제(黃帝)와 염제 사이의 전쟁신화의 일부분으로, 죽어도 저항을 멈추지 않는 불굴의 투지를 형상화한 것이라고 밝힌 바 있습니다.

그렇다면 이제 어떻게 동일한 캐릭터(?)가 인도의 불경과 중국의 고대 저작에서 동시에 등장할 수 있는지 생각해 봅시다. 물론 여기에는 신화(神話)와 민담(民譚)의 동일한 모티브를 분석하는 두 개의 시각, 즉 고대인들의 상상력에는 뭔가 '원형(原形)의 이미지'라는 게 있어서 주어진 환경에 따라 약간의 차이는 있지만 비슷한 모티브의 이야기가 만들어지게 된다는 '동시 발생설'과 어느 한 지역의 이야기가 다른 지역으로 전파되었을 것이라는 '이야기 전파설' 둘 다를 적용해 볼 수 있을 겁니다. 여기서 저는 어느 이야기가 어디에 영향을 주었다거나, 어느 지역의 소재를 어느 곳에서 차용했을 것이라고 주장할 수 없습니다. 왜냐하면 이런 문제를 밝혀내는 것은 아직 필자의 능력 밖의 문제이기 때문입니다.

그럼에도 불구하고, 저는 이러한 현상에 실마리를 제공해 줄지도 모르는 단서를 중국 서남부의 설화에서 찾고 있습니다. 왜냐하면 불경에 기록된 이런 설화들은 결국 고대 인도 여러 지방의 우화나 설화를 차용한 것이고, 『산해경』이라는 고대의 지리서도 점점 범위가 넓어져가는 중국의 상황에서 주변의 이역이물(異域異物)에 대한 정보를 기록한 것이라고 보면, 두 지역의 중간지대이자 차마고도(茶馬古道)라는 연결통로로 운남과 인도 서북부를 연결해주던 이 일대의 설화는 무언가 실마리를 제공해 줄 수도 있지 않을까 하는 생각입니다. 아직은 애석하게도 신통한 자료를 찾지 못했지만요. 결국 제3의 중간지대에서 민간을 통해 이야기의 공유가 일어났건, 서로 다른 두 지역에서 동시에 동일한 모티브의 이야기가 생겨났건 『법원주림』에서 찾은 위의 이야기들은 제게 호기심을 주기에 충분했습니다.

2) 구술의 전통과 기록의 전통

다음 비교해 보고자 하는 이야기는 비교적 널리 알려진 이야기입니다. 하나는 『여씨춘추(呂氏春秋)』에 수록된 각주구검(刻舟求劍)의 고사이고, 아래 제시한 이야기는 각주구검 고사와 거의 유사한 내용을 가진 『백유경』에 수록된 '잃어버린 발우'라는 인도의 우화입니다.

> 한 초나라 사람이 강을 건너고 있었는데, 칼을 배에서 물에 빠뜨렸다. 그러자 그는 배에 표시를 해두고, "여기가 내 칼이 빠진 곳이다"라고 하였다. 배가 정박하자 표시해둔 자국을 따라서 물어 들어가 칼을 찾았다. 그러나 배는 이미 움직였고, 칼은 움직이지 않았는데, 칼 구하기를 이처럼 하니 역시 어리석은 짓이 아니겠는가?
>
> 楚人有涉江者, 其劍自舟中墜入水, 遽契其舟曰: "是吾劍之所從墜." 舟止, 從其所契者入水求之. 舟已行矣, 而劍不行, 求劍若此. 不亦惑乎?
>
> —『여씨춘추』

> 옛날 어떤 사람이 배를 타고 바다를 건너고 있었는데, 은으로 만든 발우(鉢盂)를 실수로 바닷물에 빠뜨렸다. 그러자 즉시 "내가 일단 물에 그어 표시만 해두고 놔둔 채 갔다가, 나중에 찾으리라"라고 생각하였다. 두 달이 지나 사자국에 이르러 어떤 강물을 보고는 갑자기 그 강물에 들어가 일전에 잃어버린 발우를 찾으려하였다. 그러자 여러 사람이 그에게 물었다.
>
> "뭘 하려는 게요?"
>
> "제가 일전에 발우를 잃어버렸는데 지금 그것을 찾으려고 합니다."

"어디서 잃어버렸는데요?"

"배가 막 바다에 들어간 지점 쯤 이에요."

"잃어버린 지는 얼마나 되었소?"

"잃어버린 지 두 달쯤 됩니다."

"잃어버린 지 두 달이나 되었는데 어찌 여기서 찾고 있소?"

"그걸 잃어버렸을 때 물에다 표시를 해두었는데, 처음에 표시해둔 물이나 지금 여기 물이나 똑 같은 것 같아서 여기서 찾고 있는 거외다."

"물이 비록 다르지 않다하나, 당신이 발우를 잃어버린 곳은 저곳인데, 이제 여기서 그걸 찾고 있으니 어찌 찾아낼 수 있겠소?" 그때 사람들은 웃지 않는 이가 없었다. 외도(外道)를 행하는 사람들도 이와 같으니, 그들은 자신의 수행법이 정당한 것으로 착각하거나 자신이 행하는 다소의 고행을 정당한 것으로 여기며 그것으로서 해탈을 구하고 있으니, 이는 바로 저곳에서 발우를 잃어버리고 여기에 와서 찾고 있는 저 어리석은 사람과 같은 이치이다.

昔有人乘船渡海, 失一銀釪, 墮入水中, 卽便思念 : "我今畵水作記, 舍之而去, 后當取之." 行經二月, 到獅子諸國, 見一河水, 便入其中, 覓本失釪. 諸人問曰 : "欲何所作?" 答言 : "我先失釪, 今欲覓取." 問言 : "于何處失?" 答言 : "初入海失." 又夏問言 : "失經几時?" 言 : "失來二月." 問言 : "失來二月, 云何此覓?" 答言 : "我釪失時, 畵水作記. 本所畵水, 与此无异. 是故覓之." 又夏問言 : "水雖不別, 汝昔失時, 乃在于彼. 今在此覓, 何由可得?" 爾時衆人無不大笑. 亦如外道, 不修正行, 相似善中, 橫計苦因, 以求解脫, 狀如愚人, 失釪於彼, 而於此覓.

—『백유경』

제법 긴 이야기를 원문까지 함께 인용한 것은 두 이야기의 기술 형식을 살펴보기 위해서입니다. 『백유경』은 제(齊)나라 영명(永明) 10년(A.D.492년)에 한역된 경전으로 이를 한역한 사람은 중인도(中印度) 지방에서 온 구나비지(求那毗地)라는 법사입니다. 중국의 문인이나 승려가 인도에 다녀와서 번역한 것이 아닌 인도 승려가 중국의 언어문자를 학습한 후 자신들의 언어로 된 이야기를 번역한 것이라는 점에서, 위의 문장은 비록 한문(漢文)으로 씌어져 있지만 고대 인도의 서사적 특징이 어느 정도 남아 있다고 할 수 있습니다.

일단 두 개의 이야기가 영향관계가 있는지, 어디서 어디로 전해졌는지는 논외(論外)로 하겠습니다. 『여씨춘추』가 만들어진 시기는 공식적으로는 불교가 중국에 수입되기 전이니까요. 두 개의 이야기 모두 민간의 우화에서 채록되어진 것일 가능성이 크므로, 보이지 않는 민간 루트를 통해 어느 쪽으론가 전파되었거나 아님 우연의 일치로 동시에 이런 이야기가 생겨났을지도 모르는 일입니다. 제가 여기서 살펴보고 싶은 것은 동일한 내용의 두 이야기가 형식적인 면에서 어떻게 서로 다른 특징을 가지는가 하는 점입니다. 『여씨춘추』의 각주구검 고사는 전체가 53자밖에 되지 않으며, 그것도 기록자의 의론 부분을 제외하면 사건의 서사가 차지하는 부분은 채 40자도 되지 않습니다. 이처럼 간략하게 사건과 의론을 기록하고 있는 『여씨춘추』의 이야기와 달리, 『백유경』 속의 이야기는 사건의 서술이 보다 구체적으로 바뀌어 편폭이 크게 늘어납니다. 그리고 이렇게 이야기가 늘어나는 데는 대화의 등장이 큰 부분을 차지하고 있습니다. 『여씨춘추』의 각주구검 고사에도 주인공이 말하는 부분이 한 군데 나오지만, 그건 상대방과의 대화가 아닌 독백 부분이라는 걸 볼 때, 『백유경』의 '잃어버린 발우' 이야기에 나오는 생생하고 풍부한 대화의 부분은 매우 선명한 차이점을 보여주는 부분입니다. 물론 하나의 예만 보고 섣부른 일반화를 할 수는 없겠지만, 위의 인용문을 통해서 볼 때, 고대 중국의 문자기록에는 간결함을 추구하는 일종의 암묵적인 약속이 있었던 것 같습니다. 반면 같은 내용의 이야기를 대화의 사용을 통해 장황하게 서술하고 있는 인도의 이야기는 오랜 동안 문자기록이 되지 않은 채 구전되어 온 흔적이 보인다고 생각합니다.

3. 불전문학(佛典文學)의 형식적 구조

1) 불전문학의 형식적 구조

다음으로는 중국소설의 발전에 영향을 준 불전문학의 형식구조에 대해 살펴볼까 합니다. 일반적으로 불전(佛典)은 3분(分)·12분수(分教)로 구성되어 있습니다. 이 중 서분(序分)→정종분(正宗分, 主分)→유통분(流通分, 結分)으로 구분되는 3분은 본생과 인연·비유담 등에서 반드시 지켜지는 불전(佛傳)의 고유한 구조이자, 문학에 있어서 액자소설의 원형이라 할 수 있는 구조입니다. 전형적인 3분 구조를 가지고 있는 『자타카』를 예로 들어보겠습니다. 불전문학(佛傳文學)의 핵심인 『자타카[本生經]』는 석가모니 본인의 전생이야기를 담고 있는 책으로 인도의 고대 신화 전설과 우언 등을 총집결해 놓은 책이기도 합니다. 총 22부 547편의 이야기를 담고 있습니다.

『자타카』의 구성은 위에서 언급한 전형적인 3분 구조를 가집니다. 먼저 서분은 도입 부분으로 화자(話者)가 본생담을 말하기까지의 준비 과정이라고 할 수 있습니다. 내용은 대개 제자들이 석가모니에 대해 문제를 여쭙거나 현재 석가모니와 승단에, 그리고 재가사회에 일어나고 있는 이야기가 나오면서 전생이야기로 넘어가는 계기를 마련해주고 있습니다. 여기에는 당시의 작은 사건이 하나 발생하거나, 혹은 어떤 현상에 대한 제자들 간의 질문이 등장하게 됩니다(이야기 A). 여기에 나오는 작은 이야기 A는 본 이야기인 과거 전생의 이야기로 넘어가기 위한 연결고리의 역할을 하는 '현재 이야기'입니다. 석가모니는 이 현재의 사건은 우연히 이번 한 생에만 일어난 것이 아니라 과거에도 똑같은 일이 있었음을 밝히며, 자연스럽게 '전생 이야기'를 소개하게 됩니다.

정종분은 본 설화에 해당하는 부분으로 가까운 과거 혹은 아득히 먼 과거에 석가모니의 전생인 어떤 인물이나 동물이 주인공으로 등장하는 이야기입니다(이야기 B). 전생이야기 속에서 석가모니는 어진 신하도 되고 동물의 왕이 되기도 하며, 또 사건을 일으킨 사람도 역시 동물의 몸이 되기도 하고 또는 현생과 똑같은 입장의 인간의 몸을 취하기도 합니다. 유통분은 종결 부분으로 다시 화자의 시간으로 돌아와 정종분 속에서의 등장인물들과 현재의 인물들을 결합시켜 과거의 이야기를 현재와 인과관계로 맺어주는 역할을 하고 있습니다. 즉 그 '전생 이야기'의 주인공들은 지금 현재의 누구누구의 몸이었다는 '관련 이야기'를 끝으로 하여 이야기를 끝맺게 됩니다(이야기 C). 이 구성은 547편의 이야기에 일관되게 적용되고 있으며, 현재 이야기가 거듭 반복되어 두세 편의 전생이야기를 이끌어내는 경우도 간혹 있습니다.

'이야기 A → 이야기 B → 이야기 C'로 이어지는 이 구조는 '현재의 사건 A → 과거의 사건 B → A와 B의 연결 및 해석'이라는 형태를 띄게 되는데, 이러한 불전의 이야기에서 서분과 유통분을 생략하면 결국 '이야기 B'만 남게 되고, 여기에 나오는 이야기들은 여느 우화나 설화와 동일한 서사형식입니다. 또 실제로 당시 석가모니가 설파했던 많은 이야기들은 고대 인도의 민간고사나 우화였음이 『판차탄트라』 같은 인도 우언집을 통해 확인됩니다. 그래서 시중에 나오는 『자카타』의 번역본인 『부처님의 전생이야기』 같은 책들에서는 아예 서분과 유통분을 삭제한 채 전생이야기만을 소개하고 있는 것이 많습니다. 아마도 천편일률적인 형식과 교화성(教化性)이 짙은 부분은 문학적인 재미를 떨어뜨린다고 생각하기 때문일 것입니다. 그런데 저는 불전이 가지고 있는 이러한 3분 구조, 즉 현재와 과거, 그리고 더욱 먼 과거를 자유롭게 오가고, 인간세상과 도솔천, 천상과 지옥 등을 자유롭게 이동하는 이 구조야말로 중국의 서사문학에 시간과 공간의 확대라는 변화를 낳게 했다고 생각합니다. 이제 불전이 중국에 번역 보급되어 중국의 서사문학에 어떤 영향을 주었는지 간략하게 정리해보겠습니다. 이 부분은 여러 연구서에서도 다루고 있는 부분이지만, 저는 제가 개인적으로 느낀 몇 가지만 살펴보려고 합니다.

2) 불전(佛典)의 3분 구조에서 소설의 액자형 구조로

> 수(隋)나라 대업(大業) 연간에 왕씨(王氏) 성을 가진 낙양(洛陽) 사람이 살고 있었는데 오계(五戒)를 잘 지켰으며 때때로 미래의 일을 예견하곤 했다. 그리하여 마을 사람들은 그를 존경하고 따랐다. 어느 날 갑자기 주위 사람에게 말하기를 "오늘 어떤 사람이 나귀 한 마리를 데리고 나에게 올 것이오." 라고 하였다. 그날 정오가 되자 과연 한 사람이 나귀 한 마리를 끌고 찾아왔다. 그는 울면서 자신의 이야기를 풀어나갔다. ……
>
> —『명보기(冥報記)』

위 이야기는 당대(唐代) 초기(初期) 당림(唐臨)이라는 승려에 의해 편찬된『명보기』에 수록된 이야기의 도입부입니다. 위 이야기에서 주인공은 미래를 예견하는 능력을 가진 왕씨라는 사람으로 보이지만, 사실은 뒷부분에 한 젊은이가 나귀를 끌고 와 왕씨에게 기나긴 사연을 이야기하고 맨 마지막에 왕씨가 이들의 업보(業報)를 해결하는 방법을 일러주는 것으로 이루어져 있습니다. 그러므로 실제로 중요한 이야기는 액자틀 같은 겉 이야기의 속에 존재하고 있으며, 이 이야기의 실질적인 주인공은 나귀를 끌고 온 사람과 나귀로 변한 그의 어머니입니다. 이러한 구조는 불전의 3분 구조를 연상케 합니다. 위에 인용한 이야기의 도입부는 본 이야기를 시작하기 위한 서분의 '이야기 A'에 해당하며, 이어지는 이들의 사연은 본 정종분의 '이야기 B'에 해당합니다. 불전의 유통분에서 석가모니는 제자들에게 '이야기 A'와 '이야기 B' 사이의 연관관계를 설명해주며 가르침을 마무리하지만, 위의 이야기에서는 왕씨가 '이야기 B'에서 나오는 갈등구조를 해결해 주면서 이야기를 마무리하게 됩니다.

불전을 잘 몰라도 이런 형식의 이야기 구조들은 『천일야화(千一夜話)』 같은 서역과 아랍의 이야기에서 종종 나타나는 구조입니다. 『천일야화』를 보면 하나의 이야기 속에서 등장하는 인물이 그 이야기 속에서 또 다른 이야기를 풀어나가고 여기에 그 상대역의 인물이 또 다른 이야기를 풀어나가는 형식이 자주 보이는데, 학자들에 따르면 아라비안 나이트의 원류는 페르시아 설화이고 그 페르시아 설화의 큰 줄기는 인도 설화에서 온 것이라고 합니다. 『법원주림』에 채록된 이야기 중에도 천일야화의 처음 이야기인 「헤라쟈드 이야기」나 「신밧드의 모험」 등과 너무도 유사한 이야기들이 나오는 걸 보면 천일야화의 이야기는 내용과 형식 면에서 인도 설화의 영향을 받은 게 확실한 것 같습니다. 중국의 불교계(佛教系) 지괴(志怪)에서도 이런 액자형 구조가 종종 보이는데, 이러한 '이야기속의 이야기'라는 형식은 이전의 중국 서사에서는 좀처럼 보기 드문 구조였습니다. 이런 구조의 이야기는 위에서 본 것처럼 다른 사람의 이야기를 소개하는 형식뿐 아니라 동일인이 꿈을 꾸거나 죽었다가 다시 살아난 후 가족들에게 이야기를 들려주는 형식으로도 종종 등장합니다. 이러한 형식을 빌어 간단한 원래 이야기의 속에 사후세계의 체험이나 꿈속 체험의 이야기가 등장하게 되는데, 이러한 이야기 구조 역시 '현실의 짧은 이야기 A' →'꿈이나 사후의 긴 이야기 B' →'이야기 B를 통해 바뀌게 되는 현실 A′' 라는 도식이 성립하는 것이죠.

4. 시공간의 확장과 소재의 확대

1) 시공간의 확장

고대 중국의 서사는 대개 특정 인물의 생애와 사건을 주로 다루는데, 여기서 서사의 시간 범위는 서사 대상의 생존기간을 넘어서지 못합니다. 그러나 불교설화에서 시간의 범위는 몇 겁을 거슬러갑니다. 서사의 주인공이 사람이건 동물이건 그는 현생에 태어나기 이전에도 다른 어떤 존재였으며, 그때는 그때의 서사시간이 존재하게 되는 것이죠. 더욱 중요한 것은 불전(佛典) 3분 구조의 영향으로 현재와 과거, 그리고 더 과거, 다시 현재로 오가는 시간여행이 도입되었다는 것입니다. 중국의 불교계 지괴에서 간혹 보이는 시간의 도치나, 시간 이동 등은 불전의 영향을 받기 이전의 중국서사에선 좀처럼 보이지 않는 모습입니다.

시간의 확장과 동시에 서사의 공간 역시 넓어집니다. 중국 고대의 서사는 언제나 서술 대상의 현세를 다루었을 뿐, 인간세계 이외의 영역을 좀처럼 다루지 않습니다. 물론 『산해경』이나 『박물지』, 『신이경(神異經)』 같은 이역과 이물에 대한 기록들이 존재하고는 있지만, 이 책들이 수록하고 있는 이야기들은 서사성이 약한 설명과 정보전달을 위주로 하는 이야기들이 많습니다. 이러한 책들이 중국 고대의 목록서에서 사부(史部) 지리(地理)류에 오랜 동안 편제되어 있었다는 사실은 고대 중국인들이 이러한 기록을 먼 지역에 대한 지리적 정보라고 생각했음을 보여줍니다. 즉 지금의 우리가 보기에는 황당하고 믿을 수 없는 정보들이지만, 그 당시 사람들에게는 그것이 미지의 영역에 대한 두려움의 발로이건, 호기심의 발로이건 새로운 지식의 일부분이라고 믿었다는 것이지요. 혹은 어쩌면 고대 중국이 가지고 있었던 엄격한 글쓰기 규범이 중국인들의 상상력을 그 틀 안에 가둬놓은 결과물일지도 모릅니다. 즉 『산해경』과 『박물지』 등의 내용 전달자, 혹은 기록자는 이러한 기이한 내용들을 좀더 풍부한 상상력을 동원하여 이야기로 만들었을지라도 그것을 문자기록화 하는 과정에서 이들을 어쩔 수 없이 탈각시켜버리고 예전부터 존재해온 역사기록의 틀 속에 이야기를 맞추어 넣은 것인지도 모르겠습니다. 『장자(莊子)』나 『초사(楚辭)』 같은 것을 보면 꼭 그런 것만은 아닌 것 같기도 하지만요. 어쨌든 불교의 윤회설(輪回說)과 지옥 이야기가 도입되면서 사후세계는 중국 서사에서 다루어지는 또 다른 서사의 공간이 되었습니다. 사후세계라는 용어 자체가 시간의 확장과 공간의 확대를 같이 내포하고 있는 말이지요.

2) 소재의 확대 - 동물 의인화 이야기

불전(佛典)에 수록된 설화 가운데는 동물을 주인공으로 하는 이야기가 유난히 많습니다. 『자타카』에 수록된 설화 가운데 우리에게 널리 알려진 『이솝우화』와 동일한 이야기들도 매우 많습니다. 옥토끼 설화(원숭이 · 여우 · 토끼의 보시), 황금 구슬을 낳는 거위, 이리와 학, 여우와 닭, 독수리와 거북이, 여우와 까마귀, 사자와 쥐, 사자와 여우 등 셀 수가 없을 정도인데, 인도의 대표적인 우화집인 『판차탄트라』의 편찬 추정 시기가 앞선 것으로 보아(A.D 1세기~6세기) 『이솝우화』가 『판차탄트라』의 영향을 받은 것으로 추정됩니다.

그런데 동물을 의인화시켜 주인공으로 등장시키는 이야기는 중국의 이야기 전통과 상당히 다른 점이라고 할 수 있습니다. 고대 중국에서는 인간 이외의 동물이 이야기에 주제로 등장하는 법이 거의 없습니다. 물론 수주대토(守株待兎)도 있고 조삼모사(朝三暮四)도 있지만, 여기 등장하는 토끼나 원숭이들은 행동의 대상이지 주체가 아닙니다. 『태평광기(太平廣記)』 후반부에 수록된 많은 동물이야기들 중에서도 이들은 인간의 행동을 받는 대상으로 등장하거나 괴물의 형상으로 등장할 뿐, 불전 속에 나오는 설화 속에서처럼 의인화된 주인공으로 등장하는 경우는 흔치 않으며, 만약 주인공으로 등장하는 이야기는 대개 인도에서 유래한 설화인 경우가 많습니다. 중국에서 동물 의인화 이야기가 존재하지 않는 것은 어쩌면 "인축수도, 호불교섭(人畜殊途, 互不交涉)"이라는 관념 때문인지도 모르겠습니다. 이들의 관념 속에서 동물과 사람은 결코 교류하거나 섞일 수 없는 존재로 인식되고 있다는 것이지요.

그렇다면 고대의 인도에서는 왜 동물 우화가 특히 발달했을까요? 불교 설화에 비유와 동물우화가 많은 부분을 차지하게 된 역사적 배경으로 학자들은 인도인들이 비유화법을 즐겨 사용하였다는 점을 들고 있습니다. 비유법은 말하고자 하는 견해나 대상을 직접적으로 말하지 않고 간접적으로 제3의 어떤 대상에 빗대어 묘사하는 수사학적 기법으로, 인도인들은 항상 자신의 의견과 감상, 그리고 어떤 사실을 표현할 때에 직설적으로 표현하지 않고 다른 사물이나 대상의 특성에 비유하여 우회적으로 나타내는 습관이 있다고 합니다. 인도인들의 화법에 이러한 비유의 경향이 있었기에 석가모니의 이야기를 전할 때도 우화 등을 통해서 간접적으로 전달했다는 것입니다. 하지만 왠지 이것으로는 불충분하다는 생각이 듭니다. 그렇다면 고대 중국에서 동물 우화가 발달하지 않은 것은 고대 중국인들이 비유를 통하지 않고 자신의 견해를 직설적으로 말했기 때문일까요? 이 문제는 좀더 고찰해봐야 할 문제인 것 같습니다. 아울러 동일한 동물에 대한 인도와 중국의 관념의 차이라든지, 『태평광기』 후반부의 동물이야기에 나타난 고대 중국인들의 관념 같은 주제는 향후 상당히 흥미로운 공부가 되리라 생각합니다.

5. 맺으며

이상으로 정리되지 않은 저의 생각을 두서없이 나열해 보았습니다. 정리를 하려고 하면 항상 "그래서 그게 어쨌다는 말이냐?" 또는 "그래서 결론이 뭐냐?"라는 물음이 스스로를 짓누르지만, 뭐 특별한 결론이 있겠습니까? 수많은 연구서에서 인도 불교가 중국문학의 발전에 많은 영향을 끼쳤노라고 이미 밝혀놨고, 불교 설화의 풍부한 상상력이 중국소설의 발전에 기폭제의 역할을 했다는 것도 다 아는 얘기구요. 저는 단지 이 자리를 빌어서 그러한 결론을 좀 더 구체적으로 보여드리고, 아울러 공부하는 중에 떠오른 여러 가지 문제들을 같이 고민해보려고 했습니다. 인도의 서사와 중국의 서사를 비교하는 작업은 매우 어렵고 지난(至難)한 일이지만, 수입산 농산물도 아닌데 인도 유래인지 중국 토종인지 원산지를 밝혀내는 일이 그렇게 중요한 일인가 하는 자문(自問)도 한편으로는 해봅니다. 워낙 중국의 고대문화라는 것이 용광로이다 보니까 어디서 어디까지가 'Made in India'인지 더욱 알 수 없기도 하지만요. 그러나 한 가지 소박한 저의 생각은 중국이 근대시기 서양으로부터 받은 문화적 충격이 엄청나게 큰 것이었다면, 이로부터 1,500년 전 이미 중국은 서역과 인도로부터의 제1차 충격을 받았을 것이란 점이고, 그것이 폭력을 수반하지 않고 서서히 진행되었을 뿐 문화적 차이에서 오는 충격은 근대시기 서양으로부터 받은 그것과 비슷할 것이라는 생각입니다. 그렇다면, 불교의 전래를 전후한 중국 문화의 변화라는 이 주제는 상당히 연구해 볼 가치가 큰 것이라고 생각합니다. 더군다나 중국 본토의 학자들은 원래 외부의 영향을 순순히 인정하기보다는 '원래 중국 고유의 것'이었노라고 주장하는 경향이 강하고 보면 외국의 중국문학자로서 연구의 의의가 조금은 있는 일이지 않나 생각합니다.

저의 이러한 고찰은 아직까지는 한계가 많으며, 고대 인도와 중국의 상상적 이야기를 비교하고 그 원류나 영향관계, 구조적 특징 등을 비교하는 작업은 더욱 폭넓은 자료조사와 문헌들의 비교 검토 작업이 뒷받침되어야 할 것입니다. 앞으로는 좀 더 시간을 가지고 불전 원문부터 꼼꼼히 읽어보는 시간을 가져야겠습니다.

참고문헌

『揚州畵舫錄』, (淸)李斗 撰, 汪北平 · 涂雨公 點校, 中華書局, 2001.

『淸初揚州文化』, (美)梅爾淸著 · 朱修春譯, 復旦大學出版社, 2004.

『揚州方言詞典』, 江蘇教育出版社, 1996.

『揚州歷史人物辭典』, 王澄, 江蘇古籍出版社, 2001.

『揚州風物』, 潘寶明, 江蘇古籍出版社, 2002.

『新揚州畵舫錄』, 帥國華, 江蘇古籍출판사, 2003.

『揚州覽勝錄 : 揚州名勝錄』, 王振世, 江蘇古籍出版社, 2002.

『揚州足征錄』, (淸)焦循, 廣陵古籍出版社, 2004.

『揚州歷史名園』, 朱正海, 廣陵古籍出版社, 2003.

『淸代揚州學記』, 張舜徽, 廣陵古籍出版社, 2004.

『廣陵通典 : 揚州十日記 : 咸同廣陵史稿』, (淸)汪中 等, 廣陵古籍出版社, 2004.

『洛陽伽藍記校注』, [北魏]楊衒之著 · 范祥雍校注, 上海古籍出版社, 1999.

『東京夢華錄(外四種)』, [宋]孟元老 等著, 臺北, 古亭書屋, 民國64年.

王偉康, 「揚州畵舫錄中的戱曲文化試探」, 『東南文化』 第11期, 2003.

王偉康, 「淸代鼎盛期揚州經濟文化輝煌的縮影－揚州畵舫錄硏究述略」, 『南京廣播電視大學學報』 第1期, 2003.

張蕊靑, 「揚州畵舫錄－史家與小說家的相通與合流」, 『學海』 第5期, 2001.

明光, 「李斗戱曲創作與理論」, 『揚州職業大學學報』, 2003.9.

曺秉漢, 「18세기 揚州 紳 · 商문화와 鄭板橋의 문화비판－揚州八怪의 성격과 관련하여」, 『啓明史學』 4집, 1993.

Tobie Meyer-Fong, *Building Culture in Early Qing Yangzhou*, Stanford : Stanford University Press, 2003.

지괴(志怪)와 전기(傳奇) 사이*

세계관의 변천과 서사양식의 전화(轉化)

홍상훈

1

'불확정성의 원리(Uncertainty Principle)'를 발표하여 현대 물리학의 혁명적 변화에 결정적인 단서를 제공을 했던 하이젠베르크(W. Heisenberg)는 일찍이, "우리가 관찰하는 것은 자연 그 자체가 아니라 우리의 질문 방식에 따라 도출된 자연이다"[1]라고 설파한 적이 있다. 이것은 실험을 통한 증명을 절대적으로 신봉하는 서구의 이른바 '합리적 이성'이 직면

* 이 글은 원래 「志怪와 傳奇 사이의 敍事學的 世界觀」이라는 제목으로 『중국문학』 25집(한국중국어문학회, 1996)에 수록되었던 것을 일부 수정한 것이다.

1 F. 카프라, 이성범 · 김용정 역, 『현대물리학과 동양사상』, 범양사, 1986(7판), 162쪽 재인용.

한 한계를 함축적으로 제시한 말이라고 할 수 있다. 이런 맥락에서, 언어적 해석과는 별개로 그저 수학적 구조의 정당성만을 중시하는 '과학적 모델'의 한계에 대한 노이만(John von Neumann)의 지적[2]도 시사하는 바가 크다. 결국 이들의 비판이 겨냥하는 바는 인간을 둘러싼 자연이란 것을 적대적 존재로 설정하고, 인간의 이성을 통해 그 '실체'를 파악함으로써 궁극적으로 자연을 '정복'하려 했던 서구인들의 세계관에 본질적인 의문을 던지고자 하는 것이다.

또한 이와 연관시켜서, 서구의 현대 과학자들이 자연의 실체가 도대체 '무엇'인가를 기술(記述)하는 '정확한' 이론을 개발하는 데에 지나치게 집착함으로써, 그것이 '왜' 존재하게 되었는가 하는 물음을 뒷전으로 내몰아 버린 현실에 대한 염려[3]에 대해서도 주목할 필요가 있다. 이처럼 철학이 결여된 과학과 과학 이론의 변화를 따라잡지 못하는 철학이 빚어낸 기형적 현상을 바로잡아 보려는 총체적 반성의 흐름을 반영하는 것이 바로 최근 국내외 지성들의 호응을 얻고 있는 '신과학 운동'이다. 그리고 특히 정치와 사상적 측면에서 소련의 몰락과 함께 이데올로기의 위상이 흔들리면서 제기되기 시작한 '탈근대주의(Post-modernism)'의 유행에 대해서도 이와 유사한 맥락에서 그 원인을 설명할 수 있을 것이다.

지성사(知性史)의 거의 모든 분야에 걸친 이상과 같은 인식론적 반성의 조류가 뜻하는 바가 결국 현대의 문명과 문화를 인류 지혜의 축적

2 제임스 글리크, 백배식 · 성하운 역, 『카오스 : 현대 과학의 혁명』, 동문사, 1994, 333쪽 참조.

3 스티븐 호킹, 현정준 역, 『시간의 역사』, 삼성이데아, 1989(9판), 258~9쪽 참조.

과 발전의 산물로 간주하는 기존의 제반 인식을 부정하는 것이라 할 때, 서구 산업사회의 물리력에 압도되어 모든 전통적인 것들을 폐기하는 데에 주력했던 '제3세계'에서 전통에 대해 적절하게 재평가하려는 움직임들이 새롭게 일어나고 있는 것은 어쩌면 당연한 추세일지도 모른다. 더구나 양자물리학과 천체물리학에서 이룩해 낸 제반 성과들이 실재(實在)의 본질을 직접 관통하는 직관을 바탕으로 성립된 동양의 세계관에 근접하는 경향이 뚜렷하다는 사실은 이런 움직임들을 더욱 고무하고 있다. 그러나 실은, 굳이 이러한 현대의 상황 변화를 거론하지 않더라도 역사를 이어 온, 혹은 명멸(明滅)해 간 모든 인류의 문명과 문화가 각기 간직한 고유의 가치에 대해서는 정당한 의의를 부여하는 것이 마땅한 일일 것이다. 특히 그 가치가 제국주의적인 '힘의 논리'에 의해 왜곡된 경우라면 더욱 그러하다.

바로 이러한 반성적 인식의 바탕 위에서, 필자는 이제 고대 중국인의 문화와 상상력 속에서 '귀(鬼)'라는 존재가 지니고 있던 성격과, 그것을 통해 형성된 중국인의 '저승'에 대한 관념을 새롭게 고찰해 보고자 한다. 근대적 '편견' 속에서 흔히 '미신'으로 치부되었던 '귀'와 '저승'을 고대의 상황 속으로 들어가서 재구성해 보고, 그것들이 당시 중국인의 삶과 문학[4]적 상상력에 미친 영향들을 부분적으로나마 분석해 낼 수 있다면, 현대의 우리가 고대 중국인의 문학에 대해 가지고 있는 광범한 오해들을 바로잡는 데에 조금이나마 도움이 될 수 있을 것으로 생

4 여기서 필자는 '문학'을 고대 중국인이 사용하던 폭넓은 개념보다는 상대적으로 좁은, 다분히 '미적 가치'를 중시하는 서구의 'Literature'라는 개념에 더 가까운 뜻으로 사용하였다.

각하기 때문이다.

그리고 이러한 고찰의 바탕이 되는 중심 자료는 송대(宋代)에 편찬된 『태평광기(太平廣記)』 가운데 「귀부(鬼部)」[5]에 수록된 '지괴(志怪)'들인데, 본론의 논의에 대해 예상되는 여러 가지 오해를 미리 예방하는 차원에서 이 자료의 제한적 성격에 대해 미리 간추려 두는 것이 좋을 듯하다. 우선, 이 책은 황제의 어명에 따라 여러 학자들이 고금의 서적들을 망라하여 편집한 것이기 때문에, 여기에 수록된 글들은 단지 '귀'라는 포괄적인 제재(題材) 안에 포함시킬 수 있다는 점 외에는 특별히 긴밀한 연관성이나 일관된 저작 의도 같은 것은 찾기 어렵다. 둘째, 객관적으로 볼 때 이 자료는 구체적으로 검증된 사실들을 기록한 역사서라기보다는 주로 개인적 경험과 상상력에 치중된 글의 비중이 크기 때문에 현대적 개념의 '문학'에 가까운, 그러나 훨씬 더 '열려 있는' 텍스트라고 할 수 있다. 그러므로 이 글에서 필자가 진행하는 논의 방식은 실증적이라기보다는 자유로운 추론에 가까울 수 있는데, 필자는 이러한 논의 방식이 가지는 원천적인 문제점들을 인정하면서도 어떤 의미에서는 그것이야말로 고대 중국인의 문학적 상상력에 접근할 수 있는 더 적절한 통로일 지도 모른다는 희망적 전제 아래 논의를 전개하고자 한다.

---

5 『태평광기』 권316~355에는 각기 '귀1(鬼一)'~'귀40(鬼四十)'이라는 부제(副題)가 붙어 있는데, 필자는 이 40권을 편의상 「귀부」라고 칭하도록 하겠다. 『태평광기』의 편찬자들이 분류한 제재는 '귀(鬼)'와 '신선(神仙)', '여선(女仙)', '호(狐)'를 비롯해서 92종류인데, 이로 미루어 보아 그들이 귀(鬼)와 신(神), 선(仙) 등을 어느 정도 구별해서 인식하고 있었음을 알 수 있다. 그러나 이들을 구별하는 구체적인 기준에 대해서 적어도 국내에서는 아직 자세히 연구된 바가 없고, 중국에서 나온 관련 저작들도 대부분 이에 대해서는 모호한 설명으로 넘어가는 경우가 많은 듯하다.

2

"너는 나를 거기서 만나게 될 거야." 이렇게 말하고 고양이는 사라졌다. 앨리스는 이 일에 별로 놀라지 않았다. 그녀는 기묘한 일이 일어나는 데에 너무 익숙해져 가고 있었다.

—Lewis Carrol, *Alice in Wonderland*에서

주지하다시피, 중국의 고대 신화에서 '창조 설화'라고 할 만한 것은 반고(盤古)의 전설[6]밖에 없다. 그나마 그것도 모든 문명은 개념적으로 유사한 방법으로 세계의 존재를 설명해야 한다고 생각하는 서구인들이 중국에 대해 같은 방식으로 질문을 던졌을 때에야 비로소 중시되기 시작했을 따름이다.

그러나 모트(F.W. Mote)에 따르면, 일신론(Monotheism)은 인과률(cau-

6 전국시대(戰國時代) 서정(徐整)의 『삼오력기(三五歷記)』에 기록된 내용은 다음과 같다: "하늘과 땅이 달걀처럼 뒤섞여 있을 때, 반고가 그 속에서 태어났다. 1만 8천 살이 되자 하늘과 땅을 나누어, 밝고 맑은 것을 하늘로 삼고 어둡고 탁한 것은 땅으로 삼았다. 반고는 그 속에 살면서 하루에도 아홉 번 변신을 했다. 하늘에서는 신이 되고 땅에서는 성현이 되었다. 하늘은 날마다 한 길씩 높아졌고, 땅은 날마다 한 길씩 두터워졌으며, 반고도 날마다 한 길씩 키가 컸다. 이렇게 1만 8천년이 지나자 하늘은 지극히 높아지고 땅은 지극히 두터워졌으며, 반고의 키도 지극히 커졌다. 그래서 하늘과 땅 사이의 거리가 9만 리나 되었다[天地渾沌如鷄子, 盤古生其中. 萬八千歲, 天地開闢, 陽淸爲天, 陰濁爲地. 盤古在其中, 一日九變. 神於天, 聖於地. 天日高一丈, 地日厚一丈, 盤古日長一丈. 如此萬八千歲, 天數極高, 地數極厚, 盤古極長. 故天去地九萬里]."(李烈炎, 『時空學說史』, 湖北人民出版社, 1988, 119쪽 재인용) 또한 하늘을 보수하고 진흙을 빚어 인류를 창조한 존재로서 여와(女媧)가 거론되기도 하지만, 이것은 엄격한 의미에서 태초의 '없음'에서 '있음'을 만들어 낸 행위라고는 할 수 없기 때문에 일단 논외로 한다.

sality)이라는 특수한 개념이 수용되는 곳에서만 필요한 데에 비해 중국의 경우는 전통적으로 동시성(Synchronicity)을 선호하기 때문에 처음부터 창조 설화 같은 것은 필요하지 않았다고 했다.[7] 반유신론적(反有神論的)이고 무목적론적(無目的論的)이며, '역동적인 조화(dynamism of harmony)'의 유기체적 우주를 지향하는 중국인의 세계관과 '열린 사회' 속에서 형식화되고 제도화된 종교는 설 자리가 없었다는 것이다. 또한 이와 비슷한 맥락에서 니담(Joseph Needham)은 초기 중국의 사상을 이른바 '화이트헤드적 선호(Whiteheadian preference)'라는 "사건의 그물망적 관계 내지 과정"에 비유하고, 이에 반해 서양은 "개개의, 쇠사슬 모양의" 인과적 설명인 '뉴턴적 선호(Newtonian preference)'에 깊이 영향을 받아 왔다고 했다. 그리고 그에 따르면, 이러한 사상적 차이는 두 문화 사이의 우주적 시간관(時間觀)에 차별성을 부여했는데, 중국에서는 '순환적 우주 시간(cyclic cosmictime)'이 필요한 반면 서양에서는 '발전적이고 일직선적인 시간(developmental and linear time)'이 필요했다.[8]

이러한 고대 중국인의 종교관과 우주관에 대한 설명이 뜻하는 바는 명확하다. 즉, 그들은 제도적 권위를 상징하는 절대유일의 존재로서 '신(神)'이라는 것을 처음부터 생각할 필요가 없었다는 것이다. 이 점은 오늘날 우리가 문헌을 통해 확인할 수 있는 다양한 형태의 토속신과 '귀(鬼)'의 모습에서 쉽게 증명할 수 있으며, 심지어 중국의 신들 가운데 가장 막강한 힘을 가진 것으로 알려진 '상제(上帝)'의 경우에도 세계의 창조자로서 유일신의 위상과 역할에는 미치지 못하는 바가 크다.

7 F. W. 모오트, 권미숙 역, 『중국 문명의 철학적 기초』, 인간사랑, 1991, 37~9쪽 참조.
8 조셉 니이담, 이석호 외역, 『중국의 과학과 문명』 II, 을유문화사, 1986, 402~62쪽 참조.

그러므로 고대 중국인의 '귀'에 관한 개념을 올바로 이해하기 위해서는 이러한 세계관 내지 우주관의 특성을 고려하지 않으면 안 된다. 그리고 그것을 설명하는 방식도 그들의 전통적인 '사고의 틀' 속에서 진행되어야 한다. 앞에서 필자는 이 글의 논의 방식이 '자유로운 추론'에 가깝다고 언급한 적이 있는데, 이것은 달리 말하자면, 논리 전개의 형식주의적 편향 즉, 경험성과 인과성에 지나치게 집착하는 태도에서 벗어나고자 하는 의도를 밝힌 것이다. 결국 이 글의 논의 방식은 일차적으로 논의의 자료로 삼은 『태평광기』의 텍스트적 특성으로 인해 어쩔 수 없이 선택된 것이기도 하지만, 궁극적으로 가장 중국적인 것은 직관과 상상력 속에서 가장 분명하게 드러날 수 있다는 필자의 입장을 반영한 것이라 하겠다.

일반적으로 '귀'는 사람이 죽어서 변화된 형질(形質)로 나타난 존재를 가리킨다.[9] 고대의 중국인은 인간의 생명이라는 것은 '혼(魂)'과 '백(魄)',

9 그러나 대개 '이승'에 출현하여 인간의 눈에 비치는 '귀'들의 모습은 '이승'에서 생명이 끝나기 직전의 모습과 거의 일치한다. 또한 이 글에서도 나중에 살펴보게 되겠지만, 그런 '귀'들은 생명이 있는 인간과 잠자리를 같이 하는 등의 대단히 실제적인 육체적 접촉도 할 수 있다. 그러므로 여기에서 '형질의 변화'가 뜻하는 바는 '귀'가 인간보다 더 많은 차원의 시공(時空)을 자유롭게 돌아다닐 수 있는 어떤 것으로 바뀌었다는 것으로 이해해야 한다. 예를 들어서, 「곽번(郭翻)」(321-1)에서는 죽은 지 오래된 '귀'는 생시(生時)의 일을 잊게 된다는 진술이 보이는데, 이것은 달리 보자면, '귀'가 변화된 자신의 형질을 이해하고 거기에 익숙해지는 기간을 상징적으로 묘사한 진술로도 해석할 수 있다. 그리고 이처럼 이미 형질이 변해 버렸기 때문에, '귀'가 기피하는 대상이나 물질도 인간과는 상당히 다르다. 예를 들어서, 악행을 저지르는 '귀'일지라도 '사문(沙門)'이나 마음이 올바른 인간은 건드리지 못하며(「호무회[胡茂廻]」[319-4], 「고씨[顧氏]」[319-7]), 일반적으로 그런 '귀'들은 독약(「유타[劉他]」[319-13], 「유둔[劉遁]」[322-14])이나 특정한 식물의 열매(「하우문규[夏侯文規]」[325-16], 「유소지[庾紹之]」[321-10]), 또는 지혜로운 인간의 힘(「송정백[宋定伯]」[321-14], 「왕중문[王仲文]」[319-15])으로 물리칠 수 있는 것으로 묘사되어 있다(제목 다음의 숫자 표기, 가령 '321-1'은 권제321의 첫 번째에 수록된 이야기를 가리킴).

그리고 '육신'의 세 가지 요소가 조화롭게 결합된 상태를 가리킨다고 생각했다. 여기서 '혼'은 정신적 경험과 지적 활동을 관장하고 '백'은 육체의 힘과 운동을 주관하는데,[10] 인간의 생명이 끝나면 이들은 육체에서 분리되고, 어떤 경우에는 '혼'이 잠시 '백'에서 떨어져 나와 독자적으로 활동하기도 한다. 예를 들자면, 『태평광기』 「귀부」에는 이미 죽은 사람 혹은 곧 죽게 될 사람의 혼이 친지를 찾아와서 자신의 죽음을 알려주는 경우가 종종 보이는데,[11] 이러한 통지자(通知者)는 육신을 벗어난 혼백 또는 혼으로 간주할 수밖에 없다.

이렇게 육신을 떠난 혼백은 인간 세계와는 차원이 다른 어떤 곳으로 가게 되는데, 그 세계가 어떤 곳인지 알 수 있는 정보의 통로는 제한적일 수밖에 없다. 『태평광기』의 기록에는 먼저 순간적으로 죽었다가 다시 소생한 사람의 체험담을 통해 알려진 가장 직접적인 정보들이 보이고,[12] 다음으로 '귀'가 직접 살아 있는 사람을 찾아와서 설명해 주는 경

10 여기에 대해서는, 마이클 로이, 이성규 역, 『고대 중국인의 생사관』, 지식산업사, 1987, 42~3쪽 참조.

11 이런 예를 보여 주는 것으로는 「양양군인(襄陽軍人)」(322-3), 「원학제생(遠學諸生)」(322-22), 「급사(給使)」(323-4), 「동수지(董壽之)」(327-9), 「당훤(唐晅)」(332-1), 「여자안(茹子顔)」(332-7), 「장구겸경(章仇兼瓊)」(335-2), 「육빙(陸憑)」(339-7) 등이 있다. 대표적으로 「동수지(董壽之)」의 대략적인 줄거리는 다음과 같다: 북제(北齊)의 동수지가 처형당할 때 집안사람들은 그 사실을 모르고 있었다. 그런데 어느 날 밤중에 그의 혼, 즉 '귀'가 아내 앞에 나타나 탄식을 하더니 밖으로 나가 닭장에 불을 지르고 사라졌는데, 닭장 안에는 여러 말[斗]이나 되는 피가 뿌려져 있었다. 날이 새자 그가 죽었다는 소식이 전해졌다.

12 이런 예에 해당하는 것으로는 「왕호(王胡)」(323-13), 「소정인(蕭正人)」(332-2), 「유자공(劉子貢)」(332-6), 「배규(裴虯)」(334-8), 「준의왕씨(浚義王氏)」(335-1), 「요소품(姚簫品)」(335-8), 「동관(董觀)」(346-11) 등이 있다. 예를 들어서, 「배규」의 줄거리는 다음과 같다: 당(唐)나라 천보(天寶: 742~56) 말엽에 하동(河東)의 배규가 여행 도중 어느 정자에서 자다가 갑자기 죽었다가 한참 후에 다시 소생했다. 그의 설명에 따르면, 자신은 남북조시대 송(宋)나라의 산기시랑(散騎侍郞)을 지낸 대옹(戴顒)의 귀(鬼)에게 불려가서 그의 딸과 결혼하라는 권유를 받았지만 끝내 거절하자 돌려보내

우도 있다. 이런 것들은 사실 텍스트의 전체 분량을 놓고 따져 보면 상대적으로 드문 경우에 해당하며, 우리는 대개 인간 세계에 출현한 '귀'들의 습성과 행태에 대한 기록을 통해 간접적으로 그들의 세계를 추정할 수밖에 없다.

어느 학자의 고찰에 따르면, 한대(漢代)까지 중국인의 '내세(來世)'나 '선향(仙鄕)'에 대한 관념은 대개 네 가지로 분류할 수 있다. 즉 '동해(東海)'의 이상향(理想鄕)을 통해 접근하는 것이 그 하나이고, 우주의 근저(根底)를 이루는 전체적인 존재 구조의 관점에서 설명하는 것이 두 번째 방식이다. 세 번째는 '서왕모(西王母)'가 지배하는 신비로운 서방 세계에 관한 관념이고, 마지막으로 '백(魄)'이 추방되는 장소이자 지하의 관리들이 다수 존재하는 '황천(黃泉)'의 관념이 있다.[13] 물론 『태평광기』가 편찬된 송대에 이르면, 위(魏)·진(晉) 남북조(南北朝) 이래로 점차 체계가 잡혀서 일종의 종교로서 틀을 형성해 가는 도교(道敎)와 외부에서 유입되어 중국화(中國化)하기 시작한 불교(佛敎)의 영향으로 기존의 '내세' 및 '선향'의 관념은 제법 잘 조직화된 양상을 띠게 된다.[14] 이에 따라 죽은 사람의 육신을 떠난 혼백이 가는 곳도 반드시 '황천'으로 한정되지는 않는 듯하며, 대개 살아 있는 인간들의 세계와 구분할 때에는 '유명(幽明)'이라는 대립적 형용사가 많이 사용된다. 그리고 그 '어두운 세계[幽界]'를 대표하는 명사는 쉽게 발견되지 않는데, 이 글에

주더라는 것이었다.

13 마이클 로이, 앞의 책, 42~53쪽 참조.

14 청대(淸代)의 고염무(顧炎武)는 『사기(史記)』와 『한서(漢書)』에는 '귀'에 대해 고찰한 언급이 없다는 점을 들어서, '귀'에 대한 논의는 한(漢)나라 말엽에야 시작되었다고 했다. 여기에 대해서는, 石昌渝, 『中國小說源流論』, 北京 : 三聯書店, 1994, 128쪽 참조.

서 필자는 그것을 편의상 '저승'이라는 말로 통칭하도록 하겠다.

흔히 '귀(鬼)의 귀숙처(歸宿處)'로서 '태산(泰山)'이 자주 거명되는데,[15] 사실 그것은 단지 하나의 상징적인 지명(地名)에 지나지 않는다. 『태평광기』에 수록된 '지괴(志怪)'들에는 대개 인간으로서는 쉽게 도달할 수 없는 높고 외진 지역을 대표하는 다른 산들, 예를 들어서, '태산(太山)'[16]이나 '형산(荊山)'[17] 등이 거명되기도 하는데, 이 역시 '태산(泰山)'과 마찬가지로 상징적인 지명들이라고 할 수 있을 것이다. 또한 일반적으로 그런 산에는 '어둡고 음침[幽陰]'한 '귀'의 세계인 '저승'을 다스리는 권력기구인 '지부(地府)'가 존재하는 것으로 알려져 있다. 그러나 적어도 '귀'라는 존재가 인간과 접촉하는 경우에, 또한 실제적으로 이 경우에만 의미를 갖는 것이라면, '지부'의 정확한 위치가 어디인가 하는 것은 그다지 중요하지 않다고 할 수도 있다. 오히려 이런 의미에서는 '귀'의 실질적인 활동 장소가 어떤 시공(時空)에 속해 있는가 하는 점이 주요 관심사로 변하기 때문이다.

『태평광기』의 '지괴'들에 묘사된 바에 따르면, '귀'는 대개 밤중에 산림이나 외진 광야, 또는 낡은 집이나 무덤 등지에서 출현한다. 물론 낮에 나타나는 '귀'도 있으며,[18] 비교적 드문 경우이긴 하지만, 살아 있는

15 石昌渝, 앞의 책, 130쪽 참조.

16 「손치(孫稚)」(320-5)에는 '태산부군(太山府君)', 「왕회지(王懷智)」(328-9)에는 '태산녹사(太山錄事)'라는 관직(官職) 이름이 보인다.

17 「위포(韋浦)」(341-3)에는 '화악신군(華嶽神君)', '형산옥사판관(荊山玉使判官)' 등의 관직 이름이 보인다.

18 이것은 비교적 많이 발견되는 예외이며, 특히 '저승사자'의 경우에는 낮에 나타나는 일이 많은 것으로 기록되어 있다. 이처럼 낮에 나타나는 '귀'의 유형을 기록한 작품들은 다음과 같다: 「색만홍(索萬興)」(325-7), 「신번현령(新繁縣令)」(335-7), 「나원칙(羅元則)」(339-1), 「위포(韋浦)」(341-3), 「와예로(王裔老)」(344-1), 「성숙변(成叔弁)」(344-6), 「정소(鄭紹)」(345-8) 등 …….

사람이 모여 사는 마을에 나타나는 '귀'도 있다.[19] 이러한 사실은, 약간의 제한이 있긴 하지만 '귀'의 활동 무대가 거의 인간 세계의 시공과 '중첩(overlap)'되어 있음을 보여준다고 할 수 있다. 그리고 이런 물리적 시공 외에도 '귀'는 인간의 꿈, 즉 무의식의 세계를 통해서도 자유롭게 교통할 수 있음을 보여주는 예도 많이 보인다.[20] 특히 이 경우는 '귀'와 만남으로써 정상적인 의식을 잃고 가사(假死) 상태에 빠진 사람들의 경우까지 포함될 수 있으므로, 그 범위가 상당히 넓어질 수 있다. 이처럼 물리적 정신적 측면에서 공히 인간과 자주 교류하는 '귀'의 세계는 분명히 살아 있는 인간들의 현실 세계와는 구분되는 독자적인 영역을 가지면서도, 그 경계를 확연하게 가르기가 쉽지 않다. 또한 인간과 '귀' 사이에 연애와 결혼이 가능하고, 심지어 '귀'가 인간에게 자식을 낳아 주는 일도 있음을 고려하면,[21] 그 경계는 더욱 모호해진다.

그렇다면 '귀'는 무슨 이유에서 자신의 세계를 떠나서 '이승'에 출현하는 것일까? '저승사자'와 같은 특별한 임무를 지닌 '귀'와 환생을 통해

---

19 「주자권(朱自勸)」(338-10)은 낮에 사람이 많이 모인 시장에 나타난 '귀'의 예를 보여준다.

20 「유조(劉照)」(316-7), 「소운(蘇韻)」(319-11), 「견등(牽騰)」(321-3), 「육빙(陸憑)」(339-7), 「이적(李赤)」(341-2), 「장하(臧夏)」(346-5) 등이 쉽게 발견되는 예들이다. 여기서 「소운」의 줄거리를 소개하자면, 다음과 같다 : 소절(蘇節)이라는 사람이 꿈에서 제남왕(齊南王)의 행렬을 보았는데, 그 가운데 죽은 형인 소운(蘇韶)도 끼여 있었다. 그러나 소절은 행렬을 쳐다본 죄로 '귀'에게 머리를 다섯 번이나 깎여야 했다. 그리고 형은 6, 7일간 꿈에 나타나지 않더니, 어느 날 낮에 집으로 찾아왔다. 다른 형제들은 보지 못했으나, 소절은 '귀'의 모습을 보고 여러 가지 대화를 나눈다. 그렇게 한참을 같이 지내면서 소절은 '귀'에게서 저승에 관한 여러 가지 정보를 듣게 된다. 소소의 '귀'는 결국 저승의 직무 때문에 다른 곳으로 떠났고, 이렇게 헤어진 후로는 다시 만나지 못했다.

21 「노충(盧充)」(316-4)과 「담생(談生)」(316-5)은 이런 경우를 보여 주는 대표적인 예에 해당한다. 한편, 「호복지(胡馥之)」(321-12)에서는, 자식을 낳지 못하고 죽은 아내의 시신이 썩지 않고 있다가 자식을 낳아 주고 간 예도 보인다.

'이승'에서 새로운 자격을 수양하여 다시 '저승'으로 돌아가려는 목적을 가진 '귀' — 이들에 대해서는 뒤에서 구체적으로 살펴 볼 것이다 — 외에도, 『태평광기』에 나타나는 '귀'들은 다음과 같은 몇 가지의, 다분히 사적(私的)인 이유에서 '이승'에 출현하고 있다.

첫째, '귀'의 개별적인 소망을 성취하기 위한 목적으로 출현하는 경우이다. 이것은 대개 '귀'가 인간으로서 '이승'에 살고 있을 때 미처 이루지 못한 사업 — 여기에는 죽은 후에 자신의 장례를 챙기기 위해 나타나는 경우[22]도 포함되는데 — 을 이루려 하거나, 생시(生時)의 가족을 돌보기 위한 목적,[23] 그리고 저승의 편안한 생활을 위한 요구 사항 — '개장(改葬)'에 대한 요구[24]가 대표적이다 — 을 성취하기 위한 목적 등으로 간추릴 수 있다.

둘째, 어떤 '귀'들은 '이승'의 인간 가운데 '귀'의 존재를 믿지 않는 이에게 나타나서 그 존재를 증명할 목적으로 나타나기도 한다.[25] 사실 이

---

22 이런 예로는, 「주태(朱泰)」(323-15), 「곽승하(郭承嘏)」(345-1), 「증계형(曾季衡)」(347-3) 등이 대표적이다. 여기서는 「곽승하」의 줄거리를 소개하겠다 : 곽승하가 과거를 치르다가 실수로 시험 답안 대신에 평소에 아껴서 몸에 지니고 다니던 법서서첩(法書書帖)을 제출해 버렸다. 날이 저물어서 어쩔 줄 모르고 시험장 밖을 서성이다가 어느 늙은 관리를 만나 사정하여, 시험 답안과 서첩을 바꿔치기 해주는 대가로 3만 냥을 주기로 했다. 다음날 그 관리가 알려준 집으로 찾아가 보니, 그 관리는 이미 사흘 전에 죽었는데 집안이 가난해서 장례도 치르지 못하고 있었다. 이에 곽승하는 감탄하며 '귀'에게 약속한 돈을 그 집에 주었다.

23 이런 목적으로 출현하는 '귀'의 예는, 「주옹중(周翁仲)」(317-2), 「진소(陳素)」(319-9), 「손치(孫稚)」(320-5), 「왕표지(王彪之)」(320-10), 「화일(華逸)」(322-16), 「신익지(申翼之)」(325-10), 「왕회지(王懷智)」(328-9), 「조하일(趙夏日)」(332-4), 「주자권(朱自勸)」(338-10) 등이 있다.

24 이러한 예에 속하는 것은 매우 많은데, 대표적인 것으로 「문영(文穎)」(317-4), 「왕번(王樊)」(317-5), 「혜강(嵇康)」(317-11), 「심계(沈季)」(317-13), 「미축(糜竺)」(317-14), 「원무기(袁無忌)」(322-20), 「장도허(張道虛)」(323-19), 「장종(張琮)」(328-5), 「유문노(劉門奴)」(328-6), 「장희망(張希望)」(329-2), 「정종간(鄭從簡)」(329-3), 「적인걸(狄仁傑)」(329-8) 등이 있다.

런 부류의 '귀'는 그 출현 이유가 반드시 사적인 것이라고 말하기 어려운 경우도 있지만, 대개 '무귀론자(無鬼論者)'를 상대로 장난을 치려는 의도로 출현하는 경우가 많다.

셋째, 이 외에도 '저승'에서도 '제도권 밖'에서 떠도는 '귀' 가운데는 마치 이승의 부랑자나 불량배처럼 순전히 악행이나 장난질을 하려는 목적으로 '이승'에 출현하는 무리가 있는 듯하다.[26] 특히 이런 무리 가운데는 반드시 사람이 죽어서 변한 '귀'라고 하기 어려운, 정체불명의 '요괴'에 가까운 무리들[27]이 종종 발견되는데, 이들의 의미에 대해서는

---

25 이런 목적으로 나타난 '귀'의 예는 「종대(宗岱)」(317-7), 「정기(鄭奇)」(317-8), 「예언사(倪彦思)」(317-12), 「진선(陳仙)」(317-16), 「완첨(阮瞻)」(319-5), 「위징(魏徵)」(327-14), 「장희망(張希望)」(329-2), 「소정인(蕭正人)」(332-2) 등에서 볼 수 있다. 여기서는 「완첨」의 줄거리를 소개하겠다: 완첨은 평소 '귀'가 없다고 여기던 사람이었다. 어느 날 길을 가다가 나그네를 만나 대화를 나누다가 '귀'에 대해 말이 미쳤는데, 격렬한 토론 끝에 나그네가 항복했다. 그러나 그 나그네는 곧 안색을 바꾸더니, 완첨을 꾸짖고 곧 이상한 형태로 변해 사라져버렸다. 이 일로 완첨은 심기와 안색이 무척 나빠지더니, 젊은 나이로 병들어 죽었다.

26 이런 유형의 '귀'들은 「진거백(秦巨伯)」(317-6), 「예언사(倪彦思)」(317-12), 「양선(楊羨)」(318-9), 「임상령(臨湘令)」(319-6), 「유타(劉他)」(319-13), 「유징(劉澄)」(320-15), 「사상(謝尙)」(322-2), 「유둔(劉遁)」(322-14), 「진고(陳臯)」(322-19), 「왕회지(王懷之)」(325-11), 「진도(陳導)」(328-11), 「왕승(王昇)」(333-12), 「고생(高生)」(333-13), 「곽승하(郭承蝦)」(345-1) 등에서 볼 수 있다. 여기서는 「고생」의 줄거리를 예로 들어 보겠다: 천보(天寶) 연간에 고(高) 아무개라는 선비가 열병을 앓아 꼽추가 되었는데, 가슴이 너무 아파 의원을 불렀다. 의원은 가슴에 '귀'가 들어가 있다고 하면서 약을 지어 먹였다. 잠시 후 고선비는 가래를 한 말이나 토해냈는데, 그 가운데 단단하게 뭉쳐진 것이 있어서 칼로 잘라 보니, 그 속에서 한 사람이 나왔다. 처음에는 조그맣더니 금방 몇 재[尺]나 되게 커졌다. 고선비가 잡아서 혼을 내려 하자 그 사람은 도망가 버렸고, 고선비의 병도 나았다.

27 「왕중문(王仲文)」(319-15), 「사영운(謝靈運)」(323-7), 「대승백(戴承伯)」(323-16), 「마도유(馬道猷)」(327-2), 「번효렴(樊孝謙)」(327-10), 「왕수(王垂)」(338-2), 「이칙(李則)」(339-6) 등에 나타난 '귀'는 그 형상이나 행태로 보건대, 사람이 죽어서 변한 존재로 보기 어렵다. 예를 들어서, 「왕중문」에 나타난 '귀'는 처음에 흰 개의 모습으로 나타났다가 왕중문이 잡으려 하자 사람처럼 변했는데, 키가 여섯 자에다 얼굴 형상도 방상씨(方相氏)와 비슷해서, 눈은 붉고 이빨은 들쭉날쭉하고 혀가 몹시 흉했다고 묘사되어 있다.

뒤에서 다시 고찰하게 될 것이다.

그런데 지금까지 살펴본 '귀'의 출현 이유들은 많은 부분에서 '귀'가 인간과 본질적으로 유사한 속성을 지니고 있음을 암시하고 있다.

우선, 널리 알려진 「새로 죽은 귀신[新鬼]」(321-4)의 예에서 알 수 있듯이, '저승'에서도 '귀'는 '이승'의 인간 세계에서 그랬던 것처럼 일종의 '사회화 과정'을 거친 후에야 그 세계에 적응할 수 있다. '이승'에서 태어나는 아기에게 인간 세상이 항상 경험을 통해 배워야 하는 낯선 세계인 것처럼, '귀'에게 '저승'이라는 세계 또한 처음부터 낯선 곳이다. 즉, '세계와 나'라는 관계의 측면에서 보면, '귀'는 인간과 다를 바 없는 것이다. 그리고 그런 적응은 항상 성공적인 것이 아니어서 '귀'들은 자주 실수를 저지르고, 심지어 인간에게 잡혀서 팔리는 수모를 당하기도 한다.[28]

또한 인간과 '귀'의 연애나 그 밖의 이야기에서, 우리는 '귀'도 인간과 비슷한 감정 구조를 지니고 있음을 알 수 있다. 예를 들면, 선행이나 은혜를 베푼 인간에게 감동하여 죽음을 모면하게 해 주는 '저승사자'의

28 사람이 '귀'를 잡은 대표적인 이야기로, 「송정백(宋定伯)」(321-14)을 들 수 있다. 이 이야기에서 한 가지 주목할 만한 것은, 송정백이라는 사람에게 붙잡혀서 시장에 내다 팔리는 '귀'가 날이 밝자 양의 모습으로 변했다는 것이다. '귀'의 이러한 형질 변화를 지극히 현실적인 시각으로 분석하면, 처음부터 그 이야기가 거짓으로 꾸며낸 것이기 때문에 물리적으로 증명할 수 없었음을 암시하는 증거로 여겨질 수도 있다. 그러나 우리가 일단 '귀'의 존재를 고대 중국인의 관념 속에서 실존했던 것으로 파악한다면, 이 이야기는 전혀 다른 맥락에서 이해할 수 있다. 예를 들어서, 다음과 같이 해석할 수도 있을 것이다. 즉, '귀'라는 것은 인간과는 다른 차원의 시공에서만 존재하며 인간은 오직 이성(理性)의 어두운 그림자 — 송정백이 '귀'를 만난 것이 '밤중'이었다는 사실이 상징하는 바가 이런 의미라고 해석한다면 — 속에서만 그 시공과 교통이 가능한 것이기 때문에, 인간이 이성의 눈을 뜨는 순간 — '날이 밝음'이 상징하는 것을 이렇게 해석한다면 — 에 '귀'는 다시 차원의 벽을 넘어 사라져 버렸던 것이다.

이야기[29]나, 죽은 후에도 '이승'의 인간에 대한 질투의 감정을 버리지 못하는 '귀'에 대한 이야기[30] 등이 그런 증거가 될 수 있을 것이다.

이러한 고찰의 결과는 결국 고대 중국인의 세계관 속에서 '귀'라는 것은 일상의 삶에서 익숙해져 있는 신비한 일이었음을 말해 준다. 마치 '이상한 나라'에 익숙해져 가는 앨리스처럼, 고대 중국인은 그들의 삶 속 언제 어디에서나 예기치 않게 나타날 수 있는 '귀'의 존재에 익숙해 있었고, 그래서 그다지 낯선 느낌을 가지지 않았던 듯하다. 그러나 앨리스의 익숙한 마음이 기존의 가치관 또는 인식 체계에 대한 혼란스러운 경험을 통해 얻어진 일종의 체념적 결과인 데에 비해, 고대 중국인의 태도는 거의 선험적이라고 해도 좋을 만큼 고민이 필요하지 않았다는 데에서 양자 사이에는 본질적인 차이가 있다. 즉, 그들은 굳이 '종교적'[31]이라고는 말할 수 없지만 사후(死後) 세계에 대해 일종의 '믿음'

29 「장개(張闓)」(321-9)나 「나원칙(羅元則)」(339-1)이 대표적인 예라고 할 수 있다. 그 가운데 「나원칙」의 줄거리는 다음과 같다 : 나원칙이 배를 타고 가다가 한 사람을 태웠는데, 그 사람은 책 상자 하나를 지니고 있었다. 어떤 마을에 도착하자 그 사람은 잠깐 뭍에 내려달라고 하면서, 상자 안의 책을 절대 보지 말라고 했다. 그러나 나원칙이 몰래 보니 그것은 저승으로 데려갈 사람들의 명단이었고, 그 안에 자신의 이름도 들어 있었다. 그 사람, 곧 '저승사자'가 돌아와서 힐책하자, 나원칙은 그에게 사정하여 목숨을 연장시켜 달라고 한다. '저승사자'는 배를 태워 준 은덕을 생각해서, 나원칙에게 집에 돌아가서 3년 동안 문밖을 나서지 않으면 목숨이 10년 연장될 것이라고 말한다. 그러나 결국 아버지의 성화로 나원칙은 그 지시를 어기게 되었고, '저승사자'는 임무를 제대로 수행하지 못한 데에 대한 처벌을 받아 비참한 몰골로 나타나서 그를 원망한다. 나원칙은 아버지께 모든 사실을 말씀드리고 '저승사자'를 따라갔고, 그의 아버지도 이 일로 화병이 생겨 한 달 후에 죽는다.

30 「사마의(司馬義)」(321-7), 「여순(呂順)」(322-4), 「원걸(袁乞)」(322-12), 「왕문명(王文明)」(325-15) 등이 그러한 예라고 할 수 있다. 여기서는 「왕문명」의 줄거리를 소개하겠다 : 남조(南朝) 송(宋)나라 태시(太始) 말년에 왕문명의 아내가 병으로 죽었다. 자식들이 어머니의 영전에서 곡을 하는데 홀연 그녀의 '귀'가 제단에 나타났다. 왕문명이 아내를 장사지내면서 노비들에게 집을 지키게 했는데, 처의 '귀'가 집에 나타나 왕문명의 아기를 임신하고 있던 노비를 때렸다. 그리고 집안에 변괴가 이어져 왕문명도 죽었고, 그 뒤를 이어 여러 남자들이 잇따라 죽었다.

을 가지고 있었고, 어쩌면 원천적으로 상상의 산물이었을 수도 있는 그 믿음은 현실적 삶 속에서 논리와 이성을 초월한 방식으로 '증명'되고 있었던 것이다. 그리고 필자는 이것이야말로 이 글의 서두에서 잠시 언급했던 동·서양의 세계관의 차이에서 비롯된 결과라고 생각한다.[32] 다시 말하자면, '귀'를 포함할 수 있는 모든 자연의 신비를 인과율의 논리로써 이성적으로 분석해서 '해석'하느냐, 아니면 조화로운 감성으로 체득하여 '이해'하느냐 하는 차이가 있는 것이다.

3

그러나 이처럼 고대 중국인의 관념 속에서 '저승'이란 것이 형식적인

31 이 경우는 교리(敎理)와 조직의 체계가 어느 정도 잡혀 있는 일종의 '제도화된' 종교를 의미한다.

32 그러나 이 글에서 논하는 고대 중국인의 세계관은 적어도 북송(北宋) 이전까지로 시대적인 하한선을 설정해 놓을 수밖에 없다는 사실은 미리 밝혀 놓는 것이 좋을 듯하다. 당대(唐代)에는 주지하다시피 도교를 국교(國敎)로 신봉했으며, 그 속에서 이른바 '도통(道統)'을 회복하기 위해 한유(韓愈)를 중심으로 한 유학자들이 기울인 노력은 사상적인 면에서는 일부 문인 계층을 제외하고 사회 전반적인 영향력을 행사하지 못했기 때문이다. 또한 구양수(歐陽修)나 '삼소(三蘇)'처럼 북송의 '고문운동(古文運動)'을 성공적으로 이끌었던 대표적인 문인들도 유가의 정통적 '도통'을 고집하기보다는 유·불·도 3가(家)의 사상을 개성적이고 종합적으로 소화하여, 형식적 수식 위주의 문체를 버리고 깊이 있고 정갈한 내용을 자연스럽고 올바르게 전달할 수 있는 문체의 개발에 주력했던 측면이 강하다. 그러므로 필자는 엄격한 의미에서 유가적이라고 수식어를 붙이는 사상은 본문에서도 언급한 것처럼 한(漢) 왕조의 붕괴와 더불어 고대 중국의 사상계에서 실질적인 주도권을 상실한 것으로 전제하고, 그리고 이러한 추세는 남송(南宋)에 들어서 '정주이학(程朱理學)'이 정립되기 전까지 계속 이어진 것으로 간주한다.

논리로는 거의 설명할 수 없는 물리적 현실과 상상적 관념이 교묘하게 중첩된 세계였지만, 그 나름대로 체계와 조직을 가지고 있었다. 앞에서 설명했던 세 가지 경로를 통해 우리는 '저승'이란 것에 대해 최소한 몇 가지 사항을 추정할 수 있는데, 그것을 정리해 보면 다음과 같다.

첫째, '저승'은 죽은 사람의 혼백이 가는 곳인 만큼, 그 세계의 생활도 살아 있는 인간의 생활과 상당히 비슷하다는 특성을 보인다.[33]

'귀'는 대부분 살아 있는 인간처럼 의식주의 생활을 계속하고 있으며, 심지어 「당훤(唐晅)」(332-1)에 나오는 것처럼 저승에서도 공식적으로 결혼이 이루어지기도 한다. 그러나 대개 그들이 입고 먹는 것은 '이승'에 살아 있는 인간의 제사에 의해 공급되는 것이 보통이며,[34] 그렇지 못한 경우는 「새로 죽은 귀신」(321-4)에서 보이는 것처럼 어떻게든 자급(自給)해야 하는 듯하다. 이것은 '저승'에 대한 관념이 중국의 전통적인 조상 숭배의 관념을 착실히 반영하여 형성되었음을 말해 주고 있는 상징적인 예라고 하겠다.

또한 '저승'에도 인간 세계와 마찬가지로 관직의 체계가 있어서 저승을 다스리고 있음을 보여주는 여러 가지 예가 보인다.[35] 특히 '저승사자'에 대한 이야기들은 그 관직 체계의 질서가 엄격한 위계(位階)를 바탕으로 유지되고 있어서, 임무를 제대로 수행하지 못한 사자는 모진 형벌을

---

33 「원병(袁炳)」(326-1)의 경우, 살아 있을 때의 친구인 사마손(司馬遜)에게 '귀'가 되어 나타난 원병은, 일반적으로 살아 있는 사람들이 "살아 있을 때는 열심히 일하고 죽어서는 편히 쉬는 것"이라고 생각하는 것은 잘못이라고 하면서, 저승에서도 '귀'들은 살아 있는 인간들과 비슷하게 생활한다고 진술한다.

34 「당훤(唐晅)」(332-1)과 「이형수(李逈秀)」(333-2)에 나오는 '귀'들의 진술이 대표적이다.

35 「소소(蘇韶)」(319-11), 「왕명(王明)」(320-9), 「곽번(郭翻)」(321-1), 「길각석(吉礐石)」(323-2) 등에는 '무군대장군(撫軍大將軍)', '사마(司馬)', '도위(都尉)', '주부(主簿)' 등의 다양한 관직 명칭이 보인다.

받으며,[36] 또한 그것을 피하기 위해 각종 비리(非理)가 성행하기도 한다. 그래서 '저승사자'는 자신의 능력이 부족하거나 또 다른 어떤 사정으로 인해 임무를 완수할 수 없을 경우 성(姓)이나 이름이 비슷한 다른 사람을 잡아가기도 하고,[37] 뇌물을 받고 잡아갈 사람을 바꿔치기 해 주기도 한다.[38] 한편, 이러한 '저승'의 관직 체계는 또한 '이승'의 중국이 그러했듯이 지역을 분할하여 통치하는 형식을 띠고 있기도 하다.[39]

둘째, 이러한 '저승사자'의 역할을 바탕으로 미루어 보건대, '저승'은 또한 '이승'에 사는 인간의 생사와 운명을 관장하는 장소라는 특성을 지니고 있음을 알 수 있다. 인간 세계에 나타나는 '귀'들은 나름대로 살아 있는 인간의 운명을 미리 알 수 있는 방책을 가지고 있는 듯하며,[40] 그것은 '저승사자'나 혹은 '저승'에서 직접 문서를 처리하는 관리[41]뿐만

36 「주식(周式)」(316-11), 「당방(唐邦)」(322-9), 「나원칙(羅元則)」(339-1) 등에는 임무를 제대로 수행하지 못한 '저승사자'들이 저승의 관부(官府)에서 채찍질을 당하거나 곤장을 맞은 사례들을 보여준다.

37 「동래진씨(東來陳氏)」(323-10)에서는, 잡아갈 사람이 미리 방비를 하고 있어서 임무를 수행하기 없게 되자 성(姓)이 같은 다른 사람들을 잡아가는 '저승사자'의 예를 보여주고 있다.

38 '저승사자'가 뇌물을 받고 잡아갈 사람을 바꿔치기 해준 예는, 「진도(陳導)」(328-11), 「양창(楊瑒)」(329-11), 「기주좌사(岐州佐史)」(334-10), 「이준(李俊)」(341-1) 등에 나타난다. 여기서는 「진도」의 줄거리를 요약해보겠다 : 당나라 때 진도라는 상인은 초(楚) 지역으로 배를 타고 가다가 서너 명의 하인을 대동한 관리 같은 사람을 태웠다. 알고 보니 그는 '명부(冥府)' 곧 저승의 사자로서 초 지역에 재앙을 내리러 가던 참이었다. 그런데 그 '저승사자'는 배를 태워준 은혜를 생각해서, 진도에게서 약간의 돈을 받기로 하고 재난을 피할 방도를 가르쳐준다. 그러나 진도가 약속을 지키지 않아서 결국 화재로 인해 모든 재산을 잃게 된다.

39 「문영(文穎)」(317-4)에는 스스로 '왕망씨(王芒氏)의 신(神)'에 소속되어 있다고 밝힌 '귀'가 등장하며, 「손치(孫稚)」(320-5)에 '태산부군(太山府君)'이라는 특정 지역에 위치한 '지부(地府)'의 통치자를 나타내는 관직 명칭이 등장하는 것이 그런 증거라고 하겠다.

40 이런 추정은 「진번(陳蕃)」(316-6), 「소소(蘇韶)」(319-11), 「유소지(庾紹之)」(321-10), 「염경(閻庚)」(328-7), 「진도(陳導)」(328-11) 등에 나타난 '귀'들의 언행을 근거로 한 것이다.

아니라 그곳에서도 별로 보잘 것 없는 존재인 일반적인 '귀'의 경우도 거의 마찬가지이다.

이렇게 '저승'의 '귀'들이 '이승'에 살고 있는 인간의 운명을 관장한다는 생각은 적어도 두 가지 관념이 융합된 결과물로 해석할 수 있을 것이다. 하나는 이러한 생각이 조상 숭배의 전통을 유지시키기 위한 상징적인 장치로서 작용한다는 점이다. 비록 '이승'을 떠난 존재지만 조상이 후손의 삶에 구체적인 영향을 줄 수 있다면, 다시 말해서 조상의 영혼, 즉 '귀'가 살아 있는 후손의 길흉화복(吉凶禍福)을 미리 알고 '음덕(陰德)'을 베풀 수 있다면, 후손이 죽은 조상에 대해 잊지 않고 정성껏 제사를 올려야 할 가장 실질적이고 확실한 동기를 제공할 것이기 때문이다. 다음으로 이러한 생각은 삶에 대한 고대 중국인의 운명론적인 관념을 반영하고 있다. 그러나 이 경우 그것은 꼭 수동적이거나 체념적인 형태라고는 볼 수 없으며, 오히려 강한 적극성과 친화력을 담고 있는 인생관이라고 할 수 있다. 왜냐하면 그들은 '이승'의 삶이 예정된 것이고 한정적인 것이라고 생각하면서도 끊임없이 운명을 바꿔 보려고 노력했고, 또한 사후의 '저승'과 '이승' 사이의 많은 유사점들을 강조함으로써 육체적 생명의 종말을 자연스럽게 받아들이고자 했기 때문이다.

셋째, '저승'에는 '귀'의 자격에 따라 환경과 단계가 다른 몇 가지 세계가 존재하고 있으니, 「손치(孫稚)」(320-5)에 나타나는 '제륙천상(第六天上)'과 같은 것이 대표적인 예에 해당한다. 그러므로 '귀'는 경우에 따라서는 각자의 자격에 걸맞은 '저승'의 한 세계에서 영원한 안식을 취할

41 「염경(閻庚)」(328-7)에는 이러한 일을 담당하고 있는 '지조(地曹)'라는 관리에 대한 언급이 보인다.

수도 있고, 또 일정 수준 이상의 자격을 갖춘 '귀'는 자기의 뜻에 따라 '이승'의 인간 세계로 환생하여 새로운 삶을 살 수도 있다. 그러나 '저승'에서도 그 세계에 적응할 만한 자격을 갖추지 못한 '귀'들은 안식보다는 고난으로 얼룩진 세계에 살아야 하거나, '이승'에서도 비천한 신분의 인간으로 태어나도록 추방을 당한다.

그런데 '저승'에서 '귀'의 자격 또는 신분은 대개 '이승'에 살고 있을 때의 신분이나 품격(品格)에 따라 결정되기 때문에, 살아 있을 때에 '이승'에서 내세울 만한 관직도 없었고 품격의 수양도 제대로 쌓지 못한 '귀'는 '저승'에서도 여전히 '제도권 밖'에서 소외된 생활을 해야만 하는 듯하다. 따라서 '저승'에서도 잘 적응하지 못한 '귀'들은 스스로 인간 세계에 다시 환생하여 적당한 자격 요건을 갖추고 다시 새롭게 '입문 절차'를 밟는 길을 모색할 수밖에 없다. 여기에는 당연히 모진 인고(忍苦)의 시험이라는 '통과 의례'의 관문이 가로막고 있다. 게다가 이미 앞에서 살펴본 것처럼, '저승'과 '이승' 사이의 경계가 비록 알 수 없는 어떤 비(非) 물리적 차원에서 혼재되어 있지만, 적어도 인간적인 차원에서 삶과 죽음은 확연하게 구분되는 별개의 세계이며 또한 원칙적으로 공존할 수 없는 세계이다.[42] 그러므로 '저승'을 다스리는 '관청[地府]'의 공식적인 결정에 따른 환생이 아닌 경우에는 물론이고, 그런 공식적 과정을 거친 때일지라도 환생한 '귀' — 이제는 '사람'으로 불러야 하겠지만 — 가 '저승'의 비밀을 함부로 누설하지 못하도록 하는 장치가 필요

42 「하후문규(夏侯文規)」(325-16)에 따르면, '저승사자'를 만나는 경우가 아니더라도 보통 살아 있는 사람은 대개 '귀'를 만나면 그 '기(氣)'를 이기지 못하고 죽게 된다. 또한 '귀'의 글이 인간의 글과 다르다는 것을 밝힌 「소소(蘇韶)」(319-11)와 「곽번(郭翻)」(321-1) 등의 기록도 이러한 차이에 대한 상징적인 증거물로 간주할 수 있을 것이다.

하다. 즉 인간으로 환생한 '귀'는 '저승'의 일을 전혀 기억할 수 없어야 하는 것이다. 이렇게 본다면, '저승'의 '제도권 밖'에 있는 '귀'들이 '이승'으로 환생을 기도(企圖)한다는 사실을 우리가 알아낼 수 있는 길은 결국 '귀'가 환생을 추구하는 도중에 실패하여 인간에게 발각된 사건들[43]을 통해 간접적으로 추측하는 방법밖에 없을 것이다.

이상에서 우리는 고대 중국인의 세계관 속에서 '저승'이라는 개념과 그와 결부된 '귀'라는 존재에 대한 생각들을 간략하게 살펴보았다. 고찰한 바에 따르면, 적어도 『태평광기』 「귀부」에 나타난 고대 중국인의 관념 속에서 '귀'의 세계인 '저승'은 본질적으로 '이승'의 살아 있는 인간의 세계와는 다른 것이면서도, 매우 특수한 방식으로 '이승'과 중첩되어 서로 긴밀하게 영향을 주고받는 것으로 묘사되어 있다. '저승'의 시공은 마치 '보이지 않는 벽으로 중간이 차단된 뫼비우스의 띠'처럼 '이승'의 보통 인간으로서는 파악할 수 없는 특수한 방식으로 '이승'과 공존한다. 그러므로 '이승'이라는 한 차원에서는 '저승'이라는 또 다른 차원을 희미하게 볼 수 있고 상상할 수 있지만, 보통 인간이 동원할 수 있는 물리적인 방법으로는 도저히 그 두 차원 사이를 드나들 수 없다. 물론 『태평광기』 「귀부」에 수록된 '지괴'들에는 무당이나 술사(術士)처럼 특이한 능력을 가진 인간이 '이승'에 와서 인간과 뒤섞여 있는 '귀'를 분간하곤 하는 일을 기록한 예도 있지만,[44] 이것은 엄격한 의미에서 '교통'

43 「담생(談生)」(316-5), 「장자장(張子長)」(319-1), 「마진(馬震)」(346-9) 등은 모두 환생에 실패한 '귀'의 이야기를 기록하고 있다. 한편, '제도권 안'에서도 살아 있을 때의 죄과(罪過)에 대한 적절한 처벌을 받으면 인간 세상으로 환생하여 조금 더 나은 자격을 갖출 기회가 제공되기도 하는 듯한데, 이러한 예는 「완유지(阮瑜之)」(320-14)에서 볼 수 있다.

44 이러한 능력을 가진 인물은 「주옹중(周翁仲)」(317-2), 「노숙(魯肅)」(317-18), 「호무회

이라고 하기 어렵다. 왜냐하면 그런 능력을 가진 사람도 몸소 '저승'을 찾아가서 '귀'들과 더불어 활동할 수 있는 능력은 없고 그저 '귀'의 존재와 행위를 엿보고 어떤 대비책이나 처치 수단을 이승에서 마련할 수 있는 정도에 그치기 때문이다. 그러므로 오직 차원의 한계를 뛰어 넘는 특별한 방법을 통해서만 교통이 가능한 그 세계는 베르베르가 『영계여행(*Thanatonaut*)』이라는 소설에서 상상적으로 실험했던 것과 같은 위험천만한 모험이 아니면 보통의 인간으로서는 접근할 수 없는 것이다.

그러나 비록 대부분 '귀'들의 적극적인 활동으로 인한 것이었지만, 고대의 중국인은 '이승'과 '저승' 사이의 어떤 '특이점(the Point of Singularity)'[45]을 통해 '귀'와 자주 접촉할 수 있었고 그것을 통해 그들의 고유한 세계관과 인생관을 점차 특징적으로 형성해 왔던 것이 분명하다. 이런 의미에서 그 특이점은 바로 현실의 삶에 대한 더욱 적극적인 모색과 죽음이라는 거역할 수 없는 자연의 이치에 대한 순응이라는, 일견 모순적으로 보이는 두 가지 요구 사항을 포용할 수 있는 세계관의 입지조건이었던 셈이다. 특히, 우리에게 중요한 의미를 지니는 것은 그 특이점이 '이승'의 인간 세계와 지니는 강렬한 친화성인데, 왜냐하면 그것이야말로 중국인의 세계관을 서구인들의 그것과 구별시켜 주는 가장 극명한 예 가운

(胡茂廻)」(319-4), 「하후개(夏侯愷)」(319-12), 「유도석(劉道錫)」(320-16), 「조길(趙吉)」(320-17), 「사상(謝尙)」(322-2), 「明崇儼」(328-8), 「사문영선사(沙門英禪師)」(328-10), 「정종간(鄭從簡)」(329-3), 「왕담(王湛)」(329-7), 「양창(楊瑒)」(329-11), 「유평(劉平)」(332-7), 「장구겸경(章仇兼瓊)」(335-2), 「이상(李湘)」(346-8), 「오임생(吳任生)」(347-1) 등에서 찾아 볼 수 있다.

45 원래 '특이성(singularity)'은 수학에서 시공간(時空間)의 곡률(曲律)이 무한대가 되는 점이 존재하는 경우를 가리키며, 우주론에서 이른바 '대폭발(Big Bang) 이론'의 중요한 근거가 되는 것이다. 이 글에서 필자가 사용하는 의미는 주로 전자와 관련이 깊다. 즉, '모든 물리학적 법칙'이 무시되는 미묘한 장소로서, 인간의 힘으로는 상상하는 것만 가능할 뿐 실현은 거의 불가능한 그런 시공을 의미하는 용어이다.

데 하나이기 때문이다. '이승'과 '저승' 곧 삶과 죽음이 분명하게 다른 길이면서도 빈번하게 교차할 수 있다는 사실은 바로 물질적 현상과 추상적 관념이 하나의 시공 속에 '동시적'으로 존재할 가능성이 충분히 열려 있음을 의미한다. 또한 그러한 공존의 시공에 대한 인식은 싸움을 통한 정복보다는 친화와 융합의 길을 모색하는 경향을 강화하기 마련이다. 그러므로 우리가 고대 중국 문화의 전반적인 특성을 한 마디로 '잘 조화된 혼돈'이라고 정의할 수 있다면, 그것은 그 문화가 바로 이러한 세계관을 체화(體化)한 사람들에 의해 이루어졌기 때문일 것이다. 최근에 발굴된 '마왕퇴(馬王堆)' 1호 무덤에서 출토된 백화(帛畵)는 '저승'의 모습을 대단히 구체적으로 묘사하고 있는데, 이 무덤의 매장 연대가 기원전 168년으로 추정된다는 점을 고려하면 고대 중국인의 이러한 세계관이 얼마나 오랜 전통을 가지고 형성된 것인지 짐작할 수 있다.

4

물론 고대 중국인의 세계관이 전적으로 이러한 '저승'과 '귀'의 체계에 의해 구성되어 있었던 것은 아니다. 다른 한 편에서는 왕충(王充: A.D.27~?)과 같은 합리주의자들이 인간과 '귀'의 교류 자체에 대해 부정적이고 비판적인 관점을 견지하고 있었기 때문이다.[46] 또한 불교를 비롯한 이른바 '제도화된 종교'의 영향으로 당·송대의 '저승'에 대한 관

46 여기에 대해서는, 마이클 로이, 앞의 책, 129쪽 참조.

념은 한대(漢代)보다 훨씬 체계적으로 변했다.[47] 그러나 시대가 흐름에 따라 인류의 지혜와 지식이 변하면서 자연현상의 여러 측면에 대해 두려움보다는 이해하는 부분이 더 많아지자, 이제 '저승'에 대한 관념은 원시적 공포나 종교적 경외심에서 상당히 벗어나서 현실적 사고에 의해 희석된 모습을 많이 보여준다.

'저승'의 체계적인 구조가 형성되는 데에 미친 불교의 영향은 크게 '인과응보(因果應報)'와 '윤회설(輪廻說)'의 측면에서 확인할 수 있다. 우리가 '저승'이라는 세계를 '귀'들의 시공으로 한정시킨다면, 육체적 정신적으로 죽음 자체를 극복하려는 것을 일차적인 목표로 삼았던 도교[48]는 '저승'의 관념을 형성하는 데에 상대적으로 역할이 적었을 것으로 생각된다. 그보다는 전생(前生)과 사후(死後)를 중시하는 불교적 세계관이 중국의 전통적인 조상 숭배의 사상과 결합하여 '저승' 세계의 상상적 구조를 형성하였다고 보는 편이 타당하다. 또한 실제로 『태평광기』 「귀부」에는 이러한 불교의 영향을 보여주는 예가 압도적인 비

---

47 고대 중국의 불교를 언급할 때 우리는 그것이 중국으로 건너오는 과정에서 상당히 '중국적인 것'으로 변질되어 버렸다는 사실을 염두에 두지 않으면 안 된다. 이 가운데 특히 불경(佛經)의 번역 과정에서 각종 인도적 개념들이 중국 고유의 도가적 개념들과 뒤섞여 버렸고, 또한 불교 자체가 중국에 정착하는 과정에서 각종 민간 신앙과 결합해 버린 사실을 주목할 필요가 있다. 이것은 이들 두 요소가 다분히 '극동적(極東的)'인 특색을 지닌 종파를 발생시킨 중요한 원인이 되었다는 사실 외에도, 중국 불교의 세속화에도 밀접하게 연관되어 있기 때문이다.

48 중국에서 적어도 5세기 이전까지는 '도교'라는 용어가 '도를 말하는 가르침'이라는 일반명사로서 유·불·도 3가(家)를 포괄하는 뜻으로 사용되었다(여기에 대해서는 朴昭賢, 「魏晉南北朝 志怪의 敍事 特性에 관한 硏究—志怪 産生의 社會文化的 背景에 관하여」, 서울대 석사논문, 1995, 47~56쪽 참조). 이 글에서는 '도교'를 5세기 이후 일반적으로 사용되는 고유명사로서 신선(神仙)과 금단(金丹), 양생(養生), 수명 연장[延年] 등의 요소를 포함한 도가, 즉 유가 및 불가와 구별해서 가리키는 학파 내지 종교를 가리키는 뜻으로 사용하였다.

중을 차지하고 있다. 『태평광기』가 비록 송대에 편찬되었다고는 하지만 거기에 수록된 '지괴'들이 대부분 위·진 남북조 이래의 지괴집(志怪集)에 들어 있던 작품들을 망라한 것이라는 사실을 고려하면, 이것은 대단히 중요한 문제가 아닐 수 없다. '이승'에 출현하는 '귀'는 종종 '저승'에서 이루어지는 인과응보적 처분에 대해 언급하고 있고,[49] 또 「이형수(李逈秀)」(333-2)에서는 '이승'의 사람들이 '귀'를 위해 불경(佛經)을 써 주거나 '귀'의 평안을 위해 발원(發願)하면 '저승'의 '귀'가 살아 있을 때 쌓은 죄업을 씻고 더 나은 생활을 하는 데에 매우 큰 힘이 된다는 것이 묘사되어 있다. 다시 말하자면, '저승'이란 단순히 '이승'의 삶에서 쌓은 선악의 업에 대한 보응을 받는 장소로 국한되는 것이 아니라, 또한 그 자체로 '이승'과 밀접한 관계를 유지하면서 존재할 수밖에 없는 세계인 것이다. 그리고 바로 이 점에서 그것은 처음부터 '세속화'의 가능성을 내포한 관념이었던 셈이다.[50]

그런데, '저승' 개념의 세속화와 관련지어서 한 가지 주목할 만한 사실이 있다. 그것은 바로 『태평광기』 「귀부」에 나타나는 '귀'가 모두 인간이 죽어서 변화된 형질로 나타나는 존재를 가리키는 것은 아닌 듯하다는 것이다. 예를 들어서, 「부양인(富陽人)」(323-3)에는 나무토막의 모

49 이러한 증거는 매우 많지만, 간략하게 예를 들어보면 다음과 같다: 「왕명(王明)」(320-9), 「곽번(郭翻)」(321-1), 「화일(華逸)」(322-16), 「진법숭(甄法崇)」(323-5), 「사문영선사(沙門英禪師)」(328-10), 「왕담(王湛)」(329-7), 「유자공(劉子貢)」(332-6) 등…….

50 어떤 이는 '지괴'의 인과응보 이야기에 "윤리적 인과율이 내세보다는 현세를 희망하는 관념"이 강하게 반영되어 있다는 점에서 그것이 불교적 개념이라기보다 도교의 '승부(承負)' 개념에 가깝다고 해석하기도 하는데(朴昭賢, 앞의 글, 102쪽), 이것은 '중국화'된 불교의 독특한 성격을 간과하고 지나치게 도교 위주로 해석한 것으로 보인다. 사실 유가를 포함한 '중국적' 세계관의 가장 중요한 특성이라면 바로 '현세'를 중시하는 것이며, 도교는 그러한 광범한 세계관의 일부분에 지나지 않기 때문이다.

습으로 나타났다가, 나중에는 '사람의 얼굴, 사자의 몸에 손과 발이 하나씩 달린' 괴이한 모습으로 변하는 '귀'가 묘사되어 있는데, 아무리 보더라도 이것은 인간이 죽어서 변한 '귀'라고 보기 어렵다. 또한 「마도유(馬道猷)」(327-2)에 나오는 '귀'는 청개구리를 닮은 모양에다 사람의 귀에 들어가서 죽음을 야기하는데, 이것은 어떤 질병을 상징하는 요괴처럼 보인다. 『태평광기』의 항목 분류가 완전한 것은 아니지만, 적어도 이처럼 특이한 속성을 지닌 존재를 '귀'의 항목에 포함시킨 것은 어쨌든 그 편찬자들은 이것들이 '여우(狐)'로 대표되는 짐승의 정령이나 '요괴'보다는 '귀'의 범주에 가깝다고 생각했기 때문일 것이다. 그렇다면 이것을 어떻게 해석해야 할까?

필자가 보기에, 이처럼 '비인간적인' 성격이 강한 '귀'에 대해서는 두 가지 방법으로 설명이 가능할 듯하다. 첫째는 이것이 원천적으로 '저승'과 그에 연관된 '귀'의 관념이 체계화되기 이전부터 고대 중국인들에게 전해 오던 이야기에 포함되어 있던 성분이라는 설명이다. 대체로 이러한 범주에 속하는 '귀'들은 액운이나 질병, 또는 죽음에 관련된 것이 많다는 점도 이러한 설명의 근거가 될 수 있다. 즉, 원시적이고 소박한 인간의 삶에 적대적이고 공포의 대상이었던 사건, 혹은 그 사건의 원인을 가장 초보적인 상상력을 동원해서 이야기로 꾸민 것이 거의 그대로 '지괴'의 수집자들에게 전해져서 기록되었을 가능성이 있는 것이다. 둘째는 '저승'의 성격이 '이승'과 유사한 부분이 많다는 점을 바탕으로 한 설명이다. 즉, 이들은 인간 세계에서 최소한의 '제도권 안'에도 들지 못한 존재와 유사한, '저승' 세계에서도 그늘 속에 위치한 존재들에 대한 상징으로 간주될 수 있다는 것이다. 고대 중국인의 세계관 속에서 '인간[人]'은 '하늘[天]'과 '땅[地]'의 중간적 존재로서 그것을 하나의 '유기체적인 우주'로 연결시키는 매개자였으며, 그런 의미에서 그것은 가장 존엄하고 완성된 존재였다. 그런데 이들 몇몇 '귀'는 '살아서'[51] 움직이지만 인간의 형상과는 거리가 멀고, 또한 그렇기 때문에 '불완전한' 존재임이 드러난다. 다시 말해서, 그들은 '저승'의 일부분이지만 그 세계에서 공인 받지 못한 소외자였고, 바로 이런 이유에서 그들은 끊임없이 그 세계에서 벗어나서 다시 '이승'의 인간과 접촉하려 한다. 그렇지만 '지괴'에 등장하는 거의 모든 '귀'가 거듭 강조하듯이 "삶과 죽음은 길이 다르기[生死異道]" 때문에, 그러한 접촉의 결과는 항상 비극적 실패로 끝난다.

이 외에, 당·송대에 들어서 '귀'의 관념이 상당히 세속화되어 있었음을 암시해 주는 더욱 중요한 예가 있다. 『태평광기』에는 '지괴'의 저자가 '귀'의 이야기를 빙자해서 일부러 꾸며 낸 것이 분명한 몇 가지 사례가 발견된다. 예를 들면, 「왕필(王弼)」(317-15)이나 「양국충(楊國忠)」(335-5) 등은 당시의 정치 상황이나 특정한 인물에 대한 비판 내지 비방을 목적으로 의도적으로 꾸며진 이야기라고 보는 편이 타당하다. 그런데 「왕필」 이야기는 출전(出典)이 밝혀져 있지 않으니, 이것은 이 작품이 『태평광기』가 편찬되던 무렵에 끼워 넣어진 것임을 의미한다고 할 수 있다. 그리고 「양국충」에 대해서는 『태평광기』 원본에는 출전이 기록되어 있지 않지만, 명(明)나라 때의 필사본에서는 당나라 때의 장독(張讀)이 편찬한 『선실지(宣室志)』에서 인용한 것이라고 했고, 현존하는 『설부삼삼

51 물론 이때의 생명은 물질적인 유기체를 의미하는 것이 아니다. 다만 생각하고 움직일 수 있는 어떤 알 수 없는 동력을 지니고 있다는 점에 한해서 이들은 '살아' 있는 것이다.

소상록(說郛三三瀟湘錄)』에도 수록되어 있다. 그러므로 이러한 의도적인 '창작'은 적어도 당대 이후에, 즉 루쉰[魯迅]이 중국소설사에서 최초로 작가의 '의식적인' 창작이 시작되었다고 평가한 '전기(傳奇)'가 성행했던 시기와 중첩되는 시점[52]에서 이루어진 것이 많았다고 간주할 수 있다. 이러한 사실은 이 시기에 이르러 '지괴'와 '전기' 사이에 문체나 이야기 구조의 측면에서 모종의 영향 관계가 있었을 가능성을 암시하고 있는데, 이에 대해서는 뒤에서 좀 더 구체적으로 고찰하게 될 것이다. 어쨌든, 적어도 '지괴'에 관한 한, 이상과 같은 '귀'에 대한 개념의 세속화는 그것이 바야흐로 종교적 색채를 탈피하고 순수한 '재미'와 박물학적 지식을 목적으로 한 이야기로 전화(轉化)할 수 있는 계기가 될 수 있다는 점에서 대단히 중요한 의미를 갖는다.[53] 즉, 이 시기의 '지괴' 작자 혹은 편찬자들에게는 이제 동진(東晉)의 간보(干寶)가 『수신기(搜神記)』를 편찬하면서 내세웠던 것과 같은 종교 철학적 과제[54]가 점점 중요성을 상실해 가

52 루쉰은 호응린(胡應麟)의 『소실산방필총(少室山房筆叢)』「이유철유(二酉綴遺)·중(中)」에 나오는, "무릇 정도(正道)에서 벗어난 괴상한 이야기는 육조(六朝) 시대에 홍성했지만, 대부분 기록으로 전하는 과정에서 잘못된 것들이어서, 모두가 허구적으로 꾸며낸 말은 아니었다. 당대(唐代)에 이르러 사람들의 저작 의도가 기이한 것을 좋아하여, 소설을 빌어 자신의 속마음을 기탁하였다……[凡變異之談, 盛於六朝, 然多是傳錄舛訛, 未必盡幻設語. 至唐人乃作意好奇, 假小說以寄筆端…….]"라는 진술에 대해 해석하면서, '의식적인 창조[意識之創造]'라고 했다(魯迅, 『中國小說史略』 第8篇 "唐之傳奇文(上)" 참조).

53 필자는 이미 다른 논문에서, 고대 중국의 소설론에서 종교적 신성함과 경전의 권위, 그리고 무엇보다도 유가의 실용주의에서 비롯된 '실록(實錄)' 관념에서 벗어난 '문학적 허구'로서 소설에 대한 개념을 수립해 나가는 과정에 대해 고찰한 바 있다(홍상훈, "중국문학에서 허구에 대한 인식론적 전환 : 명말·청초의 소설론을 중심으로", 韓國中國小說研究會, 『中國小說論叢』 II, 1993.2, 13~54쪽).

54 간보(干寶)는 『수신기(搜神記)』「서(序)」에서 자신의 저작 의도가 "귀신의 도리가 거짓이 아님을 드러내 밝히려는[發明神道之不誣]" 데에 있다고 선언했다(曾祖蔭 外 3人, 『中國歷代小說序跋選注』, 長江文藝出版社, 1982, 7쪽). 그러나 필자는 이 문맥을 순전히 '종교적'인 의미로 해석하는 데에는 반대하는 입장이다. 그보다는 오히려 간보의

고 있었다는 것이다.

종교 철학적 목적의식을 바탕으로 한 기록 행위[55]는 '신성한 것' 또는 '진실한 것'에 대한 간증(干證) 행위의 일종으로서, 기록의 주체는 그 내용과 일정한 거리를 가질 수밖에 없다. 바로 이러한 거리를 바흐찐(Mikkail M. Bakhtin)은 '서사시적 거리'라는 개념으로 설명한다.[56] 그의 생각에 따르면, 이러한 '서사시적 거리'는 "언어 · 이념적 삶의 통일적이고 집중적이며 구심적(求心的)인 힘들의 영향"을 대변하는 것이며, 이러한 영향에서 벗어나 "탈중심화(脫中心化)를 도모하는 원심적(遠心的) 힘들"에 의해 형성되는 것이 바로 소설이다. 왜냐하면 소설이란 "다양한 사회적 발언 유형과 그 밑에서 꽃피는 서로 다른 여러 개인적 발언에 의존하여 그 모든 주제들, 즉 그 안에서 묘사되고 표현되는 사물 세계와 관념 세계의 전체를 교향(orchestration)"하게 하는, 즉 '모순적이고 다중언어적(多重言語的)인 세계' 속에서 형성되는 담론이기 때문이다.[57] 결국 이것은 소설이란 장르가 불완전한 현실, 정확히 말하자면 불완전한 현실에 대한 인간의 인식으로 인한 산물이라는 뜻이다.

물론 여기서 바흐찐이 의미하는 바의 '소설'은 서구의 '산문으로 된 허구적 이야기(fiction 또는 novel)'를 가리킨다. 그러나 우리가 '서사성(敍事性)을 띤 산문'이라는 넓은 범주의 개념을 설정한다면 바흐찐의 '소설'

이와 같은 선언은 광범하고 보편적인 의미에서 '진리'를 추구하는 학술적 열망에 더 가까운 것으로 간주하고자 한다. 왜냐하면 고대 중국의 사회와 문화에서는 서구적 의미의 '제도화'된 종교 자체가 존재하지 않았다고 보는 편이 타당하기 때문이다.

55 이러한 기록 행위의 산물이 이른바 '경전(Scripture)'이란 것이다.

56 바흐찐의 이러한 논의는 「서사시와 장편 소설」, M. 바흐찐, 전승희 · 서경희 · 박유미 역, 『장편 소설과 민중 언어』, 창작과비평사, 1988, 17~62쪽, 그리고 「소설 속의 담론」(같은 책, 63~258쪽)이라는 논문 속에 집약되어 있다.

57 M. 바흐찐, 앞의 책, 68~82쪽 참조.

이나 고대 중국의 '지괴'를 모두 그 안에 포함시킬 수 있을 것이다.[58] 그리고 바로 이런 전제하에서 우리는 '소설'과 '지괴'의 발생론적 유사성을 발견하게 된다. 앞에서 살펴본 것처럼, '지괴'를 낳았던 고대 중국의 사회는 서구에 비해 상대적으로 느슨하긴 하지만 나름대로 '제도적' 성격을 갖추고 있던 도교나 불교의 종교적 신성함과 유교 사상의 엄숙성에서 모두 벗어나 버린 '해방 공간'이었으며, 그것은 바로 올바른 세계관의 확립을 위해 거의 모든 종류의 담론들이 자유롭게 허용되었던 '다중언어적'인 사회였기 때문이다.

그러나 '지괴'의 발생에 대한 필자의 이러한 설명은 일단 '귀'를 소재로 한 작품들에 한정되는 것이다. 특히 불교가 중국 사회에서 영향력을 발휘하기 이전의 '신선 설화'를 소재로 한 작품들에 대해 설명하려면, 필자가 설정한 고대 중국인의 '열린 세계관'은 상당히 다른 차원에서 수정・보완되어야 할 것임이 분명하다. 일례로, 초기 '지괴'의 중요한 제재였던 도교가 이념적・내용적인 차원에서뿐만 아니라 형식과 체재, 구조 등의 차원에서도 '중국소설 서사'의 최초의 틀을 결정지었다는 설득력 있는 주장도 있기 때문이다.[59] 이런 주장은 기본적으로 '방사(方士)'의 출현 및 원시 도교의 발흥이 전국시대 및 당시의 세계 질서와 보편 이념이 급속히 와해되는 시점과 일치한다는 사실에 착안한 것이다. 다만 이런 설명은 초기 '지괴'의 성립 단계에서 적지 않은 영향

58 물론 필자도 '志怪'가 古代의 광범한 '說話的 知識 體系' 속에 포함되며, 그 자체로 '저승'에 대한 진지한 지식을 탐구하여 전달하려는 목표를 지녔다는 점에서 단순한 '이야기'와는 다른 '특수성'을 지니고 있었음을 소홀히 여기지는 않는다.

59 이런 주장에 대해서는 鄭在書, 『불사의 신화와 사상—산해경, 포박자, 열선전, 신선전에 대한 탐구』, 민음사, 1994, 239~51쪽 참조.

이 확인되고 있는 전통적 조상숭배 관념의 역할이 간과되고 있다는 점에서 일정한 한계를 지니고 있다. 그렇기 때문에 일부의 우려처럼 '지괴'의 성립을 촉발시킨 중요한 요인으로서 도교의 주변 문화적 성격에 대해 주의를 환기함으로써 소설사에 대한 '제국주의적' 시각의 함정을 경계해야 할 필요는 있지만, 고대 중국의 세계관에 대한 인식을 지나치게 어느 한 쪽의 시각에서 재단하려는 것은 문제에 대한 객관적인 이해를 오히려 방해할 수도 있겠다. 필자가 보기에 적어도 '전기'에 관한 한, 그것이 당대(唐代)라는 동시적이고 '열린 시공' 속에서 '변문(變文)'을 포함한 서사양식들과 조화롭게 공존하고 있었다는 다중적(多重的) 상황에 대한 인식을 바탕으로, 인과율과 발전론의 한계를 벗어날 때에야 비로소 그 진정한 특성과 의의가 밝혀질 수 있다고 생각한다.[60]

지금까지 필자는 고대 중국인의 '지괴' 속에 담긴 '열린 세계관'과 그 속에 자리 잡은 '저승'과 '귀'의 개념, 그리고 특히 당·송대부터 본격화된 '귀'의 개념의 세속화에 대해 고찰하면서 그것이 현대적 의미의 '문학적 이야기'로 전화(轉化)할 가능성에 대해 살펴보았다. 이제 이러한 논의를 바탕으로, 중국문학사에서 종교적 신성함이나 사상적 엄숙성에서 실질적으로 벗어나서 문학적 이야기의 특징을 보여주는 최초의 양식으로 평가되는 '전기'가 '지괴'와 공유하는 구조적 특징을 고찰해 보도록 하겠다.

60 처음 발표된 원문에는 이 부분에 약간의 논쟁성 의견이 포함되어 있었고, 그에 대해 정재서 교수가 반론(鄭在書, 「志怪, 小說과 文化 사이」, 『중국소설논총』 8집, 한국중국소설연구회, 1998)을 제기하기도 했다. 그러나 지금 원고를 수정하면서 살펴본 결과, 애초에 이 논의는 본고의 주요 논지와는 약간의 거리가 있었던 문제였던 것으로 판단했기 때문에 여기서는 해당 부분을 삭제했다.

5

『태평광기』를 읽다 보면 그다지 많은 주의를 기울이지 않고도 이른바 저작 의도에 담긴 학술적 열망이 약화되어 기록(혹은 창작)된 이야기의 성격이 완전히 세속화하기 전의 과도기적 단계에 수록된 '지괴'들도 줄거리 구조가 후대로 갈수록 점차 복잡해진다는 것을 분명히 발견할 수 있다. 최초에는 단순하게 누가 어디에서 어떤 '귀'를 목격했다는 식의 간단한 유형으로 기록되었을 것이 분명한 '지괴'의 서사 구조는 상대적으로 후대에 기록된 것일수록 여러 가지 유형의 구성 요소들이 결합되어서, 이야기 구조가 복잡해짐과 동시에 편폭(篇幅)이 길어지는 양상을 보인다. 이처럼 '志怪'의 기록이 세속화되면서 '문학적 이야기', 허구성과 오락성을 갖춘 서사적 산문으로 전화(轉化)할 가능성을 보여 주는 가장 흥미로운 예를 우리는 '이승'의 인간과 '귀' 사이의 사랑을 다룬 이야기에서 발견할 수 있다. 예를 들어서, 『통유기(通幽記)』에서 인용한 것으로 기록되어 있는 「당훤(唐晅)」(332-1)의 주요 내용을 간추려 보면, 대략 다음과 같다.

① 당훤은 진창(晉昌) 사람인데, 개원(開元) 연간에 안정(安定) 땅 장월(張軏)의 후손인 장공(張恭)의 막내딸을 아내로 맞이했다.

② 개원 18년에 당훤은 무슨 일로 낙양(洛陽)에 들어갔다가 여러 달 동안 돌아오지 못했는데, 하루는 꿈에 아내가 꽃을 사이에 두고 울고 있었다. 잠시 후에 우물을 들여다보니 그 안에서 다시 웃고 있었다. 점쟁이에게 물어

보니 아내가 죽을 것이라고 했고, 며칠 후 과연 나쁜 소식이 있었다.

③ 몇 년 후에 집에 돌아와서 밤늦도록 '죽은 아내를 애도하는 시[悼亡詩]'를 읊조리다가, 갑자기 어둠 속에서 아내의 목소리를 들었다.

④ 잠시 후 몇 년 전에 다른 집에 팔았던 노비가 영혼이 되어 나타나더니, 지금 당휜의 아내를 모시면서, 그의 죽은 딸도 보살피고 있다고 말했다.

⑤ 뒤이어 아내의 영혼이 나타나서, 함께 지난날을 이야기했다. 같이 침실에 들었는데, 아내는 이미 그가 재혼한 사실을 알고 있었다.

⑥ 당휜이 사람의 운명과 전생의 인연에 대한 몇 가지 의문점을 물으니, 아내가 대답해 주었다.

⑦ 식사를 하면서 아내가 같이 온 시종들을 소개하는데, 알고 보니 모두 당휜이 제사 때마다 종이에 이름을 적어 보내 준 노비들이었다. 또한 어려서 죽은 딸이 저승에서 나이를 먹고 자라 있음을 발견한다.

⑧ 두 사람은 침실에서 그 동안 나누지 못했던 정을 나누었는데, 아내는 살아 있을 때와 거의 다르지 않았다. 그리고 아내는 저승에 대한 이런 저런 정보를 알려주었다.

⑨ 날이 밝자 아내는 정표를 남기고 떠나갔는데, 온 집안사람들이 그것을 목격했다.

이렇게 풀어놓고 보면, 우리는 이 이야기가 적어도 세 가지 이상의 단편적인 구성 요소를 종합하여 만들어진 것임을 알 수 있다. 즉, 다른 사람의 꿈에 나타나 자신의 죽음을 알리는 '귀'의 이야기와, '이승'의 인간과 '귀' 사이의 사랑, 그리고 인간에게 '저승'에 대한 정보를 제공하는 '귀'의 이야기가 그것이다. 그리고 이 이야기에 진술된 '저승'에 대한 정보도 다른 이야기들에 비해 상당히 다채롭고 풍부한데, 이것은 대개 다른 이야기에서 언급된 것들을 적절하게 종합하고 있기 때문이다. 또한 주인공의 신분을 소개한 ①부분과 주인공이 아내의 혼령을 만난 사실에 대한 방증(傍證)을 기록한 ⑨부분의 원문은 초기의 작품들에 비해 상대적으로 길고 자세하여, '사전문(史傳文)' 형식의 흔적과 '전기'와의 유사성이 상당히 뚜렷하다. 그러나 전체적으로 보면 이 이야기는 아직 '귀'에 대한 인간의 학술적(혹은 종교적) 관심이 두드러지고 있어서, 완전히 세속화된 '문학적 이야기'라고 간주하기는 어렵다.

그런데, 사실 이러한 한계는 거의 모든 '지괴'가 가지는 공통적인 것이다. 그리고 '지괴'에 내포된 모티프가 '문학적 이야기'로 전화하는 순간, 그것은 이미 우리가 중국소설사에서 '지괴'라고 불리는 범주 안에 포함시키기 어려운 것으로 변해버린다. 그러므로 우리가 그런 모티프의 영향 관계를 파악하려면 최소한 당대의 '전기'로 눈을 돌리지 않으면 안 된다. 이미 언급한 것처럼, '지괴'와 '전기'가 당대라는 '열린 사회' 속에 다중적으로 공존하고 있었고, 또 '전기' 역시 문언(文言)으로 이루어진 서사체였기 때문에,[61] 필자는 이러한 시도가 충분한 타당성을 확보하고 있다고 생각한다. 그리고 작자의 역할이라는 측면에서 볼 때 지괴와 전기는 아직 '주어진 이야기를 기록하는 차원'에 머무르고 있으며, 이에 따라 이들은 기술하는 방식만 다를 뿐 "실제적인 내용이나 기술 원리에 있어서는 '같은' 이야기"라고 파악한 연구도 있다.[62]

61 앞에서 인용한 「당훤」을 포함하여, 「무구사(武丘寺)」(338-3), 「정경라(鄭瓊羅)」(341-7), 「오도(鄔濤)」(347-2) 등은 산문 속에 많은 시(詩)를 포함하고 있는데, 이 또한 '전기'에 시가(詩歌)의 삽입이 잦은 점과 유사하다.

62 徐敬浩, 「中國小說의 起源에 대한 再檢討」, 『魯城崔完植先生頌壽論文集』, 1991, 1～

이제 필자는 '지괴'와 '전기'가 이야기의 형식이라는 측면에서는 본질적으로 동일한 뿌리에서 출발했지만, 거기에 담긴 세계관에는 뚜렷한 차이가 있다는 점에서 양자를 구분하고자 한다. 특히 '전기'의 이야기들이 '지괴'에 비해 구조가 복잡해지고 세부 묘사가 치밀해지는 점에 대해서, 필자는 그것이 '즐기는' 이야기로서 성격이 변화된 데에 원인이 있다고 생각한다. 즉 이야기에 대한 서사가 진리의 탐구와 지식의 전달이라는 목적에서 벗어나 그 자체로서 의미를 가지기 시작하는 순간 그것은 '재미'라는 전혀 새로운 의미에 치중하게 되고, 그 결과 이른바 '화법'[63]에 대한 고려가 중요한 관심사로 대두하게 된다는 것이다.

심기제(沈旣濟 : 750?~800)의 「임씨전(任氏傳)」(唐 德宗 建中 2년, A.D. 780에 완성)과 백행간(白行簡 : 776~826)의 「이와전(李娃傳)」(唐 德宗 貞元 11년, A.D.795에 완성)은 각기 '여우 정령[狐精]'과 '기녀(妓女)'의 애절한 사랑과 정절을 묘사한 작품으로 널리 알려진, 당 '전기' 가운데서도 걸작으로 꼽히는 것들이다. 그런데 이들 작품을 구조적으로 분석해 보면, '지괴'에 묘사된 몇몇 '귀'의 이야기와 본질적인 측면에서 유사성이 드러난다. 여기서 필자는 『광이기(廣異記)』[64]에서 인용한 것으로 기록된 「이도(李陶)」(333-8)를 대표적인 예로 삼아, 이것과 위의 두 '전기(傳奇)' 작품 사이의 유사성을 분석해 보겠다.

23쪽 참조.

63 명말·청초의 김성탄(金聖歎)은 이것을 '문법(文法)'이라고 표현했다. 여기에 대해서는 홍상훈, 「金聖歎과 동아시아 서사이론의 기초－金聖歎의 小說 評點」, 한신문화사, 『현대 비평과 이론』, 1995. 9, 168~85쪽 참조.

64 이것은 당나라 때 대부(戴孚)가 편찬한 것으로 알려져 있으나, 원본은 이미 없어져 버렸다. 현전하는 『설부(說郛)』, 『용위비서(龍威秘書)』, 『태평광기』 등에 일부가 집록(輯錄)되어 있는데, 그 가운데 『태평광기』에 280조(條)로 가장 많이 들어 있다.

먼저 이들 세 이야기의 얼개를 도표로 정리해 보면, 다음과 같다.

구분	임씨전	이와전	이도
남자 주인공	정(鄭)서생 : 신안왕(信安王) 위(禕)의 외손자인 위음(韋崟)의 사촌 매부	이름이 밝혀지지 않은 서생 : 상주자사(常州刺史) 형양공(滎陽公)의 아들	이도(李陶) : 서생
상대역 (신분)	임씨(任氏) : 여우 정령	이와(李娃) : 장안의 기녀	정여랑(鄭女郎) : 귀(鬼)
줄거리의 초점	임씨는 인간의 모습을 한 여우인데, 정서생의 정부(情婦)가 되자 위음의 유혹을 물리치고 정절과 지혜로써 정서생을 섬김.	이와는 과거를 치르러 장안에 왔다가 자신에게 빠져 신세를 망친 어느 서생을 보살펴서 입신양명(立身揚名)하게 해 줌.	무위도식하며 자신의 미색(美色)에 빠져 지내는 이도를 선도하여 과거에 급제시키고, 타지에서 병환에 시달리는 이도를 보살피는 '귀'의 이야기.
이야기의 결말	임씨는 자신의 액운을 알면서도 정서생의 임지(任地)로 따라가다가 개에 물려 죽음.	서생과 정식으로 혼례를 치르고, 나중에 견국부인(汧國夫人)에 봉해짐.	이도가 벼슬을 받아 임지로 떠날 즈음에 인연이 다했음을 알리고 헤어짐.

위의 얼개에서도 나타나듯이, 이들 세 이야기의 실제적인 주인공은 여우[任氏]와 기녀[李娃], 그리고 '귀[鄭女郎]'이다. 그리고 당시의 일반인들에게 이들은 비록 정도의 차이는 있지만 하나같이 자신과 깊은 관계에 빠지는 남자의 신세를 망쳐 놓는 존재로 알려진 '기피의 대상'이라는 점에서 비극적인 성격을 공유한다. 그런데 위의 세 이야기에서 이들은 모두 당나라 때의 윤리적 조건을 충족시킨, 예외적이고 모범적인 존재로 나타난다. 이러한 '선입견'의 변화는 기녀의 이야기를 놓고 보면 당시의 지배적인 윤리관을 뒤집어 버린 것이고, '귀'의 이야기를 놓고 보면 '저승'에 대한 학술적(혹은 종교적) 관념이 퇴색해 버린 세속화의 결과로 해석할 수 있다. 물론 '전기'에 속하는 「임씨전」과 「이와전」은 주인공들이 연인을 만나는 과정을 비롯한 세부 묘사에서 「이도」에 비

해 훨씬 정교하다. 그러나 우선 「이도」의 주인공 격인 '귀[정여랑]'가 막연한 두려움과 기피의 대상이었던 존재에서 '이승'의 인간에게 유익하고 친숙해질 가능성이 있는 존재로 변모해 있다는 사실을 주목할 필요가 있다. 이것은 결국 종교적 신성함과 진리 탐구라는 사상적 엄숙성을 벗어나 완전히 세속화된 '귀'의 존재가 이야기 구조 속에서 인간이나 혹은 그에 가까운 다른 존재로 자연스럽게 치환될 수 있는 전망을 열어 놓은 것으로 평가할 수 있다. 이런 의미에서 「임씨전」은 '귀'의 이야기가 인간의 이야기로 전화하는 과정의 중간 단계를 보여 준다고 할 수 있다. 다만 그것은 주인공의 본질적 성격이라는 측면에서 '귀'의 이야기에 더 가까울 뿐, 실질적인 문체나 이야기 구조는 이미 인간에 대한 이야기인 「이와전」과 별 차이가 없다.

또한 위 세 이야기의 결말을 유심히 비교해보면, 「이도」와 「임씨전」은 비극적인 이별로 끝나지만 「이와전」은 행복한 결말이 돋보이는 것을 알 수 있다. 필자는 이러한 결말의 극적인 변화에 한 가지 중요한 상징이 숨겨져 있다고 생각한다. 즉, 대상의 본질에 내재된 '신성함'의 정도가 약화될수록 바흐찐적 의미의 '서사시적 거리'가 좁혀지고, 그럼으로써 결국 '세속화'의 정도가 강한 대상은 '이승'의 인간 세계에 대해 더욱 강렬한 친화성을 지니게 되는데, 그러한 화해와 공존의 시공에서 비극은 그다지 어울리지 않는다는 것이다.

한편, 이야기 구조의 전화에 대해서, 작품 내용상의 경향을 중심으로 하는 '소재(素材)의 전통'이라는 요소를 지적하는 학자도 있다. 최근에 발표된 한 논문에서 그는 이야기라는 것은 '사실(개념)→사건(증명을 통해 공유되려는 속성을 지님)→설명(보편화를 위한 방식)'이라는 단계를 거쳐 확대 재생산된다는 일반론을 구축하고, 그 위에서 당대 '전기'의 소설사적 의의를 탐구하였다.[65] 그 결론에 따르면, 당대 '전기'의 작자들은 전통적인 '소재의 전통' 위에서 '의미 있는 주제'를 제시하려는 '능동적인 노력'[66]을 통해, '단순한 이야기'에서 '성숙된 소설 작품'으로 전화하는 돌파구를 마련했다고 한다. 즉, '지괴'에서 '전기'로, 그리고 다시 '의화본(擬話本)'으로 이어지는 일련의 사랑 이야기를 놓고 볼 때, 소재 자체의 변화보다는 이야기의 방식과 작가의 태도라는 측면에서 변화가 두드러진다는 것이다.

물론 이런 분석은 텍스트 자체의 '내적' 구조와 작가의 '화법'을 중심으로 이루어진 것이기 때문에, 이야기에 내재된 세계관에 초점을 맞추고 있는 필자의 방법론과는 논의 범주는 물론이거니와 사고의 출발점 자체가 다르다. 그러나 '지괴'와 '전기'의 몇몇 작품에 대한 필자의 고찰에서도 어느 정도의 '소재의 전통'이 여전히 확인되고 있다는 점에는 주목할 필요가 있을 것이다. 왜냐하면 다른 모든 문학 양식과 마찬가지로 '이야기'라는 것이 한 문화 안에서 '이야기'로 인정받기 위해서는 '제도성'의 제한을 받지 않을 수 없으며,[67] 그렇기 때문에 변화된 문화 안에서 발생되는 '이야기'는 결국 과거에 축적된 소재와 구조, 그리고

---

65 徐敬浩, 「이야기에서 소설로－사랑의 곡절」, 제13회 中國人文科學研究會 學術發表會(전북대, 1995.12.22)

66 徐敬浩는 이러한 노력의 증거로 ①'조연의 설정'과 같은 등장인물의 증가, ② 장면 중심의 이야기 전개, ③ 각 장면 속의 생생한 대화의 설정 등을 들었다.

67 조지 딕키(George Dickie)는 단토(Arthur Danto)가 제시한 '예술계(The Artworld)'라는 개념을 거론하면서, 오늘날의 여러 예술론 가운데 '사회 제도로서의 예술'에 대해 다음과 같이 정의를 공식화한다 : "분류적인 의미로서의 예술 작품이란 1) 어떤 사회 제도(예술계)를 대신해서 활동하는 한 사람 내지 여러 사람이 감상을 위한 후보의 자격을 수여한 그러한 2) 인공품을 말한다." 여기에 대한 자세한 내용은 죠지 딕키, 吳昞南 · 黃宥敬 共譯, 『美學入門』, 서광사, 1982년 3판, 137~50쪽 참조.

기법을 바탕으로 이루어질 수밖에 없기 때문이다.

물론 이상과 같은 치환과 전화는 당대라는 사회가 문화적 · 사상적으로 상당히 광범위하게 '열려' 있었기 때문에 가능한 것이었다. 앞에서 우리는 이미 당대가 한나라 말엽 이래의 다중적 세계관의 연장선상에 있음을 언급했는데, 여기에 한대의 엄격했던 유가 예법이 이 시기에는 사대부 계층에서도 매우 느슨해져 있었다는 사실을 고려하면 문화적으로 상당히 '열려' 있음을 짐작할 수 있다. 그리고 그런 상황은 당시의 수도인 장안(長安)을 중심으로 한 도시 상업 경제의 흥성과 '호(胡) 문화'의 영향을 통해 추론할 수 있다.[68] 또한 사상적으로, 중당(中唐)의 유종원(柳宗元)을 비롯한 많은 지식인의 사상은 유 · 불 · 도 3가(家)에 대해 매우 유연한 융합의 태도를 보이고 있었다는 점도 강조해 둘 필요가 있다. 물론 이른바 '고문운동(古文運動)'[69]을 주도한 인물 가운데 한 사람인 한유(韓愈)가 유가의 '도통(道統)'을 내세우기도 했지만, 당시까지 그것은 아직 주도권을 확보하지 못한 '물밑의 사상'에 더 가까웠다고 할 수 있는 것이다.

이처럼 '열린' 사회에서 문학을 비롯한 인간의 모든 지성 활동은 자유로운 변화를 통한 진리의 길을 '모색'한다. 그리고 그 '모색'은 다른 말로 표현하자면 인간 지성의 능동적이고 적극적인 활동을 의미한다. 필자는 이미 다른 글에서 이하(李賀 : 790~816)로 대표되는 당나라 중 · 후기 시인들의 변혁을 위한 노력을 고찰한 바 있다.[70] 이에 따르면, '읊

68 당나라 때 장안(長安)의 사회 · 문화적 면모는 張永祿 主編, 『唐代長安詞典』, 陝西人民出版社, 1990에 항목별로 자세히 설명되어 있다.

69 중국문학사에서 실제로 이러한 '운동'이 있었는지에 대해서는 논란의 여지가 있지만, 여기서는 일단 그 문제는 논외로 한다.

는 시'에서 '쓰는 시'로 전화를 지향하는 그러한 노력은 크게 ①정형격(定型格)을 벗어난 자유로운 형식의 탐구와 ②'신화성'의 세속화로 대표되는 '내용의 해방'이었다. 이제 필자는 '지괴'에서 '전기'까지의 이야기 구조의 전변(轉變)과 영향 관계도 이와 비슷한 맥락에서 파악할 수 있다고 생각한다. '귀'와 '기녀'는 똑같이 '금기의 대상'이었지만, 아무리 '귀'의 종교성(혹은 역사성)이 흐려져 세속화되었다 할지라도 그 자리에 '기녀'를 넣어 대치시킨다는 것은 사실상 혁명에 가까운 변혁이었을 것이다. 그렇기 때문에 그러한 파격적 변혁은 다양한 모색을 긍정적으로 수용하여 조화롭게 융합시킬 준비가 되어 있었던 당대라는 사회가 아니라면 불가능했을 것으로 보인다. 결국 다양한 모색을 허용하는 '열린 사회'에서는 진지한 학술적(혹은 종교적) 탐구의 일환이었던 서사적 지식('지괴')과 순수한 재미 자체에 상대적으로 더 많은 의미를 부여하는 문예학적 서사('전기')가 조화롭게 공존하는 것이 허용될 수 있었던 것이다.

이것은 명나라 때부터서 청나라 중엽까지를 포괄하는 중세의 중국 사회 — 적어도 지식인 사회로 한정시켜 보면 — 가 한나라 말엽에서 북송(北宋)에 이르는 '사상의 해방기'에 비해 상대적으로 얼마나 완고한 억압의 시기였는지를 생각해 보면 더욱 확연하게 드러난다. 필자가 보기에 남송이후 성리학은 중원이라는 열린 사회에 조화롭게 공존하던 다양한 사상을 유가의 기틀 위에 체계적으로 '수렴(收斂)'하겠다는 목표를 위해 적어도 하나의 중대한 대가를 치러야 했다. 다시 말하자면, 성리학이 지식인 사회에 발휘한 완고한 영향력으로 인해 조화와 융합을

70 홍상훈, 「悲劇的 象徵의 詩 世界 – 李賀의 자리」, 『중국문학』 24집, 1995.12, 159~76쪽.

미덕으로 삼고 있던 고대 중국의 '열린 세계'가 상당 부분 폐쇄되어 버렸던 것이다. 그러나 경전의 논리가 완고하고 그 권위가 독재적일수록 거기에 지배당하는 사회 안에서는 저항의 싹이 모질게 성장한다. 그러므로 이전 시기에 이미 '이야기' 자체로서 존재 가능성을 확인하기 시작한 문예학적 서사는 억압적 사상에 대항하는 방어 논리를 개발하려고 노력하게 된다. 바야흐로 조화로운 공존의 시대가 끝나고 갈등의 시대가 도래한 것이다. 그러므로 남송이후의 중국에서 문예학적 서사를 대표한다고 할 수 있는 양식으로서 '백화소설(白話小說)'이 자연스럽게 양명학(陽明學)의 성리학에 대한 이단성(異端性)과 제휴할 수 있었던 것도 이런 맥락에서 설명할 수 있을 것이다.

그러나 어쨌든 종교·신화적 의미가 퇴색된 '귀'는 원천적으로 그 존재 의의를 상실하게 마련이다. 그러므로 필자는 비록 남송이후로도 이른바 '지괴'의 전통이 줄곧 존속하여 표면적으로 다른 서사양식들과 공존하는 다중적 체계를 형성하고 있는 것처럼 보이지만, 실질적으로는 '귀'의 이야기가 점차 대다수 독자들의 관심사 밖으로 내몰리게 되는 가장 큰 역사적 원인을 여기에서 찾을 수 있을지도 모른다고 생각한다.

6

문학은 그러나 문학만을 위한 문학도 아니며, 인간만을 위한 문학도 아니다. 그것은 존재론적 차원에서는 무지(無知)와의 싸움을, 의미론적 차원에서는 인간의 꿈이 갖고 있는 불가능성과의 싸움을 뜻한다.

— 김현, 「문학은 무엇을 할 수 있는가」에서[71]

물리학자인 파이겐바움(Mitchell Feigenbaum)은 "어떤 의미에서 예술이란 세계가 인간에게 어떻게 보이는가 하는 방식에 대한 사색을 표현한 것"일지도 모른다고 설파한 적이 있는데,[72] 이런 맥락에서 그것은 사용하는 언어와 이론의 차이만 있을 뿐이지 과학과 본질적으로 같은 목적을 가진 인간의 지적 활동이라고 할 수 있다. 사실 순수하게 미적인 것에 대한 관념은, 필자가 보기에, 적어도 문학에 관한 한 허위에 지나지 않는다. 어떤 형식이건 언어라는 것은 세계에 대한 인간 지성의 해석에서 나온 결과물일 수밖에 없는데, 그 해석의 '순수함'을 가려 낼 기준이란 처음부터 설정 불가능한 것일 수밖에 없기 때문이다. 그것은 인간의 지성이 항상 기계적이고 인과율적일 수는 없고, 오히려 언제나 탄력적이고 창조적인 직관에 큰 가치를 부여해 왔다는 과거의 역사가 증명해 준다. 그리고 그런 의미에서 예술사야말로 가장 대표적인 지성

71 김현, 『전체에 대한 통찰』, 나남, 1990, 122쪽.
72 제임스 글리크, 앞의 책, 231쪽 참조.

사(知性史)의 하나인 것이다.

그런데 인간의 모든 개념과 가치가 역사적 특수성 내지 상대성을 가질 수밖에 없다면, 과거의 문학이 그 시대에 대해 가지는 문화적 지성사적 존재 의의는 현대의 문학이 이 시대에 대해 가지는 그것과 다를 수밖에 없다.[73] 이렇게 보면 문학의 언어는, 작가나 이론가들은 그것에 대해 될 수 있는 대로 최대의 의의를 부여하려 하지만, 결코 어느 한 세계의 '총체성'에 대한 형식 논리적 설법(說法)이 아니다. 오히려 그것은 인간을 둘러싼 복잡하고 거대한 세계 가운데 진정으로 중요한 것은 아주 일부분에 지나지 않는다는 것을 통찰하고, 그것을 '창조적 직관'을 통해 갈파하여 보여 준다는 심원한 목표를 지향한다. 결국 그것이 무지와 불가능에 도전하는 '일종의' 꿈이라는 것은 분명하지만, 또한 그것만이 '유일하고 완전한' 지성적 행위라고 생각하는 것은 환상이다.[74] 그리고 그러한 통찰은 결코 어떤 '천재적인 개인' 한 사람의 몫이 아니다. 한 명의 특출한 작가는 결국 그가 살고 있는 하나의 사회, 하나의 문화 집단이 공유하고 있던 세계에 대한 인식을 대변할 수 있는 탁월한 능력을 가진 '대표적인 일반인'에 지나지 않기 때문이다. 그러므로

73 여기에 대해서는 홍상훈, 「중국문학에서 허구에 대한 인식론적 전환—명말·청초의 소설론을 중심으로」, 51~2쪽에서 자세히 진술한 적이 있으므로 여기서는 더 이상 언급하지 않겠다.

74 T.W. 아도르노가 『미학이론』(홍승용 역, 문학과지성사, 1984)의 첫 구절을 "예술에 관한 한 이제는 아무 것도 자명한 것이 없다는 사실이 자명해졌다"라고 쓴 것은 일차적으로 예술에 대한 불확실성의 시대가 도래했음을 선포한 것으로 이해될 수 있다. 그러나 뒤이어지는 400쪽에 가까운 방대한 논술이 궁극적으로 현 시점에서 예술의 가능성을 모색하는 쪽으로 귀결되고 있다는 점은 더욱 의미심장하다. 그러나 필자가 보기에 이렇듯 방대한 모색은 실질적으로 예술이나 예술에 대한 이론이 그동안 부풀려 왔던 지나친 환상을 종식하고 그 자체의 가치에 대한 소박한 인식을 바탕으로 튼튼한 존재 근거를 마련해 보자는 제안으로 요약될 수 있을 것 같다.

모든 작품의 발생론적 단서는 개인적인 차원보다는 시대적 문화적 개념 구조의 틀 안에서, 역사적 상대성에 바탕을 두고 찾아야 한다.

필자는 바로 이 점에서 가장 현대적인 문학 개념의 일부가 고대 중국의 세계관, 즉 '잘 조화된 혼돈' 속의 직관적 합리성과 본질적으로 통할 수 있다는 역설이 성립한다고 생각한다. 그것은 현대의 연구자들에게 제시된 모든 텍스트는 '열려 있는', 달리 말하자면 '상호텍스트적인(intertextual)' 것이므로, 과거의 모든 문학은 동시대적 의미와 더불어 현대적 의미를 내포하기 때문이다. 그리고 이른바 '포스트모더니즘'이란 것은 본질적으로 규범화된 '근대적 이성'을 뿌리부터 부정하고 새로운 가치 기준을 찾는 '모색의 사조'라고 할 수 있고, 또한 오랫동안 불가침의 영역으로 여겨지던 제반 학문들 사이의 경계가 무너지고 있는 현대의 상황은 '조화를 향한 혼돈'의 과정이라고 규정할 수 있다. 이렇게 보면, 고대의 중국이야말로 현대의 '포스트모더니즘'적인 분위기를 가장 가까이 구현한 문화체(文化體)였다고 할 수 있다. 이미 고찰한 바처럼, 그 안에 사는 인간들은 처음부터 이성과 직관을 구별하지 않았고 심지어 삶과 죽음, '이승'과 '저승'마저도 하나의 조화로운 세계관의 틀 속에 자연스럽게 융합시킬 수 있었다. 그것은 형식적 극복의 논리보다는 포용을 지향하는 직관적인 자연성의 추구를 지향하는 '확장된 특이점'의 세계였다. 그리고 그 안에서 이루어진 지성사의 모든 활동은 현대적 의미에서 문학과 역사, 철학이 한 데 어우러진 개념으로서 '문(文)'에 대한 탐구, 즉 가장 원천적인 의미에서 '학문(學文)'[75]으로 집약되어 있었

75 여기서 필자는 '학문(學文)'을 '학문(學問, Science)'의 개념까지 포괄하는 넓은 의미로 사용하고자 한다.

다. 그러므로 그 '학문(學文)'의 체계 속에서 모든 텍스트는 원천적으로 어떤 경계선도 없이 모든 방향으로 '열려' 있을 수밖에 없었다. 따라서 고대 중국의 문학도 될 수 있는 대로 많은 가능성을 열어 놓고, 그 위에서 당시의 세계관에 가장 적합한 문학 양식 혹은 이야기 방식을 모색하고 개발할 수 있었던 것이다.

이러한 상황 인식은 당연히 중국문학사(내지 소설사)의 이해에 관한 현재의 혼란에 대해 비판적 성찰과 새로운 모색의 계기를 부여한다.[76] 서구에서 문학에 관한 대부분의 이론(또는 연구)이 그랬던 것처럼, 중국문학에 대해서도 그 동안 19세기 진화론의 잘못된 영향으로 문학의 기원 내지 장르의 기원을 찾으려는 무의미한 작업에 지나치게 많은 힘을 쏟아 왔다. 그 결과 시대와 공간을 초월하여 인간의 지성적 인식 위에서 끊임없이 '상호텍스트화' 하면서 의미망(意味網)을 확장함으로써 생명력을 유지해 왔던 중국문학은 무감(無感)한 고고학적 연구 대상으로 변질되어버렸다. 또한 고대 중국이라는 현상 그 자체보다 '이론'을 앞세운 연구에 필연적으로 개입되게 마련인 인과율적 발전론은 고대에 대한 제반 고찰의 시야를 편협한 '현재 원리(Modernistic Principle)'에 무작정 매달리게 만드는 폐단을 낳았다. 그러나 쉽게 극단으로 치달릴 수 있는 이러한 관점은 마치 우주물리학에서 극단적인 '인간 원리(Anthropic Principle)'[77]와 동일한 오류에 빠질 위험을 항상 안고 있다. 즉, 현재의 문

76 출발점은 약간 다르지만, 중국의 陳平原은 『小說史－理論與實踐』, 北京大學出版社, 1993에서 중국인의 입장에서 소설사를 기술(記述)하는 것에 대한 다양하고 심도 깊은 사색을 보여 준다.

77 만약에 우주의 현재 상황이 오늘날과 다르다면 현재의 '우리'는 존재할 수 없을 것이고, 그렇게 된다면 당연히 '우리'는 현재의 우주를 관찰할 수 없다는 생각을 가리킨다. 순환론의 혐의에서 결코 자유롭지 못한 이러한 논리는 현재의 우주가 '왜' 이런 상황

학이야말로 인간 지성의 필연적인 발전이 낳은 최고의 산물 — 적어도 현재까지는 — 이므로, 과거의 모든 문학은 현재의 문학을 이루기 위한 일종의 '시행착오'로 간주하려는 경향이 나타날 수 있다는 것이다.

그러나 문학사가 '발전'이 아니라 '변화'라면 그것은 어떤 의미를 가지는 것인가? '중국적' 특성을 가진 서사 — 구두전승(口頭傳承)과 문자기록을 포함한 — 는 무엇이며, 그것은 '왜' 그리고 '어떻게' 시작되어 '어떤 경로'로 전변(變轉)해 왔는가? 또 무엇보다도, 적어도 고대 중국문학에서 과학이나 여타의 다른 학문과 구별되는 '순수한' 문학 또는 소설이라는 개념적 전제는 자체로 가능한 것인가?

이 모든 질문들은 언뜻 보기에 다시 '본질론의 오류'를 향해 스스로 함몰하려는 시도처럼 보일 수도 있다. 그러나 다시 냉정하게 살펴보면, 지금까지 이루어진 그 많은 연구 업적들 가운데 어느 하나도 이 문제에 대해 명쾌하게 대답하지 못했음을 알 수 있다. 그렇지만 현재의 '연구자'들은 너무나 많은 '이론'의 그물코에 얽매여서, 가장 기본적이고 본질적인 이 물음들에 대해 '감히' 생각할 엄두를 내지 못하고 있는 것이 또한 사실이다. 그러나 미로 찾기의 수많은 '길' 가운데 출구로 통하는 것은 오직 하나뿐인 것처럼, 결국 문학에 대한 그 많은 이론 가운데 우리가 찾는 해답으로 나아가는 것도 한정되어 있을 수밖에 없다. 물론 그것도 우리의 질문 방식이 '적절할' 경우에만 가능한 일이다. 그러므로 이제 필자는 이 게임에 참가한 모든 사람들이 자기 점검을 해야 할 때가 되었다고 생각한다: "우리는 '어떤 질문'에 대한 해답을 찾으려 하고, 그 '이유'는 무엇인가?"

일 수밖에 없는가를 인과율적인 '과학'으로 설명하려는 시도가 낳은 대표적인 오류 가운데 하나이다. 여기에 대해서는 스티븐 호킹, 앞의 책, 187~192쪽 참조.

참고문헌

李昉 等,『太平廣記』, 北京 : 中華書局, 1995(6쇄).

石昌渝,『中國小說源流論』, 北京 : 三聯書店, 1994.

李烈炎,『時空學說史』, 湖北人民出版社, 1988.

張永祿 主編,『唐代長安詞典』, 陝西人民出版社, 1990.

曾祖蔭 外 3人,『中國歷代小說序跋選注』, 長江文藝出版社, 1982.

陳平原,『小說史 : 理論與實踐』, 北京大學出版社, 1993.

글리크, 제임스, 백배식 · 성하운 역,『카오스-현대 과학의 혁명』, 동문사, 1994.

김현,『전체에 대한 통찰』, 나남, 1990.

니이담, 조셉, 이석호 외역,『중국의 과학과 문명』 II, 을유문화사, 1986.

딕키, 죠지, 吳晒南 · 黃宥敬 역,『美學入門』, 서광사, 1982(3판).

로이, 마이클, 이성규 역,『고대 중국인의 생사관』, 지식산업사, 1987.

모오트, F.W., 권미숙 역,『중국 문명의 철학적 기초』, 인간사랑, 1991.

바흐찐, M., 전승희 · 서경희 · 박유미 역,『장편 소설과 민중 언어』, 창작과비평사, 1988.

朴昭賢,「魏晉南北朝 志怪의 敍事特性에 관한 硏究-志怪 産生의 社會文化的 背景에 관하여」, 서울대 석사논문, 1995.

徐敬浩,「中國小說의 起源에 대한 再檢討」,『魯城崔完植先生頌壽論文集』, 1991.

______,「이야기에서 소설로-사랑의 곡절」, 제13회 中國人文科學硏究會 學術發表會(전북대, 1995.12.22).

아도르노, T.W., 홍승용 역,『미학이론』, 문학과지성사, 1984.

鄭在書,『불사의 신화와 사상-산해경, 포박자, 열선전, 신선전에 대한 탐구』, 민음사, 1994.

______,「志怪, 小說과 文化 사이」,『중국소설논총』 8집, 한국중국소설연구회, 1998.8.

카프라, F., 이성범 · 김용정 역,『현대물리학과 동양사상』, 범양사, 1986(7판).

호킹, 스티븐, 현정준 역,『시간의 역사』, 삼성이데아, 1989(9판).

홍상훈,「중국문학에서 허구에 대한 인식론적 전환-명말 · 청초의 소설론을 중심으로」, 韓國中國小說硏究會,『中國小說論叢』 II, 1993.2.

______,「金聖歎과 동아시아 서사이론의 기초-金聖歎의 小說 評點」,『현대 비평과 이론』, 한신문화사, 1995.9.

______,「悲劇的 象徵의 詩 世界-李賀의 자리」,『중국문학』 24집, 한국중국어문학회, 1995.12.

중국 민간 고전문학의 기록 전통과 공연 전통*

수호(水滸) 이야기의 생성 · 전래 · 정착 · 공연화 과정을 중심으로

김진곤

1. 예비적 고찰

1) 문제 제기의 의도

이 글은 '중국 고전 소설은 과연 통속적인가', '어떤 작품이 통속적이며, 그 통속적인 모습은 어떠한가'라는 질문에서 출발한다. 언뜻 단순

* 이 글은 『중국소설논총』 9집(한국중국소설학회, 1999)에 실린 같은 제목의 논문을 옮겨온 것이다.

해 보이는 이 질문은 중국문학사에서 '통속'이 지니는 함의가 다양하고 또 그것이 대량 생산과 대량 소비를 물적 조건으로 삼는 현대 사회의 대중 문학 내지는 대중 문화의 한 특성과 겹칠 때 다분히 오해의 소지마저 지니게 된다. 무엇을 일러 통속이라 할 것인가라는 개념의 문제, 진지·본격의 상대어로서 상정되는 통속이라는 개념이 지니는 가치적·미적 범주의 문제는 그리 만만한 것이 아니다. 이런 문제들을 회피하지 않으면서도 이 개념을 중국소설과 결합시켜야 하는 과제 역시 그리 단순해 보이지는 않는다. 이 중압감 넘치는 문제들을 해결하기 위한 하나의 방편적이며 우회적인 모색으로 필자는 '작품 속으로'를 외치며 이 글을 시작하고자 하였으며, 그리하여 선택된 것이 바로 '수호 이야기 군'이다.

중국문학사에서 소설은 통속적인 서민 장르로 취급된다. 중국소설이 진실로 통속적인 서민 장르라면 중국소설은 서민들이 창작 주체로서 활동하였거나 적어도 서민들의 의식 세계를 작품 내에 반영하여 서민들을 주된 향수층으로 끌어들일 수 있었을 것이며, 그 의식 세계를 작품에 반영하여 형상화하는 방법 역시 여타 반서민적인 장르와는 다른 특질, 즉 서민적 양식을 형성시켰을 것이다. 물론 보다 더 근본적으로는 중국사에서 서민이란 과연 어떤 계층이며 언제 어떻게 형성되어 어떤 의식 세계를 공유하고 있는가가 문제될 것이다.

그러나 중국소설의 통속성과 서민성이 강조되는 현상과는 반대로 바로 그 '서민'의 성격 규정이 몹시 애매하고, 이런 애매함은 결국 서민성 혹은 통속성에 대한 개념 규정이 자의적으로 흘러가게 만든다. 흔히 말하는 통속성이라는 것이 어떠한 요소들이 모여서 이루어지는 것인지, 그것은 양식상의 특성으로 드러나는 것인지, 아니면 반대로 작품이 지향하는 의도 — 편의상 주제라 부르자 — 에 달려 있는 것인지 설명되지 않는다. 여기에는 중국소설이 지니는 개념상의 혼란도 한몫하였을 것이나,[1] 필자가 감히 단언하건대 자신의 논지 전개의 편의를 위하여 용어를 자의적으로 해석하거나 편의적으로 사용하는 중국문학자들의 연구 경향이 국내 연구자들에게 파급된 것도 한 이유가 될 것이다.[2]

이 글은 바로 여기서부터 출발하며, 문제 제기의 의도 역시 이 지점에서 찾아질 수 있다. 동일한(내지는 유사한) 소재[3]를 지니는 이야기가

1 중국소설 개념이 지니는 다원성과 역사성에 대해서는 국내에서도 뜻깊은 논의가 이미 심도 있게 진행되어 굳이 외국 중국 문학계의 힘을 빌지 않아도 좋을 정도이다. 서경호, 「중국소설의 기원에 대한 재검토」, 『중국소설논총』 I, 1992; 조관희, 「소설의 존재론적 의의로서의 허구성」, 『중국소설논총』 II, 1993; 홍상훈, 「중국문학에서의 허구에 대한 인식론적 전환—명말 청초의 소설론을 중심으로」, 『중국소설논총』 II, 1993; 장영, 「송대 소설 화본에 있어서 소설의 개념」, 『중국소설논총』 II, 1993; 정재서, 「중국소설의 이념적 정위를 위한 시론—발생론을 중심으로」, 『중국소설논총』 III, 1994; 조관희, 「소설의 인식론적 토대로서의 현실성」, 『중국소설논총』 III, 1994; 빈미정, 「지괴의 문학적 성격에 대한 고찰—소설의 기원 문제와 관련하여」, 『중국소설논총』 IV, 1995; 조관희, 「중국소설의 기원과 개념 정의를 위한 시론」, 『중국소설논총』 IV, 1995; 안정훈, 「고대 중국의 소설 관념과 기원에 대한 연구」, 서울대석사논문, 1997; 졸고, 「중국소설의 쟁점—신화, 역사, 서사 그리고 소설」, 『중어중문학』, 23집, 1998 등 참조.

2 전체적 논리보다는 개별적 진실에 우선적으로 접근해 보려고 하는 중국인의 고래의 연구 방법이 무조건 그르다는 말은 절대 아니다. 문제는 그 장단점을 정확히 구분하지 아니하고 그대로 받아들이는 우리들에게 있다.

3 여기서 소재는 이야기의 구성 요소라는 의미로 사용된다. 이러한 구성 요소들은 모여서 하나의 완결된 이야기를 구성하기도 하고 또 그 이야기가 모여서 더 큰 하나의 이야기를 만들기도 한다. 기본적으로 모티프라는 개념을 상정하고 사용한다. 따라서 몇 개의 구성 요소, 즉 소재를 결합하여 이야기가 이루어지기도 하며, 더 많은 소재가 결합하여 비교적 장편의 이야기가 이루어지기도 한다. 이 때 작가가 의도하는 미학적 효과와 각 장르의 관습적, 규범적 특질은 이야기의 크기를 결정하는 중요한 요인으로 작용한다.

기록과 공연 상태로 넓고 다양하게 존재하며, 그 작품의 성격도 논자에 따라 서민성 혹은 귀족성[4]을 표현하는 것으로 논란이 되며, 어찌 보면 그 양자의 성격이 거의 다 포착되는 작품군을 선정하여 실제 작품 속으로 들어가 중국문학에서 기록과 공연 그리고 서민과 귀족 혹은 그 표현으로서의 통속성과 본격성(내지는 진지함)이 서로 충돌하고 부딪치며 화해하는 양상들을 살펴보고자 하는 것이 바로 이 글의 집필 의도이다.

2) 용어 정의와 몇 가지 문제

이러한 필자의 의도에 가장 잘 어울리는 분석 대상이 바로 '수호 이야기 군'이다. '수호 이야기 군'이라는 잠정적 용어에 포함되어 있는 세 개념어, 즉 '수호(水滸)', '이야기', '군(群)'에 대한 필자 나름의 견해를 피력하는 것으로부터 논의를 시작하기로 하자.

'수호'라는 용어는 상당히 포괄적이면서도 융통성 있게 사용된다.

---

4 플랙스는 이를 문인 문화적 요소로 표현한다. 플랙스가 상정하는 문인이란 바로 관직과 일정한 관계를 유지하면서 자아 수양과 표현을 위하여 노력하는 지성이다. 플랙스는 중국소설 특히 사대기서를 중심으로 하는 명청 시대의 장편 소설을 문인들의 삶과 자아 실현을 반영한 작품으로 파악한다. 플랙스는 이를 기법과 주제의 측면에서 논증하고 있다. 이런 측면에서 그는 사대기서를 문인 소설 혹은 문학 소설(literary novel)이라고 지칭한다. 아울러 사대기서의 판본이 선본(善本)이었으며, 가격 또한 상당히 비쌌던 점 등은 사대기서가 제한된 독서층, 즉 문인층을 겨냥하였다는 것을 반증한다고 한다. 그는 명대에 이르러 소설의 장편화가 이루어진 것을 명 전기의 장편화와 공연보다는 읽기를 지향하는 것과 연결하여 논의한다(Andrew H. Plaks, *The Four Masterworks of the Ming Novel* , Princeton : Princeton University Press, 1987, 22~52쪽). 특히 『수호전』의 문인 소설적 특성과 관련하여서는 304~358쪽 참조.

송강(宋江)을 중심으로 하는 108명의 영웅이 양산박(梁山泊)에 모여서 재물을 탈취하고 반대자들을 징벌하고 급기야는 국가의 기강에 도전하다가 당시의 중앙 권력과 타협하고 그들을 위하여 또 다른 기의 집단을 정벌하고 외적의 침입을 막아내는 일련의 과정과 관련된 것을 총칭하여 수호라는 말을 사용한다.

수호는 다양한 양식으로 기록되고 공연되었다. 왕조가 교체된 후, 이전 왕조의 역사를 공식적으로 정리하여 기록하는 정사(正史)에서부터 호사가들의 역사 취향이 반영되는 야사(野史)에 이르는 다양한 역사서는 물론이려니와 흔히 관습적으로 문학 영역에 포섭되는 다양한 장르, 즉 극(劇),[5] 소설(小說), 강창(講唱)[6]으로 다양하게 작품화되었으며, 현대에 이르러서는 영화로 만들어져 상영되는 경우도 많았다. 이처럼 다양한 양식에 공통되는 최소한의 형식 요소를 이야기로 범칭한다. 여기서 이야기는 서사(Narrative)에 상응하는 개념이며, 어떤 양식을 막론하고 인물이 등장하고 그 인물을 중심으로 전개되는 사건이 서술되면 그 자체를 이야기로 부를 것이다.

5 여기서 '劇'은 동서양을 아우르는 개념이다. 중국적 개념으로서의 '戱曲'은 놀이와 극적 표현 매체로서 노래의 기능을 강조하는 것이며, 중국적 공연 양식의 특성을 적극적으로 반영하는 개념이다. 이에 반하여 話劇은 표현 매체로서 말이 강조되는 서양에서 수입된 극양식을 말한다. 따라서 이 글에서 사용되는 극은 희곡과 화극까지를 포괄하고 공간적으로는 동양과 서양을 포괄하며 양식적으로는 노래 중심과 대화 중심을 포괄하는 개념이다. 수호 이야기는 雜劇(송 잡극이 아니라 원 잡극을 말한다), 傳奇, 京劇(각종 地方戱 포함), 현대 화극 등으로 다양하게 공연되었다.

6 여기서는 한 사람 혹은 두 사람의 공연자가 등장하며, 주로 리듬화된 간단한 악기 반주가 수반되며 일상적인 어투를 중심으로 하고 간혹 노래로서 미적 효과를 상승시키는 공연 양식을 포괄하는 용어로 사용한다. 따라서 강(구술하기)과 창(노래하기)이 결합된 공연 양식이다. 이 점에서 배우들의 화려한 분장과 묘기로 구성되는 시각적 요소, 배우의 숙련된 노래 가락으로 구성되는 청각적 요소를 그 장기로 삼는 중국의 전통극과 구분된다.

예를 들어 화석강(花石綱) 운반과 관련된 작고 단순한 이야기가 등장하고 그 이야기들이 확장되어 화석강을 제대로 운반하지 못하여 문제가 생기는 양지(楊志)의 이야기가 되며 단순하고 개인화 되지 못한 이야기는 구체적인 인물과 시간, 사건 배경과 결합하여 비교적 완정한 이야기가 된다. 갖추어진 이야기들은 다시 결합하여, '생진강(生辰綱)+화석강+양지매도(楊志賣刀)' 같은 하나의 거대 이야기 군이 된다. 이 거대 이야기 군의 정점에 서는 것이 바로 소설 『수호전』이다.

이제 공연과 기록의 문제를 논의할 차례이다. 공연과 기록이 갖는 독자적인 특성과 공유하는 특성에 대하여서는 이미 많은 논의가 전개되어 왔다.[7] 이 글에서는 동일한 소재가 공연과 기록을 넘나들면서 작품화될 때, 소재의 동일성에도 불구하고 나타나는 각 작품의 차이점은 과연 어디에서 기인하는지 주목할 것이다. 여기서 기록은 주로 역사 기록과 소설 『수호전』을 지칭하여 사용될 것이며, 공연은 극과 강창 등을 지칭하여 사용될 것이다.

그런데 문제는 공연과 기록의 경계가 중첩되는 경우가 많다는 데 있다. 역사서의 기록 같은 경우는 본디 읽는 것을 지향하는 것이며 기록을 위한 기록이 된다. 역으로 강창의 경우 구연되는 상황 그 자체는 분

7 월터 J. 옹, 이기우 · 임명진 역, 『구술문화와 문자문화』, 문예출판사, 1995; David Teh-wei Wang, "Storytelling Context in Chinese Fiction : A Preliminary Examination of It as a Mode of Narrative Discourse", *Tan Kang Review* 15 : 1～4, 1984～1985; Vera Hardlickova, "The Professional Training of Chinese Storytellers and the Storytellers' Guilds", *Archive Orientalni* 33, 1965; Eugene Eoyang, "The Immediate Audience : Oral Narration in Chinese Fiction", *Critical Essays on Chinese Literature*, The Chinese University of Hong Kong, 1976; Albert B. Lord, *The Singer of Tales*, Harvard University Press, 1959; Victor H. Mair, "Three Contemporary Western Approaches to Oral Literature : Implications for the Study of Chinese Folklore", 『漢學硏究』 8卷 1期, 1981.6 등 참조.

명 공연의 메커니즘을 준수한다. 공연을 그대로 재생하여 기록하는 경우 역시 청각이 배제된다는 문제는 있을 것이나 공연 메커니즘이 그대로 반영된 것임은 분명하다. 그러나 공연이 우위에 서는 양식임에도 공연과 일정한 거리를 유지하면서 공연의 대본이 유통되는 경우, 그 기록물은 공연만을 위한 기록은 아닐 것이다. 이 경우에는 공연과 기록이 중첩되는 양상과 심도를 면밀하게 검토하여야 한다. 특히 제삼국인의 입장에서 중국의 고전 문화를 검토하는 경우, 이 점은 아무리 주의를 기울여도 지나침이 없을 것이다. 그렇다면 중첩되는 양상을 어떤 식으로 파악할 것인지가 관건이 되며, 중첩의 이유를 밝히는 것도 아울러 중요할 것이다.

중국에서 소설, 특히 백화 소설은 통속성을 내재적 특성으로 구유하고 있는 장르로 인식되었다. 소위 근대적 관점에 입각하여 중국소설을 연구하기 시작한 자들은 서구 사회의 경제적 문화적 발전의 원동력을 소설의 계몽성에서 찾았으며, 소설이 그러한 계몽성을 발휘할 수 있었던 양식적 힘은 바로 통속성에 있다고 보았다. 이러한 인식 기초에서 이들은 이 같은 서구 소설과 상응할 만한 작품을 찾아내어 그 작품이 지니고 있을지도 모르는 통속성을 과도할 정도로 강조한다. 이러한 일련의 흐름은 이후 특히 5·4를 전후한 중국소설 연구자들의 연구 경향에 절대적인 영향을 끼치게 된다.[8] 이들은 백화 소설, 좀 더 구체적으로는『수호전』,『서유기』같은 작품이 바람직한 소설상을 구체적으로

8 중국인들이 '소위' 근대적 관점에 입각하여 본격적으로 소설을 연구하기 시작하는 5·4시기의 이 같은 연구 편향과 운동성에 대하여서는 Andrew H. Plaks가 이미 상세하게 논의한 바 있다. 자세한 것은 Plaks,『中國敍事學』, 북경 : 북경대학출판사, 1995, 20~1쪽 참조.

보여준다고 생각하였다.[9]

이들 연구자들이 상정하는 통속성이란 지나친 문장 수식을 배제하여 읽기 쉬우며, 인간의 실제 생활에서 소재를 취하며,[10] 소위 '서민'의 의식 세계가 반영된 것을 두고 이르는 말이다. 여기서 소위 서민의 통속적 장르라 구분되는 백화 소설 가운데에도 오히려 문언소설보다 훨씬 더 장식성을 추구한 것이 많은 것은 차치하고서라도 중국사에서의 실체적인 서민(혹은 도시민, 시민, 평민)상에 대한 대체적인 합의조차 이루어지지 않은 채, 서민 문학이라는 용어가 모호하고 자의적으로 사용되는 것은 문제라 아니할 수 없다.

비슷한 의미를 구성하는 것으로서, 속문학(통속 문학), 백화 문학, 평민 문학, 민간 문학, 시민 문학, 대중(mass/popular) 문학 등의 용어가 있다.[11] 속문학(통속 문학)은 풍격과 내용 특성을 강조한 것이며, 백화 문

9 5・4문화 운동을 주동하던 자들이 바람직한 중국 전통 소설로 꼽은 작품들은 논자에 따라 편차가 있다. 예컨대, 胡適은 백화 소설을 백화 문학 운동을 추동할 수 있는 구체적인 힘으로 파악하면서 『수호전』, 『서유기』, 『유림외사』, 『홍루몽』 등을 모범 작품으로 꼽았다. 호적의 입장에서 보자면 이런 작품들은 백화 문학 운동의 교과서로서의 의미를 일차적으로 지닌다(호적, 「文學改良芻議」, 1917, 20쪽. 「建設的文學革命論－國語的文學, 文學的國語」, 1918, 72쪽, 北京大學 등 주편, 『文學運動史料選』 제1책, 상해 : 상해교육출판사, 1979). 이하 면수는 특별한 언급이 없는 경우 같은 책의 면수이다. 錢玄同은 『수호전』과 『홍루몽』을 모범 작품으로 꼽고 『서유기』는 허무맹랑한 이야기를 담고 있다는 점에서, 『삼국지연의』는 정확하지 못한 야사라는 측면에서 부정적인 평가를 내리고 있다. 그리고 재자가인 소설을 가장 저열한 백화 소설 작품으로 간주한다(전현동, 「寄陳獨秀」, 1917, 30쪽). 周作人은 『封神傳』, 『西遊記』(迷信), 『綠野仙踪』(神仙), 『聊齋志異』, 『子不語』(妖怪), 『水滸傳』, 『七俠五義』(强盜), 『三笑姻緣』(才子佳人), 『笑林廣記』(諧謔) 등을 비인도적인 문학 작품으로 간주하고 지양해야 할 대상으로 처리한다(주작인, 「人的文學」, 1918, 105쪽). 부사년은 『수호전』, 『홍루몽』, 『유림외사』 이 세 작품만이 그나마 가치 있는 소설이라고 단언한다(傅斯年, 「怎樣做白話文?」, 120쪽).

10 『서유기』처럼 작가의 창조적 상상력이 발휘된 환상 세계를 소재로 삼는 경우도 있다. 그러나 이는 인간의 소박한 의식이 투영된 환상 세계이며, 환상 세계를 그리지만 결국 범상한 인간의 실생활이 문제가 된다.

학은 창작 매체를, 평민 문학은 평민들의 정서를 반영하고 그들을 주된 향수층으로 겨냥하였다는 점을 강조한다.

시민 문학은 서구적 개념이 유입된 것으로 볼 수 있는데, 서구의 시민 문학은 봉건사회 후기를 거쳐 근대 자본주의 사회 성립과 더불어 등장한다. 대중 문학은 자본주의가 완숙기로 접어들면서 대량 생산과 대량 소비를 사회적 패턴으로 삼는 사회에서 경제적 소비 주체로 등장한 대중이 향수하며 또 경제적 이득을 목표로 대중을 그 향수 대상으로 겨냥하는 문학으로서 본격 문학과는 구별되는 자신만의 특질을 형성한다.

중국에 시민 문학이 존재하는가 하는 문제는 중국에 시민 계층이 존재하였는가의 문제로 치환된다. 사도방(謝桃坊)은 북송대의 도시 발달과 이로 인한 도시민의 증가 그리고 이런 현실을 제도적으로 반영한 방곽호(坊郭戶)와 향촌호(鄉村戶)의 호적 분리에서 중국 시민 계층의 탄생을 감지해 낸다.[12] 그에게서 시민 문학이란 바로 시민 계층의 환영을

11 이러한 용어들에 대하여 정확히 개념 규정하고 또 그 용어가 연구자들의 폭넓은 공감을 형성하여야 함은 당위이다. 그러나 이러한 용어들을 자의적으로 사용하고 있는 것이 현실이다. 그 부정적 결과는 각 연구자들 사이의 의사 소통이 불가능하게 되고 각기 고립된 영역에서만 활동하는 것으로 나타난다. 이 글 역시 이 문제를 해결하지 못하고서는 한 걸음도 더 나갈 수 없을 것이나, 이러한 목표를 달성하기 위한 둘러가기의 방편으로 실제 사례 분석을 택하였다. 사례 분석과 정의하기는 결국 서로를 필요로 한다는 것을 깨닫는 데에는 그리 긴 시간을 필요로 하지 않았다. 따라서 우선 임시 방편으로나마 각 용어들의 특질과 범위를 필자 나름대로 간단하게 정리하고 그 중 적절한 용어를 선택적으로 사용하고자 한다. 이와 관련된 본격적인 논의는 필자가 별도로 준비하고 있으며, 사실 여기에서 논의하기에는 부적절하다는 점을 변명 삼아 밝혀 둔다.

12 謝桃坊, 『中國市民文學史』, 成都 : 四川人民出版社, 1997. 사도방은 같은 방곽호에 속하는 계층일지라도 지주, 몰락 관료 귀족, 士人, 하급 군관, 吏員, 통치 계급에 기생하는 자 등을 제외한 방곽호 가운데 다수를 차지하는 수공업자, 장사꾼(행상인), 임대주, 공장 노동자, 날품팔이, 자유직업자, 빈민 등이 시민 계층에 속한다고 보았으며

받으면서 시민 계층의 사고를 표현하는 도시 통속 문학이 된다. 그러나 사도방 자신이 인정하듯이 경제적, 공간적 자기 주체성을 바탕으로 정치적, 문화적 독자성과 자기 규범성을 확보해 간 서구의 시민에 필적할 만한 계층이 과연 중국에 존재하였는가가 아직 논란이 되고 있는 이상 시민 문학이란 개념의 사용에는 상당한 제약이 따르며 조심스럽지 않을 수 없다.

통속 문학의 경우는 이와 약간 다르다. 통속 문학은 엄밀히 말하자면 계층성만을 그 특성으로 삼지는 않는다. 사실 중국의 경우 통속성과 본격성이 적절하게 조화를 이루는 것을 예술과 문학의 최고 경지로 설정한 것에 비추어보더라도 통속 문학이란 범주는 어떤 작품이 구현하는 미의식이 어떤 성향을 띠느냐의 문제로 귀착될 수 있을 것이며, 집단이나 시기에 따라 가변적일 수 있다. 문인들 역시 여가에 통속적인 취향의 예술을 즐기기도 한다.

5・4운동 시기에 이르러 기왕의 중국문학이 소수 귀족들만의 문학이었음을 비판하면서 평민 문학이라는 개념이 활발하게 제기된다. 물

(13쪽), 이 시민 계층의 환영을 받으면서 시민 계층의 사고를 표현하는 도시 통속 문학이 바로 시민 문학이라고 하였다(1쪽). 아울러 그의 논지를 간략하게 요약하면 다음과 같다. 유럽의 시민 계층이 비교적 자유로운 권리를 누리고 있었으며 아래에서부터 위로의 자각적인 운동을 펼쳤다면 중국의 시민 계층은 봉건 중앙 정권이 통치의 편의를 위하여 호적 정리를 하였던 것에서 유래한 것이다(17쪽). 정치 사회적 권리 쟁취를 위하여 몇 차례 투쟁하기도 하였으나 그것은 소규모 단기간의 소동에 그쳤으며 중국 시민 계층은 정치적으로 중요한 영향력을 행사하지 못하였다. 이리하여 유럽의 시민 문학이 반봉건주의와 계몽주의 정신에 입각하여 풍자적 기법으로 시민 계급의 문학 정신을 선명하게 표현하는 반면, 중국의 시민 문학은 사회, 학술, 예술 영역에서 반봉건의 성향을 분명하게 내세우지 못하고 통치 계급의 미신적 사고와도 명확한 경계선을 긋지 못한다. 중국의 시민 사회는 봉건 사회 후기 도시 상품 경제 발전이 비교적 높은 단계에 도달하고 봉건 중앙 집권이 다시 군건해지는 역사적 조건 아래에서 이루어진 것이다. 이 시기는 바로 북송대이다(19쪽).

론 그 이전에도 보다 폭 넓은 향수층에게 다가설 수 있는 양식과 내용에 대한 고민이 없었던 것은 아니었으나 그 깊이와 넓이는 비교할 수 없는 수준이었다.[13] 이 때 평민은 계급적 용어라기보다는 봉건 중국의 피통치 계층을 폭넓게 아우르는 개념이었으며 그들의 각성과 정서 함양에 봉사할 수 있는 문학이 바로 평민 문학이 된다. 민간 문학(folklore)은 사실 민간(귀족이 아닌)의 문학이라는 일차적 의미를 지니기도 하나 문학사적으로 볼 때 구연을 중심으로 창작・유통되고 전승되는 문학을 통하여 인류의 문화 의식을 관찰하고 새로운 시대를 준비하려던 19세기의 민속학적 흐름과 무관하지 않다.

중국에서의 시민의 개념, 그리고 시민의 성장과 발전에 대한 논란이 아직도 진행 중이거니와 서구를 뛰어넘는 독자성을 확보하기 위하여 즐겨 사용되던 시민 개념이 오히려 중국 사회가 자율적 민주화를 이루지 못한 것을 강조하게 되는 부메랑 효과까지 감지되는 요즘 시민 문학이란 용어 사용은 상당한 주의가 요구된다. 그리고 서민 문학과 평민 문학은 시민이란 용어 사용에서 생기는 문제점을 회피한 듯한 느낌이 강하여 이 글에서는 민속학적 측면을 강조하는 민간 문학이란 용어를 사용할 것을 제안한다.[14] 필자는 이 민간 문학의 개념을 이중적으로

13 唐代의 新樂府 운동, 馮夢龍, 袁宏道로 대표되는 명대의 통속적 글쓰기와 민가 운동 그리고 陽明學派의 문학 주장 등은 그 일례가 될 것이다. 그러나 이들의 주장은 주로 계몽과 감화의 대상으로서의 향수층을 상정한 것이었거나, 상업적 고려 대상이었을 뿐이다. 물론 5・4운동 시기에도 계몽의 대상으로 상정하지 않은 것은 아니나 그 차원이 달랐음을 기억하여야 할 것이다.

14 이러한 제안이 문학의 당파성과 계급성을 부인하는 것은 아니다. 다만 중국 사회의 시민계급의 성립 가능성과 그 역사적 실체를 명확하게 토론하지 않고 문학 현상을 설명하는데 필요에 따라 자의적으로 사용되는 것이 문제라는 것을 지적하는 것일 뿐이다. 어설픈 용어 사용은 문학사를 설명하기보다는 문학사의 생명력을 압살하고 만다.

사용하고자 한다. 즉, 기본적으로는 계층을 배타적으로 구분하지 않되 그 속성상 민간 지향성을 내포하는 문학으로서 구연(공연)과의 친밀성이 두드러지는 문학을 민간 문학 범주에 포괄시켜 접근하고자 한다.

필자는 이러한 입장에 서서 동일한 소재가 여러 양식에 걸쳐 작품화될 때 소재의 동일성과 양식의 차별성 가운데 어느 것이 우세하며 또 어떤 식으로 작용하는지를 살펴볼 것이며, 흔히 민간 문학의 표징으로 간주되는 구연에는 기록과 다른 어떤 특성들이 존재하며 그 존재들의 미학적 효과는 무엇인지 살펴볼 것이다. 아울러 흔히 민간의 장르로 인식되던 극, 소설, 강창 사이에도 차이가 엄존함을 논증할 것이다.

3) 연구 범위

위와 같은 연구 목적을 달성하기 위하여, 역사 기록, 『선화유사』 등의 원대의 강사서, 원 잡극 작품, 소설 『수호전』, 명 전기 그리고 청대 강창 작품을 텍스트로 하여 분석하고자 한다.

역사 기록으로는 먼저 『송사(宋史)』의 『휘종본기(徽宗本紀)』와 『장숙야열전(張叔夜列傳)』, 『후몽열전(侯蒙列傳)』을 살펴 수호 관련 기록을 찾아 검토하였다. 다음 송대 휘종 치세 전후를 기록하고 있는 송원대의 사료(史料) 필기(筆記)를 살폈는데, 방작(方勺, 1066~?)의 『박택편(泊宅編)』, 주밀(周密, 1232~1298)의 『계신잡지(癸辛雜識)』·『제동야어(齊東野語)』, 장작(莊綽)의 『계륵편(鷄肋編, 紹興3년 서문)』 등이 바로 그것이다. 이들 자료는 근년에 북경 중화서국(中華書局)에서 『당송사료필기(唐宋史料筆記)』,

『원명사료필기(元明史料筆記)』 총서로 간행한 바 있으며, 표점과 주석이 충실하여 참고하였다. 이식(李埴)의 『황송십조강요(皇宋十朝綱要)』, 서몽신(徐夢莘)의 『삼조북맹회편(三朝北盟會編)』, 필원(畢沅)의 『속자치통감(續資治通鑑)』, 양중량(楊仲良)의 『속자치통감장편기사본말(續資治通鑑長篇記事本末)』, 왕칭(王偁)의 『동도사략(東都事略)』 같은 역사서는 『사고전서(四庫全書)』를 참고하였다.[15] 이외의 송원대 자료로는 『선화유사(宣和遺事)』[16]와 『취옹담록(醉翁談錄)』[17]을 살폈다.

원 수호 잡극은 여러 목록서와 원 잡극 참고서를 참고하여 수호 관련 잡극 목록을 확정하였으되, 부석화(傅惜華)가 1964년에 정리하여 출판한 『수호희곡집(水滸戲曲集)』을 작품 텍스트로 삼았다.[18] 부석화가 확정한 수호 잡극은 총 15편인데, 이중 원대 작품이 6편, 명대 작품이 7편, 청대 작품이 2편이다. 이 글에서는 원대 작품 『흑선풍쌍헌공(黑旋風雙獻功)』, 『동락원연청박어(同樂院燕青博魚)』, 『양산박흑선풍이규부형(梁山泊黑旋風李逵負荊)』, 『대부소처환뢰말(大婦小妻還牢末)』, 『쟁보은삼호하산(爭報恩三虎下山)』, 『노지심희상황화욕(魯智深喜賞黃花峪)』을 분석 대상으로 삼는다. 명청 수호 잡극을 논외로 한 것은 이미 소설 『수호전』이 확정된 이후의 작품인지라 『수호전』의 전사(前史)로서의 역할을 하지 못한다는 이유가 그 하나며, 『수호전』을 기준으로 이전과 이후의 잡극이 어떤 식으로

---

15 부끄러운 일이지만 이들 자료를 필자가 처음부터 꼼꼼히 읽어 내려가면서 수호 관련 기사를 정리해 낸 것은 아니다. 다만 기존 연구서들에서 언급한 기사를 근거로 관련 원서를 역으로 찾아보고 그 기록의 정확성을 탐색하며 혹시 단장취의하지는 않았는지 검토하였을 뿐이다. 앞으로 수호 관련 공부를 계속하면서 보충하고자 한다.

16 『宋元平話四種』, 臺北 : 世界書局, 1977.

17 『醉翁談錄』, 臺北 : 世界書局, 출판년도 불명.

18 傅惜華, 『水滸戲曲集』, 上海 : 上海古籍出版社, 1964. 이 글에서 참고한 것은 1985년의 개정판이다.

변화하는지 아니면 변화가 없는지를 먼저 살펴야 하는데, 이는 이 글의 범위를 넘는 또 다른 과제라는 것이 그 둘째 이유이다.

소설 『수호전』은 현존하는 수호 이야기의 종합적인 모습을 문제삼는 이 글의 의도에 걸맞게 사구(四寇) 정벌을 모두 포함하는 120회본을 기본 텍스트로 삼았다.[19] 아울러 평점을 검토하고 다른 판본과도 비교하기 위하여 김성탄(金聖歎)이 평한 『관화당본수호전(貫華堂本水滸傳, 70회본)』,[20] 이탁오(李卓吾)가 평하였다고 하는[21] 『용여당본수호전(容與堂本水滸傳, 100회본)』,[22] 종성(鍾惺)이 평점한 『충의수호전(忠義水滸傳, 100회본)』[23] 등도 참고하였다.[24] 한편 국역본은 연변대학수호전번역조(延邊大學水滸傳翻譯組)가 번역하고 청년사에서 출간한 것을 참고하였다.

전기는 부석화가 편한 『수호희곡집(水滸戲曲集, 第二集)』에 수록되어 있는 『보검기(寶劍記)』, 『영보기(靈寶刀)』, 『의협기(義俠記)』, 『수호기(水滸記)』, 『원소뇨(元宵鬧)』, 『투갑기(偸甲記)』의 명대 수호 전기 6편을 분석 대상으로 삼았다.

청대 수호 강창 작품은 『자제서총초(子弟書叢鈔)』[25]와 『청몽고차왕부장자제서(淸蒙古車王府藏子弟書)』,[26] 『고사선(鼓詞選)』,[27] 『고사휘집(鼓詞彙

19 『水滸全傳』, 上海 : 上海古籍出版社, 1984.
20 濟南, 齊魯書社, 1994.
21 대체로 후인이 평점하고서 이탁오의 이름을 끌어들인 것이라 한다. 章培恒은 명대 錢希言의 저서인 『戱瑕』의 기록을 근거로 葉晝가 평점한 것으로 주장한다. 자세한 내용은 前言 1~3쪽 참조.
22 上海, 上海古籍出版社, 1995.
23 合肥, 安徽文藝出版社, 1995.
24 한편 簡本의 상황을 파악하기 위하여 武漢出版社에서 1994년에 정리 출간한 『忠義水滸志傳評林(104회본)』(日本輪王寺秘藏)을 구하였으나 주밀한 검토를 진행하지는 못하였다.
25 關德棟·周中明 편, 『子弟書叢鈔』, 上海 : 上海古籍出版社, 1984.
26 北京市民族古籍整理出版規劃小組輯校, 『淸蒙古車王府藏子弟書』, 北京 : 國際文化出

集)』[28]에 수록된 작품 가운데에서 수호 이야기와 관련된 작품은 모두 다루었다. 이 글은 청대 강창 가운데에서도 고사와 자제서를 중심으로 다룸에도 불구하고 균형 잡힌 논의 전개를 위하여 장편 평화(評話) 작품을 참고하지 않을 수 없었는데, 제반 여건으로 말미암아 실제 공연을 검토하지는 못하였으며, 기록된 텍스트를 참고하였다. 항주(杭州) 평화 『무송연의(武松演義)』[29]와 양주(揚州) 평화 『송강(宋江)』[30] 두 작품만을 제한적으로 검토하였다.

版公司, 1994.

27 趙景深編選, 『鼓詞選』, 上海 : 中華書局, 1960.

28 沈陽市文學藝術工作者聯合會編, 1~6輯, 1956~7.

29 劉操南・茅賽雲編著, 『武松演義』, 杭州 : 浙江人民出版社, 1980.

30 王少堂口述, 揚州評話研究組整理, 『宋江』, 江蘇人民出版社, 1985.
이 기록들은 두 가지 근본적인 한계를 지닌다. 첫째, 문자로 기록한 것이기에 실제 공연 상황을 얼마나 충실하게 재현하고 그 감동을 전달할 수 있느냐에 대한 의문이 그것이다. 둘째, 이들 작품은 정리 과정을 거치면서 일부 개작이 이루어져 원래 내용에 변형이 가해진다는 점이다. 실제로 『송강』은 "봉건적인 잔재와 소시민의 저급한 취향이 섞여 있어 대대적인 수술을 가하지 않을 수 없었다. (…중략…) 그리하여 중국 곡예가협회의 책임자인 陶鈍은 여러 차례 좌담회에 참가하거나 서신을 보내어 실제 공연에서 그려내던 송강의 인물 형상을 어떤 식으로 부각시킬지, 전체적인 내용을 어떤 식으로 가감할지 귀중한 의견을 제시해 주었다. 이러한 의견은 이 책의 정리 작업에 심대한 도움이 되었다"고 한다(『宋江・後記』, 1437, 1439쪽). 이차 자료를 이용하는 연구자들이 주의하지 않을 수 없는 대목이다.

2. 소설『수호전』의 전사(前史)

1) 역사 기록

이 장을 시작하기 전에 두 가지 사항이 해명되어야 할 것 같다. 소설『수호전』이 수호 이야기 군의 전후사를 가르는 중요한 전환점이 되는 이유가 그 하나이며, 수호 이야기의 성립 과정에 관여하는 수많은 기록체들 가운데 역사 기록의 범주를 어떻게 확정할 것인가가 그 둘이다.

수호 이야기 군은 흔히 시내암(施耐庵)이나 나관중(羅貫中)으로 대표되는 개인의 창조적 상상력과 문학적 구성력이 기록과 공연을 넘나들면서 다양한 장르로 전해지던 소규모의 수호 이야기를 집적하여 질적으로 상승 전화시킴으로써 정점에 도달하게 되는데, 그 정점에 서는 것이 바로 소설『수호전』이다. 소설『수호전』에 이르러 수호 이야기 군은 외연적 최대치에 이르렀으며,[31] 이후 수호 이야기 군의 발전사를 규율하는 하나의 규준으로 작용한다는 것이 필자의 잠정적 견해이다. 따라서 수호 이야기 군은 소설『수호전』으로 수렴되었다가 발산되는 과정을 겪는다고 보아야 할 것이다.

두 번째, 그러나 더욱 곤혹스러운 문제는 바로 수호에 관련된 이야

31 물론 소설『수호전』이 포섭하지 못한 부분도 있다. 예컨대 수호 잡극 가운데에서는『이규부형』만이『수호전』에 반영되며 나머지 수호 잡극의 내용은『수호전』에 거의 반영되지 않는다. 즉,『수호전』이『수호전』의 전사를 양적으로 적분한 것은 아니라는 말이다. 그러나『수호전』에 반영되지 않은 이야기는『수호전』에 반영된 이야기에 비하여 전파의 속도와 폭이 비교할 수 없을 정도로 뒤진다는 점을 기억하여야 할 것이다.

기들의 연변사를 추적할 때 소위 역사 기록의 범주를 어떻게 설정할 것인가 이다. 중국인의 역사 기록 전통에 비추어 국가 권력의 권위를 빌어 전대 왕조의 역사를 정리하여 기록하는 정사는 논외로 친다고 하더라도 기록자의 개인적 차원에서 견문을 기록한 잡다한 기록이나 야사 등의 신빙성을 어느 정도까지 받아들여야 하는 것인지, 그리고 필기나 야사류는 혹시 기록자의 입장에 따라 기록의 각도가 달라지지는 않았는지 문제가 되지 않을 수 없다. 특히 명청대 이후의 기록은 그것이 소설 『수호전』 이전의 견문의 기록인지 아니면 소설 『수호전』이 성립된 이후 소설 『수호전』의 영향으로 생겨난 것을 기록한 것인지가 불분명하다.

더욱이 어떤 서사적 기록체가 우리의 관습적 장르 구분 관념에 비추어 역사와 문학의 경계선에 놓이거나 역사에서 문학으로의,[32] 과정을 밟는 진행형일 경우에는 또 다른 차원에서 논의할 필요성이 제기된다. 『선화유사(宣和遺事)』는 바로 대표적인 사례가 될 것이다. 필자는 『선화유사』를 평화(平話)의 한 작품으로 파악한 적이 있으며,[33] 대부분의 중국소설사 역시 역사서로서보다는 문학 작품, 즉 송원의 강사서(講史書)로 파악하는 경향이 있다. 이는 『수호전』 성립 과정을 올바르게 파악하

32 예를 들어 드워스킨은 지괴의 탄생을 역사에서 문학으로의 전이 혹은 문학으로서의 자기 정체성 확보 과정으로 파악한다. 드워스킨에 따르면, 초기 지괴 작가들은 역사가로서 자임하였으며 그러한 관념 하에서 정통적인 역사서가 소홀히 하기 쉬운 부분을 보충하고자 하였다. 이런 측면에서 지괴는 의사[pseudo] 역사서의 성격을 지닌다. 그러나 역사서의 엄밀성이 강하게 추구되고 지괴서의 또 다른 기능인 서사 자체의 미학적 성격과 오락적 기능이 강조되면서 지괴는 역사와 결별한다. 자세한 내용은 Kenneth J. DeWoskin, "The Six Dynasties *Chih-kuai* and the Birth of Fiction", Andrew H. Plaks ed., *Chinese Narrative : Critical and Theoretical Essays*, Princeton : Princeton University Press, 1977, 21~52쪽 참조.

33 졸고, 「송원평화연구」, 서울대 박사논문, 1996.2, 25~9쪽.

고 역사적 모티프가 문학적으로 형상화되는 중국적 메커니즘을 제대로 밝히기 위해서라도 상당한 주의가 요구되는 대목이라고 하겠다.

필자는 이러한 점에 주의하면서 수호 이야기와 관련된 역사서의 기록이 소설『수호전』에 얼마 정도의 골격을 제공한 것인지 살펴볼 것이며, 이런 일련의 과정을 통하여『수호전』작가의 상상력이 개입될 소지가 어디에 어떤 식으로 놓여 있는지 따져 볼 것이다. 아울러 역사 기록의 성립 시기를 문제삼으면서 수호 이야기 성립사를 다루던 기왕의 연구들이 소홀히 한 부분을 보충할 것이다. 특히 문학과 역사의 경계에 놓이는 작품들을 어떤 식으로 활용하여야 할 지 고민할 것이다.[34]

수호 이야기의 전체적인 윤곽은 사실 역사서에 이미 다 갖추어져 있다. 영웅들의 행적과 입신(立身)→취의(聚義)→집단 행동→초안(招安)→사구(四寇) 정벌[35]→대단원에 이르는 대체적인 단초가 역사서에 다 갖

34 이쯤에서 필자의 자료 활용이 지니는 근본적인 한계이자 문제점을 고백하여야 하겠다. 수호와 관련된 역사 자료는 필자가 직접 관련 자료를 섭렵하면서 하나하나 찾아내야 할 것이나 현실은 수호의 원류를 밝히는데 심혈을 기울인 선배 연구자들 특히 중국 연구자들의 성과를 차용하는데 그치고 말았다. 이의 일차적인 책임은 필자의 과문함에 있다. 그러나 한 걸음 물러나서 생각해 보면, 일차 자료 섭렵에서 중국의 선행 연구자들이 보여준 능력을 뛰어넘기란 거의 불가능에 가깝다는 현실을 먼저 인정하여야 할 것이다. 물론 예외적 능력을 구유한 연구자가 있을 수 있고 한국과 관련된 부분에서 탁월한 성과를 거둘 수도 있을 것이다. 이제는 더 이상 타 연구자의 논문에 인용된 원자료를 확인 절차조차 생략한 채 본인이 직접 찾아낸 양 인용하는 과오를 저질러서는 안 된다. 오히려 타 연구자의 논문에 인용된 것을 보고서 계시를 받았음을 솔직히 인정하고 학자적 양심에 따라 그 원 출처와 대조하여 확인하였음을, 그리고 전후 맥락을 제대로 파악하여 인용하였는지를 검토하였음을 밝히는 것이 더욱 학자다운 처사일 것이고 그것이 바로 현행 한국 중문학계의 발전을 위해서도 바람직하다고 생각한다. 특히 거대한 문헌의 바다에서 표류할 수밖에 없는 중국 고전문학계의 현 상황에 비추어 보면 이는 더욱 절실하다. 그럼에도 불구하고, 타인의 연구 논문이라는 프리즘을 통하지 않고 직접 자신의 눈으로 자료에 접근하려고 하는 노력은 계속되어야 할 것이며, 이러한 현실을 핑계삼아 자신의 나태함을 변명하여서도 안 될 것이다.

35 송강 등이 동경에 잠입하였을 때, 柴進은 휘종의 서재인 睿思殿에 잠입하였다가 병풍

추어져 있다는 말이다.

① 선화(3년, 1121) 2월, 회남에서 송강(宋江)의 무리가 기의하여 관군과 결전을 벌이며 중앙 정부에 반기를 들었다.[36]

② 송강 등은 36명이 무리를 지어 활동하였는데,[37] 이들 가운데는 양지(楊志), 이충(李忠), 왕영(王英), 사빈(史斌) 등이 있다.[38]

에 "山東宋江, 淮西王慶, 河北田虎, 江南方臘"이라 적혀 있는 것을 보고는 '山東宋江'이란 글자를 칼로 긁어내 버린다(『수호전』 72회). 당시 휘종의 입장에서 보자면 송강, 왕경, 전호, 방랍의 반란이 바로 나라의 화근이었을 것이며, 이들이 바로 四寇였을 것이다. 송강은 초안을 받아들인 이후에 遼를 정벌하고(82~89회), 田虎를 정벌하며(91~100회), 王慶의 반란을 진압하며(101~109회), 方臘의 난을 진압한다(110~119회). 여기서 사구란 바로 후자를 가리키며 송강이 초안을 받아들인 이후에 정벌한 '요, 전호, 왕경, 방랍'을 통칭하는 말로 사용하였다. 역사서에는 사구 가운데에서 방랍과 요의 정벌이 기록되어 있을 뿐이지만 송강이 초안을 받아들이고 나라를 위하여 외적과 반군을 정벌한다는 대략적인 내용이 이미 기재되어 있다는 의미에서 사용하였다.

36 "宣和三年二月, 淮南盜宋江等犯淮陽軍, 遣將討捕, 又犯京東江北入楚海州界, 命知州張叔夜招降之."(『宋史 · 徽宗本紀』)

37 "宋江寇京東. 蒙上書言; **宋江以三十六人**橫行齊魏, 官軍數萬, 無敢抗者, 其才必過人. 今青溪盜起, 不若赦江, 使討方臘以自贖. 帝曰; 蒙居外不忘君, 忠臣也. 命知東平府, 未至而卒."(『宋史侯蒙列傳』) 李若水(1092~1126), 『捕盜偶成』(7언20구의 장시). 李若水는 宋江이 활약하던 당시에 宋江 집단의 활동 범위와 가까운 元城縣의 縣尉와 濟南府教授를 역임한 바 있다. "去年宋江起山東, 白晝橫戈犯城郭. 殺人紛紛剪草如, 九重聞之慘不樂. 大書黃紙飛勅來, **三十六人**同拜爵. 獰卒肥驂意氣驕, 士女駢觀猶駭愕. ……."(龔聖與, 『宋江三十六人贊』)(周密(1232~98), 『癸辛雜識續集上』의 한 조목으로 수록됨) 龔聖與의 36인 명단은 『宣和遺事』 『水滸傳』과 비교하여 부록에서 밝힐 것이다.

38 ① 楊志; "其餘焦安節敗于團柏, 冀景敗于交城, **楊志**敗于孟縣, 解潛敗于南關, 范瓊敗于介林, 劉韐敗于平定, 張灝敗于郭柵, 皆望塵而走, 或交鋒而退, 無足紀也."(47.7b) "**楊志**昨在燕, 曾受高托山極賂. 志貪財色, 今聞在軍, 可說之要擊."(徐夢莘, 『三朝北盟會編』 권30)
② 史斌; "賊**史斌**據興州, 僭號稱帝. 斌本宋江之黨, 至是作亂."(『建炎以來繫年要錄』 권7) "**史斌**(史斌이 『수호전』에 등장하는 사진과 동일인인지 설혹 동일인이 아니더라도 사진의 모델이 되었는지에 대한 확증은 없다. 주의할 일이다)이 1127년 여름에 반란을 일으켜 興州를 빼앗고서는 스스로 稱帝하였다. 사천으로 옮기려다 실패하고 1128년 1월에 홍주마저 잃었다. 그해 말 그는 陝西의 평원으로 돌아갔다. 이어 興元 공격에 실패하고 長安으로 유인되어 그의 병사들이 흩어졌으며, 그는 도망하였다가

③ 송강의 무리는 장숙야(張叔夜, 1110년 전후인)가 이끄는 관군과의 전투에서 패하여 항복하였다.[39]

④ 송강은 유연경(劉延慶), 유광세(劉光世), 신기종(辛企宗) 등과 함께 10여만 명의 군사를 이끌고 동남 지방에서 반란을 일으켜 위세를 떨치던 방랍(方臘) 일당을 토벌하였다.[40]

이처럼 역사서의 기록을 정리하여 놓고 보면 두 가지 점이 부각된

마침내 붙잡혀 살갗이 벗겨지는 형벌을 받아 죽었다."

③ 王英; "建炎四年(1130)八月乙酉, 時京西與河東, 北接境, 而忠義之人, 猶有聚兵保守山寨者. 河南鎭撫使翟興遣親信持臘書, 取間道以結約之. 如向密, 王簡, **王英**等數十寨, 皆愿聽節制."(『建炎以來繫年要錄』 권36), "懷州, ……十一月初破城, 準備將領武翊郎**王英**投濠而死."(『靖康要錄』 권14)

④ 李忠; "建炎三年(1129)十有一月丁未. 初, 京西制置使程千秋旣軍襄陽, 有劇盜曹端者, 自京城聚衆, 擾于京西, 號曹火星. 千秋密遣人說端裨將王辟, 使殺端. 端軍多潰, 惟後軍**李忠**寨差遠, 獨不散; 自稱權京西南路副總管, 與其徒冠白巾, 聲言爲端報仇."(『建炎以來繫年要錄』 권29) "建炎四年(1130)十有二月. 是歲, 紅巾賊屢犯均州." 原注 : "此時, 均州諸盜乃**李忠**之徒."(『建炎以來繫年要錄』 권40)

39 "宋江起河朔, 轉略十郡, 官軍莫敢攖其鋒, 聲言將至. 叔夜使間者覘所向, 賊經趨海瀕, 劫鉅舟十餘, 載鹵獲. 於是募死士, 得千人. 設伏近城, 而出輕兵距海, 誘之戰. 先匿將卒海旁, 伺兵合擧火焚其舟. 賊聞之, 皆無鬪志. 伏兵乘之, 擒其副賊, 江乃降."(『宋史張叔夜列傳』)

40 "宣和2年(1120년), 方臘反睦州, 陷溫台婺處杭秀等州, 東南震動. 以貫爲江浙宣撫使, 領劉延慶, 劉光世, 辛企宗, 宋江等軍, 二十餘萬往討之."(徐夢莘, 『三朝北盟會編』 권52; 이혜순, 『수호전연구』, 16쪽) 이밖에도 송강의 방랍 정벌에 관하여서는, 李埴, 『皇宋十朝綱要』, 18.11a에 "1121년 7월 24일 辛企宗과 宋江이 山源洞에서 반란군을 무찌르다. 이 소동으로 백만 명이 넘는 인명이 손상당하였다"라는 기록이 나오나, 그 반란군이 바로 방랍이라고 명확하게 밝히고 있지는 않다. 畢沅, 『續資治通鑑』과 楊仲良, 『續資治通鑑長編紀事本末』, 141.16b~17a에도 송강의 방랍 정벌에 관한 기록이 보인다. Irwin은 송강 일행이 方臘을 정벌하는 데 참여하였다는 사실이 『宋史』, 『宋會要稿』, 『國朝續會要』, 『續宋編年資治通鑑』, 『泊宅編』과 『青谿寇軌』 등에서 모두 언급되지 않고 있다고 하면서, 그 이유를 송강 등의 지위가 너무 낮아서 였거나 관찬 역사가들이 송강 등이 이미 초안을 받아들여 황제군이 된 이상 따로 기록할 필요를 느끼지 못하여서 였을 것으로 추측한다(Richard Gregg Irwin, The *Evolution of a Chinese Novel : Shui-hu-chuan*, Cambridge, Massachusetts : Harvard University Press, 1953, 13쪽).

다. 수호 이야기의 기본적인 골격이 역사 기록을 통하여 이미 완성되어 있다는 것이 그 하나며, 그 골격은 단지 골격일 뿐, 생동감이 결핍되어 있는 단편적인 기사에 불과하다는 것이 그 둘이다.

예를 들어 송강이 단독으로 활동하지 않고 36명의 영웅들과 무리를 지어 활동하였다는 것은 이미 『송사』와 같은 정사에 언급되고 있으며, 역사상의 송강과 동시대를 살았던 이약수(李若水, 1092~126)의 『포도우성(捕盜偶成)』에서도 송강이 36명과 더불어 활동하였으며, 같이 초안을 받아들였음을 기록한다. 아울러 주밀(周密)은 『계신잡지(癸辛雜識)』에 공성여(龔聖與)의 『송강삼십육인찬(宋江三十六人贊)』을 수록하고 있는데, 『송강삼십육인찬』에는 36인의 명단과 별명이 확정되며, 사언사구로 각자의 특징을 간략하고도 핵심적으로 묘사하고 있다.

여기서 드러나는 바와 같이 공식적인 역사서의 기록은 '송강이 36명의 무리들과 결탁하여 반란을 일으켰다가 장숙야에게 초멸당하였다'는 정도에 국한된다. 이 36명의 구체적인 명단과 활약상 그리고 그들에 얽힌 일화 등은 비공식적인 역사서의 기록으로 존재하게 되거나, 그들에 관한 뒷이야기로 인구에 회자되었을 것이다. 그러나 이 36명에 대한 뒷이야기 역시 상호간의 연관성을 획득하지 못한 '별개의 소재' 정도의 수준이었으며, 『선화유사』에 이르러서야 비로소 이야기가 방사상으로 퍼져 나감과 동시에 송강이라는 인물이 부각되면서 그를 중심으로 수렴되어 간다.[41]

수호 이야기의 모태가 되었을 것이라고 추정되는 역사 기록은 사건

41 『선화유사』가 수호 이야기를 다루는 방식과 태도 및 특징은 다음 절에서 상론할 것이다.

의 단순하고 짧은 기록에 불과하다는 점이 확인되었다. 그 인물에 개성을 집어넣고 생명력을 집어넣어 역사의 기록 창고에서 살아 숨쉬는 문학 현장으로 걸어 나오도록 한 것은 바로 작가의 상상력과 구성력이었다. 『선화유사』의 작가, 원 수호 잡극의 작가, 소설 『수호전』의 작가들은 바로 이런 노력을 기울인 자들이었다. 이들을 통하여 사건과 사건 사이에 맥락이 생겨나고, 구성이 이루어지고, 단순한 사건의 집적을 넘어서 새로운 작품이 탄생되었다. 만약 소설 『수호전』을 정점으로 하는 수호 문학 작품들이 역사적 사실을 주워 모아 단순하게 배열한 것이라고 생각한다면 그것은 진실을 외면하는 처사임이 분명하다. 사건은 그 자체로 이야기하지 못한다.

2) 『선화유사』 그리고 기록된 이야기 선집

앞서 살펴본 바와 같이 수호와 관련된 역사 기록들은 단편적인 것에 불과하다. 설사 그것이 송강이란 인물을 중심으로 여러 영웅들이 모이고, 중앙 정부에 반대하였다가 중앙 정부와 타협하고(혹은 물리적인 약세로 굴복하고), 중앙 정부의 이익에 반하는 또 다른 세력을 무찌르는 전 과정을 포괄한다 하여도 그것은 몇 가지 모티프를 제공하는 것에 그친다고 보아야 할 것이다.

이같이 단순한 모티프들을 유기적으로 결합하여 하나의 구성을 지닌 이야기로 성장시키는데 중요한 역할을 담당한 것이 바로 『선화유사』이다. 사실 『선화유사』 자체가 역사와 문학, 기록과 공연의 묘한 접점에 선다. 기본적으로는 편년체(編年體) 역사 서술 방식을 취하면서도 다루는 내용에 따라 마치 이야기 모음집과도 같은 특성을 보여주며, 문언 역사 기록을 그대로 따오는가 하면 유려하고 생동감 넘치는 백화 표현이 등장하기도 한다. 『선화유사』의 편찬 의도와 시기에 대하여서는 지금껏 논란이 되고 있다. 필자는 『선화유사』가 세속화된 역사서의 기능과 설화 구연의 저본 기능을 이중적으로 수행하였으며, 송대에 이미 그 추형이 완성되고 출간되었다가 원대에 이르러 현재 우리에게 전해지는 것과 같은 형태로 완성되었다고 본다.[42]

『선화유사』가 편년체 역사 서술 방식을 채용하여 송 휘종(徽宗) 치세의 여러 이야기들을 기록한 이야기 집의 성격을 지닌다는 점은 수호 이야기 군의 전개 과정의 바른 이해를 위하여서도 반드시 기억할 필요가 있다. 아울러 거대한 수호 이야기 군의 일부가 『선화유사』의 일부로 속해 있다는 점 역시 중요하다.[43] 수호 이야기 성립 과정에서 『선화유사』가 갖는 의미는 바로 『선화유사』에 이르러 수호 이야기가 구체적이고 생동감 넘치며 작가의 창조적 상상력이 가미되었음을 느끼게

---

42 『선화유사』에 관한 전반적인 사항은 졸고, 『송원평화연구』, 서울대 박사논문, 1996, 25~9쪽; 王利器, 「宣和遺事解題」, 『復印報刊』, 1991.7; W. L. Idema, "Some Remarks and Speculations Concerning P'ing-Hua", *Chinese Vernacular Fiction*, Leiden : E. J. Brill, 1974, 74쪽; 嚴敦易, 『水滸傳的演變』, 北京 : 作家出版社, 1957, 92~94쪽 참조. 嚴敦易은 『선화유사』를 원대인이 송대의 일을 기록한 이런 저런 책을 모아서 편찬한 통속적인 筆記로서 결과적으로 화본과 유사해진 것으로 파악한다.

43 『선화유사』는 대체로 다음 열 가지 내용을 포함하고 있다. ① 역대 황제의 실정과 폐단을 지적, ② 王安石 신법의 폐악을 비판, ③ 蔡京이 권력을 쥐고서 나라의 정치를 망치는 이야기, ④ 宋江과 梁山泊의 이야기, ⑤ 徽宗이 李師師와 정을 통하는 이야기, ⑥ 도사 林靈素의 이야기, ⑦ 徽宗이 정월 대보름날 燈을 감상하는 이야기, ⑧ 卞京이 적에게 포위당하는 이야기, ⑨ 徽宗과 欽宗이 적에게 포로로 잡히는 이야기, ⑩ 高宗이 杭州로 수도를 옮겨 남송을 건국하는 이야기.

하는 이야기로 변한다는 데에 있다. 『선화유사』에 등장하는 수호 관련 이야기는, 양지매도(楊志賣刀)와 양지(楊志)・손립(孫立) 등의 태행산(太行山)으로 들어가기,[44] 조개(晁蓋)・오가량(吳加亮) 일행의 생신강 탈취와 송강 연루, 송강의 염파석(閻婆惜) 살해와 천서(天書) 받기, 송강의 양산박 합류 및 초안(招安) 그리고 방랍(方臘) 토벌 등이다.

『선화유사』에 등장하는 수호 관련 이야기의 특징으로는 첫째, 구체적인 인물과 구체적인 사건이 등장하며 그 사건의 전개는 거의 자체

---

44 『선화유사』에 나오는 수호 관련 이야기들을 모두 인용할 수 없어 그 중 양지와 관련된 부분만을 인용하여 그 대강을 짐작하도록 한다.
"한편 일찍이 주면(朱勔)은 楊志, 李進義, 林冲, 王雄, 花榮, 柴進, 張青, 徐寧, 李應, 穆橫, 關勝, 孫立 등 12명을 감독관으로 임명하고는 太湖에 가서 인부들을 독려하여 花石綱을 운반하도록 하였다. 명령을 받은 후, 이 열두 명은 의형제를 맺고 어렵거나 재앙을 만나면 서로 돕기로 약속하였다. 이진의 등 열 명은 화석강을 운반하여 이미 서울에 도착하였으나 양지는 潁州에서 손립을 기다리다가 눈이 와서 길이 막히고 말았다. 눈 내리는 경치가 과연 어떠하였을까? "어지러이 눈 날리는 절간에는 차 연기 젖어 들고, 은밀히 술 마시는 기루에는 술기운 약해지는구나." 양지는 손립이 오기만을 기다렸으나 손립은 오지 않고 눈까지 내려 갈 길은 먼데 노자마저 떨어져 버렸다. 양지는 하는 수 없이 보검을 팔려 시장으로 나서게 되었다. 종일토록 시장 골목에 서 있었지만 흥정을 해 오는 사람이 없었다. 해가 저물 무렵 한 부랑자가 그 검을 사려다가 양지와 말다툼을 하였다. 양지는 결국 보검을 휘둘러 부랑자의 목을 베어 버리니, 그의 목이 땅에 떨어져 떼굴떼굴 굴렀다. 양지는 목에 칼이 씌워진 채로 고소장이 꾸려지고 옥에 갇히게 되었다. 양지의 죄를 적은 문서가 당도하니 태수는 "양지가 사람을 죽인 죄는 심히 크나 그 정상이 가상하니 묵형의 벌을 주고 衛州에 유배시키노라."라고 판결하였다. 태수는 두 명의 방송공인에게 양지를 衛州로 압송하도록 하였다. 양지가 막 유배지로 떠나려는데 한 장정이 막아서면서 "楊指使!"라고 불렀다. 양지가 고개를 들어 바라보니 바로 손립이었다. 손립은 놀라며 "형님께서 무슨 일로 죄를 지으셨단 말입니까?"라고 하였다. 양지는 보검을 팔려다 사람을 죽인 이야기를 일일이 손립에게 들려주었다. 이야기를 마치고 두 사람은 서로 헤어져 각기 제 갈 길을 갔다. 손립은 마음속으로 생각하였다. '양지 형님이 나를 기다리다가 저렇게 죄를 짓게 되었구나. 당초 우리가 의형제를 맺은 것은 어려운 일을 당하였을 때 서로 돕자고 한 것 아니던가?' 손립은 밤을 밝혀 길을 달려 서울로 돌아가 이진의 등에게 양지가 죄를 짓고서 압송되어 간다는 이야기를 전하였다. 이진의는 손립과 상의하여 나머지 형제 열한 명과 황하의 강 언덕에서 양지가 지나가기만을 기다리고 있다가 방송공인을 죽이고 다같이 太行山으로 들어가 산적이 되었다."(『宣和遺事元集』)

완결적인 구조를 지닌다는 점을 들 수 있다. 이런 이야기는 소설 『수호전』에도 그대로 이어질 뿐만 아니라 그 이후 수호 이야기의 발전 과정에도 큰 변화 없이 반영된다.[45] 둘째, 송강을 중심으로 하는 36인의 행적이 구체적으로 묘사되기 시작하며,[46] 이들의 집단적인 행동이 중앙정부에 위협이 되고 결국 중앙 정부는 장숙야를 보내어 이들을 초무한다는 내용이 확정된다.[47] 이 점에 착안하여 엄돈역(嚴敦易)은 수호 이야기는 원대에 이르러 이미 성숙기에 접어들며, 골간과 중심 구성이 이미 확립된 것으로 파악한다.[48] 그는 『선화유사』를 당시 수호 관련 이야기(설화)들이 다양하게 유행하였다는 증거로 파악하며, 『선화유사』는 그런 다양한 이야기들을 축약하여 기록하였다고 본다.[49]

『선화유사』의 서술 특성은 사건의 상세한 기록보다는 요약하여 전달하는데 있다. 더불어 『선화유사』는 편년체 역사서술 방식을 채용하고 있다는 점 역시 사실이다. 그러나 『선화유사』는 국가의 통치에 직결되는 공식적 사건에 대해서는 개요식으로 축약하여 기록하고 있음에 불구하고, 그 이면사나 독자들의 흥미를 끌만한 소재(예컨대, 휘종과 이사사의 연애)에 대해서는 비교적 세밀한 부분까지 마치 현장을 그대로 재현하기라도 하듯이 상세하고도 장황하게 기록한다.

45 이런 이야기로는 양지매도, 생신강 탈취, 염파석 살해 등을 들 수 있다.

46 송강 36인의 명단은 작품에 따라 각기 다르다. [부록 1] '수호 36영웅 비교표'를 참고할 것.

47 "조정은 어찌할 수가 없어서 송강 등을 귀순시키기로 하였다. 원수 張叔夜는 장수 가문 태생이었다. 장숙야는 각 지방에 巡檢使를 파견하여 송강 등에게 조정에 귀순하여 관직을 제수받도록 설득하도록 하였다. 이리하여 세 군데의 도적들이 모두 평정되었다. 이후 송강은 方臘의 난을 정벌하는 데 공을 세워 節度使 벼슬을 하사받았다."(『宣和遺事亨集』)

48 嚴敦易, 『水滸傳的演變』, 北京 : 作家出版社, 1957, 97쪽.

49 위의 책, 99쪽.

『선화유사』의 이러한 기록 특성은 수호 이야기의 기록에도 반영된다. 송강의 염파석 살해와 같은 것은 매우 상세하게 기록되고 있는 반면, 나머지 등장 인물은 천서(天書)에 그저 이름이 등장하는 정도이다. 송강의 방랍 정벌 같은 것은 소설 『수호전』에서는 10여 회에 걸쳐 자세하게 서술되고 있으나, 『선화유사』는 단 몇 줄로 간략하게 축약하여 기술하고 있을 뿐이다. 따라서 『선화유사』가 수호 이야기를 전체적으로 축약하여 기록하였을 것이라는 엄돈역의 견해는 성립하기 어려울 것이다. 엄돈역의 견해는 부분적으로만 진실인 것인 바, 소재에 따라 축약되어 기록된 것도 있을 것이지만 그 반대의 경우도 얼마든지 있을 것이기 때문이다. 이것을 전체적으로 종합하고 그 사건과 사건을 긴장감 넘치고 인과관계에 어긋나지 않게 결합하는 것이 더욱 중요하게 다가온다. 소설 『수호전』은 여전히 작가의 주도면밀한 구성력과 넘치는 상상력을 필요로 하였다.

송대에 이르러 설화 구연이 극성하기 시작하였고 그 여파가 원대에까지 미쳤던 점을 감안하고 『선화유사』가 설화인들의 자료집으로 기능하였을 가능성을 생각한다면, 송원대에 수호 이야기들이 설화의 고정 레퍼토리로 구연되었을 가능성 역시 상당히 높다 할 것이다. 그러나 『설삼분(說三分)』이나 『오대사(五代史)』가 고정적인 레퍼토리로 구연되었음이 기록되어 전하는 반면 『수호전』이 고정적으로 구연되었음을 증명해 주는 기록은 없다.

송원대에 걸쳐 출간되었을 것으로 추정되는 『취옹담록(醉翁談錄)』에서 저자 나엽(羅燁)은 소설을 '영괴(靈怪), 연분(煙粉), 전기(傳奇), 공안(公案), 박도(朴刀), 간봉(桿棒), 요술(妖術), 신선(神仙)'의 항목으로 나누고 각

항목에 속하는 작품들의 제목만을 열거하였다. 여기에 수호와 관련이 있을 것으로 보이는 작품의 제목이 등장한다. 공안류의 「석두손립(石頭孫立)」, 박도류의 「청면수(青面獸)」, 간봉류의 「화화상(花和尙)」과 「무행자(武行者)」가 바로 그것이다.

『취옹담록』은 잡다한 이야기거리와 흔히 당(唐) 전기(傳奇)를 연상시키는 이야기의 모음집 성격을 지닌다. 수록된 이야기는 모두 문언 단편으로 구연되었을 것이라고 추정되지는 않는다.[50] 이런 점으로 미루어 볼 때 『취옹담록』에 실려 있는 네 편의 이야기가 수호와 관련된 설화의 편린일 것이라고 단정하기는 어려울 것 같다.[51] 다만 공안이 사건 처리, 박도와 간봉이 싸움이나 무예와 관련되는 점을 염두에 둔다면 등장 인물들의 무예 겨루기나 다툼이 주요 소재가 되는 수호 이야기와 내용상의 관련성은 쉽게 생각해 볼 수 있을 것이다.

50 문언이 구연에 적합하지 않다는 것을 의미하지는 않는다. 다만 송대 설화 사가 계통을 이었을 것으로 추정되는 명대 화본이 기본적으로 문언보다는 백화를 사용하는 점을 염두에 두고 한 말이다.

51 馬蹄疾은 『醉翁談錄』에서 朴刀에 속하는 작품으로 언급되고 있는 「李從吉」과 「徐京落草」, 『淸平山堂話本』의 「楊溫攔路虎傳」 등이 모두 수호 이야기 군과 깊은 관련이 있는 작품일 것이라고 추정한다(馬蹄疾, 『水滸書錄』, 上海 : 上海古籍出版社, 1986, 567~569쪽). 그러나 이종길, 양온, 서경은 『수호전』 78회, "蔡太師依允, 便撥十道札付文書, 仰各各部領所屬精兵一萬, 前赴濟州取齊, 聽候調用. 十個節度使非同小可, 每人領軍一萬, 克期幷進. 那十路軍馬 : 河南河北節度使王煥; 上黨太原節度使**徐京**; 京北弘農節度使王文德; 穎州汝南節度使梅展; 中山安平節度使張開; 江夏零陵節度使楊溫; 雲中雁門節度使韓存保; 隴西漢陽節度使李從吉; 琅琊彭城節度使項元鎭; 淸河天水節度使荊忠." 구절에서 단지 이름만 언급될 뿐이다. 따라서 『취옹담록』과 『청평산당화본』에 등장하는 이종길, 양온, 서경과 『수호전』에 등장하는 이종길, 양온, 서경이 이름만 같고 실제로는 다른 사람일 가능성도 전혀 없지는 않다. 설사 이들이 동일인이라고 할지라도 이종길, 양온, 서경에 얽힌 이야기가 『수호전』과 관계없이 별도로 성립되어 전파되었을 가능성을 배제할 수 없다. 마제질의 견해는 『수호전』이 이미 준비된 이야기 창고를 정리한 것에 불과하다는 선입견이 만들어 낸 것이다.

3) 원 잡극 수호희

필자가 조사한 바에 따르면, 수호 소재 잡극은 총 47편이다. 이 가운데 원대 작품이 37편, 명대 작품이 7편, 청대 작품이 3편이다. 현재 작품이 전하는 것은 17편, 제목만 전하고 작품이 전하지 않는 것은 30편이다.[52] 작품 내용과 관련하여 특기할 만한 사항은 현존 원 잡극 수호희는 『이규부형(李逵負荊)』 한 작품을 제외하고는 소설 『수호전』으로 계승되지 않고 있으며 비록 『수호전』과 관련된 인물이 등장하여 사건이 전개되나 『수호전』과는 관련성이 없다는 점이고, 또 하나는 이규와 관련된 작품이 특이할 정도로 많다는 점이다.[53]

엄돈역은 수호 잡극 자체가 원 잡극 전체에서 차지하는 비중이 대단히 미미할 뿐더러, 수호 잡극의 작가들이 실제로는 수호 이야기와는 다른 내용을 극화하면서 수호 인물들을 끌어들였을 가능성마저 있다고 주장한다.[54] 아울러 그는 원대 수호 잡극은 수호 이야기 발전의 본류가 아닌 지류를 받아들였을 가능성도 조심스럽게 제기한다.[55] 그는

52 劉靖之, 『元人水滸雜劇研究』; 『曲海總目提要』; 黃丕烈, 『也是園藏書古今雜劇目錄』, 張敬, 『明清傳奇導論』; 上海藝術研究所 中國戲劇家協會上海分會編, 『中國戲曲曲藝詞典』; 傅惜華, 『水滸戲曲集』; 馬蹄疾, 『水滸書錄』 등을 참고하여 조사하였다. 자세한 목록은 [부록 2] '수호 잡극 목록' 참조.

53 원 잡극 가운데 이규를 주인공으로 하거나 이규 관련 내용을 다루고 있는 작품은 모두 16작품이다. 작품의 이름은 다음과 같다.
1. 黑旋風喬斷案, 2. 板踏兒黑旋風, 3. 黑旋風雙獻頭, 4. 黑旋風詩酒麗春園(실전), 5. 黑旋風窮風月(실전), 6. 黑旋風大鬧牡丹園(실전), 7. 黑旋風喬教學(실전), 8. 黑旋風借尸還魂(실전), 9. 黑旋風鬪鷄會(실전), 10. 黑旋風敷演劉耍和, 11. 梁山泊黑旋風負荊, 12. 梁山泊老收心, 13. 都孔目風雨還牢末(正名 : 山兒李逵大報恩, 僧住賽娘遭折挫), 14. 魯智深喜賞黃花峪(題目 : 黑旋風救答李幼奴), 15. 黑旋風仗義疏財, 16. 黑旋風壽張喬坐衙(실전)

54 嚴敦易, 『水滸傳的演變』, 北京 : 作家出版社, 1957, 109쪽.

그 증거로 현존하는 대부분의 원 잡극 수호희는 명대에 이르러 정리되고 첨삭되었고, 주로 궁정에서 공연되던 것들이어서 민간에서 유통되던 수호 이야기 본류와는 구별될 수밖에 없었을 것이라고 한다.[56] 엄돈역의 이 같은 주장은 소설『수호전』은 역사적으로 축적되어진 민간 설화와 기록을 충실하게 집적한 것에 불과하며, 그 과정이 비록 다양할지라도 일관성을 지니고 있다는 것에 바탕하고 있다. 그러나 앞서『선화유사』에 대한 엄돈역의 견해 비판에서도 이미 밝혔다시피, 원 수호 잡극과 소설『수호전』의 소재의 불일치와 구성의 불일치 양상은 원대에 다양한 수호 이야기들이 병행 발전하고 있었으며, 그 다양성의 폭 또한 넓었음을 증거해 주는 것이다. 중요한 것은 어떠한 소재가 있었는가가 아니라 그 소재를 어떤 식으로 결합하여 또 다른 미적 창작품으로 완성하였느냐 이다.

원 잡극 단계에 이르러 수호 이야기는 이미 자신만의 독특한 정체성을 확보한다. 그 가장 중요한 특징은 수호 잡극이 양산박에 집결한 영웅들이 두령 송강의 지휘 아래 부여된 임무를 완성하고 다시 양산박으로 귀의하는, 즉 주요 인물 등장하여 그를 중심으로 전개되는 단일하고 명백한 사건 구성을 지닌다는 점이다. 이를 다음 세 작품을 통하여 예증하고자 한다.

『이규부형』

① 송강이 부하들에게 청명절 휴가를 주자 이규(李逵)가 하산한다.

---

55 위의 책, 110쪽.

56 위의 책, 111~2쪽.

② 이규는 왕림(王林)의 술집에 들렀다가 송강과 노지심이 왕림의 딸을 빼앗아 간 것으로 오해하고, 양산박에 돌아와 송강과 노지심에게 항의하고 조롱한다.

③-① 송강과 이규, 왕림의 삼자 대면으로 왕림의 딸을 빼앗아 간 자가 송강이 아님이 드러난다.

③-② 이규는 송강에게 죄를 청하는 한편 노지심의 도움을 받아 진짜 왕림의 딸을 빼앗아 간 송강(宋剛)과 노지은(魯智恩)을 붙잡는다.

④ 양산박에서는 송강과 노지은을 처단하고 잔치가 벌어지며, 송강과 이규 사이에는 화해가 성립한다.

『흑선풍쌍헌공』

① 송강은 이규에게 태안신주(泰安神州)에 불공드리러 가는 손영(孫榮) 부부를 보호하는 임무를 준다.

②-① 손영의 아내 곽념아(郭念兒)와 정부 백적교(白赤交)는 태안신주에서 도망하고 손영은 이를 관가에 고발한다.

②-② 미리 관가에 손을 써 놓은 백적교 때문에 도리어 손영이 옥에 갇힌다.

③ 이규는 옥에서 손영을 구출하고 아울러 백적교의 숙소에 잠입하여 곽념아와 백적교의 머리를 베어 양산박으로 귀환한다.

④ 송강은 이규의 공을 치하하고 잔치를 열어 준다.

『대부소처환뢰말』

① 송강이 이규를 하산시켜 유당(劉唐)과 사진(史進)을 양산박으로 모셔오게 했을 때, 이규는 불의를 보고 참지 못하여 살인을 저질렀다가 이영조

(李榮祖)의 도움으로 목숨을 건진다. 이규는 이영조 집에 찾아가 금가락지를 감사의 선물로 전한다.

②-① 이영조의 첩 소아(蕭娥)는 자신의 정부이자 전리(典吏)인 조영사(趙令史)에게 이영조를 도적과 내통하였다고 고발한다.

②-② 소아는 옥리(獄吏) 유당을 꾀여 이영조를 죽여 달라고 한다.

③ 이규는 완소오(阮小五)의 도움을 받아 유당과 사진을 양산박으로 불러들이고 아울러 조영사와 소아를 붙잡아 온다.

④ 송강은 소아와 조영사를 처단하도록 하고 잔치를 열어 이규 일행의 노고를 치하한다.

『이규부형』, 『흑선풍쌍헌공』, 『대부소처환뢰말』의 구성을 살펴보면 다음과 같이 정형화되어 있음을 알 수 있다.

이처럼 수호 잡극 전체를 관통하는 단일한 구성이 존재한다는 사실은 수호 이야기는 소재로서만 기능하고 그 소재를 잡극의 공연 양식에 걸맞게 각색하여 관중들에게 제공하였다는 것을 의미한다. 이 특성이 바로 등장 인물의 성격이 개별 작품에 국한하지 않고 유형화되는 점, 사건이 발생하고 해결되는 방식 역시 유형화되는 점, 특정한 표현 방식이 여러 작품에 걸쳐 반복적으로 나타나는 요인이 된다. 아래의 송강 소개 장면은 그 예증이 될 것이다.

(송강이 말한다) 나는 성은 송이요, 이름은 강, 자는 공명이라오. 별명은 순천호보의이지요. 예전에 운주운성현에서 사무 보던 아전이었지요. 술김에 염파석을 죽인 죄로 강주 뇌성영에 유배당하였습지요. 도중에 양산을 지나다가 조개 형님에게 구출되어 양산박에 오게 되었다오. 형님께서 축가장을 세 번 공격하다가 돌아가시니, 여러 형제들이 나를 두령으로 추대하였다오. 삼십육 명의 대두령과 칠십이 명의 소두령, 더하여 무수한 졸개들을 모았으니 그 위세가 양산 일대에 진동하였다오.

(宋江云)某, 姓宋名江字公明, 綽號順天呼保義. 某曾爲鄆州鄆城縣把筆司吏, 因帶酒殺了閻婆惜, 迭配江州牢城營; 路打這梁山過, 遇見晁蓋哥哥, 救某上山. 哥哥三打祝家莊身亡, 衆兄弟推某爲頭領. 某聚三十六大伙, 七十二小伙, 半垓來的小嘍囉, 威鎭梁山.[57]

표현의 측면에서 원 수호 잡극은 공연 양식으로서의 특성을 십분 발휘한다. 등장 인물의 이름을 유사하면서도 미묘한 차이를 느낄 수 있는 발음으로 처리하여 주인공과 부정적 인물을 구분해 낼 수 있게 하며, 이는 한 걸음 더 나아가 한 등장 인물이 지니고 있을지도 모르는 긍정적인 측면과 부정적인 측면을 동시에 희화적으로 보여주기도 한다. 『이규부형』의 등장 인물 송강(宋江, Sòngjiāng)과 송강(宋剛, Sònggāng), 노지심(魯智深, Lǔzhìshēn)과 노지은(魯智恩, Lǔzhì'ēn)의 비슷함과 다름은 그

57 『李逵負荊』 第一折, 傅惜華, 『水滸戲曲集第一集』, 上海 : 上海古籍出版社, 1985, 33쪽. 송강의 자기소개는 모든 작품에서 유사하게 나타나나 약간의 가감이 있다. 『이규부형』이 비교적 간략한 편이며, 『흑선풍쌍헌공』, 『동락원연청박어』, 『노지심희상황화욕』에는 "脚踢翻蠟燭臺, 沿燒了官房, 官軍捉拏某到官, 脊杖了六十", "打開枷鎖, 救某上山, 就讓某第二把交椅坐"의 구절 등이 추가된다.

한 예증이 될 것이다. 청중들은 유사한 발음을 들으면서 그 유사함 속에 깃들여 있는 해학과 풍자를 유추하는 과정을 통하여 즐거움을 얻게 된다. 아울러 이규가 송강이 왕림의 딸을 빼앗아 갔다고 오해하고서 송강을 비웃을 때의 노골적인 언사와 가짜 송강이 왕림의 딸을 빼앗아 간 것이 확인된 이후의 멋쩍어 하는 언사를 비교해 보면 잡극이 제공하는 미학적 기제를 더욱 절실하게 느낄 수 있다. 『흑선풍쌍헌공』에서 이규가 손영을 구하기 위하여 옥에 찾아가 옥졸과 나누는 대화는 이 같은 수법의 백미이다.

(정말이 말한다) 아저씨, 먼저 가쇼. (옥졸이 정말을 걷어차는 동작을 한다) (정말이 말한다) 아저씨, 대체 왜 그래요? (옥졸이 말한다) 내 다리가 꼬였나 보구먼. (정말이 말한다) 아저씨, 이놈 말 좀 들어보쇼, 우리 집에 있는 비루먹은 노새도 그렇게 띠뚱대지요. (옥졸이 말한다) 어서 가자고. (정말이 말한다) 또 무슨 일이요? (옥졸이 말한다) 다리에 부스럼이 났나 보구먼. (정말이 말한다) 그거 처음부터 잘 해야지, 가만 놔두면 종기 나요! (옥졸이 말한다) 이 녀석 지금 날 욕하는 거야. (정말이 말한다) 이것 좀 가져가쇼. (옥졸이 말한다) 뭔데 그래 이 녀석아. (정말이 말한다) 우리 어머니가 돈 한 꿰미를 주시면서 노자 하라 하시는데 나는 그걸 받자마자 바로 여기에다 매달아 놨지요. 아저씨랑 같이 한 번 찾아봅시다. (옥졸이 말한다) 놔둬 내가 대신 찾을게. (옥졸이 머리를 숙이는 동작을 한다) (정말이 걷어차는 동작을 한다) (옥졸이 넘어지는 동작을 한다) (정말이 옥 문으로 들어가는 동작을 하며 말한다) 아저씨, 내가 먼저 들어가도 되겠죠. 아저씨, 아저씨 집은 어쩜 이렇게 어두컴컴해요? (옥졸이 말한다) 이런 바보 같은 녀석! 멍

청하게 쳐다만 보지 말고, 날 따라 와. (정말이 말한다) 아저씨, 아저씨 집 사람들은 모두 불량한 모양이구먼요. 담은 높은데 문은 조그마하고 사방에다가는 뭐 할라고 가시를 다 박아 놨어요? (옥졸이 말한다) 야 바보야, 조용히 따라 오기나 해, 여기는 바로 감옥이야. (정말이 말한다) 아, 아, 이제야 알겠다. 여기가 바로 감옥이구나.

(正末云)叔待, 你先行波. (牢子做蹬正末科)(正末云)叔待, 你怎麼來? (牢子云)我腿轉筋. (正末云)叔待, 你休怪呆廝說, 俺家裏個老驢, 也是這麼抽蹄抽脚的. (牢子云)走, 走, 走. (正末云)叔待, 你又怎麼的? (牢子云)我腿上一個瘡. (正末云)早看, 早看覷的, 遲了則怕變做了疔瘡也! (牢子云)這廝罵的我巧也. (正末云)叔待, 你將我的來波. (牢子云)甚麼東西? (正末云)俺娘與了我一貫鈔, 着我路上做盤纏, 我就揣在我懷裏, 則在這裏吊了, 俺大家尋一尋兒. (牢子云)等我替你尋. (牢子低頭科)(正末蹬科)(牢子跌倒科)(正末入門科, 云)叔待, 我可先進來了也. 叔待, 你家裏怎生這般黑洞洞的? (牢子云)一個傻弟子孩兒! 休要呆看, 跟將我來. (正末云)叔待, 你家裏人一定不老實, 可怎生高牆矮門兒, 一周遭棘針兒屯着? (牢子云)呆廝, 跟的我來, 這是牢裏. (正末笑科, 云)呵, 呵, 呵, 我知是牢裏.[58]

소설 『수호전』이 71회 이후 좌절을 겪고 결국은 허무주의로 귀숙하는 것에 비하여,[59] 앞으로 서술할 수호 전기와 수호 강창을 포함하여 공연 양식으로서의 수호 이야기는 작품 내의 갈등 요소가 비교적 단선

58 『黑旋風雙獻功』 第三折, 傅惜華, 『水滸戲曲集第一集』, 上海 : 上海古籍出版社, 1985, 12쪽.

59 예를 들어 魯智深의 坐化. 이러한 성향은 『수호전』뿐만 아니라 『금병매』, 『홍루몽』, 『유림외사』에서도 드러난다.

적이고, 선악이 극명하게 대립되어 있으며 항상 선이 승리를 거둔다. 더욱이 강창, 잡극, 전기에서는 『수호전』과는 달리 남을 해치거나 금품을 갈취하는 행위가 등장하지 않고, 양산박 인물은 대부분 완전한 인간형이자 완벽한 인격의 소유자로서 등장한다.

정해진 시공간에서 사건을 진행시키는 극적 양식으로서의 수호 잡극은 전후 맥락을 소홀히 처리하기도 한다. 『대부소처환뢰말』의 결말 부분이 그러하다.

> (완소오가 바라보는 동작을 하고는 말한다) 감히 묻사온대, 형씨의 이름이 어떻게 되오? (사진) 소생은 사진이라 하오. (완소오) 그대가 바로 사진이시군요. 우리 송강 형님이 나에게 편지를 써 주어 형씨를 산으로 모셔 오라 하였습니다. (사진이 편지를 받는 동작을 한다) (유당이 무대에 뛰어오른다. 사진을 잡아끄는 동작을 한다.) 잘한다. 알고 보니 자네도 양산박 녀석들과 한 패거리였구먼. (사진이 당황하는 동작을 하며 말한다) 아니야, 아니야. (완소오) 이분은 또 뉘시오? (유당) 소생은 유당이오. (완소오) 우리 송강 형님이 형씨에게도 편지를 써 주셨다오. (사진이 유당을 끌어당기며) 잘한다, 자네도 양산박 호걸들과 한 패거리이면서. (유당) 아이, 그래, 그래, 그래, 우리 같이 이공목을 구해서 송강 형님에게 가자고.
>
> (做見科云)敢問尊兄貴姓? (史云)在下史進. (阮云)旣是史大哥, 俺宋江哥哥着我送書來, 請哥哥上山. (史接書科) (劉唐撞上, 扯史進云) 好也, 你原來結交梁山泊好漢! (史荒科云)不是! 不是! (阮云)此位是誰? (劉云)在下劉唐. (阮云)宋江哥哥也有書與哥哥. (史扯劉科云)好也, 你原來結勾梁山泊强人! (劉云)罷, 罷, 罷, 俺一同到牢中救了李孔目, 同上梁山見宋江哥哥去來.[60]

위의 예문이 보여주는 것처럼 그 동안 유당과 사진, 이공목 사이에 팽팽하게 유지되어 오던 긴장 관계가 납득할 만한 과정을 거치지 아니하고 갑작스럽게 해결된다. 이는 공연 양식이 지니는 시간적 공간적 제약 그리고 강렬한 대조를 통한 극적 긴장 추구와 관련이 있을 것이다.

3. 소설 『수호전』 등장이 지니는 의미

소설 『수호전』[61]은 그 동안 기록으로 혹은 공연 상태로 전해지던 수호 관련 소재들이 양적으로 종합되어 한 편의 작품으로 총합된 것이라는 것이 기존의 연구자들의 대체적인 견해이다. 이 경우 소설 『수호전』의 작가는 창작가로서보다는 편찬자 혹은 종합 정리자의 역할을 부여받는다.

그러나 다음 몇 가지 사항들은 우리가 소설 『수호전』의 작가의 역할을 과연 이 정도로 인색하게 인정하여야 하는지 의심하게 만든다. 첫째, 소설 『수호전』에는 108명의 영웅의 형상이 완성되어 그들의 이름과 역할이 부여된다.[62] 소설 『수호전』 이전의 작품에는 단지 천강성(天

60 『大婦小妻還牢末』 第四折, 傅惜華, 『水滸戲曲集第一集』, 上海 : 上海古籍出版社, 1985, 58~9쪽.

61 이 글에서는 전체적인 이야기 구성이 문제가 되는 경우가 많으므로 120본을 주 텍스트로 삼았다. 특별한 언급이 없는 경우 소설 『수호전』은 120본을 가리키며, 다른 판본을 언급하는 경우에는 특별히 밝혔다.

62 『수호전』 71회에 그 이름과 역할이 정리된다. 여기서 양산박 108영웅들이 모두 모이며 그 기세가 정점에 달한다.

罡星) 36이라는 숫자만 언급되었을 뿐이며, 설혹 그 이름이 등장하더라도 그것은 36인의 명단과 간략한 특징 묘사에 그쳤다.[63]

둘째, 108명의 영웅이 소설 『수호전』에 등장하는 과정은 작가의 주도면밀한 기획 아래 이루어지며, 이로 말미암아 사건과 사건의 흐름, 인물과 인물의 부딪침에 상호 모순을 일으키지 않는다. 이는 단순히 개별적인 이야기를 모으는 것으로는 해결되지 않는다. 송강을 중심으로 108명의 영웅이 모두 양산박에 집결하여, 서로 순위와 역할을 정하여 그 기세가 하늘을 찌를 듯이 높았을 때, 이 지점이 바로 소설 『수호전』의 정점이 되며, 그 이후는 중국사에서 민중(혹은 농민) 기의가 새로운 정치 지형을 만들어 내지 못한 현실을 반영이라도 하듯이 지배 계층과 일정한 타협 그리고 소멸의 길을 걷는다. 120회본을 기준으로 하면 이는 바로 71회에 해당되는데,[64] 이후의 전개가 역사적 사실이라는

63 『선화유사』에서는 송강이 九天玄女의 사당에서 얻은 天書에 36인의 명단이 적혀 있게 되며, 항상 36인으로 호칭된다("…… 이 산채에 36명이 모일 운수인데 만약 36명이 다 모이면 반드시 충의를 널리 행하여 나라를 보위하라. ……", "올 땐 36명, 갈 땐 18쌍. 만약 하나라도 부족하면, 절대로 돌아가지 않으리."(『선화유사형집』)). 그러나 양지, 주동, 손립 등을 제외하고는 『선화유사』에 구체적인 행적이 등장하지 않는다. 이로 보아 당시 송강을 중심으로 하는 36인의 명단이 어느 정도 확정되고 이들을 중심으로 하는 이야기가 성립되었을지라도, 이 36인 가운데에서도 비교적 관련 이야기가 풍성하게 전해지는 자가 있는가 하면 그 반대의 경우도 있었음을 알 수 있다. 더욱이 잡극에 자주 등장하는 이규에 관한 이야기가 『선화유사』에 단 한 번도 언급되지 않는데, 이는 『선화유사』의 편찬자가 이규의 인물 성격이 『선화유사』의 편찬 기준에 저촉된다고 생각하였거나, 『선화유사』의 편찬 시기가 원 잡극의 이규 관련 작품의 형성보다 한참 앞서서 일 것이다. 공성여는 『송강삼십육인찬』에서 송강 36인의 별명과 특성을 4언 4구로 농축하여 전해 줄 뿐 그들과 관련된 이야기 보따리를 풀어 주지는 않는다.

64 김성탄이 『수호전』을 70회본으로 개편한 것은 이 점에 비추어 보면 이해할 만하다. 지배 계층의 입장에서 보자면 도적 떼에 불과한 양산박 영웅들의 활약상을 더 이상 무한정 진행시킬 수도 없었을 것이며, 이 지점에 이르기까지가 박진감 넘치고 진행 역시 무리가 없다. 이후 『수호전』의 전개는 군더더기가 너무 많으며, 이야기 진행 역시 반복되는 느낌이다. 필자는 김성탄의 『수호전』 개편을 '작품의 허리를 잘라 두 동

틀에서 움직이는데 비하여 여기까지의 진행은 오히려 작가의 세밀한 구성과 상상력의 발동이 기대되는 곳이다. 더욱이 『수호전』의 작가는 주요 사건을 3~4회를 기본 단위로 삼아 교묘하게 전개시키고 있는데, 이는 바로 대중적 상상력을 수용한 결과라기보다는 작가가 자신의 세심한 착상을 발휘한 결과라고 보아야 할 것이다.[65]

셋째, 소설 『수호전』 이전에 이미 형성되어 전래되던 인물과 사건은 『수호전』 작가에 의하여 취사선택되며 변형되는데, 그 정도는 매우 심각할 정도이다. 예컨대, 원 잡극 단계에서는 이규를 소재로 하는 작품이 다수를 차지하며, 송강은 임무를 부여하고 그 임무의 완성을 인정하고 치하하는 역할에 국한된다. 그런데 원 잡극 가운데 소설 『수호전』에 반영되는 작품은 단지 『이규부형』 한 작품에 불과하며 이 역시 소설과 잡극 사이의 미묘한 차이점을 보여준다. 『이규부형』과 소설 『수호전』의 관련 대목 비교는 공연 양식으로서의 잡극과 기록 양식으로서의 소설을 대비하여 볼 수 있는 좋은 예가 될 것이므로 좀더 상세하게 논의하여 보기로 한다.

주요 등장 인물이자 갈등의 두 축인 이규와 송강 그리고 부수적으로 등장하는 양산박의 영웅을 제외한 인물들의 이름과 역할이 약간 다른 점을 제외하면 소설과 잡극 사이에는 '우연히 객점(소설에서는 유태공의 집)에 들른 이규가 송강이 처녀를 납치해 갔다는 말을 듣고서 분개하여

강 내버렸다'고 평가하는 자들의 의견에 동조할 수 없다. 역사적 전제 조건이 없이 영웅들의 집단적 행동이 작품 내에서만 행복하고 소망스러운 결과를 얻어낼 수 있는 것은 아니다.

65 Andrew H. Plaks, *The Four Masterworks of the Ming Novel,* Princeton : Princeton University Press, 1987, 307~8쪽.

양산박에 돌아와 송강을 비난하다가 자신의 결백을 주장하는 송강과 갈등한다. 결국 송강을 사칭한 자가 그 처녀를 납치했음이 드러나고 이규는 그자를 붙잡아 죽이는 것으로 자신의 죄를 대속하고 결국 송강과 화해한다'는 기본적인 줄거리가 그대로 일치한다.

『이규부형』은 사건의 전후 맥락을 소개하지 않고 바로 사건이 독립적으로 등장한다.[66] 이와는 달리 소설 『수호전』은 이규가 송강이 유태공의 여식을 빼앗아 갔다는 사실을 알게 되기까지의 사정을 상당히 세밀하게 준비한다.

> 송강은 부하 몇몇을 데리고 동경 이사사(李師師) 집으로 나들이를 간다. 이때 이규 역시 송강을 수행하여 동경성 이사사 집에 가게 되는데 송강이 자신과 대종(戴宗)을 술자리에 끼워 주지 않고 밖에서 망보기만 하라 하니 한참이나 성을 낸다. 마침 황제 역시 이사사 집을 찾아오게 되니 송강 일행은 황급히 그 자리를 피한다. 그러나 한참 성미가 뒤틀린 이규는 황제의 호위 군사들에게 행패를 부리니 그 중에서도 양대위(楊太尉)는 봉변을 당하고 만다. 일이 커져 버려 어찌할 바를 모르고 당황하는 사이, 마침 오용(吳用)이 만일을 대비하여 파견한 관승(關勝), 임충(林冲), 진명(秦明), 호연작(呼延灼), 동평(董平) 등이 사태를 얼추 수습하여 산채로 돌아가고, 이 와중에 이규는 연청(燕青)과 함께 뒤쳐져 산채로 돌아가는 길이었다. 그들은 먼저 사유촌(四柳村)을 지나고 형문진(荊門鎭)에 당도하여 유태공(柳太公)의

66 송강이 청명절을 맞이하여 부하들에게 사흘간의 말미를 주어 성묘를 다녀오게 하자 왕림의 술집에 들른 이규는 왕림에게서 송강이 자신의 딸을 빼앗아 갔다는 이야기를 듣고 자신이 사흘 안에 꼭 찾아 주겠노라고 대답하면서 본격적인 사건이 전개된다(『이규부형』 제1절).

집에서 하룻밤 유숙하게 된다. 유태공과 노파가 밤새도록 우는 것을 본 이규는 다음날 그 이유를 묻고 송강과 한 젊은이가 자신의 딸을 빼앗아 갔다는 말을 듣는다. 이규는 유태공에게 자신이 그 딸을 되찾아 주겠노라고 약속한다.[67]

그러나 소설은 정작 사건의 전개와 해결을 상당히 빨리 진행시키고는, 연청이 씨름 대회에 참가하여 경천주(擎天柱)를 이기는 대목으로 넘어간다. 반면 잡극은 이규와 송강이 서로 갈등하고 그 갈등이 해결되는 것 자체가 전체의 내용인지라 본 사건 전개에 모든 역량을 집결한다. 잡극은 사건의 빠른 전개보다는 등장 인물들 사이의 감칠맛 나는 대사와 감정을 응축하여 해학적으로 부르는 창(唱)에 집중한다.

넷째, 소설 『수호전』이 마치 고문의 문장처럼 감상과 비평의 대상이 되었으며, 이때 동원되는 감식 기준과 비평 용어 역시 고문의 그것과 동일하였다.

소설 『수호전』의 작가는 전체적인 맥락을 주도면밀하게 배려해나갔으며 앞으로 전개될 상황을 위하여 복선을 깔아놓기를 주저하지 않는다. 이는 소설 『수호전』이 단순한 설화의 집성이 아니라 작가의 치밀한 계산에 근거한 창작품이라는 증거가 될 것이다.

갈대꽃 무더기로 핀 곳에 일엽편주,
준걸은 잠시 이곳에서 노닐도다.

67 이상은 필자가 이규가 송강이 유태공의 여식을 빼앗아 갔다고 오해하게 되는 과정을 정리한 것이다. 『수호전』 73회.

의로운 선비 이 이치 안다면,

자신을 돌이켜 난리를 피하니 걱정 없으리.

蘆花叢裏一扁舟, 俊杰俄從此地遊. 義士若能知此理, 反躬逃難可無憂.[68]

오용(吳用)은 점쟁이로 변장하고 노준의(盧俊義)를 만나 동남쪽 천리 밖으로 도망하지 않으면 죽음을 면하기 어렵다고 한다. 오용은 횡액을 면할 점사를 불러주며 노준의에게 벽에 적게 하는데, 그 점사가 바로 위에 인용한 7언 4구이다. 이 시는 결국 양산박에 합류하기를 거부하는 노준의를 협박하는 좋은 소재로 작용하는데, 매 구의 첫 글자를 모으면 바로 "노준의가 반란을 일으킨다(盧俊義反)"는 뜻이 되기 때문이다. 노준의를 양산박으로 모셔 오기 위한 세밀한 과정이 61~62회에 걸쳐 그려지는데, 이처럼 복선을 활용하여 치밀하게 준비된다. 이규가 수장현(壽張縣)의 지현 행세를 하며 아전들을 기롱하고 아울러 서당에 들러 훈장과 학생들을 혼내주는 장면 그리고 푸른 관복을 그대로 입고 양산박에 돌아와 송강에게 절하다가 관복 자락을 밟아 넘어지는 장면[69] 등은 당시 관계와 학문에 대한 소설 『수호전』 작가의 의도적이면서도 예리한 풍자라 할 것이다. 이는 공연 양식에서는 상상하기 힘든 것이며 읽기를 전제로 하는 양식에서 상당히 지적인 독서를 통해서만이 가능한 것이다.

물론 소설 『수호전』에도 나름의 모순이 있고 주도면밀하지 못한 부분이 있다. 예를 들어 송강은 왕경(王慶)의 반란을 진압하고 귀환하면

68 『수호전』 61회.

69 『수호전』 74회.

서 "떠날 때는 서른 여섯, 돌아올 때도 열 여덟 쌍. 천만리를 종횡터니, 웃으면서 돌아왔네[去時三十六, 回來十八雙. 縱橫千萬里, 談笑却還鄉]."[70]라고 읊는다. 이 가운데 '去時三十六, 回來十八雙.'은 『선화유사』에도 나오는 시구인데, 이미 108명의 영웅이 확정된 소설 『수호전』에는 그다지 걸맞지 않는 것이라 하겠다. 71회에서 108명의 영웅이 취의한 이후 벌어지는 전투 묘사는 관용적으로 반복되고, 옷차림과 전투 장비 등의 묘사가 유형화되어 반복된다. 아울러 71회 이후 충의를 강조하는 분위기 일색으로 변하며, 이에 상응하여 담대함과 솔직성 그리고 비타협의 상징인 이규의 생명력 역시 급작스럽게 약화된다. 그러나 소설을 제외하고는 사구 정벌을 다루는 강창이나 잡극, 전기가 현존하지 않는다는 점에서 양산박의 기의와 결집 그리고 나라를 위한 봉사라는 일련의 과정을 완성하는 것은 소설만의 독특한 성격이라고 보아야 할 것이다.

이러한 소설 『수호전』의 특성은 대부분의 이야기가 개략적으로 준비되어 있는 역사서와 『삼국지평화(三國志平話)』를 바탕으로 확대 개편한 『삼국지연의』의 특성과는 상당히 다를 수밖에 없다.[71] 소설 『수호전』에는 "이것을 '지취생진강(智取生辰綱)'이라 부른다"라든지, "이것을 '백룡묘소취회(白龍廟小聚會)'라고 부른다" 같은 예가 발견된다.[72] 이혜순은 이것을 다양한 이야기가 이미 선행한 증거로 든다. 필자가 보기에 이는 서로 발산되는 이야기를 수렴하여 한편의 『수호전』으로 완성한 『수호전』 작가의 능력이 더욱 돋보이게 만드는 증거일 뿐이다.[73]

---

70 『수호전』 110회.

71 졸고, 「송원평화연구」, 220~4쪽; 孫楷第, 「三國志平話與三國志通俗演義」, 『倉州集 卷二』, 北京 : 中華書局, 1965, 115쪽.

72 이혜순, 『수호전연구』, 정음사, 1985, 20쪽.

우리가 대체적으로 인정하듯이 시내암과 나관중의 손을 거쳐 소설 『수호전』이 대체적으로 완결된 이후에도, 『수호전』은 다양한 방식으로 변형되고 여러 차례 다른 방식으로 출간된다. 그 누군가가 확정하여 『수호전』이란 이름으로 출간하였다면 그것이 그대로 전해지는 것이 적어도 현대 출판 도덕이나 관행에 비추어 당연할 것이다. 그러나 당시에는 분명 현대적 의미의 판권(copyright) 개념이 없었던 것 같다. 오히려 반대로 소설 『수호전』은 열린 텍스트로서 기능하였으며, 누구든지 자신의 상상력과 문학적 지식을 동원하여 그 열린 텍스트에 참여할 권리를 지니고 있었다. 이런 과정을 통하여 『수호전』은 수없이 재탄생된다. 이는 단순히 서로 다른 판본의 문제가 아니라 서로 다른 작품의 문제로까지 발전한다. 이 경우 수호 이야기 자체는 원형(archetype)으로 변한다. 이 재탄생은 평점으로 표현되는 다양한 해석 제기, 이야기의 가감을 통한 길이의 조정,[74] 특정한 이야기의 강조 등을 포함한다. 그 이면에는 자신의 세계관을 『수호전』에 반영하고자 하는 의도가 담겨 있기도 하고, 당시 독자층의 구매력과 구매 성향을 감안한 경제적 의도가 담겨져 있기도 하다.

---

73 이혜순은 "수호 고사는 원곡에 이르러 이미 소설의 기초를 세웠으며, 단지 남은 것은 한 소설 작가가 출현하여 그 상상력과 창작력을 동원하여, 그 결구를 확대시키고 동시에 허다한 단편 고사를 합치어 장편의 소설로 만들어 내는 것뿐이었다"라고 단언한다(이혜순, 『수호전연구』, 정음사, 1985, 25쪽).

74 소설 『수호전』의 판본 차이는 주로 묘사의 세밀함과 四寇 정벌의 포함 문제에 있는데 반하여, 기타 양식의 제작품 간의 차이는 주로 어떤 부분 어떤 이야기 소를 중점적으로 다루었는가에 달려 있다고 보아야 할 것이다. 전호·왕경의 정벌을 예술성의 문제나 가필 혹은 췌언의 문제로 보는 것이 아니라 송대 이래로 지속되어 온 수호 이야기의 연속적인 확장 과정의 하나로 파악하는 연구자도 있다.(Richard Gregg Irwin, *The Evolution of a Chinese Novel : Shui-hu-chuan*, Cambridge, Massachusetts : Harvard University Press, 1953, 67쪽)

4. 공연 그리고 또 다른 길의 모색

1) 전기(傳奇)로의 길

필자가 조사한 바에 따르면, 수호 소재 전기는 총 31편이다. 이 가운데 명대 작품이 11편, 청대 작품이 20편이다. 현재 작품이 전하는 것은 14편, 제목만 전하고 작품이 전하지 않는 것은 17편이다.[75]

전기에 이르면 소설 『수호전』에 이르러 집대성된 수호 이야기가 다시 분절화되는 과정에 돌입한다. 이 분절화는 원 잡극과 유사하게 단일한 구성과 단일한 사건으로 회귀하면서도 다른 면을 보여주는데, 이 점은 마치 원 잡극과 전기의 양식상의 차이만큼이나 분명하게 드러난다. 우선 편폭의 차이를 거론할 수 있는데 일본사절(一本四折)을 기본 형태로 취하는 잡극과 달리 전기는 장편화된다. 수호 전기는 한 척(齣)의 분량이 잡극의 한 절보다는 적으나 척수의 증가로 말미암아 전체적인 양은 현격히 증가한다.

이러한 연유로 말미암아 전기는 대체로 짧게는 『수호전』의 2, 3회에 걸친 이야기부터 길게는 10여 회에 걸친 이야기를 극화한다.[76] 당연히

---

75 『曲海總目提要』; 黃丕烈, 『也是園藏書古今雜劇目錄』, 張敬, 『明淸傳奇導論』; 上海藝術硏究所 中國戲劇家協會上海分會編, 『中國戲曲曲藝詞典』; 傅惜華, 『水滸戲曲集(第二集)』; 馬蹄疾, 『水滸書錄』 등을 참고하여 조사하였다. 자세한 목록은 [부록 3] '수호 전기 목록' 참조.

76 『寶劍記』는 林冲이 高俅 부자의 박해를 받아 고생하다가 양산박으로 귀의하는 내용을 다룬다. 『靈寶刀』 역시 임충의 이야기를 다룬다. 『義俠記』는 무송을 주인공으로 삼아, 景陽崗에서 호랑이 때려잡기, 西門慶과 潘金蓮을 죽여 형 武大의 원한 갚기, 蔣門神 때려 주기 등의 이야기를 다룬다. 『水滸記』는 송강과 염파석(『수호기』 원문에

비교적 단순한 내용을 극화한 작품이 통일성이 있고, 긴장감도 있다. 반대로 많은 내용을 무리하게 극화한 『수호기』 같은 작품은 송강·조개 두 사람의 행적을 중심으로 하였으되 작품의 구성이 느슨하고 산만한 느낌을 준다.

앞에서 원 잡극 수호희가 유형화된 구성을 지니고 있음을 지적한 바 있다. 이와 마찬가지로 수호 전기 역시 그 나름의 유형화된 구성을 지니고 있다. 먼저 수호 전기는 첫 척에서 전체 내용을 요약 소개하는데, 대체로 말(末)이 등장하여 창을 하고 7언 4구의 시가로 마무리한다.[77] 수호 전기는 모두 상하권으로 나뉘어지는데 이것이 실제 공연과 무슨 관련이 있어서 그런 것인지 아니면 이미 공연보다는 독서용으로서 굳어진 결과인지 단정하기 힘들다. 전반적인 상황으로 보아 수호 전기는 이미 공연을 상정하고 그 대본에 충실한 것이 아니라 공연이라는 형식 틀이 지니는 미학적 측면을 서면으로 받아들인, 즉 의사 공연 대본이라는 느낌을 주기도 한다. 『수호기』를 제외한 작품의 마지막 척에서는

는 閻婆息으로 되어 있음)의 만남, 염파석의 외도와 죽음, 조개의 생신강 탈취와 양산박 귀의 등의 이야기를 다루는데, 이는 『수호전』의 13회에서 21회에 걸쳐 있는 이야기이다. 『元宵鬧』는 盧俊義가 吳用의 계책에 걸려 양산박에 합류하는 『수호전』 65회의 이야기를 골간으로 하되 기타 노준의 관련 이야기가 첨가된다. 『偸甲記』는 송강이 鼓上蚤 時遷에게 명하여 徐寧의 보물 갑옷을 훔쳐 오게 하여 서녕을 입산시키고 呼延灼의 連環馬陣을 격파하는 이야기를 다루는데 대체로 『수호전』의 55회에서 57회에 걸치는 이야기와 겹친다.

77 참고로 『의협기』 제일척을 인용한다.

(末上)【臨江月】眼見人生無百歲, 何妨終日逍遙. 花間席上暗香飄. 和風春倚袖, 明月夜間簫. 今古英雄稱義俠, 報恩雪忿名高. 請看名將出衡茅. 談言微中處, 莫認滑稽曹.

【沁園春】宋世淸河, 武松名氏, 上應星文. 自橫海郡中, 暫辭柴進; 景陽崗上, 醉打山君. 仗義除奸, 報兄誅嫂, 刺配從容赴孟城. 相逢處, 孫娘認義, 夫壻識張靑. 孟州喜遇施恩, 濟弱鋤强受蹇迍. 向飛雲浦里, 提刀大鬧; 鴛鴦樓內, 濺血餘痕. 別館孤貧, 孝姬苦節, 正倚孫娘寄客身. 還相聚, 夫妻黨類, 同作宋朝臣.

景陽崗英雄打虎, 陽穀縣奸黨遭刑, 孟州道恩讎兩報, 梁山泊夫婦榮名.

항상 사건 전개가 급진전되어 주된 갈등이 모두 해소되고 대단원을 이루는데, 그 대단원은 항상 초안이 이루어지고 양산박 영웅들이 충성을 맹서하는 것으로 마무리된다.[78] 이는 집단간의 갈등을 국가에의 충성이라는 이데올로기로 봉합하려는 당시 전기 작가층의 세계관과 전기의 양식적 특성이 결합하여 빚어낸 결과라는 것이 필자의 견해이다.

원 잡극 수호희가 감칠맛 나고 생동적인 백화체의 백을 사용하여 대화를 나누거나, 등장 인물의 자기 소개 역시 백화체의 백을 사용하여 이루어지는데 비하여, 전기는 주로 문아한 창으로 등장 인물을 소개하고 대화 역시 문아해진 듯한 느낌을 준다. 이런 느낌은 아래 『수호기(水滸記)』의 송강 소개 장면을 앞에서 인용한 잡극 『이규부형』의 그것과 비교하면 더욱 분명해진다.

> 【자고천(鷓鴣天)】 비천한 이 몸, 이름 여쭙기도 부끄러우나, 기세는 북두성 견우성보다 높구나. 천지에서 근신 수양하니 더욱 옛일을 그리고, 가난한 중생들을 얼마나 제도하였던가? 곽해를 기약하고, 우경을 본받는다. 검광이 하늘까지 치솟으니 사방 팔방의 바람이 다 맑아진다. 한 평생 살면서 요순과 같은 업적을 이루리니, 중원에 태평성세를 이루고 말리라. 소생은

78 참고로 『영보도』의 마지막 척인 35척의 일부를 인용한다.
(末)詔書已到, 跪聽宣讀! 詔曰 : "咨爾林冲, 狂逞陣前, 迹雖犯順; 掃淸君側, 心實匡時. 爾妻誓九死以事夫, 完如白璧; 爾女赴三泉而代母, 凜若淸霜. 今旣撫安, 更宜旌別, 除宋江等各授總管外, 玆特拜爾爲都統制, 張氏封洛陽郡夫人, 錦兒贈義烈貞娥. 益篤忠貞, 無辜浩蕩. 謝恩!" (生, 旦) 萬歲, 萬歲, 萬萬歲! (…중략…)
【尾】 于今謾訝梁山也, 煞强似負心薄劣; 休則顧外像兒趁人評者!
毒上毒遭高俅父子, 錯中錯結陸謙弟兄;
苦則苦是錦兒孝義, 死不死虧張氏孤煢;
救過救花和尙魯達, 寃報寃豹子頭林冲.

송강으로, 자는 공명이며, 산동 운성 사람입니다. 기세는 삼하를 제압하고, 명성은 육군에 쩌렁쩌렁 울립니다. 동네의 호족이 아니라면 어찌 재물을 풀어 가난한 자를 구제하겠으며, 고금의 영웅이 아니면 어찌 얽힌 실타래를 풀듯이 어려움을 해결할 수 있으리. 악기 연주하니 당 앞에는 장사들 열 지어 있고, 닭잡고 소잡아 용맹한 병사들 먹이는도다. 연조의 명성은 사라지지 않고 소조의 칼과 붓을 던질만 하다.

【鷓鴣天】身賤多慙問姓名, 氣狂羞與斗牛平. 側身天地更懷古, 活得蒼生幾戶貧? 期郭解, 效虞卿, 劍橫天外八風淸, 生平志業匡唐舜, 還待中原致太平. 小生宋江, 表字公明, 山東鄆城人也, 氣壓三河, 名傾六郡. 非閭閻之豪右, 設財役貧; 豈今古之英雄, 解紛排難. 歌魚擊筑, 堂前會列佳賓; 屠狗椎埋, 門下養成虎士. 燕趙之聲名不朽, 蕭曹之刀筆可投.[79]

물론 전기에 생동감 있는 부분이 없는 것은 아니다. 전기의 생동감 있는 표현은 주로 친자(襯字)나 등장 인물 사이의 말장난[pun]으로 이루어진다. 허자창(許自昌) 『수호기』 제3척의 장삼랑(張三郎)과 염파식(閻婆息)의 말대거리와 희롱, 제5척의 유당(劉唐)이 등장하여 술 취하여 하는 친자를 사용한 대사,[80] 제21척의 장삼랑과 염파식이 서로 희롱하며 농담하는 대화, 심경(沈璟) 『의협기』 제12척의 반금련(潘金蓮)이 누구인지

79 『水滸記』 第2齣, 傅惜華, 『水滸戲曲集第二集』, 上海 : 上海古籍出版社, 1985, 233~4쪽.

80 【北水仙子】俺, 俺, 俺疲躡屩. 怎, 怎, 怎, 怎說得不飮從他酒價高, 早, 早, 早, 早已是價醉酕醄, 强, 强, 强, 强把村徑遶, 苦, 苦, 苦, 苦那迢迢跋涉遙. 看, 看, 看, 看那牛羊下日沒林皐, 這, 這, 這, 這處淵漠漠, 誰伴寂寥? 見, 見, 見, 見夕陽影裏傾頹廟, 暫, 暫, 暫, 暫借宿, 度今宵. 『水滸記』 第3齣, 傅惜華, 『水滸戲曲集第二集』, 上海 : 上海古籍出版社, 1985, 240~241쪽.

를 두고서 왕파(王婆)와 서문경(西門慶) 사이에 벌어지는 말장난(담백한 대화보다는 정련된 창을 위주로 하되 백이 끼여드는 정도),[81] 이개선(李開先) 『보검기』 제28척의 고명(高朋)이 임충의 아내를 그리워하여 상사병에 걸려 의사를 불렀을 때 의사의 말장난(대화라기보다는 일종의 입담이라고 보아야 할 것이다. 직접 공연되지 않았을 경우라도 공연을 가상하였거나 공연의 장점을 다시 기록으로 끌어들인 경우일 것이다),[82] 임충과 그의 처 장씨(張氏)가 백운암(白雲菴)에서 재회할 때 백운암 승려들의 입담과 장씨의 인생 경력 독백[83] 등은 그 예증이 될 것이다.

명 수호 전기가 공연 양식으로서의 미적 특성을 흡수함과 동시에 극

---

81 【紅衲襖】(淨)莫不是賣棗糕徐三的女艶嬌? (丑搖手云)若是他的, 倒是一對好姻緣了. (淨)莫不是銀擔子李二的親底老? (丑搖手云)若是他的, 也是一對好夫妻了. (淨)莫不是花肐膊陸小四的家生哨? (丑)也不是. (淨)莫不是冒粉團許大郎的留客標? (丑)都不是. 說着時教伊也性焦, 說出時教咱也好笑, 他便是賣炊餅武大的渾家也, 好一塊羊肉兒倒落在狗口嚼. 『義俠記』 第12齣, 傅惜華, 『水滸戲曲集第二集』(上海 : 上海古籍出版社, 1985), 181쪽.

82 【憶多嬌】覷了你面皮, 將左手來, 診了你脈息. 傷寒雜症難調理. (小外白)你怎知道我是傷寒病? (淨白)你的病, 我豈不知道! (小外白)我也不是傷寒. (淨唱)却是胎前産後疾! (末白)你看錯了, 這是婦人病. (淨白)不是婦人, 那個男子幹出這等事! (唱)敢是奶飽傷食, 夜臥驚啼? (末白)胡說, 這是小兒疾. (淨白)不是小兒, 那個大人君子幹出來! 我曉的了. (唱)多管是中結, 中結漏蹄. (末白)這是畜生的病. (淨白)不是畜生, 那個人幹出來! (小外白)不要與先生鬪嘴, 叫他合些好藥與我吃. (末白)合藥與大叔吃! (淨白)有藥. 大叔你聽我說這藥材. (唱)【朱奴兒】甘草, 甘遂, 硇砂, 黎蘆與巴荳, 芫花, 人言調着生半夏, 用烏頭, 杏仁, 大麻齊加. 藥丸兒一摑, 用燒酒淸晨送下. 『寶劍記』 第28齣, 傅惜華, 『水滸戲曲集第二集』, 上海 : 上海古籍出版社, 1985, 52쪽.

83 (淨白)師兄喚做妙聰. 自我便是妙好. 自幼學些禪機, 見性如同月皎, 白牛兒纜在靈山, 喂他波若溪邊水草. 養的牛兒撒犇, 極樂境中廝擾, 標着阿南比丘, 纒着沙彌長老. 也是曇越知音, 就把菩提樹放倒, 手團着一顆摩泥, 生死門中鏡寶. …… (旦白)因果聲聞獨善身, 寂然常定本非眞. 回頭頓入如來境, 倒駕慈航送渡人. 自離了東京來到白雲菴出家, 不覺三載. 每日焚香拜斗, 受戒參禪, 打坐煉魔, 修橋補路, 獻花供果, 喫齋念佛; 祝讚亡故婆婆生天, 從軍夫主早廻, 替嫁錦兒生則受福, 死則爲神. 此時冬節, 萬花凋落, 止有梅花初綻. 叫妙好折兩枝梅來供佛! 『寶劍記』 第51齣, 傅惜華, 『水滸戲曲集第二集』, 上海 : 上海古籍出版社, 1985, 90～1쪽.

도의 숙련성을 강조하고 상당한 지적 수준을 구비하지 않고는 이해할 수 없는 표현을 사용하는 경향을 보이고 충효에 기반한 유가 이데올로기를 강조하며 초안으로 결말짓는 것은 수호 전기의 작가들이 사회적으로 널리 유포되어 있는 보편적인 소재를 끌어들이되 자신들만의 미적 감각을 유지하고 그것을 통하여 다른 문화 계층과는 스스로를 차별화 시키고자 하는 문화적 욕망에서 기인하였을 가능성이 높다.[84] 이처럼 수호 이야기는 상당할 정도의 신축성을 자체적으로 지니면서 그것을 받아들이는 계층에 따라 혹은 그것이 외화되는 장르의 특성에 따라 다양하게 변화되었다.

2) 강창(講唱)으로의 길

1절에서 필자는 강창을 양식적인 측면에서 "흔히 한 사람 혹은 두 사람의 공연자가 등장하며, 대체로 리듬화된 간단한 악기 반주가 수반되며, 일상적인 어투를 중심으로 하고 간혹 노래로서 미적 효과를 상승시키는 공연 양식"으로 정의하였다. 여기에서는 수호 강창의 전체상을 이해하기 위하여 위와 같은 양식적 특성을 지니는 강창의 사적 전개 과정과 지류를 간략하게 살피는 것으로 논의를 시작하고자 한다. 수호

84 이러한 경향은 현대에서도 찾아볼 수 있다. "고급 예술이 소수의 향유로 국한되는 반면 대중 예술의 수용층은 폭이 넓다. 대중 예술이 자신들을 포함한 사회 전 계층에 구별 없이 수용되는 현실 앞에서(혹은 반대로 고급 예술이 소수의 향유물에서 다수 수용자들이 보다 쉽게 접근할 수 있게 됨에 따라) 소수 엘리트 중에는 예술을 더욱 일반이 접근하기 어렵게 만들어 자신의 경계를 분명히 밝히려는 경향이 있기도 하다." 박성봉, 『대중 예술의 미학』, 동연, 1995, 65쪽.

강창은 청대 강창 가운데에서도 평화(評話), 고사(鼓詞), 자제서(子弟書)에서 풍성하게 발견된다. 따라서 필자의 관심도 이 세 가지 강창 양식에 집중되며, 논의 역시 이 관심을 좇을 것이다. 이는 수호 강창, 특히 청대 수호 강창의 본모습을 파악하는 선결 과제가 될 것이다.

한대(漢代) 마왕퇴(馬王堆) 고분에서 발견된 설서용(說書俑)이 보여주듯이 재미있는 이야기를 구성지게 전달하는 것은 이미 장구한 역사를 지닌 예술 양식이었다. 당대(唐代) 사원에서 불교 교리 전파를 기본 목적으로 성행한 변문(變文) 강창의 수련기를 지나, 송대에 이르면 이미 '이야기하기'만으로 밥 먹고 사는 자들이 등장한다. 전문화와 직업화가 뒤따르는 것은 당연한 순서이다. 명대 중엽을 넘기면서 이 같은 역사를 지닌 강창은 발전과 더불어 분화의 과정을 겪는다. 시찬체(詩贊體)에 속하는 도진(陶眞), 사화(詞話)가 날로 발전하여 명 중엽 이후에 이르러 탄사(彈詞)와 고사(鼓詞)를 탄생시킨다. 탄사와 고사는 송원 강사 평화(平話)를 계승한 평화(評話)와 더불어 청대 이후 강창 문학의 주류를 형성하게 된다.[85]

평화(評話)는 기본적으로 일인 공연 강창 양식으로서 주로 장편 역사 이야기를 소재로 취하였으며, 악기 반주가 없이 읊조리듯이 공연한다.[86] 평화는 청중들을 감동시키기 위하여 원서의 내용을 개작하여 독특하게 꾸며내어 오히려 원서를 뛰어넘는 성과를 올리기도 하였다.[87] 일부 지방 특히 북방에서는 평서(評書)라고 부르기도 하는데, 나중에

85 劉光民, 『古代說唱辨體析篇』, 北京 : 首都師範大學出版社, 1996, 5쪽.
86 陳汝衡, 『說書小史』, 57쪽; 劉光民, 앞의 책, 311쪽.
87 陳汝衡, 앞의 책, 63쪽.

읽기 용으로 발전하기도 하였다. 대체로 몇 개월에 걸쳐 공연할 수 있을 정도의 장편이었는데, 단락을 구분하여 매일 조금씩 공연하였다.[88]

탄사(彈詞)는 이야기를 노래하듯이 공연하며 삼현과 비파 등의 악기를 반주로 사용한다.[89] 변문에서 발생하였고 구법이 변문과 유사하며, 운문과 산문을 아울러 사용한다.[90] 공연이 몇 달 혹은 반년에 이르기도 하는데, 비교적 시간적 여유를 지닐 수 있는 규중의 아녀자에게 적합하였다.[91] 대체로 애정 이야기를 소재로 취하였으며, 수호 소재 탄사는 매우 드물다.

고사(鼓詞) 역시 변문에서 발생하였으며,[92] 탄사와는 상대적으로 북방에서 유행하였다. 운문과 산문을 아울러 사용하였다.[93] 초기의 고사는 '유설유창(有說有唱)'의 대서(大書, 장편)로서 공연자가 스스로 북을 치면서 공연하거나 공연자가 북반주는 없이 삼현(三弦)을 연주하면서 공연하는 방식 두 가지가 있었다.[94] 소재는 전쟁 이야기나 나라의 흥망성쇠와 관련된 이야기가 대부분이다.[95]

자제서(子弟書)는 청대 북방 설창(說唱) 곡예(曲藝)의 일종으로서 작가, 공연자와 관중이 대개 팔기자제(八旗子弟)인 까닭에 그 같은 이름이 붙게 되었다.[96] 자제서는 그 소재를 명청대의 소설, 전기, 희곡 그리고 민

---

88 劉光民, 앞의 책, 312쪽.
89 陳汝衡, 앞의 책, 57쪽.
90 鄭振鐸, 『中國俗文學史』, 北京 : 東方出版社, 1996, 514쪽.
91 위의 책, 518쪽.
92 위의 책, 544쪽.
93 청 후기에 공연 전체를 唱으로만 하는 단편 고사가 발생하는데, 이를 大鼓라 부른다. 劉光民, 앞의 책, 8쪽.
94 劉光民, 앞의 책, 272~3쪽.
95 鄭振鐸, 앞의 책, 546쪽.
96 위의 책, 560쪽.

간 고사와 당시 사회의 새로운 이야기에서 취하였다.[97] 구식은 칠언을 기초로 하였으며, 설백(說白)이 없는 순수한 창사체(唱詞體)이며, 일곱 자를 기본으로 하지만 친자(襯字)를 자유롭게 첨가할 수 있다. 구성과 표현 방식이 고사와 매우 유사하다.[98] 삼현(三弦)으로 반주하였으며,[99] 음악적으로는 동조(東調)와 서조(西調)로 나뉜다.[100]

원말 명초에 완성된 것으로 추정되는 소설 『수호전』에 의하여 집대성된 수호 이야기 군은 명대 수호 전기에 이르러 다시 분절화의 길을 걷기 시작하며 청대 강창에 이르면 이 분절화의 흐름이 더욱 가속화된다.

청대 수호 이야기는 강창과 경극이라는 양대 양식을 통하여 공연되고 기록 문학 측에서는 『후수호전(後水滸傳)』, 『탕구지(蕩寇志)』와 같은 속서들이 등장한다. 이 글에서는 우선 장편 수호 강창(평화)을 간략하게 살펴보고, 고사와 자제서를 중심으로 본격적인 논의를 전개할 것이다. 수호 이야기가 수없이 다양하게 경극으로 공연되었음에도 불구하고 필자의 역량 부족과 현재 수호 경극의 대본이나 공연 실황을 참고할 수 없는 이유로 차후로 미루고 다만 여기서는 그 제목만을 정리하여 부록으로 담는다.

장편 수호 강창의 특징은 바로 '확대하기' 내지는 '자세히 설명하기'로 요약될 수 있을 것이다. 수호 이야기의 한 주인공의 행적이나 한 사건이 양적으로 『수호전』의 4~5배를 능가할 정도로 확장된다. 확장의 주된 수법이 바로 자세히 설명하기이며, 그 책임을 지는 사람이 바로

---

97 薛寶琨 · 鮑震培, 『中國說唱藝術史論』, 石家莊 : 花山文藝出版社, 1990, 190쪽.
98 위의 책, 205쪽.
99 이런 측면에서 弦子書라고도 불린다.
100 薛寶琨 · 鮑震培, 앞의 책, 191쪽.

공연자이다. 공연자는 자상한 해설자 역할을 자임하며 그 모태가 되는 것이 소설 『수호전』과 수호 이야기의 공연 전통이다.

망나니는 손에 대나무 몽둥이 두 자루를 뽑아 들고 표지를 들었다. 송강과 대종은 올 것이 왔구나 생각하였다. 무엇이 온다는 말인고? 바로 칼이 온다는 말이렷다. 두 사람은 꼼짝없이 죽었구나 라고 생각하며, 눈을 꼭 감고, 이를 앙 다물며, 허리를 꼿꼿이 폈다. 도대체 뭐 하는 짓인가? 그를 찍어 넘기기라도 하겠다는 것인가. 송강과 대종은 본디 양산박 식구들이 소식을 듣고서 병사들을 파견할 것이라고 기대하였지만, 이 형장에는 아무런 기척이 없으니, 시간에 대어오지 못하는 것인가. 장차 대종이 가짜 편지를 전한 사건의 전말이라도 알게 되면, 틀림없이 우리의 원수를 갚아 줄 것이로다. 아서라, 양산박 병사들을 더 이상 기대하지 말지니. 저 망나니의 칼을 받아들일 수밖에 없구나.

劊子手抽這兩個竹竿子, 拿標子, 宋江, 戴宗就曉得要到了. 甚麽東西要到了? 刀要到了. 兩個人以爲都死準了, 眼睛緊閉, 牙齒一咬, 將軍桿子一硬. 作甚呀? 把他砍呀. 他們原來都以爲梁山上會得到消息, 梁山上會來兵的. 到了這一刻法場上還沒有甚麽動靜, 想想怕的這都是日期上來不及了. 將來他們一聲得到識破戴宗假信的詳情, 總是要替我們報仇雪恨的. 算了, 不指望他們來救了! 只有領教這一刀了![101]

사형에 처해질 위기에 처한 송강과 대종을 구하기 위하여 조개와 오용이 양산박의 두령을 거느리고서 강주부(江州府) 형장에 도착하기 직

101 王少堂口述, 揚州評話研究組整理, 『宋江』, 江蘇人民出版社, 1985, 1314쪽.

전의 송강과 대종의 심경을 그린 것이다. 『수호전』 제40회에서는 "宋江和戴宗兩個面面是覷, 各做聲不得. 宋江只把脚來跌, 戴宗低了頭只嘆氣."라고 간단하게 묘사하고서, 양산박 영웅들이 형장에 들이치는 장면으로 넘어가는데, 『송강』은 이처럼 자세하다. 무송이 경양강에서 호랑이를 때려잡는 장면이 『수호전』에서는 460여 글자로 묘사되는데, 『무송연의』에서는 1600여 글자로 묘사된다. 다음의 예문은 그 증거가 될 것이다.

> 그런데 이 몽둥이는 속이 비어, 금 몽둥이나 단철 몽둥이처럼 단단하지는 못하였다. 여러분은 물으실 거다. 대장부 무송이 어찌하여 그런 몽둥이를 들고 다니는가? 그거야 다 이유가 있지. 산동의 도로에는 이리떼가 너무 많은지라 길떠나는 사람들은 몽둥이를 갖고 다니는 습속이 있었다. 이 몽둥이의 한쪽 끝은 불어서 소리를 낼 수 있는데, 그 소리는 마치 용이나 호랑이가 내는 소리나 다름없어 이리떼가 듣고서 맹수라도 나타난 줄 알고 황급히 도망치는 거라. 한편 인근의 사람들도 이 소리를 들으면 나와서 이리떼를 쫓아 주기도 하였다.
>
> 原來這棒一頭是空心的, 不像黃金棍, 鑌鐵棍那樣的堅實. 諸位要問 : 堂堂武松, 爲甚麽拿這樣一條棍子? 這却有個道理. 山東道上, 狼群極多, 行旅之人, 習慣帶一支哨棒. 哨棒一頭是可以吹的. 吹起來, 有龍吟虎嘯之聲. 狼群聽了, 以爲有猛獸來, 着慌逃了. 附近百姓聽到哨聲, 也會出來追趕.[102]

그러나 이미 소설 『수호전』의 설명이 충분히 자세할 경우는 소설

102 劉操南 · 茅賽雲編著, 『武松演義』, 杭州 : 浙江人民出版社, 1980, 19쪽.

『수호전』을 거의 그대로 옮겨온다. 이처럼 수호 강창의 공연자는 『수호전』을 내용과 공연 상황에 따라 적절히 신축성 있게 활용하였다.

반금련은 몸을 일으켜 술을 데우러 갔다. 무송은 혼자 방안에서 부젓가락으로 불을 쏘삭거리고 있었다. 한참 후, 반금련은 술 한 주전자를 데워 방안으로 들어왔다. 한 손에 술 주전자를 들고서 다른 손으로 무송의 어깨를 쥐었다. "삼촌, 이렇게 엷게 입고서 춥지 않으세요?" 무송은 이미 한참이나 기분이 상했지만 아무런 상관을 하지 않았다. 반금련은 무송이 반응을 보이지 않자 성깔을 누르지 못하고 날래게 부젓가락을 빼앗더니 쫑알댔다. "삼촌, 불 지필 줄도 모르면서 내가 삼촌에게 불을 지펴 드릴게요. 이 화로처럼 뜨거우면 얼마나 좋을까." 무송은 부아가 치밀었지만 아무런 소리도 하지 않았다. 반금련은 무송의 그런 심사를 눈치도 못 채고 부젓가락을 내던지고 술 한잔을 따라 저 먼저 한 모금 들더니 반쯤 남겨서 무송을 바라보았다. "그대, 마음이 있다면 이 반잔 술을 드시지요."

潘金蓮起身便去燙酒, 武松自在房內拿火箸簇火. 良久, 潘金蓮暖了一注子酒來到房裏. 一隻手拿着注子, 一隻手去武松肩上一捏, 說道:"叔叔, 只穿這些衣服, 不怕冷嗎?" 武松已有五七分不自在, 并不理他. 潘金蓮看武松不應, 耐不住性子, 劈手來奪火箸, 口裏嘰咕道:"叔叔, 你不會簇火, 我與你撥火. 一個人要像火盆般熱就好." 武松心裏雖是焦躁, 只不做聲. 潘金蓮却不理會武松心理. 丟下火箸, 篩下一盞酒來, 自呷了一口, 剩了大半盞, 看着武松道;"你若有心, 喝我這半盞兒殘酒."

—『무송연의』, 43쪽.

那婦人起身(便)去燙酒, 武松自在房內拿起火箸簇火. (良久,) **那婦人**暖了一注子酒來到房裏. 一隻手拿着注子, 一隻手去武松肩**胛**上一捏, 說道: "叔叔, 只穿這些衣**裳**, 不(怕)冷(嗎)?" 武松已有五**七**分不**快意**, **也**不**應**他. **那婦人**看**他**不應, (耐不住性子,) 劈手**便**來奪火箸, 口裏(嘰咕)道: "叔叔, 你不會簇火, 我與你撥火, **只要一似**火盆**常**熱**便**好." 武松**有八分**焦躁, 只不做聲. **那婦人**不看武松**焦燥**. (丢下火箸,) **便放了火箸**, **却**篩(下)一盞酒來, 自呷了一口, 剩了大半盞, 看着武松道; "你若有心, **吃**我這半盞兒殘酒."

(괄호 안은『무송연의』에 있으나『수호전』에는 빠진 글자임. 고딕체 부분은 서로 다른 글자임.)

—『수호전』24회.

청대 수호 강창의 또 다른 특징은 바로 위에서 언급한 종합화와 확장하기를 거친 후, 급속도로 진행된 '떼어 내기'이다. 여기서 떼어 내기란 이미 소설『수호전』과 전기를 거쳐 300여 년 이상 익숙해진 수호 이야기를 필요에 따라 일부분 떼어 내어 간단하면서도 정채 있게 공연하는 것을 말한다.[103] 이 같은 강창은 대개 다관(茶館)이나 소규모 극장 같은 곳에서 공연이 이루어졌을 것이다.[104] 이런 소규모 강창은 일정한

103 "청대 중엽 이후에는 대규모의 고사를 강창하는 자가 점점 줄어들고 '摘唱'이 유행하기 시작하였다. 소위 적창이라는 것은 대규모의 고사에서 정채로운 부분만을 따로 떼어 내어 창하는 것이다. 아마 이것은 자연스러운 추세일 것이다. 남희가 일부만을 공연하는 摘齣으로 변하듯이, 고사 역시 전체를 창하는 것에서 일부를 떼어 창하는 적창으로 변한다. (…중략…) 이후 이것이 유행하게 되어 단편 작품을 제작하여 적창 고사를 공급하는 전문적인 자들도 생겨나게 되었다."(정진탁,『중국속문학사』, 북경 : 東方出版社, 1996, 559쪽) 趙景深,『鼓詞選』, 상해 : 中華書局, 1960, 서언 13쪽에도 이와 유사한 설명이 있다.

104 여기서 장편 평화류는 제외된다. 양주나 소주 지방에서는 수호 이야기 전체를 확대 부연하여 장편으로 공연하거나, 일부를 확대하여 며칠을 두고 공연하였다고 한다.

구성 틀을 준수한다.

도입부(상투적 운문) — 본격적 이야기 유도 — 본격적 이야기 — 후일담[105]

이를 『양지매도(楊志賣刀)』를 사례로 하여 살펴보면 다음과 같다.

【도입부】

거울에 비친 하늘땅 더없이 맑기만 한데,

붓 한 자루에 이 내 심사 풀어 볼까나.

옛사람 글은 호랑이 기세라, 매양 부러워만 하는데,

재주 없는 이 내 글은 한갓 벌레만 그리런가.

며칠을 두고 한가로이 붓 들어 여인네 사랑 이야기 그렸으니,

오늘은 소창(小窓)이 영웅 이야기라도 써 볼까나.

【본격적 이야기 유도】

한편, 아직 양산박 패거리에 끼여들지 않은 청면수 양지는,

끈떨어진 연 마냥 아무런 희망도 없이 서울 땅을 헤매고 있었던 것이었다.

애달프다, 우리의 양지, 공명을 이루고자(복직코자) 있는 돈 없는 돈 다 써 버렸으니,

『송강(상, 중, 하)』, 『무송연의』 같은 것은 바로 장편이 기록된 것이다.

105 후일담은 본격적인 이야기가 전체 수호 이야기 군에서 어떤 식으로 작용하는지 그리고 주인공이 이후 수호 이야기에서 어떻게 활약하는지 요약하는 기능을 한다.

희망 품었던 가슴은 텅 빈 가슴으로만 남았구나.

고구 녀석 훌륭한 장수 내버려두고 쓰지 않아,

우리의 영웅, 하는 일없이 놀고먹으니 수중의 돈은 어느덧 다 떨어지고 말았구나.

봇짐 팔아 식대 내고,

옷마저 전당잡혀 방세 치르는구나.

하여 오늘, 우리의 영웅 어쩔 도리 없이 칼을 팔아 치우기로 작정토다,

어제부터 곡기라곤 조금도 입에 대어 보지 못했으니, 아, 무슨 도리가 있었으랴.

且說那未入梁山的青面獸, 失時落魄住在京城.

嘆楊志爲打點功名把銀錢費盡, 只落得一場歡喜一場空.

高俅不用名門將, 這英雄坐吃山空漸漸窮.

行李出脫還了飯賬, 衣裳典當把店費充.

這一日英雄無奈將刀賣, 皆因他從昨朝餓到今日天明.

【본격적 이야기】

양지(楊志)가 천한교(天漢橋)에 보검을 팔러 나갔다가 우이(牛二)와 시비가 붙게 되고, 보검의 성능을 여러 차례 보여주었음에도 불구하고 우이가 양지에게 모욕을 가하자 양지는 결국 우이를 단칼에 베어 죽이는 내용이 공연자의 걸쭉한 입담을 통하여 진행된다.

【후일담】

대명부로 유배되었다가, 생신강을 운반하다 죄를 뒤집어쓰더니,

이에 도망타가 노지심을 만나 친구가 되더라.

우선은 이룡산에서 준걸들을 호령하고,

그런 후에 양산박 충의당에 들어 명성을 날리누나.

답답한 심사 권태로운 기분 붓을 들어 날려 버리고자,

보잘것없는 재주로 한가한 정을 써내었구나.

配大名充當解差失陷生辰綱, 因逃難和魯達相會拜下賓朋.

先在那二龍山上稱俊傑, 後在那忠義堂註美名.

因午悶故遣斑管驗倦思, 寫一幅黔驢小照滌蕩閑情.

고사계 강창이 7자구를 기본으로 함은 앞에서 이미 설명한 바 있다. 앞에서 분석한 『양지매도』 역시 이 기본적인 구식을 준수하고 있거니와 여타의 작품도 기본적으로 이 틀을 준수하면서 친자를 사용하여 변화의 묘를 보여준다. 예를 들어 『연청매선(燕青賣線)』은 총 1637자, 228구인데, 10자구 11회, 8자구 4회, 9자구 2회이며 나머지는 모두 7자구로서 비교적 7자구 정형을 충실히 따른다. 한편, 『이규접모(李逵接母)』는 총216구, 2208자인데, 7자구 18회, 8자구 16회, 9자구 16회, 10자구 44회, 11자구 50회, 12자구 39회, 13자구 121회, 14자구 10회, 15자구 5회, 16자구 1회로서 7자구를 기본으로 하되 襯字를 자유롭게 구사하여 변화와 파격의 미를 극명하게 보여준다.[106]

106 참고로 『이규접모』의 句式을 소개한다.
제1회 10,10. 10,11. 12,11. 15,10. 11,11. 7,11. 7,11. 8,10. 11,13. 10,12. 7,10. 8,9. 11,13. 11,12. 10,11. 10,11. 7,11. 10,11. 8,11. 10,12. 11,13. 7,12. 11,13. 7,12. 11,11. 10,10. 10,11. 10,8. 11,9. 12,9. 11,9. 16,7. 12,9.
제2회 15,11. 8,7. 9,10. 12,8. 12,10. 11,9. 11,12. 8,12. 14,12. 10,12. 7,12. 7,9. 9,10. 11,8. 11,14. 12,11. 13,13. 9,11. 11,12. 7,11. 10,10. 7,12. 9,10. 10,13. 11,14. 10,10. 9,8.

수호 강창은 선과 악이 분명한 이분법적인 대립 구조를 이루는데, 이는 특히 호칭과 어투에서 드러난다. 고사 『양지매도』의 경우, 우이(牛二)는 실명 이외에 악한(惡漢), 발피(潑皮)가 마치 별명처럼 쓰이고, 양지의 경우는 줄곧 영웅(英雄)으로 호칭된다.

청대의 수호 강창은 이미 『수호전』의 전체적인 내용을 알고 있다는 전제 하에 부분 부분의 완결미를 추구한다. 강창 한 작품 한 작품은 전체 수호 이야기 군의 입장에서 보면 부분이지만 그 하나 하나는 상대적으로 독립적인 개별 작품이 된다. 감상자는 전후 맥락을 모르면 충분한 이해에 도달하기 어렵다. 따라서 공연자와 청중 사이에는 수호 전체 이야기를 서로 이해하고 있을 것이라는 전제가 성립되어야 한다.[107] 다시 말하자면 거대 수호 서사를 이해하는 것은 이러한 공연 행위에 참여하는 기본 조건이 되는 것이다.

이런 측면에서 『이규접모』 역시 예외가 아니다. 이야기가 전후 설명 없이 갑자기 시작하고, 결말 역시 무언가 더 이야기할 것이 남아 있는 것 같은 미진한 생각이 강하게 들게 한다.

12,9. 11,13. 11,12. 10,13. 11,12. 11,13. 12,14. 9,12. 15,14.
제3회 7,14. 10,13. 10,11. 15,13. 7,13. 11,8. 14,7. 12,12. 10,8. 8,7. 9,12. 10,8. 8,7. 9,12. 8,8. 12,10. 10,13. 10,11. 11,10. 11,12. 10,12. 12,12. 11,7. 10,10. 11,15. 12,11. 12,10. 10,14. 11,10. 10,12. 11,11. 12,12. 10,13. 10,13. 11,8. 11,8. 12,10. 13,10. 14,12. 9,12. 14,11.

107 참고로 『노살염파석』을 예로 든다. “송강이 황급히 아래층으로 내려가니(염파석의 집을 찾아왔던 송강이 관청의 급한 연락을 받고서 돌아감), 염파석의 근심도 즉시 사라지는 구나. 송강이 멀어지니, 염파석은 앞으로 걸어가 (장문원이 숨어 있는)옷상자를 열어 주었다.[宋江急忙將樓下, 閻婆惜立時去了病一場. 只見宋江他去遠, 閻婆惜走上前來開櫃箱].” 이 대목은 『노살염파석』의 맨 처음이다. ( ) 안은 필자가 첨가한 것이다. 전후 맥락을 모르는 자는 황당할 수밖에 없다. 단편 수호 강창은 한편 한편이 분절되어 있으면서도 서로 접맥되어 있었으며 이를 전체적으로 통일시켜 주는 것이 바로 소설 『수호전』이었다.

이규 "어머니, 이제 슬퍼 마소 이 아들 재수 대통하였소." 이규 어미 "도대체 무슨 재수 복이 터졌다는 것인지 얘기 한 번 해보아라." 이규 "소자 높은 관리되어, 벼슬 높고 재산이 산더미 같은지라, 고대광실 높은 집에 산해진미 넘쳐 나고, 사시장철 때깔 좋은 옷에, 은냥은 산더미처럼 쌓였소이다. 하여 소자 이렇게 특별히 어머니를 모셔 가고자 왔으니, 이제부터 가난 걱정 접어 두고 부귀영화 누리소서." "늙은 이 에미, 속상하다 못해 억지 웃음 절로 날 지경이로다, 이건 또 무슨 뜬금없는 황당한 소리란 말이냐, 그래 도대체 네가 도대체 무슨 벼슬을 한다는 말이며, 또 어떻게 임지로 떠나겠단 말인고?" 이규 대답하길 "그걸 어찌 말로 하오, 눈으로 직접 보소, 어머니 어서 떠납시다, 날 밝으면 재미없소." 늙은 어미 웃으면서 하는 말 "우리 아들 말하는 게 어찌 이리 경솔하냐, 너 떠난 이후로 네 형이 너를 늘 그리워하였느니, 너와 네 형이 못 만나 본지가 또 얼마나 되느냐!"

李逵說老母休悲兒大喜, 老母說喜從何至你告訴我聽聽. 李逵說孩兒在外把高官做, 爵尊位顯富貴無窮. 有的是大厦高樓肉山酒海, 衣服成套銀子成封. 所以我特地回家接娘去上任, 從今後只享榮華不受窮. 老人家滿腹的傷心由不的强笑, 說這厮還是這樣的撒風. 你得的是怎樣個官兒如何去上任, 李逵說口說難信眼見才分明. 走罷娘啊天明了不便, 老母笑說我兒說話恁的輕生. 你也不見見你哥哥他常常兒念你, 你和他多年不見兄弟之情.[108]

이 작품은 결말을 명확하게 제시하지 못한다. 사실 이 결말을 제대로 이해하기 위해서는 이규가 양산박의 일원으로 가입하였다는 사실을 짐작하고 있는 이규의 형 이달(李達)의 존재가 부각되어야 할 것이며,

108 『清蒙古車王府藏子弟書』, 512쪽.

또 어머니를 양산박에 모셔 가는 일이 형에게 제지당할까 봐 저녁에 서둘러 어머니를 모시고 길 떠난 이규가 결국은 호랑이에게 어머니를 잃고 호랑이를 잡는 이야기가 연결됨을 짐작할 수 있어야 한다. 따라서 『이규접모』는 상당히 불완전한 구성을 보여주며, 적어도 이 점에서는 작품의 완성도가 떨어진다. 어쩌면 『이규접모』는 본디부터 『수호전』 내지는 수호 이야기 군이라는 보족적 존재를 필요로 하고 있는지도 모른다.

청대 수호 강창이야말로 공연자의 입담이 가장 극명하게 드러나는 양식이다. 이는 강창 향수층의 성향을 염두에 둔 것이기도 하겠지만, 소재의 참신성이 이미 탈각되고 널리 알려진 소재의 구연 방식과 숙련도 그리고 부분 부분 약간씩의 변화가 가져오는 감칠맛을 추구한 결과일 것이다. 이러한 수법은 결국 청대 수호 강창의 전형이 되며, 이는 다시 수호 강창이 준수하여야 하는 규범으로까지 작동한다.

> 니 에미가 너를 나에게 준다 한 이후로,
> 나는 네 모녀를 끔찍이도 대해 왔다.
> 널 위해 오룡원을 지어주고,
> 널 위해 은자 한 상자 쓰는 것도 마다하지 않았다.
> 널 위해 친구들과의 왕래도 끊고,
> 널 위해 이웃에게 몹쓸 짓 하기도 하였다.
> 널 위해 비단 사주고,
> 널 위해 동헌에서 욕먹기도 하였다.
> 염파석 이 말 듣더니 눈을 치켜 뜨더라.

송강, 그대여 말 한번 본새 없이 하는구나.

너는 우리 가족을 잘 대해 주었다고 하는데,

설마 내가 배알도 없다고 생각하는 것은 아니겠지.

너, 날 위해 지어 주었다는 오룡원은,

늘 나를 가두어 두기 위한 것.

너, 날 위해 쓴 돈이 적지 않다지만,

본시 미녀와 바람 좀 피려면 돈이사 많이 들어가기 마련.

너, 나 때문에 친구와 왕래를 끊었다지만,

그것은 그 친구가 오래갈 친구가 못되어서 일뿐.

너 나 때문에 이웃에게 몹쓸 짓 하였다지만,

그것은 니가 본디 이웃에게 거드름 피운 탓이지.

너, 나를 위해서 비단을 사주었다지만,

나에게 좋은 옷 입혀 너 체면 세우려는 것이지.

너, 나 때문에 동헌에서 얻어맞았다지만,

그것은 주색잡기 하느라 공무를 게을리 해서이지.

너, 나에게 은혜를 많이도 베풀었다고 하지만,

나도 그만한 은혜는 이미 갚았도다.

노래부르든, 비파를 타든,

밤늦도록 너를 모시지 않은 날이 없었다.

你母親口把你許, 我待你母女不平常.

爲你修下烏龍院, 爲你銀子化了一皮箱.

爲你朋友斷來往, 爲你得罪隣居和街坊.

爲你買了多少綢和緞, 爲你挨打在大堂.

婆惜聞聽把眼瞪, 宋江說話太平常.

你說你待奴家好, 難道奴家就無心腸.

你爲我修的烏龍院, 我看你每天把身藏.

你爲我化的錢不少, 本來嗎貪戀美女化應當.

你爲我朋友不交往, 那是交友不久長.

你爲我得罪隣居和借壁, 你這是對隣高打墻.

你爲我把綢緞買, 我穿衣服你風光.

你爲我堂上挨過打, 這是貪色把公事扔一旁.

你說待我恩情大, 奴家對你也相當.

不是彈來就是唱, 那一夜不陪你三更梆.

—『烏龍院』, 第三段『殺惜』

십리에 사람 떠드는 소리 들리지 아니하고,

구리에 장사꾼 물건 파는 소리 들리지 아니한다.

팔리에 야경 도는 초소 세워져 있고,

칠리에 관청 잇대어 있구나.

육리에 상점 지붕 맞닿아 있고,

오리에 연꽃이 해를 향하도다.

사리에 장로 향불 사르고,

삼층 대전엔 경 읽는 소리.

보기에 이리에 불과한 노정,

한줄기 길이 곧장 성에 맞닿아 있네.

十里聽不見人喧嚷, 九里聽不見賣買聲.

八里立下巡更處, 七里設下接官廳.

六里蓋下招商店, 五里荷花向日紅.

四里長老焚香火, 三層大殿念眞經.

眼看不過二里路, 一條大路緊對城.

—『燕靑賣線』

이 과정에서 소설 『수호전』과는 상대적인 독립성을 유지하며 단지 입담만을 추가하는 것이 아니라 내용 자체가 변화하는 경우도 있다.[109]

청대 수호 강창은 소설 『수호전』과 상대적인 독립성을 유지하며 어느 정도 진행하다가 일정 시점에 이르면 일부가 다시 기록화되기 시작한다. 이러한 과정으로 말미암아 기록된 수호 이야기가 다원화된다. 이는 비교적 일관되게 기록 전통 속에 묶이는 소설 『수호전』 계통과 송대 이래로 기록 전통과 주고받기를 계속하면서 어떤 때는 기록 속에 잠복하면서 어떤 때는 기록을 압도하면서 지속되어진 공연 텍스트가 각기 자신의 모습을 분명하게 드러냄으로써 상대적 차이점이 보다 명확히 부각되었다는 점이 그 첫째 원인이 될 것이다.

한편, 청대 중엽 이후로 비교적 단순한 문언이나 백화로 쓰인 문장을 읽고 이해할 만한 독자층이 점증하였다는 데에서도 그 이유를 찾을 수 있다. 전통 중국의 독자층은 그다지 두껍지 않았다.[110] 더군다나 서

109 ① 무송이 鄆哥의 고자질을 듣고서 집에 돌아와 분탕질하는 서문경과 반금련을 직접 목도하고 이 둘을 죽이고 더불어 王婆를 죽이는 것.(『武松殺嫂』, 『鼓詞彙集』 第3輯, 308~311쪽)
② 죽은 염파석이 나타나 張文遠의 혼령을 저승으로 거두어 가는 것.(『活捉張三郎』, 『고사휘집』 제3집, 241~3쪽)

110 Idema는 중국의 독자층을 대략 읽고 쓸 줄 아는 계층, 어느 한 분야의 전문적인 지식

적의 가격이 상당히 비싸서 어지간한 경제력으로는 감히 사볼 엄두를 내기 힘들 정도였다.[111] 대부분의 중국소설사는 명청대를 중국소설의

을 갖춘 계층, 고급 식자층의 세 부류로 나누어 고찰하고 나름의 근거를 제시하여 대략 읽고 쓸 줄 아는 계층이 전체 인구의 10%내외, 전문적인 지식 계층이 전체 인구의 5%내외, 고급 식자층이 전체 인구의 1.25%정도일 것으로 추정한다. 백화 소설 창작 매체로 사용된 백화는 바로 관화라고 불리는 북경을 중심으로 하는 북방 방언으로서 강남을 중심으로 하는 吳방언과는 상당히 다른 성질의 것이었다. 강남 지역의 사람 역시 관화를 사용하기도 하였을 것이나 이는 분명 제이 언어로서 였을 것이다. 중국에서 가장 유행한 소설이었으며 분량도 그다지 길지 않은 『용도공안』 같은 작품은 단순하고 알기 쉬운 문언에다가 가끔 백화를 섞어 쓰는 전형적인 대중 소설투로 이루어져 있다. 따라서 혹자가 "거의 모든 사람들의 손에 소설책이 들려져 있었다"고 하였을 때, 그 소설책이란 대체로 대중 소설 부류에 속하는 작품이거나 탄사와 같은 장르에 속하는 작품일 것이 분명하다. 난해한 문언이나 생동감 넘치는 방언이 등장하는 정통 소설은 해학과 풍자가 넘치는 까닭에 고급의 작가층과 독자층 사이에 유통되었을 것으로 추정된다(Idema, *Chinese Vernacular Fiction*, XLVII～LIII쪽).

111 "당시 서적 판매는 정가제가 아니었고 홍정을 통하여 판매되었다. 일부 정가를 표시하고 있는 책, 예를 들어 蘇州金閶書坊徐仲甫에서 명 만력 연간에 출간한 『봉신연의』는 "每部定價紋銀貳兩"이라 하였고, 金閶書業堂에서 번각한 『汲古閣十三經』은 "每部需銀十四兩"이라 하였다. 建陽劉氏安正堂에서 明萬曆三十九年(1611)에 번각한 『新編事文類聚翰墨大全』 125권은 "好紙板每部價銀一兩正"이라 하였으니, 당시 강남의 물가 수준을 고려해 볼 때 서적의 가격이 상당히 높았음을 알 수 있다. 명 전기 大米의 가격이 一石에 銀二錢五分에서 三錢 정도였다고 하며, 중기에는 五錢, 명 만력 48년(1620) 소주 吳江에 수해가 발생하여 곡가가 앙등하였을 당시 한 석에 一兩四錢에 달하였다고 한다. 『봉신연의』 한 부의 가격이 곡가가 앙등하였을 당시, 쌀 두 석을 살 정도이니 설사 강남처럼 생활이 윤택한 지역일지라도 부담 없이 책을 구입할 수 있는 자는 매우 제한적일 수밖에 없었을 것이다."(錢杭・承載, 『十七世紀江南社會生活』, 杭州 : 浙江人民出版社, 1996, 164～165쪽) 한편, 이데마는 서적 가격이 당시 독자층의 수입에 비추어 어느 정도의 비중을 차지하는가를 추정해 낸다. "1600년경 『봉신연의』의 가격은 은 2兩 정도로 추정되는데, 18세기에 독선생이 은 2兩을 벌기 위해서는 일년 정도를 가르쳐야 했다(이데마는 『儒林外史』의 제 2회의 "次日, 夏總甲果然替周先生說了, 每年館金十二兩銀子, 每日二分銀子, 在和尙家代飯, 約定燈節後下鄕, 正月二十開館." 구절을 그 근거로 든다). 이 보수를 일시불로 받기는 하였지만 그래도 그 책값이 상당히 비싸게 느껴졌을 것이 틀림없다. 당대부터 명대에 이르기까지 인쇄본 서적의 가격은 대체로 手稿本의 1/10에 해당하였는데, 이 같은 가격은 도서의 보급에 많은 제한을 가하는 작용을 하였음이 명백하다. 19세기의 관찰자들은 그들의 관점에 비추어 볼 때 서적 가격은 그다지 높지 않다고들 하면서도 당시 책을 사곤 하던 자들은 극히 소수였음을 아울러 기록하고 있다."(Idema, *Chinese Vernacular Fiction*, LVIII쪽)

황금 시기로 설정하고, 인쇄술의 발달과 보급을 그 한 원인으로 꼽곤 한다. 그러나 당시 일반적으로 서방(書坊)에서 출간되는 문예 작품들은 누구나 쉽게 사볼 수 있는 보급형 염가 도서는 아니었고, 이들 도서는 소위 장서가나 경제적으로 여유 있는 문인들을 대상으로 출간되었다. 명 중후기에 이르면 소주의 서방들이 도서를 대량으로 출간하게 되는데, 각종 소설과 문학 작품 역시 상당한 양과 질을 겸비하면서 출간된다.[112]

시간이 더 경과하면서, 이 같은 도서 출판 자체가 이원화되기 시작한다. 화려한 장정과 제한된 부수로 고급 독자층을 주된 수요 계층으로 겨냥하는 도서가 계속 출간되는 한편, 값싼 지질과 허름한 장정을 갖춘 보급형 도서가 등장하기 시작한다. 그러나 이 같은 보급형 도서의 등장과 확대 자체는 상당히 더딘 발걸음을 뗄 수밖에 없었다. 따라서 읽기로서의 대중 문화는 문맹의 문제가 해결되고 대중이 경제적으로 정치적으로 독립성을 획득하게 되는 시기로 미루어야 할 것이다.

대중들의 읽기에의 욕구를 가로막는 두 가지 장애, 즉 문맹과 경제력의 문제는 더디지만 꾸준하게 해결의 길을 가기 시작한다. 『수호전』에서 "그 년(염파석)이 희곡 책을 보는 걸 봐서 글자를 꽤 아는 모양인데"[113]라고 한 것처럼, 비교적 통속적인 성격을 지니면서 표현이 간결하고 평이한 작품에 대한 접근 가능성이 조금씩 열렸다. 이와 더불어 암기하여 읽어 주기를 통하여 읽기에의 욕구를 해결해 주기도 하였는데, 수호 이야기에 있어서는 이것이 바로 수많은 수호 강창 작품으로 구체화되었

112 錢杭・承載, 『十七世紀江南社會生活』, 杭州 : 浙江人民出版社, 1996, 158쪽.
113 『수호전』 제21회.

던 것이다. 경제적인 문제의 해결은 상당히 우회적인 전략을 취한다. 이들은 장서가를 지향한 것이 아니라 독서를 통한 읽기에의 욕구 충족과 미적 쾌락을 추구하였다. 이러한 상황에서 발생할 수 있는 것이 바로 어렵지 않은 내용으로 구성된 책을 대여해 주는 것이다. 특히 장편 강창 대본이 더욱 그러하였을 것이다. 다음의 예문은 이러한 상황을 잘 설명해주고 있다.

> 예전 북경의 만두 가게는 만두만 쪄서 판 것은 아니었다. 그들은 나름대로 부업을 하였으니 그것은 바로 창본(唱本)을 베껴서 빌려주는 것이었고 거의 대부분의 만두 가게가 다 그러하였다. 이런 일이 언제부터 생겨난 것인지는 모르겠으나 광서(光緖) 34년(1908)에까지도 그대로 이어져 왔다. 중앙연구원에서 수집한 고사(鼓詞) 초본(鈔本) 45종은 모두 이러한 만두 가게에서 수집한 것이다.……이 책은 대부분 분량이 상당하였는데, 그 가운데 『삼국지고사(三國志鼓詞)』는 173본에 165만 자나 되었다.[114]

본디 강창 예인들은 전체적인 내용을 암기하고서 실제 공연에서는 자신이 암기한 내용을 상황에 따라 자유자재로 변화시켰다. 그러므로 여기서의 기록화 과정은 강창 예인을 위해서라기보다는 독자를 위해서였다. 이를 통하여 수호 강창의 수용층은 자연스럽게 이분화 된다. 즉, 청각에 의지하여 공연을 듣는 계층과 시각에 의지하여 기록된 강창을 읽는 계층이다. 물론 겹치는 부분 역시 상당히 많았을 것이다. 이

114 李家瑞, 「淸代北京饅頭鋪租賃唱本的槪況」, 天津 『大公報』, 1936.2.27; 薛寶琨・鮑震培, 『中國說唱藝術簡史』, 石家莊 : 花山文藝出版社, 1990, 202쪽에서 재인용.

를 도표화하면 다음과 같다.

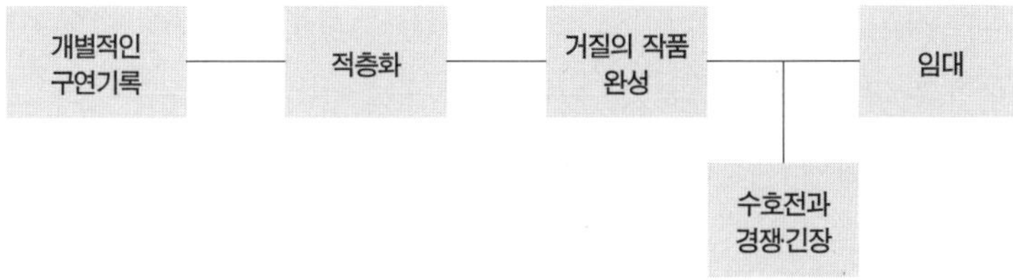

5. 역사 기록 · 희곡 · 소설 · 강창 사이의 같은 점과 다른 점

1) 표현의 측면

앞서 필자는 이야기를 '서사(Narrative)'에 상응하는 개념으로, 어떤 양식을 막론하고 인물이 등장하고 그 인물을 중심으로 전개되는 사건이 서술되는 것'이라 하였다. 이제 여기서 필자는 이야기의 구성 요소인 사건을 누구의 시점을 빌어 어떤 식으로 구성하여 어떤 매체로 전개시키는지, 그리고 인물 성격을 어떤 식으로 부각시키는지, 그 방식을 문제삼을 것이며, 그 방식의 특성이 언어와 문자, 생산과 소비 주체의 상층과 하층이라는 범주와 관계 맺는 양상을 아울러 검토하고자 한다.

소위 근대 소설은 작가가 서사자로 공개적으로 등장하여 작중인물에 대한 도덕적 평가를 내리거나 앞으로의 사건 전개를 미리 공개하거나 어떤 사태에 대한 주관적 서술을 감행하거나 서사자의 과도한 감정을 드러내는 것을 금기시하는 경향이 있다. 근대 소설이 이러한 작가의 개입을 금기시한다면 이는 아마도 작가가 미리 상정한 의도나 감상법을 독자들에게 강요하는 것이 문제가 있다고 생각하였기 때문일 것이다. 다시 말하자면 작품은 작품 자체로 작자와 독자 사이에서 팽팽한 긴장 관계를 유지하여야 하며, 그 긴장 관계 속에서 작가가 미처 의도하지 못한 것들까지도 독자가 읽어 낼 수 있는 가능성이 있다고 보는 것이다. 그리고 이것이야말로 작품의 독자적인 생명력을 온전하게 하는 것이라 본 것이다.

그렇다면 기록 중심의 문학 장르 그 중에서도 특히 소설에서 소위 서사자의 노출 현상이 나타나는 이유는 무엇인가? 서사자의 노출을 소설 기법의 미숙련 과정에서 한시적으로 드러나는 폐단이라고 보기에는 그 시간이 너무 길며, 공간적으로 양의 동서를 가리지 않는다. 혹시 기록 문학이 장구한 공연(구연) 문학의 훈련기간을 거친 까닭에 어느 정도 자체의 숙련 기간을 경과한 이후에도 그 모태인 공연 문학에의 상근성을 보이는 것은 아닐까? 만약 그렇다면 이를 '의사 공연 양식적 특성'이라고 부를 수도 있을 것이다. 이 의사 공연 양식적 특성은 기록이 기록 그 자체로 생명력을 지니게 된 이후에도 공연 양식이 지니는 여러 특성을 모방하여 자신의 서사 특성으로 차용하는 것을 말한다.

중국소설사에 등장하는 의화본(擬話本) 역시 설화 구연을 그대로 기록하여 이루어진 것이라기보다는 의화본의 작가가 설화 구연이 지니고 있는 양식적 장점을 적극적으로 차용한 것으로 보아야 할 것이다.

따라서 표면적으로는 설화 구연이 지니는 구연적 특성을 받아들이는 것처럼 보이지만 그 이면에는 이미 읽기를 가정하고 있는 것이다. 이처럼 의사 공연 양식적 특성은 구연 양식으로부터의 독립성을 확고하게 확보하지 못하였다는 부정적 측면보다는 공연 양식적 특성을 지면에 새롭게 탄생시킴으로써 또 다른 미학적 특성을 창조하게 된다는 긍정적 측면을 더욱 강하게 지닌다.

수호 이야기 군은 기록과 공연이 서로 넘나들면서 형성・발전・분화되는데, 소설 『수호전』에서 이 같은 의사 공연 양식적 특성이 더욱 두드러지게 나타난다. 그 구체적인 표지는 시점(작가 개입), 구성, 언어 측면 등에 걸쳐 두루 나타난다.

① 옆에 있던 여종은 내빼려 했지만 어찌나 질겁하였던지 두 다리가 움직이지 않고 입은 얼어붙은 듯하여 소리도 지를 수 없었다. 사실 여종은 고사하고 이 이야기하는 사람이라도 그런 광경을 당했다면 놀라서 혀가 꼬부라졌을 것이다(31회).

那一個却待要走, 兩隻脚一似釘住了的, 再要叫時, 口裏又似啞了的, 端的是驚得呆了. 休道是兩個丫嬛, 便是說話的見了, 也驚得口裏半舌不展.

② 그것이 어떤 계책인가 하는 것은 이제 후에 알게 될 것이다. 그러니 독자들은 이 말머리를 잘 기억해 두시라. 사건은 원래 송공명이 처음 축가장을 칠 때에 발생하였지만 두 사건을 동시에 이야기하기 어렵기 때문에 잠시 축가장을 두 번이나 친 이야기를 쓰게 되었다. 그러므로 이번에는 산채에 가담하러 들어온 그 사람이 기회를 마련해 놓은 이야기를 먼저 하고 나

서 다시 본 줄거리로 돌아가려 한다(49회).

說話的, 却是甚麽計策, 下來便見. 看官牢記這段話頭. 原來和宋公明初打祝家莊時, 一同事發. 却難這邊說一句, 那邊說一回, 因此權記下這兩打祝家莊的話頭, 却先說那一回來投入伙的人乘機會的話, 下來接着關目.

③ 여러분이 보다시피 이번 회의 이야기들은 흩어진 모래알처럼 난삽한 감을 주기도 하는데, 모두 옛 사람들이 서회를 통하여 전해 준 것들이다. 일일이 다 이야기하려니 한꺼번에 다 서술하기 어렵다. 우선 그 대강의 줄거리만은 바로 알게 될 것이니 그 줄거리를 기억하면 오묘한 세부적인 내용을 차차 알게 될 것이다(114회).

看官聽, 這回話都是散沙一般, 先人書會留傳, 一個個都要說到, 只是難做一時說 : 慢慢敷演關目, 下來便見, 看官只牢記關目頭行, 便知衷曲奧妙.

①은 서사자가 여종의 입장에 서서 무송(武松)이 장도감에게 원수를 갚고자 내아에 숨어 들어가 여종을 죽일 때 옆에서 목격하던 여종의 놀란 심정을 묘사한다. ②는 서사자가 송강이 두 번째로 축가장을 친 것을 먼저 서술하고 나서 시간적으로 먼저 발생한 해진(解珍)과 해보(解寶)가 양산박에 합류하는 이야기를 서술하면서 하는 말이다. ③은 송강이 방랍을 정벌하면서 군사를 배치하고 작전하는 대목인데, 서사자가 자신이 이야기를 서술하는 기법을 설명한다.

이 같은 서사자의 노출은 두 가지 기능을 담당한다. 첫째, 상황을 설명하거나 독자의 입장에 서서 독자가 느껴야 할 감정의 몫을 미리 정해주거나 혹은 독자들이 미처 헤아리지 못하고 넘어갈지도 모르는 부분을 각성시켜 주는 역할을 한다. 둘째, 서사자가 자신의 이야기 전개 방법이 혹시 독자들에게 줄 수도 있는 혼란을 미연에 방지하고자 의도적으로 자신을 드러낸다. ①은 바로 전자에 해당하는 것이며, ②와 ③은 후자의 예이다.[115]

극 양식에서는 인물이 직접 무대에 등장하여 자신의 심리와 전개되는 사건을 몸짓과 대사로 표현하므로 서사자를 필요로 하지 않는다. 그런데 기록 문학의 한 양식인 소설은 기본적으로 서사자가 작품의 내면으로 들어가 용해되어 겉으로 드러나지 않게 되며 발화하는 대명사, 즉 작품 속에 구현된 화자가 직접 발언하거나 숨겨진 서사자가 등장인물의 입장에서 혹은 독립적인 입장에서 사건을 묘사한다. 이 같은 서사자의 숨겨짐은 바로 독자의 주체성으로 연결된다. 거리가 확보되는 것이다.[116]

대개 일인에 의하여 공연되는 양식 예를 들어 강창 같은 경우는 공연자가 다수의 등장 인물을 대신하여 심리를 표현하고 사건을 꾸려 나간다. 그러나 의외로 강창에서는 서사자의 직접적인 개입과 감정 표현은 거의 눈에 띄지 않는다. 다만 앞에 이미 지적한 바처럼 선악과 호오

115 혹자는 서사자가 노출되는 것을 불일치 심리 서술, 그 반대를 일치 심리 서술로 파악한다. 예를 들어, "능히 추측될 수 있는 일이었다"라든가 "상반된 감정이 얼마나 컸는지" 등의 표현들은(『오만과 편견』에서 발췌한 인용문들임) 서사자가 등장 인물(엘리자베스)의 관점과 유리되어 있음을 나타내며, 반면에 일치 심리 서술에 해당되는 인용문들에서 보이는 보다 더 흥분된 감탄조의 표현들은 서술자의 관점보다 그녀의 관점이 더 우세함을 나타내 준다고 한다(스티븐 코헨 · 린다 샤이어스, 임병권 · 이호 역, 『이야기하기의 이론—소설과 영화의 문화 기호학』, 한나래, 1997, 145~6쪽).

116 구술 담화에서는 화자의 육체적 현존이 발화하는 주체와 발화되는 주체를 일치된 것처럼 보이게 만들지만, 이와 반대로 기술 담화는 발화하는 주체의 육체적 부재를 나타내 준다(스티븐 코헨 · 린다 샤이어스, 임병권 · 이호 역, 『이야기하기의 이론—소설과 영화의 문화 기호학』, 한나래, 1997, 151~2쪽).

를 이미 반영한 호칭 정도가 드러날 뿐이다. 서술 시점 역시 변화가 거의 없이 일관성을 유지한다. 이러한 측면에 비추어 볼 때, 중국 고전 소설에 보이는 서사자의 노출이나 설화투의 용어가 백화 소설의 기원이 구연 문학에 있기 때문이라는 주장은 설득력이 상당히 약화되고 만다. 이는 서사자의 개입과 감정 표현 그리고 독자에게 직접 대화하는 이야기 투의 설정은 공연 문학의 특성이 기록 문학으로 침투된 것이라는 우리들의 일반적인 예측에 반하는 것이다.

『무송대뇨동악묘(武松大鬧東嶽廟)』를 예로 들어보자. 『무송대료동악묘』는 일관되게 3인칭 전지적 시점을 취하면서 진행된다. 먼저 휘종 치세의 나라 환경을 묘사하고, 무송(武松)과 무대(武大)의 출생 배경을 묘사한다. 그런 다음 본격적인 이야기는 인물 사이의 직접적인 대화를 통하여 전개한다. 이 대화는 공연자의 간단한 묘사와 설명 다음에 바로 이어지기도 하며;

> (쓸데없이 무술 연습에만 몰두하지 말고 군인이나 되라는 형 무대의 핀잔에) 무송은 사람 잡아 먹을 듯이 사나운 눈을 뜨고서는 "형, 말 한번 참 본새 없이 하오, 어머니, 아버지 돌아가신 후로 안팎 집안 살림 모두 내가 도맡아서 하였으며, 형 먹는 것 입는 것 다 내가 대었는데, 군인 되라 마라 무슨 상관이 그리 많소." 형은 머쓱해져서 중얼중얼 거리며 방으로 다시 들어가 버렸다.
>
> 武松一瞪殺人的眼; "哥哥你說話太無良, 二老爹娘下世去, 裏裏外外我把家當, 吃穿二字你跟我要, 你管我吃糧不吃糧." 大郎找了一個大無趣, 嘟嘟囔囔回了上房.

(인용부호는 인용자)

'武松說; "要鬪是跟光棍鬪, 旣叫戰死後也把名揚"'처럼 공연자가 대화 당사자를 명백히 밝히고 직접 대화를 인용하는 경우도 있다. 앞서 인용한 『이규접모』의 결말 부분도 한 예가 될 것이다.

수호 강창은 서술 시점이 비교적 일관성을 유지하고 있으며, 소설 『수호전』에서 나타나는 서사자의 감정 노출 같은 것이 등장하지 않는다는 것을 예증을 통하여 확인할 수 있었다. 그런데 이야기 전개를 위한 서사자의 설명은 수호 강창에도 역시 등장한다.

> 태양이 서쪽 언덕 비추니, 이제 다시 무송 이야기를 시작해 볼까나.(시작)
>
> 太陽一出照西坡, 再把武松說一說.
>
> (…중략…)
>
> 무송이 형수 때려죽인 이야기는 이제 여기서 일단락 짓고, 다음에는 십자파 주점에서 행패 부린 이야기가 이어집니다.(결말)
>
> 武松殺嫂算一段, 下一段打店大鬧十字坡.
>
> —『武松殺嫂』

> 第一段
>
> 한편, 대종과 송강은,(시작)
>
> 在說戴宗宋老三.
>
> (…중략…)
>
> 여기까지는 이규가 장강의 배에 찾아 들어와, 물고기를 빼앗아 사단을 일

으키게 되는 단서렸다.(결말)

這一回李逵到了長江船, 李逵奪魚惹禍端.

第二段

어르신들 가만히 앉아 내 말 좀 들어보소, 이제 앞 이야기를 받아 본격적인 이야기를 풀어 볼까, 그럼 어떤 이야기부터 할까, 바로 이규 이야기부터 시작하지.(시작)

明公穩坐聽我言, 書接上回開正篇. 書中再說哪一個, 再把李逵言一言.

(…중략…)

이규가 물고기 뺏고 개기는 이야기는 여기서 마치고, 이제부터는 이규가 형장에서 송강을 구하는 이야기로 넘어갑니다 그려.(결말)

李逵奪魚算一段, 李逵搶法場搭救宋老三.

—『鬧江州』

이러한 예문들은 수호 강창의 서사자 설명은 이미 장편화된 수호 이야기를 자신들의 공연 양식에 걸맞게 분절하면서 필요에 따라 삽입하던 것이 정형화되었음을 보여준다. 이처럼 공식화된 서사자 설명은 바로 수호 강창의 단일 구성과 맞닿아 있다. 수호 강창은 비교적 여유 있게 긴 시간을 투자하여 작품을 감상하는 것이 아니라 제한된 시간에 즉각적인 공연과 그에 따른 즉각적인 반응이 서로 교차하는 것이었음을 보여준다. 그러나 반대로 이런 단편 단편의 공연들이 모여 한 편의 거대한 작품군을 형성하기도 하는데, 이러한 것들은 다시 기록화되는 경향을 띤다.

2) 문화사회학적 측면

수호 전기에서 발견되는 세련된 창사(唱詞), 이규(李逵)로 대표되는 체제 반항적인 인물의 역할 축소와 사라짐, 조정에의 귀순과 충절의 지나친 강조는 전기 창작층의 성향을 짐작하게 해준다. 더욱 중요한 것은 이들 창작층은 수용층의 받아들임에 대하여 그다지 고려하지 않았거나 수용층 역시 이런 주제 의식을 아무런 거리낌 없이 받아들일 수 있는 계층으로 이루어져 있었을 것이다. 수호 전기가 항상 결말에서 양산박 영웅들의 초안 받아들이기를 지나칠 정도로 강조하고 인물 소개 등에서 화려한 수사를 강조하는 반면, 수호 잡극은 영웅들이 임무를 완수하였음을 축하하는 연회를 여는 것으로 결말을 맺는다. 이는 수호 잡극이 축제적 의미 혹은 놀이의 의미를 더 강하게 지니고 있었음을 의미한다.

상황이 여하튼 간에 수호 잡극과 전기의 창작층은 일정한 문자적 지식을 지닌 자들이었다고 할 것이다. 잡극과 전기의 창작층은 자신들의 작품을 감상할 대상에 대한 고려에서 갈라지는데, 잡극의 경우 대상이 비교적 하향화되고 또 그런 향수층의 요구를 작품에 어느 정도 반영하였다. 그러나 전기는 공연되더라도 소위 문인층이나 경제적 여유가 있는 자들의 집안에서 공연되었을 것이며, 또 전기의 양과 공연 상황을 연관시켜 보면 전막 공연이 거의 불가능하여 일부만을 떼어 한정적으로 공연하였을 것이다. 이러한 상황에서 전기의 대본은 일부 식자층의 미학적 감각과 의식 세계를 반영하는데 주력하게 된다.

소설 『수호전』은 역사기록 전통에서 민간 설화에 이르는 다양한 수호 이야기의 총결합이며, 이를 문인층의 입장에서 종합하여 읽는 대상으로 확정한 것이다. 명대의 독서층의 구성과 특징을 고려하여 보면 소설 『수호전』의 독자 역시 당시 문인 계층이었을 것이며, 소설의 주제와 표현 양식상의 몇 가지 징후 역시 이를 반증한다. 원 잡극 시절 절대적인 비중을 차지하던 이규가 소설 『수호전』을 거쳐 명청대 자제서, 고사, 전기 등에 이르면 그 비중이 현격히 떨어지고 오히려 송강, 무송, 노지심 등이 각광받는 인물로 변한 것은 이규가 지니는 동물적, 본능적 성향이 소설 『수호전』을 거치면서 순치된 때문일 것이다. 물론 소설 『수호전』에는 이규의 이 같은 성격이 반영된 부분이 아직도 많이 보이며,[117] 바로 이 점에서 착안하여 김성탄은 『수호전』의 가치를 극찬하기도 한다.[118] 여하간 수호 이야기 군이 발전되고 정리되는 과정

---

117 『수호전』에서 찾아볼 수 있는 이규의 잔인성, 여성 혐오, 솔직성의 예는 다음과 같다.
① 사람 죽여 안주 해먹기(41회).
② 가짜 흑선풍 죽여 구워 먹기(43회).
③ 송강의 여색 탐하기와 이규의 여성 혐오(50회).
④ 송강이 구천현녀를 만나는 장면과 이규가 羅眞人을 만나는 것의 대비(53회).
⑤ 송강이 노준의에게 두령 지위를 양보하려 들자 이규는 "객쩍은 소리는 그만하오. 이제 형님이 황제가 되고 노원외가 재상이 되고 우리가 모두 고관이 되어 동경으로 쳐들어가 그 제미랄 놈의 자리를 빼앗는다면 여기서 떠들고 있기보다 나을게 아니오?"라고 솔직하고도 대담하게 이야기한다(67회).
⑥ 우유부단하며 확신 없어 하는 송강과 우직한 이규의 갈등(73회).
⑦ 초무 받은 송강이 공을 세우고 천자에게 元旦 세배 드릴 때 수모를 당하고 돌아와 울적한 심사를 토로하자 이규가 초무의 허위성을 비꼰다(110회).

118 김성탄은 40회의 回頭總評에서 "一路寫宋江使權詐處, 必緊接李逵粗言直叫. 此又是畵家所謂反襯法. 讀者但見李逵粗直, 便知宋江權詐, 則庶幾得之矣. 寫宋江上梁山後, 毅然更張舊法, 別出自己新裁, 暗壓衆人, 明欺晁蓋, 甚是咄咄逼人. 不意筆墨之事, 其力可以至此"라고 하였다. 아울러 채구에게 붙잡힌 송강과 대종을 구할 때, 이규가 黃文炳에게 "你這厮在蔡九知府後堂且會說黃道黑, 撥置害人, 無中生有攛掇他"라고 하자 김성탄은 "字字令文炳心服, 覺上文宋江之言, 繁而無當"이라 하였을 뿐만 아니라, 송강이 자신을 구해준 조개에게 무릎을 꿇고 양산박에 귀의할 것을 말하자 "只此語, 亦不必跪說. 偏寫宋江跪, 皆表其權術也"라고 하였다. 아울러 송강의 언행을 지속적으로 權術이라 몰아붙인다(貫華堂本 40회). 송강이 노준의에게 양산박 두령자리를

에서 상하층 향수층의 기호를 동시에 만족시킬 만하면서 동시에 재미까지를 겸비한 이야기들은 빈번하게 양식을 넘나들면서 기록되고 공연되었던 반면, 그렇지 못한 경우에는 수호 이야기의 보물 창고인 『수호전』 속에 묻히게 된 것 같다.

명말 청초에 이르러 본격적으로 수호 이야기가 민간 계층에 강창 형태로 유행하게 된다. 이들은 소설 『수호전』을 모태로 삼으면서도 여러 계통으로 전해오던 수호 이야기들을 참고하여[119] 민간 기호에 부응하는 작품을 공연한다. 이는 뒤집어서 말하자면 정본에 대한 해석이기도 하고 정통에 대한 나름의 도전이기도 하다. 여하간 민간인들이 여러 형태로 자신들의 욕구를 반영하는 기예를 공연하는 자들을 양성할 수 있는 사회적 역량과 시스템을 구축할 수 있었다는 것은 분명하다. 이때 강창 공연자들은 『수호전』의 해석을 통하여 민간인들의 고급 문화에 대한 갈증을 풀어 준다.[120]

따라서 강창은 상층과 하층의 미학과 세계관이 절충되는 장이며 그 절충의 결과 형식은 내용을 알기 쉽게 하거나 재미있게 하는 데 도움

양보하려 들자 이규가 "객쩍은 소리는 그만하오. 이제 형님이 황제가 되고 노원외가 재상이 되고 우리가 모두 고관이 되어 동경으로 쳐들어가 그 제미랄 놈의 자리를 빼앗는다면 여기서 떠들고 있기보다 나을게 아니오? 若是哥哥做個皇帝, 盧員外做個丞相, 我們今日都住在金殿裏, 也直得這般鳥亂"라 하자 김성탄은 "咄咄快絶. 又換出一副議論來, 眞乃令人聞所未聞. 皇帝丞相等語, 前已曾兩言之, 至于今日愈出愈奇. 鐵牛眞人中之寶也"라고 극찬한다(貫華堂本 66회).

119 수호 강창의 몇몇 작품이 소설 『수호전』의 내용과 다른 점은 이의 반증이다. 물론 강창 공연자가 소설 『수호전』의 내용을 의도적으로 변형시켰을 수도 있다.

120 중하급 문화의 영화나 텔레비전 프로그램을 만드는 제작자들은 상급 또는 중상급 문화의 순수 예술이나 드라마들을 각색한다. 또 이들은 매시Mash 같은 중상급 문화의 수용자를 위한 영화를 중하급 수용자를 위한 텔레비전급 매시 연속물로 개작하였다(허버트 J. 갠즈, 강현두 역, 『대중문화와 고급문화』, 나남, 1998, 124~5쪽).

이 주는 쪽으로 경사되며, 내용 역시 심도 있고 탐색적인 것보다는 쉽게 다가갈 수 있는 쪽으로 나아가며, 작품 가운데 형성된 갈등과 문제는 작품의 결말에 이르면 대개 해결되게 된다. 그런데 이 주인공들은 언제나 모두 전통적 가치나 종교와 같이 전통적으로 존중되어 온 사회제도 등의 타당성을 인정하는 내용으로 묘사되게 된다.

이러한 작품들은 문화적으로 상하층에 걸쳐 두루 환영을 받게 된다. 한편, 동일 대상이 서로 다른 향수층에 의하여 감상될 때는 간혹 동일한 대상이라고 하여도 서로 다른 측면이 부각되곤 한다. 예컨대 이규는 원 잡극에서는 솔직하고 담대하며 능동적인 인물형으로 그려지나 소설과 전기에 이르면 그 역할이 놀라울 정도로 축소되고 성급하고 거칠며 사고치는 자로 그려진다. 마찬가지로 송강은 잡극에서는 임무를 부여하되 그 일을 직접 처리하고 주관하는 자는 아니나 전기에 이르면 일을 직접 주관하고 능동적으로 처리하는 자로 변하고 이는 소설에서 더욱 두드러진다.[121]

지금까지의 논의에서 확인되었다시피 수호 이야기는 문화적 상하층의 기호와 세계관이 다양한 양태로 표출되고 그것이 수호 이야기라는 장에 모여서 서로 충돌하고 갈등하다가 결국은 조화와 절충에 도달하는 과정을 겪는다. 이 과정은 지배 계층이 대중들의 세계관을 조작함으로써만 얻어지는 것은 아니다. 오히려 문화적인 지도력을 쟁취하기 위하여 서로가 반대되는 집단의 가치와 미의식과 협상해야 하며,

121 동일한 문화 내용물에 대하여서도 상이한 감상과 수용이 이루어질 수 있다. 채플린은 하급 문화적으로 보자면 우스꽝스러운 지팡이를 든 희극배우요 어릿광대지만 좀 더 상급 문화의 관점에서 보면 사회에 대한 풍자적 비판자인 것이다(위의 책, 160~1쪽).

이러한 협상을 통해 변형되기도 하며, 또 새로운 가치와 미의식이 도출되기도 하는 바, 이 가치와 미의식은 어느 한 층의 요구만이 반영된 것은 아니다. 즉, 새로운 가치와 미의식은 반대 계층의 가치와 미의식을 소멸시킴으로서가 아니라 반대 계층의 가치와 미의식을 상호 관계 안으로 접합시킴으로써 이루어진다. 일방이 상대방을 설득하여 이러한 지도력을 받아들이도록 하기 위해서는 자신의 성향에도 변화가 요구된다. 즉 하층 향수층은 상층 향수층이 받아들이기 어려운 사상과 천박함을, 반대로 상층 향수층은 너무 고급스러운 표현이나 일방적인 유가 이데올로기를 조금씩 양보하면서 상호간의 갈등을 해결한다.[122]

이것, 수호 이야기가 다양한 계층의 다양한 양식에 걸쳐 작품화되고 기록되는 역사적 상황은 중국의 민간 문화와 고급 문화를 상호 적대적인 관점에서 분리하여 바라보는 것을 지양할 수 있는 실증적 사례와 이론적인 근거가 될 것이다. 고대 중국의 헤게모니를 장악하고자 하였던 계층 상호간의 긴장 그리고 그 표현으로서의 다층다양한 문화 사이에는 이처럼 긴장과 아울러 접합 관계가 상존한다. 따라서 고급 문화는 저급 문화 혹은 민간 문화를 겉으로는 비난하면서도 그 문화가 지니고 있는 잠재적인 역량에 주목하여 그것을 자신의 안으로 끌어안는 전략을 취하게 된다. 그 장력과 인력 사이에 존재하는 것이 바로 취향과 이데올로기이며 구체적으로는 경제적 조건이다. 반대로 민간 문화 종사자들도 자신들의 문화가 고급 문화와는 다른 그 무엇임을 주장하면서도 고급 문화의 질서로 편입되기를 바라는 이중적인 성향을 지니

122 문화적 상하층 향수층간의 가치와 미의식의 갈등과 조화에 관한 논의는 그래엄 터너, 김연종 역, 『문화연구입문』, 한나래, 1995, 240쪽에서 언급한 그람시의 헤게모니 개념에서 시사를 받았다.

고 있었다. 이는 바로 민간 문화의 잠재적 역량과 고급 문화의 정통성이 접합되는 과정이며 이를 통하여 형성되는 문화는 사회의 헤게모니를 장악하게 된다. 수호 이야기를 매개로 보여준 중국의 다양한 문화 양상은 바로 그 일례이다.

[부록 1] 수호 36영웅 비교표

연번	宋江三十六人贊	宣和遺事	水滸傳
1	呼保義宋江	智多星吳加亮	天魁星呼保義宋江
2	智多星吳學究	玉麒麟李進義	天罡星玉麒麟盧俊義
3	玉麒麟盧俊義	青面獸楊志	天機星智多星吳用
4	大刀關勝	混江龍李海	天閑星入雲龍公孫勝
5	活閻羅阮小七	九紋龍史進	天勇星大刀關勝
6	尺八腿劉唐	入雲龍公孫勝	天雄星豹子頭林冲
7	沒羽箭張淸	浪里白條張順	天猛星霹靂火秦明
8	浪子燕青	霹靂火秦明	天威星雙鞭呼延灼
9	病尉遲孫立	活閻羅阮小七	天英星小李廣花榮
10	浪里白跳張順	立地太歲阮小五	天貴星小旋風柴進
11	船火兒張橫	短命二郎阮進	天富星撲天雕李應
12	短命二郎阮小二	大刀關必勝	天滿星美髯公朱仝
13	花和尚魯智深	豹子頭林冲	天孤星花和尚魯智深
14	行者武松	黑旋風李逵	天傷星行者武松
15	鐵鞭呼延綽	小旋風柴進	天立星雙槍將董平
16	混江龍李俊	金槍手徐寧	天捷星沒羽箭張淸
17	九文龍史進	撲天雕李應	天暗星青面獸楊志
18	小李廣花榮	赤髮鬼劉唐	天祐星金槍手徐寧
19	霹靂火秦明	一撞直董平	天空星及先鋒索超
20	黑旋風李逵	插翅虎雷橫	天速星神行太保戴宗
21	小旋風柴進	美髯公朱仝	天異星赤髮鬼劉唐
22	插翅虎雷橫	神行太保戴宗	天殺星黑旋風李逵
23	神行太保戴宗	賽關索王雄	天微星九紋龍史進
24	急先鋒索超	病尉遲孫立	天究星沒遮攔穆弘
25	立地太歲阮小五	小李廣花榮	天退星插翅虎雷橫
26	青面獸楊志	沒羽箭張青	天壽星混江龍李俊
27	賽關索楊雄	沒遮攔穆橫	天劍星立地太歲阮小二
28	一直撞董平	浪子燕青	天平星船火兒張橫
29	兩頭蛇解珍	花和尚魯智深	天罪星短命二郎阮小五
30	美髯公朱仝	行者武松	天損星浪里白跳張順
31	沒遮攔穆橫	鐵鞭呼延綽	天敗星活閻羅阮小七
32	拼命三郎石秀	急先鋒索超	天牢星病關索楊雄
33	雙尾蝎解寶	拚命三郎石秀	天慧星拚命三郎石秀
34	鐵天王晁蓋	火船工張岑	天暴星兩頭蛇解珍
35	金槍班徐寧	摸著雲杜千	天哭星雙尾蝎解寶
36	撲天雕李應	鐵天王晁蓋	天巧星浪子燕青

[부록 2] 수호 잡극 목록*

연번	시대	작가	제목	정명	간명	비고
1	원	高文秀	孫孔目上東岳	黑旋風雙獻頭	雙獻頭	
2	원	康進之	杏花莊老王林告狀	梁山泊黑旋風負荊	李逵負荊	
3	원	李文蔚	楊衙內倚勢行兇	同樂院燕青博魚	燕青博魚	
4	원	무명씨	黑旋風救答李幼奴	魯智深喜賞黃花峪	黃花峪	
5	원	무명씨	好結義一身繫獄	爭報恩三虎下山	三虎下山	
6	원	李致遠	烟花則說他人過, 僧住賽娘遭折挫	山兒李逵大報恩, 鎮山孔目還牢末	還牢末	
7	원	무명씨	李應酬恩韓伯龍	梁山五虎大劫牢	大劫牢	
8	원	무명씨	廣府壯士遭囹圄	梁山七虎鬧銅臺	鬧銅臺	
9	원	무명씨	呂彥彪打擂元宵節	王矮虎大鬧東平府	東平府	
10	원	무명씨	公孫勝展三略六韜書	宋公明排九宮八卦陣	九宮八卦陣	
11	원	李文蔚	長樂院宋江接應	□□□燕青射雁	燕青射雁	실전
12	원	王實甫			詩酒麗春園	실전
13	원	楊顯之		黑旋風喬斷案	喬斷案	실전
14	원	紅字李二		折擔兒武松打虎	武松打虎	실전
15	원	紅字李二		板踏兒黑旋風	黑旋風	실전
16	원	紅字李二			窄袖兒武松	실전
17	원	紅字李二			全火兒張弘	실전
18	원	紅字李二			病楊雄	실전
19	원	高文秀	宋公明火件梁山泊	黑旋風詩酒麗春園	麗春園	실전
20	원	高文秀		黑旋風窮風月	窮風月	실전
21	원	高文秀		黑旋風大鬧牡丹園	牡丹園	실전
22	원	高文秀		黑旋風喬教子	喬教子	실전
23	원	高文秀		黑旋風鬥鷄會	鬥鷄會	실전
24	원	高文秀		黑旋風敷演劉耍和	劉耍和	실전
25	원	高文秀		黑旋風借屍還魂	借屍還魂	실전
26	원	高文秀		雙獻頭武松大報讎		실전
27	원	庾天錫	宋公明火件梁山泊	黑旋風詩酒麗春園	麗春園	실전
28	원	康進之		黑旋風老收心	老收心	실전
29	원	무명씨	宋江岸上加兵	張順水裏報冤	水裏報冤	실전

* 이 표는 劉靖之,『元人水滸雜劇研究』;『曲海總目提要』; 黃丕烈,『也是園藏書古今雜劇目錄』, 張敬,『明清傳奇導論』; 上海藝術研究所 中國戲劇家協會上海分會編,『中國戲曲曲藝詞典』; 傅惜華,『水滸戲曲集』; 馬蹄疾,『水滸書錄』 등을 참고하여 작성하였음.

30	원	무명씨		一丈青鬧元宵	鬧元宵	실전
31	원	무명씨			征方臘	실전
32	원	무명씨	陸正官分豁是非場	孫孔目智賺明昌夢	明昌夢	실전
33	원	무명씨	宋公明復打祝家莊	魯智深大鬧消災寺	消災寺	실전
34	원	무명씨			搬運太湖石	실전
35	원	무명씨		小李廣大鬧元宵夜		실전
36	원	무명씨		宋公明劫法場		실전
37	원	무명씨		宋公明喜賞新春會		실전
38	명			梁山五虎大劫牢		
39	명			梁山七虎鬧銅臺		
40	명	朱有燉	修行辦道僧仕僧, 厮打相爭賊見賊	虎皮客人胡索債 豹子和尚自俗還		
41	명	朱有燉	趙都巡行凶倚勢	黑旋風仗義疏財		
42	명	凌濛初	題作 : 李師師手破新燈, 周待制慘賊離情, 小旋風簪花禁苑, 及時雨元夜觀燈		宋公明鬧元宵	
43	명	李開先			喬坐衙	실전
44	명	무명씨			宋公明	실전
45	청	葉弈繩			黑旋風壽張 喬坐衙	실전
46	청	唐英			十字坡	
47	청	張韜			戴院長神行 薊州道	

[부록 3] 수호 전기 목록*

연번	시대	작가	작품명	비고
1	명	沈璟	義俠記	
2	명	李開先	寶劍記	
3	명	沈初成	寶劍記	
4	명	高漫卿	靈寶刀	
5	명	許自昌	水滸記	
6	명	沈自晋	翠屛山	
7	명	坦寓,蘭孑	林冲寶劍記	
8	명	夏邦	寶帶	실전
9	명	朱朝佐(或云李素甫撰)	元宵鬧(일명玉麒麟)	
10	명	무명씨	髥虎記	실전
11	명	무명씨	高唐記	실전
12	청	洪昇	鬧高唐	실전
13	청	張子賢	聚星記	실전
14	청	丘園	虎囊彈	실전
15	청	史集之	淸風寨	
16	청	무명씨	雙飛石	실전
17	청	朱從雲	二龍山	실전
18	청	무명씨	河燈賺	실전
19	청	무명씨	鴛鴦箋	실전
20	청		水滸靑樓記	
21	청	무명씨	鸞刀記	실전
22	청	金蕉雲	生辰綱	
23	청	劉百章	祝家莊	실전
24	청	張照	忠義璇圖	
25	청	范希哲	雁翎甲	일명(偸甲記)
26	청	張穆	花石綱	
27	청	介石逸叟	宣和譜	실전
28	청	介石逸叟	飜水滸記	실전
29	청	涉翁	絳納記	실전
30	청	무명씨	忠義堂	실전
31	청	무명씨	屛山俠	실전

* 이 표는『曲海總目提要』; 黃丕烈,『也是園藏書古今雜劇目錄』, 張敬,『明淸傳奇導論』; 上海藝術研究所 中國戱劇家協會上海分會編,『中國戱曲曲藝詞典』; 傅惜華,『水滸戱曲集(第二集)』; 馬蹄疾,『水滸書錄』 등을 참고하여 작성하였음.

[부록 4] 수호 강창 목록*

연번	양식명	작가 혹은 공연자	작품명	비고
1	揚州評話		魯十回, 林十回, 武十回, 宋十回, 盧十回, 石十回	
2	揚州評話	王少堂	武松打虎	
3	揚州評話	王少堂	武松醉打蔣門神	
4	揚州評話	王少堂	松林別友, 大鬧飛雲浦	
5	揚州評話	王少堂	武松	
6	杭州評話	茅賽雲	醉打蔣門神	
7	杭州評話	茅賽雲	武松演義	
8	北京評書	黃存洲	拳打鎮關西	
9	評書	李德林, 李煥改編	快活林	
10	評書	張青山	武松打虎	
11	評書	狄來珍	武松大鬧石家莊	
12	子弟書		全水滸	
13	子弟書		水滸全人名	
14	子弟書		水滸	
15	子弟書		醉打山門	
16	子弟書		夜奔	
17	子弟書		活捉	
18	子弟書		盜甲	
19	子弟書	韓小窓	賣刀	
20	子弟書		賣刀試刀	一名楊志賣刀
21	子弟書		升官圖	
22	子弟書		烟花樓	
23	子弟書		蜈蚣嶺	
24	子弟書		丁甲山	
25	子弟書	羅松窓	翠屛山	
26	子弟書	羅松窓	李逵接母	
27	子弟書		坐樓殺惜	
28	子弟書		挑簾定計	
29	梅花大鼓		忠義水滸傳	
30	梅花大鼓		梁山一百單八將	

* 이 표는 馬蹄疾, 『水滸書錄』, 上海 : 上海古籍出版社, 1986, 567~612쪽의 내용을 근거로 작성하였음.

연번	양식명	작가 혹은 공연자	작품명	비고
31	梅花大鼓		豹子頭	
32	梅花大鼓		下關西	
33	梅花大鼓		武大郎上墳	一名俏紅妝
34	梅花大鼓		武松孟州結拜	一名武松殺嫂, 武松發配
35	梅花大鼓		十字坡	
36	梅花大鼓		快活林	一名武松奪酒店, 簡名奪酒店
37	梅花大鼓		武松大鬧董家店	
38	梅花大鼓		武松擒方臘	
39	梅花大鼓		宋江鬧院	
40	梅花大鼓		烏龍院活捉張三郎	
41	梅花大鼓		活捉張三郎	
42	梅花大鼓		活捉三郎	
43	梅花大鼓		烏龍院	
44	東北大鼓	王福義	魯達大鬧延安府	
45	東北大鼓		大鬧野豬林	
46	東北大鼓		雪夜上梁山	
47	東北大鼓	任占魁	風雪山神廟	
48	東北大鼓	任占奎, 張偉勛	林冲	
49	東北大鼓	單玉華	宋江坐樓	
50	東北大鼓		宋江鬧院	
51	東北大鼓		怒殺閻婆惜	
52	東北大鼓	聶田盛	烏龍院	
53	東北大鼓	聶田盛	活捉張三郎	
54	東北大鼓	王福義	武松	
55	東北大鼓		武松傳	
56	東北大鼓	王福義	武松大鬧五龍堂	
57	東北大鼓	王福義	五龍堂	
58	東北大鼓	王福義	武松打虎	
59	東北大鼓	王福義	景陽崗武松除大蟲	
60	東北大鼓		大鬧趙家莊	
61	東北大鼓		武大郎上墳	
62	東北大鼓	王福義	武松殺嫂	
63	東北大鼓		十字坡	
64	東北大鼓	王福義	宋江發配	
65	東北大鼓		宋江發配潯陽樓	
66	東北大鼓	王福義	鬧江州	

연번	양식명	작가 혹은 공연자	작품명	비고
67	東北大鼓		英雄會	
68	東北大鼓		武松大鬧東獄廟	
69	東北大鼓		燕青打擂	
70	東北大鼓		武松大鬧東家廟	
71	東北大鼓	王福義	大鬧八叉路	
72	東北大鼓	喬喜原	燕青賣線	
73	京韻大鼓	李成林, 樊春秀	魯達除霸	河西, 道情, 竹板 통용
74	京韻大鼓		桃花村	
75	京韻大鼓		醉打山門	
76	京韻大鼓		醉打小霸王	
77	京韻大鼓		野猪林	
78	京韻大鼓		鬧江州	
79	京韻大鼓		李逵奪魚	一名鬧江州
80	京韻大鼓	苗時培	武松打虎	
81	京韻大鼓		蜈蚣嶺	
82	京韻大鼓		黑旋風大鬧忠義堂	
83	梨花大鼓		武松	
84	梨花大鼓		活捉	
85	襄垣大鼓		武松打虎	
86	蘇州彈詞	姚士璋彈唱	水滸	
87	蘇州彈詞	陳靈犀編	倒拔垂楊柳	
88	蘇州彈詞	陳靈犀編	林冲	
89	蘇州彈詞	陳靈犀編	白虎堂	
90	蘇州彈詞	陳靈犀編	長亭送別	
91	蘇州彈詞	翁晉瑞作	林冲夜奔	
92	蘇州彈詞	馬如飛彈唱	武松	
93	蘇州彈詞	陳靈犀編	武松	
94	蘇州彈詞	姚蔭梅編	獵虎記	
95	貴州彈詞		花田錯	
96	貴州彈詞		北樓	
97	貴州彈詞		殺惜	
98	貴州彈詞		宋公明梁山鑒旗	
100	長沙彈詞	舒三和編	魯提轄拳打鎭關西	
101	長沙彈詞	舒三和, 李青雲編	武松打虎	
102	長沙彈詞		武松殺嫂	
103	長沙彈詞	段澍雅, 舒三和編	李逵接娘	

[부록 5] 수호 경극 목록*

연번	작가	작품명	내용	비고
1	미상	九紋龍	史進이 王進에게 무예를 배우고, 少華山에서 聚義함	
2	미상	拳打鎭關西	노지심이 주점에서 김노인을 만나는 이야기에서 백정 정가를 때려죽임	
3	미상	醉打山門	노지심이 백정 정가를 때려죽이고 오대산에 가서 중이 되었다가 절에서 소란을 피우고 하산함	
4	미상	虎囊彈	노지심이 대주에 도망하여 趙愷를 만나 오대산에 가고, 조개는 이일로 하옥당함	
5	미상	何一寶寫狀	金翠蓮이 억울함을 풀어달라고 호소함	未見水滸傳
6	郝壽臣演出	桃花村	노지심이 周通을 구타하는 이야기	
7	荀慧生演出	花田錯	노지심이 주통을 구타하는 이야기를 확대함	
8	淸逸居士, 楊小樓編演	英雄血淚圖	林冲이 눈보라치는 날 山神廟를 찾음	一名山神廟
9	미상	野猪林	노지심이 동경에서 임충과 만나고, 임충은 陸謙을 죽여 원수를 갚음	19場
10	楊小樓編演	黃河渡	임충이 草料場을 불태우고, 양산박에 들어감	
11	미상	楊志賣刀	양지가 화석강 운반에 실패하고, 떠돌아다니다 동경에 들어와 보검을 판다. 牛二를 죽이게 됨	5場
12	미상	生辰綱	晁蓋 등 7인이 생신강을 빼앗음	一名七星聚義
13	미상	火併王倫	임충이 火併王倫하는 일	
14	미상	宋江鬧院	송강과 閻婆惜의 이야기	
15	미상	劉唐下書	劉唐의 晁蓋의 편지를 송강에게 전함	
16	미상	坐樓殺閻	송강과 閻婆惜의 이야기	
17	미상	借茶活捉	송강이 염파석을 죽이는 이야기에다 張文遠을 사로잡는 이야기를 덧붙임	
18	미상	柴家莊	송강이 염파석을 죽인 후 시진의 장원에 찾아가고 여기서 무송을 만나 서로 교제를 맺음	
19	미상	武松打虎	무송이 경양강에서 호랑이를 때려잡음	
20	미상	挑簾裁衣	潘金蓮이 西門慶과 사통하고, 무송이 형수 반금련을 죽여 형의 원수를 갚음	
21	미상	獅子樓	무송이 서문경을 때려죽임	
22	미상	十字坡	무송, 孫二娘, 張靑 등이 교제를 맺는 이야기	
23	미상	安平寨	무송과 施恩이 교제를 맺는 이야기	
24	미상	快活林	무송이 시은에게 쾌활림을 되찾아 줌	

* 이 표는 馬蹄疾, 『水滸書錄』, 上海 : 上海古籍出版社, 1986, 470~493쪽의 내용을 근거로 작성하였음.

연번	작가	작품명	내용	비고
25	미상	鴛鴦樓	무송이 張團練, 張都監을 죽임	
26	미상	蜈蚣嶺	무송이 王飛天을 죽이고 張鳳琴을 구함	
27	미상	小鰲山	송강이 花榮에게 몸을 의탁함	
28	미상	瓦礫場	秦明이 양산박에 투항함	一名靑州府, 收秦明
29	미상	揭陽嶺	송강이 양산박에 투신하게 되는 과정을 다룸	
30	미상	李逵奪魚	이규와 張順의 이야기	
31	미상	潯陽樓	송강이 심양루에다 반역시를 적는 대목에서 양산박의 호한들이 형장을 덮치는 내용	15場
32	미상	眞假李逵	이규가 어머니를 모시러 길을 떠났다가 沂州에서 가짜 이규를 만남	一名鬧江州
33	미상	沂州府	이규가 어머니를 모시러 길을 떠난 이야기와 가짜 이규가 이규를 구출하는 것을 돕는 이야기	一名 二本鬧江州
34	高慶奎編演	白龍廟	양산박 호한들이 형장을 덮친 이후에 백룡묘에서 취의하여 양산박으로 돌아감	
35	미상	翠屛山	양웅과 石秀의 이야기	一名吵家殺山
36	葉盛章編演	盜王墳	時遷이 야밤에 왕분을 도굴하고 양웅과 석수를 만나 양산박으로 찾아감	一名金石盟
37	王長林編演	巧連環	시천이 닭을 훔친 이야기를 확대함	
38	미상	時遷偸鷄	시천, 양웅, 석수가 양산박으로 가는 도중 객점 주인의 닭을 훔치는 이야기	
39	미상	石秀探莊	석수가 송강의 명으로 축가장에 들어가 길을 정탐하는 이야기	一名探莊射燈
40	閻崗秋編演	扈家莊	扈三娘, 王英의 이야기	11場
41	미상	登州府	解珍, 解寶, 孫立, 孫新 등이 양산박에 귀의함	一名雙越獄
42	미상	登雲嶺	鄒淵, 鄒潤 등이 사로잡히는 이야기	一名五面枷
43	미상	高唐州	이규가 어머니를 모시러 길을 떠난 이야기와 가짜 이규가 이규를 구출하는 것을 돕는 이야기	
44	葉盛章編演	雁翎甲	시천이 雁翎甲을 훔치는 이야기	一名時遷盜甲
45	미상	打靑州	송강이 계책으로 呼延灼을 사로잡아 청주를 치도록 함	
46	黃月山編演	大名府	노준의가 양산박에 가담하게 되는 이야기	一名玉麒麟, 盧十回
47	黃月山編演	翠雲樓	시천이 방화하고 張文遠 등의 이름을 써놓음	
48	미상	蘆林坡	관승이 양산박을 공격함	
49	미상	借聖威	관승이 양산박을 공격하고자 宣贊, 郝思文을 거느리고 진영을 염탐함	一名關勝探營
50	미상	請關勝	관승이 양산박을 공격하다 붙잡히어 양산박에 귀의함	一名戰泊江, 收關勝, 26場
51	미상	賣皮弦	孫二娘이 하산하여 재물을 빼앗음	未見水滸傳
52	미상	秦淮河	장순이 安道全을 초청하여 양산박에 오름	一名貪歡報, 大嫖院

연번	작가	작품명	내용	비고
53	尙和玉, 蓋叫天編演	一箭仇	송강이 조개의 원수를 갚고자 曾頭市를 공격하여 史文恭을 사로잡음	一名英雄義, 曾頭市
54	미상	二龍山	장청, 손이낭이 史文恭을 죽이고 병사를 동원함	一名桃花嶺 未見水滸傳
55	미상	法華寺	송강이 조개의 원수를 갚고자 사문공을 공격하는 이야기	수호전과 약간 다름 一名持輪戰
56	미상	東平府	송강이 동평부를 공격하고, 董平을 속여 양산박으로 데리고 감	一名收董平, 雙槍將, 東嶺關
57	永春社演出	風流雙槍將	송강이 동평부를 공격하고, 董平을 속여 양산박으로 데리고 감	18場
58	미상	丁甲山	이규가 가시나무를 지고서 죄를 청함	一名李逵負刑 16場
59	미상	淸風寨	이규와 燕青이 백성들을 위하여 투쟁함	一名娶李逵 未見水滸傳
60	미상	神州擂	연청과 이규가 神州破擂한 일	一名大神州, 燕青打擂
61	미상	羅家窪	손이낭의 아버지가 무대를 벌여놓고서 사위를 고름	未見水滸傳, 10場
62	미상	百花莊	연청, 석수, 이규가 白天章 남매를 붙잡음	未見水滸傳
63	程繼先編演	蔡家莊		
64	陶玉芝演出	女三戰	양산박의 세 여장수가 장숙야의 군대를 크게 격파함	未見水滸傳
65	미상	涌金門	송강이 방랍을 정벌하고 항주를 포위하고, 장순이 용금문의 희생을 공격함	
66	미상	龍虎玉	송강이 방랍을 정벌함에 柴進, 연청이 방랍에게 거짓으로 항복하여 성곽을 공격함	一名龍虎峪
67	미상	武松單臂擒方臘	무송이 방랍을 공격할 때, 왼팔을 방랍에게 잘리우자 한 팔로 방랍을 사로잡음	一名平江南
68	미상	青風嶺	전호의 처 徐風英이 청풍령을 점령하고서 채경의 군량과 돈을 빼앗음	
69	미상	紅桃山	관승, 임충, 화영이 홍도산 여도적 張月娥와 전투를 벌임	一名男三戰

참고문헌

『(日本輪王寺秘藏)忠義水滸志傳評林』, 武漢 : 武漢出版社, 1994.

『水滸全傳』, 上海 : 上海古籍出版社, 1984.

『忠義水滸傳』 合肥 : 安徽文藝出版社, 1995.

『容與堂本水滸傳』, 上海 : 上海古籍出版社, 1995.

『貫華堂本水滸傳』, 濟南 : 齊魯書社, 1994.

延邊大學水滸傳翻譯組譯, 『수호지』, 청년사.

『宋史』

『宋元平話四種(『宣和遺事』)』, 臺北 : 世界書局, 1977.

『醉翁談錄』, 臺北 : 世界書局, 출판년도 불명.

關德棟・周中明編, 『子弟書叢鈔』, 上海 : 上海古籍出版社, 1984.

그래엄 터너, 김연종 역, 『문화연구입문』, 한나래, 1995.

劉靖之, 『元人水滸雜劇研究』, 香港 : 三聯書店, 1990.

馬蹄疾, 『水滸書錄』, 上海 : 上海古籍出版社, 1986.

박성봉, 『대중 예술의 미학』, 동연, 1995.

方勺, 『泊宅編』, 北京 : 中華書局, 1997.

傅惜華, 『水滸戲曲集第一集』, 上海 : 上海古籍出版社, 1985.

傅惜華, 『水滸戲曲集第二集』, 上海 : 上海古籍出版社, 1985.

北京大學等主編, 『文學運動史料選』 第1冊, 上海 : 上海教育出版社, 1979.

北京市民族古籍整理出版規劃小組輯校, 『清蒙古車王府藏子弟書』, 北京 : 國際文化出版公司, 1994.

謝桃坊, 『中國市民文學史』, 成都 : 四川人民出版社, 1997.

徐夢莘, 『三朝北盟會編』(『四庫全書史部紀事本末類』).

薛寶琨・鮑震培, 『中國說唱藝術史論』, 石家莊 : 花山文藝出版社, 1990.

孫楷第, 「三國志平話與三國志通俗演義」, 『倉州集卷二』, 北京 : 中華書局, 1965.

스티븐 코헨・린다 샤이어스, 임병권・이호 역, 『이야기하기의 이론—소설과 영화의 문화기호학』, 한나래, 1997.

沈陽市文學藝術工作者聯合會編, 『鼓詞彙集(1～6輯)』, 1956～7.

嚴敦易, 『水滸傳的演變』, 北京 : 作家出版社, 1957.

王利器, 「宣和遺事解題」, 『復印報刊』, 1991.7.

王少堂口述, 揚州評話研究組整理, 『宋江』, 江蘇人民出版社, 1985.

王偁, 『東都事略』(『四庫全書史部別史類』).

월터 J. 옹, 이기우 · 임명진역, 『구술문화와 문자문화』, 문예출판사, 1995.

劉光民, 『古代說唱辨體析篇』, 北京 : 首都師範大學出版社, 1996.

劉操南 · 茅賽雲編著, 『武松演義』, 杭州 : 浙江人民出版社, 1980.

이혜순, 『수호전연구』, 정음사, 1985.

莊綽, 『鷄肋編』, 北京 : 中華書局, 1997.

錢杭 · 承載, 『十七世紀江南社會生活』, 杭州 : 浙江人民出版社, 1996.

鄭振鐸, 『中國俗文學史』, 北京 : 東方出版社, 1996.

趙景深編選, 『鼓詞選』, 上海 : 中華書局, 1960.

周密, 『癸辛雜識』, 北京 : 中華書局, 1997.

周密, 『齊東野語』, 北京 : 中華書局, 1997.

陳汝衡, 『說書小史』, 출판년도, 출판사 불명.

허버트 J. 갠즈, 강현두역, 『대중문화와 고급문화』, 나남, 1998.

김진곤, 『송원평화연구』, 서울대 박사논문, 1996.2

Albert B. Lord, *The Singer of Tales*, Harvard University Press, 1959.

Andrew H. Plaks, *The Four Masterworks of the Ming Novel*, Princeton : Princeton University Press, 1987.

Andrew H. Plaks, 『中國敘事學』, 北京 : 北京大學出版社, 1995.

David Teh-wei Wang, "Storytelling Context in Chinese Fiction : A Preliminary Examination of It as a Mode of Narrative Discourse", *Tan Kang Review* 15 : 1~4, 1984~1985.

Eugene Eoyang, "The Immediate Audience : Oral Narration in Chinese Fiction", *Critical Essays on Chinese Literature*, The Chinese University of Hong Kong, 1976.

Kenneth J. DeWoskin, "The Six Dynasties Chih-kuai and the Birth of Fiction", Andrew H. Plaks ed., *Chinese Narrative : Critical and Theoretical Essays*, Princeton : Princeton University Press, 1977.

Richard Gregg Irwin, *The Evolution of a Chinese Novel : Shui-hu-chuan*, Cambridge, Massachusetts : Harvard University Press, 1953.

Vera Hardlickova, "The Professional Training of Chinese Storytellers and the Storytellers' Guilds", *Archive Orientalni* 33, 1965.

Victor H. Mair, "Three Contemporary Western Approaches to Oral Literature : Implications for the Study of Chinese Folklore", 『漢學硏究』 8卷1期, 1981.6.

W. L. Idema, "Some Remarks and Speculations Concerning P'ing-Hua", *Chinese Vernacular Fiction*, Leiden : E. J. Brill, 1974.

필자소개(집필순)

김월회(金越會, Kim Weol-hoi)

서울대학교 중어중문학과에서 「20세기 전환기 중국의 문화민족주의 연구」로 문학박사학위를 취득하였다. 주로 고대와 근대 중국의 학술사상과 중국문학사를 입체적으로 재구성하는 연구를 수행하고 있으며, '인문적 시민사회' 구현을 위한 교양교육과 인문교육에 대한 연구도 병행하고 있다. 지은 책으로는 『살아 움직이는 동양 고전들』, 『춘추좌전－중국문화의 원형이 담긴 타임캡슐』, 『고전과 놀이』 등이 있으며, 『중국의 지식장과 글쓰기』, 『문명 안으로』, 『문명 밖으로』 등을 공동 저술하였다. 또한 「포스트휴먼과 죽음」, 「선진시기 복수의 인문화 양상」 등의 논문을 발표하였다.

박영희(朴英姬, Park Young-hee)

서울대학교 중어중문학과에서 중국 고전소설 연구로 박사학위를 취득하였다. 중국 역사소설의 성립과 전개 과정에 관심이 많으며 더불어 중국 역사 서사의 유형과 특질에 관하여 공부하고 있다. 『중국 고전문학의 전통』(공저), 『이야기, 小說, Novel』, 『강물에 버린 사랑』, 『중국백화소설』, 『그림과 공연: 중국의 그림 구연과 그 인도 기원』 등의 저서와 역서를 발표하였다.

박지현(朴志玹, Park Ji-hyun)

서울대 중어중문학과를 졸업하고 동 대학원에서 석・박사학위를 받았다. 전공은 중국 필기서사이며 중국현대 사회문화에 대한 연구와 강의를 병행하고 있다. 주요 논문으로 「중국의 부계(扶乩) 신앙과 문인문화」, 「상상 중국과 현실 중국- 개인, 가문, 국가」, 공저로 『동서양 서사문학의 환상과 기이의 미학』(소명출판, 2011), 『중국의 지식장과 글쓰기』(소명출판, 2011), 『사랑』(서울대출판문화원, 2014) 등이 있다.

이소영(李昭姈, Lee So-young)

서울대학교 중어중문학과를 졸업하고 같은 대학원에서 박사학위를 취득하였다. 현재 서울대학교 중어중문학과 강사이자 두 아이의 엄마이다. 중국고전소설을 전공하였으며 『서유기(西遊記)』, 『유림외사(儒林外史)』, 『양주화방록(揚州畵舫錄)』 등을 동학들과 같이 번역하였다. 『전통시기 중국의 서면어와 글쓰기의 상관성 연구』, 「제국의 도시, 양주-18세기 중국 어느 지방 도시의 문명 생태 보고서, 『양주화방록』」 등의 논문을 집필하였고, 『만화 맹자』, 『만화 노자』와 『일곱 번째 사냥개』 등을 번역하였다.

김진공(金鎭共, Kim Jin-gong)

서울대학교 중어중문학과에서 중국의 문화대혁명 시기 문예를 전공하여 박사학위를 받았다. 루쉰 평전인 『인간 루쉰(상,하)』, 『여덟 번의 위기-현대 중국의 경험과 도전, 1949~2009』, 『백년의 급진』, 『프티부르주아 사회주의 선언-자유사회주의와 중국의 미래』 등을 번역하였다.

민경욱(閔庚旭, Min Kyoung-wook)

서울대학교 중어중문학과를 졸업하고, 같은 학교 대학원에서 석사학위를, 푸단대학 중국고대문학연구센터에서 「삼국지연의 초기 텍스트 연구」로 박사학위를 취득하였다. 『삼국지연의』를 비롯한 중국고전소설에 대한 문헌과 해석 연구를 주로 수행하였으며, 점차 중국고전문학 일반으로 그 연구 범위를 확장하고자 한다. 최근에는 중국 현당대 고전학술연구의 계보와 그 정치적 함의를 밝히는 연구에도 주력하고 있다. 대표논문으로 「조선 활자본 『三國志通俗演義』에 대한 문헌교감 연구」, 「중국 전통 '시' 개념사의 현대적 재구성-錢鍾書 『管錐編・毛詩正義』第一則札記」, 「陳寅恪과의 영향 관계로 본 余英時의 학문 세계-『朱熹的歷史世界』의 학술사적 계보 탐색을 중심으로」 등이 있다.

정진선(鄭珍善, Jung Jin-sun)

서울대학교에서 「중국신화의 변용 양상 연구-춘추전국시대부터 진한대까지의 신화를 중심으로」로 박사학위를 취득하였다. 고대 중국의 신화와 현대적 변용 등을 연구하고 있으며, 「여와제전(女媧祭典)을 통해 본 중국 지방정부의 문화마케팅」, 「게사르신화를 통해 본 중국 지방정부의 민족문화관광자원 개발 양상 : 쓰촨성 까르제티베트족자치주를 중심으로」, 「중국 '서남지역'의 로컬리티 형성에 관한 시론」 등의 논문을 집필하였다.

안정훈(安正燻, Ahn Jeong-hoon)

중국 푸단대학(復旦大學)에서 「『법원주림(法苑珠林)』의 서사구조 연구」로 박사학위를 취득하였다. 고대 중국의 서사문학과 문헌학 등을 연구하고 있으며, 『법원주림 천줄 읽기』 등을 번역하였고, 「불교 전래 이후 지괴의 서사 특성상의 변화」, 「중국문학과 목록학에서의 유서(類書)의 자리」, 「중국 고대 애정소설에서 하녀의 서사적 역할에 관한 연구」 등의 논문을 집필하였다.

홍상훈(洪尙勳, Hong Sang-hoon)

서울대학교 중어중문학과 대학원에서 석사와 박사학위를 취득하였다. 중국고전소설을 전공하고 있다. 주요 저서로는 『전통시기 중국의 서사론』, 『한시 읽기의 즐거움』, 『하늘을 나는 수레』 등이 있고, 『홍루몽』, 『중국소설비평사략』, 『시귀의 노래』를 번역하였고 『서유기』와 『유림외사』 등을 공동으로 번역하였다. 현재 인제대학교 중어중문학과 교수이다.